山东法院年鉴

2019 SHANDONG FAYUAN NIANJIAN

山东省高级人民法院　编

方志出版社
Publishing House of Local Records

图书在版编目（CIP）数据

山东法院年鉴. 2019 / 山东省高级人民法院编. -- 北京 : 方志出版社, 2021.6
ISBN 978-7-5144-4771-2

Ⅰ. ①山… Ⅱ. ①山… Ⅲ. ①法院—山东—2019—年鉴 Ⅳ. ①D926.22-54

中国版本图书馆CIP数据核字（2021）第141967号

山东法院年鉴（2019）

编　　者：山东省高级人民法院
责任编辑：王海荣

出 版 者：方志出版社
地址　北京市朝阳区潘家园东里9号（国家方志馆4层）
邮编　100021
网址　http://www.zgfzcb.cn
发　　行：方志出版社图书经销中心
电话（010）67110500
经　　销：各地新华书店
印　　刷：山东正一文化传媒有限公司

开　　本：889×1194　1/16
印　　张：24
字　　数：850千字
版　　次：2021年6月第1版　2021年6月第1次印刷
印　　数：001～600册

ISBN 978-7-5144-4771-2　定　价：328.00元

《山东法院年鉴》编辑委员会

《山东法院年鉴》编辑部

编辑说明

一、《山东法院年鉴（2019）》以马克思列宁主义、毛泽东思想、邓小平理论、“三个代表”重要思想、科学发展观、习近平新时代中国特色社会主义思想为指导，坚持辩证唯物主义和历史唯物主义的立场、观点和方法。是由山东省高级人民法院编辑出版的年鉴，旨在全面、系统反映2019年山东法院工作的基本情况和发展成就，可为社会各界了解山东法院工作提供基本资料。

二、《山东法院年鉴（2019）》每年编辑出版一卷，以山东省高级人民法院为记载主体，兼顾山东省各市中级人民法院和基层人民法院。内容主要包括工作报告、大事记、领导讲话、重要文件、法院工作、机构设置与人员情况以及附录等。

三、《山东法院年鉴（2019）》表述以文字为主，辅以图片、表格。文中数据均采用各职能部门、中级人民法院和有关基层人民法院提供的数据。全省综合性数据，均系山东省高级人民法院研究室核准的统计数据。一般不再标注出处。

四、《山东法院年鉴（2019）》汇编2019年1月1日至12月31日山东法院审判执行、队伍建设、司法行政等各项工作。

五、《山东法院年鉴（2019）》使用规范的现代语文体记述。标点符号、数字用法、计量单位等用法按图书出版规定执行并保持局部统一。

目　录

第五编　法院工作

第六编　机构设置与人员情况

附　录

第一编

工作报告

山东省高级人民法院工作报告

——2019年2月16日在山东省第十三届人民代表大会第二次会议上

山东省高级人民法院党组书记、院长　张甲天

2018年的工作

2018年，全省法院坚持以习近平新时代中国特色社会主义思想和党的十九大精神为指导，深入学习贯彻习近平总书记视察山东重要讲话、重要指示批示精神，牢牢把握“在全面建成小康社会进程中走在前列，在社会主义现代化建设新征程中走在前列，全面开创新时代现代化强省建设新局面”目标定位，忠实履行法定职责，努力让人民群众在每一个司法案件中感受到公平正义。一年来，全省法院收案173.9万件，结案168.1万件，法官人均结案226件，同比分别上升18.9%、13.4%和15.3%。其中省法院收案2.2万件，结案1.9万件，法官人均结案101件，同比分别上升81.3%、68.6%和80%，全省法院和省法院收结案、人均结案均创历史新高。

一、牢固树立总体国家安全观，全力维护社会大局稳定

深入推进平安山东建设，依法打击犯罪，不断增强人民群众获得感、幸福感、安全感，审结一审刑事案件6.9万件，判处罪犯8.3万人，同比分别上升6.3%和5.4%。

（一）依法惩处危害国家安全和公共安全犯罪。把维护国家安全放在首位，加大反分裂反恐怖反邪教斗争力度，严厉打击各类暴力恐怖、邪教组织等犯罪，坚定维护国家政治安全。依法惩治危害公共安全犯罪，审结醉酒驾驶、交通肇事等犯罪案件3万件。对抢夺公共汽车方向盘、危及公共安全的2名被告人，及时公开审判，依法判处刑罚，积极回应社会关切。

（二）深入开展扫黑除恶专项斗争。坚持依法严惩方针，一审审结黑社会组织犯罪案件18件200人、恶势力犯罪案件156件875人，对301名被告人判处5年以上刑罚。注重“打财断血”，对10名黑恶犯罪分子没收个人全部财产，对517人判处财产刑，铲除黑恶势力经济基础。二审审结黑社会组织犯罪案件8件116人、恶势力犯罪案件26件172人。对吴某占、苏某敏、王某龙等黑社会组织首要分子依法从重判处有期徒刑25年。受理涉黑涉恶“保护伞”案件12件，审结7件，严惩涉黑涉恶背后的腐败犯罪。吴某伟等29人黑社会组织，称霸横行一方，欺压残害百姓，违法犯罪事实多达31起。对首要分子吴某伟依法判处有期徒刑25年，没收其个人全部财产。

（三）严惩危害群众生命财产安全犯罪。严厉打击各类严重暴力犯罪，审结故意杀人、强奸、抢劫、贩卖毒品等案件4083件，判处5年以上直至死刑2239人。依法惩治破坏市场经济秩序犯罪，严厉打击非法吸收公众存款、网络诈骗等涉众型经济犯罪，审结案件3624件，为受害群众挽回经济损失47.5亿元。对非法吸收公众存款、骗取165名受害人4100余万元的宋某等15名罪犯依法予以惩处，对诈骗多家银企的德正公司法定代表人陈某鸿等10名罪犯判处重刑，判处该公司罚金30亿元。

（四）坚决惩治贪腐犯罪。保持打虎拍蝇高压态势，审结一审贪污贿赂、渎职等案件1406件1732人，李某峰、蔡某有等原省部级干部被依法惩处，依法判处原厅局级干部29人、原县处级干部104人。审结贪污扶贫资金、农资补贴等发生在群众身边的“蝇贪”案件309件392人，审结行贿、介绍贿赂案件118件152人。审结傅某、牛某、王某新等外逃贪腐人员职务犯罪案，依法适用没收财产、诉前禁令等程序机制，决不让腐败分子逃脱正义的审判，决不让他们在经济上得到好处。

（五）认真贯彻宽严相济刑事政策。在严惩各类严重犯罪的同时，对依法可以从轻、减轻、免除刑事处罚的，依法予以从轻、减轻或者免除刑罚。加强未成年人审判工作，邀请社会调查员、心理咨询员参与审判，对690名未成年人适用非监禁刑，跟踪做好社区矫正和帮教工作，减少违法犯罪，让他们重归家庭、重返校园。

二、深入贯彻落实新发展理念，服务经济高质量发展

紧紧围绕新旧动能转换、乡村振兴、经略海洋和“三大攻坚战”等重大部署，依法调节经济关系、优化营商环境，审结一审民商事案件80.9万件，涉案金额4116.2亿元，同比分别上升7.5%和24.5%。

（一）服务新旧动能转换重大工程。出台《依法服务保障新旧动能转换重大工程的实施意见》，制定了促进“十强”产业发展30项措施。受理企业破产案件762件,通过破产清算程序使267家“三高两低”企业有序退出市场；通过重整让符合国家产业政策的危困企业再度重生，临沂常林集团、青岛造船厂等123家企业完成破产重整。天信集团破产重整后，化解不良资产210亿元，切断担保圈金额404亿元，释放土地资源1900亩，安置企业职工3000余人，达到了化解不良资产、产业升级和职工权益维护多赢效果。

（二）保障市场经济发展。制定服务民营经济、防范金融风险等司法文件，出台涉公司纠纷、民间借贷等意见，指导规范全省法院审理相关案件。审结买卖合同、债权转让等案件6.8万件，依法确认当事人的权利义务，加快市场要素流转。审结房屋买卖合同案件3.5万件，鼓励诚信交易，促进房地产市场健康发展。审结银行借款、民间借贷、担保合同等案件21.4万件，规范民间借贷行为，支持金融资本服务实体经济。

（三）支持创新驱动战略实施。审结一审知识产权案件1万件，依法保护知识产权。加强对老字号、驰名商标的保护，审结侵犯张裕、九阳、东阿阿胶等商标权案件4005件，制裁假冒商标、搭车仿冒等行为，让侵权人付出代价，让受害者得到赔偿。中山爱尔公司在部分电器上使用标识，与青岛海尔公司注册商标相似，法院依法判决立即停止侵权、赔偿经济损失。

（四）保障生态文明建设。制定《服务保障“四减四增”工作的意见》，充分发挥人民法院在生态环境保护中的职能作用，审结一审环境资源民事案件8191件，其中环境污染责任纠纷案件61件。依法支持检察机关和公益组织提起环境公益诉讼，受理环境公益诉讼案件142件，审结114件，对马某青等14人污染环境刑事附带民事公益诉讼案，依法追究其刑事责任，判令支付污染物处置、土壤修复等费用65.6万元。

（五）服务海洋强省建设和对外开放。联合外省市20个法院签署《新亚欧陆海联运通道司法协作框架协议》，营造开放公平便利的投资环境。审结海洋运输、资源开发利用等一审海事案件1921件，对外贸易、外商投资等一审涉外商事案件401件，涉及40多个国家和地区。韩国大宇造船与巴拿马某公司船舶抵押纠纷案，涉及4个国家的企业，当事人向我国法院寻求司法救济，案件得到成功处理，充分展现了我国司法公平公正的国际形象。

三、坚持全面依法治国，深入推进法治山东建设

（一）积极参与立法工作。充分发挥审判职能，提出立法和司法解释意见建议130余条。加强司法建议工作，针对办案中发现的相关单位和行业管理漏洞等问题，提出各类司法建议1900条。

（二）充分发挥行政审判职能。审结一审行政案件1.6万件，审查行政非诉案件2.4万件，其中判决确认行政行为违法、撤销行政行为、履行法定职责等2669件，审结行政许可、行政登记、行政审批等案件2173件，保障“放管服”“一次办好”等改革措施落地。审结征地拆迁等案件4651件，依法支持城中村、棚户区改造，涉及济南中央商务区、济青高铁等重点工程的一批纠纷得到妥善化解。促进行政争议实质性解决，46个县（市、区）成立行政争议审前和解中心，协调和解案件3197件，行政机关负责人出庭应诉率59.5%，同比提高16个百分点。

（三）大力推进司法公开。完善审判流程、庭审直播、执行信息、裁判文书、减刑假释等平台功能，2018年上网公布裁判文书92万份，向当事人推送审判流程信息、执行信息311万条。认真贯彻实施人民陪审员法，一些重大案件实行3名法官与4名陪审员组成合议庭审理，全省人民陪审员参审案件19.6万件，参审率81.4%，同比提高4.9个百分点。

（四）进一步做实法治宣传教育工作。认真落实普法责任制，开放审判法庭、诉讼服务中心，提供诉讼实景体验、旁听庭审等服务，接待公众参观、旁听庭审19.7万人（次），让人民群众亲身感受司法、共享法治成果。充分发挥全省法院门户网站集群和新媒体矩阵作用，坚持以案普法、以案释法，召开新闻发布会245次，发布典型案例987个。在执行攻坚战中，开展4次全媒体直播，60多家媒体全程参与，4300多万人（次）在线收看执行现场实况，收到了良好的法治宣传效果。

四、深入践行以人民为中心的发展思想，不断创新为民便民利民措施

（一）全面推行网上立案。开发网上立案、网上预交诉讼费、网上申请退还诉讼费的智能化系统，实现与社会征信系统的对接。省法院建成“24小时法院”，中基层法院普遍设立自助服务机，提供交纳诉讼费、信息查询、预约法官等25项自助服务，当事人通过山东法院诉讼服务平台、微法院、微信公众号等便可网上操作、随时随地立案。该系统自2018年6月1日开通至12月底，网上立案35.7万件，网上交费13.5万件。

（二）*服务保障乡村振兴战略*。出台《为打造乡村振兴齐鲁样板提供司法服务和司法保障的意见》，制定服务“三生三美”融合发展的18项措施。依法保障农村土地“三权分置”政策落地，审结土地经营权转包、入股、抵押等合同纠纷3536件，农业、林业、牧业、渔业承包纠纷675件。执结劳动报酬、抚养费等涉民生案件5.4万件，执行到位63.3亿元，为2603名困难当事人发放了司法救助金。对农民工讨薪案件开通“绿色通道”，审结相关案件7226件。在审理一起建设工程案件中，法院多次调解，双方当事人达成和解，1200名农民工兄弟及时拿到了7300余万元的“血汗钱”。

（三）*妥善化解家事纠纷*。制定《家事案件审理规程》，完善了调解前置、财产申报、心理疏导、冷静期、人身保护令等机制。着力打造“温情”庭审模式，配备心理咨询室132个、调解室347个，聘请家事调查员829名、家事调解员936名、心理咨询师182名。全省法院审结婚姻家庭案件13.4万件，调解撤诉7.4万件，发布人身安全保护令192件，有力地维护了妇女、儿童、老人的合法权益，家事案件立案连续3年下降。

（四）*加强涉诉信访工作*。坚持线上线下相联动，采用远程视频接访系统和网上申诉信访平台接访，省法院班子成员和中层负责人轮流接访，实行首接负责制，接待群众来访7450人（次），依法保护当事人的合法合理诉求。在法律问题解决、解释疏导教育到位的基础上，依法审查终结信访案件247件。完善律师代理申诉制度，当事人经咨询不再申诉的1987件，其中化解信访案件256件。加强信访源头预防，实行责任倒查，信访积案率同比下降93%。

五、强化责任担当，决战决胜基本解决执行难

2018年是最高人民法院提出“用两到三年时间基本解决执行难”的决胜之年。全省法院充分发挥主力军作用，全力以赴打好执行攻坚战，在制度建设、行为规范、执行公开、案件质效等方面成效显著。2016年以来受理各类执行案件138.8万件，执结135.1万件，执行到位3294亿元，年均分别上升20.5%、19.1%和26%。其中2018年受理55.6万件，执结53.8万件，执行到位1394亿元，同比分别上升24.4%、24.9%和36.4%。

（一）*充分发挥强大政治优势*。全省各级党委高度重视、加强领导，各级人大、政府、政协和有关方面大力支持，党委领导下的综合治理作用充分发挥，一些长期制约解决执行难的体制机制性障碍得以消除。全省法院把基本解决执行难作为重大政治任务，三级法院院长靠前指挥、一线督战，省法院每周调度、每周通报，对工作进度慢、执行不力的法院院长约谈29人（次），对难以执行的“骨头案”“钉子案”提级、督办1.4万件，860件涉党政机关案件全部按期执行完毕，涉军停止有偿服务案件全部执结。

（二）*有财产案件得到有效执行*。坚持分类执行、因案施策，区分案件主体、类型、标的等精准攻坚，查询房屋、土地等不动产信息115.5万条，有财产可供执行案件法定期限内实际执结率96.9%。对确实无财产可供执行的案件，在依法穷尽调查措施后，由院长审核把关，纳入单独建立的终本案件库。全年恢复执行7.3万件，执结6.8万件。

（三）*切实加大惩处失信被执行人的力度*。持续开展“执行大会战”“百日攻坚”等集中执行活动，严厉打击拒执行为，查找逃避义务的被执行人9042人（次），拘留恶意逃避执行、转移隐匿财产的被执行人8229人（次），对抗拒执行构成犯罪的230人判处刑罚。切实强化失信惩戒，采取11类37项惩戒措施，累计发布失信名单114.4万例，发布限制高消费令73.4万人（次），117.8万人（次）购买机票和动车、高铁票受到限制，36.7万人（次）迫于压力履行了义务，全省民商事案件自动履行率同比上升3.5个百分点。一名被执行人从非洲准备回国时，因失信无法购买飞机票，在家人帮其履行执行义务后，才得以回国。

（四）*解决执行难长效机制基本形成*。加强执行信息化建设，强化执行信息公开，用信息化铁笼管好执行权，有效解决了消极执行、选择性执行、乱执行行为。全面推行网络拍卖，网拍4.1万次，成交201亿元，同比分别上升188%和214%，平均溢价率24.9%，为当事人节省佣金6亿元，财产变现更加公正公平、廉洁高效。广大执行干警夜以继日战斗在执行一线，早出晚归、风餐露宿，兢兢业业、无私奉献，为解决执行难竭尽全力，有10名同志积劳成疾去世，2名同志牺牲在执行任务过程中，用生命诠释了人民法官为人民的忠诚和担当。

六、深化司法体制改革，全面提升公正司法水平

（一）*深入推进司法责任制综合配套改革*。完善人员分类管理制度，实行员额动态管理，完成第二批员额法官遴选工作，增补法官456名，新增员额96%充实到了基层办案一线。认真落实司法责任制权力清单，组建审判团队5481个，独任法官或审判长直接签发裁判文书的案件占95%以上。制定规范审判委员会、专业法官会议工作规则，细化院庭长权力职责清单，明确8个方面的监管职责，把该放的权力放到位，把该严的监管严起来。强化院庭长办案责任，办理重大疑难复杂案件，全省法院院庭长办案70.8万件，占全部案件的42.1%，中基层法院院长主审黑恶势力犯罪案件59件。完善法官职业保障机制，开展按期晋升、择优选升工作，改进绩效考评方法，激发法官办案内生动力，全省有38个法院人均办案超过了300件。

（二）*深入推进以审判为中心的刑事诉讼制度改革*。充分发挥庭审在裁判中的决定性作用，落实庭前会议、排除非法证据、法庭调查“三项规程”，完善侦查人员、鉴定人员等出庭制度，依法宣告26名被告人无罪，对215件公诉案件准予撤回起诉或按撤诉处理，确保无罪的人不受追究、有罪的人受到公正审判。深化认罪认罚从宽制度改革，完善办理程序、从宽标准和配套措施，承担试点任务的济南、青岛法院适用该程序审结案件1.3万件，判处罪犯1.4万人，86.6%的案件在20天内审结，当庭宣判率达91%。

（三）*深入推进多元化纠纷解决机制改革*。坚持发展新时代“枫桥经验”，强化诉调对接，试行调解前置，推行以诉前分流、委托调解、法院速裁为主要内容的“分调裁”改革。全省已有636个特邀调解组织、2513名特邀调解员进驻各级法院及人民法庭，更多的矛盾纠纷得以化解在诉前和萌芽状态。全年诉前分流到人民调解组织等机构调解民商事案件18万件，委托特邀调解员调解2.2万件，诉讼调解或当事人撤诉36.9万件。

（四）*健全完善审判管理机制*。依托智慧法院加强精准管理，推动监督由盯人盯案、层层审批向全院全员全过程实时动态监督转变，各项办案质效指标实时生成，实现全省法院一张网、一网网到底。充分发挥二审、再审审级监督功能，推行改判发回案件逐案分析、质量评查等做法，促进提升办案质效。全省法院办案质效平稳向好，各类案件审判周期平均缩短15天。

七、坚持党对法院工作的绝对领导，推进过硬队伍建设

（一）*旗帜鲜明把政治建设放在首位*。把学懂弄通做实习近平新时代中国特色社会主义思想和党的十九大精神作为首要政治任务，以党组理论中心组学习带动每个支部、全体干警的学习，对三级法院领导班子、基层党支部书记和省法院机关干警1120人进行政治轮训，牢固树立“四个意识”，增强“四个自信”，坚决做到“两个维护”。坚持把法院工作自觉置于党的绝对领导之下，认真落实重大事项报告制度，省法院党组坚持每半年向省委报告工作，同时就深化司法改革、基本解决执行难等重大事项向省委专题汇报。大力实施基层党组织“组织力提升工程”，坚持党支部建在庭上，在审判团队设党小组，建设坚强有力的党组织。

（二）*持续改进纪律作风*。把政治纪律和政治规矩挺在前面，抓好中央巡视反馈意见整改，专项整治就案办案、机械司法等问题，严格落实意识形态工作责任制。持之以恒正风肃纪，完善廉政风险防控机制，开展廉洁司法集中教育，充分发挥司法巡查、审务督察和廉政监察员的作用，加强对重要岗位、重点人员、关键节点的监督，严肃查处违纪违法行为，先后6次通报违纪违法典型问题，始终保持反腐败斗争高压态势。

（三）*不断提升基层司法水平*。健全重心下移、力量下沉机制，基层经费保障、基础设施建设等工作取得积极进展，基层工作条件不断改善。省法院组织各类专题培训53期，培训9976人（次），开展庭审观摩、文书评比等活动，加强专家型审判人才培养，17名法官被评选为全国优秀法官、办案标兵或审判业务专家。认真做好援藏援疆援青工作，在审判业务、教育培训、物质装备等方面加强援助，省法院选派4名青年法官到新疆法院挂职办案。着力激发基层工作活力，为基层法院招录公务员、选调生472人，在经费保障、表彰奖励等方面向基层倾斜，调动基层工作积极性。

八、自觉接受监督，不断改进法院工作

全省各级人大及其常委会高度重视法院工作，主任或副主任带队到法院调研工作，就开展司法责任制改革、基本解决执行难等问题进行专项调研，对《山东省多元化解纠纷促进条例》执行情况进行执法检查，帮助破解司法难题。各级人大代表、政协委员到三级法院视察座谈、旁听庭审、见证执行等9800余人（次），1100余名人大代表见证法官宪法日宣誓，40名省人大代表分片集中视察了20个法院。全省法院自觉接受人大及其常委会监督，认真落实年度工作报告、法官任免等制度。认真接受政协民主监督，主动听取各民主党派、工商联、无党派人士的意见建议。全省法院办结人大代表意见建议和政协委员提案966件（次），省法院对2018年省“两会”上260余名人大代表提出的意见建议及时答复。自觉接受社会各界监督，全省法院聘任1076名特邀监督员，其中省法院新聘任67名特邀监督员。10名人大代表、特邀监督员列席省法院审判委员会，听取了两起案件讨论情况。依法接受检察机关诉讼监督，省市县区检察长列席同级法院审判委员会，一些案件检察长出庭支持公诉，法院院长开庭审理，增强了办案的法律效果、政治效果和社会效果。

各位代表，过去的一年，全省法院各项工作取得了新的成绩，保持了良好发展态势，有200个集体和329名个人获得省级以上表彰，扫黑除恶专项斗争、服务乡村振兴战略和环境资源审判、知识产权审判、行政审判、家事审判、司法警务工作等经验做法被最高人民法院推广。我们深切体会到：做好新时代人民法院工作，必须始终坚持以习近平新时代中国特色社会主义思想为指导，切实增强“四个意识”，坚定“四个自信”，坚决做到“两个维护”；必须始终坚持党对法院工作的绝对领导，确保法院工作正确的政治方向；必须始终坚持以人民为中心的发展思想，努力让人民群众在每一个司法案件中感受到公平正义；必须始终坚持稳中求进工作总基调，更加自觉地把审判执行工作放到党和国家大局中谋划推进；必须始终坚持把司法改革和智慧法院建设作为推动工作的“车之两轮”“鸟之双翼”，向改革和科技要质量、要效率、要生产力；必须始终坚持全面从严治党，努力打造一支让党放心、让人民满意的高素质法院队伍。

一年来，全省法院工作取得的成绩，最根本的是以习近平同志为核心的党中央坚强领导的结果，是省委领导、省人大监督和省政府、省政协以及社会各方面重视、关心、支持的结果，是在座各位人大代表监督帮助、政协委员积极建言献策的结果。在此，谨代表省法院，向全省各级党委、人大、政府、政协和人大代表、政协委员、社会各界人士表示衷心的感谢并致以崇高的敬意！

在看到成绩的同时，我们清醒地认识到，全省法院工作还存在一些不足：一是干警的司法理念、司法能力与人民群众对美好生活期待相比还存在一定差距，有的案件审理质量、效率不高或效果不好。二是解决执行难还要继续努力，执行工作长效机制有待进一步完善。三是审判权监督制约机制仍需加强，案件裁判尺度不统一的问题仍然存在，对下监督指导力度有待进一步加大。四是个别干警违纪违法，甚至个别法院多人因违纪违法问题被查处。对于这些问题，我们必须高度重视、认真解决。

2019年工作安排

2019年是新中国成立70周年，是全面建成小康社会的关键之年。全省法院坚持以习近平新时代中国特色社会主义思想为指导，全面贯彻落实党的十九大和十九届二中、三中全会及中央政法工作会议、省委政法工作会议精神，紧紧围绕“努力让人民群众在每一个司法案件中感受到公平正义”目标，以“工作落实年”为契机，认真贯彻本次大会决议，担当作为、狠抓落实，充分发挥审判职能作用，切实维护国家政治安全、确保社会大局稳定、促进社会公平正义、保障人民安居乐业，为新时代现代化强省建设提供更加有力的司法保障。

一是坚持党对法院工作的绝对领导。把习近平新时代中国特色社会主义思想作为法院工作的理论指引和根本遵循，在学懂弄通做实上下功夫，不断增强忠诚核心、拥戴核心、维护核心、捍卫核心的政治自觉、思想自觉、行动自觉。把讲政治与讲法律统一起来，把不折不扣执行党中央部署与依法公正行使审判权统一起来，把“两个维护”体现在服务大局、为民司法的实际行动上。认真落实《中国共产党政法工作条例》，坚定不移走中国特色社会主义法治道路，矢志不渝做中国特色社会主义事业的建设者、捍卫者。

二是坚持稳中求进工作总基调。依法惩治各类刑事犯罪，立足审判职能防范化解重大风险，更好地维护政治安全、社会安定、人民安宁。深入推进扫黑除恶专项斗争，在深化打击、依法惩治、综合整治等方面下功夫，推动扫黑除恶专项斗争向纵深发展。坚定贯彻新发展理念，为稳就业、稳金融、稳外贸、稳外资、稳投资、稳预期提供有力司法保障。依法保护企业家的人身权、财产权、人格权，对各类市场主体一视同仁、平等对待。

三是坚持以人民为中心的发展思想。推进跨区域立案诉讼服务改革，优化网上诉讼服务功能，构建物理零距离、网络全时空、交流无障碍的诉讼服务体系。创新发展新时代“枫桥经验”，完善调解、仲裁、诉讼等有机衔接、相互协调的多元化纠纷解决体系，促进共建共治共享社会治理格局建设。认真落实依法治国和以德治国相结合要求，通过审判树立规则导向，让遵法守纪者扬眉吐气，让违法失德者寸步难行。

四是坚持公正司法。完善审判权运行体系，加强审判团队建设，不断提高办案质量、效率和司法公信力。完善速裁程序、简易程序、普通程序相配套的审判机制，让案件繁简分流、轻重分离、快慢分道，把公平正义尽快输送到人民群众手中。巩固“基本解决执行难”成果，推进立案、审判、执行等环节全流程解决执行难。

五是加快推进法院队伍革命化、正规化、专业化、职业化建设。认真落实“五个过硬”要求，推进党支部标准化、规范化建设，切实把全省法院基层党组织建设成为坚强战斗堡垒。把专业化建设摆到更加重要位置来抓，全面提升法律政策运用能力、防控风险能力、群众工作能力、科技应用能力、舆论引导能力。加强基层队伍建设，强化职业保障，激励干警敢于担当、秉公办案。锲而不舍落实中央“八项规定”及实施细则精神，持之以恒狠刹“四风”，以零容忍态度严惩司法腐败，确保司法公正廉洁。

各位代表，做好新时代人民法院工作，责任重大，使命光荣。在新的一年里，全省法院将更加紧密地团结在以习近平同志为核心的党中央周围，不忘初心、牢记使命，忠实履职尽责、勇于担当作为，为加快建设现代化强省、全面建成小康社会作出新的更大的贡献，以优异成绩迎接中华人民共和国成立 70 周年！

关于全省法院环境资源审判工作情况的报告

——2019 年 9 月 24 日在山东省第十三届人民代表大会常务委员会第十四次会议上

山东省高级人民法院党组书记、院长　张甲天

2016 年以来，全省法院坚持以习近平新时代中国特色社会主义思想为指导，深入学习贯彻习近平生态文明思想，在各级党委的领导、人大及其常委会的监督下，认真践行“绿水青山就是金山银山”理念，充分发挥环境资源审判职能，大力推进环境资源审判体制机制改革，不断提升公正司法水平，为我省生态文明建设、打赢污染防治攻坚战提供了有力的司法保障。

一、2016 年以来全省法院环境资源审判工作情况

环境资源案件主要包括污染、破坏环境资源等刑事案件；自然环境污染侵权纠纷、地质矿产资源保护、开发有关权属争议纠纷和自然资源环境保护、开发、利用纠纷等民事案件；一方当事人为生态环境、自然资源、草原林业主管部门的行政案件和公益诉讼、生态损害赔偿诉讼案件。2016 年 1 月至 2019 年 8 月，全省法院共审结环境资源案件 7.6 万件，年均上升 13.9%。其中，2018 年审结 2.3 万件，同比上升 11.7%；今年以来审结 1.5 万件，同比上升 10.9%。

一是依法严惩环境资源犯罪，着力维护生态环境安全。充分发挥刑事审判威慑和教育功能，2016 年以来全省法院审结环境资源刑事案件 2537 件，判处刑罚 4807 人，年均分别上升 18.2% 和 26.1%，判处实刑 2278 人，依法严惩破坏环境者，震慑潜在危害者。其中，审结污染环境等犯罪 1038 件 2141 人，非法狩猎、非法捕捞水产品等犯罪 250 件 565 人，非法采伐国家重点保护植物、盗伐林木等犯罪 584 件 974 人，非法占用耕地、非法采矿等犯罪 665 件 1127 人，筑牢生态环境法律底线。加大财产刑适用力度，没收财产、单处或并处罚金 2.1 亿元，其中对单位判处财产刑 2582 万元，切实增加污染环境违法犯罪的成本和代价。在备受社会关注的章丘“10·21”重大环境污染一案中，济南法院以污染环境罪对周某等 17 人和 2 家被告单位依法予以严惩，省生态环境厅并另行提起生态损害赔偿诉讼，法院依法判决 2 家涉案企业赔偿生态环境损失 2 亿余元。

二是依法保障生态环境权益，着力增强人民群众幸福感。加大对人民群众普遍关心的大气、水、土壤等环境资源案件的审判力度，严格贯彻损害担责、全面赔偿原则，2016 年以来全省法院审结环境资源民事案件 2.8 万件，年均上升 17.2%。其中，审结环境侵权责任纠纷案件 197 件、资源类案件 5213 件、土地类案件 2.3 万件，努力破解守法成本高、违法成本低的难题，促进生态环境修复改善和自然资源合理开发利用。紧紧围绕打好蓝天、绿水、净土保卫战，审结重点区域大气污染案件 92 件，审结环渤海区域、黄河三角洲、微山湖等重点水域污染案件 564 件，

审结土壤污染案件107件，推动有效应对重污染天气，落实水污染防治行动计划，坚守生态保护红线。充分发挥行政审判职能，审结环境资源行政案件7121件，年均上升18.5%，支持环境资源行政部门依法履行职责，切实维护行政相对人合法权益。审结非诉行政执行案件3.8万件，裁定准予强制执行3.3万件，准许执行罚款金额1.3亿元，对合法行政行为依法予以支持，引导公众遵守生态环境保护法律法规。

三是积极推进环境公益诉讼，着力维护社会公共利益。制定加强环境公益诉讼审判工作的意见，从工作机制、裁判方法等方面作出规定，规范环境公益诉讼案件审理。联合省检察院、省公安厅印发加强公益诉讼协作配合的意见，就案件管辖、审理程序、举证责任和保全、执行等问题达成共识，依法保障检察机关充分发挥监督职能作用，支持社会组织行使环境诉讼权利。2016年以来全省法院审结环境公益诉讼案件277件，公益诉讼案件呈现出地域范围逐步扩大、受保护环境公益内容更加广泛的趋势。其中，审结民事公益诉讼88件，行政公益诉讼114件；检察机关提起263件，公益组织提起14件。中华环保联合会诉振华公司大气环境污染公益诉讼案，德州法院判决被告赔偿因超标排放造成的损失2000余万元，指导企业进行厂址搬迁和技术改造，该案入选最高人民法院年度工作报告和全国法院十大典型案例，并被收录到联合国环境规划署首批案例数据库。

四是创新审判工作机制，着力满足新时代环境司法新需求。探索建立生态损害赔偿诉讼制度，省法院出台《关于加强生态环境损害赔偿案件审理工作的意见》，联合生态环境厅等17部门出台《生态环境损害赔偿磋商工作办法》《生态环境损害修复效果后评估工作办法》，较好地解决了“企业污染、群众受害、政府买单”的突出问题，以制度创新确保对生态环境的严格保护。探索建立损害赔偿资金管理制度，省法院与省财政厅等部门联合出台《生态环境损害赔偿资金管理办法》，确保专款用于受损生态环境的修复，有效解决了损害赔偿金如何用、如何管等问题。探索建立以生态环境修复为中心的损害救济制度，坚持惩罚和修复并重，通过适用“补种复绿”“增殖放流”“劳务代偿”等责任承担方式，建立刑事制裁、民事赔偿与生态补偿有机衔接的环境修复责任体系，努力实现惩治违法犯罪、修复生态环境、赔偿经济损失“一判三赢”的效果。2016年以来，全省法院追缴生态环境损害赔偿金2.8亿元，督促复垦耕地430亩，清除危险废物3047吨。省生态环境厅代表省政府诉山东天一公司环境污染损害赔偿案，系我省首例省政府提起的生态环境损害赔偿案，泰安法院经审理认定被告非法填埋医疗废物造成土壤污染面积达9000平方米，判令其支付生态损害赔偿款及其他费用745.8万元。

五是坚持多元化解纠纷，着力构建多元共治环境保护格局。积极参与环境资源立法工作，省法院提出环境资源立法和司法解释等意见建议22条，针对在环境资源案件审理中发现的问题，向有关部门提出司法建议37条。积极参与中央环境保护督察组督察反馈意见整改工作，参与节能减排、渤海综合治理等攻坚战，推动包保责任落实到位。坚持把非诉讼纠纷解决机制挺在前面，加强与环境资源行政主管部门、公安机关、检察机关的沟通协调，发挥行政调解、人民调解、行业调解、仲裁等非诉讼机制作用，形成保护合力。出台《关于办理生态环境损害赔偿协议司法确认案件的若干意见》，加大司法确认工作力度，增强调解协议权威，支持非诉解纷组织发挥作用。2016年以来，全省法院调解撤诉环境资源案件1.3万件。在中华环境保护基金会诉长岛联凯公司生态损害公益诉讼案中，联凯公司在长岛自然保护区核心区建有7台风电机组，由于风力发电设备产生的噪声和电磁波，候鸟不敢在长岛停留，影响海岛生态平衡。经过烟台法院主持调解和多轮协商，双方达成协议，联凯公司主动拆除风力发电机组，负责将生态环境修复到损害发生之前状态，目前长岛自然保护区迁徙的鸟类明显增多。

六是推进环境资源审判专业化，着力提升公正司法水平。省法院于2015年成立环境资源审判庭，东营、青岛、烟台3家中院和兰陵等5家基层法院设立专门环境资源审判庭，济南中院、淄博中院等8家法院在原有相关民事审判庭加挂了“环境资源审判庭”牌子，全省法院成立环境资源审判团队56个。目前从事环境资源审判的法官有554人，司法辅助人员646人。积极探索环境资源刑事、民事、行政案件“三合一”或民事、行政案件“二合一”归口审理模式，提高专业化审判水平。制定《环境资源审判咨询专家工作办法》，选聘15名环境资源领域专家组建审判专家库，专家以出席庭审发表意见、作为人民陪审员参审、提供咨询等方式参与审判230人（次）。加强环境资源审判理论研究工作，省法院与2所高校签订战略合作协议，设立环境资源司法理论研究基地，德州法院设立环境资源审判和生态文明法治教育基地。积极吸收人民陪审员参加审理环境资源案件，邀请人大代表、政协委员、环保协会等人员旁听庭审。在青岛市黄岛区法院审结的一起非法排放电镀废水案中，由该院院长担任审判长，人民陪审员参加审理，并邀请部分人大代表、政协委员、环保协会人员旁听庭审，公开开庭审理，收到了良好效果。

七是加强对下业务指导，着力打造环境司法山东品牌。省法院出台服务保障绿色发展、“四减四增”工作等规范性文件，指导全省法院充分发挥环境资源审判职能，助力打好污染防治攻坚战和“四减四增”三年行动计划部署。大力实施“精品审判”工程，研究制定环境资源审判类案裁判标准，充分发挥典型案例的示范带动和普法教育功能，定期组织专家学者、资深法官研究论证司法案例，全省法院先后公布100余个典型案例，有7个案例入选最高人民法院典型案例。定期举办环境资源审判业务培训班，2016年以来省法院组织专题培训6期，累计培训500人(次)，选派24名法官赴美国、澳大利亚参加环境资源法律和司法实践培训交流，提升全省法院环境资源司法能力。加强环境法治宣传工作，在“6·5”环境日等特殊时间节点集中开展环境法治宣传，召开新闻发布会14次，发布环境资源审判白皮书，并积极开展送法进校园、公众开放日等活动，宣传环境保护法律知识，向社会各界展示全省法院环境资源审判工作成效。中央电视台、《中国新闻》、《焦点访谈》、《法制日报》及省内30余家媒体对我省生态环境司法保护工作进行报道，我省法院服务人居环境治理相关做法在联合国环境规划署与最高人民法院主办的环境司法国际研讨会上予以推介。

二、环境资源审判工作存在的问题和不足

全省法院环境资源审判工作虽然取得一定成效，但是与人民群众对绿水青山的新需求相比，还存在一些问题和不足：

一是环境资源司法理念有待进一步转变。一些法院特别是法院领导干部对我省生态文明建设极端重要性和现实紧迫性认识不足，对环境资源审判工作仍然重视不够，导致环境资源审判工作发展不平衡。去年有的市法院受理的环境资源案件超过1000件，但也有5个市法院均不足300件。公益诉讼制度不健全，社会组织行使环境诉讼权利的积极性不高，我省有能力提起公益诉讼的社会组织少，提起的公益诉讼案件只有2件，其他12件均为省外公益组织提起。

二是环境司法保护力度有待进一步加大。打击污染环境、破坏生态工作仍需加强，2016年以来环境资源犯罪案件缓刑适用率为34.7%，高于普通刑事案件缓刑适用率，缓刑适用比例偏高。环境资源审判集中管辖制度有待完善，我省黄河流域、南四湖流域，一旦发生环境污染或生态破坏事件往往跨流域、跨区域，但是目前环境资源案件管辖一般按照行政区划划分，不利于整体统一的司法保护。一些法院与行政执法、公安、检察等部门的工作衔接不到位，在沟通协调、信息共享、证据认定等方面仍然不够顺畅，影响了环境资源保护的整体工作效能。

三是环境资源审判机制有待进一步健全。环境资源案件审理难度大，环境资源损害不是某个点上很具体的损害，多数污染面积较大，甚至有时候污染源和实际受污染的区域相距较远，确定污染损害结果与排污行为之间的因果关系难度较大，损害范围和具体损失确定也非常困难，案件处理较为棘手，审判周期较长。在执行内容方面除了金钱执行义务以外，往往还包括行为执行义务，比如责令企业停止生产、对生态环境进行修复等，目前我省环境资源修复基地数量很少，修复效果没有明确标准，缺乏第三方的评估监督，修复性判决结果执行较难。

四是环境资源专业化审判能力有待进一步提升。目前，随着基层法院内设机构的推进，单独设立环境资源庭的难度加大，是环境资源审判面临的新课题。环境资源审判具有很强的专业性和科学性，对审判团队的综合素质、专业素养要求都较高，现有审判团队配置和队伍审判能力、知识结构不能完全适应现实需要，是环境资源审判面临的新挑战。专家辅助人、人民陪审员、特邀调解员等参与环境资源案件审理，在一定程度上解决了专业技术难题，但参与度仍然较低，经费保障等相关配套措施不完善，如何更好地实现专业人才与审判团队的优势互补，是亟须研究解决的新问题。

三、下一步工作打算

环境资源审判是生态文明法治建设的重要内容，在生态文明体制改革和生态文明建设中发挥着不可替代的重要作用。下一步，全省法院要抓好以下几个方面的工作：

一是进一步提高政治站位。深入学习贯彻习近平新时代中国特色社会主义思想，学习贯彻习近平生态文明思想，着力在学懂弄通做实上下功夫，把服务打赢污染防治攻坚战、新旧动能转换等作为增强“四个意识”、坚定“四个自信”、做到“两个维护”的重要检验，确保把中央决策部署和省委具体要求落到实处。

二是进一步发挥环境资源审判职能。坚持以最严格制度、最严密法治惩治环境资源犯罪，依法审慎适用缓刑，加大罚金刑适用力度，保持对环境资源犯罪的高压态势。牢固树立恢复性司法理念，进一步坚持惩治违法犯罪、修复生态环境、赔偿经济损失有机统一，维护生态环境权益。支持检察机关和社会组织提起环境公益诉讼，配合推进环境资源修复基地建设，邀请环境保护非诉解纷组织进驻诉讼服务中心，形成生态环境保护的整体合力。

三是进一步创新环境资源审判机制。配齐配强环境资源审判力量，未设立环资庭的法院要在负责审理环境资源案件的部门加挂“环境资源审判庭”牌子，或设立环境资源合议庭，或成立专门审判团队，推动实现环境资源审判机构全覆盖。探索建立跨行政区划集中管辖制度，对国家级自然保护区、重要饮用水源地、国家级森林公园等特殊区域的案件，确定一个人民法庭或审判庭集中管辖，深入开展环境资源巡回审判。推动培育环境损害司法鉴定机构，大力推广专家辅助人制度，充分发挥人民陪审员、特邀调解员的作用，有效解决专业技术问题。

四是进一步加强环境资源审判队伍建设。加大改革创新力度，充分发挥绩效考核“指挥棒”作用，实现司法体制综合配套改革与环境资源审判队伍建设协同推进。优化环境资源立案规则、证据规则、裁判规则，健全完善环境资源案件裁判标准，不断提升准确把握裁判尺度和综合运用不同责任方式保护生态环境的能力。针对生态环境修复资金的保管、使用和环境修复机构的确定等重点环节，建立健全规章制度，严格按程序行使权力，防范廉政风险，确保公正廉洁司法。

主任、各位副主任、秘书长、各位委员，这次省人大常委会专门听取和审议环境资源审判工作情况报告，充分体现了对环境资源审判工作的高度重视和关心支持。我们将认真落实本次会议的审议意见，不忘初心、牢记使命，担当作为、狠抓落实，在新的起点上推动环境资源审判工作实现新发展，努力为美丽山东建设和经济高质量发展提供更加有力的司法保障，以优异成绩庆祝中华人民共和国成立70周年！

第二编
大事记

2019 年山东省高级人民法院大事记

1月

2—4 日，山东省高级人民法院（以下简称省法院）副院长张开兴在菏泽走访全国人大代表。

3 日，省法院一级巡视员尹佐海、审判委员会专职审判委员韩芳丽参加省法院直属机关委员会 2019 年第一次会议。

4 日，省法院院长张甲天在省委第一会议室参加会议。

是日，省法院副院长段大伟在最高人民法院汇报工作。

7 日，省法院院长张甲天在省委第一会议室参加省委常委会。

是日，省法院院长张甲天主持召开省法院 2019 年第一次党组（扩大）会议。

是日，省法院副院长傅国庆主持召开院机关年轻干警代表座谈会，征求对院党组民主生活会意见建议。

是日，省法院一级巡视员尹佐海在山东大厦参加山东政法智库成员座谈会。

是日，省法院一级巡视员程乐群在院机关主持召开全省法院执行工作调度会。

是日，省法院审判委员会专职审判委员韩芳丽在省政府礼堂收听收看打击整治枪支爆炸物品违法犯罪部际联席会议第二次全体会议暨全国全省专项行动视频推进会。

7—9 日，省法院副院长张开兴在昆明参加民革中央社会法制委会议。

8 日，省法院院长张甲天在省委参加省委理论学习中心组集体学习会。

是日，省法院召开省法院 2019 年审判委员会第一次（总第一次）全体会议。

是日，省法院副院长段大伟在浪潮集团走访全国人大代表孙丕恕。

是日，省法院一级巡视员尹佐海在南郊宾馆俱乐部参加省直机关工委党委书记述职报告。

8—9 日，省法院一级高级法官王继青在山东大厦参加全省农村工作会议。

9 日，省法院院长张甲天在南郊宾馆俱乐部礼堂参加全省领导干部会议。

是日，省法院院长张甲天在省委第一会议室参加省委理论学习中心组集体学习会。

是日，省法院召开 2018 年度党支部书记抓党建暨部门述职述廉会议。副院长傅国庆、张成武、吴锦标、段大伟，省纪委省监委驻省法院纪检监察组组长时耀华，一级巡视员尹佐海、程乐群，审判委员会专职审判委员韩芳丽，一级高级法官王继青等参加。

是日，省法院副院长傅国庆在省人大常委会会议厅参加省十三届人大会常委会第八次会议。

是日，省法院审判委员会专职审判委员韩芳丽在省委政法委参加相关专题会议。

10 日，省法院院长张甲天在省委第一会议室参加省委常委会。

是日，省法院院长张甲天主持召开会议，传达学习中央有关会议精神。

是日，省法院一级巡视员尹佐海在南郊宾馆参加全省人力资源和社会保障工作会议。

11 日，省法院院长张甲天在省政府礼堂山东分会场参加第十九届中央纪委第三次全体会议。

是日，省法院副院长傅国庆在南郊宾馆俱乐部礼堂参加全省财政工作会议。

13—14 日，省法院院长张甲天在南郊宾馆参加省委十一届八次全体会议。

14 日，省法院召开 2019 年第二次党组会议。

是日，省法院一级巡视员程乐群在院机关主持召开全省法院执行工作调度会。

14—16 日，省法院院长张甲天在北京参加中央政法工作会议。

15 日，省法院副院长傅国庆、张成武、吴锦标、段大伟、张开兴，省纪委省监委驻省法院纪检监察组组长时耀华等在省政府礼堂收听收看中央政法工作会议。

15—16 日，省法院一级巡视员尹佐海在日照市走访慰问困难职工。

16 日，省法院副院长傅国庆在省委政法委参加相关案件协调会。

是日，省法院副院长张成武主持召开省法院司法救助委员会2019年第一次会议。

是日，省法院副院长吴锦标在院机关主持召开全省法院推进执法办案工作视频会。

是日，省法院一级高级法官王继青在省政府礼堂参加全省公共机构能源资源节约和生态环境保护工作电视会议。

17日，省法院院长张甲天在北京国家法官学院新校区参加全国高级法院院长会议。

是日，省法院副院长傅国庆、张成武、吴锦标、段大伟，一级巡视员尹佐海、程乐群，审判委员会专职审判委员韩芳丽，一级高级法官王继青等在省委第一会议室参加党员领导干部会议。

是日，省法院副院长傅国庆在南郊宾馆俱乐部礼堂参加省纪委十一届四次全体会议第一次会议。

17—18日，省纪委省监委驻省法院纪检监察组组长时耀华在南郊宾馆俱乐部礼堂参加省纪委十一届四次全体会议。

18日，省法院院长张甲天在省委第一会议室参加省委常委会。

是日，省法院院长张甲天主持召开省法院党组2019年第三次党组（扩大）会议。

18—19日，省法院一级巡视员程乐群在北京汇报工作。

19日，省法院院长张甲天、省纪委省监委驻省法院纪检监察组组长时耀华与晋级人员集体谈话。

是日，省法院院长张甲天，副院长傅国庆、张成武、吴锦标、段大伟，省纪委省监委驻省法院纪检监察组组长时耀华等参加党组述职会。

21—24日，省法院一级巡视员程乐群在上海参加世界执行大会。

22日，省纪委省监委驻省法院纪检监察组组长时耀华在省纪委省监委机关参加会议。

是日，省法院副院长段大伟在省公安厅收听收看全国公安机关“净网2018”专项行动总结暨“净网2019”专项行动动员部署电视电话会议。

是日，省法院审判委员会专职审判委员韩芳丽、一级高级法官王继青参加刑事专业法官会。

23日，省法院院长张甲天主持2018年度省法院党组民主生活会专题学习暨党组中心组学习研讨。

24日，省法院院长张甲天在省人大常委会会议厅参加省十三届人大会常委会第九次会议。

是日，省法院副院长吴锦标主持召开服务民营企业经济发展措施征求意见座谈会。

25日，省法院院长张甲天，副院长傅国庆、张成武、吴锦标、段大伟，省纪委省监委驻省法院纪检监察组组长时耀华等在省政府礼堂参加省委政法工作会议暨全省扫黑除恶专项斗争工作视频会议。

是日，省法院院长张甲天在省委第一会议室参加省委常委会。

是日，省法院副院长张开兴在省政协机关参加省政协十二届常委会第五次会议。

是日，省法院审判委员会专职审判委员韩芳丽在山东大厦参加迎接2018年度全国打击侵犯知识产权和制售假冒伪劣商品违法犯罪活动绩效现场考核汇报会。

26日，省法院院长张甲天，副院长傅国庆、张成武、吴锦标、段大伟、张开兴，省纪委省监委驻省法院纪检监察组组长时耀华等到省政府礼堂、山东大厦参加省委政法工作会议暨全省扫黑除恶专项斗争工作视频会议。

27日，省法院院长张甲天，副院长傅国庆、张成武、吴锦标、段大伟、张开兴，省纪委省监委驻省法院纪检监察组组长时耀华，审判委员会专职审判委员韩芳丽，一级巡视员尹佐海、程乐群等在院机关参加全省中级法院院长会议。

28日，省法院院长张甲天走访宇培杲、尹忠显。

是日，省法院院长张甲天主持召开省法院2019年第四次党组（扩大）会。

是日，省法院副院长傅国庆在省公安厅参加省禁毒工作调度会议。

是日，省法院副院长张成武在泰安参加泰安中院党组2018年度民主生活会。

是日，省法院副院长张开兴在省政府礼堂参加全省安全生产电视会议。

29日，省法院院长张甲天，副院长傅国庆、张成武、吴锦标、张开兴，省纪委省监委驻省法院纪检监察组组长时耀华，审判委员会专职审判委员韩芳丽，一级巡视员尹佐海、程乐群等参加省法院离退休干部座谈会、省法院机关迎新春联欢会。

是日，省法院副院长傅国庆主持召开2019年审判委员会第二次全体会议。

是日，省纪委省监委驻省法院纪检监察组组长时耀华在山东法官培训学院参加山东法官培训学院党委2018年度民主生活会。

是日，省法院副院长段大伟在聊城参加聊城中院党组2018年度民主生活会。

30日，省法院院长张甲天，副院长傅国庆、张成武、吴锦标、段大伟，省纪委省监委驻省法院纪检监察组组长时耀华等参加省法院党组 2019 年度民主生活会，副院长张开兴列席。

是日，省法院一级巡视员尹佐海走访老党员。

是日，省法院审判委员会专职审判委员韩芳丽在省纪委省监委机关参加专题会议。

30—31 日，省法院副院长傅国庆在临沂参加临沂中院党组 2018 年度民主生活会。

31 日，省法院院长张甲天在山东大厦参加 2019 年山东省各界人士迎春茶话会。

是日，省纪委省监委驻省法院纪检监察组组长时耀华参加济南铁路运输中级法院党组 2018 年度民主生活会。

31 日至 2 月 1 日，省法院副院长吴锦标在青岛参加青岛中院党组 2018 年度民主生活会。

2月

1 日，省法院院长张甲天在省政府礼堂参加做好防范化解重大风险工作视频会议。

是日，省法院院长张甲天在惠民县乡村参加研究室党支部主题党日活动。

是日，省纪委省监委驻省法院纪检监察组组长时耀华参加青岛海事法院党组 2018 年度民主生活会。

2 日，省法院院长张甲天主持召开省法院 2019 年第五次党组会议。

是日，省法院召开院务会，传达学习有关文件会议精神，研究部署春节期间相关工作。

3 日，省法院院长张甲天在省法院机关相关部门慰问一线干警。

11 日，省法院院长张甲天，副院长傅国庆、张成武、吴锦标、段大伟、张开兴等在山东会堂参加全省“担当作为、狠抓落实”工作动员大会。

是日，省法院召开 2018 年度总结表彰大会。院长张甲天，副院长傅国庆、吴锦标、段大伟、张开兴，省纪委省监委驻省法院纪检监察组组长时耀华，审判委员会专职审判委员韩芳丽，一级巡视员尹佐海、程乐群等参加会议。

是日，省法院院长张甲天在省委第一会议室参加省委常委会。

是日，省法院副院长张成武在省人大常委会会议厅列席省十三届人大常委会第十次会议第一次全体会议。

是日，省纪委省监委驻省法院纪检监察组组长时耀华在院机关为全省法院作廉政教育辅导报告。审判委员会专职审判委员韩芳丽，一级巡视员尹佐海、程乐群等参加会议。

12 日，省法院院长张甲天在南郊宾馆俱乐部会议厅参加省两会中共党员负责人会议。

是日，省法院副院长张成武在省人大常委会会议厅列席省十三届人大常委会第十次会议第二次全体会议。

是日，省法院副院长吴锦标在院机关主持召开全省法院推进执法办案工作视频会议。

12—17 日，省法院副院长张开兴参加政协第十二届山东省委员会第二次会议。

13 日，省法院院长张甲天在山东会堂出席政协第十二届山东省委员会第二次会议开幕式。

是日，省法院副院长段大伟参加信息中心党支部主题党日活动。

13—18 日，省法院院长张甲天参加省十三届人大二次会议。

14 日，省法院副院长傅国庆在省委政法委参加相关案件协调会。

是日，省法院副院长张开兴在山东会堂列席省十三届人大二次会议第一次全体会议。

15 日，省法院副院长吴锦标主持召开省法院机关调研骨干座谈会。

是日，省法院副院长段大伟在院机关主持召开全省法院网上立案暨信息化工作视频调度会。

是日，省法院一级巡视员尹佐海在山东法官培训学院出席全省法院新入额法官集体宣誓仪式。

16 日，省法院院长张甲天在省十三届人大二次会议上作《山东省高级人民法院工作报告》。副院长张开兴列席会议。

17 日，省法院院长张甲天在山东会堂出席政协第十二届山东省委员会第二次会议闭幕式。

是日，省法院副院长傅国庆、张成武、吴锦标、段大伟，审判委员会专职审判委员韩芳丽，一级巡视员尹佐海、程乐群等带队到省两会听取代表、委员意见建议。

18 日，省法院副院长吴锦标、一级巡视员程乐群参加执行工作周调度会。

19 日，省法院院长张甲天主持召开省法院党组 2019 年第六次（扩大）会议。

是日，省法院召开审判委员会 2019 年第三次（总第三次）全体会议。

20 日，省法院院长张甲天、副院长张开兴在省政府常务会议室参加恒丰银行改革重组工作推进会。

是日，省法院院长张甲天、副院长段大伟陪同省委常委、组织部部长王可在省法院考察调研。

是日，省法院副院长傅国庆、审判委员会专职审判委员韩芳丽在院机关参加全国法院推进刑事案件认罪认罚从宽制度工作部署视频会议。

是日，省法院副院长段大伟在院机关参加全国法院涉诉信访工作视频会议。

是日，省法院审判委员会专职审判委员韩芳丽在省政府礼堂参加全国反邪教工作视频会议。

21日，省法院院长张甲天在济南市莱芜区法院、钢城区法院调研。

22日，省法院院长张甲天在省委第一会议室参加省委理论学习中心组集体学习会。

是日，省法院召开全省法院防范和化解涉诉信访案件工作落实年活动视频会议。院长张甲天，副院长傅国庆、张成武、吴锦标、段大伟，省纪委省监委驻省法院纪检监察组组长时耀华，审判委员会专职审判委员韩芳丽，一级巡视员尹佐海、程乐群，一级高级法官尚洪立等在院机关主会场参加会议。

是日，省法院副院长傅国庆在济南中院调研。

是日，省纪委省监委驻省法院纪检监察组组长时耀华在省纪委省监委机关参加派驻纪检监察组组长座谈会。

是日，省法院副院长张开兴陪同苏宁控股集团党委书记王哲在省法院调研。

是日，省法院副院长张开兴在省政府常务会议室列席省政府第三十二次常务会议。

23日，省法院召开党组理论学习中心组学习研讨会。院长张甲天，副院长傅国庆、张成武、吴锦标、段大伟，省纪委省监委驻省法院纪检监察组组长时耀华，审判委员会专职审判委员韩芳丽，一级巡视员尹佐海、程乐群等参加。

24—25日，省法院院长张甲天陪同最高人民法院政治部主任马世忠走访住青岛、潍坊等地全国人大代表。

25日，省法院副院长吴锦标主持召开执行工作周调度会。

是日，省法院副院长段大伟在省委第一会议室参加省委常委会。

是日，省法院一级巡视员尹佐海在山东法官培训学院参加座谈会。

26日，省法院院长张甲天在潍坊调研。

是日，省法院召开2019年审判委员会全体会议第四次（总第四次）会议。

是日，省纪委省监委驻省法院纪检监察组组长时耀华在省纪委省监委机关参加学习贯彻中央纪委省纪委全会精神专题辅导班。

是日，省法院副院长段大伟在省公安厅参加全国两会安保维稳工作视频会议。

是日，省法院副院长张开兴在省政府礼堂收听收看全国清欠工作电视电话会议。

26日至3月1日，省法院一级巡视员程乐群在青岛、烟台等地督导涉诉信访案件。

27日，省法院院长张甲天在省委第一会议室参加省委全面深化改革委员会第三次会议。

是日，省法院院长张甲天主持召开审判管理监督软件开发工作协调会。副院长吴锦标、段大伟参加。

是日，省纪委省监委驻省法院纪检监察组组长时耀华在省纪委省监委机关参加学习贯彻中央纪委省纪委全会精神专题辅导班。

是日，省法院副院长张开兴在省政府第一会议室参加相关专题会议。

是日，省法院一级巡视员尹佐海在省总工会机关参加常委会议。

28日，省法院院长张甲天在省委第一会议室参加省委常委会。

是日，省法院院长张甲天在南郊宾馆俱乐部会议厅参加会议。

是日，省法院副院长张开兴在淄博参加全省法院破产重整审判工作座谈会。

是日，省法院一级巡视员尹佐海在南郊宾馆俱乐部参加山东省总工会第十五届委员会第二次全体会议。

是日，省法院一级巡视员尹佐海在省总工会机关参加全省工会“担当作为、狠抓落实”工作部署会。

28日至3月1日，省纪委省监委驻省法院纪检监察组组长时耀华在滨州调研。

3月

1日，省法院院长张甲天，副院长傅国庆、张成武、吴锦标、段大伟、张开兴等在南郊宾馆俱乐部参加省委政法委员会第一次全体（扩大）会议。

是日，省法院院长张甲天、副院长傅国庆在山东大厦参加省委全面深化改革委员会社会体制改革专项小组第一次会议暨省委全面依法治省委员会司法协调小组第一次会议。

是日，省法院院长张甲天主持召开省法院党组2019年第七次（扩大）会议。

是日，省法院审判委员会专职审判委员韩芳丽在省政府礼堂参加全省网络借贷风险专项整治暨防范处置非法集资工作视频会议。

是日，省法院一级巡视员尹佐海在省总工会机关参加会议。

2—15 日，省法院院长张甲天在北京参加全国两会。

2—15 日，省法院副院长段大伟在北京信访值班。

3 日，省法院院长张甲天在最高人民法院参加法院系统全国人大代表、全国政协委员和列席全国人大会议高级法院院长座谈会。

4 日，省法院一级巡视员程乐群在院机关主持召开全省法院执行工作会议。

6 日，省法院副院长吴锦标在院机关主持召开 3 月份全省法院推进执行办案工作视频会议。

是日，省法院副院长吴锦标在济南市章丘区法院调研执行工作。

6—7 日，省法院一级巡视员尹佐海在威海参加组织人事处党支部主题党日活动。

7 日，省法院副院长张成武、吴锦标，省纪委省监委驻省法院纪检监察组组长时耀华，审判委员会专职审判委员韩芳丽，一级巡视员程乐群等在院机关参加省法院庆祝三八妇女节“巾帼心向党、建功新时代”宣讲活动。

是日，省法院副院长吴锦标在济南市历下区法院调研执行工作。

8 日，省法院副院长傅国庆在省纪委监察干部培训学院参加全省追逃防逃工作推进会议。

是日，省法院副院长傅国庆召集相关部门负责人研究 2019 年司改工作要点。

是日，省法院副院长吴锦标主持召开切实解决执行难工作机制调研座谈会。

是日，省法院副院长吴锦标参加省法院机关审判执行工作调度会。

是日，省法院一级巡视员程乐群在南郊宾馆俱乐部会议厅参加打造乡村振兴齐鲁样板重点工作推进会议。

10 日至 4 月 27 日，省法院副院长张开兴在香港参加第六届中国高级法官法学博士课程培训。

12 日，省法院副院长吴锦标参加办公室党支部组织生活会。

是日，省法院一级高级法官尚洪立在山东政协大厦参加省政协十二届二次会议提案交办会。

13 日，省法院副院长吴锦标在济南市市中区法院、长清区法院调研执行工作。

是日，省法院一级巡视员尹佐海在山东法官培训学院参加座谈会。

14 日，省法院副院长傅国庆、审判委员会专职审判委员韩芳丽在院机关参加全省法院扫黑除恶专项斗争视频调度推进会。

是日，省法院副院长吴锦标、一级巡视员程乐群等参加基本解决执行难表彰筹备工作调度会。

15 日，省法院召开党组理论学习中心组集体学习。

是日，省法院副院长傅国庆在山东大厦参加全省农商银行涉案涉诉案件推进会。

18 日，省法院院长张甲天在省委第一会议室参加省委常委会。

是日，省法院院长张甲天主持召开省法院党组 2019 年第八次（扩大）会议。

是日，省法院副院长吴锦标在院机关主持召开全省法院执行工作调度会。

18—19 日，省法院副院长傅国庆在潍坊参加省委政法委组织召开的相关案件协调会。

19 日，省法院院长张甲天，副院长张成武、吴锦标、段大伟，省纪委省监委驻省法院纪检监察组组长时耀华，审判委员会专职审判委员韩芳丽，一级巡视员尹佐海、程乐群，一级高级法官尚洪立等在院机关收听收看全国法院学习贯彻 2019 年全国两会精神电视电话会议。

是日，省法院召开 2019 年审判委员会第五次（总第五次）全体会议。

19—20 日，省法院副院长傅国庆在烟台调研。

20 日，省法院副院长段大伟在院机关参加全省法院防范和化解涉诉信访案件工作落实年活动视频调度会。

20—21 日，省法院院长张甲天在东营调研。

20—22 日，省法院一级巡视员尹佐海陪同国家法官学院党委书记、院长黄文俊一行在省法院机关、山东法官培训学院、泰安、临沂等地调研。

21 日，省法院副院长傅国庆在南郊宾馆参加相关会议。

21—23 日，省法院副院长段大伟在浙江宁波参加中国移动微法院试点推进会。

22 日，省法院院长张甲天在山东大厦主持召开山东省法官检察官遴选和惩戒委员会成立大会。

是日，省法院副院长傅国庆在山东大厦参加山东省法官检察官遴选和惩戒委员会成立大会暨委员会第一次全体会议。

是日，省法院审判委员会专职审判委员韩芳丽在省委政法委参加相关案件协调会。

22—23 日，省法院副院长傅国庆在最高人民法院汇报工作。

23 日，省法院院长张甲天在南郊宾馆俱乐部礼堂省直分会场参加全省重点工作推进会——新旧动能转换项目落地现场观摩总结交流会。

25 日，省法院院长张甲天在省委第一会议室参加全面依法治省委员会第二次全体会议。

是日，省法院院长张甲天在南郊宾馆俱乐部会议厅参加省委理论学习中心组集体学习会。

是日，省法院召开 2019 年第九次党组（扩大）会议。

是日，省纪委省监委驻省法院纪检监察组组长时耀华在省纪委参加选派第一书记动员会。

是日，省法院审判委员会专职审判委员韩芳丽在省政府礼堂收听收看全国反恐怖工作视频会议。

是日，省法院一级巡视员尹佐海主持召开院务会，部署全国文明单位创建考核有关工作。

26 日，省法院院长张甲天在省工商联参加服务保障民营经济和高质量发展座谈会。

是日，省法院召开 2019 年审判委员会全体会议第九次（总第九次）会议。

是日，省法院副院长傅国庆在省政府礼堂参加省扫黑除恶专项斗争领导小组第六次（扩大）会议。

是日，省法院副院长段大伟在省法院分会场参加全国法院新闻舆论工作视频会议。

27 日，省法院院长张甲天在省人大常委会会议厅参加省十三届人大常委会第十一次会议第一次全体会议。

是日，省法院院长张甲天在省委第一会议室参加省委常委会。

是日，省法院副院长段大伟在院机关参加最高人民法院组织召开的 2019 年人民法院数据管理工作部署视频会。

是日，省法院副院长段大伟主持召开由分管部门负责人参加的工作调度会，听取一季度工作情况汇报，部署下一步工作。

是日，省法院一级巡视员尹佐海在院机关陪同第六届全国文明单位考核督导组考核 2018 年度创建全国文明单位工作。

27—29 日，省法院一级巡视员尹佐海在最高人民法院参加全国法院队伍建设工作会议。

28 日，省法院院长张甲天，副院长傅国庆、张成武、吴锦标、段大伟，省纪委省监委驻省法院纪检监察组组长时耀华，审判委员会专职审判委员韩芳丽，一级巡视员程乐群，一级高级法官尚洪立等在院机关山东分会场收听收看全国法院 2019 年党风廉政建设和反腐败工作视频会议。

是日，省法院院长张甲天，副院长傅国庆、张成武、吴锦标、段大伟，省纪委省监委驻省法院纪检监察组组长时耀华，审判委员会专职审判委员韩芳丽，一级巡视员程乐群，一级高级法官尚洪立等在院机关山东分会场收听收看全国法院队伍建设工作会议。

28—30 日，省法院副院长傅国庆在安徽合肥参加最高人民法院组织召开的八省、自治区刑事审判工作座谈会。

29 日，省法院院长张甲天主持党组理论学习中心组 2019 年第三次集中学习研讨。

是日，省法院副院长张成武在省人大常委会会议厅参加省十三届人大常委会第十一次会议第二次全体会议。

是日，省法院副院长段大伟在南郊宾馆俱乐部参加省委台港澳工作会议。

30—31 日，省法院院长张甲天、审判委员会专职审判委员韩芳丽在潍坊参加相关会议。

31 日至 4 月 3 日，省法院副院长傅国庆在江苏常州参加第七次全国刑事审判工作会议主报告征求意见座谈会。

4月

1 日，省法院召开 2019 年第十次党组会议。

是日，省法院副院长吴锦标在济南珍珠泉宾馆参加“e 租宝”案件善后处置工作动员部署会。

1—2 日，省法院院长张甲天在潍坊、淄博等地调研。

2 日，省法院召开审判委员会全体会议 2019 年第七次（总第七次）会议。

是日，省纪委省监委驻省法院纪检监察组组长时耀华在院机关参加新晋升科级干部集体谈话会议。

是日，省法院一级巡视员尹佐海在省直机关工委汇报工作。

是日，省法院一级巡视员尹佐海在山东法官培训学院参加座谈会。

3 日，省法院院长张甲天陪同最高人民法院副院长高憬宏在潍坊调研。

是日，省法院审判委员会专职审判委员韩芳丽在省公安厅参加全省反恐怖工作视频会议。

是日，省法院一级巡视员尹佐海在院机关参加省法院直属机关党委 2019 年第四次会议。

4 日，省法院院长张甲天，副院长傅国庆、张成武、吴锦标、段大伟，省纪委省监委驻省法院纪检监察组组长时耀华，审判委员会专职审判委员韩芳丽，一级巡视员尹佐海、程乐群，一级高级法官尚洪立等在院机关参加全省法院基本解决执行难表彰会、全省法院党风廉政建设和反腐败工作暨“廉洁司法、担当作为”集中警示教育活动动员会议。

5—9 日，省法院副院长傅国庆在潍坊指导相关案件审理工作。

8 日，省法院院长张甲天在省委政法委参加相关案件协调会。

是日，省法院副院长吴锦标在院机关参加全省法院执行调度会暨贯彻落实全省执行工作表彰会精神动员部署会。

是日，省法院一级巡视员尹佐海在院机关参加第一书记座谈会。

9 日，省法院召开审判委员会全体会议 2019 年第八次（总第八次）会议。

是日，省法院副院长张成武在济南珍珠泉宾馆参加省人大常委会大气污染防治“一法一条例”执法检查组全体会议。

是日，省法院副院长吴锦标在院机关主持召开司法透明度指标工作调度会。

是日，省法院审判委员会专职审判委员韩芳丽在山东法官培训学院参加 2019 年度全省法院非法集资犯罪案件审判专题培训班开班式。

9—12 日，省法院院长张甲天在潍坊调研。

10 日，省法院副院长吴锦标主持召开由相关部门负责人参加的司法透明度指数协调会。

10—11 日，省法院副院长张成武在东营法院调研并走访民营企业家。

10—19 日，省法院副院长傅国庆在潍坊调研。

11 日，省法院副院长吴锦标在省纪委省监委参加全省政法调研工作视频会议。

是日，省法院副院长段大伟，一级巡视员尹佐海、程乐群，一级高级法官尚洪立等在院机关参加省法院“牢记使命，担当作为”主题报告会，观看警示教育片。

是日，省法院副院长段大伟在省公安厅参加全省安保维稳工作视频会议。

是日，省法院审判委员会专职审判委员韩芳丽在省政府参加外事接待工作协调会。

11—12 日，省法院副院长张成武在淄博调研。

11—12 日，省纪委省监委驻省法院纪检监察组组长时耀华在青岛中院、青岛海事法院调研指导工作。

11—13 日，省法院副院长吴锦标在最高人民法院汇报工作。

12 日，省法院院长张甲天在省委参加相关会议。

是日，省法院副院长段大伟主持召开分管部门负责人工作调度会。

13 日，省法院院长张甲天在北京参加相关会议。

是日，省法院副院长段大伟在山东大厦参加第五期山东干部讲堂。

14—16 日，省法院院长张甲天在潍坊调研。

15 日，省纪委省监委驻省法院纪检监察组组长时耀华在省纪委监委机关开会。

是日，省法院一级巡视员尹佐海在院机关参加“千名干部下基层”金乡县乡村振兴服务队座谈会。

15—17 日，省法院副院长吴锦标在四川德阳参加最高人民法院组织召开的为推动高质量发展提供司法服务和保障专题座谈会。

16 日，省法院副院长张成武在济南调研。

是日，省纪委省监委驻省法院纪检监察组组长时耀华、一级巡视员程乐群在院机关主持召开加强安全生产领域监督执纪问责工作座谈会。

是日，省法院一级巡视员尹佐海陪同山东省作家协会相关领导在省法院考察调研。

16—18 日，省法院院长张甲天在中央党校学习。

16—18 日，省法院副院长段大伟在滨州、德州等地调研。

17 日，省法院一级巡视员程乐群在省政府参加全省安全生产和大气污染防治工作电视会议。

17—18 日，省法院副院长张成武在武城县法院、平原县法院调研。

17—18 日，省法院一级高级法官尚洪立在滨州调研。

18 日，省法院审判委员会专职审判委员韩芳丽在省政府参加专题会议。

19 日，省法院副院长吴锦标在山东法官培训学院为全省法院执行业务培训班授课。

19—21 日，省法院院长张甲天在北京法院考察调研。

22 日，省法院院长张甲天主持召开 2019 年第十一次党组（扩大）会议。

是日，省纪委省监委驻省法院纪检监察组组长时耀华在山东大厦参加全省巡视巡察工作会议。

22—26 日，省法院审判委员会专职审判委员韩芳丽在莱西、烟台等地调研。

22—26 日，省法院一级巡视员尹佐海在省委党校参加制度创新专题研讨班。

23 日，省法院院长张甲天主持召开审判委员会全体会议 2019 年第九次（总第九次）会议。

是日，省法院副院长吴锦标在院机关参加“知识产权日”活动和《服务保障民营经济高质量发展十条》新闻发布会。

是日，省法院副院长吴锦标在莘县办理信访案件。

是日，省法院副院长段大伟陪同省人大代表在院机关调研。

23—26日，省法院一级巡视员程乐群在济宁、菏泽等地调研。

24日，省法院院长张甲天在省委第一会议室参加省委常委会第127次会议。

24—26日，省法院副院长张成武在东平县、肥城市、微山县等地调研。

24—26日，省法院副院长吴锦标在福建石狮市参加最高人民法院组织的“石狮杯”执行信息化建设与应用有奖征文颁奖仪式暨“基本解决执行难”先进经验推进会。

25日，省法院院长张甲天在济南法院调研。

是日，省法院副院长傅国庆在省委政法委参加省扫黑除恶专项斗争领导小组办公室主任（扩大）会议。

是日，省纪委省监委驻省法院纪检监察组组长时耀华在省纪委汇报工作。

是日，省纪委省监委驻省法院纪检监察组组长时耀华在省纪委省监委机关参加纵深推进扫黑除恶专项斗争监督执纪问责工作会议。

26日，省法院副院长段大伟在院机关收听收看人民法院司法警察执法勤务警员职务序列改革部署电视电话会议。

28日，省法院院长张甲天主持召开省法院机关庆五四青年干警座谈会。

是日，省法院院长张甲天在南郊宾馆俱乐部参加省委理论中心组集体学习会。

是日，省法院副院长傅国庆、吴锦标，省纪委省监委驻省法院纪检监察组组长时耀华，一级巡视员尹佐海，一级高级法官尚洪立等参加省法院第四届健步走活动。

29日，省法院院长张甲天主持召开省法院党组理论学习中心组2019年第四次集体学习研讨会。

是日，省法院院长张甲天在省委第一会议室列席省委常委会。

是日，省法院一级巡视员尹佐海在山东大厦参加山东省庆祝五一国际劳动节暨富民兴鲁劳动奖获得者表彰大会。

30日，省法院召开审判委员会全体会议2019年第十次（总第十次）会议。

是日，省法院召开院务会，安排部署五一节期间相关工作。

是日，省法院一级巡视员尹佐海在山东剧院参加省直机关纪念五四运动100周年文艺会演活动。

5月

5日，省法院副院长吴锦标主持召开执行局局长办公会。

是日，省法院副院长吴锦标在院机关参加全省法院执行工作调度会。

5—31日，省法院副院长张开兴在北京国家法官学院参加中国高级法官博士班培训。

6日，省法院院长张甲天主持召开2019年第十二次党组（扩大）会议。

是日，省法院副院长吴锦标在院机关主持召开全省法院推进执法办案工作第四次视频会议。

7日，省法院院长张甲天在济南平阴、长清调研。

是日，省法院副院长吴锦标在济宁市、鄄城县、菏泽市等地协调相关案件。

7—8日，省法院副院长傅国庆在最高人民法院开会。

8日，省法院院长张甲天在济南法院调研。

是日，省纪委省监委驻省法院纪检监察组组长时耀华在济南铁路运输中级法院调研。

是日，省法院一级高级法官尚洪立在山东大厦参加省委组织召开的乡村组织振兴工作专班第一次工作会议。

8—9日，省法院审判委员会专职审判委员韩芳丽在济宁调研。

9日，省法院院长张甲天在省委参加省级领导干部会议。

是日，省纪委省监委驻省法院纪检监察组组长时耀华在省委政法委参加相关案件督办会。

9—10日，省法院一级巡视员程乐群在红旗渠和安阳市爱国主义教育基地参加司法技术党支部主题党日活动。

10日，省法院院长张甲天、副院长傅国庆在南郊宾馆俱乐部参加中央扫黑除恶督导“回头看”工作汇报会。

是日，省法院院长张甲天在南郊宾馆俱乐部礼堂参加中央第三生态环境保护督察组对山东省开展“回头看”情况反馈会。

是日，省法院副院长傅国庆、吴锦标，省纪委省监委驻省法院纪检监察组组长时耀华，一级巡视员尹佐海，一级高级法官尚洪立，审判委员会专职审判委员韩芳丽等在院机关观看内部资料片。

是日，省法院副院长吴锦标在执行指挥中心调度执行工作。

是日，省法院副院长段大伟在山东大厦参加省委保密委员会全体会议、全省保密工作会议。

13 日，省法院院长张甲天主持召开 2019 年第十三次党组会议。

是日，省法院副院长吴锦标在院机关主持召开全省法院执行工作调度会。

13—15 日，省法院审判委员会专职审判委员韩芳丽在河北廊坊参加中国女法官协会理事会会议。

14 日，省法院院长张甲天、副院长傅国庆在南郊宾馆俱乐部参加中央扫黑除恶督导“回头看”情况反馈会。

是日，省法院召开审判委员会全体会议 2019 年第十一次（总第十一次）会议。

是日，省法院副院长段大伟在院机关参加全省法院立案信访工作视频调度会。

是日，省法院一级巡视员尹佐海在山东法官培训学院座谈。

14—16 日，省法院副院长张成武在烟台调研。

15 日，省法院院长张甲天、副院长段大伟在院机关陪同省大数据局局长马越男一行调研指导智慧法院建设工作。

是日，省法院副院长傅国庆在南郊宾馆俱乐部参加中央依法治国办座谈会。

15—16 日，省纪委省监委驻省法院纪检监察组组长时耀华在青岛调研。

15—17 日，省法院副院长吴锦标在江苏苏州参加第十三次苏浙沪鲁闽法院执行工作协作会议。

17 日，省法院院长张甲天在南郊宾馆参加全省新旧动能转换项目推进会暨“双招双引”工作表彰大会。

是日，省法院副院长傅国庆在山东大厦参加专题座谈会。

是日，省纪委省监委驻省法院纪检监察组组长时耀华在省纪委开会。

17—18 日，省法院副院长张成武陪同最高人民法院专委刘贵祥在荣成市调研。

20 日，省法院院长张甲天、副院长傅国庆在省委政法委参加专题会议。

是日，省法院院长张甲天主持召开 2019 年第十四次党组（扩大）会议。

是日，省法院副院长张成武在院机关参加 2018 年行政审判白皮书暨行政审判保护民营经济典型案例新闻发布会。

是日，省法院副院长吴锦标在院机关参加全省法院执行工作调度会。

21 日，省法院召开审判委员会全体会议 2019 年第十二次（总第十二次）会议。

21—22 日，省法院副院长张成武在河南洛阳参加最高人民法院组织召开的跨行政区划管辖改革调研座谈会。

21—23 日，省法院一级巡视员程乐群在青岛调研。

21—25 日，省法院院长张甲天在泰安、临沂等地调研。

22 日，省法院副院长傅国庆主持召开专案协调调度会。

是日，省法院副院长傅国庆在省金融办座谈。

是日，省纪委省监委驻省法院纪检监察组组长时耀华在院机关主持召开纪检监察工作视频会议，传达学习党组扩大会议精神。

22—24 日，省法院副院长吴锦标在菏泽协调相关案件。

22—24 日，省法院副院长段大伟在东营、淄博等地调研。

23 日，省法院副院长傅国庆在济南中院调研。

是日，省法院副院长傅国庆在省公安厅参加省扫黑除恶专项斗争领导小组第七次（扩大）会议。

24 日，省法院审判委员会专职审判委员韩芳丽在院机关参加刑事专业法官会议。

24—25 日，省纪委省监委驻省法院纪检监察组组长时耀华在河南安阳参加省法院纪检监察党支部主题党日活动。

27 日，省法院院长张甲天主持召开 2019 年第十五次党组（扩大）会议。

是日，省法院副院长吴锦标在院机关参加全省法院执行工作调度会。

是日，省法院副院长段大伟主持召开相关部门负责人参加的协调会，安排部署内外网站建设问题。

28 日，省法院召开审判委员会全体会议 2019 年第十三次（总第十三次）会议。

29 日，省法院院长张甲天、副院长吴锦标在院机关山东分会场参加全国法院执行工作视频会。

是日，省法院一级巡视员尹佐海在省政府参加全省就业创业工作电视电话会议。

是日，省法院一级高级法官尚洪立在省政府礼堂参加全省安全生产电视会议。

29—30日，省法院一级巡视员尹佐海在临沂调研。

30日，省法院院长张甲天主持召开省法院党组理论学习中心组学习研讨会。

是日，省纪委省监委驻省法院纪检监察组组长时耀华在山东大厦参加深化省纪委省监委派驻机构改革部署动员会。

是日，省法院政治部主任褚振东到院报到。

31日，省法院院长张甲天在南郊宾馆俱乐部礼堂收听收看“不忘初心、牢记使命”主题教育工作会议第一次全体会议。

是日，省法院院长张甲天、副院长段大伟在院机关参加部分法院防范化解涉诉信访案件工作视频调度会。

是日，省法院副院长傅国庆、审判委员会专职审判委员韩芳丽在院机关参加全国法院贯彻执行毒品犯罪案件证据规则工作部署视频会议。

是日，省法院审判委员会专职审判委员韩芳丽在院机关参加少年法庭工作新闻发布会。

是日，省法院一级巡视员尹佐海在山东大厦参加省妇女儿童工作委员会全体成员（扩大）会议。

6月

1日，省法院副院长吴锦标在院机关参加部分中级法院执行局局长座谈会。

2—6日，省法院一级巡视员尹佐海在国家法官学院参加全国法院“三同步”培训班。

3日，省法院院长张甲天、政治部主任褚振东在南郊宾馆俱乐部礼堂参加山东省“不忘初心、牢记使命”主题教育工作会议。

是日，省法院召开审判委员会全体会议2019年第十四次（总第十四次）会议。

4日，省法院院长张甲天在省委第一会议室列席省委常委会。

是日，省法院副院长张成武在院机关参加环境日新闻发布会。

是日，省法院副院长吴锦标在高唐县为省十三届人大代表学习班作专题辅导。

是日，省法院副院长段大伟主持召开院务会，研究部署省法院外网建设有关工作。

是日，省法院副院长张开兴在济南市历下区法院姚家法庭调研。

是日，省法院副院长张开兴在省政府常务会议室列席省政府第三十九次常务会议。

5日，省法院副院长张开兴在济南法院调研。

5—6日，省法院副院长吴锦标在聊城、滨州等地调研。

5—6日，省法院审判委员会专职审判委员韩芳丽在平邑县调研。

6日，省法院院长张甲天主持召开2019年第十六次党组（扩大）会议。

是日，省法院在B座四楼大法庭召开“不忘初心、牢记使命”主题教育工作会议。院长张甲天、省委“不忘初心、牢记使命”主题教育第八巡回指导组组长郭建磊出席会议并讲话，副院长傅国庆、张成武、张开兴，省纪委省监委驻省法院纪检监察组组长时耀华，政治部主任褚振东，一级巡视员程乐群，一级高级法官尚洪立等参加会议。

是日，省法院副院长张成武在院机关主持召开部分中院行政审判工作座谈会。

10日，省法院院长张甲天主持召开2019年第十七次党组会议。

是日，省法院副院长吴锦标在院机关参加全省法院执行工作调度会。

是日，省法院一级巡视员尹佐海参加直属机关党委2019年第五次党委会。

10—16日，省法院副院长傅国庆、张成武、吴锦标、段大伟、张开兴，省纪委省监委驻省法院纪检监察组组长时耀华，政治部主任褚振东，审判委员会专职审判委员韩芳丽，一级巡视员尹佐海，一级高级法官尚洪立等在省委党校参加山东省“不忘初心、牢记使命”主题教育读书班。

11—13日，省法院院长张甲天在江西南昌参加全国高级法院院长座谈会。

11—15日，省法院一级巡视员程乐群陪同最高人民法院咨询委员会第八调研组在省法院机关、淄博、莱州、威海、青岛等地调研。

13日，省法院副院长段大伟在院机关山东分会场收听收看全国高级法院院长座谈会。

14—16日，省法院院长张甲天在省委党校参加山东省“不忘初心、牢记使命”主题教育读书班。

16日，省法院院长张甲天在山东会堂参加山东干部讲堂（郭永怀事迹报告会）。

17日，省法院院长张甲天主持召开审判委员会全体会议2019年第十五次（总第十五次）会议。

是日，省法院院长张甲天主持召开2019年第十八次党组（扩大）会议。

是日，省法院副院长张成武在省政府常务会议室参加省政府第四十次常务会议。

是日，省法院审判委员会专职审判委员韩芳丽在珍珠泉宾馆参加省人大常委会安全生产“一法一条例”执法检查组全体会议。

17—21 日，省纪委省监委驻省法院纪检监察组组长时耀华在山东法院司法警察训练基地参加全省法院纪检监察综合业务培训班。

18 日，省法院院长张甲天在山东大厦参加全省公安工作会议。

是日，省法院院长张甲天、副院长傅国庆陪同全国人大监察和司法委员会调研组在省法院调研座谈。

是日，省法院副院长吴锦标在院机关主持召开全省三级法院推进执法办案工作第五次视频会议、主持召开全省中级法院院长会议筹备工作调度会。

18—19 日，省法院副院长段大伟在烟台调度信访积案化解工作。

19 日，省法院院长张甲天与省公安厅、省法院刑庭有关人员座谈。

是日，省法院副院长傅国庆，审判委员会专职审判委员韩芳丽，一级高级法官尚洪立等在院机关参加毒品审判业务视频会议。

是日，省法院副院长傅国庆主持召开司改工作推进协调会。

19—21 日，省法院副院长张开兴在临沂、青岛、潍坊等地办理信访案件。

19—22 日，省法院副院长吴锦标在青州参加省委政法委会议。

20 日，省法院院长张甲天，副院长傅国庆、张成武，政治部主任褚振东等在济南南郊宾馆俱乐部参加省委政法委员会第二次全体（扩大）会议。

是日，省法院副院长张成武主持召开 2019 年第二次（总第十四次）司法救助委员会全体委员会议。

20—21 日，省法院副院长段大伟在威海调度信访积案化解工作。

20—26 日，省法院一级巡视员程乐群在济南市章丘区参加山东省“不忘初心、牢记使命”主题教育第二期读书班。

21 日，省法院一级巡视员尹佐海在济南南郊宾馆俱乐部参加全省工会学习贯彻习近平总书记关于工人阶级和工会工作的重要论述座谈会。

24 日，省法院院长张甲天开庭审理案件。副院长傅国庆、张成武、吴锦标、段大伟、张开兴，省纪委省监委驻省法院纪检监察组组长时耀华，审判委员会专职审判委员韩芳丽，一级高级法官尚洪立、王继青等在信息集控管理中心观摩庭审。

是日，省法院院长张甲天主持召开审判委员会全体会议 2019 年第十六次（总第十六次）会议。

是日，省法院院长张甲天主持召开 2019 年第十九次党组会议。

是日，省法院副院长傅国庆在院机关出席毒品案件审判工作新闻发布会。

是日，省法院一级巡视员尹佐海在省政府礼堂参加全省违建别墅问题清查整治专项行动和国土规划编制部署电视会议。

25 日，省法院院长张甲天在省委参加会议。

是日，省法院副院长吴锦标在院机关参加最高人民法院组织的全国法院执行局长第六次例会。

是日，省法院副院长吴锦标在济南珍珠泉宾馆为省十三届人大代表学习班作专题辅导。

25—27 日，省法院副院长张成武在淄博开展行政案件管辖调研。

25—27 日，省法院审判委员会专职审判委员韩芳丽在菏泽市曹县督办案件。

26 日，省法院副院长张开兴在莱西督导案件。

26—27 日，省法院副院长傅国庆在潍坊调研。

26—28 日，省法院副院长段大伟在泰安调研。

27 日，省法院副院长吴锦标在山东省干部学院参加《中国共产党农村基层组织工作条例》专题培训会。

是日，省法院副院长张开兴在院机关主持召开全省道交纠纷“网上数据一体化处理”工作推进会。

是日，省法院政治部主任褚振东陪同中国法官协会秘书长王卫一行在省法院调研座谈。

是日，省法院一级巡视员程乐群在省人大参加安徽省人大执行难工作调研座谈会。

27—28 日，省法院一级高级法官王继青陪同中国法官协会秘书长王卫一行在青岛调研。

28 日，省法院院长张甲天参加研究室党支部主题党日活动。

是日，省法院院长张甲天，副院长傅国庆、张成武、吴锦标、段大伟，省纪委省监委驻省法院纪检监察组组长时耀华，政治部主任褚振东，审判委员会专职审判委员韩芳丽，一级巡视员尹佐海、程乐群，一级高级法官尚洪立等在院机关参加郭永怀事迹报告会。

是日，省法院院长张甲天，副院长傅国庆、张成武、吴锦标、段大伟，省纪委省监委驻省法院纪检监察组组长时耀华，政治部主任褚振东，审判委员会专职审判委员韩芳丽，一级巡视员尹佐海、程乐群，一级高级法官尚洪立等在院机关参加省法院党组理论学习中心组第六次集体学习研讨。

是日，省法院院长张甲天主持召开审判委员会全体会议2019年第十七次（总第十七次）会议。

28—30日，省法院副院长张开兴在青岛督办案件。

29日，省法院院长张甲天参加省委组织的省领导集体参观济南战役纪念馆、省廉政教育馆活动。

30日，省法院院长张甲天在济南南郊宾馆俱乐部礼堂参加山东省庆祝中国共产党成立98周年暨表彰大会。

是日，省法院副院长傅国庆在省政府礼堂参加相关会议。

7月

1日，省法院院长张甲天，副院长傅国庆、张成武、吴锦标、段大伟，省纪委省监委驻省法院纪检监察组组长时耀华，政治部主任褚振东，审判委员会专职审判委员韩芳丽，一级巡视员尹佐海、程乐群，一级高级法官尚洪立、王继青等在院机关参加机关党建表彰大会。

是日，省法院院长张甲天，副院长傅国庆、吴锦标、段大伟等在院机关山东分会场参加最高人民法院组织召开的全国法院特赦工作视频会议。

是日，省法院副院长段大伟在院机关主持召开全省法院网上立案工作视频推进会。

2日，省法院院长张甲天在济南法院调研。

是日，省法院政治部主任褚振东在院机关参加省法院与省委党校建设法治共享教学实践基地揭牌活动。

2—4日，省法院副院长傅国庆在江苏南京参加全国法院涉外刑事审判工作调研座谈会。

2—4日，省法院副院长张开兴在黑龙江哈尔滨参加全国法院民商事审判工作会议。

3日，省法院院长张甲天在院机关收听收看最高人民法院组织召开的全国法院民商事审判工作会议。

是日，省法院召开全省法院长期未结诉讼案件清理工作推进会。

是日，省法院副院长吴锦标在省委改革办参加相关工作座谈会。

是日，省纪委省监委驻省法院纪检监察组组长时耀华在山东法官培训学院调研。

是日，省法院政治部主任褚振东主持召开协调会，调度全省法院党建工作会议暨中级法院院长座谈会筹备工作。

3—7日，省法院一级巡视员程乐群在青岛参加全国法院机关后勤服务协作组华东组工作座谈会暨山东法院系统第一届厨艺竞赛。

4日，省法院院长张甲天、一级巡视员尹佐海与省财政厅厅长刘兴云一行在院机关座谈。

是日，省法院召开审判委员会全体会议2019年第十八次（总第十八次）会议。

是日，省法院副院长张成武在山东建筑大学、山东师范大学出席山东省高级人民法院与山东建筑大学、山东师范大学共建“环境资源司法理论研究基地”战略合作协议签约及揭牌仪式。

是日，省纪委省监委驻省法院纪检监察组组长时耀华在济南铁路运输中级法院、济南铁路运输法院调研。

4—5日，省法院审判委员会专职审判委员韩芳丽在北京参加全国扫黑办座谈会。

5—6日，省法院院长张甲天，副院长傅国庆、张成武、吴锦标、段大伟、张开兴，省纪委省监委驻省法院纪检监察组组长时耀华，政治部主任褚振东，审判委员会专职审判委员韩芳丽，一级巡视员尹佐海，一级高级法官尚洪立、王继青等在山东法官培训学院参加全省法院党建工作会议暨中级法院院长座谈会。

8日，省法院院长张甲天主持召开2019年第二十次党组（扩大）会议。

是日，省法院召开审判委员会全体会议2019年第十九次（总第十九次）会议。

9日，省法院院长张甲天在山东会堂参加“不忘初心、牢记使命”专题党课。

是日，省法院副院长吴锦标在省委改革办参加相关会议。

9—10日，省法院一级巡视员尹佐海在最高人民法院博物馆考察学习。

9—12日，省法院审判委员会专职审判委员韩芳丽在胶州市、潍坊市潍城区协调指导案件审理工作。

10日，省法院院长张甲天在济南南郊宾馆参加山东省委十一届九次全体会议。

是日，省法院副院长傅国庆在济南珍珠泉宾馆为省扫黑除恶专项斗争培训班作辅导讲话。

是日，省法院副院长段大伟陪同济南市公安局历下区分局局长郑宏一行在院机关走访座谈。

是日，省法院政治部主任褚振东与部分干警就“不忘初心、牢记使命”主题教育征求意见建议进行座谈。

11日，省法院院长张甲天在省公安厅参加全省政法机关营创法治营商环境动员部署视频会议。

是日，省法院院长张甲天、副院长张开兴在省委政法委参加专题会议。

是日，省法院副院长张成武在山东大厦参加国务院大督查实地督查重点内容工作情况专题调度会议。

是日，省法院副院长段大伟在省公安厅参加全省信访工作视频会议。

是日，省法院一级巡视员尹佐海在济南南郊宾馆开会。

12 日，省法院副院长张开兴在北京参加全面停止军队有偿服务工作总结表彰大会。

是日，省法院政治部主任褚振东在山东法官培训学院出席省法院“不忘初心、牢记使命”主题教育读书班开班仪式。

15 日，省法院召开审判委员会全体会议 2019 年第二十次（总第二十次）会议、第二十一次（总第二十一次）会议。

是日，省法院副院长张开兴在济南南郊宾馆参加全国政协重大专项工作委员会宣讲团赴山东宣讲活动。

是日，省法院政治部主任褚振东在济南南郊宾馆参加省直机关学习贯彻习近平总书记在中央和国家机关党的建设工作会议上重要讲话精神会议。

15—17 日，省纪委省监委驻省法院纪检监察组组长时耀华在省纪检监察干部培训学院参加“不忘初心、牢记使命”主题教育专题党课暨全省纪检监察工作会议。

16 日，省法院院长张甲天，副院长傅国庆、张成武、段大伟、张开兴，政治部主任褚振东等在济南南郊宾馆参加省委政法委员会第三次全体（扩大）会议。

是日，省法院副院长吴锦标在山东法官培训学院参加全省法院执行案件“一案双查”培训会。

是日，省法院副院长吴锦标主持召开案件质量评查协调会。

是日，省法院审判委员会专职审判委员韩芳丽在省委政法委参加案件协调会议。

16—17 日，省法院院长张甲天在青岛调研并参加部分基层法院院长座谈会。

16—17 日，省法院副院长吴锦标在青岛参加全省市域社会治理创新推进会。

16—18 日，省法院副院长张开兴在青岛调研并参加部分基层法院院长座谈会。

17 日，省法院副院长傅国庆在省政府礼堂收听收看全国禁毒工作电视电话会议。

17—18 日，省法院政治部主任褚振东在淄博调研。

17—19 日，省法院一级巡视员尹佐海在临沂调研法院文化建设。

18—20 日，省法院院长张甲天在四川成都参加政法领域全面深化改革推进会。

18—20 日，省法院副院长张成武在最高人民法院汇报工作。

19 日，省法院政治部主任褚振东在山东法官培训学院出席省法院“不忘初心、牢记使命”主题教育第二期读书班开班仪式。

是日，省法院政治部主任褚振东带队在山东青年政治学院观看红色舞剧。

20 日，省法院副院长傅国庆、吴锦标、段大伟、张开兴，政治部主任褚振东等在院机关收听收看最高人民法院组织召开的贯彻落实政法领域全面深化改革推进会精神专题会议。

21 日，省法院院长张甲天列席省委常委会会议。

22 日，省法院院长张甲天主持召开 2019 年第二十一次党组（扩大）会议。

是日，省法院召开审判委员会全体会议 2019 年第二十二次（总第二十二次）会议。

是日，省法院一级巡视员尹佐海在省委党校参加 2019 年选调生优选会议。

23 日，省法院副院长张开兴在东营、青州、寿光等地参加省政协组织的“加强我省湿地保护和修复”调研。

23—25 日，省法院院长张甲天，副院长傅国庆、张成武、吴锦标、段大伟，政治部主任褚振东等在济南南郊宾馆参加全省政法领导干部学习贯彻习近平总书记重要讲话精神专题研讨班。

24 日，省法院院长张甲天在济南南郊宾馆为全省政法领导干部学习贯彻习近平总书记重要讲话精神专题研讨班作专题辅导。

24—25 日，省纪委省监委驻省法院纪检监察组组长时耀华陪同中央纪委国家监委驻最高人民法院纪检监察组组长、最高人民法院党组成员刘海泉在临沂调研。

25 日，省法院院长张甲天主持召开省法院领导班子“不忘初心、牢记使命”主题教育调研成果交流会。

是日，省法院院长张甲天讲授专题党课。副院长傅国庆、张成武、吴锦标、段大伟，政治部主任褚振东，一级巡视员尹佐海、程乐群，一级高级法官尚洪立、王继青等参加。

是日，省法院副院长吴锦标开庭审理案件。

是日，省法院审判委员会专职审判委员韩芳丽在省委政法委参加相关案件协调会。

25—26日，省法院副院长张开兴在政协机关会堂常委会议厅参加省政协十二届常委会第八次会议。

26日，省委常委、政法委书记林峰海到省法院调研特赦实施工作，并召开全省特赦实施工作推进会。省法院院长张甲天主持会议，副院长傅国庆参加会议。

是日，省法院院长张甲天在省人大常委会会议厅参加山东省第十三届人民代表大会常务委员会第十三次会议第三次全体会议。

是日，省法院副院长吴锦标在山东大厦参加中央依法治国办专题调研会。

是日，省法院副院长段大伟在院机关参加最高人民法院组织召开的全国法院现代化诉讼服务体系建设工作部署视频会。

是日，省法院政治部主任褚振东在济南粟山殡仪馆参加肖黎遗体告别仪式。

是日，省法院一级巡视员尹佐海在省政府礼堂收看全国安全生产电视电话会议。

27—30日，省法院副院长张开兴在莱西市办理案件。

28日，省法院院长张甲天主持召开2019年第二十二次党组会议。

29日，省法院院长张甲天在省委第一会议室列席省委常委会。

是日，省法院副院长傅国庆主持召开审判委员会全体会议2019年第二十三次(总第二十三次)会议。

是日，省法院副院长段大伟在省委政法委参加服务保障中政委首届平安中国文化周协调会。

29日至8月1日，省法院审判委员会专职审判委员韩芳丽在烟台化解信访案件。

30日，省法院院长张甲天在省委第一会议室参加省委理论学习中心组集体学习研讨。

是日，省法院院长张甲天，副院长傅国庆、张成武、吴锦标，政治部主任褚振东，一级巡视员尹佐海、程乐群，一级高级法官尚洪立、王继青等在院机关参加廉洁司法报告会、主题教育第二次集中研讨会。

是日，省法院副院长傅国庆、张成武、吴锦标、段大伟，省纪委省监委驻省法院纪检监察组组长时耀华，政治部主任褚振东，一级巡视员尹佐海、程乐群，一级高级法官尚洪立、王继青等参观山东省廉政教育馆。

是日，省纪委省监委驻省法院纪检监察组组长时耀华在省纪委省监委机关参加特邀监察员聘任会。

30日至8月1日，省法院副院长段大伟在潍坊参加全省政法宣传舆论工作推进会。

31日，省法院副院长张开兴在省政府参加省政府安委会常务会议。

31日至8月2日，省法院副院长吴锦标在辽宁大连参加中国法学会审判理论研究会审判管理理论专业委员会2019年年会暨全国法院审判管理优秀业务成果交流会。

31日至8月2日，省纪委省监委驻省法院纪检监察组组长时耀华在青岛调研。

8月

1日，省法院副院长傅国庆在省政府礼堂参加全省财政收支管理工作电视会议。

2日，省法院院长张甲天主持召开2019年第二十三次党组会议。

是日，省法院副院长傅国庆、张成武、段大伟、张开兴，政治部主任褚振东，审判委员会专职审判委员韩芳丽，一级巡视员尹佐海、程乐群，一级高级法官尚洪立、王继青等在院机关观看“不忘初心、牢记使命”主题教育形势政策教育专题片和电影。

是日，省法院副院长段大伟在院机关主持召开全省法院协同办公系统启动视频会。

是日，省法院副院长段大伟在院机关主持召开部分法院电子卷宗随案同步生成和深度应用工作座谈会。

5日，省法院召开审判委员会全体会议2019年第二十四次（总第二十四次）会议。

5—8日，省法院副院长傅国庆在青岛指导案件审理。

6日，省法院副院长吴锦标在院机关参加全省法院第六次推进执法办案工作视频会议。

6—9日，省法院一级巡视员尹佐海在德州、菏泽调研。

7日，省法院副院长段大伟在院机关参加全省部分基层法院院长座谈会。

7—8日，省法院副院长张开兴在泰安参加全省部分基层法院院长座谈会。

8—10日，省法院副院长傅国庆在烟台参加最高人民法院组织召开的七刑会调研会。

9日，省法院副院长张成武约谈部分中级法院分管院领导。

是日，省法院政治部主任褚振东给分管部门支部党员讲授党课。

10 日，省法院副院长张开兴在德州陪同最高人民法院民一庭副庭长刘敏一行调研。

12 日，省法院院长张甲天在青岛主持召开部分全国、省人大代表座谈会。

12—15 日，省法院院长张甲天在青岛、烟台调研。

13 日，省法院副院长张成武在济南市历城区人民法院参加行政审判质效问题座谈会。

14 日，省法院院长张甲天在烟台主持召开部分全国、省人大代表座谈会。

是日，省法院副院长傅国庆、张成武、段大伟、张开兴，政治部主任褚振东，一级巡视员尹佐海、程乐群，一级高级法官尚洪立、王继青等在院机关参加“省直廉政教育宣讲进法院”宣讲会。省纪委省监委驻省法院纪检监察组组长时耀华为全院干警作专题廉政教育宣讲。

15 日，省法院院长张甲天在烟台主持召开部分中级法院院长座谈会。

是日，省法院召开 2019 年第二十四次党组会。

16 日，省法院院长张甲天在省委第一会议室参加省委常委会。

是日，省法院院长张甲天主持召开 2019 年第二十五次党组会。

是日，省法院副院长傅国庆在南郊宾馆参加省扫黑办新闻发布会。

是日，省法院一级巡视员尹佐海在山东大厦参加全省集中规范领导干部配偶、子女及其配偶经商办企业工作部署会议。

17 日，省法院召开 2019 年第二十六次党组会。

是日，省法院一级巡视员尹佐海在济南南郊宾馆参加全省贯彻落实干部任用条例和公务员法工作会议。

18 日，省法院召开 2019 年第二十七次党组会。

是日，省法院副院长吴锦标给分管部门支部党员讲授党课。

18—19 日，省法院院长张甲天在最高人民法院汇报工作。

18—20 日，省法院副院长张开兴在广东广州参加知识产权司法保护国际研讨会。

19 日，省法院召开审判委员会全体会议 2019 年第二十五次（总第二十五次）会议。

19—23 日，省法院一级巡视员程乐群陪同最高人民法院和中国社科院调研组在日照、青岛调研。

20 日，省法院召开对照党章党规找差距专题会议。

20—21 日，省法院副院长张成武送黄明春赴威海报到。

20—25 日，省法院院长张甲天在西藏调研对口援助工作。

21 日，省法院召开 2019 年第二十八次党组会议。

是日，省法院副院长吴锦标在省委政法委参加全省综治网格员协助人民法院执行工作视频动员会。

是日，省法院一级巡视员尹佐海在济南南郊宾馆参加全省工会重点工作推进会。

21—22 日，省法院副院长傅国庆在平原县、滨州市沾化区省法院基层联系点调研扶贫项目。

21—23 日，省法院一级巡视员尹佐海在青岛参加职工权益保障座谈会。

22 日，省法院召开党组理论学习中心组集体学习研讨会。

是日，省法院副院长张开兴在院机关参加全省法院服务保障“一带一路”和“上合示范区”建设法律问题座谈会。

23 日，省法院副院长段大伟、政治部主任褚振东等在院机关参加国庆 70 周年安保维稳工作协调会。

24 日，省法院召开 2019 年第二十九次党组会。

26 日，省法院院长张甲天主持召开 2019 年第三十次党组（扩大）会议。

27 日，省法院副院长吴锦标在院机关参加全国法院执行工作视频会议。

28 日，省法院院长张甲天在山东大厦参加全省推进改革举措落实落地工作会议、省委理论学习中心组集中学习研讨。

是日，省法院副院长傅国庆，审判委员会专职审判委员姜树政、韩芳丽等在院机关参加全省法院推进认罪认罚从宽制度暨长期未结、久押不决案件专项调度视频会。

是日，省法院副院长张开兴在院机关参加中国海事审判工作平台视频培训会。

29 日，省法院院长张甲天、政治部主任褚振东在山东大厦参加全省党的建设暨机关党的建设工作会议。

是日，省法院院长张甲天主持召开院党组“不忘实心、牢记使命”专题民主生活会。

是日，审判委员会专职审判委员韩芳丽在省委政法委参加相关案件协调推进会议。

30 日，省法院院长张甲天、副院长段大伟在省委政法委会议室参加全省非诉讼纠纷解决机制工作视频会议。

是日，省法院副院长傅国庆在山东大厦参加山东省抗击台风抢险救灾工作表扬奖励大会。

是日，省法院副院长吴锦标参加执三庭党支部、审管办党支部组织生活会。

是日，省法院副院长吴锦标在济南南郊宾馆参加全面依法治省专家座谈会。

是日，省法院副院长张开兴在院机关参加全省法院部分法庭庭长座谈会。

是日，省法院政治部主任褚振东在济南参加济南铁路运输中级法院党组民主生活会。

是日，省法院一级巡视员程乐群参加司法技术党支部组织生活会。

30日至9月12日，省法院院长张甲天在中国延安干部学院参加省部级干部党性修养专题培训班。

31日，省法院一级巡视员尹佐海参加直属机关党委党支部组织生活会，并为支部党员讲授党课。

9月

2日，省法院召开审判委员会全体会议2019年第二十六次（总第二十六次）会议。

是日，省法院副院长段大伟在山东大厦参加全省国庆70周年安保维稳工作专班会议。

2—4日，省法院副院长吴锦标在海阳市、栖霞市督导化解信访案件。

2日至12月6日，省法院一级巡视员尹佐海在山东省委党校参加市厅级领导干部进修班。

3日，省法院副院长傅国庆，省纪委省监委驻省法院纪检监察组组长时耀华，政治部主任褚振东，审判委员会专职审判委员姜树政、韩芳丽，一级高级法官尚洪立、王继青等在院机关参加李庆军先进事迹报告会。

是日，省法院副院长张成武在院机关参加济南铁路运输两级法院跨区划管辖行政案件改革试点座谈会。

是日，省法院副院长张开兴在院机关参加部分省属国有企业座谈会。

是日，省法院一级巡视员程乐群在省政府常务会议室参加省政府第四十六次常务会议。

3—5日，省法院副院长段大伟在青岛调研。

5日，省法院审判委员会专职审判委员姜树政在省政府收看全国金融形势通报和工作经验交流电视电话会议。

5—7日，省法院副院长吴锦标在浙江杭州参加互联网法治论坛暨互联网审判理论专业委员会成立大会。

6日，省法院副院长傅国庆、省纪委省监委驻省法院纪检监察组组长时耀华、政治部主任褚振东、审判委员会专职审判委员姜树政等观看省法院“中国梦、新时代、祖国颂”庆祝中华人民共和国成立70周年演讲比赛。

是日，省法院副院长段大伟在济南市章丘区调研。

8—11日，省法院副院长段大伟在广东广州参加全国法院第六次网络安全和信息化工作会议。

9日，省法院召开审判委员会全体会议2019年第二十七次（总第二十七次）会议。

是日，省法院副院长傅国庆开庭审理案件。

9—10日，省法院副院长傅国庆在青岛调研。

9—10日，省法院副院长张成武在烟台参加人大立法座谈会。

9—10日，省纪委省监委驻省法院纪检监察组组长时耀华在省纪委参加会议。

9—10日，省法院政治部主任褚振东在泰安法院、临沂法院开展专题调研。

10日，省法院副院长吴锦标在院机关参加全省法院第七次执法办案视频调度会。

11日，省法院审判委员会专职审判委员姜树政在省委政法委参加推进案件繁简分流工作协调会议。

12日，省法院政治部主任褚振东在院机关参加院务会。

是日，省法院副院长傅国庆在省委政法委参加维护国家政治安全工作协调机制专题会议。

是日，省法院副院长吴锦标在省委深改办参加座谈会。

16日，省法院院长张甲天主持召开2019年第三十一次党组（扩大）会议。

是日，省法院召开审判委员会全体会议2019年第二十八次（总第二十八次）会议。

是日，省法院审判委员会专职审判委员姜树政在省政府收听收看全国反恐怖工作电视电话会议。

是日，省法院一级高级法官尚洪立在省公安厅参加中华人民共和国成立70周年大庆全省安保维稳在京联合值班动员部署视频会议。

16—17日，省法院副院长张开兴在德州调研。

16—19日，省法院副院长张成武在浙江杭州参加第三次全国法院国家赔偿工作会议及第一次全国法院国家司法救助工作会议。

16—20日，省法院政治部主任褚振东在山东省干部学院参加新任职厅级干部培训班。

17—20 日，省法院在山东法官培训学院举办全省法院第二期民事审判监督实务培训班。

18 日，省法院院长张甲天在院机关听取青岛市中级人民法院、青岛海事法院有关情况汇报。副院长吴锦标参加。

是日，省法院副院长段大伟陪同最高人民法院司法警察管理局局长柴中国在院机关调研座谈。

是日，省法院审判委员会专职审判委员姜树政在省体育中心参加省直机关第十四届职工运动会开幕式。

18—20 日，省法院副院长吴锦标在临沂法院调研。

19 日，省法院一级巡视员尹佐海到省委第一会议室参加山东省违建别墅问题清查整治领导小组第一次全体会议。

19—20 日，省法院副院长张开兴在院机关参加民商事案件发改情况汇报会。

19—21 日，省法院副院长傅国庆在辽宁大连参加最高人民法院组织召开的全国法院职务犯罪案件审判工作调研座谈会。

20 日，省法院院长张甲天在山东博物馆参加山东庆祝中华人民共和国成立 70 周年成就展。

是日，省纪委省监委驻省法院纪检监察组组长时耀华在济南南郊宾馆参加全省纪检监察系统表彰会。

23 日，省法院院长张甲天主持召开 2019 年第三十二次党组（扩大）会议。

是日，省法院院长张甲天陪同副省长刘强在院机关调研。

是日，省法院副院长张成武在省人大常委会会议厅列席省十三届人大常委会第十四次会议第一次全体会议。

是日，省法院副院长吴锦标在省政府常务会议室参加省政府第四十八次常务会议。

是日，省法院审判委员会专职审判委员姜树政在省政府参加全省生态环境重点工作调度电视会议。

24 日，省法院院长张甲天在省人大常委会会议厅参加省十三届人大常委会第十四次会议第二次全体会议并作报告。

是日，省法院副院长傅国庆、段大伟，政治部主任褚振东，审判委员会专职审判委员姜树政，一级巡视员程乐群等在院机关观看全省法院中国梦新时代祖国颂——庆祝中华人民共和国成立 70 周年演讲比赛决赛。

是日，省纪委省监委驻省法院纪检监察组组长时耀华在省纪委参加相关会议。

是日，省法院审判委员会专职审判委员姜树政在院机关参加全省法院认罪认罚视频培训会。

24—26 日，省法院院长张甲天在德州、聊城调研。

25 日，省法院副院长张成武主持召开 2019 年第三次（总第十五次）司法救助委员会全体委员会议。

25—26 日，省法院副院长吴锦标在费县参加省委政法委相关会议。

25—28 日，省纪委省监委驻省法院纪检监察组组长时耀华陪同中央巡视组调研。

26 日，省法院院长张甲天在省委第一会议室参加维护政治安全工作会议。

是日，省法院副院长傅国庆在济南市中级人民法院指导案件审理。

是日，省法院副院长张成武在省司法厅参加行政审判和行政应诉工作联席会议。

是日，省法院政治部主任褚振东在山东法官培训学院参观全省法院书画摄影展览。

27 日，省法院院长张甲天在省委第一会议室参加省委理论中心组集体学习研讨。

是日，省法院副院长傅国庆、吴锦标，政治部主任褚振东，审判委员会专职审判委员韩芳丽，一级巡视员程乐群等参加省法院庆祝中华人民共和国成立 70 周年咏唱会。

是日，省法院副院长张成武在省人大常委会会议厅列席省十三届人大常委会第十四次会议第三次全体会议。

27 日至 10 月 2 日，省法院副院长段大伟在北京信访值班。

28 日，省法院政治部主任褚振东在省纪委省监委参加光辉历程·逐梦前行——全省政法系统庆祝中华人民共和国成立 70 周年座谈会。

29 日，省法院院长张甲天主持召开党组理论学习中心组集体学习研讨会。

是日，省法院院长张甲天在山东大厦参加山东省庆祝中华人民共和国成立 70 周年招待会。

30 日，省法院院长张甲天在英雄山革命烈士纪念塔广场参加向人民英雄敬献花篮仪式。

是日，省法院副院长傅国庆、张成武、吴锦标，省纪委省监委驻省法院纪检监察组组长时耀华，政治部主任褚振东，审判委员会专职审判委员姜树政、韩芳丽，一级巡视员程乐群，一级高级法官王继青等在院机关南广场参加省法院庆祝中华人民共和国成立 70 周年升旗仪式。

10月

1日，省法院院长张甲天在济南泉城广场参加升国旗仪式。

8日，省法院院长张甲天在省委第一会议室参加省级领导干部会议。

9—10日，省法院副院长傅国庆在上海开会。

10日，省法院院长张甲天在济南南郊宾馆俱乐部参加省委政协工作会议。

10—12日，省法院院长张甲天在陕西西安参加全国扫黑除恶专项斗争第二次推进会。

11日，省法院副院长吴锦标在院机关参加全省法院执行局长座谈会、全省法院第八次执法办案视频调度会。

12日，最高人民法院组织召开贯彻落实全国扫黑除恶专项斗争第二次推进会精神专题会议。审判委员会专职审判委员韩芳丽、一级高级法官王继青等在省法院分会场收听收看。

是日，省法院副院长傅国庆在淄博调研。

是日，省法院副院长吴锦标在省委第一会议室参加省委全面深化改革委员会第五次会议暨中国—上海合作组织地方经贸合作示范区建设专题会议。

是日，省纪委省监委驻省法院纪检监察组组长时耀华在省财政厅参加省纪委廉政宣讲进财政厅活动。

12—20日，省法院副院长张成武率团在匈牙利、奥地利进行环境资源审判程序改革完善及司法保护专题交流。

14日，省法院院长张甲天主持召开2019年第三十三次党组（扩大）会议。

是日，省法院召开审判委员会全体会议2019年第二十九次（总第二十九次）会议。

是日，省法院副院长吴锦标在济南南郊宾馆俱乐部参加省委全面依法治省委员会2019年工作任务推进落实会。

是日，省法院副院长吴锦标在北京办理签证。

是日，省法院一级巡视员程乐群在省教育厅参加省招考委成员单位会议。

14—20日，省法院政治部主任褚振东在新疆、青海调研座谈援疆援青工作。

15日，省法院院长张甲天，副院长傅国庆、段大伟，省纪委省监委驻省法院纪检监察组组长时耀华，在院机关收听收看全国法院审判执行工作推进会议。

是日，省法院院长张甲天在党组会议室调度机关审判执行工作。

是日，省法院副院长吴锦标在最高人民法院汇报工作。

16—17日，省法院审判委员会专职审判委员姜树政在枣庄调研。

16—17日，省法院审判委员会专职审判委员韩芳丽在淄博调研。

16—18日，省法院院长张甲天、副院长傅国庆在北京参加第七次全国刑事审判工作会议。

17日，副省长范华平一行到省法院旁听庭审并参加会议。

是日，省法院副院长段大伟在省公安厅参加全省信访重点工作推进视频会议。

是日，省法院副院长段大伟在院机关与中国邮政集团公司山东省分公司座谈。

17—18日，省法院副院长吴锦标在青岛调研。

17—18日，省法院一级巡视员程乐群在安徽合肥参加最高人民法院组织的环境公益诉讼和生态环境损害赔偿诉讼审判工作推进会。

18—22日，省法院副院长吴锦标在省委党校参加全面依法治省专题培训班。

21日，省法院院长张甲天主持召开由刑事审判及相关部门负责人参加的刑事审判工作推进会，听取工作汇报，部署相关工作。副院长傅国庆，审判委员会专职审判委员姜树政、韩芳丽等参加。

是日，省法院副院长傅国庆主持召开审判委员会全体会议2019年第三十次（总第三十次）会议。

是日，省法院政治部主任褚振东主持召开相关部门负责人参加的会议，研究援疆援青相关工作规划。

22日，省法院院长张甲天在济南南郊宾馆俱乐部参加省委理论中心组集体学习研讨。

是日，省法院院长张甲天主持召开2019年第三十四次党组（扩大）会议。

是日，省法院副院长傅国庆陪同部分省人大代表视察省法院机关。

23日，省法院副院长傅国庆在济南海关参加省法院、省检察院、青岛海关、济南海关办理走私刑事案件工作联席会议。

是日，省法院审判委员会专职审判委员韩芳丽在省委政法委参加刑事诉讼涉案财物跨部门集中管理信息平台建设暨试点工作推进会议。

23—24日，省法院审判委员会专职审判委员姜树政在日照开庭审理案件。

24 日，省法院院长张甲天，副院长傅国庆、张成武、吴锦标、段大伟，省纪委省监委驻省法院纪检监察组组长时耀华，政治部主任褚振东，审判委员会专职审判委员韩芳丽，一级高级法官王继青等在院机关参加全省法院审判执行工作推进会。

是日，省法院政治部主任褚振东、审判委员会专职审判委员韩芳丽参加直属机关党委 2019 年第十次会议。

是日，省法院一级巡视员程乐群在山东大厦参加第六次全省自强模范暨助残先进表彰大会。

25 日，省法院院长张甲天在山东师范大学联系指导主题教育开展情况。

是日，省法院副院长傅国庆在枣庄参加省人大代表视察法院工作总结座谈会。

是日，省法院副院长张成武、吴锦标、段大伟，政治部主任褚振东，审判委员会专职审判委员姜树政，一级巡视员程乐群，一级高级法官王继青等参加“慈心一日捐”捐赠仪式。

26 日，省法院副院长傅国庆、省纪委省监委驻省法院纪检监察组组长时耀华、政治部主任褚振东、审判委员会专职审判委员韩芳丽等在院机关南广场参加省法院第二届趣味运动会。

28 日，省法院院长张甲天主持召开审判委员会全体会议 2019 年第三十一次（总第三十一次）会议。

是日，省法院院长张甲天，副院长傅国庆、张成武、吴锦标，省纪委省监委驻省法院纪检监察组组长时耀华，政治部主任褚振东，审判委员会专职审判委员姜树政、韩芳丽，一级巡视员程乐群，一级高级法官王继青等在院机关观看内部警示教育片，参加党组理论学习中心组专题学习研讨会、2019 年第三十五次党组会议。

是日，省法院副院长段大伟在省委政法委参加网络安全管控体系建设座谈会。

29 日，省法院副院长张成武在阳信县法院调研。

是日，省法院副院长吴锦标在山东法官培训学院参加最高人民法院多元化纠纷解决机制会议。

是日，省法院政治部主任褚振东在济南南郊宾馆俱乐部参加《中国共产党机构编制工作条例》辅导讲座。

29—30 日，省法院副院长张成武在滨州参加国家赔偿及司法救助座谈会。

31 日，省法院院长张甲天，副院长傅国庆、段大伟，省纪委省监委驻省法院纪检监察组组长时耀华，政治部主任褚振东等在南郊宾馆参加省委政法委员会第四次全体（扩大）会议。

是日，省法院院长张甲天、副院长傅国庆在南郊宾馆俱乐部参加省扫黑除恶专项斗争领导小组全体会议暨全省扫黑除恶专项斗争推进会。

是日，省法院副院长段大伟在院机关参加最高人民法院巡视信访件办理工作视频会。

11月

1 日，全省中级人民法院及部分基层人民法院院长座谈会在山东法官培训学院召开。省法院院长张甲天，副院长傅国庆、张成武、吴锦标、段大伟，省纪委省监委驻省法院纪检监察组组长时耀华，政治部主任褚振东，审判委员会专职审判委员姜树政、韩芳丽，一级巡视员程乐群，一级高级法官王继青等参加会议。

是日，省法院院长张甲天在省委第一会议室参加省级党员领导干部会议。

是日，省法院副院长张成武开庭审理案件。

是日，省法院审判委员会专职审判委员姜树政在济南中院开庭审理案件。

2 日，省法院审判委员会专职审判委员韩芳丽在南郊宾馆参加省招考委成员会议。

2—23 日，省法院副院长吴锦标率团在英国进行英国化解金融风险的司法经验专题培训。

3—15 日，省法院副院长傅国庆在上海中国浦东干部学院学习。

4 日，省法院院长张甲天主持召开审判委员会全体会议 2019 年第三十二次（总第三十二次）会议。

是日，省法院院长张甲天主持召开 2019 年第三十六次党组（扩大）会议。

是日，省法院审判委员会专职审判委员姜树政在省政府参加全国扫黑除恶百日追逃行动部署视频会。

4—5 日，省纪委省监委驻省法院纪检监察组组长时耀华在临沂调研。

5—7 日，省法院院长张甲天在滨州调研。

6 日，省法院审判委员会专职审判委员姜树政、韩芳丽，一级高级法官王继青等在院机关参加刑事专业法官会议。

7 日，省法院副院长段大伟在院机关参加最高人民法院组织召开的全国法院跨域立案服务工作调度视频会。

8 日，省纪委省监委驻省法院纪检监察组组长时耀华在省纪委省监委机关开会。

是日，省法院副院长段大伟、政治部主任褚振东在院机关参加最高人民法院组织的人民法庭工作平台和人民法庭信息平台上线工作视频座谈会。

是日，省法院政治部主任褚振东在山东法官培训学院出席2019年度省法院党支部书记暨党务干部专题培训班开班仪式。

10日，省法院副院长张开兴在济南南郊宾馆俱乐部礼堂参加全省农商行改革发展工作会议。

11日，省法院院长张甲天主持召开审判委员会全体会议2019年第三十三次（总第三十三次）会议。

是日，省法院院长张甲天主持召开2019年第三十七次党组会议。

12日，省法院院长张甲天在山东会堂参加中央宣讲团中共十九届四中全会精神报告会。

是日，省法院副院长张成武陪同全国、省人大代表视察省法院机关并观摩案件庭审。

是日，省法院副院长段大伟主持召开由相关部门负责人参加的融媒体中心建设协调会。

是日，省法院审判委员会专职审判委员姜树政、一级高级法官王继青在院机关参加刑事专业法官会议。

13日，省法院院长张甲天在济南中院调研。

13—15日，省法院副院长段大伟在青岛参加全省法院“两个一站式”现场会。

14日，省法院院长张甲天在济南燕子山庄参加全省政法领域全面深化改革推进会。

是日，省法院政治部主任褚振东在院机关参加齐鲁最美法官评审会议。

14—15日，省法院院长张甲天、副院长张成武在枣庄陪同最高人民法院党组副书记、副院长江必新调研并参加大运河沿线八省市高级人民法院环境资源审判工作座谈会。

14—15日，省法院审判委员会专职审判委员姜树政在泰安调研。

15日，省法院副院长张开兴在济南南郊宾馆俱乐部参加省委、省政府重点工作推进落实情况视频会议。

是日，省法院副院长张开兴在省人大参加全省优化营商环境工作专题询问应询人协调会。

是日，省法院政治部主任褚振东、一级巡视员程乐群、一级高级法官王继青等在院机关参加第七次全国法院教育培训工作会议。

是日，省法院审判委员会专职审判委员韩芳丽在省委参加青少年法治教育问题座谈会。

是日，省法院一级巡视员程乐群在院机关参加最高人民法院组织召开的“基本解决执行难”工作不力法院整改工作视频会。

16日，省法院院长张甲天在枣庄中院主持召开枣庄两级法院领导班子座谈会。副院长张成武参加会议。

18日，省法院院长张甲天主持召开审判委员会全体会议2019年第三十四次（总第三十四次）会议。

是日，省法院院长张甲天主持召开全省部分法院执法办案视频调度会。

18—19日，省法院院长张甲天在最高人民法院汇报工作。

18—19日，省法院副院长傅国庆在北京国家法官学院参加全国法院刑事审判监督业务培训班。

18—19日，省纪委省监委驻省法院纪检监察组组长时耀华在济阳省纪检监察干部学院参加全省纪检监察系统办公室工作培训班开班式。

19日，省法院副院长张成武、张开兴，政治部主任褚振东，审判委员会专职审判委员姜树政，一级巡视员程乐群，一级高级法官王继青等在院机关参加发扬“老西藏精神”“两路精神”西藏法院宣讲报告会。

是日，省法院副院长段大伟在济南南郊宾馆参加省委全面依法治省委员会守法普法协调小组第一次会议。

20日，省法院院长张甲天、副院长傅国庆在泰安市参加全省涉案财物集中管理工作现场会。

是日，省法院副院长张开兴在院机关参加全国金融纠纷多元化解机制建设推进会。

是日，省法院审判委员会专职审判委员姜树政在院机关主持召开认罪认罚从宽制度专项调度会。

20—23日，省法院副院长傅国庆、省纪委省监委驻省法院纪检监察组组长时耀华、政治部主任褚振东、审判委员会专职审判委员姜树政等在省委党校参加中共十九届四中全会精神专题培训班（第一期）。

21日，省法院副院长段大伟陪同省司法厅党委副书记、副厅长迟丽华一行在院机关参观座谈。

是日，省法院副院长张开兴在院机关主持召开民事审判庭繁简分流、轻重分离、快慢分道座谈会。

21—23日，省法院院长张甲天在省委党校参加中共十九届四中全会精神专题学习班（第一期）。

22日，省法院副院长张开兴在省政府礼堂收看全国安全生产电视电话会议，参加全省安全生产电视会议。

22日，省法院副院长张开兴在院机关参加全省法院商事审判方式和工作机制改革经验交流暨工作推进会。

24—27 日，省法院副院长张成武、吴锦标、段大伟，审判委员会专职审判委员韩芳丽，一级巡视员尹佐海、程乐群，一级高级法官王继青等在省委党校参加中共十九届四中全会精神专题学习班（第二期）。

24—27 日，省法院副院长张开兴在省社会主义学院参加党外领导干部中共十九届四中全会精神专题学习班。

25 日，省法院院长张甲天主持召开审判委员会全体会议 2019 年第三十五次（总第三十五次）会议。

25—26 日，省法院副院长傅国庆在省人大常委会会议厅参加省十三届人大常委会第十五次会议。

27 日，省法院院长张甲天在济南山东大厦参加山东干部讲堂（第十期）。

是日，省纪委省监委驻省法院纪检监察组组长时耀华在省纪委省监委机关参加纪检监察干部应知应会知识测试。

28 日，省法院副院长傅国庆、审判委员会专职审判委员韩芳丽、一级高级法官王继青等在院机关参加刑事专业法官会议。

是日，省法院副院长吴锦标在省委政法委参加相关工作座谈会。

是日，省法院副院长张开兴在济南南郊宾馆参加省十三届人大常委会第十五次会议联组会议。

28—29 日，省法院审判委员会专职审判委员姜树政在德州开庭审理案件并调研。

29 日，省法院院长张甲天、副院长段大伟在院机关参加律师座谈会。

是日，省法院院长张甲天在省委第一会议室列席省委常委会。

是日，省法院院长张甲天在省人大常委会会议厅参加省十三届人大常委会第十五次会议全体会议。

是日，省法院副院长傅国庆主持召开省法院党组理论学习中心组（扩大）会议。

是日，省法院副院长张成武在省政府常务会议室参加省政府第五十三次常务会议。

是日，省法院政治部主任褚振东在院机关参加 2019 年第二期道德讲堂。

12 月

1 日，省法院副院长段大伟在南郊宾馆俱乐部参加 2019 年山东省“宪法宣传周”启动仪式。

1—4 日，省法院副院长张开兴在北京参加民革中央全会。

2 日，省法院院长张甲天在山东师范大学参加指导专题民主生活会。

是日，省法院副院长傅国庆主持召开审判委员会全体会议 2019 年第三十六次(总第三十六次)会议。

是日，省纪委省监委驻省法院纪检监察组组长时耀华、政治部主任褚振东参加省法院党的建设领导小组会议。

是日，省法院副院长段大伟在山东政法学院参加完善纠纷多元化解机制座谈会暨山东省法学会民商事调解中心成立揭牌仪式。

2—3 日，省法院院长张甲天在北京参加全国市域社会治理现代化工作会议。

3 日，省法院副院长傅国庆、段大伟，省纪委省监委驻省法院纪检监察组组长时耀华，政治部主任褚振东等在省政府收听收看全国市域社会治理现代化工作会议。

是日，省法院副院长张成武主持召开 2019 年第四次（总第十六次）司法救助委员会全体委员会议。

是日，省法院审判委员会专职审判委员韩芳丽、一级高级法官王继青在院机关参加刑事法官专业会议。

4 日，省法院院长张甲天，副院长傅国庆、张成武、吴锦标，审判委员会专职审判委员姜树政、韩芳丽，一级高级法官王继青等在省法院机关参加宪法日宣誓活动。

是日，张甲天在济南主持召开人大代表座谈会。

是日，省法院副院长段大伟在济南珍珠泉宾馆参加国家宪法日座谈会。

是日，省法院副院长段大伟在省人大常委会参加省十三届人大三次会议筹备工作相关会议。

5 日，省法院院长张甲天在泰安、菏泽调研。

是日，省法院副院长傅国庆在淄博开庭审理案件。

5—6 日，省法院副院长张成武在淄博参加全省法院国家赔偿和司法救助会议。

5—6 日，省法院副院长吴锦标在威海指导中院主题教育专题民主生活会，走访人大代表。

6 日，省法院副院长傅国庆在济南市高新区法院调研。

是日，省法院副院长张成武主持召开住淄博五级人大代表座谈会。

是日，省纪委省监委驻省法院纪检监察组组长时耀华在省纪委省监委机关参加全省纪检监察系统检举举报平台部署工作会议。

是日，省法院副院长段大伟在烟台中院指导主题教育专题民主生活会。

是日，省法院审判委员会专职审判委员韩芳丽在聊城中院指导主题教育专题民主生活会。

是日，省法院一级巡视员程乐群在院机关参加全省法院司法鉴定视频调度会。

6—7 日，省法院院长张甲天在菏泽主持召开部分全国、省人大代表座谈会，指导菏泽中院主题教育专题民主生活会。

6—7 日，省法院审判委员会专职审判委员姜树政在枣庄中院指导主题教育民主生活会。

8—9 日，省法院一级巡视员程乐群在济宁中院、泰安中院指导主题教育专题民主生活会。

9 日，省法院院长张甲天、政治部主任褚振东在济南莱芜区参加全省法官检察官面试遴选工作动员会。

是日，省法院院长张甲天主持召开 2019 年第三十八次党组会议。

是日，省法院副院长傅国庆主持召开审判委员会全体会议 2019 年第三十七次(总第三十七次)会议。

是日，省法院副院长吴锦标在院机关参加推进繁简分流工作培训会。

是日，省法院审判委员会专职审判委员姜树政在东营中院指导主题教育专题民主生活会。

9—10 日，省法院副院长傅国庆在滨州中院指导主题教育专题民主生活会。

9—10 日，省法院审判委员会专职审判委员韩芳丽在淄博中院指导主题教育专题民主生活会。

10 日，省法院院长张甲天在院机关调度全流程网上办案工作。副院长吴锦标、段大伟参加。

是日，省法院院长张甲天，副院长傅国庆、张成武、吴锦标、段大伟、张开兴，政治部主任褚振东等在山东广播电视台参加“齐鲁最美法官”发布活动。

是日，省法院政治部主任褚振东在省委编办参加相关调研座谈会。

是日，省法院审判委员会专职审判委员姜树政在东营主持召开人大代表座谈会。

10—12 日，省法院一级巡视员程乐群在泰安主持召开人大代表座谈会，在曲阜参加齐鲁法治文化建设推进会和首届泰山法治论坛。

11 日，省法院副院长张成武在院机关主持召开全省法院推进行政争议审前和解工作视频会议。

11—12 日，省法院院长张甲天在德州调研。

11—12 日，省法院政治部主任褚振东在日照中院指导主题教育专题民主生活会，在五莲法院调研。

12 日，省法院副院长张开兴在院机关参加民事专业法官会议。

是日，省法院审判委员会专职审判委员姜树政在院机关参加刑事专业法官会议。

是日，省法院审判委员会专职审判委员韩芳丽在南郊宾馆参加“不忘初心、牢记使命”主题教育专项整治座谈会。

12—13 日，省法院副院长张成武在河南郑州参加最高人民法院组织的黄河流域环境资源司法保护工作调研座谈活动。

13 日，省法院院长张甲天在省委第一会议室参加党员领导干部会议。

是日，省法院副院长傅国庆，审判委员会专职审判委员姜树政、韩芳丽，一级高级法官王继青等在院机关参加刑事专业法官会议。

是日，省法院副院长张开兴在省政府常务会议室参加省政府第五十六次常务会议。

14 日，省法院副院长傅国庆在济南南郊宾馆俱乐部参加全国扫黑办特派督导第五督导组工作汇报会。

是日，省法院副院长段大伟在院机关参加最高人民法院组织的第二期全国法院司法警察规范执法行为视频培训。

15 日，省法院副院长张开兴在济南南郊宾馆参加相关专题会议。

16 日，省法院院长张甲天主持召开审判委员会全体会议 2019 年第三十八次（总第三十八次）会议。

是日，省法院院长张甲天主持召开 2019 年第三十九次党组会议。

是日，省法院院长张甲天在省委第一会议室参加省委理论学习中心组学习贯彻党的十九届四中全会精神专题学习研讨。

是日，省法院副院长段大伟在院机关主持召开全省法院立案工作视频调度会。

是日，省法院政治部主任褚振东主持召开院务会。

16—18 日，省法院副院长吴锦标在广东广州参加全国法院司法体制综合配套改革推进会。

16—20 日，省法院审判委员会专职审判委员韩芳丽陪同最高人民法院调研组在省法院、青岛、烟台等地调研座谈。

17 日，省法院副院长傅国庆、张成武、段大伟、张开兴，省纪委省监委驻省法院纪检监察组组长时耀华，政治部主任褚振东，审判委员会专职审判委员姜树政，一级巡视员程乐群，一级高级法官王继青等在院机关参加中层副职以上干部会议、业务部门正处级领导职务竞岗人员演讲展示。

18 日，省法院院长张甲天、副院长傅国庆在省委参加省委反腐败协调小组会议。

18—19 日，省法院院长张甲天在烟台走访调研。

18—19 日，省法院副院长张成武在临沂参加全省环境资源审判工作会。

19 日，省法院副院长吴锦标开庭审理案件。

是日，省法院副院长段大伟在南郊宾馆俱乐部参加省信访工作联席会议全体会议。

是日，省法院审判委员会专职审判委员姜树政在南郊宾馆参加全省政治安全工作协调机制暨海外利益安全工作协调机制部署会。

19—21 日，省法院院长张甲天在青海座谈走访调研。

20 日，省法院副院长吴锦标在院机关参加全省法院审判质效调度会。

是日，省法院副院长吴锦标开庭审理案件。

22 日，省法院院长张甲天在济南珍珠泉宾馆人民会堂南会议厅二楼会议室参加山东省人大设立常委会 40 周年座谈会。

23 日，省法院院长张甲天在济南南郊宾馆参加中共山东省委十一届十次全体会议。

是日，省法院副院长傅国庆主持召开审判委员会全体会议 2019 年第三十九次(总第三十九次)会议、第四十次（总第四十次）会议。

是日，省法院政治部主任褚振东在山东广播电视台参加“首届山东省十大法治人物”颁奖典礼。

23—24 日，省法院副院长张开兴在北京参加全国法院审理债券纠纷案件座谈会。

23—26 日，省法院审判委员会专职审判委员韩芳丽在云南昆明参加全国法院扫黑除恶专项斗争工作推进会。

24 日，省法院院长张甲天在济南南郊宾馆参加中共山东省委十一届十次全体会议。

是日，省法院副院长傅国庆主持召开省法院审判委员会全体会议 2019 年第四十一次（总第四十一次）会议。

24—27 日，省纪委省监委驻省法院纪检监察组组长时耀华在省纪委省监委机关参加会议。

25 日，省法院院长张甲天在济南南郊宾馆参加省委经济工作会议。

是日，省法院院长张甲天主持召开 2019 年第四十一次党组会议。

是日，省法院副院长段大伟主持召开全省法院全流程网上办案系统动员会。

是日，省法院副院长张开兴在院机关参加山东法院破产审判工作情况暨全省十大破产典型案例新闻发布会。

26 日，省法院院长张甲天在济南南郊宾馆参加省委经济工作会议。

是日，省法院副院长傅国庆在最高人民法院汇报工作。

是日，省法院副院长张成武、吴锦标、段大伟，政治部主任褚振东，审判委员会专职审判委员姜树政，一级巡视员尹佐海、程乐群，一级高级法官王继青等在院机关参加最高人民法院组织的学习贯彻中共十九届四中全会精神辅导报告会。

26—27 日，省法院副院长吴锦标在北京市第一中级人民法院参加 2018 年度司法研究重大课题结项验收暨司法研究重大成果发布会。

26—27 日，省法院副院长张开兴在济南南郊宾馆参加民革省委全委会。

27 日，省法院院长张甲天，副院长傅国庆、张成武、段大伟，政治部主任褚振东等在院机关参加省法院特邀监督员座谈会。

30 日，省法院院长张甲天、副院长傅国庆在省政府参加全国扫黑除恶专项斗争第八次领导小组会议。

是日，省法院院长张甲天，副院长傅国庆、张成武、段大伟、张开兴，政治部主任褚振东，审判委员会专职审判委员姜树政、韩芳丽，一级巡视员程乐群，一级高级法官王继青、王玮等在院机关参加党组理论学习中心组（扩大）会议、2019 年第四十二次党组会议。

是日，省法院一级巡视员尹佐海在济南珍珠泉宾馆参加省人大代表建议工作座谈会。

30—31 日，省法院副院长吴锦标在最高人民法院参加全国法院“基本解决执行难”工作总结表彰大会。

31 日，省法院院长张甲天、省法院副院长张开兴在省委第一会议室参加省委全面深化改革委员会第六次会议。

是日，省法院副院长傅国庆、张成武、段大伟，政治部主任褚振东，审判委员会专职审判委员姜树政，一级巡视员尹佐海、程乐群，一级高级法官王继青、王玮等在院机关参加全国法院“基本解决执行难”工作总结表彰大会。

第三编

领导讲话

在全省中级法院院长会议上的讲话

山东省高级人民法院党组书记、院长　张甲天

（2019 年 1 月 27 日）

这次会议的主要任务是：坚持以习近平新时代中国特色社会主义思想为指导，深入学习贯彻党的十九大和十九届二中、三中全会精神，认真贯彻落实中央政法工作会议、全国高级法院院长会议和省委政法工作会议精神，总结去年工作，分析形势任务，安排部署今年的全省法院工作。

昨天，刘家义同志对学习贯彻习近平总书记在中央政法工作会议、省部级主要领导干部专题研讨班上的重要讲话精神，全面开创全省政法工作新局面提出了明确要求，林峰海同志对今年全省政法工作作了安排部署。全省各级法院要认真学习领会，结合工作实际，抓好贯彻落实。

2018 年，全省各级法院认真贯彻落实中央决策部署和省委、最高人民法院要求，牢固树立以人民为中心的发展思想，紧紧围绕“努力让人民群众在每一个司法案件中感受到公平正义”的目标，坚持司法为民、公正司法，全面加强审判执行工作，不断深化司法体制改革，扎实推进过硬队伍建设，各项工作取得了新的发展进步。

——坚持把学习贯彻习近平新时代中国特色社会主义思想和党的十九大精神作为首要政治任务，以加强党组理论学习中心组学习带动党支部和全体干警的学习，牢固树立“四个意识”，坚定“四个自信”，坚决做到“两个维护”。把上合组织青岛峰会安保、执行攻坚、扫黑除恶等工作作为学懂弄通做实的切入点、结合点，作为衡量政治是否过硬的重要标准和服务大局的着力点，收到了实实在在的成效。

——突出抓好审判执行工作第一要务，去年全省法院共收案 173.9 万件，审结、执结 168.1 万件，法官人均结案 226 件，同比分别上升 18.9%、13.4% 和 15.3%。其中省法院收案 2.2 万件，结案 1.9 万件，法官人均结案 101 件，同比分别上升 81.3%、68.6% 和 80%。全省法院和省法院收结案、人均结案均创历史新高。认真开展长期未结案件清理工作，三年以上长期未结诉讼案件同比下降 69.9%。

——主动服务党和国家工作大局，制定服务保障乡村振兴战略、新旧动能转换重大工程、“四减四增”等规范性司法文件，注重发挥破产、金融、知识产权、环境资源审判等职能作用，加强产权司法保护，服务经济高质量发展。

——深入开展扫黑除恶专项斗争，坚持依法严惩方针，从严从重惩处黑恶势力犯罪及其“保护伞”，一审审结黑社会组织犯罪案件 18 件 200 人、恶势力犯罪案件 156 件 875 人，二审审结黑社会组织犯罪案件 8 件 116 人、恶势力犯罪案件 26 件 172 人。坚持院长办案、集中宣判，坚持“打财断血”，坚决打掉黑恶势力嚣张气焰，完成党和人民交给的重大政治任务。

——全面攻坚基本解决执行难，在制度建设、行为规范、执行公开、案件质效等方面成效显著，有财产可供执行案件实际执结率、终本合格率、信访办结率、三年整体执结率均达到最高人民法院预设的目标要求，旧存涉党政机关案件全部执行完毕，人民法院主力军作用充分发挥，执行队伍的能力、执行作风得到了锤炼。

——着力推进诉讼服务转型升级，开发网上立案、网上预交诉讼费、网上申请退还诉讼费的智能化系统，实现与社会征信系统的对接，去年 6 月 1 日在全省三级法院推开。省法院建成“24 小时法院”，中基层法院普遍设立自助服务机，提供网上立案、交纳诉讼费、信息查询、预约法官等自助服务，全天候为民服务。

——不断深化司法体制改革，完成第二批员额法官遴选工作，增补法官 456 名，新增员额 96% 充实到了基层办案一线。积极落实司法责任制，强化院庭长办案责任，带动广大法官多办案、办好案，全省法院院庭长办案占全部案件的 42.1%，有 38 个法院人均结案超过 300 件，其中 10 个法院人均结案超过 400 件，4 个法院人均结案超过了 500 件。

——认真落实全面从严治党要求，推进过硬法

院队伍建设，坚持抓党建带队建、抓班子带队伍、抓机关带基层，开展“大学习、大调研、大改进”，实施“基层党组织组织力提升”工程，有128个集体和117名个人获得省级以上表彰。持续改进纪律作风，开展明察暗访，对违法违纪问题实名通报，着力解决司法不严格、不规范、不文明、不作为等问题。坚持以“零容忍”态度严肃查处队伍中的违纪违法问题，确保公正廉洁司法。

总的看，过去一年全省法院工作取得了新的发展，最高人民法院相继在我省召开知识产权、涉外商事海事、行政审判等工作会议，扫黑除恶专项斗争、服务乡村振兴战略、家事审判、司法警务工作、执行宣传等经验做法被最高人民法院推广，周强、刘家义等领导同志多次作出批示肯定。这些成绩的取得，是以习近平同志为核心的党中央坚强领导的结果，是各级党委、人大、政府、政协和社会各界关心支持的结果，也是全省法院广大干警特别是基层一线干警兢兢业业、无私奉献、顽强拼搏的结果。借此机会，我代表省法院党组，向全省法院广大干警表示诚挚的问候和崇高的敬意！

中国特色社会主义进入新时代，人民法院工作处在了新的历史方位，面临许多新形势新任务新要求。保障发展稳定的任务十分繁重，我省正处在深度调整期、瓶颈突破期、新旧动能转换胶着期，影响社会稳定的风险挑战仍然很多，人民法院依法调节经济关系、化解社会矛盾的任务必将更加艰巨。人民群众司法需求日益增长，我国社会主要矛盾发生转变后，人民群众对美好生活的向往，更多地向民主、法治、公平、正义、安全、环境等方面延伸，形成许多新的需求增量，对法院工作寄予更高期待，不仅要求诉讼服务更便利，而且要求诉讼程序更高效、司法过程更透明、案件裁判更公正。执法办案任务更加繁重，从去年全国法院和我省法院收案情况看，全国收案增长8.8%，我省增长18.9%，全省法院收案增长的态势短期之内不会改变。司法改革进入关键时期，抓落实的任务更加紧迫，特别是亟待完善新的权力运行机制，加强审判管理和审判监督工作，加速破解司法责任制改革中的瓶颈问题。风险隐患防控难度加大，法院处于社会矛盾纠纷的集散地，各类矛盾交织叠加，审判、执行案件中蕴含的风险更加复杂，加之司法权力运行分散，队伍教育管理监督的任务十分紧迫。特别是随着社会进入信息化、新媒体时代，一些个案通过网络放大，极易产生共情效应，单一诉求演变为群体性诉求，引发舆论炒作，影响司法公信力。

与形势任务相比，我们的工作还有一些不适应的地方，存在一些短板和不足，而且有些问题是老问题，长期以来没有得到根本解决。主要表现为：有的政治站位不高，担当精神不足，实干精神不强，争创一流的干劲不够；有的大局意识不强，对蕴含敏感复杂因素的案件缺乏鉴别力，机械司法、就案办案的问题不同程度存在；有的以人民为中心的发展思想树得不牢，对待群众冷横硬推、漠视群众诉求的问题仍然时有发生；有的存在能力不足、本领恐慌、作风不实的问题，司法公信力有待提高；司法廉洁形势不容乐观，个别法院甚至出现塌方式违法违纪问题。对这些问题我们必须保持清醒认识，下大力气加以解决。

2019年是中华人民共和国成立70周年，是全面建成小康社会、实现第一个百年奋斗目标的关键之年。全省各级法院要坚持以习近平新时代中国特色社会主义思想为指导，深入贯彻落实党的十九大和十九届二中、三中全会精神，坚持党对人民法院工作的绝对领导，牢牢把握“两个走在前列、一个全面开创”要求，紧紧围绕“努力让人民群众在每一个司法案件中感受到公平正义”目标，坚持以人民为中心的发展思想，坚持稳中求进工作总基调，坚持司法为民、公正司法，全面推进诉讼服务体系建设，全面提高审判管理精细化水平，加快推进司法体制改革和智慧法院建设，加快推进法院队伍革命化、正规化、专业化、职业化建设，切实履行好维护国家政治安全、确保社会大局稳定、促进社会公平正义、保障人民安居乐业的职责使命，以优异成绩迎接中华人民共和国成立70周年。

要落实好这一总体思路，实现既定目标，必须坚持稳中求进总基调，稳定压倒一切，一方面切实维护改革发展稳定大局，发挥职能作用，为平安山东、法治山东建设作出新贡献；另一方面坚持底线思维，增强忧患意识，执法办案、司法改革、队伍建设等各项工作都要稳，确保无重大群体性事件发生、无重大负面舆情发生、无重大安全事故发生，确保班子不出问题、队伍不出问题、案件不出问题。必须打造法院工作金招牌，擦亮网上立案、司法共享等品牌。特别是抓好基层基础建设，各地法院都要结合自身实际，抓重点、求突破，强弱项、补短板，争取各项审判有亮点，诉讼服务有特色，做好做实打基础利长远工作，努力推出一批在全省乃至全国有重大影响的经验做法和先进典型。必须激发走在前列新动能，坚持问题导向、目标导向、效果导向，以党建工作为引领，以司法改革为动力，对标对表、加压奋进，使法院队伍和各项工作充满活力和朝气，保持进取精神，建一流班子，带一流队伍，创一流业绩，不断推动全省法院工作实现新发展。

一、深入学习贯彻习近平新时代中国特色社会主义思想，在学懂弄通做实上狠下功夫

习近平新时代中国特色社会主义思想是我们党必须长期坚持的指导思想，是做好新时代人民法院工作的理论指引和根本遵循。全省法院要把学习贯彻习近平新时代中国特色社会主义思想作为首要政治任务，在学懂弄通做实上狠下功夫，切实用以武装头脑、指导实践、推动工作。一是认真抓好理论学习。要坚持读原著、学原文、悟原理，坚持系统学、深入学、跟进学，真正做到学深悟透、融会贯通、真信笃行，不断提高思想理论水平，指导解决工作中存在的实际问题。要发挥党组理论学习中心组的引领示范和带动作用，制订学习计划，明确学习内容、学习方式和达到的效果。党组开展集中学习、主题研讨，要有计划地安排下级法院院长或机关各支部书记参加，以党组的学习带动下级法院和机关各支部的学习。二是旗帜鲜明讲政治。要增强“四个意识”，坚定“四个自信”，坚决做到“两个维护”，把讲政治和讲法律统一起来，把不折不扣执行党中央决策部署和依法独立公正行使审判权统一起来，把“两个维护”落实在服务大局、司法为民、公正司法的实际行动上，体现在对政治纪律和政治规矩的严格遵守上。要认真落实《中国共产党政法工作条例》，牢牢坚持党对人民法院工作的绝对领导，坚持重大问题、重大事项、重大敏感案件及时向同级党委和上级法院报告制度，充分发挥政治优势和制度优势，进一步做好法院工作。要严格落实意识形态工作责任制，切实维护司法领域的意识形态安全。三是找准工作结合点。要深刻把握习近平新时代中国特色社会主义思想贯穿的马克思主义立场、观点、方法，对重点工作、困难问题弄明白“怎么看、怎么办”，善于从学习中找到解决问题的答案。

二、牢固树立总体国家安全观，坚决维护国家政治安全和社会大局稳定

要充分认识当前国内外形势的新变化和人民群众对建设平安美好家园的新期待，依法惩治犯罪、保护人民，凝心聚力保稳定，为平安山东建设提供有力司法保障。一是坚持把维护国家政治安全放在首位。政治安全是一切安全的根本所在。要严厉打击各种渗透颠覆破坏、暴力恐怖、民族分裂、宗教极端等犯罪，积极参与反邪教斗争三年攻坚行动，坚决维护国家政治安全特别是政权安全、制度安全。要依法惩治各类危害网络安全的犯罪，坚决维护网络意识形态安全，净化网络空间。二是推动扫黑除恶专项斗争向纵深发展。各级法院院长要扛起政治责任，围绕“深挖根治”阶段性目标，加强统筹，综合施策，切实把这一重大政治任务放在心中、扛在肩上、抓在手里。要坚持依法严惩方针，将扫黑除恶专项斗争与反腐败斗争、加强基层组织建设、打财断血结合起来，紧盯涉黑涉恶重大案件、黑恶势力经济基础、背后“关系网”“保护伞”，始终保持依法打击的高压态势。要严格依法办案，正确把握法律和政策界限，不降格处理，不人为拔高。特别是要加强与公安、检察机关的沟通协调，强化信息共享，对一些疑难复杂案件、重大敏感问题和跨地区、跨领域的问题，要提前介入，集体会商，在依法依规前提下达成共识，确保良好效果。要加强监督指导和业务培训，落实好院庭长担任审判长审理涉黑恶案件的要求，充分发挥示范作用，促进提升审判质量，把每一起案件办成铁案。三是依法维护人民群众生命财产安全。要加大对危害公共安全犯罪的打击力度，加大对涉枪涉爆、黄赌毒、拐卖妇女儿童等犯罪的惩治力度，严厉打击危害食品药品安全、污染环境、暴力伤医、校园欺凌、恶意欠薪等群众反映强烈的犯罪，增强人民群众的安全感和满意度。要保持对电信诈骗、非法吸收公众存款、组织领导传销活动等涉众型经济犯罪的高压态势，加大罚金、没收财产刑的适用力度，把防范打击犯罪同化解风险、维护稳定统筹起来，与公安、检察机关等共同做好控赃控人、资产返还、教育疏导等工作，维护好涉众型经济案件受损群体的合法权益。四是认真贯彻新刑事诉讼法。要积极推进以审判为中心的刑事诉讼制度改革，正确适用认罪认罚从宽制度和速裁程序，全面推进“三项规程”实施，落实证人、侦查人员、鉴定人出庭作证制度。要准确掌握刑事缺席审判的适用范围和程序，推动试点刑事案件律师辩护全覆盖，不断提高刑事审判水平。

三、认真践行新发展理念，为经济高质量发展营造良好法治环境

要按照中央经济工作会议部署和全省经济工作会议的要求，找准法院工作服务经济高质量发展的结合点、着力点，把促进经济发展与维护社会大局稳定结合起来，依法调节经济关系，加大产权司法保护力度，进一步优化营商环境，服务保障重大战略实施。一是依法规范市场经济秩序。要妥善审理经济运行中引发的各类合同纠纷、公司纠纷等案件，依法保护诚实守信，制裁违约失信，引导市场主体守法经营、公平竞争，推动形成公平开放透明的市场投资环境。二是着力防范化解金融风险。要加强对互联网金融、新类型金融案件的研究和应对，完善对规制高利贷、新类型担保的裁判指引。对互联互保、房地产交易、地方政府债务、P2P网络借贷等容易引发金融风险的案件，在依法妥善审理的同时，要注重加强与金融监管部门的沟通协调，及时提出司法建议，共同做好金融风险防范化解工作。三是服务保障新旧动能转换。要认真落实《关于进一步做好“僵尸企业”及去产能企业债务处置工作的通知》，积极争取当地政府及相关部门的支持，推动建立破产费用保障机制，解决无产可破案件“启动难”等问题。要完善府院联动机制，加强与政府及相关部门的沟通协调，在各方面的支持下加快破产案件审理进度，淘汰落后产能。要完善破产管理人制度，加强对管理人的监督指导和动态管理，更好地发挥破产管理人的作用。四是支持创新驱动发展战略实施。要注重发挥司法保护知识产权的主导作用，大力实施“精品案审判”工程，妥善审理涉及专利权、商标权、发明权的案件。要加强对重大科技项目、关键核心技术和老字号、驰名商标的保护，依法惩处侵犯知识产权行为，让侵权人付出代价，让受害者得到有效赔偿。五是依法服务高水平开放。要围绕“一带一路”、海洋强省建设十大行动，加强涉外商事海事审判工作，妥善化解各类投资、贸易纠纷，依法平等保护中外当事人合法权益。对涉外重大敏感案件，要在严格依法办案的基础上，主动报告同级党委和上级法院，发挥政治优势协调各方，依法裁判或妥善调处，服从服务党和国家对外工作大局。六是促进生态文明建设。要坚持以服务保障污染防治攻坚战、“四减四增”三年行动计划为重点，依法审理各类环境资源案件，推进完善环境公益诉讼制度，健全生态损害赔偿诉讼程序制度，创新生态环境修复责任方式。要推广设立环境资源审判实践基地，推进跨区域司法协作、全流域协同治理，在完善环境资源审判体制机制方面进行探索创新。今年省法院要向省人大常委会作专题报告，各地法院要继续总结经验、改革创新，更好地发挥司法保护环境资源的重要作用。

四、坚持以人民为中心的发展思想，不断增强人民群众获得感、幸福感、安全感

人民立场是新时代人民法院工作的根本立场，要始终把人民利益放在心上，坚持以人民群众满意为标准，切实增强群众观念、增进群众感情，着力解决好人民群众最关心、最直接、最现实的利益问题。一是加强民生权益保障。要全面总结家事审判工作经验，把事关群众切身利益的家事矛盾纠纷化解好，更好地促进家庭和谐、社会稳定。要全面建立道交一体化处理机制，主动加强与公安、司法行政、保险监管机构等部门的协调配合，推进道交一体化处理平台建设，为当事人提供在线调解、在线鉴定、在线诉讼、一键理赔等一体化服务。要全面建立行政争议审前和解中心，推进“以当事人选择管辖”为基础的跨行政区划管辖改革，使更多的一审行政案件往基层下沉、在基层化解。二是加强服判息诉工作。要准确把握调解和判决的关系，加大对民间矛盾纠纷的调解力度，注意因案施策，尽可能通过调解促进当事人握手言和、化解矛盾。要加大裁判说理力度，把释法说理贯穿于案件审理全过程，对重大疑难复杂案件、当事人争议较大、对抗激烈的案件，更加注重法理情相结合，讲清法理、讲明事理、讲透情理，让当事人赢得清清楚楚、输得明明白白，做到定分止争、案结事了。三是加强信访化解工作。要下决心解决程序终结后仍然申诉缠访的案件，对这类案件进行认真排查，逐案分析长期不能解决的症结，按照分级办理、谁终审谁办理的原则，在党委领导和政府支持下，做好终结后的处理工作。要深入开展信访矛盾大排查，对信访案件类别、人员身份等情况摸清底数，把风险隐患识别清楚，建立台账、动态管理，为下一步精准化解打好基础。要推行班子成员、中层负责同志轮流接访的做法，严格落实首接负责制，实行领导包案制度、一包到底，真正抱着高度的政治责任感做工作，在“事要解决”上下功夫，直至息诉罢访、案结事了，决不能漠视群众的诉求。对于下级法院办不了的信访案件上提一级办理，发挥审判监督程序作用，防止推诿扯皮、程序空转。每年要对终结后仍然缠访的案件进行筛选，该上审委会的上审委会。要在治标不松劲的基础上，坚持关口前移，各项审判和执行工作都要提高质量，加强法律释明、裁判文书说理、思想疏导等工作，让当事人对案件裁判更加信服，从源头上预防信访案件的发生。

五、巩固基本解决执行难成果，推进执行长效机制建设

当前，“基本解决执行难”进入收官阶段，下一步将从“基本解决执行难”向“切实解决执行难”转变，执行工作面临的任务更重，要求更高，责任更大，全省法院要在思想认识、精神状态、执行力度、工作保障上不能有丝毫松懈，尤其是一把手不能松懈。一是抓好问题整改落实。要对照第三方评估反馈的42个问题，特别是执行效率不高、工作不规范的问题，举一反三，逐一整改，确保尽快整改到位。二是保持执行力度不减。要继续坚持一把手抓、抓一把手，稳定执行人力配备与资源配置，把“六个统一”、定期通报等制度落实落地。要持续加大有财产可供执行案件的执行力度，紧盯核心指标持续发力，因案施策、精准执行，决不允许执行指标掉下来。全国“两会”前后，各级法院要集中开展涉民生、涉民营企业案件专项执行行动，化解一批执行信访案件，掀起执行宣传新高潮。要坚决杜绝出现重大负面舆情事件，影响人民群众和人大代表对“基本解决执行难”的评价。三是继续加强执行规范化建设。要完善执行工作全流程网上运行系统，及时录入节点信息，确保及时规范、全程留痕、实时管控，杜绝消极执行、选择性执行、乱执行等情形。要严格规范终本程序，坚持终本裁定必须由院长亲自审批，确保只有达到规定标准的案件才能纳入终本案件范围。四是构建全流程解决执行难长效机制。要将执行思维贯穿立案、审判、执行等全过程，立案环节紧紧扭住“财产保全率”，审判环节紧紧扭住“自动履行率”，执行环节紧紧扭住“有财产可供执行案件标的到位率”，全面发力，形成合力。要打造全流程协作协同平台，进一步拓展与执行联动部门的协作配合，扩大网络查控、信用惩戒覆盖面，将失信名单、惩戒措施嵌入业务流程，更多实现自动识别、自动拦截、自动惩戒，推动执行工作模式的根本性变革。

六、全面推进诉讼服务中心现代化建设，健全完善为民便民利民工作机制

要把诉讼服务中心现代化建设与网上立案结合起来，与矛盾纠纷多元化解结合起来，与人民法庭建设结合起来，推进诉讼服务转型升级。一是进一步推进网上立案工作。要在一审民事、行政、刑事自诉案件实行网上立案的基础上，全面实现二审案件电子卷宗网上移送、网上立案，一般不再调取纸质卷宗。要对不予立案、管辖权异议等二审程序性案件实行网上办理，提高程序性案件审理效率。要依托网上立案系统，推进跨域立案诉讼服务改革，推动诉讼事项跨区域远程办理、跨层级联动办理，让异地诉讼更加便捷。要推行在诉讼服务大厅设立自助服务区的做法，有条件的人民法庭也可以设立自助服务区。二是进一步推进多元化纠纷解决机制建设。要把诉调对接平台建设与诉讼服务中心建设结合好，建立集诉讼服务、立案登记、诉调对接、涉诉信访等功能于一体的综合服务平台，支持人民调解、行业性、专业性调解组织，以及仲裁、公证等机构入驻诉讼服务中心开展工作，引导当事人选择非诉讼方式解决纠纷，从源头上减少诉讼增量。要积极推进“分调裁审”改革，不断拓展立案信访窗口功能，完善专门的信息化管理系统，尽可能对诉调对接案件全网运行，统筹做好分流、调解、速裁、审理、信访等工作，提高运转效率。三是进一步完善案件繁简分流机制。要完善速裁程序、简易程序、普通程序相配套的审判机制，让案件真正实现繁简分流、轻重分离、快慢分道。要完善简案快速办理模式，合理设置速裁团队，切实用好小额诉讼、速裁、简易程序和督促程序，使案件尽快办结。要推广要素化办案模式，对于常见多发的婚姻家庭、交通事故、民间借贷、劳动争议以及适用刑事速裁程序的案件，探索集中时间多案同审、多案连审，庭审调查、辩论一并进行的做法，推行令状、表格、要素式文书，切实提高审判效率。四是进一步加强人民法庭建设。要坚持“三个面向”和“两便”原则，进一步优化人民法庭布局，在专业建设、特色工作、职能延伸上下功夫，精准对接群众诉求，依法依规处理好涉“三农”纠纷案件，推行人民法庭立审执一体化运行模式，使其成为服务保障乡村振兴、推进乡村治理体系现代化的前沿阵地。要加强与政府部门、基层群众自治组织、基层人民调解委员会等有效对接，强化对人民调解的业务指导，形成矛盾纠纷源头化解的整体合力，推动健全自治、法治、德治相结合的乡村治理体系。

七、深化司法体制改革和智慧法院建设，提高审判质量、效率和司法公信力

要按照中央部署和省委要求，以钉钉子的精神进一步抓好改革任务的落实，扎扎实实推进司法体制改革和智慧法院建设，以改革的实效让人民群众感受到公平正义。一是全面落实司法责任制。要认真贯彻最高人民法院《关于进一步全面落实司法责任制的实施意见》，按照“让审理者裁判、由裁判者负责”的要求，细化法官、法官助理和书记员职责清单，着力解决审判团队合力不强、机制空转等问题，让法官集中精力尽好责、办好案。要认真落实院庭长办案制度，把院领导办理重大疑难复杂案件作为硬性规定，对办案数量、案件类型等定期进行通报，基层院领导要重点办理涉黑案件、具有涉外因素的案件、执行涉党政机关的案件、涉法涉诉访的案件。对院领导挂名办案、只办简单案件的，一经发现严肃处理。要加快推进基层法院内设机构改革，确保按期完成内设机构改革，实现内设机构减下来、工作效能提上去的目标。要继续优化绩效考核指标体系，根据案件类型和办案数量、质量、效率、效果、难易程度等合理设定权重系数，实时生成考核结果，为等级晋升、奖金分配等提供依据，坚决防止“大锅饭”和“平均主义”，最大限度激发法官办案内生动力。

二是完善新型审判监督管理机制。针对司法责任制后审判质效下滑、裁判尺度不统一等问题，要细化落实院长、庭长审判监督管理权责清单，对人力资源配置、审判工作调度、程序性事项审批、审判流程监督、整体质效分析、审判业务指导等事项一定要管起来，对“四类案件”要负责地进行个案监督。院长、庭长应当履行监督管理职责而不履行或怠于履行的，要追究监督管理责任。要加强均衡结案管理，从第一季度开始就要抓好办案，把结案任务分解到每个审判庭、细化到审判团队、具体到每个法官，确保每个法官每月都办结一定数量的案件，将绩效考核具体到每个月、每季度，以月度、季度均衡结案实现整体均衡结案，防止前松后紧、突击结案，影响办案质量。要紧盯影响审判质效的核心指标，加强精准精细管理，努力实现结案率、均衡结案度、一审服判息诉率“三升”，上诉率、二审再审案件发改率、申诉信访率“三降”，以核心指标带动全省法院整体审判质效的提升。三是推进信息化与审判执行工作深度融合。要加快推进电子卷宗随案同步生成和深度运用，各类案件从立案环节开始，就要抓好案件信息的同步录入、卷宗材料的同步生成，让审判、执行全流程数据都在网上运行起来，逐步实现二审、再审案件以审理电子卷宗为主、纸质档案为辅的新型办案模式，逐步让纸质档案回归档案室。要推进审判执行全流程监督管理平台建设，将立案、分案、送达、庭审、合议、宣判、执行到结案、归档的每个节点均纳入审判监督管理范围，明确各个环节的时限要求，将程序变更、中止审理、审限延长、司法鉴定等监督事项嵌入办案平台，实现司法活动全程留痕、违规操作自动拦截、办案风险实时提示。要推进案件质量评查系统建设，重点评查改判发回案件、信访案件以及曾纳入长期未结、久押不决督办范围的案件，从评查中发现影响办案质量效率的突出问题，有针对性地加强监督指导。对整个审判的全环节电子评查，各个环节考核什么要全部明确，进一步完善监督管理模式。各级法院院长要带头运用大数据，养成看数据、用数据、抓质效、抓管理的工作习惯，通过数据指标找准差距不足，有针对性地加强和改进工作。

八、加快推进队伍革命化、正规化、专业化、职业化建设，努力建设过硬法院队伍

全省法院要严格落实全面从严治党“两个责任”，按照“五个过硬”“八种本领”“五种能力”要求，加强对干警的教育、管理和监督，努力打造一支让党放心、让人民群众满意的过硬法院队伍。一是旗帜鲜明把政治建设放在首位。要坚持不懈用习近平新时代中国特色社会主义思想武装头脑，坚定干警理想信念，确保绝对忠诚、绝对纯洁、绝对可靠。要按照中央统一部署和省委要求，认真组织开展“不忘初心、牢记使命”主题教育，着力解决政治、思想、组织、纪律、作风不纯的问题，把全省法院党的建设提高到新水平。今年要对中院、基层法院院长开展轮训，提高政治能力、履职能力和理论联系实际的水平。要认真贯彻落实《中国共产党支部工作条例（试行）》，继续抓好基层党组织组织力提升工程，坚持“支部建在庭上”“审判团队设党小组”等做法，大力开展标准党支部、先进党支部、过硬党支部梯次争创活动，切实把基层党组织建设成为坚强战斗堡垒。要层层压实管党治党责任，党组书记履行好第一责任人责任，党组成员履行好“一岗双责”，把每条战线、每个领域、每个环节的党建抓具体、抓深入。二是突出抓好司法能力建设。要围绕全面提升“五种能力”，有针对性地进行培训，全面覆盖党和国家大政方针、新法律法规、群众工作能力、信息化应用、舆情风险防控等内容，坚持理论学习和实践锻炼相结合，增强法官把握世情国情、社情民意的本领，增强落实重大敏感案件“三同步”原则的自觉性。要结合二审、再审和案件评查中发现的问题，有针对性地开展业务培训、专题研讨、类案指导，帮助法官提高法律政策适用能力，统一裁判尺度，确保办案质量。要大力开展办案能手、业务专家、优秀庭审、优秀裁判文书等评选活动，争取推出一批在全国有重大影响的先进典型和业务专家。今年，要积极开展政治、业务、作风“三过硬”创建评比活动，促进队伍能力素质全面提升。三是深入推进党风廉政建设。要严格执行中央“八项规定”及实施细则精神，坚决防止和克服一切形式主义、官僚主义，切实转变工作作风，牢固树立正确的政绩观，坚决杜绝数字不实、材料造假、文山会海等现象，严肃查处空泛表态、敷衍塞责、出工不出力等问题。要高度警惕“四风”隐性变异的新动向，对享乐主义、奢靡之风等歪风邪气坚持露头就打。各级法院党组要自觉接受和积极支持派驻监督，充实加强法院监察部门的力量，履行好司法巡查、审务督察、法官惩戒等内部监督职责，综合运用监督执纪“四种形态”，通过强化政治纪律和组织纪律，带动廉洁纪律、群众纪律、工作纪律、生活纪律强起来。要以“零容忍”的态度严惩司法腐败，坚持廉洁是最低标准，严肃查办“关系案、人情案、金钱案”，对贪赃枉法、以案谋私等违纪违法行为，发现一起、查处一起，绝不手软、绝不护短。要加强职业道德教育，把司法良知作为法官教育培训的必修课，引导法官树立法治思维、为民情怀，严格用职业道德约束自己，在良心的指引下依法秉公用权。四是坚持严管与厚爱相结合。要进一步完善职业保障制度，积极协调地方党委政府，创新从优待警的各项政策措施，千方百计帮助解决各种实际困难，努力营造拴心留人的良好环境，让干警安身、安心、安业。要健全符合司法职业特点的激励机制和容错纠错机制，旗帜鲜明地为敢于担当、踏实做事、不谋私利的干警撑腰鼓劲，营造立足岗位、干事创业、争创一流的浓厚氛围。

做好法院工作，首先在班子，关键在一把手。各级法院领导特别是一把手要担负关键责任，发挥关键作用，敢于坚持斗争，勇于担当作为，真正干在前头、走在前列、当好表率。一是提高政治站位。要把"两个维护"作为最大的政治、最大的大局，对中央的决策部署和省委工作要求，对上级工作安排，要不折不扣地抓好落实，以坚定的政治执行力和真抓实干的作风诠释忠诚、彰显担当。要把请示报告制度落到实处，对重大问题、重大事项、重大敏感案件及时向同级党委和上级法院报告，作为一项政治纪律和政治规矩，一把手要首先做到。二是有担当意识和斗争精神。要深刻体会习近平新时代中国特色社会主义思想蕴含的强大精神力量，保持共产党人敢于担当、敢于斗争的意志品格，不惧怕矛盾问题，敢于勇挑重担、攻坚克难。三是凝心聚力抓执法办案。院长对辖区、对本院的办案情况要心中有数，亲自指挥、亲自协调、亲自督促，确保人员力量、工作精力等都集中到办案一线，使执法办案步入一个结收均衡、公正高效的良性运行轨道。要把提高审判质效和办案监管工作落实到位，对重大复杂敏感案件，一定要高度重视，直接靠上，或者直接担任审判长审理，严格落实"三同步"原则，确保办案效果"三统一"。四是始终保持强烈的进取心。要增强进取精神，克服自满情绪，善于看不足、找差距，对标对表，不断推动工作发展。五是认认真真抓落实。要力戒形式主义、官僚主义，实事求是，求真务实，真抓实干，定了的工作就要抓紧落实、一抓到底。六是加强调查研究。要善于发现问题、解决问题、推动工作，一个问题一个问题的研究，把各项工作情况都摸清摸透，切实加强指导，解决问题，推动工作。

做好新时代的人民法院工作，责任重大，使命光荣。让我们紧密团结在以习近平同志为核心的党中央周围，高举习近平新时代中国特色社会主义思想伟大旗帜，不忘初心、牢记使命，忠诚履职、顽强拼搏，不断谱写新时代全省法院工作新篇章，为我省加快建设现代化强省、全面建成小康社会作出新的更大的贡献，以优异的成绩迎接中华人民共和国成立70周年！

在全省法院开展防范和化解涉诉信访案件工作落实年活动动员会上的讲话

山东省高级人民法院党组书记、院长　张甲天

（2019年2月22日）

这次会议的主要任务是：以习近平新时代中国特色社会主义思想为指导，深入贯彻落实党中央决策部署和省委"工作落实年"要求，对全省法院做好化解涉诉信访案件工作、构建全流程防范信访案件长效机制进行安排部署。

一、切实提高政治站位，把防范和化解涉诉信访案件工作作为全省各级法院一把手工程来抓

第一，做好防范和化解涉诉信访案件工作，是践行"两个维护"的实际行动。坚决做到"两个维护"，这是最根本的政治责任、最高的政治原则、最大的政治纪律和政治规矩，是做好一切工作的根本保证。"两个维护"不能只停留在口头上，必须落实到法院的每一项工作中，落实在实际行动中。法院作为国家审判机关，被赋予定纷止争的职能作用，但从实践看，我们还有很大差距，因办案产生了一些信访问题。如果做不好防范和化解涉诉信访案件工作，怎么发

捍护城河、防火墙、忠诚哨的作用，践行“两个维护”就会成为空话。所以说，这项工作是对法院领导干部特别是一把手政治上是否合格过硬的检验，不仅是一项法律责任，更是一项政治责任。

第二，做好防范和化解涉诉信访案件工作，是实现走在前列、全面开创目标的必然要求。“在全面建成小康社会进程中走在前列，在社会主义现代化建设新征程中走在前列，全面开创新时代现代化强省建设新局面”，是习近平总书记对山东工作的殷切希望，当然对法院工作适用。各地法院、各项工作都要与这一目标定位对标对表、找准坐标，以更高标准、更严要求做好各方面工作。涉诉信访积案长期以来困扰法院工作，尤其对一些信访老案比较集中的法院而言，已经成为工作发展的包袱。近年来发生的几起案件，教训极其深刻。所以我们必须下定决心，像基本解决执行难那样，坚定信心和勇气，坚决攻克这一难关。

第三，做好防范和化解涉诉信访案件工作，是践行以人民为中心发展思想的必然要求。以人民为中心的发展思想必须贯穿于法院工作的各个环节和全过程。信访工作直接关系群众的切身利益，关系司法权威和公信，关系党和国家在人民群众心目中的形象。涉诉信访案件是我们自身工作不到位造成的，必须首先从我们自身来解决，法院就是化解信访案件的责任主体。去年全省法院涉诉进京访、到省访和进京滞留访分别同比下降 50.8%、24.0%、39.7%，省法院信访积案率同比下降 93%，青岛峰会实现了涉诉上访人员“零进青”，取得了明显成效。但我们也要看到涉诉信访仍然高位运行，信访工作距离中央、省委的要求还有差距，与人民群众的期望仍有差距，必须从源头上、根本上解决这一问题，通过化解信访案件，倒查导致信访的难点痛点和堵点，进一步构建长效机制，最终实现良性循环。

第四，做好防范和化解涉诉信访案件工作，是展现担当作为、狠抓落实的必然要求。今年是省委确定的“工作落实年”。家义书记在节后召开的全省大会上强调“担当作为、狠抓落实”，要求领导干部带头落实信访包案、带案下访、公开接访等制度，对信访积案化解提出了具体的目标要求，作为各项工作的突破口。实践证明，法院工作没有多少困难，信访案件化解也没有那么困难。只要领导重视、措施得力，就没有解决不了的难题。人民法院怎样体现担当作为、狠抓落实，关键看班子是否担当，看攻坚克难的成效。能否有效化解信访积案，构建长效机制，这是对法院班子特别是一把手是否敢于担当、狠抓落实的检验。

二、明确目标，加强领导，确保圆满完成防范和化解信访案件任务

今年的目标任务是：按照习近平总书记“三到位一处理”的总要求，以“建立健全机制、压减存量、控制增量”为目标，以开展“防范和化解涉诉信访案件工作落实年”活动为载体，全力以赴防范涉诉信访风险，集中精力化解信访案件，力争年底前已有信访积案化解率达到 100%（全部清零），不产生新的信访案件，为庆祝中华人民共和国成立 70 周年营造和谐稳定的社会环境。

目前从摸底排查的情况看，全省有 1241 件赴省进京信访案件没有化解。其中 5 年以上的 307 件，10 年以上的 96 件，20 年以上的 24 件。从各区域情况看，济南、青岛、烟台、潍坊、临沂 5 个法院案件仍然过百。对下一步的工作，提以下几点意见：

（一）要落实领导包案、一包到底。对 1241 件赴省进京访案件，按照“分级负责、属地管理”的原则，全部分解到全省三级法院入额的院领导，一案一专班。对信访时间最长、最难化解的历史积案，一把手要亲自包案化解；对下级法院化解不了的，报请上级法院化解；对院领导包案化解信访积案情况，作为突破口，纳入办案数量考核；对“挂名包案”的，一定严肃处理。要加大通报督查力度，省法院要实行双周网上通报制度，尤其要通报一把手包案化解情况，该约谈的要约谈。对连续多次通报没有进展的，我来约谈。

（二）要明确化解标准、确保质量。要全面落实习近平总书记“三到位一处理”要求，做到“诉求合理的解决到位、诉求无理的思想教育到位、生活困难的帮扶救助到位，行为违法的依法处理”。省法院提出了两条具体标准：一是上访人书面承诺息诉罢访，或口头承诺息诉罢访后 1 年内未再赴省进京上访。二是所有法律救济程序已穷尽，上访人仍不息诉罢访的，完成信访终结审查和报备工作，并向有关部门移交。如息诉后再次进京上访的，由包案领导和原承办人重新化解，直至问题彻底解决。

（三）要坚持分类处理、精准施策。对本次交办信访案件，要逐案分析原因，研究对策措施，着力在“事要解决”上下功夫。要坚持依法处置、依法治访，充分发挥审判监督职能，对确有错误的案件，坚决依法予以纠正。对存在极端上访倾向，可能影响正常信访秩序的，该纳入社会管理综合治理的及时纳入；对构成违法犯罪的，要在党委领导下，与公安、检察机关协调联动，坚决依法处理。要加大公开办理力度，增强办理涉诉信访工作的透明度，积极邀请人大代表、政协委员、人民陪审员、特邀监督员参与重点案件的化解处理，必要时通过新闻媒体进行公开报道，真正做到化解一起、息诉一个、安定一片。

（四）要严格化解时限、限期完成。省法院制定了明确的时间表，今天召开动员会部署工作，分解任务。从现在开始到年底，全部时间用于化解信访案件，最后进行检查验收，完结一个，验收一个。

三、坚持源头治理，构建全流程防范信访案件长效机制

做好涉诉信访工作，化解是治标，防范是治本。从上访案件的分析来看，不少信访是因为审判执行案件在实体或程序上等方面存有错误或瑕疵，留下了信访隐患。各级法院要进一步增强全流程防控信访意识，健全完善全流程防范措施，在源头预防上抓好落实。

（一）要进一步提升办案质效。各级法院要对审判、执行工作情况进行深入分析，找准存在的问题，拉高标杆、激发斗志，坚持与先进省份法院对标对表，做到心中有数字，眼中有问题，脑中有对策，前进有目标。要增强法官的质量效率意识，在立审执各个阶段都要认真做好信访预防工作，责任落实到每一个法官。

（二）要进一步加强审判监督管理。针对信访案件办理中反映出的管理漏洞，要切实完善工作机制。要正确处理审判权、监督权、管理权三者之间的关系，推动监督由盯人盯案向全院全员全过程实时动态监督转变。要推进网上立案、网上办案、网上审批、网上监督，推行可视化监督，提高管理的透明度，增强管理的效果。要构建精细化考核机制，法官对所办的案件要终身负责，用考核指标倒逼审判质效的提升。要把防范和化解涉诉信访案件工作成效，纳入年终考核，与责任单位、包案领导和具体责任人的年终绩效考核直接挂钩，并对一把手进行考评，对工作不力、进展缓慢、完不成任务，甚至弄虚作假造成不良影响的，要实行“一票否决”。

（三）要进一步推行院领导接访首接负责制。加强领导干部接访下访工作，既是中央的部署和省委的要求，也是有效引导重心下移、吸附解决信访矛盾的重要举措。去年，省法院实行院庭长接访首接负责制，各位院级领导和中层正职带头接访包案，化解信访疑难案件。各中院、基层法院都要建立相应首接负责制度，推动初信初访等信访问题及时就地解决。

（四）要进一步完善信访工作责任追究机制。有责任就要有追究。在责任管理方面有这样一个公式，“抓住不落实的事＋追究不落实的人＝落实”。从实践看，一些法院没有严格落实好属地管理责任，对重信重访存在畏难情绪、放任不管，对交办案件“纸上谈兵”、敷衍应付，导致矛盾上行、问题上交。今年，对这类问题，省法院将实行严格的责任倒查，狠抓不落实的事，看哪些案件化解责任没有落实；倒查不落实的人，看哪些领导没有真正包案，推动各级法院多做矛盾的“终点站”，不做“中转站”，确保涉诉信访各项工作措施不折不扣的落到实处。

防范和化解涉诉信访案件工作，是我们落实“工作落实年”的实际行动，我们要增强责任意识，切实抓好落实，锐意进取、扎实苦干，全力防范和化解涉诉信访案件，努力为新时代现代化强省建设营造更加和谐的环境，以优异成绩迎接中华人民共和国成立70周年！

在全省法院党建工作会议暨中级法院院长座谈会上的讲话

山东省高级人民法院党组书记、院长　张甲天

（2019 年 7 月 6 日）

这次会议的主要任务是：坚持以习近平新时代中国特色社会主义思想为指导，深入学习贯彻党的十九大和十九届二中、三中全会精神，认真贯彻落实全国高级法院院长座谈会、全国法院队伍建设工作会议精神，扎实推进“不忘初心、牢记使命”主题教育，坚持抓党建、带队建、促审判，不断提高服务大局、司法为民、公正司法水平，为新时代现代化强省建设提供有力司法服务和保障。

会上，各中院分别就抓好党建、推进矛盾纠纷多元化解工作作了汇报，省法院审管办同志演示了网上办案流程，介绍了智慧法院建设的重点和努力方向。3 个基层法院通过视频连线，分别汇报了党建工作、矛盾纠纷多元化解和智慧法院建设情况。希望各地法院相互学习，发扬成绩，担当作为，狠抓落实，争当走在前列的模范，推动全省法院工作持续健康发展。下面，我就进一步做好下半年工作，讲几点意见。

一、要在学懂弄通做实习近平新时代中国特色社会主义思想上下功夫、见成效

开展“不忘初心、牢记使命”主题教育，是以习近平同志为核心的党中央统揽伟大斗争、伟大工程、伟大事业、伟大梦想作出的重大部署，对于用习近平新时代中国特色社会主义思想武装全党、推进新时代党的建设具有重大而深远的意义。从实践看，我们在学懂弄通做实方面还存在一些问题和不足：有的对“四个意识”“四个自信”“两个维护”表态多调门高、行动少落实差。有的同志对习近平新时代中国特色社会主义思想学的不深、悟的不透，满足于学过了、知道了，把握不住精髓要义，学用“两张皮”，“嘴功”好、实功差。有的法院干事创业劲头不足、精神状态不佳、创新意识不强，自我感觉良好。有的法院党建工作责任制落实不到位，党建与业务工作“两张皮”的问题仍然不同程度存在，等等。全省各级法院要以开展主题教育为契机，进一步增强“四个意识”，坚定“四个自信”，坚决做到“两个维护”，确保在思想上、政治上、行动上始终与党中央保持高度一致，以对党的事业高度负责、对党绝对忠诚的态度来推动人民法院各项工作，把总书记提出的“走在前列、全面开创”的总要求真正落实到审判执行工作中，为全省法院工作发展提供强大政治保证。

一是要在做实上下功夫。深入系统学习《习近平谈治国理政》一、二卷，学习《习近平关于“不忘初心、牢记使命”重要论述选编》《习近平新时代中国特色社会主义思想学习纲要》，学习习近平总书记对山东的重要指示批示精神，深刻理解其核心要义和精神实质。特别是要把学习成效体现到提升境界、推动工作上，找准在审判执行、司法改革、信息技术等方面的差距，进一步细化深化服务新旧动能转换、乡村振兴、民营经济发展的具体措施，强化跟踪问效，保障省委“八大发展战略”实施，在做实习近平新时代中国特色社会主义思想上取得实实在在的成效。

二是要始终坚持党对法院工作的绝对领导。认真贯彻落实《中国共产党政法工作条例》《中国共产党重大事项请示报告条例》《政法机关党组织向党委请示报告重大事项规定》等党内法规，严格执行重大事项请示报告制度，凡属应当请示报告的重大事项，及时向同级党委和党委政法委请示报告，并报上级法院党组，重大问题、重大敏感案件、重大敏感事项要第一时间报省法院，这要作为一条铁的纪律来执行。要加强互联网形势下的意识形态斗争，有针对性地加强对干警的思想政治教育。

三是要不折不扣落实中央关于司法体制改革的部署要求。党的十八届三中全会明确要求，推动省以下地方法院人财物统一管理。要切实贯彻好中央决策部署，认真研究对人财物统管的制度和方法，

进一步加大对中级法院、基层法院院长协管力度，积极参与酝酿沟通、推荐考察等工作，加大干部在上下级法院之间、跨区域交流力度，上级法院要敢于对不合适的人选提出调整建议。同时要研究解决一些地方经费保障不足的问题，进一步完善三级法院资产统一管理的配套制度。通过这种方式，使人员、编制由省提名、管理，经费由省级财政统筹保障，法官按法定程序任免。要加强对案件的管理，认真研究如何加强对下指导、统一裁判尺度的问题，尤其是省法院和各中院要大胆创新，通过改革的方法去破解工作中的难题，推动实现办案数据实时生成，探索通过大数据的模式加强审判监督管理，增强工作的针对性、实效性。

二、要在贯彻落实总书记对山东“走在前列、全面开创”总要求上下功夫、见成效

习近平总书记对山东发展一直十分关心、寄予厚望，对山东提出了“走在前列、全面开创”总要求。“走在前列、全面开创”是全省各方面工作的总遵循、总航标、总指导。什么是走在前列？至少排在全国前三，才算得上走在前列。从审判执行工作来看，1—6月，全省法院共收案100.2万件，结案84.7万件，分别居全国法院第四位、第三位，同比分别上升13.08%和18.58%；结案率为66.92%，一审服判息诉率为88.69%，同比分别提高1.64和1.5个百分点，均高于全国平均水平；二审发改率为15.8%，同比下降0.55个百分点，低于全国平均水平；平均办案周期68天，同比缩短8天；执行工作核心指标稳定运行，实际执行到位率为14.73%，高于全国平均水平；入额法官人均办案109件，同比增加16件。同时，我们也要清醒地看到，与走在前列的目标要求相比，与全国先进法院相比，我们的审判执行工作还存在很大差距，各项指标都有很大提升空间。1—6月上海法院结案率为82.21%，高于我省15.29个百分点；结案均衡度为0.92，比我省高0.19；一审服判息诉率为93.06%，高于我省4.37个百分点；二审案件发改率为7.06%，低于我省8.74个百分点。全国法院未结案件为593万件，同比上升1.9%，我省为41.87万件，同比上升10.24%，增幅高于全国8.34个百分点。各级法院要对表对标，补短板、强弱项，向着“走在前列”的目标奋进。为此，要对照先进法院，进一步明确目标任务。即9月底前结案率要达到80%以上、年底达到90%以上，年底二审发改率要实现年初确定的低于10%的目标，结案均衡度保持0.8以上，一审服判息诉率达到90%以上，执行到位率达到20%以上，终本率控制在15%以下，12个月以上的超审限及长期未结案件全部清零。实现走在前列的目标，当前要重点抓好以下几个方面：

一是要加大信访案件化解力度。目前1241件赴省进京访案件，已经化解742件，8个法院化解率达到60%以上，下一步要严格落实院领导包案制度，确保9月底前保质保量完成化解任务，充分发挥护城河、防火墙的作用。审判工作中，当前最大的问题是案结事不了，下一步对新生成的涉诉信访案件，院长及终审法官要负责，真正把司法责任制要求落到实处。

二是要狠抓长期未结案件清理工作。截至6月30日，全省中基层法院还有289件长期未结诉讼案件，较5月底下降53.76%，其中超过3年的9件，超过18个月不满3年的280件。对于长期未结案件，各级法院一把手都必须亲自过问、逐案调度，定期通报情况，逐案分析原因，逐案制定措施，确保今年底全部清空。对于审理期限已达12个月以上的案件，需要办理审限延长手续的，经各级法院院长审签后层报我批准。对于委托鉴定后超过2个月的，承办法院在要求鉴定机构出具说明的基础上，层报省法院技术室，并交省法院审管办备案。对于长期未结案件实行业务审查和监督调查“一案双查”，发现存在问题的通过监督纠正、问题通报、追责问责等方式严肃处理。

三是要建设坚强有力的班子队伍。要认真贯彻《中国共产党党组工作条例》，严格执行民主集中制，规范党组运行，充分发挥党组把方向、管大局、保落实的领导作用，加强对党的建设和业务工作的领导，确保党的理论和路线方针政策得到不折不扣的贯彻落实。要围绕提升“五种能力”，落实法官、法官助理、书记员、司法警察等分类培训计划，弥补知识弱项、能力短板、经验盲区，特别是提升做群众工作、防控风险、科技应用等能力。加大优秀年轻干部的培养力度，通过上挂下派、交流轮岗等方式进行锻炼，对表现突出的及时选拔任用。要健全完善人员分类管理机制，建立与司法责任制改革相适应的法官绩效考评机制，修订完善绩效考核和奖金分配办法，实现绩效奖金与各类人员的业绩挂钩，树立正确导向。要建立健全员额法官退出机制，对绩效考核不达标、办案能力差、质效达不到指标要求的，要退出员额。要注重先进典型的日常培树，主动发现、培养、推出先进典型，健全完善法官履职保障机制，年底前三级法院都要组建法官权益保障委员会，推进人员分类管理改革和职务序列套转，推动司法人员相关待遇政策的落实，健全符合司法职业特点的激励机制和容错纠错机制，为敢于担当者担当、为敢于负责者负责，营造干事创业、争创一流的浓厚氛围。

三、要贯彻落实总书记关于“坚持把非诉讼纠纷解决机制挺在前面”的精神，在推进多元化纠纷解决机制建设上下功夫、见成效

全省各级法院要深入贯彻习近平总书记关于“坚持把非诉讼纠纷解决机制挺在前面，从源头上减少诉讼增量”的要求，提高政治站位，深化改革创新，全面推进多元化纠纷解决机制和现代化诉讼服务体系建设，努力把解决纠纷和诉讼服务提高到新水平，推动社会治理体系和治理能力现代化。

一是要进一步加强诉前多元纠纷化解工作。目前全省有人民调解组织 8.5 万个，人民调解员 30.8 万人，去年调解矛盾纠纷 27.2 万件。常驻法院的人民调解员有 4657 人，去年调解案件 4 万多件。要注重发挥人民调解组织和人民调解员在多元化解中的独特作用，建立完善与调解数量、质量、效率、效果相适应的人民调解员选拔、使用、考核、奖惩机制。目前，全省法院共有特邀调解组织 1026 个，其中特邀行业调解组织 529 个，特邀行业调解员 529 名。要主动加强与工会、妇联、工商联、医疗协会、银行业协会等部门的工作联系，加强工作指导，推动行业调解组织成为多元解纷的骨干力量。要推进专业化平台建设，7 月底前行政案件审前和解中心要实现在市县区两级全覆盖，年底前道交一体化平台使用率达到 100%，年底前建成基层在线调解平台，调解工作 100% 进入平台，使所有调解组织、调解人员的业绩全程上网、量化考核。要建立实行司法确认联络员制度，推动司法确认与人民调解、行业调解、行政调解无缝对接。

二是要进一步加强速裁团队建设。今年以来全省成立速裁团队 407 个，速裁法官 502 人，速裁案件仅 8.4 万件，没有体现速裁效果，有的速裁团队设在业务庭，有的设在诉讼服务中心，还有的具有独立编制，导致力量分散、效率低下。下一步，要把速裁团队人员调配到诉讼服务中心，推动审判业务前移，每个速裁团队年均办案要达到 1000 件以上，充分发挥前端解纷“桥头堡”作用。

三是要加快推进诉讼服务中心转型升级。按照周强院长提出的“五个转变”要求，在功能整合、人员集中、服务前移上下功夫，全面建设集约高效、多元解纷、便民利民、智慧精准、开放互动、交融共享的现代化诉讼服务体系。要整合诉讼服务中心功能，将分散在各部门各环节的送达、保全、鉴定、评估等辅助性、事务性工作集中到诉讼服务中心，提供多元解纷、登记立案、分调裁审、审判执行辅助、涉诉信访、法治宣传等全方位服务，让群众一站通办、减轻诉累，让法官轻装上阵、专心审判。

四、要贯彻落实总书记关于“推进案件繁简分流、轻重分离、快慢分道”的精神，在健全案件管理机制上下功夫、见成效

全省法院 88% 的一审案件在基层，85% 的二审案件是维持原审结果的案件，90% 的再审案件也是维持原审结果的。要深入研究办案规律，完善审判工作机制，力争用 20% 的人员办结 80% 的案件，健全繁简分流、轻重分离、快慢分道的案件管理机制，促进审判工作提质增效。

一是要加强分流调解工作。1—6 月，各级法院立案前委派各类人民调解组织和行业调解组织调解案件 79395 件，占申请立案数的 7.93%，同比增加 11650 件；调解成功 19979 件，占委派调解的 25.16%，但同比减少 1332 件。立案后委托调解 15180 件，占一审民商事案件受理数的 3.18%，同比减少 2806 件；调解成功 9253 件，占委托调解的 60.96%，同比减少 262 件。要认真落实省法院出台的民事诉前调解程序的若干规定，对婚姻家庭、劳动争议等 13 类案件实行调解前置，尽可能将矛盾纠纷化解于诉前。对起诉到法院的案件，各级法院的程序分流员要认真做好法律释明、分流引导工作，鼓励当事人选择非诉讼方式解决纠纷，力争非诉分流比例达到 30%，诉前调解率达到 60%，实现基层法院在原有基础上诉前调解数量至少翻一番。对于诉前调解不成的，要及时立案，通过速裁方式快审快结，一般应当在 10 日内审结，最长不超过 15 天。大力推行要素式审判、令状式文书和示范诉讼模式，真正让速裁提速，80% 以上的民商事案件适用简易程序处理，其中的 80% 通过速裁方式快审快结，实现基层法院速裁案件数量在原有基础上翻一番。

二是要大力推进专业化审判。在人民法院受理的民商事案件中，民间借贷、离婚、交通事故、金融借款、买卖合同、物业服务等案件占了 60% 以上，案件类型相对集中。如果像王丽法官工作室年均办结 2000 件左右一样，走类案专办、简案快审的路子，对于提高办案质效非常有效。全省法院都要设立专业化审判团队，审理类型化案件，实行类别化分案，做到类案专办、简案快审。对于适用普通程序的案件，入额院领导要办理其中的 20%，做到繁案精审。对于上诉案件，省法院和各中院要本着因案施策的原则，探索建立上诉案件初步审查机制，对可能维持原审结果的，由二审速裁团队适用速裁方式快审快结。

三是要进一步发挥人民法庭在社会基层治理中的作用。全省法院有633处人民法庭，今年1—6月结案16.86万件，占基层法院办案总数的22.57%，在社会基层治理方面具有独特优势。要依托人民法庭推进服务资源力量下沉，加强与基层政法单位、自治组织、调解组织对接，促进形成全域覆盖的解纷服务网络，努力实现“小事不出村、大事不出镇、矛盾不上交”。积极推动“无讼村庄”“无讼社区”建设，力争多元化解纠纷工作纳入地方综治考核。要深入系统研究城市法庭和农村法庭的工作重点，着力推进人民法庭专业化审判模式，将城区法庭建设成处理金融纠纷、道路交通、劳动争议等专门法庭，将农村法庭建设成处理婚姻家庭、涉“三农”纠纷、环境资源等各具特色的法庭，同时有条件的法庭可以建设成为当地的法治教育基地，大力弘扬社会主义核心价值观，防止人民法庭功能千篇一律。要坚持“两便”原则，进一步优化人民法庭功能设置，强化信息化在法庭工作中的应用，防止出现当事人在网上立案、到法院机关提交材料、再回人民法庭开庭的现象，解决信息化应用不到位的问题，努力打通服务群众的最后“一公里”。

五、要贯彻落实总书记“以人民为中心”的发展思想，在加快推进智慧法院建设上下功夫、见成效

总书记讲，过不了互联网这一关，就过不了长期执政这一关。对法院而言，不善于运用信息化，就难以适应形势任务的发展。当前，全省智慧法院建设仍然存在领导不够重视、法官群体应用不够、办公办案软件不统一等突出问题。各级法院要深入学习贯彻习近平总书记关于“推动大数据、人工智能等科技创新成果同司法工作深度融合”的要求，坚持以人民为中心的发展思想，力争用两到三年时间建成全省办公办案平台统一、内网外网有机衔接、线上线下互联互通的高水平智慧法院，实现智服、智审、智执、智管。重点抓好以下三个方面：

一是要进一步推进网上立案。周强院长提出2020年全国各地法院网上立案开通率要达到100%，跨域立案覆盖率要达到100%。从去年6月我省法院推开网上立案以来，总体看进展顺利，今年1—6月全省法院网上立案56万余件。我们要求，从7月份开始，除刑事案件外，所有民商事案件、行政案件、执行案件要达到100%网上立案。网上立案的重点是所有数据从源头上就要上网运行，进而实现从立案、审判到执行的全流程数据网上运行，让数据多跑路，群众少跑腿，真正做到为民、便民、利民。我们不要求各中基层法院都设立24小时法院，但是都要在诉讼服务中心设立自助服务区。针对一些律师、当事人不了解、不会用的实际，要进一步加大宣传力度，让当事人和律师善用、愿用、会用，特别是对农村或老年当事人，要帮助他们实现网上立案，坚决防止“冷横硬推”，坚决防止借口强调网上立案而变相不立案问题的发生。

二是要全面提升网上办案水平。电子卷宗的随案同步生成和深度应用是实现网上办案的基础。目前，各地法院通常做法往往是结案一两个月后进行文书扫描、信息补录，这不是同步生成。目前全省法院电子卷宗覆盖率为58.83%，9个法院立案阶段卷宗随案生成率达到40%，其他均不足30%。9月底之前，全省法院要全面实现电子卷宗随案同步生成，形成以审理电子卷宗为主、纸质卷宗为归档卷宗的办案模式，推动办案模式的革命性变革。要通过开发使用可视化监督管理平台，加强对立案、送达、审理、合议、宣判、上诉、执行等关键节点的网上管控，把管辖权异议、评估鉴定、简易程序转普通程序、上下级卷宗流转、审限延长等重要环节和节点纳入数据平台管理，实现案件全程可控制、节点可查询、进程可预期，促进审判权公正、规范、高效运行。对全省7500多名法官的案件办理情况，要通过监督管理平台实时在线显示，让每一名法官的办案数量、质量、效率、效果等指标都一目了然，使法官个人、法官之间、法院之间学有榜样、赶有标兵，绩效考核实时线上进行，评先树优完全靠数据说话。要通过可视化执行办案平台建设，实现人案结合、督办结合，进一步提高执行到位率，降低终本率。

三是要进一步加强信息技术应用和网络安全。今年，省法院规划了31项全省通用的软件开发项目，这些软件由省法院统一申请经费，统一组织开发，在全省三级法院统一推广应用，下一步关键是抓好应用。各级法院领导要高度重视，带头应用，广大法官是应用的主体，要全程参与、全员应用，通过实际应用来发现问题，促进办公办案系统的完善升级。要牢固树立平台意识、数据意识，做到一切审判执行业务都要在平台上运行和处置，一切审判执行质效靠数据说话，一切监督管理措施以数据为标准和引领。要抓好最高法院统一部署平台的应用推广工作，目前在线调解平台、道交一体化平台、送达平台已经完成与最高法院的系统对接，从现在开始要全面应用起来。最高法院诉讼服务指导中心信息平台已于6月底上线，全省各地法院要尽快实现对接。

省法院对各级法院智慧法院应用情况要定期通报，将应用情况纳入对各级法院领导班子的考核。要高度重视网络安全工作，各级法院尤其是一把手要亲自抓、亲自管，技术部门要下功夫研究加强网络安全的措施，建立统一高效的网络安全风险报告机制、信息共享机制、研判处置机制，实现对信息安全建设重要环节的全覆盖。

六、要坚持把纪律规矩挺在前面，在确保司法廉洁上下功夫、见成效

当前，全省法院反腐倡廉形势依然严峻。今年上半年，全省法院查处干警违纪违法问题68件85人。其中中级法院11件20人、基层法院57件65人；85人中，涉及法院领导干部14人，受到党纪处分49人，受到政务或行政处分29人，被刑事拘留1人；因违法违纪问题被纪委监委留置11人，反腐倡廉形势依然严峻。全省各级法院要按照习近平总书记关于政法队伍“五个过硬”“五种能力”的要求，大力加强法院队伍建设，努力建设一支信念坚定、司法为民、敢于担当、清正廉洁的高素质法院队伍。

一是要压实管党治党责任。各级法院党组要切实扛起管党治党的政治责任，毫不松懈地加强班子建设。要坚持一把手抓、抓一把手，党组书记要履行好第一责任人责任，既要挂帅又要出征，其他班子成员要严格落实“一岗双责”，切实承担起职责范围内的党风廉政建设责任和意识形态责任。要强化责任追究，对发生重大腐败案件或不正之风长期滋生蔓延的单位和部门，要追究直接责任人的违纪违法责任和相关领导的主体责任、纪检监察部门的监督责任。领导干部要从自身做起，凡是要求干警做到的自己首先做到，凡是要求干警不做的自己首先不做，既带好队伍，又管好自己，持续在常和长、严和实、深和细上下功夫，切实推动全面从严治党、从严治院向纵深发展。7月中旬，省法院要对执行超期限和今年以来的终本案件开展“一案双查”，希望各级法院高度重视，确保取得实效。

二是要持之以恒正风肃纪。要深入贯彻习近平总书记关于坚决整治形式主义、官僚主义的重要指示精神，严格执行中央“八项规定”及其实施细则精神，聚焦突出问题、紧盯关键节点，对“四风”隐形变异新动向时刻防范，对享乐主义、奢靡之风等歪风邪气坚持露头就打，坚决防止反弹回潮。要严格执行“五个严禁”，严格落实关于防止干预过问案件的两个规定，不定期检查落实情况，教育引导干警严格遵守审判纪律和工作纪律，切实增强制度的刚性和执行力。要严格规范司法行为，严格按照司法程序规范开展审判执行工作，全面规范诉讼服务、庭审、执行等行为，改进司法作风，提高审判质效，严肃查处敷衍塞责、推诿扯皮、拖延办案、消极执行等问题，杜绝任何有损司法公信力和法官职业形象的行为。要坚持把提高职业道德、职业操守作为必修课，深化向邹碧华等先进典型学习活动，引导干警始终保持执法为民的职业良知和维护公平正义的价值追求。要建立政治督察制度，完善司法巡查、审务督察、专项检查等制度，探索建立纪律作风巡查机制，加强关键岗位定期轮岗交流，促进纪律作风持续向好。

三是要以“零容忍”态度惩治腐败。要深入开展司法廉洁教育，健全运用反面典型开展警示教育的常态化机制，运用好监督执纪“四种形态”，坚持违纪违法案件集中通报，做到“查处一案、警示一片”，引导广大干警知敬畏、存戒惧、守底线。要适应司法责任制改革要求，健全完善审判权运行监督和制约机制，强化院长、庭长监督管理职责，加大案件质量评查力度，细化法官惩戒、员额退出、权力清单、任职回避等制度机制规范，进一步扎紧“不敢腐、不能腐、不想腐”的制度笼子。要加强派驻纪检监察机构与法院监察部门、政工、审计、机关纪委等监督力量协作配合，构建具有法院特色的大监督格局，强化廉政风险防控，做到防患于未然。要深入开展突出问题集中整治活动，严肃认真地抓好问题查摆和整改，坚决防止“灯下黑”。要持续加大追责问责力度，严肃查处违规干预案件、充当诉讼掮客，拿原则换人情、用权力搞交易等违纪违法问题。特别是要严防司法人员之间相互请托以及与外部人员相互勾兑等现象，对以案谋私和办“关系案”“人情案”“金钱案”等司法腐败问题，要坚决严肃查处，绝不姑息、绝不迁就、绝不手软，确保司法公正廉洁。

今年大事多、喜事多、敏感节点多。目前时间已经过半，各项工作任务依然繁重艰巨。让我们更加紧密地团结在以习近平总书记为核心的党中央周围，不忘初心、牢记使命，担当作为、狠抓落实，推动全省法院工作不断实现新发展，以优异成绩庆祝中华人民共和国成立70周年！

在部分中级法院院长座谈会上的讲话

山东省高级人民法院党组书记、院长　张甲天

（2019 年 8 月 15 日）

今天这个会议，是省法院党组开展“不忘初心、牢记使命”主题教育的一次调研座谈会，也是为即将开展的第二批主题教育做一些前期的准备，打下一个良好的基础。今天参加座谈的中院，有的是未结案件较多的，有的是单审判质效指标比较靠后的，请大家来，主要是了解省法院工作部署的落实情况，工作中存在的问题及打算，对下一步工作进行部署，所以这次会议也是一次工作部署会。刚才，大家都作了发言，谈得都很好，希望按照既定部署，认真抓好落实。下面，按照上级部署要求，结合正在开展的主题教育，对下一步需要重点推进的工作，提几点希望和要求。

第一个问题，要在学懂弄通做实习近平新时代中国特色社会主义思想上下更大功夫，切实转思想、转方式、转作风，推动全省法院工作走在前列。

习近平新时代中国特色社会主义思想是 21 世纪的马克思主义，是我们做好工作的行动指南，必须真正在学懂弄通做实上下功夫，做到学思践悟、融会贯通。只有确保习近平新时代中国特色社会主义思想、习近平总书记对山东工作的重要指示批示精神落地见效，推动法院工作“走在前列”，才可以说是做到了学懂弄通做实，才能真正增强“四个意识”、坚定“四个自信”、坚决做到“两个维护”。

从大家的汇报看，今年以来全省三级法在推动工作发展方面做了大量工作，取得了新的进展和成效。在最高法院通报的几十项指标中，有的指标走在了前列，与去年相比进步很大，但大多数指标还不够理想，排在 15 位左右，与山东的行政编号排序相当，与总书记对山东提出的“走在前列、全面开创”的总要求相比还有差距。山东法院的建设并不落后，队伍素质也不差，各项工作完全有条件、也应当走在前列。但是除了案件数量排在全国法院前列，是个案件大省以外，并不是办案强省，对全国的贡献仍然是有限的。能不能走在前列，关键是看审判质效和办案水平。作为一个特大型审判省份，对国家诉讼制度作出贡献，才是真正走在前列最硬核的指标。年初我们提出了一个办案目标，上个月召开的中级法院院长座谈会上，在原来的基础上稍微作了提高，要求到三季度全省法院结案率达要到 80%，年底达到 90%，因为去年全国法院平均结案率是 89.8%，上海一直在 93% ～ 95% 之间，我们要走在前列，必须达到 90% 以上。1—7 月份全省结案率只有 67.54%(各中院平均为 71.9%)，同比下降 0.21 个百分点，而全国法院结案率为 67.87%，山东低 0.33 个百分点。年初我们提出二审案件发改率要实现低于 10% 的目标，目前是 15.94%，而上海的发改率只有 7% 左右。一审服判息诉率要达到 90% 以上，目前是 88.3%，而上海为 93.06%。我们要实现走在前列的目标，不是喊喊口号就能实现的，必须坚持问题导向、目标导向，既要看到差距，还要想办法弥补差距，担当作为，狠抓落实，通过今年的努力，为明年工作打下一个好的基础，用两到三年时间基本实现习近平总书记对山东的期望，真正做到走在全国法院前列。

从调研情况看，目前阻碍我们工作发展的主要因素还是思想观念问题。我们各级法院领导思想观念、工作方式、工作作风仍然停留在司法责任制改革前的水平，不注重学习研究，思想认识跟不上，工作没有思路，干事缺乏激情。在座的绝大多数都是长期在法院工作，专业化水平较高，但确实不同程度存在思想固化、模式固化的问题，存在着用老思想老观念老方式解决新问题新挑战的问题。所以第一要转思想，就是要转变思想观念，要把思想真正转换到习近平新时代中国特色社会主义思想和党的十九大精神上来。党的十八届三中、四中全会描绘了司法体制改革的蓝图，这在中国共产党的建国史上有里程碑意义，是指引人民法院工作方向的两个重大决定。希望大家经常学习研究，关键要用改革的精神迎接新挑战，解决新问题。比如案多人少问题，仅靠增加员额是不可能解决的，只有向改革要动力，用信息化来助力改革，把一项一项改革落实到位。

只要改革到位了，现有的7000多名法官，完全有能力把案件办成高水平高水准的案件。所以解放思想不是一句空话，最核心的就是加强理论学习，提高政治站位，真正学懂弄通做实，把思想认识统一到党中央决策部署上来，以功成不必在我的精神和功成必定有我的担当来推动工作发展。对于领导干部来说，给你这个职位就是让你攻坚克难的，逢山开路遇水架桥是共产党员应有的品格，我们的工作取得应有的成绩是应该的，面对困难挑战勇于解决也是应有的担当。第二要转方式，重点是转变办案方式。司法责任制改革后，我们的办案模式、管理方式都发生了变化，各级法院都面临工作模式创新的问题。目前最大的问题是大小案件、简案繁案、一二审案件都用一个模式，花费同样的精力同样的力量，司法体制改革后这种集团作战的模式没有改，再加上我们的考核不精确，激励措施不到位，导致办案质效上不去，没有把习近平总书记提出的繁简分流、轻重分离、快慢分道的要求落实到位。第三要转作风。最主要的就是要凝心聚力抓执法办案，现在有些院长精力完全没有在执法办案第一要务上，只要把精力全部放在执法办案上，其他问题就不会成为问题。希望各级院领导一个院一个院督办，一个院一个院抓落实。比如网上立案是便民利民的重要方式，对法院来讲就是数据第一道关口，基层院很多院长对此不了解，而且具有普遍性，这就是作风问题。长期未结案件、长期涉访涉诉也体现着工作作风问题。转作风是一种自我革命，也是推动工作发展的必然要求。希望各级法院领导要有责任感和紧迫感，在其位谋其政，对标对表，争创一流，主动研究新情况，解决新问题，在狠抓落实上下功夫，一步一个脚印把工作推向前进。

第二个问题，要加快“一站式多元解纷机制、一站式诉讼服务中心”建设，推动诉讼服务中心转型升级，切实提升纠纷解决和诉讼服务能力水平。

习近平总书记强调，“要坚持把非诉讼纠纷解决机制挺在前面，从源头上减少诉讼增量”。这是继党的十八大提出坚持把纪律和规矩挺在前面以后，第二次提出挺在前面的要求，说明构建矛盾纠纷多元解决机制的极端重要性。坚持把非诉讼纠纷解决机制挺在前面，推进多元化纠纷解决机制建设和现代化诉讼服务体系建设，是今年人民法院司法体制改革的重中之重。这项工作对人民法院工作至关重要，关系司法体制综合配套改革能否落地见效，关系人民法院事业是否能持续健康发展，关系如何把有限的司法资源用在刀刃上，关系如何让司法更加亲民、为民、便民、利民。

目前，全省各级法院都建有高标准的立案大厅，随着网上立案的深入推进，全省法院已经完成了革命性转变，现在正是推进诉讼服务中心全面转型升级的最好时机。按照最高法院部署，诉讼服务中心功能定位要实现由立案受理向诉讼全程服务转变，为当事人提供多元解纷、立案登记、分调裁审、审判执行辅助、涉诉信访、普法宣传等六个方面服务，概括起来就是“两个一站式”，即按照最高法院的部署，今年工作的重点就是“两个一站式”，即一站式多元解纷机制建设和一站式诉讼服务中心建设。第一要抓好诉讼服务中心的转型升级。近年来立案登记大厅物理建设到新发展，实现了扩容提升。随着网上立案的推进，我们要大力推进互联网立案，让人民群众在开庭之前都不用到法院来，而且律师网上立案应该实现全覆盖，目前看差距还很大。一些法院还要让当事人再到法院提交书面材料，再到现场缴费，这就失去了网上立案的初衷，就没有意义了。网上立案工作是我们真正走在前列的一项工作，希望各级法院院长真正抓好落实。下一步诉讼服务中心要向多元解纷功能转型，最高院提出的六大功能，即多元解纷、立案登记、分调裁审、审判执行辅助、涉诉信访、普法宣传，最重要的是把审判执行辅助性功能全部放到诉讼服务中心，把长期困扰我们的或者法官借口的诉讼效率不高的几个难点都解决掉，送达、评估鉴定、委托拍卖等都前置到诉讼服务中心，把功能放在分调裁审、推动多元解纷上。第二要抓好在一站式多元解纷机制建设。就是要把诉调对接实质化，做到“四个一”，即一个平台、一支团队、一项机制、一套系统。一个平台现在建成了，省法院已经开展了培训。另外就是速裁团队建设，尤其是基层法院要建好速裁团队。各个院真正了解法官的就是院长和分管院长，要把最适合的人放在最适合的地方。要建立无缝对接的工作机制，起诉到法院的纠纷先行开展引导分流，引导当事人进行诉前调解，解决不成的转到诉讼程序，诉讼与非诉讼程序要无缝对接，前面的程序中已经确认的证据直接转到下一程序，全省要制定统一的标准。

第三个问题，要深入贯彻落实习近平总书记关于案件繁简分流、轻重分离、快慢分道的要求，深化诉讼制度改革，推进审判流程再造。

推进立体化、多元化、精细化诉讼制度改革综合试点，是党中央作出的重大改革任务，这也是我们提高审判执行工作效能，推动审判执行工作走在前列必须研究的重大课题。特别是司法责任制改革之后，出现一些新情况新问题，没有及时跟进并加以解决。比如各级法院针对不同的案件，都投入大致相等的人力物力，没有区分案件性质，无论是一审还是二审，无论是基层法院案件还是中院、省院的案件，都简单按照诉讼法规定，简易程序走简易程序，普通程序走普通程序，二审案件和再审案件同样适用相同的程序，基本上是平均用力。案件该速裁的没有速裁，简易程序案件适用率比较低、耗时比较长，很多该用简易程序的案件用了普通程序，普通程序超审限问题又普遍存在。这恰恰是没有按照总书记的要求实行繁简分流、轻重分离、快慢分道。

实现案件繁简分流、轻重分离、快慢分道，核心在“分”。就是要建立一套层层筛选，道道过滤，该繁则繁，当简必简的一套科学有序的先进的诉讼制度。根据案件的繁简、难易程度，导入不同的程序，划分不同的跑道，让纠纷通过最适当的方式解决，努力让案件办得好、纠纷化解的早、群众认可度高。因此要对现有民事诉讼制度进行重构。山东作为一个特大省份有责任、有义务、有担当来做这一项工作，重点建立案件的科学分离、精准分流、精细施策和分类考核制度。精细施策最关键是因案施策，不同类型的案件有不同的审理办法，而且不是一步到位，而是层层过滤，从诉前开始，一道一道程序走。第一道程序筛子眼很大，能过就过，不能过接着进行第二道程序，前面的程序必须继续发挥作用，诉前程序更多地要把调解集中这一环节。每一名法官的强项是什么的，是速裁能力比较强，还是做群众工作能力比较强，按照这种模式来进行团队化改造，给团队更大的自主权，加大对不同团队的考核力度。要研究程序适用问题，激活各类诉讼程序。最高法院规定速裁程序是十天，最多不能超过十天结案，按照这个标准我们几乎没有一件案子是达标的。速裁程序是什么样的程序，省院和各级院要认真研究。要激活督促程序，扩大简易程序适用范围，严格简易程序转普通程序的管理，这样才能达到提质增效目标。为此省法院提出了一个目标，即进入诉讼的案件，80% 适用简易程序审理，20% 适用普通程序审理。80% 简易程序的案件中，有一半案件实行速裁方式快速办结，概括地讲就是“两个 40%，两个 20%”的概念，即 20% 的案件在诉前化解，40% 的案件适用速裁方式，40% 的案件适用简易程序，20% 的案件适用普通程序。只有实现“两个 40%，两个 20%”的目标，才能真正实现繁简分流、轻重分离、快慢分道，达到提质增效的要求。

第二要解决好程序衔接问题。目前审判效率不高，一个重要原因就是各类程序衔接不畅，造成程序内耗。在程序的衔接方面，存在外部和内部两个方面的程序衔接问题。外部衔接就是诉讼与非诉讼程序的衔接，即如何精准对接人民调解、行业调解、专业调解、律师调解等解纷力量，内部衔接就是要推进分流、调解、速裁、快审、精审等各个环节的有机衔接，完善精准分流、调裁对接、程序转换的工作机制，形成分流化解一批，快调速审一批，精细审判一批的诉讼格局。对上一个程序确认的事实和证据，第二个程序不再重新再来，直接进入下一个程序。当然这里面就存在一个如何确保当事人诉权的问题，在这个基础上完善衔接程序，通过各类程序的有机衔接，形成分层递进、繁简结合、供需适配的诉讼程序体系。

第三要解决好审判专业化的问题。司法责任制改革后，各地法院普遍建立审判团队，实行扁平化管理，但最大的问题是专业化审判不足，各类案件平均用力，带来审判效率不高、法律适用不统一等问题。在管理学上有二八定律或三七定律，就是对类型化的事情用更少的人辅之以信息化手段，把它快速处理掉，复杂的事情让更多的人去解决。基层法院常见的民商事案由也就五六种，占案件数量的 60%，所以对大量类型化案件，无论适用简易程序还是普通程序，都应当设置专业化审判团队，实行类别化分案，做到类案专办、简案快审、繁案精审。对于二审、再审审查案件，同样应本着因案施策原则，实行类案专办。有的中院目前已经在探索二审案件速裁的模式，下一步要全面推开。

第四个问题，要全力以赴推进智慧法院建设，实现科技与审判深度融合，向信息化要审判质效和公信力。

习近平总书记指出，要推动大数据、人工智能等科技创新成果同司法工作深度融合。我省智慧法院建设总体是落在后面，我们提出用两到三年时间建成全省办公办案平台统一、内网外网有机衔接、线上线下互联互通的高水平智慧法院，这是推动山东法院工作走在前列的技术支撑。目前最大的问题是应用，应用的最大问题是各级法院院长不使用、不关心。从今年开始，省法院统一组织开发三十多个通用办公办案软件，交三级法院统一使用。目前办案软件的基本功能都有，院领导要带头使用，引导法官养成在网上办公办案的习惯，年龄大不是理由。只有不断使用，才能促进软件升级，只有使用才能越用越好。

法院智慧的核心，第一就是坚持以人民为中心，让司法真正做到为民便民利民。目前全国有八亿网民，我们如果再跟不上这个时代，人民法院再怎么做都不可能满足人民群众日益增长的新需求新期待。智慧法院建设对法院来说是一场革命性转变，就是由现在的纸质办案系统转换成信息化办案系统，就是从网上立案开始，所有的数据就要在网上走，进而实现从立案、审判到执行的全流程数据网上运行，形成以审理电子卷宗为主、纸质卷宗为归档卷宗的办案模式。现在各级院的数据都不是时时网上运行，都是结案后再录入，这都不符合规定。我们希望通过两到三年，办案全流程都是在网上运行，纸质档案只是存档档案，而不是办案档案。省院到年底应该没有问题，希望各中院到年底也要实现这个目标。各位院长要亲自抓，目前现有的办案平台已经基本够用，最核心是有两个要求，第一个是转变理念，第二是实际应用，年龄大不是借口，也不应该成为问题。

从基层调研的情况看，仍有法院把网上立案当作一项任务来完成，当事人在网上立案了，仍然要到法院提交纸质诉讼材料，到法院交纳诉讼费，增加了当事人的负担，失去了网上立案的意义。同时仍然有很多当事人和律师不知道法院实行网上立案，说明宣传力度不够，下一步要通过各种方式进一步做好宣传工作，让更多的公众了解网上立案工作。从7月份开始，除刑事案件外，所有民商事案件、行政案件、执行案件要达到100%网上立案，但目前这个目标还没有达到，各位院长回去之后要了解一下，到底做到了没有。各级法院要进一步加大推进力度，全面实现电子卷宗随案同步生成和深度应用，形成以审理电子卷宗为主、纸质卷宗为归档卷宗的办案模式，运用信息化实现提质增效的目标。

第五个问题，严格落实全面从严治党要求，健全法院队伍管理制度机制，推进队伍革命化、正规化、专业化、职业化建设。

习近平总书记强调，要按照政治过硬、业务过硬、责任过硬、纪律过硬、作风过硬的要求，坚持以党的政治建设为统领，建设一支信念坚定、执法为民、敢于担当、清正廉洁的高素质政法队伍。各级法院要始终把队伍建设摆在重要位置，抓班子、带队伍、强素质、树形象，努力建设一支忠诚干净担当的法院队伍。

要扎实开展“不忘初心、牢记使命”主题教育。目前第一批主题教育已经进入整改关键时期，第二批主题教育即将开始。要按照党中央统一部署，深入开展好“不忘初心、牢记使命”主题教育，牢牢把握根本任务、总要求和具体目标，把学习教育、调查研究、检视问题、整改落实贯穿全过程。要加强思想政治建设，教育引导干警严守政治纪律和政治规矩，坚决做到维护核心、绝对忠诚、听党指挥、勇于担当，自觉在政治立场、政治规矩、政治原则、政治道路上同以习近平同志为核心的党中央保持高度一致。要严格执行重大事项请示报告制度，凡属应当请示报告的重大事项，及时向同级党委和党委政法委请示报告，并报上级法院党组，重大问题、重大敏感案件、重大敏感事项要第一时间报省法院，紧紧依靠党的领导解决法院工作中遇到的困难和问题。

要以“零容忍”态度惩治腐败。从去年到今年，全省法院查处违纪违法问题居高不下。对这个问题我在大会小会上都要讲，尤其是司法责任制改革后，法官的权力大了，不作为、乱作为、滥用权力的问题不容忽视，我们面临的反腐倡廉形势依然严峻。各级法院党组特别是一把手要时刻绷紧廉政这根弦，党组书记要履行好第一责任人责任，其他班子成员要严格落实“一岗双责”，切实承担起职责范围内的党风廉政建设责任。要持之以恒正风肃纪，综合运用监督执纪“四种形态”，通过强化政治纪律和组织纪律，带动廉洁纪律、群众纪律、工作纪律、生活纪律强起来，引导干警知敬畏、存戒惧、守底线。中基层法院干警多数在本地工作，“人情案”“关系案”“金钱案”影响很深。要加大查处力度，对违规干预案件、充当诉讼掮客、办“关系案”“人情案”“金钱案”等腐败问题，要坚决严肃查处，确保司法公正廉洁。

再有一个多月，我们将迎来新中国成立70周年大庆。希望各级法院一如既往地抓好审判执行工作，抓好长期未结案件清理工作，加大涉诉信访案件的化解力度，以强烈的担当意识扎实做好各项工作，为庆祝中华人民共和国成立70周年营造和谐稳定的社会环境。

在全省法院审判执行工作推进会上的讲话

山东省高级人民法院党组书记、院长 张甲天

（2019 年 10 月 24 日）

今天我们召开全省法院审判执行工作推进会，主要任务是：坚持以习近平新时代中国特色社会主义思想为指导，认真学习贯彻全国法院审判执行工作推进会精神，研究全省法院第四季度审判执行工作，部署开展审判执行工作集中攻坚和专项执行行动，确保圆满完成全年审判执行任务。

刚才，青岛中院李方民同志、东营中院廖伟忠同志、临沂中院于晓东同志、荣成市法院赵欣同志介绍了加强审判执行工作的经验做法和下步打算，济南市历下区法院孟令昌同志、烟台市芝罘区法院闫青利同志表明了全面完成审判执行任务的信心决心和改进措施，讲得都很好。希望各级法院相互学习借鉴，取长补短，凝心聚力抓好审判执行工作。

今年以来，全省法院狠抓审判执行工作第一要务，总体上呈现新收和结案同比上升，结案率同比上升、未结案件同比下降、结案增幅超过收案增幅的良好态势，在去年工作的基础上有了新的进展。一是审判执行工作稳中有进。今年前三季度，全省法院收案 153.1 万件，结案 139.4 万件，同比分别上升 12% 和 19.4%。二是审判质效持续提高。全省法院结案数同比增加 16.8 万件，结案率同比上升 3.6 个百分点，平均办案周期缩短 7 天，二审发改率同比下降 0.9 个百分点，一审服判息诉率同比上升 1.6 个百分点。三是“基本解决执行难”成果得到巩固，执行工作长效机制不断完善，执行数据可视化系统全面运行，“三统一”管理机制进一步落实，全省法院执行结案 48.1 万件，同比上升 16.5%，实际执行到位率为 21.6%，居于全国第三位，执行工作核心指标稳定运行实现常态化。

在肯定成绩的同时，我们也要清醒地认识到，下一步工作任务仍然十分繁重，目前全省法院未结案件 45 万件，按照 1—9 月收案增幅测算，今年最后两个月还要新收 40 万件左右的案件，年前还有 80 多万件案件。年初我们按照“走在前列、全面开创”的总要求确定了审判执行工作目标，现在看来结案率、二审发改率、一审服判息诉率等核心指标与走在前列的目标仍有一定差距，目前全国法院审判执行攻坚都在高歌猛进，江浙沪等法院办案质效指标一直领先，一些原来排名靠后的法院也超越了我们，我们面临的形势是：前有标兵，后有追兵，不进则退，进的步伐不快也是退。尤其是前三季度 77.7% 的结案率，没有达到 80% 的既定目标，其中 13 个市没有达到 80%。全省法院未结案件中，超审限、超过三分之二审限、超过一半审限的分别占 8.5%、16.8% 和 10%，结案压力仍然很大。全省法院未结执行案件 15.7 万件，超过 12 个月未结执行案件 1304 件，3 个市法院实际执行到位率没有达到 20%，终本率过高和终本不规范、带财产终本等问题还较为突出。在推进繁简分流、审判流程再造方面，有的法院重视不够，速裁机制推进不快，无论程序性案件还是实体案件、简案还是繁案、简易程序还是普通程序，一个模式、平均用力、平均用时，不同程度上影响了办案质效。对于这些问题，各级法院要高度重视，切实加以解决。

为做好今年最后两个月的审判执行工作，圆满完成全年审判执行任务，我讲三点意见：

一、聚焦核心指标，狠抓审判执行工作第一要务

从现在起到年底，全省法院要用两个月的时间，全力以赴开展审判执行工作集中攻坚活动，集中人员、集中精力、集中时间，大干苦干 60 天，力争结案率达到 90% 以上，一审服判息诉率达到 90% 以上，二审发改率保持在 10% 左右；执行工作要在保持“四项核心指标”稳定运行的基础上，实际执行到位率达到 25% 以上，确保圆满完成全年审判执行任务，为明年工作打下坚实基础。

一是在结案率方面。去年全省法院结案率是 86.6%，其中有三个市的法院超过 90%，全国法院结案率为 89.6%，有 22 个法院结案率超过 90%，按照“走在前列”的目标定位，山东法院的结案率应当而且必须达到 90% 以上。收案数量在 1 万件以上的法院，

结案率力争达到90%以上，收案1万件以下的中院和基层法院，办案任务和压力相对较轻，结案率要力争达到92%以上。二是在二审发改率方面。年初我们确定了二审发改率维持在10%以下的目标，济南、青岛、烟台法院前三季度发改率12%左右，其中济南、青岛的发回重审率2%左右，接近10%的目标。济宁、潍坊、威海、临沂法院发改率在18%以上，其中潍坊发回重审率达12.5%，要认真研究解决问题的办法措施。对一审上诉案件，该依法改判的要坚决依法改判，但从全省法院情况看，为完成结案任务而发回，不该发回而发回的问题不同程度存在，因此应当严格控制发回重审的数量，今后两个月发回重审案件总量要控制在2%左右。省法院和各中院对于改判案件要经过专业法官会议研究，统一裁判尺度，对于发回重审的案件要层报本院院长审批，坚决杜绝为追求结案率而发回。三是在一审服判息诉率方面。今年前三季度全省法院一审服判息诉率为89%，其中有9个市辖区已经超过90%，76个基层法院已经超过90%，但是有些法院差距较大。各级法院都要继续努力，确保年底全省法院总体达到90%以上。四是在实际执行到位率方面。要在坚持“四项核心指标”稳定运行、质效不断提高的基础上，进一步聚焦实际执行到位率。目前全省法院实际执行到位率总体上达到年初制定20%的目标，其中5个市法院超过25%，10个超过20%。在对全国、全省法院数据测算的基础上，我们把实际执行到位率的目标适当调高为25%。超过25%的法院要继续保持优势，没有达到25%的要下更大功夫，努力达到这一目标。

二、坚持多措并举，推进审判执行工作全面提质增效

要紧紧围绕核心指标，有针对性地加强审判执行工作，把两个月的办案任务细化落实到每个法院、每个业务庭、每个团队和每名法官名下，建立台账、倒排工期、全力推进，坚决打好审判执行工作集中攻坚战，确保完成全年任务。

（一）**强化院长责任**。要把抓好审判执行工作作为学懂弄通做实习近平新时代中国特色社会主义思想的实践检验，作为增强“四个意识”、坚定“四个自信”、做到“两个维护”的重要体现，作为开展“不忘初心、牢记使命”主题教育的实际行动，把主要精力放在抓办案上，全身心投入到人民法院事业中去。要坚持“一把手抓、抓一把手”，各级法院院长是抓好执法办案的第一责任人，必须履行好第一责任人的责任，全面加强管理，定期进行调度，切实加强对辖区法院的工作指导和督导。要严格落实院长庭长带头办案制度，院领导要办理发回重审、指令再审等疑难复杂案件，特别是“四类案件”。对院长庭长办理减刑假释、管辖权异议、支付令、诉讼保全等简单、程序性案件的，不得计入个人业绩考核。从明年开始，对院长庭长办理案件类型要通过管理系统进行限制，同时对各级法院院长办案情况进行公示。

（二）**加强分类指导**。要把两个月的结案任务分解到每一个审判庭、细化到审判团队、具体到每一个法官，分管院领导、庭长要对分管领域或本部门每名法官的办案情况做到心中有数。各级法院院长和分管领导要与刑事、民事、执行等有关部门，精准分析各项审判执行工作的质效情况、存案数量、办案周期，对哪些案件可以进行速裁、哪些案件需要尽快提交讨论等等，及时研究工作计划和提质增效措施。要切实解决司法改革后对下指导弱化的问题，省法院、各中院要深入分析不同法院间案件压力、审判质效等方面差异，有针对性加强对下指导。要加强对存案较多和工作落后法院的指导，帮助研究分析对策，采取领导包院、蹲点指导等做法，把存案减下来，把质效提上去，确保每一个法院、每一个团队、每一个法官都不掉队。

（三）**加强督导调度**。从下周开始到年底，省法院每半个月要对全省法院审判执行工作调度一次，每月对通报排名后十位的基层法院院长和中院院长进行约谈。要坚持定期通报制度，在对全省各级法院质效通报的基础上，对全省所有法官、速裁团队、人民法庭的办案情况进行定期通报，加强对入额法官、速裁团队、人民法庭的动态管理，进一步发挥“全省一张网、一网网到底”的作用。要加大长期未结案件清理力度，对超过18个月的长期未结案件，年底前要全部清零，年初制定的这一任务目标不能变，必要时由分管院领导或院长办理，完不成任务的要问责。尤其是几家长期未结案件相对集中的基层法院，要采取有力措施，确保完成任务。

（四）**用好考核指挥棒**。要健全完善审判绩效考核体系，突出对审判数量、质量、效率和效果的考核，根据案件类型、审级和难易程度，修订完善绩效考核办法，科学设定绩效奖金发放标准。对于今年的绩效奖金，各地法院要及时发放到位，不允许搞平均主义、吃“大锅饭”，切实体现绩效考核的指挥棒、风向标作用。要把绩效考核结果与职级晋升、员额进出、评先树优有机结合起来，进一步激发正能量。

（五）**牢固树立正确的政绩观**。无论任务多重、要求多高、压力多大，都要坚持实事求是，决不允许弄虚作假。完不成任务是个能力和方法的问题，而弄虚作假是政治纪律和政治品质问题。要切实防止有案不收和年底不立案的问题发生，坚持立案登记制和网上立案，对于诉前分流案件调解不成的，要在规定时间内及时转入审理程序。要切实防止年底前动员当事人撤诉、年后重新立案的问题发生。省法院发现去年底一些案件批量撤诉、年后又重新立案，下一步省法院将成立专班，对各级法院数据情况进行实时监控。对数据造假和年底不收案、人为控制收案、假结案等现象，发现一起，坚决查处一起，首先要追究院庭长责任，然后对承办法官进行问责。

三、加快推进制度创新，着力打造新的办案模式

要通过这两个月的集中攻坚，进一步探索和推动制度创新，推进诉讼流程再造，积极推进案件诉前分流和繁简分流、轻重分离、快慢分道，建立一整套适应新时代的工作标准和办案模式，今年初步运行，明年全面推开。省法院将召开全省中级法院院长和部分基层法院院长座谈会，对这项工作进行再研究、再调度、再攻坚。推进案件繁简分流、轻重分离、快慢分道，核心在“分”。一是在刑事审判方面。要用好认罪认罚从宽制度和轻微刑事案件速裁程序，特别是对交通肇事、危险驾驶案件要进行快速审理，能当庭宣判的当庭宣判，进一步提高刑事案件审判效率。二是在民事审判方面。要进一步完善程序衔接机制，做好适用普通程序、简易程序、特别程序、督促程序、公示催告程序的衔接和转化，根据案由、法律关系、诉讼主体、诉讼请求等因素，对不同类型的案件适用不同的审理办法，让各类纠纷通过最适当的方式解决。对于省法院《关于民事诉前调解程序规定》中明确调解前置的家事、劳动争议、交通事故等12类案件，《要素方式指引》中规定的金融借款、民间借贷、买卖合同等9类案件，要作为简案适用速裁方式快速审理。同时，对于管辖权异议、司法救助等程序性案件，要作为简案处理，切实缩短办案周期。三是在行政审判方面。要把行政非诉审查案件、符合适用简易程序的案件和劳动监察、政府信息公开等案件，作为简单案件处理，对常见多发的简单案件采取要素式审判，促进行政案件提速。四是在执行工作方面。要根据执行案件的不同特点，执行实施工作与执行异议、复议等裁决事项由不同执行团队负责，实现“简案快执、难案精执”。要建立完善无财产可供执行案件甄别、监管、恢复和退出机制，建立终本案件社会公示、统一定期统查、顺畅恢复执行等工作机制。

当前审判执行工作任务十分艰巨，全省法院广大法官要在确保办案质量的前提下，进一步提高办案效率，保质保量完成办案任务。要始终坚持公正廉洁司法，坚持依法秉公用权，永葆清正廉洁的政治本色。各级法院要坚持从优待警与从严治警相结合，坚决以“零容忍”的态度查处司法腐败，同时要认真落实各项职业保障措施，关心关爱干警，为干警排忧解难，旗帜鲜明为敢于担当、秉公办案的干警撑腰鼓劲，让一线干警安身安心安业。要加大宣传力度，以开展“最美法官”评选为契机，大力宣传办案多、效果好的法官的先进事迹，利用网站、微博、微信等媒体展现法官风采、展播优秀庭审、展示优秀文书，培育“网红法官”，不断提升法官职业尊荣感，展示良好社会形象。

行百里者半九十。我们一定要上下同心、拼搏奋进，全力以赴攻坚克难，着力提升审判质效和司法公信力，确保圆满完成全年的审判执行工作任务，推动全省法院工作不断实现新发展！

在全省中级法院及部分基层法院院长座谈会上的讲话

山东省高级人民法院党组书记、院长　张甲天

（2019年11月1日）

这次会议是全省法院学习贯彻习近平新时代中国特色社会主义思想和党的十九届四中全会精神的一次专题学习会，是深入推动“不忘初心、牢记使命”主题教育的一次专题检视会，也是贯彻落实习近平总书记在今年中央政法工作会议上的重要讲话精神和对山东“走在前列、全面开创”重要指示精神的再学习、再动员、再部署的一次专题会。会议的主要任务是：坚持以习近平新时代中国特色社会主义

思想为指引，深入学习贯彻党的十九届四中全会精神，进一步提高政治站位，统一思想认识，狠抓工作落实，全面促进审判执行工作提质增效，确保圆满完成全年工作任务，为明年形成新的办案模式奠定基础，推动全省法院工作实现新发展。

刚才，青岛市黄岛区法院王光金同志介绍了民商事案件速裁工作经验，日照市五莲县法院韩涛同志介绍了推进案件繁简分流的经验，临沂市兰山区法院王胜同志介绍了一站式多元解纷的经验，讲得都很好，工作做得也很好。希望各地法院相互学习，取长补短，在提高审判质效方面创造更多经验，取得更大成绩。下面我讲几点意见。

一、深入学习贯彻党的十九届四中全会精神，切实增强“走在前列、全面开创”的思想自觉和行动自觉

党的十九届四中全会专题研究坚持和完善中国特色社会主义制度、推进国家治理体系和治理能力现代化若干重大问题，对实现“两个一百年”奋斗目标、实现中华民族伟大复兴的中国梦具有重大战略意义。各级法院要把学习宣传贯彻党的十九届四中全会精神，作为当前和今后一个时期的首要政治任务，进一步树牢“四个意识”，坚定“四个自信”，做到“两个维护”。要深刻认识人民法院在推进国家治理体系和治理能力现代化中的重要作用，深刻把握推进国家治理体系和治理能力现代化的总体目标、基本要求，进一步深化司法体制改革，不断推进理论创新、实践创新、制度创新，把四中全会提出的目标任务落实到全省法院的各项工作中去。要把学习贯彻四中全会精神与“不忘初心、牢记使命”主题教育结合起来，认真践行以人民为中心的发展思想，不断健全完善为民、便民、利民工作机制，真正把司法为民、公正司法的要求贯穿审判执行工作各个环节和全过程，让审判执行工作更加公正高效，让人民群众更有获得感、幸福感、安全感。

党的十八大以来，习近平总书记对推进国家治理体系和治理能力现代化提出许多新理念新思想新战略。年初召开的中央政法工作会议上，习近平总书记提出“坚持把非诉讼纠纷解决机制挺在前面，从源头上减少诉讼增量”。“深化诉讼制度改革，推进案件繁简分流，轻重分离，快慢分道”。这些重要论述，既是世界观，也是方法论，既是对社会治理理念、治理模式提出的新要求，也对人民法院的司法理念、审判模式提出了新要求。今年以来，我们对贯彻落实习近平总书记重要论述、转变办案模式多次进行部署，各级法院做了大量工作，但是对照习近平总书记对山东“走在前列、全面开创”的要求来看，我们的工作仍然存在不少问题，既有司法理念、工作作风等方面的问题，也有工作模式、监督管理等方面的问题。思想境界方面，各级院领导的思想观念仍然不够解放，不同程度存在思想固化、模式固化的问题，在新形势、新任务、新挑战面前束手无策。我们讲树牢“四个意识”，坚定“四个自信”，坚决做到“两个维护”，总书记要求我们“走在前列”，作为案件大省，我们应该怎么贯彻？比如在落实“三个分”的要求上，有的对习近平总书记这一重要论述理解不深、重视不够，案件少的院不愿分，案件多的院不会分，新的办案模式仍然没有建立起来。改革落实方面，一些院仍然存在惯性思维、路径依赖，不愿改、不会改，无论简案还是繁案、简易程序还是普通程序，都平均用力、平均用时、一个模式；一些院虽然建立了速裁团队，但没有真正按照速裁机制运行，速裁案件平均办案周期较长，简易程序不简化；一些程序性案件办案周期过长，办案效率还有很大提升空间。审判管理方面，有的院领导不善管、不会管，监督管理不够科学、不够精准，均衡结案管理抓得不紧，突击结案、前松后紧和边清边积的问题仍然存在；有的院绩效考核导向作用不明显，仍然存在平均主义、吃大锅饭的现象；有的院人力资源配置不合理，人案不均、忙闲不均；从全省法院的情况看，审判质效不高是困扰我们的主要问题，省法院、各中院对下监督指导力度不够，审判质量有所下降，二审发改率居高不下，为结案而程序性发回的问题不同程度存在，等等。

面对问题，我们要把思想统一到习近平新时代中国特色社会主义思想上来，从总书记重要讲话中找思路、找对策、找方法。要坚持把非诉讼纠纷解决机制挺在前面，推进案件繁简分流、轻重分离、快慢分道，促进审判执行工作提质增效。从现在起到年底，全省法院要用两个月的时间集中攻坚，力争结案率达到 90% 以上，一审服判息诉率达到 90% 以上，二审发改率保持在 10% 左右；执行工作在保持“四项核心指标”稳定运行的基础上，实际执行到位率达到 25% 以上，为明年审判执行工作全面提质增效打下坚实基础。下一步要科学测算明年指标，重点考核核心指标，坚持工作抓在平时。实现上述目标，各级法院要进一步提高政治站位。当前各中院和基层法院正在开展“不忘初心、牢记使命”主题教育。“初心”是什么？就是为人民谋幸福，如果办案质效上不去，人民群众不满意，哪来的幸福感？“使命”是什么？法院党组的使命是什么？在座的每位同志的使命是什么？不抓案件质效，职能作用发挥不好，就是背离初心、忘记使命。要持续深入学习贯彻习近平新时代中国特色社会主义思想，深入学习贯彻党的十九届四中全会精神，认真落实党的十八届三中、四中全会关于深化司法体制改革的重大部署，切实把思想和行动统一到党中央决策部署上来。要进一步抓好问题整改。结合正在开展的“不忘初心、牢记使命”主题教育，对影响审判质效方面的突出问题一项项研究，在解决问题中推动工作发展。要进一步改进工作作风。各级院领导要把主要精力放在抓办案上，把工作目标放在提质增效上，主动寻标对表，看看先进地区的工作标准是什么，经验做法有哪些，自身差距在哪里，如何迎头赶上去，不断研究新情况、解决新问题，担当作为、狠抓落实。

二、全面推进“两个一站式”建设，提升纠纷解决能力和现代化诉讼服务水平

“两个一站式”建设，是坚持把非诉讼纠纷解决机制挺在前面，推进案件繁简分流、轻重分离、快慢分道的重要平台，是从源头上解决“案多人少”矛盾、提高审判质效的有效途径。全省各级法院稳步推进“两个一站式”建设，取得初步成效，尤其是试点法院工作进展较好。但是也要看到，有的法院一把手思想上不重视，行动上不积极；有的对“两个一站式”学习不深入、理解不透彻，不知道干什么、怎么干；有的存在形式主义，平台建了，制度有了，但没有真正运行，效果不明显。全省各级法院要通过“两个一站式”建设，进一步提高多元解纷能力和诉讼服务水平。

一是加强诉源治理。今年 8 月，省委专门召开了多元化解纠纷专题会议，省委常委、省委政法委书记林峰海同志作了讲话，对这项工作进行了全面部署。目前，省委政法委正在牵头制定文件，拟将“民事案件万人起诉率”等指标，纳入各责任单位平安山东、法治山东建设考核。各级法院要站在推进国家治理体系和治理能力现代化的高度来认识这项工作，积极主动地融入党委政府领导下的诉源治理格局，支持将诉源治理纳入地方平安建设、法治建设考评体系，积极参与一体化矛盾纠纷调处中心、行政争议和解中心建设，充分发挥司法的推动、引领作用，形成预防化解矛盾纠纷的整体合力。对诉源治理工作，各级院院长要积极推动，结合各地实际，加大工作力度。要强化基层法院和人民法庭在诉源治理中的作用，积极参与“无讼”乡村（社区）建设，加强与基层政法单位、自治组织、调解组织对接，把预防化解工作前移，从源头上减少诉讼增量。

二是加强诉前调解工作。加强诉前委派调解工作，在家事、劳动争议等 12 类案件调解前置的基础上，探索扩大先行调解的案件范围，除法律规定不能调解的之外，能调则调、能调尽调。大力支持人民调解组织、行业性调解组织、行政和解组织建设，支持他们向法院派驻专职调解员开展诉前调解工作。目前分流到人民调解和行业调解组织的案件，多数地方的调解成功率达不到 20%，这既有诉前调解力量配置弱的原因，也有法院重视不够、指导不力的原因。各级法院院长要真正重视起来，切实提高政治站位，自觉把人民法院工作放在党和国家大局中去思考、去谋划，切实抓好诉前调解工作，真正让非诉讼纠纷解决机制挺在前面。要大力支持行业性调解组织建设，鼓励商会、行业协会、民办非企业单位、民事商事仲裁机构等设立商事调解组织，推动工会、妇联、工商联、贸促会、法学会和银保监会等行业协会建立调解中心，支持他们向法院派驻专职调解员开展诉前调解工作。

三是加强集约化服务工作。一站式诉讼服务中心，涵盖了立案指引、便民服务、诉讼辅助、纠纷解决、提高效率、审判事务等综合功能，由传统的服务当事人，向服务群众、服务法官、服务审判转变，从过去的审判辅助部门，转变为集服务、立案、裁判于一体的具有综合职能的业务部门。各级法院要把一站式诉讼服务中心作为深化司法体制综合配套改革的重要举措，确保全省三级法院全面建成一站式诉讼服务中心。要把影响审判效率的文书送达、诉讼保全、委托鉴定、材料收转等辅助性工作集中到诉讼服务中心，形成一条龙办理，为群众服务，为法官减负，为审判执行工作提速。

三、加快推进繁简分流、轻重分离、快慢分道，推动审判执行工作全面提质增效

全省各级法院要认真落实习近平总书记“坚持把非诉讼纠纷解决机制挺在前面”“推进案件繁简分流、轻重分离、快慢分道”的重要论述，不断深化制度创新，推进审判流程再造，着力打造新的办案模式。“繁简分流、轻重分离、快慢分道”是一个科学的有机联系的整体，当前首先要解决好快慢分道问题，以此推动审判执行工作提质增效，切实增强人民群众的获得感。

一是要把重点放在基层。全省法院 88% 的案件在基层法院，基层法院的审判质效如何，直接影响全省法院的审判质效。基层法院绝大多数案件都是简单案件，理论上讲都可以适用简易程序快速审理。去年我省民商事一审案件简易程序适用率为 81.24%，有一半的辖区法院超过 80%。下一步一审民商事案件简易程序适用率都要达到 80% 以上，这个目标经过努力完全可以实现。目前主要问题是简易程序审理周期过长，平均审理周期为 75 天，民事一审简易程序超审限的案件达 25%。下一步简易程序必须提速，该简化的程序要简化，提倡在法定期限二分之一时间内快审快结。另外基层法院适用督促程序和小额诉讼程序极少，1—8 月份适用小额程序的案件只有 1901 件，6 个辖区法院没有适用小额程序案件；督促程序案件更少，大部分辖区结案不足 10 件，从调研情况看，这两类案件有很大的适用空间。对符合法定条件的债权债务纠纷，要积极引导当事人申请支付令；对符合适用小额诉讼程序的案件，应当积极主动适用，提高一审终审率。对这些程序的适用情况，省法院将进一步加大考核力度。

二是要加大简案速裁力度。全省法院共有速裁团队 407 个，平均每个基层法院大约 2 个团队，每个团队平均办案 322 件；速裁案件平均办案周期 46.24 天，15 天内结案的案件仅占比 15.26%，速裁机制的优势还没有完全发挥出来。速裁团队怎么建、怎么提速，各地要积极探索。要全力推进这项工作，各中院院长要到辖区法院一个一个地推进，确保速裁机制落地见效。刚才，青岛市黄岛区法院介绍了速裁团队建设、速裁机制运行的经验，各地法院要学习借鉴，结合实际，科学配备速裁团队，按照法官平均办案数合理确定速裁定团队应完成的办案量。速裁案件可采用灵活、简便的庭审，适用要素式、令状式、表格式等文书，真正实现速裁的目标。

三是要提高程序性案件效率。程序性案件效率提上去，可以大大提升整体审判效率。比如公示催告案件的公示期不得少于 60 天，公示期结束后，法院就可以作出判决，但目前公示催告案件平均办案周期为 124 天，效率不高。比如，第三人撤销之诉，一般认为应当参照再审审查案件在三个月内办案，但目前平均办案周期为 226 天。再比如，执行复议案件，法律规定办案期限为 15 天，全省法院平均用时为 30 天。对大量程序性案件，要在法定期限内进一步提速，尽可能地缩短办理周期，防止程序拖延而影响案件办理效率。

四是要完善程序衔接机制。要积极探索无争议事实记载机制、无异议调解方案认可机制以及文书送达、答辩期等事项的效力认可机制，使相关的事实、证据、程序性事务直接进入下一环节，避免从头再来。关键是对上一个程序确认的事实和证据，除非有相反的事实或证据，其效力应当及于下一个程序。刚才，临沂市兰山区法院介绍了程序衔接方面的经验，各地法院可以结合实际学习借鉴。刑事案件同样需要完善程序衔接、全面提质增效，特别是要用好认罪认罚从宽制度。比如，机动车肇事和醉酒驾驶两类案件占全部刑事案件的 50% 左右，对这两类案件要加强与公安、检察机关的沟通协调，完善程序衔接，提高审理效率，以精干的力量采取类案的方式处理好这类简单刑事案件，从而将其他人力物力集中到办理刑事大案要案上来。

五是要抓好执行案件分类执行。按照执行实施案件、程序类案件，有财产、无财产案件，被执行主体等不同类型，交由不同的团队、采取不同的方式办理。对于涉民生案件、涉金融案件、执转破案件，都应该区分类型、分类执行。对有财产可供执行、财产容易处理的案件，要快执快结；对无财产可供执行的案件，综合运用“执行 + 保险”、执行救助、执转破等方式执结。

六是要切实解决好送达鉴定等问题。探索建立集约化、分段化送达机制，与电信运营商及阿里、腾讯等互联网公司合作，智能收集、整合、汇总当事人送达地址，修复失联当事人信息，优先适用直接送达、委托送达、邮寄送达等方式，积极运用电子送达方式，控制并减少公告送达方式，推广约定送达方式，明确新型送达方式的法律效力，解决好送达合法性的问题。加强司法鉴定工作前置的引导，对适宜诉前鉴定的案件在诉前进行鉴定，避免立案后再鉴定影响诉讼效率。

四、切实加强组织领导，把提质增效的各项要求落到实处

推动审判执行工作提质增效，关键在落实。各级法院要加强组织领导，狠抓工作落实，促进理念更新、模式变革、作风转变，加快形成适应新时代的工作标准和办案模式。

一是压实院长责任。今年后两个月的审判执行指标，是省法院党组研究制定的，是实现“走在前列”目标的重要措施。要坚持“一把手抓、抓一把手”，各级院党组要加强对审判执行工作的研究谋划，院长要直接抓审判执行工作。对新的办案模式，各级院院长要亲自研究、亲自部署、亲自调度，尽快推进落实。中院院长除抓好本院工作外，还要切实加强对基层法院的监督指导，把提质增效的重心放在基层。要严格审批把关程序，对诉讼中止、审限延长、简易程序转普通程序等程序性事项，要作为行政性审批事项，由院领导按照法定职责权限审批把关；前三季度，全省法院改判发回重审率为 15.44%，其中有 5 个市超过 18%，最高的达 19.63%。对于改判案件要经过专业法官会议研究，统一裁判尺度；对于发回重审的案件要层报本院院长审批，坚决杜绝为追求结案率而发回，切实把改判、发回重审案件的质量提上来。要严格落实院庭长带头办案制度，院领导要办理上级法院发回重审、指令再审的案件等疑难复杂案件、“四类案件”以及涉黑涉恶案件。对院庭长办理减刑假释、管辖权异议、支付令、诉讼保全等简单、程序性案件的，不计入个人业绩考核。从明年开始，对院庭长办理案件类型要通过管理系统进行限制，同时对各级法院院长办案情况进行公示。

二是加强精准管理。推动审判管理由粗放式向精细化管理转变，提高审判监督管理水平。要抓好均衡结案。各级法院要细化结案任务，把办案任务层层分解，落实到每个法院、每个业务庭、每个审判团队和每名法官，明确每个月应当办结的案件量，确保收结案良性循环。同时建立完善人案动态调整机制，根据案件情况及时对审判及辅助人员进行动态调整。明年一季度结案率要达到 45%，二季度达到 65%，三季度达到 80%，全年达到 90%。要加大通报考核力度。省法院从现在起到年底每半个月对全省法院审判执行工作调度一次，每月对通报排名后十位的基层法院院长进行约谈。明年要逐月调度通报，对各级法院、所有法官、速裁团队、人民法庭的办案情况进行定期通报，加强对入额法官、速裁团队、人民法庭的动态管理，进一步发挥“全省一张网、一网网到底”的作用。连续三个月排名后十位的，对该基层院和中院院长一并约谈。

三是用好考核指挥棒。要健全完善审判绩效考核体系，突出对审判数量、质量、效率和效果的考核，根据案件类型、审级和难易程度，修订完善绩效考核办法，科学设定绩效奖金发放标准，不允许搞平均主义、吃“大锅饭”。要坚持分类评估考核，把不同类型、不同程序案件的平均办案周期作为重要指标，比如对刑事、民事、行政一审、二审案件，对适用简易程序、普通程序案件的审理周期，分别进行评估考核；再比如对简易程序在法定期限二分之一时间内结案、普通程序在法定期限三分之二时间内结案的，分别赋予不同的考核权重。要把绩效考核结果与职级晋升、员额进出、评先树优有机结合起来，进一步激发正能量。

今年还有不到两个月的时间，各项工作任务十分繁重。希望大家通过今天这个会议，思想再解放，认识再深化，措施再明确，工作再落实，全面实现各项既定目标，圆满完成全年的各项工作任务，为明年工作打下坚实的基础。

第四编

重要文件

山东省高级人民法院
关于全面推进“一次办好”改革优化司法营商环境的措施

（鲁高法〔2019〕4号　2019年1月7日）

为全面推进我省法院“一次办好”改革，优化司法营商环境，让人民群众办理诉讼服务事项“不跑腿”“少跑腿”，省法院先行推出以下为民便民利民措施。

一、推行网上立案、网上办案

推行网上立案。全省三级法院已经统一开通网上立案系统，全面推行网上立案。目前，当事人通过山东法院电子诉讼服务平台、山东法院微信公众号、山东微法院（APP）和24小时法院自助终端，可以自助在网上办理一审民事、行政、刑事自诉的网上立案。网上立案的服务项目包括立案、交费、退费申请、查询、诉状自动生成、风险评估等20多项。

推行网上交退费。为方便当事人网上办理立案事项，我省法院已经开通诉讼费网上交费系统。当事人通过调用非税系统的交费平台，借助中行、农行、工行、建行、中信、招商、邮储等26家银行网银或通过微信、支付宝等方式，可以实现网上预交诉讼费、网上申请诉讼费“减缓免”、网上自助计算诉讼费。全面实施诉讼费“胜诉先退”制度，当事人通过法院诉讼服务网提交退费申请，法官审核后系统自动通过外网向当事人推送退费通知，并提醒当事人一次性携带退费所需相关材料办理结算手续，做到“应退尽退、一次退清”。

推行网上办案。全省法院二审上诉、申请再审、申诉案件，全部实现电子卷宗网上移送、网上立案，一般不再调取纸质卷宗，加快审判流程各个环节效率，彻底解决调卷周期长等问题。在网上立案、网上调卷的基础上，全省法院实行不予立案、管辖权异议等二审程序性案件网上办理，实现网上阅卷、网上会签、网上签章、网上公开、网上归档等办案程序网上进行，提高程序性案件审理效率，有效缩短案件审理周期。

推行网上信访。山东法院网上申诉信访平台已正式上线运行。当事人可直接登录该平台网上进行信访登记，反映信访问题。法官可以直接在网上收取申诉信访材料、网上办理、网上答复。当事人只要在申诉信访平台登记一次，平台即可同步获得当事人的所有案件资料，无须当事人反复向各级法院重复提交。当事人预约视频接访后，在当地法院即可通过覆盖全省法院的远程视频接访系统，与省法院的信访大厅接访法官进行远程视频，实现与接访法官“面对面”交流。

二、建设24小时法院

为配合网上立案运行，省法院和部分基层法院建造了“24小时法院”。“24小时法院”作为一项司法服务创新措施，突破了8小时工作日限制，为当事人提供24小时全时空、全省三级法院跨域立案、各类立案业务全流程覆盖的自助服务平台，目前主要设计了司法公开宣传区、自助立案服务区和山东法院电子诉讼服务平台三大服务区。通过24小时法院当事人可自助办理包括网上立案、诉讼风险个性评估、诉状自助生成、诉讼费计算、网上交费、法律查询、防伪文书自助打印等立案全流程等20多种自助诉讼业务，实现诉讼业务“自助办”“一键办”。通过山东法院电子诉讼服务平台，可以实现从庭审直播、司法文书到执行信息的全部司法公开信息查询等全方位的司法体验，以及网上立案、网上交费、网上退费、投诉建议等各类诉讼服务。

三、开放诉讼服务大厅

为落实“人民共创共享共治”理念，让人民群众看得见、摸得着、感受到司法公平正义就在身边，全省各级法院全面开放诉讼服务大厅，人民群众凭身份证安检后可随时参观体验。省法院诉讼服务大厅正面，是习近平总书记“努力让人民群众在每一个司法案件中感受到公平正义”23个金色大字，东西走廊两侧是习近平总书记关于法治建设的重要指示。东西大厅4块电子大屏和小剧场，以现代化手段展示山东法院历史、司法为民、司法公开、大要案、典型庭审等司法专题；审判法庭公开庭审对外开放，人民群众凭身份证安检后随时可进入旁听。省法院将每年多批次邀请人大代表、政协委员、专家学者、社会公众、大中小学生和诉讼当事人等到24小时法院、司法广场和诉讼服务大厅等开放区参观体验。开放的人民法院诉讼服务大厅成为学习宣传践行习近平新时代中国特色社会主义思想的重要阵地和人民群众走进司法、分享法治、宣传法治的公共场所。

四、升级便民诉讼服务措施

以人民满意为标准，在原有各种便民服务的基础上，增加或改进全省法院立案、信访大厅服务功能：提前开放大厅减少群众等候时间，冬夏季节提前开放冷暖气；推行电子阅卷，省法院在服务大厅专设集中电子阅卷室（约60平方米），可同时容纳16名律师阅卷。各中院、基层法院在诉讼服务大厅增设相应场所，为当事人和律师群体提供便捷的阅卷服务；升级12368热线服务功能，实现诉讼节点短信自动通知功能，当事人通过12368热线可以联系法官。聘请资深退休法官在线解答人民群众的法律咨询；规范和监督各级法院信访转（交）办公函的有效使用，以免当事人重复跑腿；实现全省法院信访系统与审判管理系统互联互通；实行预约接访，群众来访可以与法官预约时间等便民利民措施。

五、全面推行特邀调解制度

省法院制定关于开展特邀调解工作若干意见，全省法院全面推行特邀调解制度。省法院特邀13个调解组织、特邀人大代表、政协委员、法学专家（教授）、人民调解员、律师等160名调解员参与诉前调解、诉讼调解，为人民群众提供更多更专业的矛盾纠纷解决方式。对民商事案件立案前先通过山东法院“分调裁”系统进行难易评估，对适宜调解的案件进行诉前调解。当事人可通过法院建立的特邀调解组织名册和特邀调解员名册，选择调解组织和调解员主持调解。对调解成功申请司法确认的案件，统一指定基层法院司法确认，司法确认一律依法免收诉讼费。调解成功后申请人民法院出具调解书的，在一律减半收取诉讼费的基础上，对符合条件的还可以依法使用诉讼费减缓措施。

六、严格落实“一次告知”制度

三级法院对当事人、律师申请立案、保全、执行、申诉、信访、法律援助等提交材料需要补正的，一律严格落实一次告知制度，确保窗口诉讼业务一站式办理、一次办好。在省法院诉讼服务中心建立集中监控平台，实现对全省三级法院立案、信访窗口工作情况实时监督。

七、实行院长庭长首接负责制

省法院实行院长庭长接访首接负责制。每个工作日安排一名院长庭长在信访大厅接待来访群众。具有员额法官身份的院长庭长对首次接待的初信初访案件“一办到底”，对重信重访案件直接承办或“一督到底”；未入员额的综合部门负责人，对首次接待的信访老户（诉讼程序已尽但仍然上访的人员）“一包到底”，直至息诉罢访。

八、推行律师代理申诉“调查令”

省法院出台进一步推动律师代理申诉工作的实施细则，明确规定代理申诉律师在审查申诉案件中，因工作需要可以向法院申请调查令，由法院授权代理申诉律师调查取证，充分发挥律师作为第三方参与信访矛盾化解优势，切实解决当事人取证难问题。

九、打造山东微法院和掌上法院

打破时间和空间限制，通过移动网络设施微法院服务终端和掌上法院APP，打通人民群众和法官的移动互联渠道，实现从立案到执行全流程在线流转和诉讼服务移动办理，为当事人提供一个全新、便捷、高效的司法服务平台，为矛盾纠纷的化解以及司法流程的监督提供一个全面、规范、全程留痕的多元化解平台和实时监督平台。

十、公布20项常用“立案清单”

通过诉服大厅、诉讼服务网、“山东高法”微信公众号、24小时法院等各种渠道发布“一次办好”10大类20种常用立案及司法服务清单，为人民群众提供更为全面的“一次办好”服务，为优化全省司法营商环境作出应有贡献。

山东省高级人民法院
关于全流程解决执行难若干问题的规定

（鲁高法〔2019〕11号　2019年1月19日）

为进一步加强立案、审判与执行工作的协调配合，建立全流程解决执行难工作机制，保障当事人及时实现合法权益，根据有关法律、司法解释以及《最高人民法院关于人民法院立案、审判与执行工作协调运行的意见》，结合我省法院工作实际，制定本规定。

第一条　立案部门应当全面推行网上立案。

立案部门应当按照国家征信体系建设标准建立当事人信息识别系统，立案时充分采集自然人的身份证号码和法人的统一社会信用代码、组织机构代码等信息，确认送达方式、送达地址（电子送达地址）及联系方式，确认执行案款接收账户等信息。

当事人、法定代表人或者主要负责人具有人大代表、政协委员、中共党员、公职人员等特殊身份或者案件属于特殊类型的，应予以标注。

第二条　立案时，立案部门应当向当事人提示执行风险以及财产保全的必要性等相关事项。

第三条　审判部门发现立案部门采集的信息不准确、不全面或者发生变化的，应及时予以更正、补充。

第四条　审理确权案件时，审判部门应当查明所要确权的财产权属及现状。需要确权的财产已经被人民法院因其他案件查封、扣押、冻结的，应当驳回起诉，并告知当事人可以依照民事诉讼法第二百二十七条的规定主张权利。

第五条　审理涉及交付特定物、恢复原状、排除妨碍等案件时，审判部门应当查明标的物是否存在、原状能否恢复、妨碍能否排除等基本事实。对于特定标的物已经灭失或者不能恢复原状、排除妨碍的，应当告知当事人可以申请变更诉讼请求。当事人不予变更的，驳回诉讼请求。

第六条　审理以行为作为履行内容的案件时，审判部门应当向当事人释明可以选择变更诉讼请求为替代性金钱给付或者增加不履行行为时给付金钱的诉讼请求。

第七条　审判部门应当向权利人释明在调解协议中增加有利于协议自动履行的保障性条款。能够即时履行的，应当要求当事人即时履行完毕。

对于调解协议处分的财产，审判部门应当查明财产的权属及现状。

第八条　法律文书应当载明当事人的身份信息，自然人应标明身份证号码，法人或者非法人组织应标明统一社会信用代码或者组织机构代码。

第九条　法律文书主文应当明确具体，具有可执行性。

支付抚养费、赡养费、扶养费的，应当明确支付数额、时间、方式等；离婚等案件需要交付、分割财产的，应当明确财产名称、权属、数量、数额、交付条件、交付方式、交付时间、逾期责任等；赔礼道歉的，应当明确道歉时间、道歉方式等；环境污染修复的，应当明确修复的期限、标准以及不能修复时的赔偿数额；执行异议之诉的，应当明确准许或者停止执行的标的的具体内容。

判令建设工程施工合同发包人在欠付工程款范围内对实际施工人承担责任的，应当明确欠付工程款的具体数额。判令在遗产继承范围内承担责任的，应当明确遗产继承的数额或者财产名称、数量等。

其他类型案件按照《最高人民法院关于人民法院立案、审判与执行工作协调运行的意见》第十一条办理。

第十条　审判部门应当按照《最高人民法院关于加强和规范裁判文书释法说理的指导意见》加强事实认定和法律文书说理，提高法律文书自动履行率，减少进入执行程序的案件。

第十一条　法律文书生效后、进入执行程序前，当事人要求通过法院履行义务的，由审判部门负责办理。

第十二条　立案、审判部门应引导当事人以财产保全责任险、独立保函等方式提供财产保全担保，提高财产保全率。

第十三条 当事人在财产保全申请中提出明确财产信息的，立案、审判部门应当在保全裁定中明确保全财产的名称、数量、数额、所在地点、期限、保全费用等信息；未提出明确财产信息的，保全裁定应当限定保全数额。

第十四条 财产保全标的额的确定，除保全申请人的诉讼请求外，还应当考虑诉讼费、迟延履行利息、执行费、被保全人及其所扶养家属所必需的生活费用等相关费用。

第十五条 保全过程中，不宜由人民法院保管的保全财产，应当指定保管人，明确保管义务；对季节性商品、鲜活、易腐烂变质以及其他不宜长期保存的物品，保全部门应当及时处分并保全相应价款。

第十六条 采取财产保全措施的人民法院发现案件不属于本院管辖的，应当将案件和财产保全材料一并移送有管辖权的人民法院。案件移送后，保全期限连续计算。

第十七条 保全申请人、被保全人、利害关系人认为保全裁定实施过程中的执行行为违反法律规定提出书面异议的，由执行裁决部门根据民事诉讼法第二百二十五条规定进行审查。

第十八条 执行部门应当根据案件性质、主体身份、繁简程度、财产形式、被执行人有无财产等情况对案件进行分类管理。

对有财产可供执行的案件，应当加大执行力度，穷尽各项强制措施，提高法定期限内实际执结率。

对无财产可供执行的案件，应当严格终本条件和审签程序。发现有财产可供执行时，应当及时恢复执行。

对以党政机关为被执行人的案件，除穷尽法定执行措施外，还应当采取定期通报、发出司法建议等方式，及时执行完毕。

对关联案件、同类型案件以及重大疑难复杂案件，根据案件情况可以通过提级执行、指定执行或者协同执行的方式集中执行。

第十九条 对符合国家司法救助条件的涉民生执行案件，人民法院应当通过“诉讼保全＋执行救助”的方式扩大救助实效。

对未纳入国家司法救助范围或者获得国家司法救助后仍面临生活困难的当事人，符合社会救助条件的，应当协调政府有关部门将其纳入社会救助范围。

第二十条 有条件的法院可以对执行案件按照财产查控、财产变现、案款分配等阶段分别集中执行，提高执行效率。

第二十一条 人民法庭审理的案件，能够当庭执结或者由人民法庭执行更加方便当事人的，可以由人民法庭执行。

第二十二条 对于当事人未提出管辖权异议或者放弃管辖权异议但执行法院依法不享有管辖权的执行案件，执行部门应当驳回执行申请，并告知当事人向有管辖权的法院申请执行。

第二十三条 本规定自发布之日起施行。

山东省高级人民法院
服务保障民营经济高质量发展十条

（鲁高法〔2019〕18号　2019年4月18日）

1. 强化平等保护司法理念。为各类市场主体提供平等的司法保护，确保诉讼地位平等、诉讼权利平等和法律适用平等。避免以保护国有资产、维护公共利益为由忽视民营企业正当诉求，切实保护民营企业和企业家的财产、人身权利。

2. 遵循谦抑审慎司法原则。坚持罪刑法定、疑罪从无，严格区分经济纠纷与经济犯罪的界限，准确把握非法经营、合同诈骗、逃税、行贿等犯罪的构成要件，审慎采取刑罚手段，符合认罪认罚从宽条件的依法从宽处理。依法及时审查涉民营企业和企业家申诉案件，坚决纠正冤案错案。

3. 依法规范强制措施适用。慎重适用刑事强制措施，善于运用非羁押措施，对已羁押但符合取保候审、监视居住条件的及时变更强制措施。严禁超范围、超标的查封、扣押、冻结企业财产，除依法需责令关闭的企业外，在条件允许的情况下可以为企业预留必要的流动资金和往来账户。

4. 依法鼓励支持市场交易行为。准确判断各类交易模式和交易结构创新的合同效力，严格限制认定合同无效的范围。对法律、行政法规规定应当办理批准、登记等手续生效的合同，允许当事人在判决前补办手续，尽量促使合同合法有效。

5. 依法缓解民营企业融资难融资贵问题。依法审查金融机构断贷、压贷、抽贷等行为，积极运用调解等解纷方式，促使银行与企业共渡难关。依法审查小额贷款、融资租赁等公司的经营行为，保障民间融资对正规金融的补充作用。依法审查企业之间借贷的法律效力，保护企业因生产经营需要进行的临时性资金拆借行为。对民间借贷中以不合理收费突破或变相突破法定利率红线的行为，依法不予支持。

6. 依法处理涉企业互联互保案件。在担保案件中，担保人提供一般担保、债权人只起诉担保人的，应当追加债务人为共同被告；担保人提供连带责任担保、债权人只起诉担保人的，可以追加债务人为共同被告。在执行案件中，债务人有可供执行财产的，优先执行债务人。

7. 依法加强企业知识产权保护。加大对各种侵犯知识产权行为的惩治力度，完善符合知识产权案件特点的诉讼证据规则，着力破解权利人“举证难”问题。建立以知识产权市场价值为指引的侵权损害司法认定机制，提高知识产权侵权赔偿标准，着力解决知识产权侵权成本低、维权成本高的问题。

8. 依法维护政企纠纷中的民营企业合法权益。对行政机关违反协议、承诺违约毁约的，依法支持民营企业合理诉求。妥善审理因政府规划调整、政策变化引发的各类案件，因上述原因导致涉民营企业合同不能履行的，依法支持民营企业返还投资权益或赔偿损失的请求。

9. 加大涉民营企业债权案件执行力度。充分发挥执行联动机制的作用，加大对恶意逃废债务被执行人的执行力度。企业已经履行生效法律文书义务的，及时屏蔽失信被执行人名单信息。对确无偿债能力且无规避执行、抗拒执行等违法情形的企业经营者，不发布为失信被执行人。

10. 畅通民营企业纠纷解决渠道。提高诉讼服务水平，推行诉讼服务网上办理，实现立案、交费、送达、保全等诉讼服务网上办理、一次办好。加强人民法院与非诉解纷机构的协调配合，加强与工商联的沟通联络，建立共建协作机制，充分发挥商会、行业协会等组织的作用，促进民营企业纠纷的多元高效化解。

山东省高级人民法院
关于加强案件信息管理工作的规定

（鲁高法〔2019〕19号　2019年4月22日）

第一章　总　则

第一条　为进一步加强全省法院司法统计工作中的案件信息管理，实现案件信息管理制度化、规范化、科学化、精准化，确保案件信息及时、准确、完整、规范、安全，制定本规定。

第二条　全省法院案件信息管理应充分发挥反映审判执行情况，开展案件信息咨询，提供司法决策服务，进行案件信息监督的作用，促进审判公正、效率和效果全面提升。

第三条　全省法院应推进司法统计工作与人民法院大数据管理和服务平台无缝对接，着力构建以大数据为核心、以审判需求为导向、以信息智能为保障的司法统计工作模式。

第二章　案件信息采集与报送

第四条　案件信息是指全省各级人民法院依照法律规定进行诉讼活动过程中所形成的各类信息的总称。案件信息采集包括个案信息和综合信息。个案信息包括单个案件从立案、审判到执行等诉讼过程的全部案件信息项、裁判文书、卷宗材料及其他相关信息等；综合信息包括各类案件的统计汇总信息、裁判文书库、审判分析、决策咨询及其他相关信息等。

第五条　案件信息采集坚持信息化原则，最大限度根据反映案件信息的文字载体实现案件信息智能提取和自动校验，减轻人工录入工作量。

第六条 案件信息采集应严格落实司法统计工作责任制，坚持“谁负责、谁录入”的原则，按照统一标准、完整准确、分级负责的要求采集案件信息，确保数据录入的及时性、准确性、完整性。

第七条 全省各级法院应明确机关各部门案件信息录入职责。立案、审判、执行等部门工作人员应当按照职责分工和司法统计工作要求，及时、准确、完整录入案件信息。办案平台中的案件信息，立案信息由立案部门录入，审理信息和结案信息由审判业务部门录入。司法统计管理部门协调、督促、指导相关部门加强案件信息录入工作。

第八条 全省各级法院应当按照电子卷宗随案同步生成要求，同步录入案件信息，为司法公开和全流程审判监督管理提供信息保障。

第九条 全省各级法院要加强案件数据管理平台建设，实时更新、上传本院各类案件数据，健全完善法院、报表、案件的三级关联印证机制，实现案件数据信息的实时生成、自动抓取，确保统计数据的真实性和可追溯性。

第十条 下级法院应当按规定及时上传、报送案件信息，不得虚报、瞒报、漏报、迟报；上级法院对于与下级法院有关的案件信息，应当及时反馈。

第十一条 全省各级法院在案件信息录入过程中的技术性问题，由信息技术部门汇总后层报省法院信息中心解决。省法院各业务部门在案件信息录入过程中的技术性问题，报请信息中心解决。

第三章 案件信息质量控制

第十二条 全省各级法院应加强案件信息质量实时监测。信息技术部门每日对录入的案件信息进行质量监测，对不符合质检规则的问题每周汇总逐级报送上级法院，上级法院数据管理人员根据电子卷宗等材料判断是否存在录入错误或生成错误。对错误数据由省法院司法统计管理部门统一组织开展补录、纠正等工作。

第十三条 司法统计管理部门应加强案件数据日常监测工作，对本院的案件信息录入和数据报送等工作实施监督检查，并随机抽取 1% 左右的案件进行数据录入质量监测，对发现的异常数据进行分析，查明原因，提出对策。省法院每月发布一期案件数据质量报告，对全省各级法院案件信息质量情况进行通报，对错误数据查明原因，提出改进措施并督促执行。

第十四条 各法院组织进行案件信息检查时，检查人员不得少于二人；组织开展案件信息检查可以采取专项检查、自查、抽查和法院间互查等方式进行。

第十五条 案件信息管理部门在实施监督检查时，被检查法院有关部门和个人应当如实反映情况，提供相关资料，不得拒绝、阻碍检查，不得转移、隐匿、篡改、毁弃原始记录、统计台账、统计调查表及其他相关资料。

第十六条 案件信息监督检查的主要内容包括：

1. 案件信息数据的真实性：数据录入是否真实，如有错误是因疏忽还是故意造假；

2. 案件信息数据的完整性：数据录入是否完整，如有遗漏是因疏忽还是故意漏报；

3. 案件信息数据录入的及时性：数据录入是否及时，如有延迟是因客观原因延迟还是故意拖延；

4. 案件信息分析情况：报送统计分析的质量和数量，司法统计分析重点课题承担和完成情况；

5. 案件质量评估工作开展情况：是否开展评估，评估数据的真实性等；

6. 案件信息管理制度建设情况：上级法院下发的有关制度的落实情况，本院制定案件信息制度的情况；

7. 案件信息资料的保存、管理、共享和信息公开情况；

8. 案件信息工作中遵守保密制度，加强保密制度建设情况。

第十七条 案件信息主管部门在检查案件信息工作或者检查案件信息数据时，有权采取下列措施：

1. 发出案件信息检查查询书，向检查对象查询有关事项；

2. 要求检查对象提供有关原始记录、统计台账、统计调查表及其他相关资料；

3. 就与检查有关的事项询问有关人员；

4. 登录案件信息管理系统，对统计信息进行检查、核对；

5. 对与案件信息检查事项有关的情况和资料进行记录、录音、录像、照相和复制。

第十八条 各级法院对案件信息监督检查中发现的问题要提出改进意见并限期整改，对违反统计法和最高人民法院有关规定的单位和个人依法依规严肃处理；对检查监督中发现的好的案件信息经验作法通报表扬并及时推广，发挥典型示范作用。

第四章　案件信息统计分析

第十九条　省法院司法统计管理部门负责全省法院案件信息的分类统计与汇总分析工作；各中级法院、基层法院司法统计管理部门负责本法院案件信息的分类统计与汇总分析工作。

第二十条　全省各级法院应当建立以全面调查为主，抽样调查、重点调查为辅的案件信息调查方式，密切关注案件变化情况，加强专项审判调研分析活动，加强对审判态势及审判工作新情况、新问题的分析，提出加强改进审判执行工作的意见和建议。

第二十一条　全省各级法院应当充分利用案件信息统计数据资源，深度挖掘司法大数据的潜在价值，探索审判工作与经济社会发展变化之间的关系，预测案件发展趋势，及时提出司法建议，为加强社会治理、防控社会风险、进行科学决策提供信息支持。

第五章　案件信息使用与发布

第二十二条　全省各级法院应制定严格的数据保密和审批公开制度规范，凡涉及审判工作的统计数据，应当由司法统计管理部门统一提供，统一口径、统一发布、统一协调，防止数出多门，确保司法统计数据的准确性、严肃性、权威性。未经授权，任何其他单位和个人不得擅自使用和发布，但已经公开发布的案件信息除外。

第二十三条　使用本法院的案件信息，需向司法统计管理部门提出申请，审核通过后，方可授权使用；使用全省法院的案件信息，需首先向本院司法统计管理部门提出申请，由本院司法统计管理部门层报省法院司法统计管理部门，审核通过后，方可授权使用。

第二十四条　全省各级法院应当建立案件信息发布制度，加大案件信息公开力度，促进司法公开。对应当公开的案件信息，应明确信息发布的方式、渠道和时间，并及时向社会公布，畅通案件统计数据查询渠道。需要阶段性保密的案件信息，必须加强管理，在正式发布之前，任何人不得泄露。

第六章　管理职责

第二十五条　全省各级法院司法统计管理部门负责案件信息管理工作，为政策制定、审判管理、司法改革、绩效考评等工作客观、中立地提供信息支持与精准服务。

第二十六条　省法院司法统计管理部门负责全省法院案件信息管理工作，主要职责是：

1. 制定并发布全省法院案件信息管理工作的规章制度、实施办法、工作要求等规范性文件；

2. 指导、监督、检查全省法院的案件信息管理工作，进行考核通报；

3. 审核、发布全省法院案件信息；

4. 组织开展全省法院案件信息调研和培训；

5. 负责组织本院案件信息采集及其质量保障工作；

6. 根据本院的审判执行工作、审判管理工作需要，采集、整理、提供全省性的案件信息，对全省法院审判执行工作情况进行统计分析、决策咨询和信息监督。

第二十七条　中级法院、基层法院司法统计管理部门负责本法院案件信息管理工作，主要职责是：

1. 执行省法院有关案件信息管理的规定和工作要求；

2. 制定符合本院实际的有关案件信息采集、信息质量控制、信息汇总和规范管理、信息使用与发布、网络信息安全等各项信息管理办法；

3. 指导、监督本院各审判业务部门执行案件信息管理规定和工作要求；

4. 负责组织本院案件信息采集及其质量保障工作；

5. 审核、发布本院案件信息资料；

6. 及时整理、校验有关案件信息，在高级法院规定的时间内逐级上报；

7. 开展案件信息管理调研和本法院有关培训工作。

第二十八条　各级法院的审判业务部门负责本部门承办案件的信息管理工作，主要职责是：

1. 执行上级法院案件信息管理部门及所在法院案件信息管理部门有关规定和工作要求；

2. 制定本部门有关案件信息管理办法；

3. 指导、监督本部门审判工作人员及时填报案件信息项，负责本部门承办案件的信息采集及其质量保障工作；

4. 按规定时间和要求向本院案件信息管理部门报送有关案件信息。

第二十九条　全省各级法院的主要负责人是本辖区、本法院案件信息管理工作的第一责任人；各审判业务部门的主要负责人是本审判业务部门案件信息管理工作的第一责任人。

第三十条 全省各级法院应当加强案件信息管理人员配备，省法院应当配备3名以上专职司法统计人员，中级法院、基层法院必须配备专职司法统计人员，配备A、B角，确保司法统计工作正常开展。

第三十一条 全省各级法院应当建立健全综合安全保障体系，强化过程管理与监督。加强对有关工作人员的信息安全保密教育，提高防范意识和自律意识，确保信息安全。

第三十二条 案件信息管理工作实行逐级检查和相应考核通报制度、信息管理责任制和责任追究制度。对案件信息管理工作中成绩突出的单位和个人予以表彰；对违反案件信息管理规定并造成不良影响的单位和个人，按规定追究相关人员责任。

第七章 附 则

第三十三条 本规定由山东省高级人民法院研究室负责解释。

第三十四条 本规定自发布之日起实施。

山东省高级人民法院
关于适用认罪认罚从宽制度审理刑事案件的
指导意见（试行）

（鲁高法〔2019〕20号 2019年4月25日）

为全面推进认罪认罚从宽制度在全省法院的统一有效实施，合理配置司法资源，推进繁简分流，依照《中华人民共和国刑法》《中华人民共和国刑事诉讼法》及相关司法解释等规定，结合山东刑事审判实际，制定本指导意见。

第一条 被告人自愿如实供述自己的罪行，承认指控的犯罪事实，愿意接受处罚的，可以依法从宽处理。

第二条 适用认罪认罚从宽制度审理刑事案件，应当坚持宽严相济、罪责刑相适应和证据裁判的原则。

第三条 对于犯罪性质恶劣、犯罪手段残忍、社会危害严重、群众反映强烈的刑事案件，应当慎重适用认罪认罚从宽制度。

第四条 对于提起公诉的认罪认罚刑事案件，人民法院应当重点审查起诉书、卷宗、证据及认罪认罚具结书等证明被告人认罪认罚情况的材料是否移送，证明被告人认罪认罚情况的材料没有移送的，应当通知人民检察院在三日内补送。对于人民检察院建议适用速裁程序审理的认罪认罚刑事案件，应当建立快速受理通道审查受理。

第五条 认罪认罚刑事案件受理后，对于被告人没有委托辩护人或者不符合法律援助条件的，人民法院应当通知值班律师为其提供法律咨询、程序选择建议、申请变更强制措施、对案件处理提出意见等法律帮助，并为值班律师履行职责提供便利。被告人提出不需要值班律师帮助，坚持自愿认罪认罚的，应当作出书面声明。人民法院可以允许，并记录在案。

第六条 认罪认罚刑事案件受理后，应当及时向被告人、辩护人、值班律师送达起诉书副本，同时向被告人送达权利义务告知书。

第七条 人民检察院建议对被告人判处管制或者宣告缓刑，委托被告人居住地县级司法行政机关调查评估，但案件移送起诉时调查评估结果尚未出具的，不影响案件的受理。对被告人可能判处管制或者宣告缓刑，需要调查被告人对所对被告人可能判处管制或者宣告缓刑，需要调查被告人对所居住社区影响的，人民法院可以委托被告人居住地县级司法行政机关进行调查评估，也可以自行调查评估。自行调查评估的，应当记录在案。

第八条 审理认罪认罚刑事案件，除依照法律审查、认定案件事实证据外，还应当重点审查自首、坦白、当庭认罪、退赃退赔、预缴罚金、积极赔偿被害人损失与被害人方达成调解或者和解协议等反映被告人认罪和认罚的情节。

第九条 审理认罪认罚刑事案件，应当根据不同诉讼阶段被告人认罪认罚的积极性、主动性、稳定性，确定不同的从宽量刑幅度。

被告人认罪认罚后翻供或者不认罚，后又认罪认罚的，按最后认罪认罚的阶段从严掌握从宽量刑幅度。

第十条 审理认罪认罚刑事案件，应当区别情况决定适用速裁程序、简易程序或者普通程序审理。

第十一条 审理认罪认罚刑事案件，应当在庭前听取被害人及其诉讼代理人的意见。

第十二条 审理认罪认罚刑事案件，应当当庭告知被告人享有的诉讼权利和认罪认罚的法律规定，审查认罪认罚的自愿性和认罪认罚具结书内容的真实性、合法性。重点审查以下内容：

（一）是否知悉认罪认罚从宽制度的相关规定；

（二）是否清楚自愿认罪认罚的法律后果；

（三）是否获得有效法律帮助；

（四）是否自愿认罪认罚；

（五）签署的认罪认罚具结书是否其真实意思表示，签署认罪认罚具结书时辩护人或者值班律师是否在场；

（六）是否同意适用速裁程序或者简易程序审理。

被告人具有刑事诉讼法第一百七十四条第二款规定的情形之一，不需要签署认罪认罚具结书的，还应当重点审查以下内容：

（一）是否知悉并认可人民检察院指控的犯罪事实；

（二）人民检察院是否就量刑建议与被告人进行沟通；

（三）双方沟通时是否有辩护人或者值班律师在场；

（四）是否认可人民检察院提出的量刑建议。

第十三条 有下列情形之一的，人民法院应当分别向人民检察院、被告人、辩护人、值班律师送达适用速裁程序审理决定书：

（一）人民检察院建议适用速裁程序审理，经审查认为符合速裁程序适用条件的；

（二）人民检察院没有建议适用速裁程序审理，经审查认为符合速裁程序适用条件，或者受案后出现具备适用速裁程序审理的条件，且被告人同意适用速裁程序审理的。

第十四条 适用速裁程序审理案件，由审判员一人独任审判，可以采取远程视频开庭、多案集中开庭等庭审方式，送达期限不受刑事诉讼法规定的限制。

第十五条 适用速裁程序审理案件，一般按照下列程序进行：

（一）开庭审理前，书记员可以先行集中核实被告人的身份，是否受过法律处分及处分的种类、时间，是否被采取强制措施及强制措施的种类、时间等情况；

（二）宣布开庭后，法庭应当在确认被告人身份、告知诉讼权利和认罪认罚的法律规定后，审查被告人认罪认罚的自愿性和认罪认罚具结书内容的真实性、合法性；

（三）公诉人摘要宣读起诉书；

（四）听取辩护人的意见，其他诉讼参与人可以简要发表意见；

（五）听取被告人的最后陈述；

（六）法庭在综合考虑被告人认罪认罚的具体表现及案件事实后，调整并确定应判处的刑罚；

（七）当庭宣判。

适用速裁程序审理案件，必要时可以进行法庭调查和法庭辩论。被告人为未成年人的，应当进行法庭教育。

第十六条 适用速裁程序审理案件的过程中，被告人自愿认罪认罚，但出现刑事诉讼法第二百二十三条（五）（六）项情形的，应当转为简易程序或者普通程序审理；出现刑事诉讼法第二百二十三条（一）（二）（三）（四）项情形的，应当转为普通程序审理。

适用简易程序审理案件的过程中，被告人自愿认罪认罚，但出现刑事诉讼法第二百一十五条情形的，应当转为普通程序审理。

出现上述情形时，人民法院应当向人民检察院、被告人、辩护人、值班律师、被害人及其诉讼代理人送达转换程序决定书。当庭宣布转换程序的，可以直接记入庭审笔录，不再另行制作决定书。

第十七条 适用速裁程序或者简易程序审理案件的过程中，出现被告人的行为不构成犯罪或者不应当追究其刑事责任、被告人违背意愿认罪认罚、被告人否认指控的犯罪事实或者事实不清、证据不足等不应当作为认罪认罚刑事案件审理情形的，应当转为普通程序审理。

出现上述情形时，人民法院应当向人民检察院、被告人、辩护人、值班律师、被害人及其诉讼代理人送达不适用认罪认罚从宽制度审理决定书。当庭宣布不再适用认罪认罚从宽制度审理的，可以直接记入庭审笔录，不再另行制作决定书。

第十八条 对于认罪认罚刑事案件，人民法院依法作出判决时，一般应当采纳人民检察院指控的罪名和量刑建议，但有下列情形的除外：

（一）被告人的行为不构成犯罪或者不应当追究其刑事责任的；

（二）被告人违背意愿认罪认罚的；

（三）被告人否认指控的犯罪事实的；

（四）起诉指控的罪名与审理认定的罪名不一致的；

（五）其他可能影响公正审判的情形。

在审理过程中出现下列情形的，可以建议人民检察院调整量刑建议：

（一）人民检察院量刑建议明显不当的；

（二）出现新量刑情节的；

（三）被告人、辩护人对量刑建议提出异议的。

庭审中出现上述情形，人民法院在征得控辩双方同意后可以休庭，由控辩双方进行沟通。人民检察院不调整量刑建议或者调整量刑建议后仍然明显不当的，人民法院应当在充分听取控辩双方意见后，依法作出判决。

第十九条 审理认罪认罚刑事案件，在制作庭审笔录、卷宗封皮时，应当标注“认罪认罚”字样。

第二十条 本指导意见将随法律、司法解释适时作出调整。本指导意见与新颁布法律、司法解释的规定不一致的，适用新的法律、司法解释。

第二十一条 本指导意见由山东省高级人民法院负责解释。

第二十二条 本指导意见自印发之日起试行。

山东省高级人民法院关于办理生态环境损害赔偿协议司法确认案件的若干意见（试行）

（鲁高法〔2019〕26号　2019年5月29日）

中共中央办公厅、国务院办公厅印发的《生态环境损害赔偿制度改革方案》规定，环境污染、生态破坏事件发生后经磋商达成的生态环境损害赔偿协议，可以向人民法院申请司法确认。为规范生态环境损害赔偿协议司法确认案件审理，依照《中华人民共和国民事诉讼法》《生态环境损害赔偿制度改革方案》《最高人民法院关于审理生态环境损害赔偿案件的若干规定（试行）》的规定，结合我省工作实际，提出如下意见。

一、本意见适用于政府及其指定的部门或机构依据《生态环境损害赔偿制度改革方案》的规定，与违反法律法规造成生态环境损害的单位、个人或其指定的主体经磋商达成生态环境损害赔偿协议（以下简称赔偿协议）后，共同向人民法院申请司法确认的情形。

本意见所称的政府是指省级、市级政府。经市级政府授权的县级政府及其相关职能部门也可以作为赔偿协议的磋商主体和申请司法确认的主体。

二、赔偿协议司法确认案件由生态环境侵权行为发生地或损害结果发生地基层人民法院管辖。若赔偿协议由第三方组织主持磋商达成，也可由主持磋商组织所在地基层人民法院管辖。

当地环境资源案件已实行集中管辖的，赔偿协议司法确认案件由集中管辖地法院管辖。

三、当事人应当自赔偿协议生效之日起三十日内，向人民法院申请司法确认，逾期人民法院不予受理。

四、当事人申请司法确认，应当向人民法院提交司法确认申请书、赔偿协议、身份证明以及其他与赔偿协议相关的材料。

五、人民法院收到当事人司法确认申请，应当在三日内决定是否受理。人民法院决定受理的，应当及时向当事人送达受理通知书。

六、人民法院受理申请后，应当将赔偿协议内容公告，公告期间不少于三十日。

公告期间收到异议的，人民法院应当进行审查。经审查，人民法院认为异议理由成立的，要求双方当事人结合异议内容，重新进行磋商。双方当事人重新达成赔偿协议的，继续司法确认程序；双方当事人不能达成新的赔偿协议的，终止司法确认程序，裁定驳回当事人的申请。

七、人民法院可通知双方当事人共同到场对案件进行核实，主要审查赔偿协议是否真实、赔偿标准和计算方法是否适当、是否充分保护生态环境等内容。

人民法院经审查认为当事人的陈述或者提供的证明材料不充分、不完备或者有疑义的，可以要求当事人限期补充陈述或者补充证明材料。

八、人民法院经审查认为赔偿协议的内容不违反法律、行政法规强制性规定且不损害国家利益、社会公共利益的，依据《中华人民共和国民事诉讼法》第一百九十五条的规定，三十日内裁定赔偿协议有效；不符合规定的，裁定驳回当事人的申请。

九、人民法院作出有效裁定后，一方当事人拒绝履行或者未全部履行赔偿协议的，对方当事人可以向作出裁定的人民法院申请强制执行。

司法确认申请被驳回后，当事人可依法另行提起生态环境损害赔偿诉讼。

十、本意见自下发之日起试行。

山东省高级人民法院
关于黑恶势力刑事案件审理的工作规范

（鲁高法〔2019〕27 号　2019 年 5 月 30 日）

为规范黑恶势力刑事案件审理工作，根据刑法、刑事诉讼法及有关司法解释、规范性文件的规定，结合我省实际，制定本工作规范。

第一条　严格案件受理审查。对提起公诉的第一审黑恶势力刑事案件，人民法院在收到起诉书和案卷、证据后，除依照《最高人民法院关于适用〈中华人民共和国刑事诉讼法〉的解释》第一百八十条的规定进行审查外，还应审查以下内容：

（一）被告人是否为中共党员、人大代表、政协委员、基层党组织成员、国家工作人员，是否附有相关证明材料。

（二）对于采取技术侦查措施收集的证据材料，是否附有采取技术侦查措施的批准决定书等书面材料。

（三）是否查封、扣押、冻结被告人的违法所得或者其他涉案财产，是否有证明涉案财产来源、性质、价值、权属、名称、数量、处置情况的证据材料。

（四）是否列明被害人的姓名、住址、联系方式，是否有户籍证明等身份证明材料。

第二条　及时报告案件受理信息。人民法院对提起公诉的黑恶势力刑事案件依法受理后，应当同时报告同级扫黑办和上级法院，并层报省法院备案。

第三条　认真做好庭前准备工作。开庭审理黑恶势力刑事案件前，人民法院应当进行下列工作：

（一）确定审判长及合议庭组成人员。黑恶势力刑事案件由中、基层人民法院院长担任审判长。社会影响重大的案件，应当依法由法官三人与人民陪审员四人组成合议庭进行审理。

（二）告知被告人可以委托辩护人。对于被告人没有委托辩护人的，应当通知法律援助机构指派律师为其提供辩护。

（三）审理黑恶势力刑事案件，应当通知对辩护律师所属事务所具有监督管理权限的司法行政机关派员旁听。

第四条　组织召开庭前会议。人民法院审理黑社会性质组织和重大恶势力集团刑事案件，应当召开庭前会议。其他恶势力刑事案件，根据审理需要，可以召开庭前会议。召开庭前会议三日前，应当将庭前会议方案报告同级扫黑办，并层报省法院备案。

第五条　认真制定庭审方案。开庭审理前，审判人员应当制定详细的庭审提纲、庭审预案。庭审预案包括开庭审理计划、安全保卫、后勤保障、宣传报道、突发情况处置等事项。黑社会性质组织和重大恶势力集团刑事案件，还应制定“三同步”方案。庭审提纲、庭审预案、“三同步”方案，应当在开庭审理三日前层报省法院。“三同步”方案应当在开庭审理三日前报同级扫黑办。

第六条　认真组织旁听。公开审理的有重大社会影响的黑社会性质组织和重大恶势力集团刑事案件，可以邀请党代表、人大代表、政协委员、特邀监督员、专家学者，以及有关业务主管部门人员旁听。

第七条 认真组织法庭调查。法庭调查应当严格按照《人民法院办理刑事案件第一审普通程序法庭调查规程（试行）》的规定进行。区分黑社会性质组织实施的犯罪和个人实施的犯罪，分别进行调查。对于黑社会性质组织罪的调查，按照先具体犯罪、后黑社会性质组织罪的顺序进行。

对指控的犯罪事实调查结束后，应当对涉案财产情况进行专门调查，组织控辩双方对涉案财产情况进行举证、质证，查清涉案财产的来源、性质、价值、权属、名称、数量、处置情况等。

第八条 切实做好证人、鉴定人出庭保护工作。开庭审理时，证人、鉴定人因出庭作证，本人或者其近亲属的人身安全面临危险的，应当采取不公开其真实姓名、住址和工作单位等个人信息，或者不暴露其外貌、真实声音等保护措施。必要时，可以进行物理隔离，以音频、视频传送的方式作证，并对声音、图像进行技术处理。依法决定不公开证人、鉴定人真实姓名、住址和工作单位等个人信息的，应当在开庭前核实其身份。证人、鉴定人签署的如实作证保证书应当列入审判副卷，不得对外公开。

被害人出庭参加诉讼的，参照上述规定。

第九条 认真组织法庭辩论。法庭调查结束后，审判长应当组织控辩双方就定罪、量刑的事实、证据和法律适用等问题进行辩论。法庭辩论中，应当组织控辩双方就涉案财产处置进行专门辩论。恶势力刑事案件的被告人及其辩护人对是否构成恶势力提出异议的，可以组织控辩双方进行专门辩论。

第十条 认真组织案件讨论研究。庭审结束后，合议庭及时进行认真评议，提出案件处理意见。黑社会性质组织和重大恶势力集团刑事案件，合议庭提出处理意见后，应当组织刑事专业法官会议进行讨论，并提交审判委员会讨论决定，形成案件处理意见，并层报省法院。

第十一条 稳妥组织案件宣判。黑社会性质组织和重大恶势力集团刑事案件，宣判前应当制定“三同步”方案，报同级扫黑办，并层报省法院。

第十二条 认真落实提前介入机制。对重大敏感黑恶势力刑事案件，可以在侦查、起诉阶段及时主动提前介入，深入研究案件事实和性质，对重大问题及时提出意见建议。

第十三条 认真落实案件会商和联席会议机制。案件审理中，在事实证据、性质认定等方面，与检察机关存在重大分歧时，应当协调法、检两院相关人员进行案件会商，必要时提交当地扫黑办，组织召开联席会议，最大限度形成共识，确保原则问题解决在起诉前、庭审前和判决前。

第十四条 健全线索排查、转办机制。刑事审判、民商事审判、行政审判、申诉信访和执行部门协作联动，深入排查涉黑涉恶及其“保护伞”“关系网”等线索，及时报扫黑办，由扫黑办转交有管辖权的办案机关查处。

第十五条 加强司法建议工作。在审理黑恶势力犯罪案件中，认真查找案件反映出的行业管理漏洞，及时向相关部门提出有针对性的司法建议，加强跟踪问效，督促相关部门改进工作。同时，将司法建议及跟踪问效情况层报省法院。

第十六条 本工作规范自印发之日起施行。

山东省高级人民法院
关于建立行政争议审前和解机制的若干意见

（鲁高法〔2019〕28号　2019年6月4日）

为促进行政争议实质性解决，推进“平安山东”“法治山东”建设，根据中央、省委和最高人民法院关于深化多元化纠纷机制改革的部署要求，依据有关法律规定，结合全省工作实际，就推动建立行政争议审前和解机制提出以下意见。

一、指导思想

坚持以习近平新时代中国特色社会主义思想为指导，积极争取各级党委领导、人大监督和政府支持，推动全省普遍建成“行政争议审前和解中心”（以下简称“和解中心”），建立健全与“和解中心”配套衔接的新型审判机制，创新监督方式，防止程序空转，促进行政争议实质性解决，为维护人民群众合法权益、服务经济高质量发展、推进法治政府建设提供有力的司法保障。

二、全力推动“和解中心”建设

各级法院要积极争取党委政府支持，力争今年上半年全部完成“和解中心”建设。“和解中心”的工作地点可以单独设立，也可以设在人民法院诉讼服务中心。要建立完善工作人员值班、选择和解员、绩效考核、经费保障等各项工作制度。

认真做好和解员选任工作，建立和解员名册并向社会公布。和解员一般由行政机关选派的工作人员担任，也可以邀请人大代表、政协委员、人民陪审员、人民调解员、仲裁员、律师或者退休法律工作者等担任特邀和解员。和解员应当具备下条件：(1) 拥护党的路线、方针、政策，具有较高的政治素养；(2) 品德良好，公道正派，敬业勤勉，有较好的社会信誉；(3) 恪守职业道德和职业纪律，工作过程中没有受过行政处罚和行业处分，未受过刑事处罚；(4) 具有丰富的法律知识、专业知识和调解经验，热爱和解工作，自愿接受人民法院委派和解行政争议，能够为和解工作付出时间、精力；(5) 其他应当具备的条件。

三、明确和解案件范围

下列行政案件可以委派“和解中心”先行和解处理：(1) 法律规定可以调解的案件；(2) 行政相对人要求和解的案件；(3) 当事人人数众多、可能影响社会稳定的案件；(4) 被诉行政行为一旦被确认违法或者撤销，将给国家利益、公共利益或者他人合法权益造成重大损失的案件；(5) 行政相对人诉讼请求难以得到法律支持，但确有实体权益需要保护或者确有其他合理需求需要救济的案件；(6) 其他通过和解方式处理更有利于实质性化解行政争议的案件。

和解工作一般实行属地原则。“和解中心”可以自行受理行政纠纷，但应当坚持依法自愿的原则。对于可能影响当事人起诉期限或当事人有起诉意愿的，应当在指引当事人办理行政案件立案登记后，按委派和解流程办理。

四、规范委派和解工作流程

1. 审查与告知。行政法官收到行政案件后，应当首先审查是否符合先行和解处理案件范围，需要和解的应当告知当事人。

2. 委派。当事人同意和解的案件，参照民事诉前调解的做法，立“诉前调行”字案号，出具委派单，向和解中心移送有关材料。当事人不同意和解的案件，不再委派和解。

3. 登记。“和解中心”接到人民法院委派单后，应当出具回执单并进行登记。

4. 确定和解员。“和解中心”接到人民法院委派和解案件后，可以指定和解员，也可以指导当事人经协商后选定和解员。对于涉及人数众多或疑难复杂的案件，可以成立和解小组。和解小组的人员应当为单数。

5. 协商和解。和解员应当充分听取行政相对人和有关行政机关的陈述意见，讲解有关法律、法规和国家政策，耐心做好群众工作，引导当事人自愿达成和解协议。双方均有律师代理的，鼓励律师引导当事人协商和解。开展和解工作应当围绕当事人的实际权益需求，不局限于当事人的诉讼请求，防止和解工作走过场、程序空转，避免形成诉累。

6. 争议事实和无争议事实记载。和解员在征得各方当事人同意后，应当书面记载双方争议的事实和没有争议的事实，并由当事人签字确认。除涉及国家利益、社会公共利益和他人合法权益的外，在诉讼程序中当事人无需对和解过程中确认的无争议事实再进行举证。

7. 转入审判程序。和解时间原则上不超过一个月，确需延长的，经人民法院批准最长不超过两个月。委派案件达成和解的移交法院进行审查，未达成和解的另立案号转入审理程序。和解员应将和解情况向法院提交和解报告并附争议事实和无争议事实要素表。

8. 二审、再审审查、再审程序中的审前和解工作参照一审案件和解程序。

五、规范案件结案方式

对经“和解中心”达成和解协议的案件，人民法院可以适用简易程序进行审理，对和解协议进行合法性审查后分别作出如下处理：

1. 经审查认为行政机关和行政相对人达成的和解协议具有行政法上的权利义务内容，且和解协议出于当事人自愿，意思表示真实，不违反法律、行政法规的强制性规定，不影响和侵犯国家、集体利益和他人的合法权益的，可以认定和解协议具有行政协议的性质。当事人请求确认和解协议效力的应当变更诉讼请求。人民法院判决确认协议有效，可以在判决书说理部分载明和解经过、和解协议内容以及当事人申请确认协议效力的要求等，判决书尾部载明当事人的上诉权利。

2. 经审查认为行政机关和行政相对人达成的和解协议符合行政诉讼法第六十条之规定的，可以制作行政调解书、行政赔偿调解书或行政补偿调解书。

3. 经审查认为行政机关和行政相对人达成的和解协议不具有行政法上的权利义务内容或者不宜判决确认协议有效，且不符合行政诉讼法第六十条规定的，可以采取裁定准予撤诉的方式结案。

“和解中心”自行受理的行政纠纷和解案件，当事人请求确认和解协议法律效力的，和解员应当指引当事人办理行政案件立案登记。人民法院受理案件后依照上述方式审查处理。

六、组织领导

各级法院要高度重视行政争议审前和解机制建设工作，主动争取党委、人大和政府的领导和支持，推动当地出台配套文件和工作方案，与行政机关、社会各界协调配合，确保市县两级“和解中心”有序运行。要结合“以当事人选择管辖”为核心的跨行政区划管辖改革，加强案件管辖法院与行政机关所在地“和解中心”的有效衔接配合。要强化专业培训和指导，提升“和解中心”工作人员的工作能力和专业化水平。要加大宣传工作力度，采取多种形式对和解机制建设工作进行广泛宣传报道，努力营造社会各界认可、政府部门支持、人民群众信任的良好氛围。

山东省高级人民法院
关于民事诉前调解程序的若干规定（试行）

（鲁高法〔2019〕29 号　2019 年 6 月 4 日）

第一章　目的任务

第一条　为进一步深化完善多元化纠纷解决机制，满足人民群众多元解纷需求，规范诉前调解程序，根据《中华人民共和国民事诉讼法》《中华人民共和国人民调解法》《最高人民法院关于人民法院特邀调解的规定》《山东省多元化解纠纷促进条例》及其他相关法律规定和司法解释，结合实际，制定本规定。

第二条　适用诉前调解程序应当遵循自愿合法、调解优先、诚实信用、便捷高效、规范有序的原则。

第二章　纠纷分流

第三条　人民法院应当对来诉案件进行诉讼风险评估，告知并引导当事人选择适当的非诉讼方式解决纠纷。

第四条　当事人同意诉前调解的，转入诉前调解程序；不同意的，填写不同意调解确认书，转登记立案。

第五条　下列纠纷在立案前应当进行诉前调解：

（一）家事纠纷；

（二）劳动争议纠纷；

（三）交通事故损害赔偿纠纷；

（四）医疗损害赔偿纠纷；

（五）消费者权益保护纠纷；

（六）宅基地和相邻关系纠纷；

（七）土地承包经营权纠纷；

（八）建筑物区分所有权纠纷；

（九）商品房买卖合同纠纷；

（十）数额较小的民间借贷、买卖、借用纠纷；

（十一）物业、电信服务合同纠纷；

（十二）水、电、气供用合同纠纷；

（十三）其他适宜诉前调解的纠纷。

第六条　各级法院应当安装使用人民法院“分调裁”平台，对诉前调解案件编立“诉前调”字号，统一管理。

第七条　在诉前调解阶段，应当指导当事人填写送达地址确认书。

第三章　调解流程

第八条　对进入诉前调解程序的纠纷，人民法院应当及时将委派手续、诉状副本和证据等案件材料移交相关调解组织（调解员）。

第九条　调解组织（调解员）收到案件材料后，应当向相关当事人发送调解通知书、诉状副本和证据复印件。

第十条 对方当事人同意调解的，调解组织（调解员）应当在五个工作日内确定调解时间、地点通知各方当事人；不同意调解的，应当填写不同意调解确认书，拒绝填写的，调解员在调解情况登记表上注明情况，将案件移交立案部门处理。

第十一条 人民法院应当对诉前调解程序的各个环节给予指导、规范和监督，必要时可以参与调解。

第十二条 调解员在调解过程中应当制作调查笔录和调解笔录，固定当事人的诉求、事实证据，整理争议焦点，在平等协商、互谅互让的基础上提出纠纷解决方案，帮助当事人自愿达成调解协议。

第十三条 经诉前调解程序达成调解协议的，按照以下情形处理：

（一）符合申请司法确认条件的，可依据法律及最高法院关于特邀调解的规定，立案后依法审查确认；

（二）申请出具调解书的，立案后依法审查并制作调解书；

（三）具有给付内容的调解协议，债务人不适当履行的，债权人可以向有管辖权的人民法院申请支付令；

（四）即时履行完毕或有其他情形的，当事人不申请司法确认或出具调解书的，填写调解情况登记表备案。

上述（一）（二）（三）项人民法院制作的司法文书送达生效后，当事人均可依法申请强制执行。

第十四条 诉前调解不成的，调解员填写调解情况登记表后转诉讼程序，并根据案件情况，进行繁简分流。

第十五条 诉前调解程序终结时，当事人未达成调解协议的，调解员在征得各方当事人同意后，应当用书面形式记载调解过程中没有争议的事实，并由当事人签字确认。根据最高法院有关规定，在诉讼程序中，除涉及国家利益、社会公共利益和他人合法权益的外，当事人无须对调解过程中已确认的无争议事实举证。

第十六条 诉前调解期限为30日，自调解组织（调解员）接收法院移交材料之日起算，法律有规定的情形，按照法律规定。双方当事人书面同意延长的，不受上述期限的限制。

第四章 促进调解

第十七条 人民法院在医疗卫生、不动产、建筑工程、知识产权、环境保护等领域建立中立评估机制，聘请相关专业领域的专家担任中立评估员。当事人可以选择中立评估员，评估员针对评估事项出具专业技术评估报告，为当事人提供参考，促进和解。

第十八条 下列案件可以在诉前调解阶段进行司法鉴定：

（一）机动车交通事故责任纠纷；

（二）医疗损害赔偿纠纷；

（三）雇员受害赔偿纠纷；

（四）保险合同纠纷；

（五）产品质量纠纷；

（六）建设工程施工（承包）合同纠纷；

（七）其他涉及身体权、财产权损害赔偿的案件。

对进行司法鉴定的案件应当向双方当事人发出诉前鉴定通知书，依照诉讼案件的司法鉴定程序进行。

第五章 调解保障

第十九条 诉前调解程序中应当充分保障当事人权利义务：

（一）诉讼时效从当事人向法院提交起诉状之日起中断，起诉时间作为处理先诉管辖争议的依据；

（二）诉前调解阶段送达的起诉状及证据副本，适用于诉讼阶段；

（三）诉前调解阶段，可依法进行诉前保全，起诉时间从当事人向法院提交起诉状之日起算。

第二十条 诉前调解阶段免交诉讼费。当事人申请司法确认的，依法不收取诉讼费。当事人申请法院出具调解书的，在诉讼费标准减半的基础上再按缓减免规定办理。当事人拒绝调解的，在庭审中针对不同意调解确认书载明的事由进一步调查，如查明后认定属于无正当理由的情形，可以在判决书诉讼费分担部分判决先行负担50%以内诉讼费，剩余部分依法分担。

第二十一条 人民法院应当根据工作实际，为诉前调解工作配备相应调解团队、人员及场所。

第二十二条 诉前调解过程中，调解员发现案件存在虚假诉讼可能的，应当及时中止调解，并向人民法院报告。

第二十三条 诉前调解成功的案件，应当随案生成电子卷宗，单独立卷归档；调解不成的，应当将相关材料移交人民法院。

第二十四条 人民法院应当将诉前调解程序处理的案件，统一纳入绩效考评。调解成功案件计入调撤率。

第二十五条 本规定由本院审判委员会负责解释。

第二十六条 本规定自下发之日起施行。

山东省高级人民法院 关于加强审限管理切实解决长期未结诉讼案件的意见

（鲁高法〔2019〕39 号　2019 年 7 月 19 日）

各市中级人民法院、济南铁路运输中级法院、青岛海事法院，机关各部门：

为加强审限管理，切实解决长期未结诉讼案件，进一步提高审判质效，根据有关法律及司法解释的规定，结合全省法院审判实际，制定本意见。

第一条　严格案件审限统一报批程序。对于审理期限已达 12 个月以上的刑事、民事、行政诉讼案件，依照法律规定需要办理审限延长或审限扣除的，经各级法院院长审签后，层报省法院院长审批。

第二条　严格涉鉴定案件管控。案件自委托鉴定之日起，超过 1 个月未出具鉴定结论的，承办法院应要求鉴定机构出具进度说明并告知鉴定完成时限；对于委托鉴定后超过 2 个月未出具鉴定结论的，承办法院在要求鉴定机构出具说明的基础上，将有关情况层报省法院技术鉴定管理部门，并交省法院审判管理部门备案。

第三条　严格刑事被告人脱逃、在逃案件协调程序。对于涉被告人脱逃、在逃的长期未结诉讼案件，由承办法院及时报本级政法委协调，将由当地政法委、公安机关、检察机关等相关部门会签的协调结果，层报省法院对口业务部门，并交省法院审判管理部门备案。

第四条　严格审限审查程序。二审法院应当对原审案件是否超审限办案予以审查。存在超审限办案，情节严重的，应当函告原审法院，由原审法院根据相关规定追究有关人员责任。

第五条　严格落实“一案双查”制度。对于长期未结诉讼案件实行业务审查和监督调查“一案双查”。对于长期未结案件由承办法院审委会对该案进行相关业务审查，对该案审理过程中是否合法、是否合规等业务情况进行相关评估；对经过调查发现存在问题的，根据问题的性质、原因、后果等，通过监督纠正、问题通报、严肃问责等方式处理。对调查中发现的违纪违法问题线索，根据相关规定移交纪检监察机关；涉嫌犯罪的，依法移送有关机关处理。

第六条　本意见自下发之日起试行。

山东省高级人民法院 企业破产案件审理规范指引（试行）

（鲁高法〔2019〕50 号　2019 年 9 月 26 日）

为进一步规范企业破产案件审理，明确人民法院和管理人职责，提高破产案件审判质效，公平清理债权债务，依据《中华人民共和国企业破产法》（以下简称企业破产法）、《中华人民共和国公司法》（以下简称公司法）、《中华人民共和国民事诉讼法》（以下简称民事诉讼法）及最高人民法院相关司法解释、会议纪要等规定，结合山东省破产审判工作实际，制定本指引。

第一章　申请和受理

第一节　案件管辖

第一条　企业破产案件由债务人住所地人民法院管辖。债务人住所地指债务人的主要办事机构所在地。债务人主要办事机构所在地难以确定的，由债务人注册登记地人民法院管辖。

注册地人民法院登记立案后裁定受理前，经审查发现债务人的主要办事机构所在地不在本院辖区，且该案件由债务人主要办事机构所在地人民法院管辖更有利于财产处置、节约破产成本的，可将案件移送债务人主要办事机构所在地同级别的人民法院处理。受移送的人民法院认为案件不属于本院管辖的，应当报请共同的上级法院指定管辖，不得再自行移送。

第二条　基层人民法院一般管辖县、县级市或者区的市场主体登记注册部门核准登记企业的破产案件；中级人民法院一般管辖设区的市级（含本级）以上的市场主体登记注册部门核准登记企业的破产案件。

纳入国家计划调整的企业、金融机构、上市公司破产案件，由中级人民法院管辖。

第三条　中级人民法院确有必要将本院管辖的企业破产案件移交基层人民法院审理的，应当报请高级人民法院批准。中级人民法院有权审理下级人民法院管辖的企业破产案件。基层法院对其管辖的企业破产案件，认为需要由中级人民法院审理的，可以报请中级人民法院审理。

第四条　因管辖企业合并破产等特殊原因需调整案件管辖的，应报请共同上级人民法院指定管辖。

第五条　关联企业合并破产案件，由关联企业中的核心控制企业住所地人民法院管辖。核心控制企业不明确的，由关联企业主要财产所在地人民法院管辖。多个法院之间对管辖权发生争议的，应当报请共同的上级人民法院指定管辖。

第六条　执行案件移送破产审查，由被执行人住所地中级人民法院管辖为原则、基层人民法院管辖为例外。中级人民法院可以根据辖区两级法院企业破产审判力量，合理分配审判任务，自主决定执行移送破产审查案件是否移交基层人民法院审理，无须报高级人民法院批准。

第七条　人民法院受理破产申请后，有关债务人的民事诉讼，只能向受理破产申请的人民法院提起。

受理破产申请的人民法院管辖的有关债务人的第一审民事案件，可以依据民事诉讼法第三十八条的规定，由上级人民法院提审，或者报请上级人民法院批准后交下级人民法院审理。

受理破产申请的人民法院，如对有关债务人的海事纠纷、专利纠纷、证券市场因虚假陈述引发的民事赔偿纠纷等案件不能行使管辖权的，可以依据民事诉讼法第三十七条规定，请求上级人民法院指定管辖。

破产程序终结后，有关债务人的民事诉讼，不再适用企业破产法第二十一条集中管辖的规定。

第八条　当事人之间在破产申请受理前订立有仲裁条款或者仲裁协议的，人民法院受理破产申请后，有关债务人的仲裁条款或者仲裁协议的效力不受影响。

第二节　破产原因

第九条　企业法人不能清偿到期债务，并且具有下列情形之一的，人民法院应当认定其具备破产原因：

（一）资产不足以清偿全部债务；

（二）明显缺乏清偿能力。

企业法人有前款规定情形，或者有明显丧失清偿能力可能的，可以依法进行重整。

相关当事人以对债务人的债务负有连带责任的人未丧失清偿能力为由，主张债务人不具备破产原因的，人民法院不予支持。

第十条　下列情形同时存在的，人民法院应当认定债务人不能清偿到期债务：

（一）债权债务关系依法成立；

（二）债务履行期限已经届满；

（三）债务人未完全清偿债务。

第十一条　债务人的资产负债表，或者审计报告、资产评估报告等显示其全部资产不足以偿付全部负债的，人民法院应当认定债务人资产不足以清偿全部债务，但有相反证据足以证明债务人资产能够偿付全部负债的除外。

第十二条　债务人账面资产虽大于负债，但存在下列情形之一的，人民法院应当认定其明显缺乏清偿能力：

（一）因资金严重不足或者财产不能变现等原因，无法清偿债务；

（二）法定代表人下落不明且无其他人员负责管理财产，无法清偿债务；

（三）经人民法院强制执行，无法清偿债务；

（四）长期亏损且经营扭亏困难，无法清偿债务；

（五）导致债务人丧失清偿能力的其他情形。

第三节　破产主体

第十三条　申请（被申请）破产的债务人应当具有企业法人资格。

第十四条　合伙企业、民办学校、农民专业合作社、个人独资企业以及相关法律规定的企业法人以外的组织的清算，可以参照适用破产清算程序。

第四节　破产申请主体

第十五条　债务人具备破产原因的，可以向人民法院提出破产清算、重整或者和解申请。

第十六条　债务人不能清偿到期债务，债权人可以向人民法院提出对债务人进行重整或者破产清算申请。

第十七条　企业法人已解散但未清算或者未清算完毕，资产不足以清偿债务的，依法负有清算责任的人应当向人民法院申请破产清算。

公司自行清算或者强制清算的清算组，发现公司财产不足清偿债务的，可以与债权人协商制作债务清偿方案。债权人对债务清偿方案不予确认或者人民法院不予认可的，清算组应当依法向人民法院申请宣告破产。

第十八条　债务人欠缴税款、社会保险费用的，税务部门、社保部门可以向人民法院申请债务人破产。国务院金融监督管理机构可以依法对金融机构提出重整或者破产清算申请。

第十九条　关联企业不当利用关联关系，导致关联企业成员之间法人人格高度混同，损害债权人公平受偿利益的，关联企业成员、关联企业成员的债权人、关联企业成员的清算义务人、已经进入破产程序的关联企业成员的管理人，可以向人民法院提出对关联企业进行合并破产的申请。

第五节　审查受理

第二十条　申请人向人民法院申请债务人破产，应当选择适用重整、和解或者破产清算程序。未明确具体破产程序的，人民法院应当予以释明。

人民法院受理案件之前又有其他申请人提出不同类型的破产申请的，人民法院应当召开听证会，组织各申请人协商确定具体的破产程序。协商不成的，人民法院应当根据债务人的实际情况，依法受理相应的破产申请。

第二十一条　债务人提出申请的，应当向人民法院提交以下资料：

（一）书面破产申请书；

（二）债务人主体资格证明以及法定代表人或者主要负责人证明文件；

债务人公司章程；

债务人股东会或股东大会、董事会或者其他依法履行出资义务的人同意申请破产的决议文件；

债务人为国有独资或者控股公司，还应当提交出资机构同意申请破产的文件以及企业工会或者职工代表大会对企业申请破产的意见；

财产状况说明；

（三）债务清册、债权清册；

（四）有关财务会计报告；

（五）职工安置预案以及职工工资的支付和社会保险费用的缴纳情况；

（六）其他与破产有关的资料。

第二十二条　债权人向人民法院申请债务人破产，应当提交以下材料：

（一）书面破产申请书；

（二）债权人的主体资格证明；

（三）债务人的基本情况；

（四）债务人不能清偿到期债务的证据；

（五）其他与破产有关的资料。

第二十三条　清算责任人申请债务人破产清算时应当提交的材料：

（一）书面破产申请书；

（二）债务人主体资格证明；

（三）清算责任人的基本情况或者清算组成立的文件；

（四）债务人解散的证明材料；

（五）债务人资产不足以清偿全部债务的财务报告或者清算报告；

（六）债务清册、债权清册；

（七）职工安置预案以及职工工资的支付和社会保险费用的缴纳情况；

（八）其他与破产有关的资料。

第二十四条　破产申请书应当载明下列事项：

（一）申请人、被申请人的基本情况；

（二）申请目的；

（三）申请的事实和理由；

（四）人民法院认为应当载明的其他事项。

第二十五条　人民法院收到破产申请材料的，应当由立案部门接收并向申请人出具书面凭证。立案部门经审查，认为申请人提交的材料符合规定的，以“破申”作为案件类型代字编制案号登记立案，并向申请人送达立案通知书。

申请人提交的申请材料不完备或者不符合规定的，立案部门应予释明，并以书面形式告知当事人在指定期限内补充、补正。补充、补正期间不计入审查期限。申请人未按要求补充、补正的，不予登记立案。

第二十六条　立案部门登记立案后，应当将案件相关信息登记在全国企业破产重整案件信息网，并及时将案件材料移送破产审判部门进行审查。

第二十七条　破产审判部门收到案件材料后应当组成合议庭进行审查是否受理，审查受理后一般应当由同一合议庭进行审理。

对于债权债务关系明确、债权人人数较少以及债务人无资产或者资产较少的破产案件，基层法院也可由一名法官独任审查并审理。

第二十八条　债权人提出破产申请的，人民法院应当自立案之日起五日内通知债务人。债务人对申请有异议的，应当自收到人民法院的通知之日起七日内向人民法院提出。人民法院应当自异议期满之日起十日内裁定是否受理。

除前款规定的情形外，人民法院应当自立案之日起十五日内裁定是否受理。有特殊情况需要延长前两款规定的裁定受理期限的，经上一级人民法院批准，可以延长十五日。

第二十九条　债权人提出破产申请的，人民法院按照债权人提供的联系方式及通过公开查询的联系方式均无法通知债务人的，为确保案件受理审查程序及时推进，可在债务人住所地张贴破产申请书及立案通知书，并通过全国企业破产重整案件信息网或者山东省高级人民法院网络公开平台予以公示。自张贴及公示之日起，经过七日即视为送达。

第三十条　债务人对债权人提出的破产申请提出异议的，人民法院根据案件具体情况，可以组织债权人、债务人对破产申请是否受理进行听证。债务人的出资人、法定代表人、财务人员、职工代表和已知的主要债权人等利害关系人可以申请参加，人民法院还可以邀请债务人所在地政府有关部门参加听证并听取意见。

经书面通知，申请人无正当理由拒不参加听证的，按撤回破产申请处理。其他人员未按期参加听证的，不影响听证的进行。

第三十一条　债权人对人员下落不明或者财产状况不清的债务人申请破产清算，符合企业破产法规定的，人民法院应当依法予以受理。

债务人能否依据企业破产法第十一条第二款的规定向人民法院提交财产状况说明、债权债务清册等相关材料，不影响对债权人申请的受理。

第三十二条　企业法人已解散但未清算或者未在合理期限内清算完毕，债权人申请债务人破产清算的，除债务人在法定异议期限内举证证明其未出现破产原因外，人民法院应当受理。

第三十三条　人民法院受理破产申请前，申请人请求撤回申请的，可予准许。

第三十四条　破产审判部门审查完毕后，仍然以“破申”作为案件类型代字，裁定受理或者不予受理破产申请。案件受理信息应当在全国企业破产重整案件信息网进行登记。

裁定应当自作出之日起五日内送达申请人。债权人提出申请的，还应在五日内向债务人送达。

第三十五条　申请人对不予受理破产申请的裁定不服的，可以自裁定送达之日起十日内向上一级人民法院提起上诉。

上一级人民法院应以“破终”作为案件类型代字编制案号，并在三十日内作出二审裁定。原审裁定正确的，二审裁定维持；原审裁定错误的，二审应撤销原裁定，同时指令一审人民法院裁定受理破产申请，并注明“本裁定为终审裁定并自即日起生效”。

第三十六条　人民法院受理破产申请后至破产宣告前，经审查发现债务人不符合企业破产法第二条规定情形的，可以裁定驳回申请。申请人对裁定不服的，可以自裁定送达之日起十日内向上一级人民法院提起上诉。二审审查的程序参照适用裁定不予受理的二审审查程序。

第三十七条　人民法院拒不接收申请人提出的破产申请，或者逾期未作出是否受理破产申请裁定的，申请人可以向上一级人民法院提出破产申请。上一级人民法院接到破产申请后，应当责令下级法院依法审查并及时作出是否受理的裁定；下级法院仍不作出是否受理裁定的，上一级人民法院可以径行作出裁定。

上一级人民法院裁定受理破产申请的，可以自行审理，也可以指令下级人民法院审理该案件。破产案件受理日为上一级人民法院裁定落款日期。

第六节　受理后的处理

第三十八条　人民法院裁定受理破产申请后，

应当依据该裁定，以“破”作为案件类型代字编制案号，启动案件审理程序。

上一级人民法院指令受理的，直接以“破”作为案件类型代字编制案号，启动案件审理程序。

第三十九条 人民法院裁定受理破产申请的，应当及时指定管理人。

第四十条 自人民法院受理破产申请的裁定送达债务人之日起至破产程序终结之日，应通知债务人的有关人员承担下列义务：

（一）妥善保管其占有和管理的财产、印章和账簿、文书等资料；

（二）根据人民法院、管理人的要求进行工作，并如实回答询问；

（三）列席债权人会议并如实回答债权人的询问；

（四）未经人民法院许可，不得离开住所地；

（五）不得新任其他企业的董事、监事、高级管理人员。

前款所称有关人员，是指企业的法定代表人；经人民法院决定，可以包括企业的财务管理人员和其他经营管理人员。

第四十一条 人民法院裁定受理债权人破产申请的，应当通知债务人自裁定送达之日起十五日内，向人民法院提交财产状况说明、债务清册、债权清册、有关财务会计报告以及职工工资的支付和社会保险费用的缴纳情况。通知中应一并告知债务人“如拒不提交，人民法院可以对债务人的直接责任人员采取罚款等强制措施”等法律后果。

第四十二条 人民法院应当自裁定受理破产申请之日起二十五日内通知已知债权人，并予以公告。

通知和公告应当载明下列事项：

（一）申请人、被申请人的名称或者姓名；

（二）人民法院受理破产申请的时间；

（三）申报债权的期限、地点和注意事项；

（四）管理人的名称或者姓名及其处理事务的地址；

（五）债务人的债务人或者财产持有人应当向管理人清偿债务或者交付财产的要求；

（六）第一次债权人会议召开的时间和地点；

（七）人民法院认为应当通知和公告的其他事项。

第四十三条 人民法院裁定受理破产申请后，应当在十五日内将裁定书、指定管理人决定书送达以下单位并通知其协助履行相关义务：

（一）通知债务人的开户银行立即停止债务人的账户支出；

（二）通知债务人注册登记、不动产登记、劳动保障等部门配合管理人提供有关债务人的信息及其他事项；

（三）通知公安部门为管理人刻制管理人印章，以便管理人设立管理人账户及开展相关工作。

第四十四条 自受理裁定作出之日起，除因破产程序需要对债务人财产采取保全措施外，人民法院不得对债务人的财产采取新的保全措施。

管理人接受指定后，受理破产申请的人民法院应指导、监督管理人及时向采取保全措施的行政机关或者司法机关等相关单位发出解除保全措施的通知，并附破产申请受理裁定。采取保全措施的相关单位接到通知后，应当及时解除保全措施，同时通知管理人，并将财产移交管理人接管。

采取保全措施的法院经通知拒不依法解除保全措施的，受理破产申请的人民法院可以层报共同上级人民法院。上级人民法院认为符合解除保全措施条件的，应当通知采取保全措施的法院予以解除。

采取保全措施的其他相关单位经通知拒不依法解除保全措施的，受理破产申请的人民法院可以层报上级人民法院予以协调解决。

第四十五条 自人民法院作出受理破产申请裁定之日起，已经开始但尚未完毕的针对债务人财产的执行程序应当中止。

管理人接受指定后，人民法院应指导、监督管理人及时向有关法院发出中止执行程序的通知，并附破产申请受理裁定。

执行法院经通知拒不依法中止执行程序的，受理破产申请的人民法院可以层报共同上级人民法院。上级人民法院认为符合中止执行条件的，应当通知执行法院中止执行程序。

第四十六条 破产申请受理后，对于可能因有关利益相关人的行为或者其他原因，影响破产程序依法进行的，受理破产申请的人民法院可以根据管理人的申请或者依职权对债务人的全部或者部分财产采取保全措施。

第四十七条 人民法院受理破产申请后至破产宣告前裁定驳回破产申请，或者依据企业破产法第一百〇八条的规定裁定终结破产程序的，应当及时通知原已采取保全措施并已依法解除保全措施的单位按照原保全顺位恢复相关保全措施。

在已依法解除保全的单位恢复保全措施或者表示不再恢复之前，受理破产申请的人民法院不得解除对债务人财产的保全措施。

第四十八条 人民法院受理破产申请后，已经开始而尚未终结的有关债务人的民事诉讼或者仲裁应当中止。受理破产的法院应当督促管理人及时通知相关法院中止诉讼，在管理人接管债务人的财产后，该诉讼或者仲裁继续进行。

已经受理而尚未终结的以债务人为被告的债权给付之诉，应当变更为债权确认之诉。

第四十九条　人民法院受理破产申请后，应当指导和监督管理人作为诉讼代表人参加有关债务人的民事诉讼。

管理人依据企业破产法第十六条提起的请求撤销个别清偿行为之诉，依据企业破产法第三十一条、第三十二条提起的破产撤销权之诉，以及依据企业破产法第三十三条提起的确认债务人行为无效之诉，应当由管理人作为原告。

第二章　债务人财产

第一节　债务人财产的认定

第五十条　人民法院应当指导管理人准确把握债务人财产范围：

（一）破产申请受理时属于债务人的全部财产；

（二）破产申请受理后至破产程序终结前债务人取得的财产；

（三）管理人因行使撤销权、追回权、取回权等取得的财产。

第五十一条　债务人为自己或者他人的债务依法设定担保物权的特定财产，人民法院应认定为债务人财产。

设定担保物权的特定财产在担保物权消灭或者实现担保物权后的剩余部分，在破产程序中可用以清偿破产费用、共益债务和其他破产债权。

第五十二条　债务人与他人共有的物、债权、知识产权等财产或者财产权益，应当在破产中予以分割，债务人分割所得属于债务人财产；共有财产不能分割的，应当就其应得部分转让，转让所得属于债务人财产。

人民法院宣告债务人破产清算，属于共有财产分割的法定事由。人民法院裁定债务人重整或者和解的，共有财产的分割应当依据《中华人民共和国物权法》第九十九条的规定进行；基于重整或者和解的需要必须分割共有财产，管理人请求分割的，人民法院应予准许。

因分割共有财产导致其他共有人损害产生的债务，其他共有人请求作为共益债务清偿的，人民法院应予支持。

第五十三条　债务人的对外投资及其收益属于债务人财产。

管理人在清理债务人对外投资时，不得以该投资价值为负或者为零而不予清理。

第五十四条　人民法院裁定受理破产申请时已经扣划到执行法院账户但尚未支付给申请执行人的款项，仍属于债务人财产，人民法院裁定受理破产申请后，执行法院应当中止对该财产的执行。

执行法院收到管理人中止执行的通知及破产法院破产受理裁定后，应当立即停止将已经执行的债务人财产分配给申请执行人，并及时告知申请执行人依法向管理人申报相关债权。因错误执行和分配的财产应当执行回转，在执行回转后列入债务人财产。

执行法院在中止执行后七日内应当将执行破产企业财产处置情况及分配清单、剩余未处置及未分配的银行存款、实际扣押的动产、有价证券等债务人财产移交给受理破产案件的法院或者管理人。

第五十五条　破产企业以划拨方式取得的国有土地使用权不属于破产财产。但是经政府有关部门批准，已经作为企业注册资本登记的，应属于破产财产。

以划拨方式取得的国有土地使用权及其地上建筑物设定抵押的，就该抵押物拍卖的价款，应当先缴纳国家收取的土地使用权出让金。

第二节　债务人财产的追收

第五十六条　人民法院受理破产申请后，债务人对个别债权人的债务清偿无效。已经清偿的，人民法院应当督促管理人及时向受偿债权人追回。

第五十七条　人民法院受理破产申请后，管理人应当通知债务人的债务人或者财产持有人向管理人清偿债务或者交付财产。

债务人的债务人或者财产持有人故意违反前款规定向债务人清偿债务或者交付财产，使债权人受到损失的，不免除其清偿债务或者交付财产的义务。

第五十八条　管理人依据企业破产法第三十一条和第三十二条的规定提起诉讼，请求撤销涉及债务人财产的相关行为并由相对人返还债务人财产的，人民法院应予支持。

管理人因过错未依法行使撤销权导致债务人财产不当减损，债权人提起诉讼主张管理人对其损失承担相应赔偿责任的，人民法院应予支持。

破产申请受理后，管理人未依据企业破产法第三十一条规定请求撤销债务人无偿转让财产、以明显不合理价格交易、放弃债权行为的，债权人有权依据《中华人民共和国合同法》第七十四条等规定行使撤销权，并将因此追回的财产归入债务人财产。

第五十九条 管理人依据企业破产法第三十三条的规定提起诉讼，主张被隐匿、转移财产的实际占有人返还债务人财产，或者主张债务人虚构债务或者承认不真实债务的行为无效并返还债务人财产的，人民法院应予支持。

第六十条 债务人有企业破产法第三十一条、第三十二条、第三十三条规定的行为，损害债权人利益的，管理人应当以债务人的法定代表人和其他直接责任人员对所涉债务人财产的相关行为存在故意或者重大过失，造成债务人财产损失为由，要求其承担赔偿责任。

第六十一条 人民法院受理破产申请后，债务人的出资人尚未完全履行出资义务或者抽逃出资的，管理人应当要求该出资人缴付未履行的出资或者返还抽逃的出资本息。出资人以出资期限尚未届满或者超过诉讼时效为由抗辩的，不予支持。

管理人依据公司法的相关规定代表债务人提起诉讼，主张公司的发起人和负有监督股东履行出资义务的董事、高级管理人员，或者协助抽逃出资的其他股东、董事、高级管理人员、实际控制人等，对股东违反出资义务或者抽逃出资承担相应责任，并将财产归入债务人财产的，人民法院应予支持。

第六十二条 债务人有企业破产法第二条第一款规定的情形时，债务人的董事、监事和高级管理人员利用职权获取的以下收入，人民法院应当认定为企业破产法第三十六条规定的非正常收入：

（一）绩效奖金；

（二）普遍拖欠职工工资情况下获取的工资性收入；

（三）其他非正常收入。

债务人的董事、监事和高级管理人员拒不向管理人返还上述债务人财产，管理人主张上述人员予以返还的，人民法院应予支持。

债务人的董事、监事和高级管理人员因返还本条第一款第一项、第三项非正常收入形成的债权，可以作为普通破产债权清偿。因返还本条第一款第二项非正常收入形成的债权，依据企业破产法第一百一十三条第三款的规定，按照该企业职工平均工资计算的部分作为拖欠职工工资清偿；高出该企业职工平均工资计算的部分，可以作为普通破产债权清偿。

第六十三条 债务人的董事、监事和高级管理人员利用职权侵占的企业财产，管理人应当追回。

第六十四条 人民法院受理破产申请后，管理人可以通过清偿债务或者提供债权人接受的担保，取回质物、留置物。

前款规定的债务清偿或者替代担保，在质物或者留置物的价值低于被担保的债权额时，以该质物或者留置物当时的市场价值为限。

第六十五条 债务人对外享有债权的诉讼时效，自人民法院受理破产申请之日起中断。债务人无正当理由未对其到期债权及时行使权利，导致其对外债权在破产申请受理前一年内超过诉讼时效期间的，人民法院受理破产申请之日起重新计算上述债权的诉讼时效期间。

第三节　非债务人财产的认定

第六十六条 下列财产不应认定为债务人财产：

（一）债务人基于仓储、保管、承揽、代销、借用、寄存、租赁等合同或者其他法律关系占有、使用的他人财产；

（二）债务人在所有权保留买卖中尚未取得所有权的财产；

（三）所有权专属于国家且不得转让的财产；

（四）其他依照法律、行政法规不属于债务人的财产。

第六十七条 人民法院受理破产申请后，债务人占有的不属于债务人的财产，该财产的权利人可以通过管理人取回。但是，企业破产法另有规定的除外。

第六十八条 权利人依据企业破产法第三十八条的规定行使取回权，应当在破产财产变价方案或者和解协议、重整计划草案提交债权人会议表决前向管理人提出。权利人在上述期限后主张取回相关财产的，应当承担延迟行使取回权增加的相关费用。

第六十九条 权利人行使取回权时未依法向管理人支付相关的加工费、保管费、托运费、委托费、代销费等费用，管理人拒绝其取回相关财产的，人民法院应予支持。

第七十条 对债务人占有的权属不清的鲜活易腐等不易保管的财产或者不及时变现价值将严重贬损的财产，管理人及时变价并提存变价款后，有关权利人就该变价款行使取回权的，人民法院应予支持。

第七十一条 债务人占有的他人财产被违法转让给第三人，第三人构成善意取得，原权利人无法取回该财产的，若转让行为发生在破产申请受理前，原权利人因财产损失形成的债权，作为普通破产债权清偿；若转让行为发生在破产申请受理后，因管理人或者相关人员执行职务导致原权利人损害产生的债务，作为共益债务清偿。

第三人不构成善意取得，但已向债务人支付转让价款的，原权利人可依法追回转让财产。对因第三人已支付对价而产生的债务，若转让行为发生在破产申请受理前，作为普通破产债权清偿；若转让行为发生在破产申请受理后，作为共益债务清偿。

第七十二条 债务人占有的他人财产毁损、灭失，因此获得的保险金、赔偿金、代偿物尚未交付给债务人，或者代偿物虽已交付给债务人但能与债务人财产予以区分的，权利人主张取回就此获得的保险金、赔偿金、代偿物的，应予支持。

保险金、赔偿金已经交付给债务人，或者代偿物已经交付给债务人且不能与债务人财产予以区分的，若财产毁损、灭失发生在破产申请受理前，权利人因财产损失形成的债权，作为普通破产债权清偿；若财产毁损、灭失发生在破产申请受理后，因管理人或者相关人员执行职务导致权利人损害产生的债务，作为共益债务清偿。

债务人占有的他人财产毁损、灭失，没有获得相应的保险金、赔偿金、代偿物，或者保险金、赔偿物、代偿物不足以弥补其损失的部分，应当按照本条第二款的规定处理。

第七十三条 管理人或者相关人员在执行职务过程中，因故意或者重大过失不当转让他人财产或者造成他人财产毁损、灭失，导致他人损害产生的债务作为共益债务，由债务人财产随时清偿不足弥补损失，权利人向管理人或者相关人员主张承担补充赔偿责任的，人民法院应予支持。

上述债务作为共益债务由债务人财产随时清偿后，债权人以管理人或者相关人员执行职务不当导致债务人财产减少给其造成损失为由提起诉讼，主张管理人或者相关人员承担相应赔偿责任的，人民法院应予支持。

第七十四条 买卖合同双方当事人在合同中约定标的物所有权保留，在标的物所有权未依法转移给买受人前，一方当事人破。

山东省高级人民法院关于印发要素式审判方式指引的通知（试行）

（鲁高法〔2019〕51号 2019年9月30日）

为进一步推进司法改革创新，提升民商事纠纷案件审判质效，根据《最高人民法院关于进一步推进案件繁简分流优化司法资源配置的若干意见》（法发〔2016〕21号），结合我省法院审判工作实际，制定本指引。

第一条 ［要素式审判的定义］要素式审判，是指对固定案情的基本事实要素进行提炼，就各要素是否存在争议进行归纳，并围绕争议要素进行审理，简化裁判文书制作，从而达到简化审理流程、提高审判效率、实现类案专审简案快审的审判方式。

第二条 ［适用范围］以下九类事实清楚、权利义务关系明确、当事人争议不大的一审普通民商事案件适用要素式审判方式审理：

（一）金融借款合同纠纷；

（二）民间借贷纠纷；

（三）买卖合同纠纷；

（四）机动车交通事故责任纠纷；

（五）侵害商标权纠纷；

（六）劳动争议；

（七）离婚纠纷；

（八）物业服务合同纠纷；

（九）信用卡纠纷。

其他适宜用要素式审判方式审理的民商事案件，也可视实际情况适用要素式审判方式进行审理。

第三条 ［要素表的填写］将当事人诉辩的基本案件事实要素进行列表，并将审判要素表嵌入网上立案系统，原告申请网上立案时按照系统自动提示填写审判要素表；现场立案的，由立案法官助理或书记员指导原告填写审判要素表。

人民法院不得以当事人未填写审判要素表为由不予立案。

第四条 ［审判程序］适用要素式审判方式审理

的案件应适用简易程序，在立案之日起一个月内审结，最长不超过三个月。

第五条 ［庭前送达］人民法院应当在立案之日起三日内向被告和第三人送达起诉状副本及原告填写的审判要素表副本，告知被告和第三人针对审判要素表内容进行答辩，表明承认或否认的意见，对于否认的部分，写明所依据的事实和证据。

被告和第三人应填写审判要素表，于收到起诉状副本之日起五日内提交人民法院。逾期不提交不影响案件审理。

第六条 ［送达方式］适用要素式审判方式审理的案件，可以采取电话、短信、微信、电子邮件等简便灵活的方式送达当事人，并做好工作记录。

当事人对送达地址和送达方式有约定的，按其约定送达。

第七条 ［举证期和答辩期］适用要素式审判方式审理的案件原则上不再确定举证期限和答辩期间，征求当事人意见后可立即开庭审理或确定开庭日期，并记入笔录；当事人坚持举证期限、答辩期间的，人民法院确定的举证期限不超过十五日，答辩期间不超过五日。

第八条 ［庭前会议］法官或受法官委托的法官助理主持召开庭前会议，完成核对当事人身份、交代诉讼权利和义务、组织交换证据等相关程序性事项，并审阅原、被告和第三人提交的审判要素表，总结无争议和有争议的事实，归纳争议焦点，主持庭前调解。

庭前调解达成协议的，制作调解书，由主审法官审核签发；调解未达成协议的，报请主审法官直接开庭审理。当事人要求另行确定开庭日期的，应当即确定时间后记入笔录，不再送达开庭传票。开庭日期一般应安排在庭前会议后三日内。

第九条 ［庭审方式］开庭审理可采用互联网视频等方式进行。

开庭时应当围绕相关事实要素并结合诉讼请求确定庭审顺序。对庭前会议确定的案件事实，不再进行审理。

对双方无争议的事实要素予以确认并计入庭审笔录，不再进行举证、质证；对双方有争议的事实要素重点审查，引导当事人举证、质证和辩论，不受法庭调查、法庭辩论等庭审程序的限制。

第十条 ［宣判形式］采用要素式审判方式审理的案件，可以当庭宣判。

第十一条 ［文书制作］将审判要素表嵌入全流程网上办案系统，自动生成要素式裁判文书，辅助法官制作裁判文书。

要素式裁判文书不再分开当事人诉辩意见、证据认定、本院查明、本院认为部分，而是围绕争议的特定要素进行分析论证，依据相关法律作出裁判。对无争议的事实要素简单罗列，不再分析论证。

第十二条 ［即时履行］当庭即时履行的案件，经征得各方当事人同意，在法庭笔录中记载相关情况后不再出具法律文书。

第十三条 本指引自发布之日起试行。

山东省高级人民法院
基层法院民商事案件办理流程（试行）

（鲁高法〔2019〕59号 2019年11月19日）

第一章 总 则

第一条 为在全省基层法院全面落实坚持把非诉讼纠纷解决机制挺在前面的要求，实行案件繁简分流、轻重分离、快慢分道，更好地满足人民群众多元司法需求，根据相关法律规定和司法解释，结合山东法院工作实际，制定本意见。

第二条 优化审判资源，基层法院可根据本院案件数量、类型和人员力量等情况，分别设置速裁团队、快审团队、精审团队等不同类型审判团队。

第三条 推动网上立案系统、法官一体化工作平台、“分调裁”平台、人民调解平台高效对接，实现诉前调解、简单案件、普通案件、疑难复杂案件在平台之间线上分流。

第四条 办理民商事案件应当做好适用普通程

序、简易程序、特别程序、督促程序、公示催告程序的衔接和转化，做到精准识别、精准转换、各归其道。

激活小额诉讼程序和督促程序，优先适用，依法转化。以金钱或有价证券给付为内容的和解协议、调解协议，债权人向有管辖权的基层法院申请支付令的，人民法院应当依法发出支付令。

第五条　基层法院对民商事案件进行分流办理，先行诉前调解，简单案件速裁，普通案件快办，疑难复杂案件精审。

第六条　基层法院应当将类案专办理念贯穿案件分流、办理的始终，根据受理案件的数量、类型，由专业化团队审理类型化案件，实现案件分流类别化，案件审理专业化。

第七条　充分运用各种送达方式，积极运用电子送达方式，控制并减少适用公告送达方式，具体规范按照山东省高级人民法院出台的有关规定办理。

第八条　对于系列性、群体性或关联性案件，可选取个别或少数代表性案件先行审理，形成示范案例，作为同类案件裁判的参照。

第二章　诉前调解

第九条　基层法院可将人民调解员、特邀调解员等纳入速裁团队，诉前由调解员先行调解纠纷，速裁法官给予必要指导。

第十条　在《山东省高级人民法院关于民事诉前调解程序的若干规定（试行）》第五条规定的十二类纠纷实行先行调解的基础上，将先行调解范围扩大到各类民商事案件，除法律规定不能调解的，能调则调、能调尽调。

诉前先行调解，应当坚持当事人自愿原则。

第十一条　经诉前调解程序达成调解或和解协议的，按照以下情形分别处理：

（一）当事人申请司法确认的，可以按照确认调解协议案件的特别程序依法审查确认；

（二）当事人申请出具调解书的，登记立案后按照简易程序依法审查并制作调解书；

（三）协议具有给付金钱、有价证券内容，债务人不适当履行的，债权人可以按照督促程序申请支付令；

（四）即时履行完毕或有其他情形的，当事人不申请司法确认或者出具调解书的，填写调解情况后入卷备案。

上述前三种情形，由主持达成协议的调解员所在的速裁团队办理，相关司法文书生效后，当事人可依法申请强制执行。

第十二条　基层法院诉前先行调解的案件，调解期限为三十日，自调解员接收法院移交材料之日起计算。但是双方当事人同意延长调解期限的，可以延长三十日。超过六十日调解未果的，强制导出至“分调裁”平台进行登记立案，但确有特殊情况的除外。

第十三条　诉前调解程序终结时，当事人未达成调解协议的，调解员在征得各方当事人同意后，应当用书面形式记载调解过程中没有争议的事实，由当事人签字确认，并于当事人签字确认之日立案。在后续诉讼过程中，当事人无须对调解过程中已确认的无争议事实举证。

第十四条　下列案件一般应当在诉前进行司法鉴定：

（一）机动车交通事故责任纠纷；

（二）医疗损害赔偿纠纷；

（三）雇员受害赔偿纠纷；

（四）保险合同纠纷；

（五）产品质量纠纷；

（六）建设工程施工（承包）合同纠纷；

（七）其他涉及身体权、财产权损害赔偿的纠纷。

对需进行司法鉴定的案件应当向双方当事人发出诉前鉴定通知书，依照诉讼案件的司法鉴定程序进行。鉴定时间不计入诉前调解期限。鉴定结果法律效力及于案件后续诉讼全程。

第十五条　当事人在诉前调解阶段申请财产保全的，基层法院可以依法采取保全措施。

第三章　简案速裁

第十六条　基层法院可建立“平台 + 人工”的简单案件识别模式，“分调裁”平台自动识别简单案件，程序分流员在“分调裁”平台上根据案件案由、事实、法律关系以及当事人提供的信息等人工识别简单案件，或者由速裁团队在平台先行挑选案件。

简单案件原则上应当进行速裁。简单案件识别一般应当在登记立案当日完成，最长不超过三日。

第十七条　基层法院可根据本院适宜速裁案件数量、类型等，在诉讼服务中心设立速裁团队，对简单案件进行速裁。速裁团队数量由各基层法院根据员额法官、案件数量和类型等因素综合确定。案件数量在 5000 件以上的法院可设立 2 ～ 3 个；10000 件以上的法院可设立 4 ～ 6 个，20000 件以上的法院可设立 8 个以上速裁团队。

第十八条 诉前先行调解不成，但事实清楚、法律关系明确、当事人争议不大的简单案件，由调解员所在的速裁团队直接速裁。

第十九条 适用特别程序、督促程序、公示催告程序审理的案件，由“分调裁”平台自动识别为简单案件，分流至速裁团队办理。

第二十条 适用简易程序小额诉讼的案件，由“分调裁”平台自动识别为简单案件，分流至速裁团队办理。

对于标的额超过规定标准的简单民事案件，或者不属于民事诉讼法第一百五十七条第一款规定情形但标的额在规定标准以下的民事案件，当事人双方约定适用小额诉讼程序的，由速裁团队适用小额诉讼程序办理。

第二十一条 对于多个相同或相似案件可集中安排庭审，探索将不同案由的简案集中审判。

第二十二条 速裁案件的举证期限由法院确定，也可由当事人协商一致并经人民法院准许。无法协商一致的，人民法院可指定答辩期和举证期限。当事人双方均表示不需要举证期和答辩期的，记入笔录，可立即开庭审理。

第二十三条 审理速裁案件可采用巡回审判、远程视频审判、互联网审判等新型审判方式。庭审可在充分保障当事人发表意见的前提下灵活安排，原则上只开庭一次。

速裁法官原则上不依职权进行调查取证。对事实已基本查清、权利义务基本明确的案件，一般不再进行法庭辩论。

速裁案件庭审可以录音录像作为庭审记录，不再另行制作书面笔录。

速裁案件可以当庭宣判和送达法律文书。

第二十四条 速裁案件的裁判文书应当根据案件类型适用要素式、令状式、表格式等简式裁判文书，简要说理。

要素式裁判文书正文可不集中记载当事人诉辩意见、法院认定的事实和裁判理由，直接围绕争议的特定要素载明当事人诉辩意见、相关证据以及法院认定的事实、裁判理由和裁判主文。

令状式裁判文书正文可只载明当事人基本情况、案由、诉讼请求、案件基本事实、裁判依据、裁判主文和尾部。

表格式裁判文书正文可用表格列举的方法载明当事人诉辩意见、法院认定的事实、裁判理由和裁判主文，并以附表列举金钱给付项目。

第二十五条 当庭即时履行的民事案件，经征得各方当事人同意，可在法庭笔录中记录相关情况后不再出具裁判文书。

第二十六条 速裁案件一般应当自立案之日十日内审结，最长不超过十五日。

适用特别程序、督促程序、公示催告程序类案件，应当在法定期限内审结。

第二十七条 有下列情形之一，速裁团队认为不适宜速裁的，经院领导批准，分流至快审团队办理。

（一）当事人增加或变更诉讼请求、提出反诉的；

（二）需要追加当事人的；

（三）需要进行调查取证、勘验、鉴定、审计、评估的；

（四）社会关注度较高的案件；

（五）其他情形致使案件不适宜速裁的。

基层法院可以通过设置一定的退回比例对速裁案件退回进行限制。

第四章 普案快办

第二十八条 基层法院可根据自身实际情况灵活设立快审团队，快速办理不适宜速裁的普通案件。

快审团队办理案件，一般应当适用简易程序。

第二十九条 被告人下落不明，需要进行公告送达而适用普通程序的案件，由快审团队办理，在公告期结束后的法定审限内审结。

退出速裁转普通程序的案件，分流至快审团队办理。

第三十条 基层法院可根据本院案件构成情况及法官专业素质等组建专业化审判团队，专门办理案件类型相对集中的一类或者几类案件，做到类案专办。

第三十一条 基层法院可将本辖区内相对集中的一类或者几类普通案件交由特定人民法庭专门办理。

第三十二条 普通案件快速办理，应当全程聚焦争议点，简化程序，提高效率。

第三十三条 在审理过程中，发现案件不宜适用简易程序的，及时裁定转为普通程序。

简易程序转普通程序案件审理的，由院长审批。

第五章 繁案精审

第三十四条 基层法院可根据“平台＋人工”的繁案识别模式，由“分调裁”平台自动识别繁案，程序分流员在“分调裁”平台上根据案件案由、标的额、当事人人数、事实、法律关系以及当事人提供的信息等人工识别繁案，分流至精审团队办理。

第三十五条　因当事人申诉或申请再审、本院院长认为需要再审、检察院建议再审而进入再审程序的案件，上级法院发回重审、指令再审的案件，以及新类型、有重大影响的案件，应当直接识别为繁案，适用普通程序由精审团队办理。

第三十六条　基层法院应当设立专门审理繁案的审判团队，根据案件数量、类型和员额配置情况，选择由院长、副院长、审判委员会专职委员、庭长或资深法官组成。

第三十七条　审理繁案应当严格遵守民事诉讼法及其司法解释等规定，严格规范案件的有关程序和实体事项，作为示范案件纳入典型、指导性案例以及优秀裁判文书备选。

繁案裁判文书应当详细阐述裁判理由，突出对主要争议的证据认证、事实认定和法律适用问题的分析说理。

第三十八条　合议庭意见有分歧的繁案，可按照程序提交专业法官会议讨论。符合审判委员会讨论案件范围的，按程序提交审判委员会研究决定。

第六章　附　则

第三十九条　全省各基层法院可根据受案数量、类型和员额法官情况，灵活配置速裁团队、快审团队和精审团队，梯次设置不同案件权重系数，公平合理分配办案绩效奖金。

第四十条　本规定供全省基层法院参考执行，由山东省高级人民法院负责解释。

第五编

法院工作

第一章　工作概况

【概述】 2019年，全省法院深入学习贯彻习近平新时代中国特色社会主义思想和中共十九大、十九届二中、三中、四中全会精神，切实增强“四个意识”，坚定“四个自信”，做到“两个维护”，紧紧围绕统筹推进“五位一体”总体布局和协调推进“四个全面”战略布局，牢牢把握“走在前列、全面开创”目标要求，认真落实省十三届人大二次会议决议，始终坚持服务大局、司法为民、公正司法，扎实推进司法体制改革，大力加强过硬队伍建设，各项工作实现新发展。全省法院新收案件194.6万件，结案204.2万件，同比分别上升11.9%、21.4%。其中，省法院新收案件2.5万件，结案2.8万件，同比分别上升15.4%、46.3%。

【刑事审判】 维护国家政治安全和社会大局稳定。审结一审刑事案件8.9万件，判处罪犯11万人。坚持把维护国家政治安全放在首位，严厉打击各类暴力恐怖、邪教组织等犯罪。深入推进扫黑除恶专项斗争，涉黑案件全部由各院（副）院长担任审判长审理，审结黑社会性质组织犯罪案件60件、恶势力犯罪案件541件。坚决惩治贪腐犯罪，审结一审贪污贿赂、渎职犯罪等案件923件。对参加过解放战争的服刑罪犯等九类人员1941人，依法予以特赦。维护良好社会秩序。对醉酒驾驶、交通肇事犯罪，坚持依法惩治，审结案件4.3万件，判处罪犯4.3万人，其中适用缓刑1.4万人。对暴力伤医、伤警和伤害教师、学生的618名被告人，高空抛物的2名被告人，依法判处刑罚。依法惩治危害食品药品安全、生产销售伪劣商品等犯罪，对制售“毒芹菜”“注水猪肉”等犯罪的787名被告人，制售假药和假化肥、假种子等犯罪的598名被告人，依法严惩。依法维护金融安全。坚决惩治非法吸收公众存款、金融诈骗和“套路贷”等犯罪，审结涉“e租宝”等破坏市场秩序案件4415件，对9421人依法追究刑事责任。持续开展打击逃废银行债务专项行动，审结金融借款、信用卡纠纷等案件12.2万件。依法促进银企合作共赢，3.2万件金融案件通过调解或撤诉妥善解决。

【民商事审判】 依法保障新旧动能转换重大工程。加强企业破产审判工作，审结破产清算案件185件、破产重整案件151件，化解不良资产1798亿元，熔断担保债务1950亿元，释放土地资源1466.67公顷，安置职工5.8万人。加强知识产权司法保护，审结一审知识产权案件1.5万件。加大对环境资源违法犯罪的惩治力度，审结一审环境资源刑事案件1060件、民事案件1.1万件、公益诉讼案件112件、环境污染责任纠纷案件66件。依法促进民营经济发展。出台平等保护、产权保护等服务民营经济高质量发展10条措施。注重通过司法裁判引导企业诚信守法，审结一审买卖、租赁等合同纠纷55.4万件。严格区分经济纠纷与经济犯罪，切实保护企业家的人身权、财产权和人格权。谨慎使用查封、扣押等强制措施，防止因“死扣”“死封”影响企业正常运营。积极服务“一带一路”和“上合示范区”建设，坚持平等保护中外当事人合法权益，审结一审海事案件2269件、涉外民商事案件602件。在维护民生权益上下功夫。依法追索劳动报酬、社会保险等劳动争议案件3.7万件。加大婚姻家庭纠纷调解力度，受理家事案件13万件，调解撤诉7.5万件，连续四年保持了“一升一降”良好态势。推进道路交通纠纷在线调解，

2019年8月，省法院举办服务保障“一带一路”和“上合示范区”建设法律问题座谈会

30% 的轻微事故案件当天调解结案。加强国家赔偿和司法救助工作，审结国家赔偿案件 284 件，决定赔偿 1062.7 万元。认真做好司法拥军工作，切实维护军人军属的合法权益。

【行政审判】 妥善化解行政争议。审结一审行政案件 2.4 万件，审查行政非诉案件 2.2 万件，既维护了行政相对人的合法权益，又促进了依法行政。开展行政案件审前和解工作，市县普遍设立行政争议审前和解中心，已办理案件 6593 件，妥善化解了一批征地补偿、城建拆迁等纠纷。支持行政机关做好依法应诉工作，全省行政机关负责人出庭应诉 1.1 万人（次），应诉率 73.9%，同比提高 14.4 个百分点。青岛、聊城两市加强行政机关负责人出庭应诉工作，最高人民法院给予肯定。

【案件执行】 在巩固扩大“基本解决执行难”成果上下功夫。进一步加大执行力度，执结案件 69.1 万件，执行到位金额同比增加 249 亿元。加大网上拍卖力度，网络司法拍卖成交 1.1 万件，成交金额 272.9 亿元，为当事人节省费用 6.8 亿元。加大涉民生案件专项执行力度，深入开展“暖心冬日”执行大会战，执结农民工工资、抚养费、赡养费等案件 6.8 万件，执行到位金额 123 亿元。加大失信行为惩戒力度与坚持善意文明执行理念并举，对履行义务的 24.5 万人（次）及时解除了限制措施。

【司法为民】 在落实“一次办好”改革上下功夫。制定全面推进“一次办好”改革 10 项措施，发布立案登记、财产保全等 20 类司法服务清单。推行全天候网上立案，全年网上立案 185.8 万件。实行一次告知制度，落实一站办理、一次办好，推进诉讼服务转型升级。坚持把非诉讼纠纷解决机制挺在前面，对交通事故、房屋买卖等 13 类纠纷实行调解前置，全省法院立案前委托调解 22.4 万件，调解成功 6.3 万件。

【深化司法体制改革】 进一步完善诉讼制度。推进案件繁简分流、轻重分离、快慢分道，实行简案快审、繁案精审，办案周期缩短了 17 天。全面推开行政案件跨区划管辖制度改革，指定济南铁路两级法院管辖部分行政案件。全面落实认罪认罚从宽制度和刑事速裁程序改革，认罪认罚从宽适用率达到 73.6%，当庭宣判率 63.4%，服判息诉率 98%，刑事速裁案件平均审理周期 6 天。进一步强化司法责任。顺利完成基层法院内设机构改革，全省基层法院精简 49% 的内设机构。落实法官动态调整机制，完成第三批法官遴选工作，增补法官 315 名。制定法官权力清单和履职指引，严格落实独任法官、合议庭办案责任制。完善院庭长办案机制，院长庭长办案 87.8 万件。

2019 年山东省全省法院新收案件情况表

表 1

指标	一审（件）	同比（%）	二审（件）	同比（%）	再审（件）	同比（%）	合计（件）	同比（%）
刑事	87276	23.93	7578	14.33	285	4.4	95139	23.04
民事	879704	4.96	96423	15.32	3814	-2.26	979941	5.86
行政	22838	29.98	8867	13.33	123	-3.91	31828	24.7
执行							672239	26.08
其他							166628	-6.13
合计							1945775	11.88

2019 年山东省全省法院审执结案件情况表

表 2

指标	一审（件）	同比（%）	二审（件）	同比（%）	再审（件）	同比（%）	合计（件）	同比（%）
刑事	89230	30.06	7631	15.66	299	14.56	97160	28.75
民事	951112	17.61	97865	19.78	4250	20.91	1053227	17.82

续表 2

指标	一审（件）	同比（%）	二审（件）	同比（%）	再审（件）	同比（%）	合计（件）	同比（%）
行政	24097	47.29	10310	50.27	121	-0.82	34528	47.92
执行							688385	33.96
其他							168364	-3.58
合计							2041664	21.44

说明：结案中含上年旧存

2019 年山东省全省刑事一审案件情况表

表 3

指标	收案		结案	
	2019 年（件）	同比（%）	2019 年（件）	同比（%）
危险驾驶	34772	68.8	35157	74.31
故意杀人	546	-8.54	583	-2.35
故意伤害	7045	-9.42	7525	-0.95
强奸	1517	14.32	1543	21.98
绑架	60	130.77	57	171.43
拐卖妇女、儿童	43	-18.87	44	-20
抢劫	510	-21.54	574	-9.03
抢夺	80	-10.11	88	
盗窃	9121	8.78	9324	12.98
生产、销售伪劣商品	717	13.81	716	22.39
非法吸收公众存款	593	38.55	533	21.69
组织、领导传销活动	273	-4.21	280	12.90
寻衅滋事	3828	15.02	3973	32.88
毒品犯罪	2149	-5.87	2208	-4.33
贪污	263	-32.91	323	-26.09
受贿	256	0.39	268	-21.64

2019 年山东省全省民事一审案件情况表

表 4

指标	收案		结案	
	2019 年（件）	同比（%）	2019 年（件）	同比（%）
离婚	106960	-7.22	112070	-1.21
继承	11051	-11.27	11968	-0.46
赡养纠纷	2266	3.19	2378	11.02
农村承包合同	4730	27.94	4996	41.29

续表 4

指标	收案		结案	
	2019 年（件）	同比（%）	2019 年（件）	同比（%）
劳动争议	33870	-2.21	37405	13.67
建设工程	21213	23.65	22651	39.43
所有权纠纷	3796	8.49	4100	25.15
不正当竞争纠纷	259	37.77	255	60.38
不当得利	5167	40.52	5502	70.6
保险纠纷	24411	20.25	25636	32.47
借款合同	210166	2.82	226525	14.22
买卖合同	82335	19.56	87378	33.63
租赁合同	21919	14.03	23647	30.88
承揽合同	9536	16.01	10249	29.31
运输合同	3252	11.48	3635	39.75
服务合同	35093	45.54	36611	60.23
劳务合同	19141	19.91	19834	30.32

说明：结案中含上年旧存

2019 年山东省全省知识产权一审案件情况表

表 5

指标	收案		结案	
	2019 年（件）	同比（%）	2019 年（件）	同比（%）
著作权	6071	39.76	6055	46.19
商标权	6994	63.68	7219	80.25
专利权	1195	18.67	1272	34.46
其他	486	-59.09	429	-58.43
合计	14746	36.39	14975	47.9

2019 年山东省全省海事海商一审案件情况表

表 6

指标	收案		结案	
	2019 年（件）	同比（%）	2019 年（件）	同比（%）
海事纠纷	217	-47.71	328	-4.37
海商合同	1351	-5.19	1714	26.22
其他	160	-30.74	227	3.18
合计	1728	-16.56	2269	18.12

第二章　审判执行工作

立案、信访工作

【概述】 2019年，立案庭、信访处3次被省委、最高人民法院评为先进集体，3次在省级以上会议受到点名表扬，4次在全国法院会议上作典型发言，13名干警被记功奖励或表扬，各项工作取得新成效。

【以推进“一站式”建设为重点，立案工作再创新】 丰富完善网上立案功能。拓展网上立案范围，95%以上案件类型可以网上立案。新增网上阅卷、网上申请保全功能，当事人可网上申请查阅案件电子卷宗、在线完成保全办理。积极开展诉讼费交费、退费电子票据试点，实现网上交费退费“零跑腿”。拓展网上立案受众范围，为全省8500名法律工作者开通网上立案专项通道。当前，山东省是全国唯一实现三级法院网上立案、交费、申请退费的省份，提前两年实现最高人民法院提出的目标，当事人等网上注册近40万人，截至12月中旬，全省法院网上申请立案1801554件，网上交费5.04亿元，线上交费件数占21.72%。

大力推进“一站式”建设。一是对下指导再加强。推进一站式多元解纷机制和诉讼服务体系建设，先后对下级法院进行两轮业务培训，选取3个中级法院、20个基层法院作为试点法院，培树典型。庭处组成6个包片指导组，由班子成员带队分赴各地进行专项指导。二是一站式解纷再推进。积极推进形成合力，协调省委政法委于8月召开了全省非诉讼纠纷解决机制视频会议，推动18个省直部门联合会签《关于进一步健全完善非诉讼纠纷解决机制的意见（试行）》，形成解纷合力。积极构建行业调解体系，新增2个特邀调解组织、39名调解员，推动在省级三甲医院派驻设立“人民法院医疗行业特邀调解工作室”，就地消化医疗纠纷。积极完善诉调衔接机制，制定下发《关于民事诉前调解程序的若干规定》。深化“分调裁审”改革，在基层法院推广“审判法官+专职调解员”的“调裁一体化”审判团队新模式。创新鉴定前置模式，全省111家法院实行鉴定前置，2019年共诉前鉴定案件30429件。全省法院共特邀调解组织1268个，2019年立案前委派调解案件223904件，调解成功63005件，法院司法确认案件16534件。庭处先后在最高人民法院新时代纠纷解决机制创新交流会、省法学会完善纠纷多元化解机制座谈会上代表省法院作经验介绍。三是一站式诉服再升级。整合人民调解、网上立案、电子送达、分调裁、审判等各个平台，实现数据共享。完善集约化诉讼服务机制，推动各地法院将辅助性、事务性工作向诉讼服务中心集中。健全立体化诉讼渠道，试行跨域立案、预约立案等服务。省法院统一开发电子送达平台，建立信息失联修复机制，提高送达质效。

创新普法宣传综合化服务。积极构建社会联动服务，引入律师、志愿者等第三方人员，银行、邮政等第三方机构，参与开展诉讼引导、法律援助、公共服务等工作。引入大学生志愿者200余名，打造新型大学生社会实践基地，与省委党校共建“法治共享教学实践”基地。2019年，省法院累计接待社区居民、在校学生等50余批（次）参观体验，组织学生、各界人士举办模拟法庭40多次。

【认真贯彻习近平总书记以人民为中心发展思想，信访工作再突破】 集中开展“防范和化解涉诉信访案件工作落实年”活动。省法院院长张甲天召开会议部署，将1241起信访积案化解责任，逐案落到三级法院432名入额院领导，一包到底。省法院对上报化解案件严格把关，实行销号报结机制，化解情况实行双周通报。2019年，1241件信访积案已化解1221件，化解率为98.4%；10年以上信访案件已化解120件，化解率为100%。新华社内参《国内动态清样》给予报道，最高人民法院院长周强、山东省委书记刘家义分别作出批示，最高人民法院简报专题刊发。最高人民法院转办中央巡视组交办涉诉信件267件，已办理56件，最高人民法院全部审核通过；省委政法委交办案件42件，已化解40件，提前完成化解任务。

圆满完成重点时期信访任务。针对上半年进京群体访等较多问题，10月开展集中整治，11、12月最高人民法院对山东法院进京重点访“零通报”。实行信访信息“日报告”“零报告”制度，圆满完成全国“两会”、中华人民共和国成立70周年大庆等5次重大活动信访工作任务。最高人民法院、省委、省政府、省委政法委、省人大常委会办公厅分别以授予先进集体、记功奖励、先进个人或感谢信的形式对山东法院给予表彰，省法院先后2次在全国法院信访工作会上作典型发言。

健全完善日常信访工作机制。全面落实信访值班、带班制度，制定《驻京信访值班工作规范》，强化源头预防。继续深化院长庭长首接负责制，出台《关于进一步规范院长庭长首接负责制工作办法的通知》，把院长庭长化解信访案件成效、数量纳入年终办案绩效考核范围，2019年省法院院长庭长共接待信访案件241件，化解216件。制定《涉诉信访依法终结工作办法及规程》，举办全省法院信访工作培训班，推动工作规范开展。加大信访调研力度，在《人民司法》发表调研文章，以"贯彻以人民为中心理念，做好人民法院信访工作"为主题举办法官沙龙。

【以推进诉讼流程再造和审判提质增效为核心，立案审判质效再提高】 一是严格落实立案登记制。认真落实院党组部署的速裁快审制度改革，截至12月12日，立案庭处共受理分流各类案件24230件，同比增加11.49%。二是克服人案矛盾抓办案。2019年，立案庭、信访处结案1620件，7名法官人均结案245件。三是充分发挥信访救助、终结化解上访矛盾功能作用，2019年以来司法救助案件7件，救助金额111万元，提交审委会讨论通过终结案件102件。

再审审监工作

【深入推进民商事案件再审审查流程再造】 积极探索案件繁简分流。认真学习贯彻习近平总书记关于健全繁简分流、轻重分离、快慢分道工作机制等指示精神，积极探索实现案件繁简分流的有效方式。再审立案庭充分发挥资深法官表率示范作用，由资深法官承担分流员工作，将案件区分为简单、普通、复杂三类，各类案件占比分别为50%、30%、20%；审监一庭采取组建快审团队和审判团队内部分流两种方案在所属三个审判团队中同步试点，积累分流工作经验；审监二庭由庭长根据案由等因素对案件繁简进行一次分流后，再由团队长负责二次细分，统一将简案交由新组建的快审团队办理。

规范民商事案件再审审查。以案件繁简分流为抓手，推动实现民商事案件再审审查流程再造。再审立案庭制定《民事申请再审案件审查操作规程》，将民商事申请再审审查案件繁简分流经验进行制度转化，推动了繁简分流的规范化、常态化。审监一庭针对再审审查工作中发现的疑难问题，拟定《关于民商事再审程序若干问题的解答》，通过规范裁判权的行使，控制再审不合理增量。

创建"互联网+再审审查"平台。审监二庭与信息技术部门紧密协作，研发民商事案件申请再审模块，并将该模块嵌入网上立案平台，推动实现当事人申请再审立案网络化。同时通过增加再审事由释义，规范再审事由填写，引导当事人对申请再审依据的事实理由进行理性"瘦身"，通过嵌入再审审查案件赋分系统，根据得分自动实现案件繁简分流。

【充分发挥审判监督职能作用】 立足职能服务经济社会发展大局。认真贯彻中央关于优化营商环境的决策部署，结合所辖80%以上案件涉及民营企业或中小微企业的实际，加强产权等合法权益的平等保护。2019年全省法院通过审查裁定再审案件1330件，同比增加18.4%；再审率9.3%，同比提高0.5个百分点。其中省法院裁定再审案件1059件，同比增加25.3%，再审率13.4%，同比提高0.4个百分点，进一步守好识错纠错阵地，为民营企业和中小微企业健康发展营造法治化营商环境。

再审审查效率明显提高。全省法院新收民商事再审审查案件13562件，与2018年持平；结案14336件，同比增加12.9%；结收比105.7%，同比提高12.9个百分点；存案842件，同比下降47.9%。其中省法院新收民商事再审审查案件7347件，与2018年持平；结案7924件，同比增加22.3%；结收比107.9%，同比提高19.5个百分点；存案515件，同比下降50.1%；为推动再审审查工作良性循环奠定了基础。

审查审理一体化改革成效显现。2019年是省法院在再审程序中推行审查审理一体化改革的第一个完整年度，经再审改判发回重审681件，同比增加107.6%；改发率51.8%，同比提高16.3个百分点。再审案件当事人矛盾尖锐，调解结案成功率较低。通过采取自提自审方式，案件承办团队相对较早地介入到当事人纠纷调处，增加了调解工作主动性，2019年经调解结案62件，同比增加113.8%。

【全面加强审判管理和调研指导】 充分发挥合议庭作用。规范合议庭研究案件规则，加强对拟裁定再审案件和争议较大案件的研究，杜绝形合实独。庭长带头承办疑难复杂案件，带头落实合议庭制度，发挥表率示范作用。审监一庭建立五人合议庭审理重大疑难复杂案件的常态化工作机制，对省检察院抗诉的7起串案，跨团队组成五人合议庭进行审理，取得良好效果。

充分发挥主审法官会议咨询功能。修订完善主审法官会议规则，规范主审法官会议召集召开，将拟改判发回重审案件纳入主审法官会议讨论范围，进一步统一裁判尺度，确保案件质效。

加强审判团队建设。再审立案庭根据案件考核数据的实时变化，适时调整团队案件，对考核数据不理想的团队展开约谈督促。审监一庭制定法官助理参与办案办法和职责清单，明确要求法官助理旁听主审法官会议，赋予助理参与案件讨论的权利，调动法官助理工作积极性。

加强调研指导。注重发挥工作要点导向作用，制定发布《2019年全省法院民商事审判监督工作要点》，安排23项重点工作。按照最高人民法院安排，对全省法院审判监督工作情况、涉产权冤错案件甄别纠正情况进行调研分析，并形成调研报告。针对劳动争议案件在申请再审案件中比重较大的实际，开展专题调研，拟定了《关于劳动争议案件再审实务中若干问题的解答》。联合山东法官培训学院，举办2期审监业务培训班，培训全省民商事法官280名。

【始终坚持政治建设的统领地位】 *抓好政治教育*。把学习贯彻中共十九届四中全会精神与“不忘初心、牢记使命”主题教育结合起来，主动对标院党组理论学习中心组的要求，坚持政治学习日制度，通过全面推行支部书记领学、支部委员导学、全体交流互学、典型案例教学“四学”模式，将学习贯彻习近平新时代中国特色社会主义思想往深里走、往心里走、往实里走，进一步树牢“四个意识”，坚定“四个自信”，做到“两个维护”。

抓实支部标准化建设。认真组织学习《中国共产党支部工作条例（试行）》，健全完善党支部党员大会、党支部委员会会议和党小组会的工作机制，严格落实三会一课、谈心谈话等制度措施，不断提升党支部的组织力。加强党小组与审判团队的对接，创建“党建＋审判团队”模式，树立“以清理积案为第一要务，以业务建团第一目标、以精准纠错为第一理念、以党建带队建为第一路径”的工作思路，强化团队负责人案件质效、党建、廉政、人员管理的“一岗四责”，抓紧抓好党建及业务工作。

抓紧队伍建设。加强对《中国共产党章程》《中国共产党党员教育管理工作条例》《中国共产党问责条例》等党内法规的学习，增强纪法意识。加强廉政警示教育，通报违法违纪典型案例，开展“违法教训我汲取，廉洁司法我承诺”主题党日活动，以身边人、身边事触动干警，切实做到防微杜渐。加强廉洁自律意识，教育引导干警增强法治信仰意识、法律思维意识、程序公正意识和司法廉洁意识，从思想上筑牢廉洁自律防线。

刑事审判工作

【职能发挥】 2019年，全省法院新收各类刑事案件95139件（不含减刑假释案件，下同），与2018年同期相比（以下简称同比）增长23%；审结（含旧存，下同）97160件，同比增长28.7%；存案7659件，同比下降21.4%。省法院新收各类刑事案件713件，同比上升7.2%；审结675件，同比下降0.7%；存案138件，同比上升16.9%。受理行政案件947件，全部审结。受理刑事申诉及再审案件352件，审结329件。受理减刑假释案件1031件，全部审结。全省生效刑事判决中，宣告无罪45人，是2018年的1.25倍，确保无罪之人不受刑事追究。切实履行审级监督职责，全省法院对1485件二审复核案件发回重审或改判，发改率为19.5%。再审案件中，改变或变更原审裁判或发回重审152件，发改率为51%，同比下降2.3个百分点。全省法院生效刑事判决110449人，同比上升30.8%。在给予刑事处罚的107011人中，判处五年有期徒刑以上至死刑的罪犯7135人，重刑率为6.5%（此处重刑率计算使用的生效总人数仅扣除无罪，包含免于刑事处罚）。累计依法判处故意杀人、强奸、绑架、抢劫等严重犯罪5767人，其中，判处五年有期徒刑以上、无期徒刑至死刑的有2392人，重刑率为41.5%，切实将依法严惩严重刑事犯罪政策落到实处。落实宽严相济刑事政策要求，对符合条件的26538名罪犯依法适用缓刑，缓刑适用率为24%，同比上升0.5个百分点。对犯罪情节轻微不需要判处刑罚的2006名罪犯，依法免于刑事处罚。

【大要案审判】 6月24日，省法院院长张甲天担任审判长公开开庭审理了公安部督办的付远刚等特大网络制贩毒犯罪案件，邀请各界代表及中央和省内25家主流媒体记者旁听庭审、报道，微博同步直播为社会上好禁毒法治公开课。指导相关法院依法、公正、稳妥审结了全国有重大影响的“10·6”“10·7”专案，以及姜喜运等贪污、受贿、违规出具金融票据案，彭某国贪污、受贿、行贿等一批重大职务犯罪案件，取得了良好的政治效果、法律效果和社会效果。

【扫黑除恶专项斗争】 2019 年，全省法院共受理一审黑社会性质组织犯罪案件 67 件，审结 60 件，判处刑罚 940 人，判处五年以上有期徒刑 353 人，黑社会性质组织成员的重刑率为 45.14%；二审受理 16 件，审结 16 件。受理一审恶势力犯罪案件 497 件，审结 541 件，判处刑罚 3125 人，判处五年以上有期徒刑 786 人，恶势力组织成员的重刑率为 31.18%；二审受理 140 件，审结 126 件。坚持院长带头办案制度，各级法院院长担任审判长审理黑恶势力案件 235 件。坚持依法从严惩处，黑社会性质组织犯罪组织领导者均被判处十年有期徒刑以上刑罚，其中 2 人被判处无期徒刑，全部并处没收个人财产；151 名骨干成员全部被判处五年有期徒刑以上刑罚，并处罚金共 4812 万元。6 名“保护伞”人员中，被判处五年有期徒刑以上刑罚 1 人，并处罚金共 195 万元。打伞破网和打财断血同步推进，累计判处财产刑 2115 人，其中，判处没收个人财产 81 人，判处罚金 2034 人，罚金总额 3.25 亿元，执行到位财产价值 8.6 亿元。坚持法定标准和宽严相济，黑恶案件中判处缓刑 313 人，免于刑事处罚 14 人。坚持人权保障，对没有自行委托辩护人的 268 名黑恶势力刑事案件被告人，依法通知法律援助机构为其指派辩护人。共排查移交线索 383 条，发出司法建议 81 条。对交通运输和自然资源领域黑恶势力犯罪案件进行深入系统分析，联合印发行业治理文件，为加强和改进行业管理提供有力法律保障，形成法院参与综合治理的“山东模式”，被最高人民法院称为“山东样板”。开展集中宣判，运用融媒体手段开展集中立体化宣传，邀请 1168 名人大代表、政协委员等旁听案件庭审，把黑恶犯罪案件审理过程变成全民共享的法治公开课、犯罪警示课和干群教育课。

【调研指导】 与省委政法委、省处非办、省公安厅、省检察院联合印发《关于进一步做好非法集资案件处置工作的指导意见》，研究出台《关于审理非法集资案件相关问题的解答》，规范指导非法集资案件的审判工作。制定下发《关于进一步加强追逃追赃工作的指导意见》，规范追逃追赃工作程序。研究制定《关于在刑事审判中防范化解重大风险的规定》，指导全省法院做好防范化解刑事审判重大风险。制定下发《黑恶势力刑事案件审理工作规范》，对审理黑恶势力刑事案件流程节点涉及的重点工作、注意事项及工作机制等进行了全面系统规范。制定《刑事大案要案审判规则（试行）》，规范职务犯罪案件审判全流程工作标准。持续推进量刑规范化改革，指导全省法院准确适用 15 种常见罪名量刑规范化实施细则，推动 8 类新增罪名的量刑规范化由试点向试行过渡。

【司法改革】 与省司法厅联合印发《关于开展刑事案件律师辩护全覆盖试点工作的实施办法》，推进试点工作有序开展，加强人权司法保障。制定下发《关于适用认罪认罚从宽制度审理刑事案件的指导意见（试行）》，并与省检察院、省公安厅、省司法厅、省国安厅联合印发《关于适用认罪认罚从宽制度办理刑事案件的实施细则》，指导全省法院深度适用认罪认罚从宽制度。研究制定《刑事案件繁简分流工作规程（试行）》《刑事案件快审操作规程（试行）》《刑事案件繁案精审操作规程（试行）》，统筹推进刑事案件繁简分流、轻重分离、快慢分道，实现类案专审、简案快审、繁案精审，不断提高审判质效。

民事审判工作

【推进审判流程再造，办案质量效率有所提升】 按照“简案快审、类案专审、繁案精审”的要求，建立快审团队，建设工程、民间借贷等专审团队，及审理“四类案件”的精审团队，案件基本实现了“繁简分流、快慢分道、轻重分离”，审判质效进一步提升。2019 年新收案件 1643 件（包含再审审查 370 件），结案 1661 件，法官人均结案 112 件，结案率达到 92.5%。较好完成审判工作任务。一是收案数量上升。2019 年共新收各类案件 1643 件，其中一审案件 55 件，二审案件 1050 件，一、二审案件较 2018 年 809 件同比上升 36.59%。二是结案数量上升。2019 年，共审结各类案件 1661 件，较 2018 年同期结案数量 1585 件同比上升 76 件。结案率为 92.69%，比 2018 年同期上升 1.44 个百分点。三是案件质效上升。二审审结案件 1045 件，改判的 97 件，发回重审的 59 件，改判发回率为 14.93%（改判率为 9.28%，发回重审率为 5.65%），调撤率为 12.25%，改判发回率下降 6.47 个百分点，调撤率上升 2.84 个百分点。未再形成长期未结案，案件的收结逐步进入了良性循环。

【推进审判制度创新，改革成效初步显现】 深入学习贯彻全国法院贯彻落实政法领域全面深化改革推进会专题会议精神，转变理念、创新思路，完善措施，推进各项改革任务落到实处。一是大力推进要素式审判方式改革。在充分调研和总结既有经验的基础上，研究制定《山东省高级人民法院要素式审判方式指引（试行）》，对民间借贷纠纷、离婚纠纷等九类一审普通民商事案件适用要素式审判方式审理，简化办案程序，简化裁判文书。二是全面推进道路交通事故纠纷“网上数据一体化处理”改革工作。在全省法院上线运行道交一体化处理平台，截至2019年年底，已经上线处理道交案件2.01万件(居全国第四位)，标的额15亿元，其中诉前达成调解协议8535件，标的额4亿元，全省法院道交诉讼收案连续两个月同比下降10%，效果初步显现。三是继续深化家事审判方式和工作机制改革。与省公安厅、省民政厅、省司法厅、省妇联等部门加强联动，会同中国政法大学召开了家事审判实践探索与理论研讨会，召开了全省家事审判改革推进视频会，改革成果进一步巩固和提高，全国人大、最高人民法院、全国妇联等单位领导多次到山东省进行专项调研；中央电视台、《人民法院报》等媒体多次报道刊发山东经验，山东省家事案件数量已呈现连续三年下降的良好态势。

【推进调查研究工作，指导薄弱局面有所改善】 坚持问题导向，努力缩小短板，针对长期以来民事审判指导工作的薄弱环节，2019年主要开展了以下工作：一是加强类案研究，出台指导意见。民一庭自2018年始创办《民事审判践悟》，对审判实践中民事审判面临的热点难点以及典型案例进行刊发，既是省院民事法官研究审判问题的阵地，也是全省民事法官交流共享的平台，《关于审理劳动人事争议案件若干问题的意见》刊发并在山东审判公众号发布后，点击量超过了10万人次，为全省法院民事审判法官提供有益参考，也受到了法律界的好评。按照省扫黑除恶专项领导小组办公室的工作要求，针对“职业放贷”问题开展了调研并形成调研报告，对“职业放贷人”的界定、职业放贷合同的效力认定、如何加强金融监管、如何进行司法裁判等提出了意见和建议，为最高人民法院出台《关于办理非法放贷刑事案件适用法律若干问题的意见》贡献了山东智慧。二是加强人民法庭工作指导。探索人民法庭在推进诉源治理、矛盾多元化解、服务乡村振兴等工作的职能作用，在充分调研的基础上研究制定了《人民法庭为乡村振兴提供司法保障的意见》，对人民法庭在基层社会治理体系和治理能力现代化建设中如何发挥作用，提出了指导意见。三是回应社会关切，加强敏感案件的指导。“踢群第一案”，引发广大网民情感带入，社会关注度高，开庭审理时，中央人民广播电台等20多家新闻媒体到庭采访报道，人大代表、政协委员及社会各界80余人参加了旁听。案件的公正裁判既引发了社会广泛共鸣，又得到了各界高度认同，很好回应了社会关切，网络点击量达3.6亿人次，成为一堂全民共享的法治公开课。

商事审判工作

【职能发挥】 坚持抓办案强主业，不断提升商事审判质效。按照“简案快审、类案专审、繁案精审”的目标要求，始终狠抓执法办案第一要务，圆满完成全年办案任务，各项指标进一步优化提升。2019年，民二庭新收案件988件（折算后898件），结案1134件（折算后1014件），同比分别上升1.93%和27.07%，结收比达到117.48%，结案率达到93.33%，比2018年分别上升了22.44和3.33个百分点。未结案件81件，主要是新收或因公告送达、管辖异议等无法正常开庭案件。受级别管辖调整影响，新收一审商事案件83件，同比下降27.19%；结案128件，同比上升28%。新收二审商事案件741件，结案780件，同比分别上升了106.41%和120.96%。2019年因四名法官在基层挂职或者休产假，全庭实际办案法官仅9人，法官人均结案113件，人均办案量比2018年提高41.25%。倡导精品案例和文书，撰写的(2016)鲁民终2270号民事判决书被评为“首届全国法院百篇优秀裁判文书”。

【调研指导】 坚持强化综合调研，努力提升监督指导水平。一是规范全省企业破产案件审理标准。制定《企业破产案件审理规范指引（试行）》，共222条，对破产案件全流程作出详尽规定。二是统一保险合同纠纷裁判尺度。制定《关于审理保险合同纠纷案件若干问题的解答》，对保险合同总则、人身保险合同、财产保险合同相关疑难问题作出解答。三是规范简化管辖权异议审查程序。制定《关于简化民商事纠纷管辖权异议审查程序的意见（试行）》，制约部分当事人滥用管辖异议权的行为，从根源上减少各级法院长期未结案的发生。四是扎实做好商事审判基础调研工作。完成《关于2018年度商事二审案件改判发回情况的通报》《关于2018年度民商事二审案件改判发回情况的通报》《省法院2019年前三季度民商事二审案件改判发回情况分析》，系统总结中共十八大以来全省商事审判工作经验。五是加强商事审判培训。召开全省法院商事审判暨破产审判实务培训班，邀请最高人民法院、中国人民大学等的审判专家、科研学者进行授课，提升全省商事法官能力和水平。

【服务大局】 坚持发挥职能作用，主动服务经济发展大局。一是加强企业破产审判工作。注重破产审判专业化建设，争取最高人民法院批准在济南、青岛设立专门破产法庭，并积极推动个人破产制度试点。注重总结破产审判经验，召开破产审判新闻发布会，通报近三年全省法院破产审判工作情况，并发布全省法院十大破产典型案例。注重“僵尸企业”处置工作，先后与省国资委、省发展改革委等部门会签《省属困难企业和“僵尸企业”处置工作实施方案》《山东省加快完善市场主体退出制度改革实施方案》等规范性文件，形成处置“僵尸企业”合力。2019年，全省法院共审查破产案件624件，收案526件，结案336件，化解不良资产1797.79亿元，切断担保圈金额1948.85亿元，释放土地资源14461.5公顷，安置职工人数57742人。二是积极服务金融改革发展。及时就保理业务存在的漏洞向山东银保监局发送司法建议书，自觉维护金融安全。积极参与金融多元化解机制建设，依托各地金融消费者权益保护协会，维护金融消费者合法权益。多次参加省政府、省金融办召开的金融风险化解联席会议，研究解决恒丰银行、洪业集团等出现的区域性金融风险，并形成题为《全省金融借款纠纷案件态势分析及对策建议》的调研报告。2019年，全省法院新收一审金融纠纷案件114591件，审结一审金融纠纷案件120692件，收、结案数量增幅均超过10%。三是主动服务国有企业法律风险防控。先后赴兖矿集团等国企调研，邀请山钢集团等15家省属国有企业相关部门负责人座谈，了解国有企业涉诉情况，并对省、市属国企涉诉16784件案件进行分析，完成《关于国有企业涉诉情况的调研分析报告》《关于加强国有企业法律风险防控的司法建议书》，帮助国有企业做好法律风险防控，促进国有经济健康稳定快速发展。四是营造良好法治营商环境。认真落实“一次办好”改革要求，积极参加省发改委组织的营商环境评价考核工作，不断优化办理破产、执行合同和保护中小投资者三项考核指标，并接受省人大优化营商环境专题询问。五是服务保障民营经济发展。做客由山东省工业和信息化厅与山东人民广播电台联合举办的《山东中小企业之声》栏目直播间，宣讲支持民营经济中小企业发展司法政策，服务保障民营经济高质量发展。

知识产权审判工作

【概述】 2019年，山东法院始终坚持以习近平新时代中国特色社会主义思想为指导，牢固树立“保护知识产权就是保护创新”的理念，充分发挥知识产权审判“激励和保护创新、促进科技进步和社会发展”的职能作用，提升审判质量效率，完善体制机制建设，为实施创新驱动发展战略、推动全省经济高质量发展提供了有效的司法保障。

【依法公正高效审理知识产权案件】 **审判质效不断提升**。2019年，全省各级法院共新收各类知识产权民事一审案件14746件，同比增长41%；审结各类知识产权民事一审案件15178件，同比增长57%。山东高院新收知识产权民事二审案件1021件，同比增长64%；审结1055件，同比增长85%。2019年山东法院知识产权案件总体呈现出案件数量迅猛增长、涉技术类案件审理难度加大、涉互联网案件增速明显、侵权赔偿数额普遍提高的特点。

典型案例再创佳绩。山东法院持续实施和推进知识产权精品案审判，着力打造指导性案例，积极应对创新发展对知识产权司法保护的新需求。2019年4月，山东高院审理的胡某泉、朱某蓉与山东省惠诺药业有限公司侵害发明专利权纠纷案，以及潍坊中院审理的喜力酿酒厂有限公司与昌乐喜力酒业有限公司、张某华等商标权及不正当竞争纠纷案等两件案例入选最高人民法院2018年“中国法院50件典型知识产权案例”。山东高院审理的西门子股份公司、西门子（中国）有限公司与青岛建秋中德电梯有限公司不正当竞争案被中国外商投资企业协会评为“2018—2019年度知识产权保护十佳案例”。通过精品案、典型案的审理，山东法院知识产权审判的影响力不断扩大，知识产权司法保护形象持续提升。

营商环境持续优化。山东法院坚持依法平等保护原则，努力营造良好国际营商环境。2019年，全省法院共受理1021件涉外、涉港澳台案件，其中涉外案件576件、涉港澳台案件445件；涉及美国、欧盟、日本、韩国、“一带一路”沿线国家和地区等。在蓬莱云雀酒庄有限公司与波尔多葡萄酒行业联合委员会侵害商标权及不正当竞争纠纷案中，有力打击了恶意攀附他人知名商标信誉并进行虚假宣传的侵权行为。在株式会社普利司通与盛泰集团有限公司、山东盛世泰来橡胶科技有限公司侵犯发明专利权纠纷案中，权利人及日本汽车轮胎协会对青岛的知识产权保护环境给予高度评价。在济宁哈桑服饰有限公司与汶上县市场监督管理局、第三人阿齐兰兄弟公司行政处罚及行政复议案中，保护了沙特阿拉伯等“一带一路”国家商标权人的合法权益。在罗地亚经营管理公司、第一稀元素化学工业株式会社与淄博加华新材料资源有限公司侵害发明专利权纠纷案中，依法保护了合资企业的合法权益。

【优化完善知识产权审判体制机制】 *创新审判机制建设*。青岛知识产权法庭在设立青岛中德生态园、蓝色硅谷核心区、青岛高新区知识产权巡回审判庭的基础上，又连续在威海环翠区、中国（潍坊）知识产权保护中心、烟台开发区设立巡回审判庭，优化了辖区内知识产权司法保护格局。济南知识产权法庭先后设立了菏泽巡回审判庭、济南市中区七贤巡回审判庭、长清经济开发区巡回审判庭，进一步完善了知识产权审判机制建设。德州中院积极推动在宁津县知识产权快速维权中心设立知识产权（宁津）巡回审判庭，形成保护知识产权的整体合力。

破解技术查明难题。为破解技术事实查明难问题，规范技术调查官参与诉讼活动，山东高院起草了《关于技术调查官参与诉讼活动的办法（试行）》。各相关中院也积极采取有效措施，搭建技术事实查明平台。济南中院与山东大学、济南大学等驻地高校及科研院所共同建立了技术咨询专家沟通机制。青岛中院制定《青岛市中级人民法院知识产权法庭技术调查官参与诉讼活动暂行办法》，引入技术调查官参与专利等技术类案件庭审，同时制定《青岛市中级人民法院知识产权法庭专家咨询委员会章程（试行）》，聘任一批各个技术领域的专家担任专家咨询员，建立专家智库，有效解决了复杂技术事实查明难题。

促进审判机制创新。山东高院制定《侵害商标权纠纷案件审判要素表》并下发全省法院参照执行。济南中院加大诉讼调解力度，全年调撤案件2500件，调撤率67%；其中中国天辰工程公司起诉的技术秘密纠纷一案，标的额达1.8亿元，经调解促成当事人和解结案。日照中院探索知识产权案件多元化解模式，一审知识产权案件调撤率达85%。泰安中院注重采取“调判结合，调解优先”原则，加强对关联性、涉众性案件及时进行调解，实现了“零投诉、零上访”的良好社会效果。潍坊中院推进知识产权案件繁简分流和多元化解工作，实现源头分流、简案快审、繁案精审。

【积极服务保障经济社会发展大局】 *精准服务发展大局*。山东高院起草了《贯彻中央办公厅国务院办公厅关于加强知识产权审判领域改革创新若干问题意见的实施意见》，对解决知识产权审判中存在的“举证难、赔偿低、成本高、周期长”等问题提出了十二条具体意见和措施。青岛、枣庄、东营、德州等中级法院紧紧围绕市委、市政府中心工作，分别制定了关于促进科技创新、保障新旧动能转换重大工程、建设创新型城市、保障生态经济区建设等方面的指导性意见，助推知识产权保护和经济创新发展。

强化协作联动保护。山东高院与省市场监督管理局（省知识产权局）举办知识产权司法保护座谈会，交流加强知识产权保护方面的经验做法，研究加强知识产权维权平台与司法保护平台衔接。进一步落实知识产权诉前调解机制，2019年以来，一批涉及专利权、商标权、著作权纠纷的案件通过诉前调解平台化解，提高了权利人的维权效率，降低了维权成本。潍坊、菏泽、枣庄等中级法院注重与知识产权行政管理执法部门、维权中心、行业协会、法学会、中介机构等加强定期沟通、建立联系机制，使知识产权行政保护与司法保护及市场自主行为相互补充、相互促进、协调发展。

助力创新驱动发展。山东高院举办民营企业知识产权司法保护问题研讨法官沙龙，针对民营企业知识产权保护中的难点、热点问题进行研讨，提出司法对策，取得良好效果。济南、泰安、菏泽等中级法院探索建立高效便利的知识产权司法保护新模式。淄博中院进一步完善知识产权司法保护企业联系人制度，有效提高了司法保护水平。

提升司法公开水平。山东高院连续18年开展“4·26世界知识产权日”宣传周活动，召开新闻发布会，发布《2018年山东法院知识产权司法保护报告》（白皮书）和十大典型案件。邀请全国和省人大代表、政协委员观摩典型案件庭审，座谈对知识产权司法保护的意见和建议。活动期间，《人民法院报》《大众日报》《山东法制报》等报纸对山东法院知识产权审判工作进行了集中报道。各中级法院分别以召开新闻发布会、公布典型案例、与相关部门座谈、走访企业、组织法官参与广播电视台和电台节目等

多种形式宣传知识产权保护情况。2019 年以来，山东高院，济南、青岛等中级法院积极探索采用互联网审判、微信“微审判”等信息化手段审理知识产权案件，方便当事人诉讼，提高了审判效率。潍坊、泰安、日照、菏泽等中级法院一审知识产权民事案件的人民陪审员参审率均达 100%，有效促进了司法民主和司法公开。

【注重加强调研指导促进司法交流】 *加强审判问题研究*。2019 年 5 月，山东高院承担的最高人民法院重点调研课题“互联网视角下的知识产权创新成果法律保护”圆满结项，调研成果并被评为优秀调研成果、名列第一，山东高院承担的山东省哲学社会科学规划项目“加强知识产权司法保护，构建‘三合一’专业化审判格局”研究课题顺利结项，调研成果在《人民司法》发表。在完成商标侵权案件证明标准研究基础上，形成成果转化，下发全省法院执行。2019 年以来，山东高院、济南中院又分别立项承担了山东省哲学社会科学规划课题“知识产权惩罚性赔偿的司法适用研究”、最高人民法院“知识产权诉讼特别程序研究”重点课题，该两项调研正在有序推进。

加强审判监督指导。山东高院年初制定下发了《2019 年知识产权审判工作要点》，对全年工作作出统筹安排。发布了《2018 年山东法院知识产权一审案件情况及运行态势分析报告》和《省法院 2018 年二审知识产权案件改发情况分析报告》，对全省法院知识产权审判工作进行了前瞻性研判，对存在的问题进行了梳理分析，提升了审判科学化、实效性。通过印发《知识产权审判要情》、在知识产权法官微信群中及时推送知识产权司法保护经验和典型案例等做法，不断拓宽审判指导渠道。2019 年 10 月，召开全省知识产权审判工作座谈会，传达贯彻全国知识产权工作会议精神，并组织各中级法院对特许经营合同纠纷、涉图片类及涉 KTV 音乐作品著作权侵权赔偿标准、合法来源抗辩认定条件等 10 余个司法实务问题进行研讨，提出了相关法律适用指导意见。

促进司法保护交流。山东高院认真协助最高人民法院对知识产权审判“三合一”工作进行调研，并对推进知识产权案件“三合一”审判工作提出意见建议。参加最高人民法院知识产权法庭审判业务座谈会及相关调研培训，认真贯彻会议精神，协调做好济南、青岛知识产权涉技术类知识产权案件上诉机制改革配套工作。积极组织全省知识产权审判业务骨干参加知识产权司法解释研讨及各类知识产权司法保护论坛，学习好经验，提出好建议。山东高院领导应邀参加知识产权司法保护国际论坛，向国内外嘉宾讲好山东法院知识产权司法保护故事，发出山东法院知识产权司法保护最强音。采取“请进来、走出去”方式，先后对知识产权案件要素化审判、技术调查官制度改革、音集协与非音集协会员权利人维权、电商平台侵权责任等问题与兄弟高院及相关组织进行调研交流，取得了良好效果。

【着力打造知识产权专业审判队伍】 山东法院始终坚持抓党建、带队建、促审判，着力锻造一支政治思想坚定、精通法律技术、具有国际视野的知识产权司法审判队伍。2019 年，山东法院知识产权法官受到多项表彰，获得多项荣誉。其中，山东高院知识产权审判庭马莉莉法官被评为首届“全省法学法律研究领军人物”，马莉莉、于军波、刘晓梅、于志涛、张金柱等五位法官被评为首届“全省法院审判业务专家”。济南知识产权法庭田越洋法官被评为“全国优秀法官”；青岛知识产权法庭纪晓昕法官被评为“齐鲁最美法官”。

涉外商事海事审判工作

【职能发挥】 *认真做好案件审理*。2019 年，民四庭新收案件 671 件，结案 721 件（其中：一审案件 14 件，二审案件 529 件，仲裁司法审查案件 44 件，再审审查及再审审理分流案件 134 件），结收比为 107.5%，结案率为 91.5%，较 2018 年同期分别上升 17.7 和 4.7 个百分点。员额法官人均结案数为 120 件，正常审限内结案率为 100%，长期未结案件数为 0 件，平均办案天数、服判息诉率等审判指标全面向好，为全省对外开放和海洋经济发展提供了有力司法保障。

妥善处理敏感案件。按照最高人民法院的要求，及时报送涉外重大敏感案件，并指导中院依法推进相关案件的审理；审慎处理意兰服装有限公司与阿玛尼公司等侵权责任纠纷案，就管辖权异议申请，举行听证会，对使馆照会、商务厅来函，及时作出回复；指导青岛海事法院依法审理玻利维亚政府高度重视的恩普雷萨航运公司船舶权属纠纷案，及时向最高人民法院汇报案件进展；积极协调潍坊中院和昌邑法院，全面了解韩某锐和胡某海两件申诉案情况，及时制定工作方案，化解涉诉信访。

【服务大局】 *优化服务措施*。召开新闻发布会，通报近年来全省法院服务保障“一带一路”和“上合示范区”建设工作情况，发布十大典型案例，《人民法院报》、新华网等媒体做了专题报道；举办服务保障“一带一路”和“上合示范区”建设法律问题座谈会，邀请专家学者、仲裁机构、相关企业和法院代表，就相关法律实务问题进行交流研讨；参加省委台港澳工作办公室召开的化解涉台重大纠纷工作会议，围绕全省法院涉台案件的审理情况及相关工作举措作交流发言。

优化审判布局。在充分调研论证的基础上，积极申请授予胶州市人民法院审理一审涉外民商事案件管辖权，获得了最高人民法院的批准，为促进当地对外经济发展提供有力司法保障。

【审判管理】 严格控制案件审限。实行月结案通报、长期未结案件督办等措施，不断加强内部监督管理；坚持涉外案件除去涉外送达和涉外取证需要的时间外，严格遵守民事诉讼法关于国内普通民商事案件审限的规定；严格控制延长审限的条件，杜绝产生超审限案件、长期未结案件，确保高效司法。

实行繁简分流模式。按照“1(1名员额法官)+1(1名法官助理)+1（1名书记员)”的模式，组建民商事快审团队，划定快审案件的案由范围，实行随机统一分案，简化送达、开庭等程序，缩短审判周期，提升审判效率；对重大、疑难、复杂或社会关注度高的案件，实行繁案精审，确保审判质量和社会效果。

【监督指导】 *强化指导措施*。坚持对标先进法院，制定审判工作要点，确立了全年涉外商事海事审判工作的总体思路和任务目标。制定《关于为海洋强省建设提供司法保障的工作指引》，指导全省海事审判工作。指导青岛海事法院，利用中国移动微法院，对一起应由广州海事法院管辖的海事案件，完成省内首例跨域海事立案；首次发布中英文双语海事审判白皮书，公布十起典型案例，提升全省海事司法公信力和海事法治软实力。

召开工作会议。召开全省海事审判工作视频座谈会，通报上一年度全省海事案件发改情况，指出改发案件存在的法律问题，公布《海上人身损害纠纷类案裁判标准》，安排部署下一步全省海事审判工作。

【调研宣传】 *开展专题调研*。根据最高人民法院的部署，开展了《中华人民共和国海事诉讼特别程序法》修改调研工作，重点对第一、二章修提出改建议；向最高人民法院报送了全省法院服务保障自贸区建设情况、涉外商事海事疑难法律问题等汇报材料；完成“经略海洋战略实施法律适用问题研究”调研任务，按时提交了结项调研报告。

加强沟通交流。举办案件发改情况汇报会，统一发改尺度，会后形成了改判案件分析报告和海上货物运输合同纠纷裁判要点；加强法律外语学习小组建设，邀请法律专家用英文对外商投资法进行全面解读，举办模拟国际仲裁庭活动；成立民商事审判学思践悟研习小组，组建跨审判庭的审判业务研究团队，定期交流读书和办案心得，举办法官论坛两期；安排江苏高院选派的6名干警在青岛海事法院跟案实习，为筹建南京海事法院做准备。

【队伍建设】 *加强支部建设*。深入学习贯彻习近平新时代中国特色社会主义思想，积极开展“不忘初心、牢记使命”主题教育活动，认真查摆问题，及时整改落实。走进中国重型汽车集团有限公司，开展送法进涉外企业“主题党日”活动，赴齐河党员教育体验基地,开展“使命呼唤担当”主题党日活动，重温入党誓词；连续18年开展爱心助学活动，对齐河县10名品学兼优的特困学生开展针对性帮扶；承办“小手拉大手、共护母亲河”交流活动，为省法院干警子女搭建交流平台。严格落实党风廉政建设责任要求，教育干警时刻绷紧“廉政弦”。

提升司法能力。以建设“学习型庭室”为目标，组织学习《中华人民共和国外商投资法》等最新法律、法规和司法解释，举办知识产权专题讲座；采取“分组管理法”，设立综合材料组、员额法官组、法官助理组、书记员组和仲裁司法审查组，统筹协调全庭各项工作；民四庭撰写的《关于〈中华人民共和国海事诉讼特别程序法〉修改相关法律问题的调研报告》，在第二十七届全国海事审判研讨会上获优秀奖。

环境资源审判工作

【概述】 2019年，在省法院党组的正确领导以及各部门的大力支持下，环资庭以争先创优为目标，依法公正审理案件，加强对下监督指导，努力服务工作大局，抓好党建和廉政工作，圆满完成了各项任务，先后被授予山东省“人民满意政法单位”、省法院“先进基层党组织”称号。

【聚焦审判主业，提升案件质效】 严格按照院党组关于案件繁简分流、轻重分离、快慢分道、均衡结案的要求，加快案件审理，办案质效明显提升。一是收结案大幅上升。全年共收案 794 件，结案 754 件，同比分别上升 18.51%、14.76%；二是注重均衡结案。一季度结案 183 件，二季度结案 188 件，三季度结案 158 件，四季度结案 225 件，基本实现了均衡结案的目标。三是做好案件繁简分流，加快办案速度。由两名副庭长主办疑难复杂案件和部分简单案件、两名员额法官主办简单案件，简化办案流程，有力提升了办案效率。四是案件质量继续保持较高水平。在办案大幅度增加的情况下，坚持实质性合议，严格审签，确保了案件质量不降低。

【强化对下指导，提升整体工作水平】 一是指导下级法院审理环境公益诉讼案件和生态环境损害赔偿案件。全省法院受理环境民事公益诉讼 13 件，审结 4 件；受理政府提起的生态环境损害赔偿案件 7 件，审结 7 件，有力维护了人民群众的生态环境权益。指导济南中院审结省环保厅提起的章丘“10·21”重大非法倾倒危险废物事件引发的生态损害赔偿案，法院判决涉案企业赔偿生态环境损失 2 亿多元，该案入选“人民法院保障生态环境损害赔偿制度改革典型案例”。印发全国首份《关于办理生态环境损害赔偿协议司法确认案件的若干意见（试行）》，规范生态环境损害赔偿协议司法确认案件的办理。三是构建覆盖全省法院环境资源审判工作新机制。召开全省法院第二次环境资源审判工作会议，部署审判机制改革工作，力争用两到三年时间，建立起环境资源案件集中审理和管辖、巡回审判、司法实践与理论研究交流、多元治理等工作新机制。

【深化理论研究，促进审判实务发展】 注重理论研究和审判实务的结合，通过环境资源审判理论创新，指导审判实践。2 名副庭长被评为全省审判业务专家，1 篇文书被评为首届全国法院百篇优秀裁判文书，1 篇文书被评为第三届全国法院环境资源优秀裁判文书一等奖。一是开展环境资源审判集中调研活动。由分管副院长带队，集中两个多月的时间，对全省环境资源审判工作情况进行了全面调研，考察了东营等 8 个地市、微山等 22 个县区，实地考察了黄河三角洲国家级自然保护区等 10 余处国家级、省级自然保护区，微山县夏镇城东等 9 处水源地，走访了新华制药集团有限公司等 16 家企业。先后召开了法院系统座谈会 15 次，相关部门及企业座谈会 14 次，听取了社会各界对环境资源审判工作的意见建议，在此基础上形成了《关于建立覆盖全省环境资源审判机制的意见》。二是在两所高校建立环境资源司法理论研究基地，充实淄博市博山区法院等 5 个基层法院为环境资源司法实践基地，采取结对子的方式开展审判实务研究，打造环境资源司法理论研究高地。三是联合研究室举办一期环境资源审判法官沙龙活动，邀请一线法官和高校环境法专家参加，探讨解决工作中的疑难问题。

【构建多元治理机制，优化外部审判环境】 一是推动建立多元治理机制。多次与省自然资源厅、省生态环境厅就建立环境资源保护与司法服务联动机制等进行座谈交流，三家联合印发《关于建立环境资源保护多元治理机制的意见》，建立环境资源保护相互衔接、协调配合、联动互动的多元治理机制。二是充分运用各类媒体宣传环境司法。通过公开审判、以案说法、召开“6·5”国际环境日新闻发布会和组织环境资源司法典型案例评选等形式，积极宣传环境司法，提高公众环保法律知识。三是完成中央环保督察组反馈意见整改。根据环保督察反馈意见，明确整改目标和具体措施，强化责任，充分发挥审判职能作用，为生态文明建设提供强有力的司法保障。已完成整改、销号工作。

2019 年，省高级人民法院与山东建筑大学举行共建“环境资源司法理论研究基地”战略合作协议签约仪式

行政审判工作

【着力抓好执法办案】 严格按照院党组关于案件繁简分流、轻重分离、快慢分道的要求，加快案件审理，办案质效明显提升。2019 年，全省法院新收各类行政案件 56156 件。其中各类诉讼案件 33610 件，审结 36819 件。一审诉讼案件 22838 件，审结 24097 件。审查非诉行政执行案件 22546 件。省法院行政庭全年新收案件 2629 件，审结 3917 件，结案率 91.65%，收结案再创新高，圆满地完成了全年各项审判任务，办案数继续居机关的前列。从全省看，三级法院行政收案“倒金字塔”局面基本扭转，一审服判息诉率达 63.51%，上升了 11 个百分点，超额完成年初确定的上升 8 个百分点的目标。行政机关负责人出庭应诉率达到 73.7%，部分地市达到 100%。行政案件结案率、服判息诉率、实体判决率等核心指标实现了均位居全国前列的目标。

【推动行政争议审前和解中心建设】 2018 年 8 月以来，在全省范围内探索建立“行政争议审前和解中心”工作机制，截至 2019 年年底已建成 164 家，实现了市县两级全覆盖。省法院与省委政法委联合下发了《关于推动行政争议审前和解工作的意见》。2019 年和解中心共受理委派和解案件 6593 件，其中行政机关提出和解 578 件，达成和解 2403 件。全省范围内普遍建立行政争议审前和解中心，在全国尚属首家。此项工作得到了基层党委政府的大力支持，既化解了一批通过裁判难以解决的案件，提高了政府公信力和司法公信力，又为建立新形势下的行政审判机制进行了有益探索，成效明显。

【深化行政案件跨区划管辖改革试点】 按照中央关于跨区划管辖行政案件的改革要求，经最高人民法院批准，自 2019 年 10 月 1 日起，指定济南铁路运输法院管辖以济南市 12 个区县人民政府和 2 个管委会为被告的第一审行政案件；指定青岛铁路运输法院参与管辖由青岛市基层人民法院管辖的第一审行政诉讼案件。当事人对济南铁路运输法院、青岛铁路运输法院作出的一审判决、裁定不服的上诉案件，由济南铁路运输中级法院审理。截至 2019 年年底，济南、青岛两铁路基层法院受理一审行政诉讼案件 180 件。

【服务党委政府重点工作】 一是维护社会稳定。充分发挥司法裁判的定纷止争作用，维护正常的行政管理秩序和社会稳定。如青岛海军节期间，青岛中院主动将涉城际轨道交通项目房屋强拆案引入诉讼程序，利用和解中心这一平台强化和解，既确保了海军节期间的社会稳定，又保障了国家级重点项目进度。二是支持地方重点工程建设。审理涉及济南中央商务区、青岛胶东机场、鲁南高铁、各地旧城改造、征收拆迁等重点工程案件 2039 件。及时受理、快速审理，保障了工程建设顺利进行。三是支持环保督察治理。审理涉环保案件 233 件。淄博市化解了 12 件有重大影响的涉中央环保督察关停污染企业案，既维护了企业的合法权益，也支持了重点行业环境保护治理工作，收到了企业发展与生态环境双保护的效果。四是主动为重点工作提供法律意见指导。如济南法院建议长清区政府通过法治方式妥善化解云溪庄园“大棚房”拆除案，从源头上预防和避免了涉及 300 多户业主群体性强拆事件和诉讼的发生。五是支持违建别墅问题清查整治专项行动。审理在违建别墅清理名册的案件 42 件。审理中区别不同情况，依法化解争议，确保整治工作顺利进行。

【服务优化营商环境】 一是平等保护各类市场主体合法权益。依法审理涉企业类案件 2652 件，支持企业合理诉求 370 件。省法院判决安丘市政府依约返还投资企业已缴纳的税费等 1100 余万元。对外资企业税收问题提供平等司法保护，省法院依法提审了意大利某公司诉税务行政处理案。二是妥善审理招商引资、政府与社会资本合作等引发的行政协议纠纷。审结不依法履行行政协议等案件 320 件。两个案例入选最高人民法院公布的行政协议十大案例。三是加强对基层政府、行政机关落实省委省政府优化营商环境决策部署不作为、慢作为、乱作为问题的监督力度，审结类案 1996 件。聚焦保护产权和企业家合法权益，省法院公开发布保护民营经济典型案例 9 件。

【推动行政机关负责人出庭应诉及国家工作人员旁听庭审活动常态化】 青岛、聊城等市主要领导高度重视行政机关负责人出庭应诉工作。青岛市下半年以来行政机关负责人出庭应诉率持续上升，10 月达到 100%，12 月 30 日《人民法院报》头版头条报道了该市的经验做法。聊城市行政机关负责人出庭应诉率从一季度的 31.6%，提升到 11 月的 100%。最高人民法院院长周强两次作出批示，要求总结推广。

省法院与省司法厅、省普法办联合印发了《关于推动国家工作人员旁听庭审活动常态化制度化的实施意见》。各级党委政府和法院组织行政机关负责人庭审旁听 275 场，12776 人次。10 月 17 日，全省万名行政机关负责人视频观摩省法院行政诉讼庭审，副省长范华平参加旁听并随后作了重要讲话，提出了明确要求。

国家赔偿审判工作

【概述】 2019 年，省法院赔偿办紧紧围绕院党组决策部署，聚焦主责主业，强化政治担当，抓党建带队建促审判，国家赔偿审判和司法救助工作实现了健康发展。

【筑牢党在基层的战斗堡垒】 切实加强对支部全体党员的教育、监督和管理，严格落实“三会一课”制度，用好“学习强国”“灯塔——党建在线”等学习载体，组织集中政治学习和廉政教育 23 次，开展主题党日 6 次，讲党课 2 次，组织生活会 2 次。积极创新党建形式，激发党建活力，积极开展“微党课”活动，鼓励党员加入志愿者行列，选派一名青年党员赴威海教育基地参训，下半年组织全体党员赴滨州开展“爱心助农”活动。高度重视思想作风建设，认真落实干部廉洁从政各项要求，严格执行中央“八项规定”及实施意见、严禁插手过问干预案件的规定等铁规禁令，多次组织党员看廉政片，写心得，谈体会，确保警钟长鸣，防微杜渐。不断完善内部各项管理制度，坚持用制度管人、管事、管案，努力创建廉洁型支部。2019 年七一，赔偿办党支部被表彰为省法院机关“优秀党支部”。

【彰显国家赔偿审判职能】 在严峻审判形势下，抓党建带队建促审判的成效得以彰显，赔偿办全体党员团结一心，以夙夜在公的精神风貌诠释了“党在我心中”。省法院赔偿办全年结案 397 件，同比上升 9.9%；结案率 95.9%，在各业务庭室中居第六位；结收比 145.4%，居第四位，各项审判指标平稳向好，案件质效全面提升。坚持以法治思维处理国家赔偿案件，认真落实“当赔则赔”的办案方针。2019 年，全省法院审结各类国家赔偿案件 248 件，决定赔偿金额 1775 万元。着眼于防范化解重大风险，增强司法敏锐和舆情敏感，建立全省国赔大要案报备制度，严格落实三同步要求，确保实现三个效果统一。

【积极开展司法救助工作】 对身处危难的当事人担负起司法救助使命，切实发挥救助金在“裁判不能、执行不能”状态下的“弥补剂”作用，发挥了司法救助“维稳、维权”的双重功效。针对资金保障倒金字塔现状，积极开展联动救助，实现了下级法院的即报、即救。对于国家机关过错导致当事人合法权益受损，无法予以国家赔偿的案件，给予适当的补偿和抚慰性质的救助，拓展了救助金的功能。司法救助已深度融合于各个审判执行领域，尤其对抚慰刑事被害人受损权益、助力基本解决执行难以及化解信访难题，发挥着不可替代的作用。2019 年，全省法院共办理 2292 件，救助困难群众 2836 人，发放司法救助金 6247.2 万元。其中，省法院决定救助 149 件，救助 215 人，发放司法救助金 919.5 万元，彰显了扶危济困的司法人文关怀。

【提高调研指导水平】 在 2019 年召开的全国法院国家赔偿暨司法救助工作会议上，山东高院工作经验入选典型经验交流材料，青岛中院获“司法救助工作先进集体”称号，另有四名同志被评为全国法院国家赔偿和司法救助工作先进个人。甄选评定优秀刑事赔偿案例 16 个，编印完成《山东法院国家赔偿指导案例选编（第一辑）》，有效发挥优秀案例的指导作用。省法院刘加鹏撰写的裁判文书入选“全国法院首批百篇优秀裁判文书”。省委政法委委托省法院修改的《山东省关于建立完善国家司法救助制度的实施办法（试行）》，已提交省委政法委及其他相关部门讨论。山东法院一直是最高人民法院赔偿办的调研工作重点省份，2019 年最高人民法院的 4 次司法解释或调研课题论证会，山东法院都是受邀参与的对象。此外，山东法院报送孙某某国家赔偿案件入选全国法院赔偿救助十大典型案例。

执行工作

【概述】 2019 年，全省法院执行工作以中共十九大和中共十九届二中、三中、四中全会精神为指导，按照最高人民法院部署，巩固扩大“基本解决执行难”工作成果，努力让人民群众在每一个司法案件中感受到公平正义，各项工作取得了新发展。

【狠抓执法办案，提升执行质效】 紧盯执法办案第一要务，进一步加大执行工作力度，全年新收各类执行案件 67.3 万件，同比上升 21.04%；结案 69.1 万件，同比上升 28.2%，执行到位金额 1181.61 亿元，同比增加249亿元。“3+1”核心指标中，有财产可供执行案件法定审限内执结率99.23%；无财产可供执行案件终本合格率99.93%；执行信访办结率83.91%；执行案件执结率83.82%。加大网上拍卖力度，网络司法拍卖成交1.1万件，成交金额272.9亿元，进一步提高了工作效率和财产变现率，为当事人节省费用6.8亿元。加大失信行为惩戒力度，在用足用好拘留拘传、失信名单发布、限制高消费等措施的同时，坚持善意文明执行理念，积极推进信用修复机制建设，对履行义务的24.5万人（次）及时解除了限制措施。

【巩固“基本解决执行难”成果，组织开展五类案件专项执行】 *开展涉黑恶势力犯罪和职务犯罪刑事裁判涉财产部分执行专项活动*。自2019年11月起至2020年全国两会期间，组织全省开展涉黑恶势力犯罪和职务犯罪刑事裁判涉财产部分执行专项活动。截至12月31日，全省法院排查涉黑恶势力犯罪刑事裁判涉财产部分的执行案件291件、总标的额9.51亿元，执结193件，执行到位金额8.48亿元；执结涉职务犯罪执行案件240件，执行到位金额1.97亿元。

开展涉民生案件专项执行活动。自2019年12月1日至2020年1月24日，组织全省开展“暖心冬日”执行大会战，以涉民生执行案件为重点，促进全省质效指标高水平运行，进一步增强人民群众的获得感。截至12月31日，全省法院实际执结涉民生案件15789件，执行到位金额10.56亿元。加强执行救助，努力化解“执行不能”案件，对生活困难突出的申请执行人三级法院联动救助，共执行救助1149人，救助金额2012.56万元。

开展涉金融债权案件专项执行活动。自2019年6月，组织全省开展了“涉恒丰银行案件专项执行活动”，对恒丰银行在省内的381件金融债权执行案件进行了集中清理。自2019年7月15日至12月31日，开展了全省法院涉金融案件专项执行活动。共执结涉金融债权案件37931件，执行到位金额289.42亿元。针对金融机构重核销轻执行、债权担保不规范等问题，从加强风险管控、优化绩效指标、完善不良资产处置方式等方面，向人行济南分行、山东银保监局、省地方金融监管局提出了司法建议。

推进党政机关和国有企业拖欠民营企业债务案件的执行。高度重视涉党政机关执行案件清理工作，加大督促调度力度，对拖欠民营企业、中小企业债务案件进行重点督办。2019年，全省法院执结涉党政机关执行案件668件，执行到位金额12.9亿元。其中，执结党政机关拖欠民营企业、中小企业债务案件174件，执行到位金额3.7亿元；执结国有企业拖欠民营企业、中小企业债务案件93件，执行到位金额2.39亿元。

【加强监督管理，推进执行工作长效机制建设】 *推动完善综合治理执行难大格局*。紧紧依靠党的领导，深入贯彻中央全面依法治国委员会《关于加强综合治理从源头切实解决执行难问题的意见》精神，全省99757名网格员接入综治网格员协助执行系统；与发改、公安、金融等部门完善网络查控机制，进一步破解了查人找物、财产查控等难题；会同省地方金融监管局、山东银保监局、青岛银保监局联合下发了《关于加快涉金融债权执行案件财产处置工作的通知》，从动员社会力量查找可供执行财产，提高司法拍卖效率和成交率、溢价率，加强法院间工作协调，加强金融机构协作配合等方面制定了8项具体措施，有效促进了案件执行。

推动落实《人民法院执行工作纲要（2019—2023）》。进一步细化完善执行工作单独考核办法，把裁判文书可执行性纳入审判质效考核范围；加强立审执协调配合，印发《关于全流程解决执行难若干问题的规定》；下发《企业破产案件审理规范指引（试行）的通知》，进一步加强和规范执转破工作；开展执行业务和团队改革，构建繁简分流、事务集约的执行权运行机制。

推进执行指挥中心实体化运行。设立执行指挥中心团队，下设集约办案组、事项协调组、数据监管组、系统管理组，明确了工作职责和责任人员，协调执行局整体事务高效办理和有序运转，落实统一管理、统一指挥、统一协调。

认真落实“一案双查”制度。7月15日，下发了《执行案件“一案双查”实施办法》，自7月中旬至10月中旬，对全省法院2019年以来的51775件终本案件和2300件12个月以上长期未结案件开展“一案双查”。针对发现的问题，组织全省法院举一反三进行深入整改，并从加强审限管理、规范终本程序、强化监督问责、加强教育培训等方面强化了长效机制建设。

深入推进执行工作信息化。自6月起，全面运行卷宗随案生成系统，方便法官无纸化办案，提升工作效率，并向全省法院部署推开。自8月起，上线移动执行APP，把线下外勤办案与线上系统实现对接，进一步解决外勤执行缺少监督、缺少后方支

援、缺少证据留存等问题。整合优化有关办案平台数据，研发了执行数据可视化系统，实时展示全省法院当日案件动态、汇总动态、实施案件的19项指标；实现对全省每位执行法官办案质效及案件节点的同步可视，便于同步监督和执行法官横向测评；期限预警模块同步提示临近期限的节点信息，为办案提供了新的支持，更加直接地实现了对人对案对事的监管。

建设“一案一账户”案款管理系统。开发了诉讼费与案款管理系统，自2017年12月上线使用，全省法院统一平台、统一模式、统一标准、统一管理，实现了对执行款的规范化、精细化管理。

第三章 队伍建设

组织人事工作

【概述】 2019年，在省法院党组的坚强领导和机关各部门大力支持下，政治部三处坚持以习近平新时代中国特色社会主义思想为指导，深入学习贯彻中共十九大和中共十九届二中、三中、四中全会精神，始终坚持围绕中心、服务大局，各项工作实现了新的发展进步。

【全面加强干部工作】 一是完善干部考核评价机制。把知事识人功夫下在平时，注重经常性、近距离、有原则地接触干部，2019年下半年，集中时间对全院干部政治表现、工作实绩、群众口碑等进行全面摸排并精准画像，进一步发掘出优秀干部、“老黄牛”和“苗子”型干部，为院党组决策提供了有力参考。针对法院人员类别多的特点，依托审判管理系统、干警业绩系统，修订完善绩效考核办法，探索建立健全分类、精细的考核评价机制，发挥好考核评价的“指挥棒”“风向标”作用。二是公平公正选拔任用干部。把从严要求贯穿干部选拔任用全过程，严格按原则、制度、程序办事，完成院机关业务部门正职领导干部选拔、处级领导干部岗位调整、职级晋升套改、专业技术岗位人员竞聘等工作。三是加强干部培养锻炼。选派优秀干部担任驻村第一书记，选派优秀法官赴基层法院挂职锻炼，抽调法官学院人员到院机关岗位实践，向省委组织部、统战部推荐表现突出的人员作为上下交流任职和岗位实践锻炼人选。

【加强干部监督管理】 一是加强干部调整工作监督。坚持干部选拔任用“凡提四必”，发挥好纪实工作的监督制约作用，防止干部“带病提拔”。坚持干部严进严出，对新进人员搞好考察了解、档案审核和入职教育，对退休和辞职人员搞好廉洁审查、离任谈话，并督促其就离任后从业行为做出书面承诺。二是强化日常监督。严格落实个人事项报告制度，严肃处理瞒报漏报问题。加强因私出国（境）审核，实现证件集中保管、审批制度常态化。制定领导干部配偶、子女及其配偶经商办企业禁业范围，开展集中规范工作并形成常态。落实全省档案工作会议精神，对档案遗留问题作出妥善处理。三是健全完善制度机制。制定《县处级以上干部在社会团体兼职政策规定汇编》和《退休、辞职干部从业限制性规定》，进一步织密制度笼子。严格考勤制度落实，建立定期检查通报制度。四是对地方法院人事信息管理系统进行优化升级，进一步提高人事管理工作信息化水平。

【做好关心服务干警工作】 一是做好政策解读工作。积极回应干警诉求，认真做好干部调整、职级晋升、考核评优、因私出国（境）等相关政策规定的解读解答和教育引导工作。二是适时做好工资调整业务，落实新进人员的起薪及社保增人工作，及时核算、记发干警遗属抚恤金。三是做好年休假管理工作，严格执行年休假管理规定，建立休假台账，科学划分年休假时段，根据干警实际及时调整休假计划，完成2018年度应休未休报酬审核发放。四是做好其他服务工作。及时为干警开具工资收入、政审等各种证明，周到细致办理入职、退休、辞职人员的各种手续，全体干警对组织人事的满意度不断提高。

法官管理工作

【概述】 在省法院党组的正确领导下，政治部二处坚持以习近平新时代中国特色社会主义思想为指导，深入学习贯彻中共十九大、十九届二中、三中、四中全会精神，落实全面从严治党主体责任，牢固树立服务意识，以党建带队建、促履职，严格执行党组决议，较好地完成了工作任务。

【加强法官队伍建设，为审判工作提供有力的组织保障】 *组织全省一级、二级高级法官择优选升工作。*会同省委组织部研究制定了一级、二级高级法官遴选工作方案，从16个中院、18个基层法院择优选升了一级高级法官7名，二级高级法官88名，树立了重实干、重实绩的用人导向。

*加强对各市法院选升三级、四级高级法官工作督导。*要求各中院切实发挥好主体责任，加强统筹协调，注重经验借鉴，加大工作力度，扎实推进高级法官等级晋升工作开展。已有多个市开展了三级、四级高级法官选升工作。

*组织员额法官年度遴选工作。*会同省委政法委组织开展了2019年全省员额法官检察官遴选工作。通过报名、笔试、考核、考察和面试等程序，为全省13个中级法院（含海事法院）和102个基层法院遴选员额法官315名。

*建立员额动态调整管理机制。*结合山东省法院工作实际，研究制定了《员额法官动态管理办法（试行）》，初步建立起能进能出、优胜劣汰的法官员额管理机制。全年共审查办理员额法官退出201人。

做好公务员、选调生的招考录用工作。会同省委组织部研究编制招考工作计划，指导各市法院做好考试、考察工作，全年共考录公务员864人，法官助理88人；录用选调生2批，共28人。

*认真做好法官权益保障工作。*按照有关规定，成立了山东省高级人民法院法官权益保障委员会；为57名因公牺牲人员遗属发放特别慰问金，为2名因公牺牲干警申请因公牺牲特别补助金。

【加强系统党建工作，为审判工作提供坚强思想保障】 *组织学习贯彻中共十九届四中全会精神。*印发《关于认真学习宣传贯彻党的十九届四中全会精神的通知》，对全省法院学习宣传贯彻中共十九届四中全会精神作出部署。

*大力实施基层党组织组织力提升工程。*印发《关于做好人民法院基层党组织组织力提升工程2019年度工作的通知》。对9个未按规定设置基层党组织的法院督促整改；对人民法庭党组织建设情况进行专项检查，加强党支部标准化规范化建设。

*督导开展“不忘初心、牢记使命”主题教育。*印发《关于全省法院扎实开展第二批“不忘初心、牢记使命”主题教育的指导意见》。邀请西藏法院先进模范宣讲团开展“老西藏精神”主题宣讲活动，全省法院2万多名法院干警收看了事迹报告。

*积极打造党建工作亮点。*部署开展全省优秀党课讲稿征集评选推介活动，评出优秀党课讲稿40篇，其中4篇被评为全国法院优秀党课讲稿。《内设机构改革背景下全省法院党组织设置和党务干部配备情况调研报告》获山东省机关党建优秀研究成果一等奖。开展优秀原创歌曲征集评选活动，1首获全国法院原创歌曲三等奖。

【适时调配机构编制，为审判工作提供科学的机构配置】 *完成基层法院内设机构改革。*加强对基层法院内设机构改革工作督导。全省156个基层法院内设机构改革已基本完成，做到了机构组建到位、人员调整到位。

*及时进行机构编制设置调整。*结合济南市行政区划调整，新设立济南市济阳区人民法院、莱芜区人民法院、钢城区人民法院，协调省编办对新设立法院的编制规格和领导职数等事项重新调整明确。

*加强专业化法庭建设。*积极协调最高人民法院和省编办，在济南、青岛设置破产法庭；在济南铁路运输两级法院设置行政审判庭；加强对人民法庭设置布局优化调研工作，适时对人民法庭设置进行调整。

【贯彻落实人民陪审员法，提升审判工作人民群众获得感】 *认真宣传《中华人民共和国人民陪审员法》。*依托电视、报纸、网络，通过官方微博、微信等平台，广泛宣传《中华人民共和国人民陪审员法》，全年组织人民陪审员专题培训班3期，参训人员400余人次。

*扎实开展人民陪审员选任工作。*督导各级法院认真落实人民陪审员选任随机抽选规定，新选任陪审员1.5万多人。

*进一步规范人民陪审员参审工作。*规范人民陪审员参审流程和参审范围，推广落实了7人合议制，人民陪审员全年参审案件22万余件。

【强化自身建设，进一步改进工作作风】 *突出政治建设，提高政治站位。*认真学习习近平总书记系列重要讲话和全面依法治国、司法改革等系列论述，树牢“四个意识”，做到“两个维护”，确保党的绝对领导，把“两个走在前列、一个全面开创”要求落到实处。强化支部书记第一责任人职责，严格履行“一岗双责”。

*严守政治纪律和政治规矩。*深入学习党章和准则等，坚持把纪律和规矩挺在前面，严格执行各种规定和党组决议，认真落实重大事项、重要工作请

示报告制度，实行民主集中制。

*认真履行全面从严治党责任。*严格执行三会一课、民主生活会、主题党日等制度，按照“两学一做”学习教育要求，推进学习型党支部建设。扎实开展“不忘初心、牢记使命”主题教育、“大学习、大调研、大改进”学习讨论，列出问题清单，制定整改措施。

教育培训工作

【概述】 2019年，在院党组的坚强领导和机关各部门的大力支持下，政治部一处坚持以习近平新时代中国特色社会主义思想为指导，深入学习贯彻中共十九大及中共十九届二中、三中、四中全会精神，落实全面从严治党主体责任，以党建带队建促履职，较好地完成了各项工作任务。

【坚定政治方向，增强政治意识，确保廉洁从政】 *突出政治建设落实主体责任。*把学习习近平新时代中国特色社会主义思想摆在最突出位置，认真学习习近平总书记视察山东重要讲话、重要指示批示精神，用好学习强国APP、法院党建网等平台，建立“学习小组”微信群，线上线下同步学习，随时随地开展学习。通过学习，教育引导大家进一步树牢“四个意识”，坚定“四个自信”，做到“两个维护”。

*扎实开展“不忘初心、牢记使命”主题教育。*在集中学习研讨、抓实学习教育的基础上，深入开展调查研究，形成2篇关于干部队伍建设的调研报告，为辅助决策发挥了积极作用；组织支部党员线上线下参加中华人民共和国成立70周年展览，赴胶东（威海）党性教育基地、解放阁接受现场教育，加强党性锤炼；支部书记上专题党课，召开“不忘初心、牢记使命”专题组织生活会，达到了红脸出汗、统一思想的效果。

*严格落实党风廉政责任制。*坚持把纪律和规矩挺在前面，严格落实中央八项规定及实施细则精神，认真落实重大事项、重要工作请示报告制度。认真学习廉洁自律准则、纪律处分条例等党内法规，开展廉政警示教育，用身边人、身边事警示教育干警，进一步强化底线思维和自律意识。

【做好新时代法院教育培训工作】 全年指导法官学院举办各类培训班55期，共培训7822人次。一是开展政治轮训。把学习贯彻习近平新时代中国特色社会主义思想作为各类培训班次的必修课程，专门开设政治轮训班次，对全省中院班子成员和基层法院院长开展政治轮训，培训252人次。二是组织安排调训学习。按时足额选派符合条件人员参训，受到最高人民法院和省委组织部好评。全年共完成国家法官学院调训92期784人，选派31人参加中央、省委党校16个培训班次学习，选派67名中院班子成员、基层法院院长参加国家法官学院6期培训班。

【规范标准、严格程序，确保先进典型“选得准、立得住、树得牢”】 制定改进先进典型培养选树工作的意见，加大审查监督力度，全年共有31个集体、15名个人因未通过廉政审查，被取消推荐资格。一是开展“齐鲁最美法官”评选发布。在全国法院系统率先开展“齐鲁最美法官”评选发布活动，共评选出10名“齐鲁最美法官”，20名提名奖人选。在山东电视台进行现场发布，齐鲁网、闪电新闻客户端同步直播，多家媒体报道，取得良好效果。二是做好高层次先进典型推树工作。评选了2个全国模范法院、4名全国模范法官；10个全国法院先进集体、15名先进个人；全国涉军停偿4个先进集体和6名先进个人，其中1人受到中央军委、人社部表彰；全国法院基本解决执行难6个先进集体和7名先进个人。评选了1个全国青年文明号。三是加大高层次专家型人才培养和推荐。开展山东省审判业务专家评审活动，在全省法院评选出160名审判专家。推荐的王丽法官当选“山东省十大法治人物”。评选了1名全国先进会计工作者。四是加强组织协调开展及时奖励。率先在全省法院系统对基本解决执行难工作开展表彰，30个集体通报表扬，25名个人立二等功，50名个人立三等功。经省委组织部同意，对谢啸林追记个人二等功，省委政法委下发学习决定。五是做好专项表彰奖励工作。对全省法院全面停止军队有偿服务工作9个先进集体和20名先进个人进行通报表扬。为因公牺牲的束建文追记个人一等功。及时审核上报全省法院工作满30年拟授天平奖章人员名单。

【做好对下管理工作】 *充分发挥职能，做好下级法院领导班子协管工作。*规范工作流程，完善任免程序，加强干部动议酝酿沟通，要求涉及中院班子和基层法院院长的调整事先与省法院沟通，省法院派员全程参与，协管干部任免后一律向省法院报备。全年共审核22名中院班子成员、47名基层法院院长的任免，参与推荐考察24人。

*完善司法人员分类管理。*全面核实全省法院除法官以外的其他在编人员，确定各类人员的数量。积极争取组织部门支持，推进地市级统筹方式核定司法警察警员职务职数。完成全省法院1496名政法编、

公务员身份的司法警察警员职务套改，为149名司法警察授予晋升警衔，月调度“三项津补贴”落实情况，推进待遇落实。对我省不同规格法院的法官助理、书记员的有关职数比例予以明确。制定印发《法官、法官助理、书记员职责清单（试行）》，细化明确职责。

做好市县法院公务员招录工作。积极协调组织、编制部门，专门面向法学专业应届毕业生招录法官助理87名。全年全省市县法院共招录879名公务员，其中法官助理655名，有效充实了基层力量，缓解了法官助理不足问题。

纪检监察工作

【压实“两个责任”】 按照院党组抓党建、带队建、促审判的工作思路，充分发挥监察室的职能作用，积极推进纪律监督、监察监督、派驻监督协调衔接、有效贯通，不断夯实“两个责任”。

强化“一岗双责”。年初召开全省法院2019年党风廉政建设和反腐败工作暨“廉洁司法、担当作为”集中警示教育活动动员会议，省高级法院院长、党组书记张甲天与省法院院领导、各中院院长签订廉政建设责任书，层层传导压力，压实压紧责任。省法院党组书记、院长张甲天以《不忘初心、牢记使命，努力推动全省法院工作走在前列》为题，省法院党组成员、省纪委监委驻省法院纪检监察组组长时耀华以《以习近平新时代中国特色社会主义思想为指导，不断推动人民法院全面从严治党向纵深发展》为题，先后讲授专题党课。举办了省法院党风廉政建设专题辅导报告会、全省法院纪检监察综合业务培训班。

驰而不息纠治“四风”。严格落实中央“八项规定”精神和省委实施意见，对全省法院落实中央“八项规定”精神情况组织开展专项检查和明察暗访，狠抓发现问题整改。对省法院领导出差期间在公务接待方面落实中央“八项规定”精神情况进行了2次专项检查。对省法院公务接待工作和重大项目开支情况进行了专项审查，先后以纪检监察建议的形式指出了存在的主要问题，提出了整改建议，并对分管院领导和相关部门主要负责人以及相关人员进行提醒谈话。廉政审查55人次，对存在廉政问题的3个集体一票否决。

加强司法巡查。2018年10月先后对济南、青岛、临沂、枣庄4个中级法院开展了司法巡查，2019年1月对巡查情况进行了反馈并进行了跟踪督查整改。

【强化审务督查】 坚持把纪律和规矩挺在前面，强化监督执纪，用好“四种形态”，进一步加大审务督查工作力度，以纪明责、以案明责。

强化日常纪律作风督查。在全国、全省两会、国庆节等重要节点，邀请省法院4名特邀监督员组成督查组，对省法院机关和13个市29个基层法院司法作风进行了4次明察暗访，6次通报违纪违法典型突出问题。

强化“一案双查”。对全省法院310起12个月以上、没有法定原因和客观理由的长期未结执行案件、31起12个月以上的长期未结行政案件进行“一案双查”。同时，根据最高人民法院要求，启动了对茌平法院某案件的“一案双查”工作，分别对承办人、执行局局长给予记大过、警告处分。

对机关律师代理案件情况进行了专项审查。对省院机关审结的案件中由律师事务所、律师代理案件的情况进行了统计分析，由分管院领导对178名法官中所承办案件由同一律师事务所代理超过5件、同一律师代理超过5件的法官进行了约谈提醒，对审理案件涉及代理律师事务所、代理律师相对比较集中的四个业务部门的主要负责人进行约谈提醒。

开展机关裁判文书评查活动。上半年和下半年，先后两次对包括院领导在内的166名员额法官的共340份裁判文书进行了两次评查、通报，对裁判文书存在问题的相关业务部门主要负责同志进行约谈提醒，促进了裁判文书制作水平的提升。

【健全防控查处机制】 坚持司法廉洁最低标准，对违纪违法行为发现一起、查处一起，不断加强教育管理和监督检查。

严肃查处违纪违法行为。2019年，全省法院共查处违纪违法问题235件285人，比2018年分别增长76.7%、100.7%，主要集中在违规干预过问案件问题、违规会见当事人、虚假结案、超审限审理案件、违规采取执行保全和措施等问题。

对中央巡视组（巡视最高人民法院期间）交办的23起举报案件进行重点查处。23起举报案件问题部分查实的6件；除举报问题外，调查中发现存在其他违纪违法问题的9件。其中省法院共向相关中级法院发出监察建议9份，纠正违纪违法问题11个，除1人已受到纪委监委处理外，11人分别受到记大过、记过、警告、诫勉谈话处理，2人受到批评教育、提醒谈话、深刻检查等处理。

强化社会监督。自觉接受社会各界的监督，对人大代表提出的意见建议及时给予答复。拓宽群众举报方式，健全四级联网举报系统、24 小时录音举报电话、电子邮箱、举报信箱、来信来访等举报方式，多渠道受理群众信访举报。完善特邀监督员制度，召开了省法院特邀监督员座谈会，通报全省法院工作情况，听取意见建议，并邀请特邀监督员旁庭审。

机关党建工作

【概述】 2019 年，省法院以习近平新时代中国特色社会主义思想为指导，贯彻新时代党的建设总要求，落实中央和国家机关党的建设工作会议、全省党的建设暨机关党的建设工作会议精神，坚持“抓党建、带队建、促审判”工作思路，不断推动党建工作实现新发展。

【着力推进政治建设】 旗帜鲜明讲政治，坚持党对人民法院工作的绝对领导，坚决把“两个维护”落到实处。加强政治统领。组织党员干警认真学习《中国共产党政法工作条例》《中共中央关于加强政治建设的意见》等党内法规文件。严明政治纪律规矩，教育引导干警坚决抵制错误思潮侵蚀影响。认真落实思想政治工作分析制度，定期组织分析干警思想政治状态。狠抓理论学习。落实党组理论学习中心组学习制度，组织集中学习研讨 30 次；采取专家辅导、观看视频、现场教学等多种形式，增强学习研讨效果；2 次邀请中院党组书记列席，以党组的学习带动下级法院、党支部和党员的学习。强化对支部的学习督导，建立学习补课考核通报制度，每月下发学习计划，每周固定半天集中学习，把学习抓在经常、融入日常。加强对党忠诚教育。组织 101 名青年干警赴胶东（威海）、临沂党性教育基地、济宁政德教育基地开展党性锻炼和政德培训；开展“不忘初心寻足迹、牢记使命跟党走”主题党日活动；举办庆祝中华人民共和国成立 70 周年“中国梦·新时代·祖国颂”征文及演讲比赛、“我爱你中国”咏唱会、升旗仪式等。推动党员过“政治生日”，开展“六个一”活动。

【扎实开展主题教育】 精心组织开展“不忘初心、牢记使命”主题教育，制定“1+5”工作方案，一体推进学、研、检、改。抓好学习教育。党组 7 次集中学习研讨，组织 2 期读书班，对 384 名四级高级法官、四级调研员以上党员干警进行培训。组织召开庆祝中国共产党成立 98 周年大会，全体党员重温入党誓词；举办郭永怀事迹报告会、“老西藏精神”报告会，引导干警坚定理想信念、汲取奋进力量。组织 234 人进行主题教育测试，举办“不忘初心、牢记使命”主题微党课比赛。认真开展调查研究。广泛征求意见，收集 134 条建议。突出问题导向，党组成员每人带着 1 ～ 2 个面上存在的突出问题，下基层调研破解难题，组织撰写调研报告 10 篇。狠抓问题整改落实。通过专题民主生活会梳理检视出 6 个方面 20 个突出问题，研究确定 35 项整改任务。组织党支部查找问题 143 个，整改完成 113 个。对整改落实和专项整治情况“回头看”，巩固主题教育成果。

【大力加强基层组织建设】 把提升基层党组织组织力作为工作重心，树立党的一切工作到支部导向。推动党支部标准化建设。制定党支部标准化建设实施方案，细化评定指标，做好评定工作。完善支部活动纪实制度，抓好“三会一课”、主题党日等党内组织生活的落实。督促落实领导干部双重组织生活制度，党组成员上党课 12 次，参加所在支部组织生活 40 次。批复成立 4 个党支部，指导 5 个党支部进行改选补选。加强党员监督管理规范党员发展，发展预备党员 7 名，审批转正预备党员 5 名，接转组织关系 461 人次。组织参观省廉政教育馆、鲁中监狱，举办廉洁司法报告会，集中开展廉洁司法警示教育，依法给予 3 名干警党纪处分。发挥典型引领作用评选表彰 84 名优秀共产党员、15 名优秀党务工作者和 9 个先进基层党组织，1 名干警获得“富民兴鲁”劳动奖章。

【有力推进文明创建】 将文明创建融入机关党建，围绕提升干警的精气神和身心健康开展工作。激励干事创业。开展“担当作为抓落实、建功立业新时代”学习实践活动，举办“巾帼心向党、建功新时代”宣讲、“牢记使命、担当作为”主题报告会、青年干警座谈会等，增强干警凝聚力、执行力。关心关爱干警。依托群团组织成立 15 个兴趣小组，组织 2 期道德讲堂，举办健步走、趣味运动会、新春联欢会、象棋乒乓球比赛等文体活动。举办文明礼仪讲座，邀请专家为全院干警进行了眼部体检。定期为干警发放节日福利，走访慰问生活困难党员职工、患病干警。促进共建共享。认真落实机关党员“双报到”制度，积极与社区联动，认领 2 项“微心愿”，开展法律宣传。组织无偿献血等志愿服务，1 项活动获省“最佳志愿服务项目”。组织法院开放日、法官“六进”等普法活动，省法院获评全省“七五”普法中期先进单位。

【努力提升工作水平】 按照习近平总书记要求，

处理好“五个关系”，全面提高机关党建质量。压实党建责任。召开全省法院党建工作会议，制定加强新时代省法院机关党建工作20项措施，推进党建工作制度化、标准化、常态化。制定党支部书记抓党建目标责任清单，组织党支部书记抓党建工作述职评议会议，层层传导压力。提升工作能力。加强统筹谋划，制定并落实年度党建工作要点、基层党组织组织力提升工程2019年工作计划。组织党支部书记暨党务干部培训班、群团干部培训班，召开支部工作经验交流会。推进改革创新。加强党建调研，两篇调研报告获得2019年度山东省机关党建优秀研究成果评选一等奖。探索信息化条件下开展工作新载体，组织开发省法院智慧党建平台。

第四章　调研宣传

调查研究工作

【积极服务领导决策】 围绕审判工作提质增效目标，深入挖掘司法大数据，开发全省法院指标体系、三个审判质效指标体系，建成全省法院“四张网”，全部一网网到底，实现了对全省三级法院、全部法官、所有人民法庭、各地速裁团队的全面动态管理。实行审判质效定期通报制度，共发布全省法院审判质效情况通报22期，司法统计月报11期，各地法院工作如何，不再凭主观印象，而是看数据、看指标。加强审判专题分析，对各类案件、各个程序的运行情况开展了一系列专题分析，发现问题，提出建议，为领导决策搞好服务，共编写专题分析4期18篇。

【推进构建新型办案模式】 按照院党组的部署要求，深化制度和流程再造，推进构建适应新时代的工作标准和办案模式，研究制定了《基层法院民商事案件办理流程》及三个附件，就基层法院如何把非诉讼纠纷解决机制挺在前面，推进案件繁简分流、轻重分离、快慢分道作出具体规定。对全省中基层法院院领导、审管办主任、研究室主任进行专题视频培训，组成15个宣讲督导组，分赴各基层法院逐一进行宣讲督导，把省院党组部署讲清楚，把四个文件讲清楚，把新的办案模式讲清楚，推动基层法院转理念、转方式、转作风，确保新的办案模式和工作流程在基层法院落实落地。

【服务保障大局工作】 紧紧围绕省委“八大发展战略”，围绕营造法治化的营商环境，结合法院工作实际，研究制定《服务保障民营经济高质量发展十条》，组织开展优化营商环境典型案例评选活动，向社会公开发布保护民营经济高质量发展的十大典型案例，积极引导全省法院转理念、转方式、转作风，强化服务意识，营造稳定公平透明、可预期的营商环境。

【协调推进司法体制综合配套改革】 对全省法院司法体制改革进展情况进行了三轮摸底并形成了详细调研报告，对法官员额制、司法人员分类管理、两个一站式建设、繁简分流等重点改革项目进行了专题调研，形成调研报告提供给院党组决策。制定《2019—2020省法院改革任务分工方案》，确定了改革重点任务、责任部门和完成时限。在省院网站、《审判周刊》、山东审判微信公众号开辟改革之声栏目，选登各地法院改革方面的好经验、好做法，已连续刊登20余期，为深化司法体制改革营造了良好的氛围。

【进一步加强审判调研工作】 坚持“交流思想、碰撞观点、展现风采、养成气象”的目标定位，大力开展“法官沙龙”活动，围绕食品药品安全、民营企业知识产权司法保护等方面，举办11期法官沙龙，相关成果均已汇编成册、结集出版。法官沙龙成为山东省审判理论研究的一张名片，也成为理论与实务界交流的桥梁。积极适应新媒体发展趋势，创建山东审判微信公众号，部分重磅信息被其他微信公众号广泛转发，影响力日益增强。组织对2018年社科课题进行中期检查，正在组织终审验收，组织发布2019年社科课题申报、评审等工作，确定中标课题35项。承担并顺利完成2018年最高人民法院司法调研重大课题，经最高人民法院验收通过。

新闻宣传工作

【抓好两会宣传】 省两会期间，组织对省法院工作报告进行了全程微博直播，推出了短视频、H5等一系列新媒体作品，累计点击量超过1000万人次。全国两会期间，《人民日报》、新华社、《法制日报》均对山东法院工作进行了报道，省法院院长张甲天做客中国法院网“大法官访谈”，中央级媒体发稿30余篇。

【抓好典型案例宣传】 积极策划开展了“大法官开庭”和“踢群第一案”集中宣传，配合省法院院长张甲天开庭审理某贩售毒品案，邀请新华社、央视、中新社、《法制日报》、《人民法院报》、《大众日报》等50多家媒体参与报道，相关主题新闻280多篇，推出了《宣战》《大法官开庭》等短视频，累计阅读量达6500多万人次。围绕“踢群第一案”，全程微博直播庭审情况，邀请30多家媒体旁听报道，综合利用各种宣传载体，制作发布了一系列新媒体作品，总阅读量达3.6亿人次，真正让典型案件审理成为全民共享的法治公开课。

【抓好专题宣传】 组织3次“今日我当班”体验采访活动，开展“向人民报告——省法院机关开放日”活动和“走进法院、走进法庭、走进法官”三进集中采访，围绕扫黑除恶专项斗争、一次办好、智慧法院建设、服务保障民营经济发展等开展了专题宣传，发稿100余篇，取得良好宣传效果。配合相关部门对“齐鲁最美法官”评选发布活动进行了广泛宣传。

【筹建省法院融媒体中心】 研究起草了建设施工方案、运行管理办法、人员岗位职责等材料，加快推进建设工作。

【打造“山东高法”新媒体品牌】 着力抓好原创作品创作，围绕重大典型案件审理、扫黑除恶、公众开放、法治地标建设等工作，推出了10余部原创新媒体产品，取得了较好的宣传效果。官方微博从早晨5点到晚10点，每天发布信息25条以上；微信公众号每天平均发布2～3期，信息5～7条；其他平台每天发布7条以上。

【加强网站建设管理】 对省法院内外网站进行了升级改版，提出加强全省法院网站管理的意见，开展了全省法院内外网站管理维护检查，3次对各级法院网站运维情况进行了通报。

【落实责任，协调做好意识形态工作】 加强意识形态阵地建设和管理，制定下发《2019年全省法院新闻舆论工作要点》，将意识形态工作作为重要内容，统筹指导各级法院做好各项工作。明确十大涉法院意识形态阵地，重点加强对网站、新媒体、教育培训、各类论坛等意识形态阵地的管理，强化干警个人运营新媒体账号的精细化管理，定期对新媒体账号进行统计，列出清单，明确专人负责。开展意识形态检查，2019年以来省法院开展了3次对全省法院报纸、电视栏目、网站、官方微博、微信等所属自有媒体的意识形态专项检查，没有发现存在意识形态方面的问题。完成了落实意识形态工作责任制反馈意见整改落实“回头看”自查工作，形成了自查报告报省委宣传部。

第五章　改革管理

【聚焦主责主业，审判管理基础性工作得到新突破】
*清存案防积案，加强审判流程管理。*按照省法院党组部署，为加强流程和质效管控，审管办建立审判质效月调度制度，每月通过视频会议形式调度三级法院的审判质效主要指标。2019年全省法院结案率91.29%，一审服判息诉率89.4%。狠抓长期未结诉讼案件清理和预防工作，截至2019年12月30日，全省法院超过18个月以上的长期未结诉讼案件同比下降91.62%。省法院结案率93.19%，正常审限内结案率达99.74%，创近六年来的新高，省法院三年以上长期未结诉讼案件全部清结。

*推典型荐优秀，规范和促进审判执行工作。*全年编辑出版《案例参阅与指导》4期，刊发案例近40篇；协助最高人民法院开展2019年度全国法院系统优秀案例分析评选活动，山东法院共有6篇案例分析获得个人奖项，其中一等奖1篇，三等奖2篇，优秀奖3篇。全年向最高人民法院报送备选指导性案例3篇。审管办选送的4篇优秀裁判文书和3场优秀庭审入选全国法院首届百篇优秀裁判文书和首届百场优秀庭审活动评选活动。完成“第九届全省法院典型案例评选”活动，评选出38篇典型案例，其中一等奖5篇，二等奖8篇，三等奖10篇，优秀奖15篇。

强硬件抓软件，认真做好司法公开工作。（1）裁判文书上网公开工作继续保持领先位次。截至2019

年12月30日，全省法院共在中国裁判文书网公布裁判文书609万余篇，文书公布总量位居全国第三位，其中2019年公布159.4万余篇。做好上网文书法定原因撤回工作，全年共撤回文书1000余篇，避免出现负面影响。针对全国部分省区市法院出现的裁判文书出长期未送达等引发舆情事件的情况，要求全省三级法院开展自查并制定相应预防措施，妥善处理由于文书处理不到位引发的反映投诉及其他问题。(2) 庭审直播录播工作坚持“每庭必录，每日必播”。审管办坚持每月对全省法院庭审直播情况进行通报调度。2019年，全省共计直播案件147722件，从2018年年底的全国排名第二十九位上升至第十三位。(3) 审判流程公开工作成效明显。综合利用信息化和督导调度手段，坚持抓好审判流程信息的录入和公开工作。截至2019年12月底，全省法院案件公开率100%，有效公开率92.91%，高于全国平均水平（84.12%），居全国第七位。其中文书笔录公开率69.12%，稳居全国首位，最高人民法院对此面向全国法院印发专题交流学习材料宣传介绍山东法院的司法公开工作。

*用智能促改革，进一步完善审委会和专业法官会议制度。*本着安全、便捷、高效、实用的原则，参与研发新版数字审委会系统，打造数字审委会系统。研究制定《山东省高级人民法院关于进一步规范审判委员会工作的意见（试行）（2019年修正）》，进一步完善审委会制度和专业法官会议制度，审委会召开41次（省检察院检察长列席审委会1次），研究议题400件，研究议题数较去年上升53%，其中案件377件、规范性文件21件，指导性案例2件，形成61万余字材料，编发审委会会议纪要3篇，全年审委会笔录装订、归档共255件。专业法官会议制度运行顺畅，有250件案件由法官会议提出咨询意见。

*强督导抓落实，加强入额院领导办案情况通报力度和频次。*实现月度通报全省中级法院院领导办案情况的制度化，切实发挥院庭长示范带动作用。截至12月30日，全省中级法院院领导审执结各类案件5001件，其中审结程序案件1741件，实体案件3260件；参加合议审结案件4049件。全年共下发中级法院院领导办案情况通报12篇，针对部分法院入额院领导办理简单案件、程序性案件等只追求办案数量的情况，及时发现存在的问题并向院领导提出改进建议，切实发挥院领导参谋助手的职能作用。

【紧盯长远发展，审判管理重点工作取得新进展】 *制定长效机制，狠抓长期未结诉讼案件清理工作。*出台《关于加强审限管理切实解决长期未结诉讼案件的意见》（鲁高法明传〔2019〕39号），及时下发《关于进一步严格审限管理加强积案清理工作的通知》（鲁高法明传〔2019〕178号），建立12个月以上未结案件层报审批制度，为全省法院严格审限管控、提高审判质效提供制度保障，有效遏制了12个月以上未结积案的产生。截至12月底，全省法院超过18个月以上的长期未结诉讼案件同比下降91.62%，由2019年1月的692件减少至58件，三年以上未结案件由1月的28件下降至4件，长期未结诉讼案件数量居高不下的现象得到根本改变，边清边积的态势得到有效遏制。

*积极运用智慧法院建设成果，推进电子卷宗随案生成和深度应用工作。*根据院党组统一部署，审管办连续三次下发完善案件电子卷宗和电子档案的通知，促进省法院机关电子卷宗工作稳步推进；分三次完成对省法院机关各业务庭的相关培训工作，为电子卷宗同步生成工作稳定运行打下良好基础。

*服务法院整体工作，有效发挥审判管理职能作用。*在7月全省中级法院院长会上，审管办演示了网上办案流程，通过开发使用可视化监督管理平台，加强对立案、送达、审理、合议、宣判、上诉、执行等关键节点的网上管控，实现全流程网上办案，全面提升网上办案水平。修改完善省法院《法官审判业绩考评实施细则》，对部分考评项目进行删减，进一步优化了法官审判业绩考评机制；会同信息中心设计开发了审判业绩考评系统，最大程度地实现了数据自动抓取，结果自动生成，为科学考核法官业绩提供了制度基础。

【秉持并驾齐驱，审判调研工作获得新成绩】 *做好执法办案工作。*审管办2名员额法官全年结案131件，结案率达到99.24%。两名法官助理和两名书记员，互相配合，互相补位，认真做好文书校对、送印、送达等各项事务性工作，全年共归档294案，665册，文书档案电子归档共103件。

*完成司法调研任务。*围绕部分法院审判质量持续徘徊不前，和全省法院构建新的审判模式的主要课题，审管办通过函询和实地调研相结合的方式，有针对性的展开司法调研活动。形成的《四地法院三年改判发回案件情况分析》《关于以济南市中区法院为例调研全省法院审判新模式的报告》获党组高度重视，省法院院长张甲天作出重要批示，并转发各中级法院院长参阅。

司法改革工作

【司法责任制得到进一步落实】 全省法院突出抓好司法责任制这一司法改革的核心和“牛鼻子”，进一步落实法官和合议庭的审判职责，构建符合司法规律的审判监督管理机制，办案质效持续向好。2019年，全省法院新收案件194.6万件，结案204.2万件，同比分别上升11.9%和21.4%。

*一是人员分类管理和职业保障稳步推进。*2019年共遴选法官315名，同时对员额分配进行了再次调整，为部分案件压力大的基层法院增加了员额法官数量。印发《员额法官动态管理办法（试行）》，明确全省法官员额按照省级统筹、总量控制、以案定员、倾斜基层、可进可出的原则实行动态管理。省法院对全省各级法院的法官员额核定数、员额使用数和员额法官遴选、退出、交流等变动情况分类建立台账，实行动态调配。加大法官助理招录力度，2019年全省法院招录的800名公务员中，法官助理岗位占80%多。省法院成立法官权益保障委员会，依法保障和维护法官合法权益；建立因公牺牲法官特别补助金申报机制，落实省级法官单独序列的医疗、车补、差旅待遇，将省法院一级、二级高级法官纳入厅局级保健范围，享受普通保健待遇。制定分类分级的绩效考核办法，出台了《山东省高级人民法院法官审判业绩考评实施细则》。

*二是审判权力运行机制进一步规范。*完善审判人员权责清单，制定《法官、法官助理、书记员职责清单（试行）》，细化明确各类审判人员的职责。完善了审判委员会制度，修改《关于进一步规范审判委员会工作的意见（试行）》，进一步明确审判委员会讨论案件的范围和工作程序，加强审判委员会与专业法官会议制度衔接，强化“让审理者裁判，由裁判者负责”。加强专业化审判，制定《家事案件审理规程（试行）》，设立家事审判专门机构122个；增加21个基层人民法院跨区域管辖知产案件，并实行“三合一”审判；出台《关于建立覆盖全省环境资源审判机制的意见》，改革环境资源案件管辖制度；获批成立济南、青岛两处破产法庭。深入推进院庭长办案，下发《关于进一步加强和规范院庭长办案的通知》，强化院长庭长以员额法官身份办难案、多办案，每月通报中基层法院院领导办案情况。2019年，全省法院院庭长办案87.8万件，占全部案件的43%。

*三是审判监督管理机制进一步完善。*完善案件分配制度，落实“随机分案为主、指定分案为辅”的案件分配机制，根据专业分工和繁简分流安排，由系统随机确定案件承办法官，确需调整的，由院庭长按权限审批决定并全程留痕。加强审限管理，印发《关于加强审限管理切实解决长期未结诉讼案件的意见》，明确审限达到12个月以上的案件，需要办理审限延长或审限扣除的，经各级法院院长审签后，层报省法院院长审批。严格落实“一案双查”制度，印发《执行案件“一案双查”实施办法》，由执行局和监察室对问题较为突出的执行案件分别实施业务审查和监督调查。搭建监督管理可视化平台框架,变“事后监督”为“全流程全节点实时监督”，实现监督活动在系统中全程留痕，让监管更高效、更透明。

*四是司法行政管理改革进一步深入。*完成基层法院内设机构改革，全省156个基层法院内设机构改革已经完成机构组建、人员调整。改革前共有内设机构2996个，改革后内设机构1513个，共精简机构1483个，精简49.5%。加强人民法院司法经费保障，争取省级专项资金2.55亿元用于补助全省法院互联网法庭建设、山东法院政务云数据中心项目建设等重点工作。设计开发全省法院诉讼费管理与电子票据应用系统，在全国率先实现诉讼费收、结、退全流程网上办理和电子票据功能。加强人民法院司法技术工作，对接启用最高人民法院对外委托鉴定系统。

【便民司法制度进一步完善】 *一是加强现代诉讼服务体系建设。*制定《关于全面推进“一次办好”改革优化司法营商环境的措施》《关于规范网上立案工作的意见（试行）》等，全面推行网上立案，实现网上立案、网上缴费、网上退费、网上阅卷，切实让群众“少跑腿”。上线运行网上申诉信访平台，建立覆盖全省法院的网上视频接访系统，推行网上信访，实行院庭长接访首接负责制，制定《关于进一步规范院庭长接访首接负责制工作办法》，每个工作日安排一名院庭长在信访大厅接待来访群众。通过诉服大厅、诉讼服务网、“山东法院”微信公众号、24小时法院等各种渠道发布“一次办好”10大类20种常用立案及司法服务清单。省法院统一开发电子送达平台，与三大移动商、中国邮政、最高人民法院公告平台、公安人口身份信息库进行对接，建立信息失联修复机制。

*二是加强多元化纠纷解决机制建设。*协调18个省直部门会签《关于进一步健全完善非诉讼纠纷解

决机制的意见（试行）》。新增金融纠纷和民商事调解中心2个特邀调解组织、39名调解员。推动在省级三甲医院派驻设立“人民法院医疗行业特邀调解工作室”。全省法院共特邀调解组织1268个。省法院与18个中级法院、152个基层法院建立诉调对接中心。与省总工会共同会签《关于开展劳动争议诉调对接工作的意见（试行）》，加强诉调对接合作，积极采取在法院诉讼服务中心设立劳动争议诉调对接室等方式，与工会法律援助制度相衔接，建立健全诉调对接制度。制定《关于民事诉前调解程序的若干规定》，全省三级法院均邀请人民调解组织等入驻，推广“审判法官＋专职调解员”的“调裁一体化”审判团队新模式。

三是深化司法公开，构建开放动态透明的阳光司法机制。坚持公开为原则、不公开为例外，全方位接受当事人和社会监督。印发《关于全面推进司法公开防范化解舆情风险的通知》，进一步规范司法公开流程。2019年，全省法院公开裁判文书125.7万份，完成庭审直播14.9万件。印发《关于加强审判流程信息公开工作的通知》，2019年全省法院公开案件流程信息112万件。

【诉讼制度改革取得新进展】 一是深化案件繁简分流。推进刑事案件繁简分流，加强认罪认罚从宽制度适用，制定《关于适用认罪认罚制度审理刑事案件的指导意见》《关于适用认罪认罚从宽制度办理刑事案件的实施细则》等文件，2019年认罪认罚从宽制度适用率达到73.6%，当庭宣判率63.4%，服判息诉率98%。深化民事案件繁简分流，制定《关于民事速裁程序的规定》《要素式审判方式指引》《基层法院民商事案件办理流程》等文件，完善案件繁简分流机制，截至年底，建立民事速裁团队654个。

二是深化以审判为中心的刑事诉讼制度改革。积极推进刑事案件律师辩护全覆盖试点工作，印发《关于开展刑事案件律师辩护全覆盖试点工作的实施办法》，在全省范围内开展试点工作。深入推进庭前会议、非法证据排除、法庭调查“三项规程”改革，深化扫黑除恶专项斗争，制定《黑恶势力刑事案件审理工作规范》，规范黑恶势力刑事案件受理、庭前准备、庭审等程序。

三是深化行政诉讼制度改革。在全省法院逐步确立以“当事人选择管辖”为核心的跨行政区划管辖行政案件工作机制，济南铁路运输两级法院纳入跨区划管辖改革试点。推进建立行政争议审前和解机制，制定《关于建立行政争议审前和解机制的若干意见》。与省委政法委联合下发《关于推动行政争议审前和解工作的意见》，全省已建成“和解中心”164家，实现了市县两级全覆盖。

【智慧法院建设和应用不断深化】 推动电子卷宗深度应用，2019年在全省法院推开电子卷宗随案同步生成和深度应用工作，全省法院电子卷宗覆盖率达到90%以上，全省统一实现当事人和律师通过互联网阅卷。建成全流程网上办案系统，实现网上立案、网上缴费、电子送达全覆盖，诉讼费的收结退均可网上办理。加强执行案件信息化建设，上线了移动执行APP、研发了执行数据可视化系统，完成“一案一账户”系统升级改造。完善电子诉讼制度，全省法院共建成互联网法庭932个。

第六章　司法保障

办公室工作

【概述】 2019年，办公室坚持以习近平新时代中国特色社会主义思想为指导，坚决贯彻执行院党组的决策部署，紧紧围绕审判执行第一要务，牢固树立为党组服务、为审判服务、为干警服务的意识，履职尽责，奋勇争先，攻坚克难，较好地发挥了参谋助手、督促检查、联络协调、服务保障等职能作用，整体建设稳步推进、健康发展。

【围绕工作定位凝聚共识，转变服务理念，推动机关工作高效运转】 紧紧围绕审判执行第一要务，统筹整合工作职能，团结协作，周到热情做好服务工作，构建上下畅通、左右衔接、协调运转的工作格局，保证机关各项工作高效运转。一是认真做好机要保密工作。发送机要件10131件，收取机要件4870件，均及时快速、安全无误；完成传真密码通信一级网2019年度密钥更换，配合省国家保密局完成保密检查，为各中院传真加密设备更换密钥，组织保密自查自评；组织机关干警536人参加保密知识竞赛答题，收集17篇保密教育作品。二是稳妥及时处理来文来电。妥善处理急件215件，报送各类文件106次128件，取回各类文件74次87件；接收处理中央、省委、最高人民法院等文件4881件；协调会签文件35件；处理普通来电633次，接收普通传真件72次、红机传真121次；向最高人民法院及各中院发送密电321件。认真整理文件档案，及时清退2018年度中央、省委机密级文件404份，密码电报7件，整理归档中央、省委、最高院以及院党组文件1551件。三是认真做好公文编发。全年编发各类文件136件，编发党组文件81期次，用印1000余次；通过电子公文传输发送各类明传共420份，各类文件80余份；运行网上办案电子签章系统，全年安全用印12万余份、保障用印模18次，处理六类文号文件及院内大文件380余份，上网扫描、PDF处理、截图200余次；制作会议席签1450余个，印刷278.9万印。全年编发《院务情况通报》46期、《鲁法通报》11期、《领导参阅》5期，编印机关电话号码簿3次，编撰院大事记4次。四是坚守值班岗位。总值班室坚持全年值班无差错，认真做好全国两会期间、国庆70周年期间值班工作，协调安排节假日院领导和中层领导值班175人次，节假日期间处理紧急情况12次。五是搞好会议服务工作，保障机关各部门及直属事业单位各类大小会议172次。六是积极开展司法协助，处理外国驻华使领馆函件及照会94件，已办结93件；办理涉外双边司法协助送达案件232件，送达法律文书1400余份，完成协助调查取证案件1件，在规定时间内回复率达到96%；办理与香港、台湾司法互助案件145件，送达法律文书550余份，无长期未结案件；办理限制出境手续286件，加强对下级法院司法协助专办员的培训和管理，帮助解答各种问题700余次。七是认真做好档案管理工作。接收机关各部门纸质诉讼卷宗15766卷、32532册，办理诉讼卷宗电子归档15500卷；扫描录入电子卷宗10448件，20170册；共接收文书档案3468件；扫描整理库存文件档案85250件。订阅分发各类图书杂志21000余册。积极为院领导和全院干警服务，帮助干警查询信息、解决问题123次。订阅报纸60种400份，刊物130种400余份。

【围绕工作重点凝聚共识，强化责任担当，当好党组参谋助手】 紧紧围绕上级决策部署，积极作为、勇于担当，努力确保省委和院党组各项部署落到实处。一是坚持绝对忠诚的政治品质，严格按照党组安排，高质高效完成交办工作。年初按照全省中级法院院长座谈会要求，协调机关各部门谋划确定全年重点推进工作任务54项，明确任务目标、标准、措施和考核办法，定期调度完成情况。全年协助组织党组会议39次，及时整理会议记录，编印会议纪要。二是协调院领导活动安排，编发每日要情和每日活动安排251份。协调省高级人民法院院长张甲天到全省各中级法院和专门法院、42个基层法院、353处人民法庭以及北京高院、青海高院等累计调研50天，走访、座谈听取代表委员等意见建议92人次，认真撰写领导讲话材料。协调省法院院长张甲天到烟台联系服务民营企业、重大项目和民营企业家；到西宁青海山东商会走访调研，与青海高院就对口援助工作进行座谈；联系指导山东师范大学主题教育，与原选举单位加强联系等工作。全国、省两会、70周年大庆以及开展“不忘初心、牢记使命”主题教育期间，协调院领导到各中院督促指导相关工作。三是落实重大敏感案事件请示报告制度，按照院领导批示，就扫黑除恶、基本解决执行难、知识产权审判等工作向最高人民法院、省委、省委政法委作专题报告16次，就靳某东案、“10·6”专案、“3·31”专案、柳某圣被踢群案等重大敏感案件专报26次，最高人民法院和省委、省委政法委等领导作出批示73次。四是跟踪督办重点任务落实。牵头省十一次党代会以来省委政策性文件涉及省法院的185项重点任务、对标先进5大方面16项具体任务、省委常委会2019年工作要点任务分工20项任务、突出问题集中整治7个方面24项任务，以及规范法院文化标识、内网建设等，积极协调，跟踪督导，圆满完成各项任务。

【围绕树立形象凝聚共识，推进法治共享，充分发挥对外窗口作用】 采取“走出去”“请进来”“结对子”等方式，积极做好人大联络、涉外交流，弘扬法院文化，宣传法院建设，推进法治共享，为内外沟通搭好桥、铺好路。一是加强联络督查。连续19年在省两会期间由院领导带队到各团组听取代表委员意见建议，把代表委员意见建议梳理归纳为12类83个问题，认真抓好整改并向代表委员反馈，对46件代表关注案件和委员提案及时给予答复；上门走访全国人大代表70人（次）、省人大代表280余人（次）；邀请120余人（次）代表委员旁听庭审、32名代表委员列席省法院会议、参加“知识产权日”活动和服务民营经济高质量发展新闻发布会，邀请全省五级人大代表、政协委员50余人见证省法院“12·4宪法日”员额法官集体宣誓并在全省三级法院联动开展该活动。二是做好涉外司法交流工作。组织赴奥地利、匈牙利4人交流团进行“环境资源审判程序改革完善及司法保护”专题交流;组织英国培训团，16 人参团进行了“英国防范化解金融风险的司法经验”专题培训。为全省法院 29 人赴外交流办理审批手续；组织接待韩国首尔地方律师协会代表团、济南职业学院国际学生代表团访问省法院、韩国驻青岛总领事馆部分领事访问青岛中院参观活动。三是开展“开放日”活动。组织地方党政机关、大中小学、团体组织 70 批次、2700 余人到法院参观，邀请 48 名省人大代表开展为期一周的交叉视察法院，弘扬法治文化，增强法治观念。

行政装备工作

【概述】 2019 年,牢固坚持“服务保障审判执行工作”的职能定位，坚持“抓党建、带队伍、促管理”，积极落实各项重点工作，创新优化强管理，全心全力做好服务保障工作。着力加强经费保障，优化提升行装财务规范化和信息化管理水平和服务保障能力。

【统筹协调,强化经费保障】 全面准确有效编制预算。2019 年机关到位预算经费 5.13 亿元，同比增长 20%。加强对信息化、诉讼退费等重点工作保障力度，智慧法院建设支出 5103 万元，诉讼退费支出 1.32 亿元，同比增长 55%。做好援藏援疆援青、第一书记、千人计划下基层等工作的经费保障和待遇落实。筹集资金 1145 万元，同比增长 41%。做好专项资金保障。争取专项补助资金 2.9 亿元，用于全省法院执行、扫黑除恶、“两庭”维修、业务装备维修等工作，有力保障全省法院各项工作的顺利开展。坚持“向资金要绩效”。突出预算绩效的全过程管理，将预算绩效目标的填报作为部门申请项目经费预算的前置条件，强化预算绩效理念,为实施全过程绩效管理迈出关键一步。

【创新优化,加强内部管理】 实现诉讼费管理系统化、信息化，设计开发全省法院诉讼费管理与电子票据应用系统。对法院 4 套系统、财政 3 套系统、35 家非税银行业务系统进行改造和对接，打通了诉讼费、票据、案件等信息在立案、审判、财务部门的流转链条，实现跨行业、跨部门的流程再造。在全国率先实现了诉讼费收、结、退全流程网上办理和电子票据功能。系统应用后，实现覆盖微信、支付宝、银联等多渠道实时在线缴费，手工填写票据全部自动生成并远程推送当事人，并通过事前收集退费账户信息、网上申请等方式实现向当事人远程退费功能。在便捷高效服务当事人的同时，为实现全省法院全流程网上办公办案打下基础。强化内控机制，建设内控综合管理平台。进一步梳理、整合、优化院机关预算、收支、政府采购、资产管理、公务接待、公车运行、会议审批等业务流程，形成内部控制信息化解决方案。9 月在预算一上阶段首次投入使用预算申报管理模块，运行平稳良好。打造精品案例，修订完善、出版发行了《山东法院会计核算体系及实务应用》，为全省法院实施政府会计准则制度和加强财务管理提供了理论基础和实务指南，为各行政事业单位行业主管部门加强行业系统会计规范化、标准化建设提供了较为成熟的应用方案和实践经验，作为山东省落实政府会计准则制度的典型案例，由省财政厅、省法院联合报送财政部。狠抓标准化建设，全省法院审判附属设施标准化上新台阶。加强审判执行业务装备保障工作，对全省法院刑场、羁押场所、枪弹库房、远程提讯系统进行了全面的标准化整改，采取数据审核、实地查看、召开座谈会等多种形式，督导落实整改工作，并对制约项目建设的困难进行了调研。12 月,集中开展逐级验收工作，对全省 16 个中级法院和部分基层法院的标准化整改情况实地检查验收，整改成效明显，达到预期标准。提升经费管理制度化规范化建设，整理各项支出政策依据，制定《院机关差旅伙食费和市内交通费交纳规定》。保障机关重点设施设备安全运行，组织专业团队对中央空调、电梯和消防等重点设施设备进行检测检修更换，并形成维修维护档案。

【全面规范，提升保障水平】 援藏援疆援青开创新局面，通过完善援助机制，创新援助形式，拓宽援助渠道，提升援助效果，援藏援疆援青开创新局面。对三地受援法院开展书面调研 4 次，组织实地考察调研 2 轮 20 人次。制定《山东法院援藏援疆援青2019—2022 年工作规划》和《2019 年省法院援藏援疆援青工作实施方案》，并经党组研究通过，为全省法院援藏援疆援青提供了规划依据和具体方案。精准帮扶第一书记工作，赴第一书记驻地考察调研，制定了《省法院派驻古城镇第一书记团队帮扶工作总体规划》，协调帮扶项目 9 个，协助派驻德州 2 个任职第一书记实现帮扶项目 18 个。加强财务业务继续教育培训。联合省财政厅、省会计学会，分别于 2019 年 6 月、10 月举办两期全省法院财务业务培训班，360 名财务人员受训。现场进行法院财务管理实务培训，提出严肃财经纪律、加强财务管理的具体要求。着力规范公务接待公车运行，公务用车实现定点维修、定点加油、一车一档管理。实现干警保健待遇，全年完成 1044 人健康体检工作。保障干警利益，解决住房遗留问题。采取“先易后难”“逐步推进”的方针，分三批推进圆满完成益寿家园住户房改工作。优化资产配置，提高装备水平。为审判执行部门和部分综合部门会议室配置高清投影设备，强全省法院服装管理。

信息化工作

【概述】 2019年，智慧法院建设共规划审判执行、电子诉讼、司法公开等7类54个项目，其中31个应用软件系统全省推广使用。截至年底，已有5个软件正式运行，13个软件试运行；机房改造等硬件设施建设均已完成。

【构建“两个一站式”现代化诉讼服务体系】 优化电子诉讼服务平台。丰富网上立案功能，除刑事公诉案件外，刑事自诉、民事、行政、执行等案件均已实现网上立案，诉讼费的收结退均可在网上办理；建成网上阅卷系统，当事人、律师通过山东法院诉讼服务网或24小时法院，可在网上直接查阅其案件电子卷宗；实现与道路交通一体化调解平台的融合对接。二是建设中国移动微法院（山东）平台。具备网上立案、跨域立案、查询案件、在线送达、在线调解、在线庭审、申请执行、网上缴费等功能，可以实现从立案到执行全流程在线流转，诉讼服务事项跨区域远程办理、跨层级联动办理、跨部门协同办理，切实解决当事人问累、诉累、跑累的问题，为矛盾纠纷的化解以及司法流程的监督提供了一个全面、规范、全程留痕的多元化解平台和实时监督平台。三是部署人民法院调解平台。与分调裁平台对接，推动诉调分流，支持家事纠纷、劳动争议纠纷、交通事故损害赔偿纠纷等12类案由网上诉前调解。全年利用道交一体化平台申请诉前调解2.06万件，标的额15.29亿元，各项指标均位居全国前列。四是建设全省法院统一送达平台。支持直接送达、邮寄送达、语音送达、电子邮件送达、公告送达等5种送达方式，对送达过程进行全程留痕和节点管控；与中国邮政集团山东分公司对接，可实时查询EMS邮寄进度；与12368热线平台对接，可根据当事人身份证号自动匹配活跃的手机号码，实现失联修复功能；利用各级法院互联网站实现互联网公告送达，11月1日上线以来，全省法院已利用送达平台送达30余万次。五是开通网上申请保函功能。当事人网上提交保全申请后，可通过电子诉讼服务平台一键购买保函，保险公司审核通过后同时向申请人和人民法院推送电子保单，一键完成办理保全事务。六是建设互联网庭审系统。依托互联网和云视频技术，提供多方音频、多方视频、数据协作、庭审过程录制、庭审过程直播点播、即时通讯、当事人笔录签字及交换证据等功能，使诉讼参与人通过手机、PC实现网上出庭、网上示证质证、网上笔录签名，在提高审判效率、方便当时参加诉讼的同时也充分保障了各诉讼参与人的诉讼权利。自7月上线以来互联网开庭30余次。

【构建全流程无纸化网上办案模式】 在现有审判管理系统的基础上对审判流程的再造，打通了系统间数据交互，加强了节点管控，强化了院庭长监督，实现了全流程网上办理和过程留痕。通过与法官面对面交流，深入了解法官办案流程和需求，共梳理出26个节点（包含4个诉服节点、16个审判节点、4个监督节点、2个考核节点,），融合77个功能及子系统。26个节点中，对原有功能进行升级的5个，创新设计的21个。系统运行后，法官的阅卷、庭审、合议、撰写文书、审签、送达、结案、归档等工作均可在网上办理；院庭长对案件评议、四类案件监督、案件质量评查等工作均可在网上进行；全省法院质效指标、法官绩效、统计报表等数据均可自动生成。截至年底，全流程网上办案系统已具备上线运行条件，拟于2020年1月1日起，逐步在全省法院推广。

【构建以数据为核心的精细化司法管理模式】 一是加强数据汇聚。全年向最高人民法院报送案件194万件，案件覆盖率、合格率99%以上，裁判文书覆盖率、及时率99%以上，信访案件数据一致率、合格率99%以上，中国审判流程公开网山东法院上传公开文书数、文书公开率居全国第一。二是加强数据使用。将地方人事信息管理系统与审判管理数据库对接，实现全省所有法院、法官收结案数、人均办案天数、一审服判息诉率、二审发改率、长期未结案件数等指标的实时统计、自动分析。开发完善数据报表47个，其中质效类数据报表5个、数据分析类报表39个，结案排名分析报表3个，及时为业务庭室提供审判数据统计分析服务。利用案件信息、电子卷宗和庭审录像等数据对案件进行质量评查，评查结果与绩效考核系统关联。三是加强数据共享。建设标准数据接口平台，实现不同系统间的业务协同、交互共享和系统集成，解决数据的重复录入问题，提高信息资源的利用率，是全流程网上办案系统的枢纽平台。按照规划一期平台对外提供案件信息索引接口、案件基本信息接口、电子卷宗接口等21项接口服务。

【构建质效型运维管理和安全管控体系】 一是建设可视化运维平台。对省法院信息化软硬件系统运行状态进行监控，已管理省法院机关177台服务器、42台网络设备、29个业务系统、93台政务云虚拟机。二是进行中心机房模块化改造。在保证全院主要设备不停机、主干网络不断网的情况下，利用夜间和周末完成了机房动力环境设备更换和核心设备调整。三是加强网络安全建设。部署重要信息隔离交换系统，确保外部专网、移动专网和互联网间跨网数据交换的安全性；认真落实网络安全等级保护相关的定级、备案、测评和整改工作，并对辖区法院进行网络安全巡查；两会、海军节、中华人民共和国成立70周年等重大活动期间，建立全省法院网络安全24小时“零报告”制度，全年无一例网络安全事件发生。四是强化日常运维工作。保障核心机房等设备正常运转、科技法庭日常开庭和庭审直播，保障党组会议和审委会召开，为法院开放日活动提供技术保障。

司法技术管理工作

【概述】 2019年，技术室、司法技术中心紧紧围绕审判执行工作大局，加强政治理论学习和党风廉政建设，以中共十九大精神为引领，按照最高人民法院要求和省法院部署，结合全省工作实际，创新思路，规范管理，扎实工作，稳步发展，圆满完成年初制定的工作计划。

【为审判执行工作提供技术支持】 积极做好技术咨询、技术审核、对外委托鉴定和监外执行组织诊断工作。2019年共办理技术咨询、技术审核162件次，对外委托案件30件，复核监外执行组织诊断案件28件。完成两起具有重大影响刑事案件的法医技术审核工作。

【建立中介机构黑名单制度】 对工作中出现问题的机构，落实好《中介机构约谈规定》，及时督促其纠正；对给法院审判执行工作造成不良影响及损失的，视严重程度，分别予以通报批评、停止委托或除名。2019年已对违规的一家工程造价咨询公司进行了除名处罚。

【全面推进和规范暂予监外执行组织诊断工作】 督导检查各地法院《山东省高级人民法院暂予监外执行组织诊断实施细则》落实情况，进一步规范暂监外执行组织诊断工作的内容、程序、分工和责任。经过多年探索形成了“一个制度体系，两个联络协作，三级法院联动，四个环节把关”的山东模式。确保暂监外执行工作严格、依法、规范、公正进行。

【业务培训与研讨】 举办法医专题学术征文活动。通过论文交流的形式，对新形势下出现的新举措、新问题进行了学术研讨，并交流借鉴工作中的好经验、好做法，共收到征文117篇，从中择优选择30篇报最高人民法院。

【积极开展专题调研活动】 按照院里调研活动安排承担“关于工程造价鉴定有关问题的研究”课题，分管院领导、省法院一级巡视员程乐群带领课题组成员到青岛、济宁、菏泽开展调研活动3次，沉到一线调查研究，找准痛点难点堵点，摸实情、出实招、破难题。通过汇总梳理调研中发现的问题、搜集的意见建议，对突出的共性问题，集体分析研究，并根据调研情况会同民一庭制定了《关于工程造价对外委托鉴定的规定》，针对存在的突出问题提出切实可行的解决办法。

【廉政建设常抓不懈】 定期组织全体党员学习省纪委、驻院纪检组有关违法违纪问题的通报，通过学习进一步严明纪律，充分发挥警示教育作用。结合我部门工作实际，制定了若干规章制度，形成以制度管人、以制度管事的长效机制，杜绝在对外委托工作等廉政风险多发点出现问题。加强内部监督，加强反腐倡廉教育和廉政文化的宣传的学习。通过自查自纠作风建设中存在突出问题，提出整改措施，并积极推动到工作实践中。

司法警务工作

【党建工作硕果累累】 始终坚持政治建警，扎实开展“不忘初心、牢记使命”主题教育活动，深入学习贯彻中共十九大、十九届二中、三中、四中全会精神，全体干警进一步树牢“四个意识”，坚定“四个自信”，做到“两个维护”。全年召开支部党员大会4次、组织生活会2次、支委会13次，发展党员1人，培养入党积极分子5人。支部全年集中学习讨论50次，开展主题党日活动12次、学雷锋志愿服务和认领社区“微心愿”等公益活动4次，“学习强国”使用情况通报中，法警总队党支部屡次排名第一，全院个人积分前60名中总队有9人。党建经验被省直机关工委在网站上展播，并在省法院党支部书记暨党务干部专题培训班上作典型发言。

【警务保障连续20年安全无事故】 牢固树立风险防范化解意识和底线思维，坚持“万无一失、一失万无”的思路，全力抓好警务安全工作，不断健全风险防控机制，全省法院连续20年没有发生警务安全责任事故，继续保持和领先全国纪录。法警总队全年完成刑事庭审警务保障任务162件次，完成所有民商事、行政案件庭审巡逻保障及值庭任务，均做到了安全无事故。全年安检3.5万余人次，查出违禁物品326件。2月在一当事人包中查出子弹，中华人民共和国成立70周年大庆期间从一上访人随身携带包裹内检出一瓶汽油，全部依规妥善处置，省法院院长张甲天对此均作出批示，予以肯定和褒奖。

【抓好协执、协访、协保工作】 派驻执行局的直属二支队充分发挥职能作用，全力协助执行工作；协助信访部门稳妥处置悦天使平台会员243人集体访等群访事件95起，训诫7人，移送公安机关处理2人。派警赴京协助完成了全国两会、70周年大庆期间信访值班任务；做好了机关全年365天每天24小时的值班和巡逻任务，为法院机关创造了安全稳定的环境；圆满完成了20余次领导考察及外事活动的警卫任务，确保了75批2700余人到院进行法治教育活动的顺利进行，为发挥全省法治教育基地作用作出应有贡献。

【圆满完成中华人民共和国成立70周年安保工作】 将大庆安保工作作为重中之重，统筹谋划，预案围绕7项工作重点、10项工作目标作出部署，下发4份方案、通知，对三级警队提出具体要求。成立对下警务工作指导组，由警政、警训、警务三个业务室对全省各中院分片包干，对各支队一周一调度。自8月20日至10月8日，法警总队全体辅警24小时在岗在位（含中秋、国庆假期）；干部法警一律取消公休假，坚持值班带班。坚持网格化管理，强化与公安机关联动，突出实战模拟演练，坚持全天候巡逻，严密动态监控，随时发现并消除突发危险。大庆期间，全省法院三级警队妥善处置了十几起突发事件，确保了安全。

【推行重大庭审警务保障标准化】 6月24日，省高级法院院长张甲天担任审判长审理了付远刚等贩卖、运输毒品案件。法警总队提前谋划，保障预案6次易稿，成立了7个警务保障小组，明确责任和分工，提前5天认真模拟演练，庭审当日押解、看管、值庭、还押做到了严格、规范、文明，安全工作万无一失，确保庭审顺利完成。庭后，充分发挥该案警务保障标杆示范作用，对保障方案进一步充实完善，形成了重大庭审警务保障标准在全省推行，提升全省重大刑事案件庭审警务保障规范化水平。

【最高人民法院司法警察管理局到山东省观摩学习】 10月22—24日，最高人民法院司法警察管理局组织法警一队、二队和六个巡回法庭法警队一行12人到山东省法院观摩学习省法院智慧安防平台建设和运行情况、泰安市岱岳区法院法警大队警营管理及技能训练情况。最高人民法院司法警察管理局到地方法院学习尚属首次。此外，上海高院法警总队、历下公安分局等也先后到省高级法院考察学习警务工作。

【信息化建设取得新突破】 8月底建成并启用了省法院智慧安防平台，由一个中心和八个系统组成，每个系统既可独立运行，又可相互集成联动。在进一步方便干警和来访人员进出的同时，将安防工作重点前移，使执勤法警可以看得更远、听得更清、动得更快，增强了对突发事件的预警和处置，能够第一时间发现警情、第一时间派警处置，有效提升了综合安防能力和水平。

【持续开展警务督察】 独立开展明察暗访2次，联合监察室开展警务督察2次，对发现的问题进行点

10月，最高人民法院司法警察管理局一行12人到山东省观摩学习省法院智慧安防平台建设和运行情况

名通报，有力促进了全省法院警务保障水平提升。

【热情服务群众】 认真践行以人民为中心的发展思想，搀扶、帮助行动不便的老年人、残疾人，帮助群众联系、咨询法官百人次，帮助突发疾病群众医院就医约 20 人次，让群众充分感受到法院的温暖。

【做好对下指导及服务】 制定下发全省法院警务工作要点，积极协助最高人民法院和省法院政治部做好全省法院执法勤务警员职务序列套改工作。着力提升基层警队执法规范化水平，编印下发《山东法院司法警察执法执勤手册》《山东法院司法警察工作文件汇编》，做到人手一册；就新修订的“三规则一细则”对全省司法警察集中进行视频培训；发挥典型示范作用，面向全省推广了淄博、东营、威海中院警务工作经验。对全省206名司法警察进行了培训，组织 207 名司法警察参加了执法资格等级考试，为 247 名司法警察审核申报了警衔材料，审核办理了警察证 354 件。

离退休干部工作

【加大老干部思想政治引领】 *认真抓好“不忘初心、牢记使命”主题教育*。组织专题生活会 2 次，专项党性教育培训 1 次 24 人次，应知应会学习测试 1 次，集体学习 3 次，在老干部党支部实现主题教育的全覆盖。

进一步健全支部和班子建设。及时调整支部设置，党支部数量由 5 个增加至 7 个，方便老党员参加支部生活；配齐配强各老干部党支部班子，一批政治素质高、群众基础好、业务能力强的老同志进入支委班子，增强了支委的凝聚力、向心力；全年召开党支部书记会议 3 次，统一思想认识，确保决策部署不折不扣得到落实。

以制度建设为抓手，提升党建凝聚力。制定并严格执行《离退休干部党组织班子成员工作细则》《离退休干部党支部联络员办法》《离退休干部党组织工作经费使用管理规定》，确保党支部规范有序。完善现场教学机制，组织党性教育基地现场教学、中华人民共和国成立 70 周年成就展参观等，提升党性修养；完善社区工作联席机制，鼓励离退休干部党员到社区报到，参加组织生活，东荷苑近 20 名老同志已加入龙奥国际社区志愿服务团队并开展工作；完善党建督查制度，成立党建督查组，定期开展专项督查，及时通报有关情况；完善经费保障机制，严格落实离退休干部党组织《工作经费使用管理规定》《班子成员工作考核办法》等规定。

用好五种载体，丰富党建工作内容。(1) 用好党性教育载体，组织“房干精神”参访等活动，畅树艰苦奋斗精神。(2) 用好中华人民共和国成立 70 周年载体，组织主题征文和书画展等，激发爱国热情。(3) 用好敬老月活动载体，组织“悦读践悟”等活动，切实增强老干部的幸福感、获得感。(4) 用好走访慰问载体，春节期间走访慰问 242 人，七一期间走访慰问 80 岁以上老党员 43 名，中华人民共和国成立 70 周年之际走访慰问离休老干部、老党员 18 名，把组织的温暖及时送到老干部的心坎上。(5)用好“信息化平台”载体，初步完成 e 支部工作任务，信息化水平有了大幅度提高。

【服务保障老干部两项待遇】 *多措并举保障老干部的政治待遇*。充分利用 12368 短信平台，全年发送通报短信 80 余条；召开老干部工作通报会，让老同志为法院工作发展建言献策；邀请老干部参观法院文化建设，观看机关春节联欢会，感受法院的发展变化；及时向老干部传阅相关文件，按规定配备报刊，满足老同志阅文读报的需求。

事无巨细落实老干部生活待遇。全年保障 5 批次 34 人保健疗养及 210 人健康查体，派车拿药 52 次；增加工作分工，做好副省级退休领导的联络服务工作；探望生病住院老同志 20 余人次，走访慰问 309 人次，做好 60 余名离休同志名录的核稿工作；为 2 名离休人员遗属申请特困救助金，在老年大学、物业、生活、出国、报销、医保转接等方面提供服务 90 余人次；协助做好 5 名去世老同志丧葬事宜，协调修缮活动室设施 2 处。

【开展丰富多彩的文体活动助推文化养老】 *积极参加省里的活动*。组织老干部合唱团参加全省老干部艺术节比赛获金奖，书法协会参加老干部艺术节书画摄影作品展并有多人获奖；67 名老同志参加夕阳红健身运动会，多名老同志榜上有名；参加“体彩杯”运动会、钓鱼精英赛等，参赛老同志近半数获奖，并被评为精神文明代表队。

适时组织老干部集体活动。组织健康知识讲座、“生态养殖参访”、老年趣味运动会、“自由呼吸·有氧运动”健步走活动等，近 500 名老同志走进大自然，实现了身心康健和文化养老的有机统一。

依托老年体协组织活动。游泳、歌咏、舞蹈、书法等分会日常活动 70 余次 900 余人。其中，书法

协会每人每月交1幅交流作品；麻将协会组织参加片区比赛4次，内部比赛4次；钓鱼协会组织钓鱼比赛2次；舞蹈、游泳协会每周活动1次；歌咏协会每周排练1次；门球协会天天训练，参加友谊赛6次。体协工作受到省老年体协的通报表彰。

【加强思想政治建设和党支部建设，打造高素质的专业化干部队伍】 认真抓好思想政治建设。坚持用习近平新时代中国特色社会主义思想武装头脑，认真开展“不忘初心、牢记使命”主题教育。充分利用党建“灯塔”在线等多种载体和每周一固定政治学习日，全年组织集体学习33次66学时；组织召开支部党员大会4次、支委会12次、组织生活会2次，上党课5次、微党课2次；组织开展主题党日11次，谈心谈话6次，教育引导全体人员坚定理想信念，树立“四个意识”，增强“四个自信”，做到“两个维护”。

坚持抓好廉政建设。认真学习有关党风廉政建设和反腐败工作的重要讲话；传达通报典型案例，收看廉政教育片，运用正反典型，开展“违法教训我汲取，廉洁司法我承诺”廉政教育主题党日活动，进行廉政风险排查；坚持上廉政教育党课，开展日常警醒提示，发廉政短信，提高了大家拒腐防变的能力。

突出抓好作风建设。组织开展普法宣传教育、助力脱贫攻坚、服务乡村振兴战略等志愿服务活动，提高思想认识，确保工作正确政治方向；认真梳理工作制度规程，强化“老干部工作无小事”理念，发扬钉钉子和马上就办的精神，进一步改进工作作风；强化“一岗双责”，认真落实民主集中制，强化担当作为，坚持批评与自我批评，提升班子战斗力。

法官培训学院工作

【概述】 2019年，学院党委坚持以习近平新时代中国特色社会主义思想为指导，在增强培训针对性、实效性上下功夫、做文章。全年共举办培训班65期，其中地面培训64期，培训学员7358人次，网络培训1期，培训学员962人次。

【坚持政治统领，履行党建职责】 坚持把政治建设放在首位。旗帜鲜明讲政治，增强“四个意识”，坚定“四个自信”，做到“两个维护”，确保学院发展正确政治方向。严格落实党委理论学习中心组学习制度，制订并落实《中共山东法官培训学院委员会中心组2019年理论学习计划》，全年学院党委理论学习中心组集中学习研讨16次。扎实开展“不忘初心、牢记使命”主题教育，党委理论学习中心组先后组织专题学习研讨3次，组织全体党员外出开展学习教育2次。

坚持把党建工作摆在更加突出位置。制定《2019年学院党的工作要点》，成立党建工作领导小组。制定《学院实施基层党支部组织力提升工程2019年度工作计划》，召开学院第一次党员大会，选举产生第一届山东法官培训学院委员会和学院纪委，组织2个支部换届选举。积极创新党建工作方法，坚持线上、线下学习相结合，升级改版学院“党建动态”专栏。扎实推进党组织、党员“双报到”工作。

坚持抓班子带队伍增活力。全年召开党委会47次，院务会21次，省纪委省监委驻省法院纪检监察组派员列席党委会8次。学院主要领导带头给党员集中上党课1次，其他领导班子成员为所在支部上党课6次。制定学院党支部书记落实党建工作目标责任清单，全年4个支部共上党课14次，开展主题党日活动44次，集体学习教育69次。

【聚焦职能作用，做实做优培训】 着力加强政治能力培训。把习近平新时代中国特色社会主义思想和中共十九大精神作为必修课，实现培训班次全覆盖，培训班政治理论培训课程课时占比为总课时的20%以上。组织长期培训班（新进人员培训班）每天早晨诵读《学思践悟科学理论——经典诵读一百篇》。认真落实援藏援疆援青法官培训专项工作，受援地区法院有26名法官到学院参加培训学习。

10月21—25日，举行全省法院职务犯罪案件审理实务培训班

12 月 20 日，中共山东法官培训学院委员会第一次全体党员大会召开

着力增强培训工作的针对性、实效性。举办全省法院黑恶势力刑事案件审判等 3 期专题培训班，培训学员 373 人次；举办全省法院领导干部政治轮训班等 5 期专题培训班，培训学员 640 人次。优化师资配备，基层法院领导和优秀法官占外聘教师总数的 80% 以上，20 余名专家学者到学院授课。据 2019 年度 59 次教学测评显示，课程设置、师资配备等五项调查指标优秀率平均值达到 95% 以上。

着力推进培训方式改革创新。自创并完善"多层次引导式案例教学法"，结合"智慧学院"建设，提高培训体系和培训能力现代化水平。坚持以制度为保障，积极探索培训班项目化管理，完善重点班次双班主任制度、班主任跟班管理制度。

【发挥智力密集优势，推动深度融合】 **全力参与省法院工作。**选派部分教师参与了省法院员额法官补充遴选命题阅卷、2019 年省法院案件质量评查、行政案件执行情况进行回访调查等多项工作。其中，学院课题组撰写的《全省法院行政判决执行情况的调研报告》，得到省法院领导的肯定，并获得全国行政审判优秀业务成果一等奖。

全力开展司法调查研究。参加法官办案数量饱和度测算、全省法院 2018 年民商事二审改判案件质量评查等工作，其中《2018 年度全省法院民事案件审判质量评查报告》《2018 年度全省法院民事案件审判质量分类评查情况报告》，得到省法院院长张甲天充分肯定。

全力推进应用法学研究。先后承担了"我省道交一体化平台建设及使用情况"等课题调研工作，编审《山东审判》6 期。学院被山东省委政法委员会、山东法学会确定为"齐鲁法治文化建设研究基地"。全年学院教师撰写的学术论文有 20 多篇获得省级以上奖项，1 人获全国法院学术讨论会三十年组织工作突出贡献奖银奖。

【突出政治标准，建设过硬队伍】 **扎实开展政治学习教育。**以学习贯彻习近平新时代中国特色社会主义思想为主线，组织教职工开展各种形式的集体学习教育 20 余次。高度重视意识形态工作，落实意识形态工作责任制，严把教职工外出学习交流、网上信息传送、教师授课等关口，坚守意识形态阵地。

扎实提高履职能力。组织教职工外出参加业务培训 50 余人次，学院先后选派教师 8 人次到省法院审判一线进行岗位实践锻炼。公开招聘 2 名工作人员。组织实施了专业技术岗位竞聘上岗和处级干部选任工作，34 名专业技术人员和 5 名管理岗人员职称职级得到晋升。学院先后选派 2 人担任驻村书记和第一书记，2 人参加"万名干部下基层"活动。

扎实开展精神文明创建活动。学院"蒲公英爱心志愿服务队"先后组织开展"做志愿表率、为党旗增辉"等活动 6 次。组织开展"慈心一日捐"捐款活动，共捐善款 2.54 万元。为"万名干部下基层"学院选派干部所在企业举办民营企业高质量发展培训班 1 期，为所在镇敬老院老人购买价值 5000 元的物品，为所负责的村志愿捐赠图书 117 本。

【转变服务理念，优化设施条件】 **营造良好培训环境。**全年学院共完成 64 期培训班、20 次最高人民法院、省法院大型会议服务保障任务。在公共区域设立报刊图书阅览角和电子图书读书机，为学员宿舍配发报纸、四库全书、二十四史等经典名著。

建设一流基础设施。按照《国家法官学院分院建设标准》，学院投资 1300 多万元，先后对学院两栋学员公寓楼和西营警训基地等 10 多项基础设施进行维修改造。加强"智慧学院"建设，建设学院培训综合管理系统，实现调训招生、培训管理、在线学习等工作的信息化管理。学院录制上传在线课堂课件 2200 多个，采购图书 5000 余册，总藏书量突破 10.6 万册，数字图书收藏达 10.2 万余种。

提高综合管理服务水平。完善落实《山东法官培训学院内部控制制度》。严格落实财务制度，资金向学院中心工作、重点工作倾斜。抓好学院车辆管理，全年学院公务用车安全无事故。学院法警队加强院内巡逻，确保校园安全规范。扎实做好国有资产管理工作，认真做好档案管理服务工作。

【坚持全面从严治党，持续正风肃纪】 *筑牢思想防线*。学院党委组织党员干部认真学习贯彻中央关于党风廉政建设的各项规定，及时通报违纪违法典型问题、典型案例，组织开展“廉洁司法、担当作为”教育活动，组织党员到省警示教育基地进行警示教育，组织处级以上干部集中观看警示教育片 4 部。

强化制度刚性约束筑牢篱笆。严格落实党风廉政建设责任制，层层签订党风廉政建设责任书。落实廉政风险点和风险等级排查制度，建立廉政风险防控明细表。严格落实中央“八项规定”及实施细则精神，在公务接待、财务收支、印章管理使用等方面严格、规范、细致。

加大监督执纪问责的力度。强化对重要工程、重大开支、重点工作和重点领域、关键节点和重点人员全程监督、全程留痕，形成纪委监督工作台账 30 多项。认真落实《山东法官培训学院关于深化运用监督执纪“四种形态”实施意见（试行）》，得到省纪委省监委驻省法院纪检监察组的肯定。

第七章　全省各市县区法院

济南市中级人民法院工作概况

【概述】 2019 年，济南市中级人民法院（以下简称“济南中院”）按照“工作有亮点，在全省有地位、全国有影响，并走在前列”的思路，全面加强审判执行工作和自身建设，各项工作取得了新发展。全市法院共受理各类案件 213838 件，结案 222518 件，同比分别上升 17.38% 和 25.13%，收结案均创历史新高；其中，济南中院受理案件 31880 件，结案 31561 件，同比分别上升 26.85% 和 24.53%，收结案数、结案率均列全省首位。全市法院扫黑除恶、行政审前和解、家事审判改革、刑事认罪认罚从宽制度改革等工作得到上级充分肯定。刑事审判、民商事审判、“基本解决执行难”、新闻宣传等工作受到最高人民法院表彰，涌现出“全国优秀法官”“全国法院先进个人”“山东省法治人物”“全省优秀共产党员”“全省人民满意政法干警”“齐鲁最美法官”等一批先进典型。

【刑事审判】 扎实推进平安济南建设，依法惩治刑事犯罪，审结一审刑事案件 6615 件。扎实开展扫黑除恶专项斗争，专项斗争开展以来，审结黑恶势力犯罪案件 81 件 411 人，判处罚金累计 4161.4 万元。依法审结庞某盟等 24 人黑社会性质组织犯罪案，省扫黑除恶专项斗争领导小组发贺电予以鼓励。

【民事审判】 妥善化解涉及群众利益的矛盾纠纷，审结一审民事案件 46096 件。巩固家事审判改革成果，完善离婚冷静期、家事调查、家事调解等制度，审结家事纠纷案件 12264 件。坚持绿水青山就是金山银山理念，加强生态环境司法保护，审结环境资源类案件 2025 件。省生态环境厅诉金诚公司等损害赔偿案入选全国法院生态环境保护制度改革典型案例。

【商事审判】 主动融入全市改革发展大局，制定落实优化营商环境实施方案以及支持民营经济发展、构建亲清政商关系等意见，依法调节经济关系，审结一审商事案件 51877 件。落实企业家保护政策，审理的济南群康食品有限公司合并破产和解案入选最高人民法院“依法平等保护民营企业家人身财产安全”十大典型案例。积极服务新旧动能转换重大工程，建立常态化府院联动破产工作机制，提升破产审判工作质效。最高人民法院批复设立济南破产法庭。加强知识产权审判工作，依法审结中国重汽商标权案等一批有较大社会影响的案件。审理的全国首例“网络通信领域实施方法专利权案”，最高人民法院二审维持并予以推广。

【行政审判】 监督支持行政机关依法行政，审结一审行政案件 4990 件。大力支持新旧动能转换等重点项目建设，审结征收拆迁、城市更新等案件 2781 件。注重行政争议实质性化解，推动市、区县全部建立行政争议审前和解中心，通过和解方式化解一批行政争议。成功化解涉及 300 多户的云溪庄园“大棚房”

纠纷，得到省市领导充分肯定。“行政奖励案例”获全国行政审判优秀成果一等奖。

【执行工作】 在“基本解决执行难”的基础上，完善执行长效机制，持续加大执行力度，执结案件80844件，执行到位金额225.79亿元，同比分别上升36.04%、37.66%，核心质效指标居全省前列。扎实开展涉民生、涉金融、涉党政机关等执行专项行动和“暖心冬日”执行大会战，依法打击规避执行、抗拒执行行为，司法拘留2311人次，罚款406.6万元，追究拒执罪19人。

【一站式诉讼服务中心建设】 制定推进诉讼服务体系建设10条意见，积极构建诉讼服务大厅、诉讼服务网、移动微法院、12368诉讼服务热线“四位一体”服务体系。落实“一次办好”改革要求，向社会公布“一次办好”立案清单，当事人足不出户即可完成网上立案、跨域立案、网上缴费等事项。认真开展防范和化解涉诉信访案件落实年活动，实行班子成员带班接访、首接负责制、远程视频接访等制度，圆满完成全国两会、中华人民共和国成立70周年庆祝活动等重大活动期间的维稳任务。

【一站式多元解纷机制建设】 加强与非诉解纷机构的协作配合，建立保险、证券等行业性纠纷诉调对接机制，在社区、镇街设立法官联系点，促进纠纷源头治理。加大诉前调解力度，依托诉前调解平台化解纠纷47039件，减少了不和谐因素，促使一审民商事案件收案增幅较上年下降13.57个百分点。对5812件房屋买卖合同纠纷，采取“人民调解＋司法确认＋依法执行”方式一揽子化解，执行到位标的额30.05亿元。

【司法责任制及综合配套改革】 严格落实司法责任制，细化人员分类管理，组建新型审判团队474个。完善入额院庭长办案制度，院庭长带头办理案件81365件。健全法官职业保障机制，激发法官办案内生动力，员额法官人均结案335件，列全省首位。认真落实人民陪审员制度，人民陪审员参审案件34690件，有效发挥了人民陪审员参与审判、监督司法的作用。

【审判监督管理】 健全完善审判委员会、专业法官会议等制度，加强审判运行态势分析，发布各类案件裁判指引和参考性案例，促进“类案同判”“同案同释”。充分发挥二审和再审纠错功能，审结二审案件13560件、再审案件344件。强化对案件的监督管理，实行改判发回案件逐案评查等制度，二审改判发回率同比下降4.06个百分点。加强审判流程管理，细化节点时限要求，严格审限延长审批制度，平均办案周期较上年缩短7天。

【“分调裁审”机制改革】 认真贯彻案件“繁简分流、轻重分离、快慢分道”要求，加大繁简分流工作力度，组建速裁团队55个，通过速裁程序处理案件53696件。开展要素式审判试点，制定保险合同、劳动争议等案件要素式审判指导意见，促进简案快审快结。对人数众多、诉求一致的群体性案件，实行专业化审判，确保类案专办，统一裁判尺度。

【过硬法院队伍建设】 认真开展“不忘初心、牢记使命”主题教育，领导干部带头加强学习、带头讲专题党课、带头交流调研成果、带头抓好整改落实。压实全面从严治党责任，实施“基层党组织组织力提升”工程，建设“流动战斗堡垒”的做法入选市十佳党建创新案例。突出实战实用实效导向，加大教育培训力度，抓好司法能力建设“六个一”工程，参与完成最高人民法院3项重点课题研究，18篇案例入选全国法院年度案例，17名法官被评为全省法院审判业务专家，98份司法建议得到有关部门积极回应，100余篇理论文章在省级以上刊物发表。

【智慧法院建设】 加强司法公开平台建设，公开

4月26日，济南中院召开新闻通报会，发布济南法院审理的十大黑恶势力犯罪典型案件

流程信息 117528 条，公开率 100%；公开裁判文书 210165 篇，公开率 94.45%；互联网直播庭审 15332 场次，居全省第二位。加快建设全流程网上办案系统，积极推进电子卷宗随案同步生成和深度应用，中院电子卷宗覆盖率 99.82%，居全省前列。

济南市历下区人民法院工作概况

【概述】 2019 年，济南市历下区人民法院坚持以习近平新时代中国特色社会主义思想为指导，认真贯彻落实中共十九大和中共十九届二中、三中、四中全会精神，紧紧围绕“让人民群众在每一个司法案件中感受到公平正义”的目标，不忘初心、牢记使命，司法为民、公正司法，全面加强审判执行工作和自身建设，各项工作取得了新发展。全年共受理各类案件 26888 件，同比增长 13.23%，结案 28359 件，同比增长 27.67%，收案、结案数量再创历史新高，均位居全省基层法院第四位、全市基层法院第一位；法官人均结案 578.8 件，位居全省基层法院第三位，审判质量、效率和效果有了新提升。

【全力维护社会稳定】 积极参与“平安历下”建设，依法惩治刑事犯罪，审结刑事案件 565 件，判处被告人 685 人。深入推进扫黑除恶专项斗争，审结涉黑涉恶案件 4 件 25 人，坚持“扫黑除恶”与“打伞破网”“打财断血”并重，追缴违法所得 900 余万元，判处财产刑 245 万元，彻底铲除黑恶势力犯罪经济基础。深入推进反腐败斗争，审理职务犯罪案件 12 件 15 人，持续保持反腐败斗争高压态势。

【优化法治营商环境】 紧紧围绕市委“1+474”工作体系和建设“大强美富通”现代化国际大都市的任务目标，认真落实优化营商环境工作要求，共受理商事案件 9602 件，审结 10239 件。组织召开“优化营商环境，服务金融发展”驻区金融机构联席会议，积极为驻区金融机构提供司法保障，助力全区金融中心建设。审结金融借款、企业债务担保、证券、信托等金融类案件 3532 件，营造公平公正的法治环境。

【强化民生司法保障】 大力加强民生司法保障，积极回应人民群众新关切，审结涉民生案件 4803 件；审结婚姻家庭、民间借贷、劳动争议、医疗纠纷等案件 3543 件。健全司法救助机制，发放涉民生案件司法救助款 40 余万元，对符合条件的当事人减免缓诉讼费用 4700 余万元，彰显司法关怀。

【助力法治政府建设】 依法履行司法审查职能，既支持行政机关依法行政，又依法保护行政相对人合法权益，共受理行政诉讼案件 423 件，审结 514 件，办理行政非诉审查执行案件 120 件，9 个部门 160 余人次到法院旁听行政诉讼庭审。大力支持“放管服”改革，主动为政府处置重大事件提供法律参考意见。积极推行行政争议审前和解工作，组建行政争议审前和解中心，促进行政争议在诉前实现实质化解。

【统筹推进司法体制改革】 圆满完成内设机构改革任务，内设机构数量由 16 个优化整合为 10 个，基本实现了内设机构减下来、工作效能提上去的目标。认真落实院长庭长办案制度，院领导带头办理重大疑难复杂案件，2019 年院长庭长办理案件 11283 件，占全部案件的 39.80%。

【积极探索审判管理创新】 按照习近平总书记关于“把非诉讼纠纷解决机制挺在前面”的要求，坚持和弘扬新时代“枫桥经验”，积极打造诉前分流、多元化解、简案快审、诉调衔接的“调解＋速裁”的诉讼前端分流机制，济南市历下区人民法院诉讼前端矛盾纠纷多元化解工作机制获评全市政法工作改革创新精品亮点项目。

【推动诉讼服务转型升级】 认真贯彻落实中共十九届四中全会精神，主动融入党委领导的社会治理体系，不断加强一站式多元解纷机制、一站式诉讼服务中心“两个一站式”建设，为人民群众提供更多、更快、低成本、高效率的解纷渠道，满足人民群众日益增长的司法需求。加快智慧法院建设，推进网上立案，让当事人足不出户即可立案，2019 年网上立案率达到 100%。

【着力加强思想政治建设】 坚持不懈用习近平新时代中国特色社会主义思想武装头脑，扎实开展“不忘初心、牢记使命”主题教育，围绕“坚定理想信念”“增强党性修养”等专题认真学习研讨，结合工作和实际，深入检视反思。认真做好巡视巡察整改工作，提出 12 个方面 33 项具体整改措施，狠抓整改落实。

【着力加强司法能力建设】 围绕提升“五种能力”，有针对性地开展党的创新理论、法律业务知识、群众工作能力、社会治理体系和治理能力现代化等内容的干部培训，举办和参加各类培训班 23 期，培训干警 300 余人次。组织干警前往西南政法大学开展综合素质培训，有效提高了干警队伍的业务能力和业务水平。

【着力加强纪律作风建设】 坚持全面从严治党，确保公正廉洁司法，不断推动纪律作风建设向纵深发展。狠抓廉政教育，进一步筑牢拒腐防变的思想堤坝，严肃查处违纪违法行为，大力整治“四风”突出问题和“六难三案”问题，不断改进工作作风、司法作风和纪律作风。

【不断深化司法公开】 大力打造“审判流程、庭审活动、裁判文书、执行信息”四大公开平台，全面推行案件全程同步录音录像，积极推进庭审网络直播，累计网络直播庭审1094件。推进裁判文书公开，在中国裁判文书网公开裁判文书10360篇，公开信息19511篇。

【深入开展普法宣传】 抓好法院微信公众号、今日头条等新媒体建设，编发信息1984篇。拍摄《法庭影院》系列微电影7部，印发宣传资料3万余份。在济南电视台播出审判执行节目42期。深入开展“法治六进”活动，到20余所学校、50余个社区和30家企业开展普法宣传，赠送《法庭影院》光盘4000余套，营造了良好的法治环境。

济南市市中区人民法院工作概况

【概述】 2019年，济南市市中区人民法院紧紧围绕区委工作部署，深入践行习近平新时代中国特色社会主义思想，强力服务保障区委“1+456”工作体系和“攻坚突破年”，锐意进取，潜志笃行，各项工作实现新发展。共新收各类案件24036件，审执结25329件，均列全省基层法院第七位，同比分别增长18.7%、35.3%，创历史新高，为全区经济社会发展作出了积极贡献。

【机构改革】 2019年4月，市中区人民法院按照《关于积极推进省以下人民法院内设机构改革工作的通知》(鲁编办〔2018〕169号)文要求，进行了内设机构改革，将内设机构优化整合为10个。设置司法行政机构2个，审判辅助机构1个，审判执行业务机构7个。2个司法行政机构为综合办公室、政治部；1个审判辅助机构为司法警察大队；7个审判执行业务机构为立案庭（诉讼服务中心）、刑事审判庭、民事审判一庭、民事审判二庭、行政审判庭（综合审判庭）、执行局、审判管理办公室（研究室）。

【立案工作】 加强诉讼服务中心、诉调对接中心两个“一站式”中心建设，开通12368诉讼服务热线，启用智能云柜系统，提供立案登记、缴费退费、诉讼引导、先行调解、文书送达、材料收转、查询咨询、信访接待、联系法官“一站式”服务，真正做到“走进一厅，事务全清”，为人民群众提供更好的司法服务。

【案件审理】 审结刑事案件635件736人。严厉打击危害公共安全、侵害公民人身财产权利和涉食品、药品、毒品犯罪，审结以危险方法危害公共安全、杀人、放火、贩毒、非法持有枪支、抢劫、强奸、故意伤害、非法拘禁、危险驾驶、盗窃、组织传销等案件609件675人，努力让生活在市中区的群众更有安全感。依法审结商事案件5891件，标的额67亿元，调节经济关系，规范市场秩序，促进经济发展。依法审结与群众生活息息相关的民事案件7925件。坚持调解优先原则，57.1%的案件调解或撤诉结案，实现了法律效果与社会效果的统一。依法审结行政争议案件659件。积极试点行政案件跨行政区域管辖，有效保护当事人的合法权益。

【案件执行】 执结案件10219件，标的额47.3亿元，执行各项主要指标均居全市法院前列。聚焦查人找物难，运用全国法院网络查控系统，发起网上查控1万余件次，查询线索26万条，冻扣2.6亿元。加大

6月26日，济南市市中区人民法院七贤法庭举行知识产权法庭揭牌仪式

执行威慑，全年开展集中执行活动92次，拘留拘传145人，移送追究拒执罪4案8人，判处刑罚1人，限制出境33人，限制高消费7807人。963件“骨头案”和23件涉党政军案件全部执行完毕，捍卫了法律尊严。

【司法公开】 在全院34个审判庭全部加装新浪庭审直播系统，所有庭审可在中国庭审公开网同步直播，开通以来庭审直播3816场次，居全省第三、全市第一，司法透明指数显著提升。依托中国审判流程信息公开网，向当事人公开诉讼和执行进程中的重要节点信息，案件有效公开率达99.8%，保障了当事人对案件信息的知情权。

【司法为民】 在全省率先推行电子卷宗随案同步生成，使案件审理各阶段的诉讼文件、诉讼活动，同步转化为电子数据，当事人随时随地可以查询自己案件的卷宗信息。推出类案提醒系统，实施类案专审，避免因同案不同判影响当事人利益。开发电子送达系统，与三大电信运营商合作联动，实现即时通知、在线送达，减轻了当事人往返法院的诉累。开发大数据智审服务系统，一键查询当事人信息，减轻当事人的取证压力，保障当事人的诉讼权益。全年共查询信息9204次。

【司法改革】 认真贯彻落实习近平总书记关于“推进案件繁简分流、轻重分离、快慢分道”的重要指示，区分繁简案件，实行简案速裁、繁案精审、类案专办。设置民商事案件速裁团队，将事实清楚、标的额较小、法律关系明确、争议不大的案件全部分流至速裁团队进行速裁审理。全年共向速裁团队分流案件4000余件。适用要素式、令状式、表格式等文书，提升速裁效率。加强审限管理，将办案任务细化到每个业务庭、每个审判团队、每名法官名下，形成提质增效的合力。认真开展刑事案件速裁、认罪认罚从宽制度改革试点工作，推行律师辩护全覆盖。

【政治引领】 认真开展“不忘初心、牢记使命”主题教育，领导干部带头学、研、查、改，全院123名党员干部深度参与、并联推进，23项整改事项全部整改完毕，党员法官的政治素养全面提升，思想面貌焕然一新。结合中华人民共和国成立70周年庆祝活动，通过组织法官宣誓、参观党性教育基地、唱响《我和我的祖国》等措施，深度开展爱国教育。培树党建品牌，加强党建引领，做大做强“红日法律工作室”，将其培育成党建工作的重要阵地，相关做法被省委组织部《党员干部之友》报道。一人被市委、市政府授予“优秀党员”称号，16名法官分获全国法院“全面停止军队有偿服务工作先进个人”、“齐鲁最美法官”、“市三八红旗手”、平安济南建设先进个人、市中区“出彩型”好干部等称号。

济南市槐荫区人民法院工作概况

【概述】 2019年，济南市槐荫区人民法院（以下简称槐荫法院）坚持以习近平新时代中国特色社会主义思想为指导，深入学习贯彻中共十九大和中共十九届二中、三中、四中全会以及习近平总书记“走在前列、全面开创”指示精神，紧紧围绕省委、济南市委“1+474”和槐荫区委“1+541”工作体系，扎实履行宪法和法律赋予的职责，服务大局、司法为民、公正司法。全年新收案件13316件，比上年增长9.14%，结案14708件，增长27.28%；结案率达到91.13%，同比上升10.81个百分点；35名员额法官人均结案420件，比上年增长34.62%，均创历史新高。

【刑事审判】 依法审结一审刑事案件488件，判处罪犯571人，同比分别增长39.7%和31.57%。紧紧围绕“深挖根治”的阶段性目标，严格落实“两高两部”（最高人民法院、最高人民检察院、公安部、司法部）关于办理黑恶势力案件的4个意见精神，依法及时审结金某正恶势力犯罪团伙漏罪案，与原判刑罚并罚，判处金某正有期徒刑二十四年，并处罚金46万元。始终保持对严重暴力犯罪的高压态势，依法一审审结杀人、放火、贩毒、强奸等严重危害社会治安和侵犯公民人身财产权利的犯罪案件69件，对8人判处五年以上有期徒刑。依法一审审结非法集资、电信诈骗等涉众型经济犯罪案件5件9人；持续严厉打击危险驾驶犯罪行为，判处该类罪犯232人，其中，113人被判处实体刑。主动回应人民群众对食药安全、高空抛物等社会热点关切，依法严惩危害食品药品安全犯罪，审结此类案件4件5人。及时以危险方法危害公共安全罪对2起社会高度关注的“高空抛物”案进行集中宣判，中央电视台等新闻媒体给予一致好评并形成良好社会反响。依法判处贪污贿赂等职务犯罪案件2件2人，彰显党和国家有腐必惩、有贪必肃的决心。

【民商事审判】 依法审结一审民商事案件8682件，同比增长12.9%。围绕槐荫区委“康养名城”“总部基地”和“会展中心”等重大部署，对拆迁和试运营过程中产生的拆迁腾退、租赁合同以及析产继承等传统民事纠纷，依法快立、快调、快审、快执，全年办结相关案件579件。及时依法受理山东外海置业投资有限公司破产重整案。在严格依法办案的同时，开拓性地采取了重整立案听证、网络债权人会议、书面二次表决重整计划草案等有效举措，并依法裁定批准了重整计划草案，基本解决了该烂尾项目面临的复工续建、办证交房、工程欠款、金融风险等一系列稳定及民生问题，消除了影响槐荫区社会稳定的重大隐患，取得了良好的政治效果、法律效果和社会效果，同时也摸索出一套依法解决烂尾楼盘项目的“槐荫新模式”。制定《进一步优化营商环境8项具体措施》并狠抓落实，审结买卖、租赁等合同纠纷1146件，尊重契约自由、维护诚实守信，保障规则公平、权利公平、机会公平，稳定市场主体预期、增强企业信心。审结金融借款、票据证券、保险期货以及股权、债权等商事纠纷243件，推动化解过剩产能，促进生产要素优化升级，服务保障供给侧结构性改革。深入开展“遍访民企解难题”服务活动，为辖区270家民营企业提供了精准化、个性化法律服务。积极回应人民群众对教育、就业、医疗、消费者权益等问题的关切，审结此类案件328件，切实维护人民群众切身利益。依法保障劳动者权益和企业用工权益，对追索劳动报酬、劳动争议案件快审快结，审结相关案件735件，推动构建规范和谐的劳动关系。高度关注涉“互联网+”、电子商务等的网络代币融资问题，审结“网络红币”案件110件，及时维护群众合法权益，化解网络融资风险。强化与妇联、民政部门的沟通与协作，积极推进家事审判方式改革，审结婚姻家庭、抚养赡养、析产继承等家事类案件815件，依法保障妇女儿童及老年人、残疾人的合法权益，促进家庭关系和谐稳定。

【行政审判】 全年审结一审行政案件229件，同比减少3.78%。充分发挥行政审判职能和优势，加大对行政行为合法性、合理性的审查力度，依法审理好征收拆迁、拆违拆临、城市更新等纠纷案件，大力支持行政机关依法履行经济调控、市场监管、公共服务、社会管理等职能。坚持和发展新时代“枫桥经验”，大力加强行政争议审前和解中心建设，积极探索建立行政争议多元化解机制，切实从源头上减少行政争议和行政诉讼。积极延伸司法职能，及时帮助执法部门解决工作中遇到的法律难题，定期发布行政审判白皮书、典型案例等，助推法治政府建设。

【案件执行】 依法办结执行案件5309件，同比增长62.6%。在顺利通过“基本解决执行难”第三方评估的基础上，再接再厉，持续用足用好各种强制手段和信用惩戒措施，查封、扣押、划拨4907件次，拘留68人次，发布失信被执行人名单1708人次，限制高消费4013人次，向公安机关移送涉嫌拒执罪案件3件，其中2人被依法追究刑事责任，有力打击和震慑了规避、逃避和抗拒执行行为。集中开展“暖心冬日执行大会战”活动，对286件涉民生案件进行专项执行。全年，执行到位金额8.7亿元，同比增长110.14%，执行到位率达到40.68%，切实保障当事人合法权益，维护法律权威。

【司法改革】 严格遵循司法规律，进一步细化审判委员会研究范围，完善运行规则，强化审判组织办案主体责任，更好地实现“让审理者裁判，由裁判者负责”。全年共召开审判委员会2次，集体研究个案3起，仅占全院判决案件的0.06%，切实发挥了法官在办案中的主导性、基础性作用；坚持内部挖潜与社会招聘并重，提升法官助理素质，增强书记员力量，审判执行团队建设不断完善。槐荫法院所有审判执行团队均达到了“1+1+1”或“1+2”的人员配备标准，新型审判团队效能得到有效发挥。进一步明确院庭长监督职责和管理边界，确保规范廉洁用权、依法有序放权，放权不放任、放权与监督相统一。2019年，全部案件均在法定审限内办结，案件结收比达到110.45%，服判息诉率、二审发改率等质量指标稳步提升。

【两个“一站式”建设】 坚持把非诉讼纠纷解决机制挺在前面，大力加强多元解纷机制和诉讼服务两个“一站式”建设。充分发挥法院主观能动性，着力在“诉前调解、源头治理”上想办法，推动建立道交纠纷、医患纠纷等行业调解组织，积极邀请律师、调解员入驻法院开展诉前调解工作，促进发挥过滤减压作用，从源头上减少诉讼增量。全年诉前成功调解各类纠纷1564件，其中，道路交通巡回法庭成功调解“道交”类纠纷311件，标的额达到748.07万元，有效缓解了法院审判压力，减轻了群众诉累。认真落实“简繁分流、快慢分道”要求，着力在强化诉讼服务中心解纷实体功能上出实招，组建速裁团队4个，专职负责简易案件的诉前调解和速裁工作，努力将40%的矛盾纠纷化解在诉前或速裁阶段。大力推进诉讼服务中心转型升级，将审判执行辅助事务统一纳入诉讼服务中心，努力实现诉讼服务中心由立案受理向诉讼全程服务的转变。

【"智慧法院"建设】 以"提高审判质效、方便群众诉讼"为目标，大力推进网上立案工作，所有案件全部实现了网上立案，当事人通过山东法院诉讼服务平台、微法院、微信公众号等便可网上操作，随时随地立案。加快全流程网上办案体系建设，在狠抓电子卷宗随案同步生成和深度应用的基础上，研发应用电子送达、在线调解和智慧微法院等系统平台，法官办公办案更加高效。及时满足群众所需所盼，网上缴费、诉讼材料智能流转等系统先后上线，群众诉讼更加方便快捷。积极适应陪审工作新需求，研发上线"陪审智能排期"系统，通过"抢单"和"选单"两个程序，陪审工作实现了由过去法院单项选择向智能双向选择的转变，极大地调动了人民陪审员参审的积极性和实效性。2019 年，人民陪审员参审案件 2216 件，参审率达到 95.28%，参审案件质量进一步提升。

济南市天桥区人民法院工作概况

【概述】 2019 年，济南市天桥区人民法院（以下简称天桥法院）坚持以习近平新时代中国特色社会主义思想为指导，紧紧围绕"努力让人民群众在每一个司法案件中感受到公平正义"目标，坚持服务大局、司法为民、公正司法，忠实履行宪法法律赋予的职责，各项工作取得新进展。全年新收各类案件 15173 件，同比上升 0.84%；审结各类案件 16371 件，同比上升 17.57%；结案率为 92.01%，同比上升 7.84 个百分点，收案数、结案数再次刷新历史纪录。人均结案 355.89 件，平均审理天数 67.77 天，无长期未结和准长期未结案件。

【刑事审判】 审结各类刑事案件 628 件 779 人，判处 10 年以上有期徒刑 14 人，3 年以上 10 年以下有期徒刑的 56 人。坚持宽严相济刑事政策，对 280 名具有从轻、减轻情节的被告人依法从宽处罚并适用非监禁刑。审结盗窃、危险驾驶、交通肇事、故意伤害、电信网络诈骗等案件 449 件 479 人，维护人民群众生命财产安全；审结生产、销售有毒有害食品、销售假药等案件 9 件 17 人，切实保障人民群众"舌尖上的安全"；审结非法吸收公众存款等涉众型经济犯罪案件 5 件 6 人，保障广大中小投资者合法权益；建立与监察机关相衔接的审判机制，审结贪污、贿赂、渎职等职务犯罪案件 3 件 5 人，保持反腐高压态势；坚决惩治针对未成年人的暴力、虐待、性侵害等犯罪，审结相关案件 17 件 19 人。作为首批认罪认罚从宽制度试点法院，认罪认罚从宽制度适用率达 65%，在全省法院做典型经验介绍。作为全省唯一一家采取远程庭审模式法院，被告人在押刑事案件远程开庭适用率达 90%。深入开展扫黑除恶专项斗争，审结涉恶案件 5 件 42 人，12 名被告人判处 5 年以上重刑，其中贾某某等 19 人恶势力犯罪集团案，被评为济南市"扫黑除恶"十大典型案件。注重打财断血，发挥财产刑作用，对涉恶被告人共计判处高达 670.4 万元罚金。

【民商事审判】 审结各类民商事案件 7992 件。加强人身权益保护，审结人身损害、交通事故等侵权纠纷 752 件；开展家事审判改革，注重维护家庭和睦，审结婚姻、继承等家事纠纷 1156 件；加强劳动争议仲裁与诉讼衔接机制建设，切实维护劳动者合法权益，审结劳动争议案件 319 件；准确区分民间借贷、高利贷、套路贷的行为性质，保护合法资金融通行为，审结民间借贷案件 1062 件；依法审理涉农纠纷，服务乡村振兴战略，保障新旧动能转换先行区建设，审结涉及大桥、桑梓店街道因征地拆迁引起的民商事纠纷 108 件。依法审理商事合同案件 3079 件，维护诚信高效的市场交易秩序；依法审理金融类案件 183 件，切实保障金融安全，规范金融秩序；依法审理破产、清算案件 4 件，增进经济发展活力，支持和保障产业结构调整。依法服务民营经济发展，保护诚实守信、公平竞争，审慎适用强制措施，优化营商环境，让企业家专心创业、放心投资、安心经营。

【行政审判】 审结行政案件 563 件，非诉执行案件 146 件，各类赔偿案件 6 件。加强行政机关执法人员培训，提升执法水平，引导依法行政，落实行政机关负责人出庭应诉制度。深化司法与行政良性互动，健全府院联席会议制度，加强法院与政府部门、人大、信访部门的联系，将有关信息报送互通。通过审理违法用地、违章建房等非诉执行案件，发现行政执法方面存在的个案问题，及时向有关行政机关提出改进意见和建议，及时反映依法行政中存在的问题，向行政机关发送司法建议 2 件，发布行政审判白皮书，助推法治政府建设。推进非诉行政执行案件"裁执分离"，对北湖片区、轨道交通、穿黄隧道、国棉四厂和政府西地块片区拆迁改造采取跟进式服务，保障拆迁改造工作顺利进行。

【执行工作】 受理执行案件5907件，同比增长15.42%，结案6446件，同比增长29.24%，结案率96.44%，同比增长11个百分点，无进京访案件，各项指标位居全市基层法院第二位。将“指挥中心+法官团队”模式作为执行工作改革主要方向，大力推行执行指挥中心实体化运作。充实应急保障分队，实现执行指挥中心24小时备勤。利用信息化手段，强化信用惩戒，加大守信联合激励和失信联合惩戒工作力度。连续开展执行会战，严厉打击拒不执行生效法律文书和规避执行行为，维护胜诉当事人合法权益。对有财产而拒不履行的当事人，分别采取了查封、扣押、拍卖财产，冻结、划拨存款等强制措施，确保将有财产可供执行案件执行到位。对于抗拒执行行为，按照有关规定进行罚款、拘留直至追究刑事责任，切实维护司法权威和当事人切身利益。全年司法拘留151人次，罚款15万元，对3736人次拒不履行生效法律文书确定义务的被执行人限制高消费，极大震慑了规避执行和抗拒执行行为，取得良好的社会效果和法律效果。

【建设一站式诉讼服务中心】 在诉讼服务大厅，配备自助立案机进行网上立案、案件查询和打印文书。制作网上立案指导手册，安排专门工作人员进行操作指导。民商事、行政一审，执行、保全实现100%网上立案。9月，天桥法院设立跨域立案窗口，10月成功跨域立案3件湖南法院管辖的案件，有效减轻当事人诉累。11月13日开展的全国法院跨域立案大演练中，圆满完成管辖法院及协作法院任务。开通12368咨询服务热线，及时进行释惑答疑。对22起案件办理缓交诉讼费手续，缓交金额近13万元，让经济确有困难的当事人打得起官司。

【申诉信访审判监督工作】 2019年，审结再审审查案件31件，裁定进入再审案件13件，裁定驳回申请再审案件10件，裁定撤回再审申请案件4件，出具驳回申诉通知书案件4件。司法救助12人次，救助金额99.1万元，保障特殊群体的基本生存权利。在庆祝中华人民共和国成立70周年期间，落实“三到位一处理”要求，通过健全机制、加强协调联动、加大救助力度，全面化解省法院交办的12起和市联席办交办的6起信访积案，实现10年以上涉诉信访积案全部清零并无新增信访案件，圆满完成信访工作任务。依法审理应由基层法院受理的再审案件，全年共受理再审案件18件，审结16件。

【健全多元解纷机制】 加强诉源治理，主动把司法工作融入党委领导、政府负责、社会协同、公众参与、法治保障的社会治理体制，从源头化解矛盾纠纷。整合街道综治中心调解资源，成立诉调对接中心，实现法院和综治中心无缝对接。聘请人民调解员6人，开展诉前调解。与司法局、劳动局、卫生局、交通事故科联合成立了行业调解组织，对家事、物业合同、劳动争议、医疗损害、机动车交通事故纠纷进行专业调解，尽量将纠纷化解在诉前。全年诉前化解纠纷1500件，立案阶段化解纠纷606件，出具法律文书500件，394件案件当事人自行撤回诉讼材料，不再进入立案程序。天桥法院将诉调对接与速裁程序有机结合，推进案件繁简分流、轻重分离、快慢分道，让有限审判资源得到最有效利用，速裁团队审结民商事案件2579件，占已结民商案件的32.3%，有效促进审判工作提质增效。

【延伸审执服务职能】 认真贯彻落实党中央和各级党委重大决策部署，落实山东省高级人民法院党组书记、院长张甲天到天桥法院调研时对各项工作提出的要求。注重把法院工作纳入天桥区整体工作中，围绕中心，服务大局，真抓实干，主动为辖区征地拆迁、新旧动能转换先行区建设等重大项目、重要产业发展提供司法服务，对涉重大工程、重大项目案件一律优先立案、优先调解、优先审理、优先执行。深入开展“法治六进”活动，听取民营企业家意见建议，组织法官到街道、企业、厂区、工地提供法律咨询，积极帮助企业预防纠纷、防范风险。行政争议审前和解中心在2019年1月31日挂牌成立，坚持合法、自愿、公平、程序正当、便捷高效的原则，对行政案件进行审前和解，为当事人与行政机关沟通协调化解行政争议搭建新的平台。不断创新执行工作方式，在天桥区委政法委的领导下，在大桥、桑梓店街道办事处的支持下，天桥法院在全市首创执行工作联络员制度，在大桥、桑梓店街道村居建立17个执行工作联络站，选任19名执行工作联络员，协助开展执行工作，促进执行工作提质增效，在“暖冬执行”活动中，一次性实际执结50件涉大桥、桑梓店辖区执行案件，涉及执行标的190万元，多家国家和省、市媒体对此进行深度报道。

【促进司法民主加强司法公开】 完成141名新任人民陪审员资格审查、选任和培训，通过人民陪审系统的全面应用，实现陪审员依法随机选取，加强陪审参与度，切实发挥和保障人民陪审员的审判权力，避免陪而不审，合议庭审理案件陪审率达 95.33%。做好 12345 市民服务热线承接办理工作，召开专题培训会，提高热线事项办理质量，全年共办理热线事项 1128 件。通过专题新闻发布、法院开放日等方式，有效畅通民意沟通渠道，回应社会关切；注重运用新媒体宣传法院工作，法院微博、微信影响力分别位居“全国基层法院”“全省基层法院”排行榜前列，宣传工作得到区委、区人大、区政府、区委政法委、区委宣传部领导的重要批示和高度评价。依托改造提升的智慧法院庭审直播系统，在天桥法院党组书记、院长沈迎的带头示范下，全院共网上直播庭审 459 次，实现庭审网上公开。强化裁判文书公开，公布裁判文书 17440 份，公开率位居全市基层法院第一名。

1 月 31 日，历城区行政争议审前和解中心在历城法院正式挂牌成立

【加强队伍建设】 认真开展“不忘初心、牢记使命”主题教育，将学习教育、调查研究、检视问题、整改落实四项措施相互贯通、有机融合，做到了理论学习有收获、思想政治受洗礼、干事创业敢担当、为民服务解难题、清正廉洁作表率。结合“坚持以人民为中心的发展思想”教育活动和“不忘初心、牢记使命”主题教育，找准廉洁勤政方面存在的问题，切实整改，努力实现“二升二降三个不发生”，济南中院党组成员、纪检监察组组长李庆到天桥法院调研时，对天桥法院的廉政建设工作给予充分肯定。坚持党建工作和业务工作同谋划、同部署、同落实、同检查，创新和改进基层党支部建设，对原有的 15 个党支部进行调整，充实支部成员。以“三会一课”网络建设为突破口，探索“互联网 + 党建”新模式，逐步实现党建工作信息化。加快建立以审判为中心的机构设置模式和人员配置模式，将原内设机构精简整合为 10 个庭室。选拔任用崔运森为处级干部，齐栋、张春风为副处级干部。法官助理李秋刚、季丹通过遴选进入员额法官序列。

济南市历城区人民法院工作概况

【概述】 2019 年，济南市历城区人民法院（以下简称历城法院）紧紧围绕“让人民群众在每一个案件中感受到公平正义”目标，坚持服务大局、公正司法、司法为民，各项工作取得新成效。历城法院获评“2019 年度全国法院司法宣传先进单位”，华山法庭被全国妇联评为“全国巾帼文明岗”，彩石法庭被济南市中级人民法院记集体三等功。

【发挥司法职能，维护社会稳定】 全年共新收各类案件 22765 件，办结 24300 件（含旧存 3950 件），法官人均结案 405 件，案件数量三年翻番。

刑事审判。审结刑事案件 952 件 1257 人。严惩涉枪、涉毒、放火等严重犯罪 13 案 25 人，故意杀人、伤害、抢劫等暴力侵害公民人身财产犯罪 130 案 172 人。审结集资诈骗、非法吸收公众存款、电信诈骗犯罪 8 案 15 人，涉案金额 1.3 亿元。为 34 名农民追回工资 13.7 万元。审结危害食药安全犯罪 9 案。审结非法转让土地使用权、占用农用地、猎捕野生动物犯罪 11 案。推进认罪认罚从宽制度，采纳检察机关建议，对 680 名悔罪认罚的罪犯，依法减轻从轻处罚。

民事审判。审结民事纠纷 6220 件。妥善化解土地承包、土地征收补偿纠纷等 257 件，劳动争议 407 件，婚姻家事纠纷 1276 件，社会保障、教育医疗、人身损害等 1206 件。依法减缓免诉讼费 42 万元，司法救助 46 人 85.7 万元。

商事审判。审结商事纠纷 5601 件。稳妥化解银座商城洪楼店与部分出租业户房屋租赁纠纷 116 起，努力促成双方继续履约，确保洪楼商圈持续繁荣。审结 1754 起房屋买卖、建设工程合同纠纷案，稳定房地产市场交易秩序。

行政审判。审结行政诉讼案件 734 件，审查行政非诉执行案件 114 件。顺应行政案件跨行政区域管辖改革，受理章丘、莱芜、钢城、高新等地行政案件 15 件。注重行政争议实质化解，设立行政争议审前和解中心，促成和解撤诉 3 件。

环境资源审判。作为省高院试点单位，在仲宫法庭专门设立三审合一的环境资源审判庭，集约司法，保护绿水青山。审结土地侵权等各类环境资源案件 90 件。

执行工作。新收执行案件 9292 件，办结 9641 件，同比分别上升 31.35% 和 44.87%，执行到位金额 10 亿元。在网络平台拍卖财产 556 件，成交金额近 2 亿元。引入大数据网络评估，有效解决财产变现时间长难题，司法拍卖周期由 92 天缩短到 56 天，为群众节省评估费用 424 万元。严厉打击拒不执行、逃避执行行为，司法拘传 746 人次，拘留 283 人，继续保持全市第一。以拒不执行判决裁定罪追究 4 人刑事责任。

立案信访。对标对表，着力落实“一次办好、一次办结”为民措施。落实院庭长信访接待制度，涉诉信访积案在全市法院率先清零。网上立案率保持 100%。11 月 15 日，通过“移动微法院”，7 分钟完成全市首例跨域立案，提交有管辖权的河北大名法院，实现了信息多跑路、群众少跑腿。抓好 12345 市民服务热线办理工作，出台信访案件办理规程，安排工作专班，1166 件事项全部办结。

【紧扣中心工作，服务发展大局】 *深入开展扫黑除恶专项斗争*。审结涉黑案件 4 案 32 人，涉恶案件 4 案 11 人。广受关注的“天鹏商会”李某鹏等人组织领导参加黑社会性质组织案，是济南市开展专项斗争以来审结的最大涉黑案件，首犯李某鹏被判处有期徒刑 25 年。坚持扫黑除恶与社会综合治理相结合，深挖移送涉恶线索 10 条。

助推新旧动能转换。加大企业破产案件审理处置力度，依法裁定宝世达集团等 7 家企业进入重整程序，做好债权人工作，保证企业重整期间的正常经营。成立“执转破”团队，加快推进“执转破”，对产能落后、“无产可破”的“僵尸企业”积极引导依法有序退出市场。通过司法拍卖释放土地、厂房等生产要素 7 处。

助力脱贫攻坚。选派精兵强将，帮扶南部山区秦口峪村，科学谋划、精准施策、精准扶贫，加大扶贫力度，选好扶贫项目，确定发展方向，从“输入式”扶贫变为“造血式”发展，秦口峪村从村容村貌、生产发展和安居乐业等方面有了极大提升，提前实现脱贫任务。

服务乡村振兴。选派正处级领导干部担任党组织涣散村历城区山头村第一书记，通过加强组织建设、明确责任分工、规范村级管理、化解矛盾纠纷、补齐配强班子，一年多就顺利通过区委组织部验收达标，全年全区仅有五个基层党组织验收合格。现在山头村党支部战斗有力，群众凝心向力，乡村振兴有了新的进展。

创新两个“一站式”建设。全面改造建成全省一流的“一站式”诉服中心，划分涉诉信访、多元解纷、分调裁审、审判辅助、立案服务、法治宣传六大区域，整合 27 项功能，设置 16 个窗口、4 个速裁法庭和 8 个专业调解室，引进 10 个社会服务岗，在全市率先配备智能导诉机器人。构建“一站式”多元解纷机制，坚持把非诉讼纠纷解决机制挺在前面，加强与行政机关、基层组织、行业协会联系对接，引进 15 家专业调解组织，选聘调解员 77 名。扩充速裁团队，兼具调解、速裁、快审职能，形成涉诉纠纷的“过滤器”。全年化解诉前、执前纠纷 1231 件，平均周期仅 15 天，为群众节省诉讼费 300 余万元。

审慎处置群体纠纷。妥善审理 126 批 4000 余件群体性纠纷，对山东酒联储酒业有限公司 123 起民事案件，以涉嫌非法吸收公众存款罪，依法移送公安机关。

济南市长清区人民法院工作概况

【概述】 2019 年 3 月 20 日，中共山东省机构编制委员会印发《关于全省基层内设机构改革方案的批复》，按照该批复规定及《济南市长清区人民法院内设机构改革方案》，区法院内设机构优化整合为 10 个，分别为综合办公室、政治部、立案庭（诉讼服务中心）、刑事审判庭、民事审判一庭、民事审判二庭、行政审判庭（综合审判庭）、执行局、审判管理办公室（研究室）、司法警察大队。

2019 年，区法院全面对标对表全市“1+474”工作体系和全区“1+684”总体思路，主动服务和保障全区“三年大变样”任务目标，担当作为、真抓实干，忠实履行宪法法律赋予的职责，审判执行工作和法院自身建设取得跨越式发展。2019 年，共受理各类案件 10062 件，结案 10679 件，同比分别上升 22.32% 和 25.91%，结案率为 93.83%，结案标的额 11 亿余元，各项指标均创历史新高，在全市 13 个基层法院中名列前茅。

【服务大局】 围绕重点项目建设、新旧动能转换、棚改旧改、全域旅游、乡村振兴等，制定出台“工作要点60条”，切实增强司法保障和服务的针对性、前瞻性、有效性。区委书记王勤光、区长赵居安等主要领导对此作出重要批示给予充分肯定，市法院院长张爱云也批示要求转发各基层法院学习借鉴。积极推进新旧动能转换，妥善处置“僵尸企业”，以网络形式召开涉“济南铸造锻压机械研究所有限公司”破产案债权人会议，系全市首次，该做法被《齐鲁晚报》整版重点报道。研究制定服务民营经济发展的意见，认真开展“遍访民企”活动，走访500余家民营企业，征求意见建议，提供司法服务，优化营商环境。积极参与精准扶贫工作，68名帮扶责任人多次进村入户，发放“帮扶联系卡”，对帮扶政策、大病医保等解疑释惑，全体帮扶对象稳定脱贫。

【刑事审判】 审结刑事案件366件，判处罪犯462人。院长担任审判长公开开庭审理全省首例“软暴力”案。推进刑事速裁和认罪认罚从宽制度改革，审结219案241人。适应刑事审判新需求，在区公安分局刑事执法办案中心设立审判庭，公开开庭审理5案5人，降低庭审押解、押送安全风险，提高审判质效。把握未成年人犯罪特点，做好教育感化挽救工作，审结未成年被告人刑事犯罪案件6案20人，8名失足少年重返校园。坚持宽严相济，对225名罪行较轻、确实不致再危害社会的被告人，依法适用非监禁刑；对3名被告人依法免于刑事处罚。

【民商审判】 审结民商事案件5349件。加强人身权、财产权司法保护，妥善审理婚姻家庭、赡养抚养、继承、交通事故等民事案件1787件。引导民间借贷规范运行，审结民间借贷案件577件。维护劳动者合法权益，审结劳动争议案件401件。妥善处理涉山水集团、涉合商云购有限公司等劳动争议纠纷案130余件，现场发放案款20余万元，成功化解群体信访隐患。依法审结金融借款、建设工程施工、加工承揽、买卖合同等纠纷案件1322件。圆满审结济南迈特力机械有限公司债务纠纷案，为其挽回经济损失300余万元，区人大代表专门送感谢信和锦旗表示谢意。坚持司法为民，为困难群众依法减、免诉讼费2.42万元，对生活困难的刑事被害人和家庭生活陷入困境的申请执行人给予司法救助37.9万元，彰显司法温度和暖意。

【案件执行】 全年受理执行案件4671件，结案4783件，实际执行到位案款5.6亿余元，主要质效指标跃居全市法院前列。加大执行信息公开力度，在全市法院率先开通“执行局长热线电话”，倾听群众呼声，解决群众诉求。加大信息共享力度，为组织部、宣传部、纪委监委、发改局等部门查询失信被执行人信息1547人次。加大执行创新力度，与人保长清支公司签署执行悬赏及执行保全战略合作协议，开出执行悬赏44单，并成功兑现全市法院悬赏第一单。加大信息平台建设力度，利用大数据辅助办案系统查控3400余人次，公布失信被执行人信息4112人次。加大执行强制力度，拘传拘留被执行人1114人次，以拒执罪移送公安机关5案6人，判决2案2人，全力促进社会诚信体系建设。

【行政审判】 审结行政诉讼案件136件，审查非诉执行案件45件。积极争取党委、政府的领导和支持，大力推进长清区“行政争议审前和解中心”建设，邀请上级法院就“云溪庄园大棚房整治问题”与政府部门深入研究，提出专业化解决方案，及时化解了可能形成诉讼的300余起行政案件。全市行政争议审前和解工作现场推进会于2018年7月召开，区法院打造的行政争议审前和解工作机制得到参会人员高度认可，并被省法院、市委政法委作为精品亮点经验展示推广。

1月10日，长清法院在4所学校设立“驻校法官工作室”

【信访工作】 提前化解省法院、市联席办交办的10件信访“骨头案”，有力维护社会和谐。严厉打击非访行为，依法审结王某某寻衅滋事案，维护正常社会秩序。推行“1+332”信访法治化工作体系，构建“预警、跟踪、研讨、预判、协调”信访机制，注重矛盾纠纷隐患排查，避免矛盾激化，共化解信访苗头案件53件，受理涉诉信访案件37起，接待来访人员166人，信访总量和来访人数同比分别下降21.3%和36.1%。全国两会、中华人民共和国成立70周年大庆期间，未发生赴省进京信访事件，为维护全区社会和谐作出积极贡献。

【法治宣传】 推进“依法治区”建设，开展“法治六进”“庭审进社区”“法治讲堂”等活动，指导高校举办模拟法庭大赛，在4所中小学设立“驻校法官工作室”，并选配法官担任法治副校长。推进法律应用教学，先后4批次接收130余名高校学生到院实习，促进法学教育和司法实践有机结合。强化对外联络，为代表委员、人民陪审员订阅报纸600余份，丰富法律知识，了解审判实践。成立融媒体中心，充分发挥矩阵力量，讲好法院故事、传播法治正能量。山东卫视《调查》栏目专题报道区法院审理的“套路贷”案，抖音平台推出“软暴力”案，点赞量突破110万人次，形成良好舆论声势。全年编发微信419条、微博信息4317条，“两微”影响力位居全国基层法院前列，《法制日报》《人民法院报》等60余家媒体报道法院工作。

济南市章丘区人民法院工作概况

【概述】 2019年，济南市章丘区人民法院（以下简称章丘法院）新收各类审判执行案件19028件，办结19221件，同比分别上升21.5%和19.4%，旧存1605件，同比下降19.4%，结案标的额达22亿余元，系全省唯一一家案件质量、效率与效果均取得优异成绩的区法院。2019年11月，章丘法院普集人民法庭被最高人民法院授予“全国法院人民法庭工作先进集体”称号。2020年1月，章丘法院被济南市中级人民法院政治部授予“2019年度基层法院优秀集体”称号。

【党建工作】 严格执行中央决策部署、省委有关工作要求和市委、区委有关工作部署，全力做好扫黑除恶专项斗争、优化营商环境、参与社会治理等重点工作，对照巡视组、巡察组反馈问题，建章立制，全面整改到位。扎实开展“不忘初心、牢记使命”主题教育，固定每周五为理论学习日，深入系统地学习中共十九大和中共十九届四中全会精神。加强基层组织建设，增设9个党支部，共建有20个党支部，完成将“支部建在庭上”，组织党员干警到革命教育基地，举办庆祝中华人民共和国成立70周年歌咏会等活动，提升党建工作水平。

【刑事审判工作】 依法审结刑事案件1004件。同比增长近1倍，判处罪犯1260人。审结并公开宣判刘惠明涉黑社会性质组织犯罪、曹江浩涉恶势力犯罪集团犯罪案件。审结非法吸收公众存款等涉众型经济犯罪案件5件，涉案标的额5000余万元；协助外地法院完成“e租宝”登记580人次。审理交通肇事、危险驾驶等危害公共交通安全的犯罪案件562件，同比增加300余件。加强少年审判工作，审结案件32件，认真做好青少年犯罪预防、回访帮教等工作。

【民事审判工作】 依法审结民事案件5000余件。构建诉讼服务中心、网上诉讼服务平台、12368诉讼服务热线“三位一体”的诉讼服务新格局，开通网上立案、跨域立案、自助立案，提供一站式、全方位、高效率的司法服务。10月，最高人民法院召开“新时代纠纷解决机制创新交流会”，来自中央各部委及各地区的50名参会代表到章丘法院实地观摩。11月，在全省、全市法院两个“一站式”建设现场会上作典型发言。

【商事审判工作】 依法审结商事案件3800余件。审结知识产权案件133件，及时有效维护企业和品牌利益。召开营商环境征求意见座谈会，向近200家民营企业发放《章丘法院服务营商环境文件汇编》。

【行政审判工作】 审结各类行政诉讼案件404件，审查非诉行政执行案件62件。支持政府依法拆违工作，依法审结拆除滩区大棚案件7件。督促行政机关积极履行职责，成功调解群体性案件50件。强化案件释法说理工作，促使17件涉环保、卫生、市场监管等非诉审查案件的当事人主动缴纳行政处罚90余万元。为全区500余名行政执法人员开展法律培训，20余名行政执法人员旁听庭审。

【执行工作】 执结案件5182件，执行到位标的额近8.5亿元。拘留422人，2人因涉嫌拒不执行法院判决罪被移送公安。加大信用惩戒措施力度，公布失信被执行人、限制高消费5221人次。开展涉民生案件“暖心冬日”执行大会战，执结农民工工资、工伤待遇等涉民生的执行案件313件，执行到位金额达497万元。诉前调解成功案件1700余件。坚持线上线下相结合，以微信、支付宝账户为重点开展网上财产查控，赴新疆、广西等异地强制扣押机械设备、拘留被执行人，为企业执行债权 1.1 亿元。

【司法改革工作】 完成内设机构改革，将院机关 17 个部门精简为 10 个，对机关、法庭干警进行大幅度轮岗调整；树立类案专办理念，由开发区人民法庭专业化集中审理全区家事案件，11 月，在全省法院家事审判方式和工作机制改革经验交流会上作典型发言；推进繁简分流改革，对危险驾驶等轻微刑事案件，联合公检司，创新刑事速裁工作机制，在采取刑事拘留措施后七天之内完成公安侦查、检察院起诉、法院审判，审结刑事速裁案件 278 件，平均庭审时间 5 分钟，审理周期 2 天，100% 当庭宣判，100% 服判息诉，该项工作走在全国前列，《人民法院报》《法制日报》《济南日报》等多家媒体关注报道。变革执行工作方法，创新“846”分类、分段、集约执行模式，2019 年执行到位率 46%，在全省执行工作中名列前茅。创新送达保全方式，研发并全面推行电子送达系统。

【法治宣传工作】 开展“法治六进”活动，普法宣传千余人次。组织人民调解员、律师调解员 120 余人次开展专题培训。积极营造法治氛围，中央电视台《法治天下》、济南电视台《新闻直通车》等对所审理的典型案例进行报道。首次召开新闻通报会通报章丘刑事速裁工作。

【队伍建设工作】 通过法官讲坛、道德讲堂、经典诵读等多种形式丰富干警文化生活，为各项工作开展提供有力的思想保证和精神动力。2019 年，区法院有 2 篇优秀案例入选《中国法院 2019 年度案例》，7 篇典型案例和裁判文书获得市级以上表彰。召开律师代表座谈会，征求意见建议，形成良性互动，促进公正为民司法。持续正风肃纪，改进工作作风，开展“正风肃纪，从严治院”活动，组织干警对照 100 个问题清单，深入查摆，筑牢廉政思想防线。

济南市济阳区人民法院工作概况

【概述】 2019 年，济阳区人民法院（以下简称济阳法院）全面加强审判执行工作和自身建设，忠实履行法定职责，各项工作取得了新的发展。全年共受理各类案件 10010 件，审结 10124 件，结案标的额约 8.23 亿元。

【审判执行】 *严厉打击黑恶势力犯罪，全力维护社会稳定。*积极参与“平安济阳”“法治济阳”建设，坚持宽严相济刑事政策，落实认罪认罚刑事审判制度改革措施，坚持罪刑法定、疑罪从无原则，依法惩治刑事犯罪。全年新收刑事案件 315 件，审结 301 件，判决罪犯 432 人。深入开展扫黑除恶专项斗争，建立完善政法机关涉黑涉恶案件侦办配合衔接机制，形成扫黑除恶的合力，全年排查移送涉黑涉恶线索 12 件，接报涉黑涉恶线索 15 件。

*积极化解民商事纠纷，努力营创良好法治环境。*高度关注涉民生案件，加大审判和调解力度，积极服务乡村振兴，妥善化解婚姻家庭、拆迁补偿分配、交通事故、劳动争议、商品房买卖、土地承包等矛盾纠纷。坚持各类市场主体平等保护原则，认真落实企业家保护政策，全面保护民营企业和民营企业家的实体权利和程序权利，召开民主监督工作座谈会，深入了解民营企业对司法的新需求，对涉及企业发展的投资、金融、股权、买卖纠纷等经济案件，予以快立、快审、快结，确保企业家专心创业、放心投资、安心经营，营造了良好的法治化营商环境。

*依法履行司法审查职责，支持监督依法行政。*将土地征收、房屋补偿、拆迁安置等案件作为重点，依法能动服务，严把裁判尺度，强化事项协调，依法维护行政管理秩序的稳定。进一步加强行政案件审前调解、和解工作，促进行政争议审前和解中心建设，切实发挥好职能作用，做到释法说理、调查取证、工作措施“三个到位”，努力引导当事人依法协商解决行政纠纷。

*巩固“基本解决执行难”成果，维护当事人胜诉权益。*在巩固“基本解决执行难”成果的基础上，向“切实解决执行难”目标迈进，持续加大执行力度，用足用好拘留、罚款等强制执行措施，形成了“党委领导、人大监督、政府支持、社会各界参与”的综合治理执行难工作格局。强化执行联动机制、诚信体系建设和执行信息化建设，全面推行“网上执行”模式，实现了财产网络查控全覆盖，广泛适用网络司法拍卖，有效解决财产查控难和变现难。一年来，共新收执行案件 3045 件，执结 3183 件，纳入失信被执行人和限制高消费 3899 人次，拘留 67 人次，移送公安机关追究拒执罪 3 件。

【司法为民】 *完成内设机构改革，审判执行工作更加有力。*按照上级法院的要求圆满完成了内设机构改革，由原来的 18 个内设机构调整合并为 8 个内设机构，机构设置更加合理；对审判执行团队建设进行了完善，探索建立了速裁团队和类案审判团队，

105 名新任陪审员面向国旗庄严宣誓

审判执行团队效能发挥更加充分；入额院庭长积极承办重大、疑难、复杂案件，模范带头效果更加明显。一年来，院庭长办理各类案件 7027 件，案件被发回改判率下降 12.7 个百分点，办案时间缩短 7.19 天，案件质量和效率都有了明显提升。

加强两个“一站式”建设，化解矛盾纠纷更加便捷。 积极关注回应人民群众司法需求，加快一站式多元解纷机制和一站式诉讼服务中心建设，提升司法服务的主动性、针对性、时效性。深化多元化解纠纷机制，积极引导人民调解、社会组织、行业协会等各方力量参与矛盾纠纷化解，加强业务培训指导，切实保障将矛盾纠纷化解在诉前、化解在萌芽状态；在院机关和派出法庭均设立诉调对接中心，安排专门人员负责诉调对接工作，倾力打造集诉讼服务、立案登记、诉调对接等多功能于一体的综合服务平台，为群众提供立案、咨询、调解、接访、法律援助等一站式服务，人民群众对司法活动的获得感明显增强。

加强信息化建设，司法活动更加公开公正。 不断加强信息化建设，实行网上立案，当事人通过山东法院诉讼服务平台、移动微法院、微信公众号等平台便可随时随地办理网上立案、网上缴费、网上查询、提交材料等诉讼事项。加大司法公开力度，实施庭审直播、审判流程信息公开、裁判文书公开等举措，社会公众足不出户就可以观看庭审、查看裁判文书、了解司法信息。符合条件的网上立案率达 100%，在互联网上公开审判流程信息 6197 条、公开裁判文书 5455 份、直播庭审 515 场次，促进了司法活动的公平公正。

增强司法服务功能，法治化社会氛围更加浓厚。 开通追索劳动报酬、抚养费、赡养费等涉民生案件“绿色通道”；对确有困难的当事人，加大司法救助力度，依法减、缓、免交案件受理费 5 万余元，困难群众的幸福感明显增强。顺利完成了人民陪审员选任工作，新选任人民陪审员 105 名，普通程序案件陪审率达 84.42%，扩大了社会参与，增强了司法民主。开展“国家宪法日”暨“法院开放日”活动，让社会公众走进法院，“零距离”感受司法；加强法治宣传，弘扬法治精神，积极引领法院意识形态工作，利用传统媒体及新媒体平台，发布典型案例及司法信息 7000 多条，营造了良好的社会舆论氛围。

【自身建设】 *坚定理想信念，加强政治建设。* 扎实开展“不忘初心、牢记使命”主题教育、“坚持以人民为中心发展思想”教育活动，深入学习习近平新时代中国特色社会主义思想及中共十九大和中共十九届二中、三中、四中全会精神，坚持用习近平总书记关于政法工作的新理念新思想新战略武装头脑，严格要求全院干警筑牢“四个意识”，坚定“四个自信”，坚决做到“两个维护”，确保了法院工作正确的政治方向。

强化监督管理，规范权力运行。 压实全面从严治党责任，严格落实“一岗双责”，强化院长庭长的监督管理职能和管党治党主体责任，坚持从严教育、从严管理、从严监督。对审判执行工作定期调度，对工作成绩落后的进行通报。健全完善专业法官会议、审判委员会等工作制度，加强审判运行态势分析研判，促进“类案同判”“同案同释”，审判管理更加科学规范。

强化纪律建设，确保廉洁司法。 深入学习贯彻《中国共产党章程》《中国共产党纪律处分条例》等党规党纪，加强廉政风险防控，进一步梳理员额法官、辅助人员和行政人员岗位廉政风险点，签订党风廉政建设责任状和廉洁自律承诺书。开展“更新思想观念、克服顽瘴痼疾、优化营商环境”集中整顿、“争当时代先锋、做人民公仆”规范权力运行专项治理等活动，严格落实谈话提醒、述责述廉、防止干预过问案件等制度，充分运用监督执纪“四种形态”，真正做到真管真严、敢管敢严、长管长严。

坚持教育学习，加强司法能力建设。 积极开展教育培训、岗位练兵、典型选树等活动，组织干警进行了司法能力提升专项培训，全年共参加各类培训 20 余期 100 余人次，提升了干警的综合素质。积

极组织各类学习会、业务研讨会，及时研讨总结司法实务中的热点、难点问题，全面营造学习钻研业务的良好氛围，促进了审判执行工作的顺利开展。一年内，16 名个人和 2 个集体受到上级表彰奖励。

平阴县人民法院工作概况

【概述】 2019 年，济南市平阴县人民法院（以下简称平阴法院）认真履行职责，真抓实干，紧紧围绕“让人民群众在每一个司法案件中感受到公平正义”的目标，坚持司法为民，切实履行司法职责，各项工作取得新进展。全年新收各类案件 7278 件，结案 7652 件，同比分别上升 8.47% 和 15.92%。

【坚持司法为民】 *发挥民事审判职能，依法保障民生权益。*依法审结民商事案件 3579 件，标的额 6.19 亿元。重视家室纠纷化解，妥善审理离婚、继承、抚养、赡养等案件 456 件。重视劳动关系保护，加强诉讼与仲裁的衔接，依法审理劳动争议案件 61 件。重视新农村建设，依法审理农村土地承包合同纠纷、农村房屋买卖合同纠纷、农业承包合同纠纷等涉农案件 42 件。在县公安局交警大队设立交通巡回法庭，实现轻微道路事故纠纷立案、调解、司法确认“一体化”，降低当事人纠纷成本与诉讼负累，成立半年时间内化解纠纷 424 件。

*发挥执行工作职能，依法维护胜诉权益。*全年新收执行案件 3359 件，执结 3405 件，执行结案率 94.71%，到位金额 5.25 亿元。构建综合治理“执行难”工作格局，聚焦查人找物难，运用全国法院网络查控系统，发起网上查控 1 万余次，查询财产线索 2000 多条，冻扣金额 1.6 亿元，加大执行威慑力，全年开展“清理涉金融债权积案”“涉民生案件”“暖冬执行会战”等专项活动 30 余次。有效清理大批积案、难案 605 件，执行到位金额 1.23 亿元。实现网上司法拍卖全覆盖，累计司法网拍 173 件，成交金额 2306.93 万元，溢价率 350.66%，为当事人节省拍卖佣金 138.42 万元，跨省成功拍卖 5 套房产，为济南万瑞碳素有限责任公司追回买卖款 400 万元。

*建设两个一站式诉讼服务中心，提供精准司法服务。*加强诉讼服务中心、诉调对接中心两个“一站式”中心建设，对依法应当受理的案件做到有案必立、有诉必理。开通 12368 诉讼服务热线，启用网上诉讼服务平台，提供立案登记、跨域立案、诉讼缴费、查询咨询、联系法官等一站式服务，为符合条件的当事人缓、减、免诉讼费 9 万余元，向经济确有困难的 14 名当事人发放司法救助款 46 万元。搭建人民调解、行业调解、行政调解、特邀调解等综合调解平台，选聘 30 名特邀调解员驻院调解，提供法律咨询服务 700 余人次，通过“诉前调解 + 速裁程序”，涉及 360 多名业主的物业服务合同纠纷案件达成调解协议。

*精准助力扶贫政策落实。*选派两名工作负责的干警到江庄村、李塘村，选派一名副科级领导干部到东毛铺村驻村帮扶，多方筹措资金 100 余万元，牵头完成村部改建和村公路改造。

【依法惩治犯罪】 发挥刑事审判职能，维护社会稳定。全年审结各类刑事案件 309 件，惩治犯罪分子 390 人，依职权决定逮捕 21 人。

严厉打击暴力性、多发性犯罪，审结故意伤害、寻衅滋事、抢劫、强奸、诈骗、非法拘禁、敲诈勒索等案件 61 件，判处 92 人，其中 7 人被判处十年以上有期徒刑。

从严惩处涉众型经济犯罪，审结涉案人数众多的曹某、李某诈骗案、汤某非法吸收公众存款案 3 件，主要犯罪分子均被判处十年以上有期徒刑。依法严惩涉黄赌毒犯罪，审结容留、介绍卖淫、贩卖毒品、赌博等案件 13 件，19 人被判处实刑，2 人被判处三年以上有期徒刑。

推进刑事速裁和认罪认罚从宽制度改革，通过刑事速裁程序审结案件 179 件，判处 184 人。坚持宽严相济刑事政策，对 156 名罪行较轻、社会危害不大的被告人适用缓刑，对 7 名被告人依法免于刑事处罚。

扎实推进扫黑除恶专项斗争，建立线索排查和案件审理台账，完善线索摸排移送等工作机制，依法严惩以苏某为首的恶势力犯罪团伙案，5 名被告人全部认罪伏法。

【服务经济发展】 积极为区域经济发展服务，全力为平阴县重大项目、重点工程和征地拆迁攻坚工作提供优质的法律服务，打击阻挠、干扰、破坏重点工程和项目建设的各类违法犯罪案件，促成以东南沟片区 15 户被征收群众为代表的 17 件行政案件当事人和解后撤诉，既维护了行政相对人的合法权益，又避免了双方矛盾对垒。

护航县域企业发展，院领导带队走访多家企业，找准服务县域企业高效发展的着力点。妥善审理涉企合同类纠纷案件 1313 件，尊重合同自由和行业惯例，促进公平交易。

慎重审理企业破产、改革案件，积极化解社会矛盾。审结破产案件5件，安置新工业项目3个，盘活企业闲置土地26公顷，妥善审理了济南金鼎房地产开发有限公司破产案，促成清算组与490多名债权人达成近5亿元的重整协议。促成济南福迪木业有限公司破产案顺利通过和解方案，充分运用法治思维和法治方式公平保护债权人和债务人合法权益。

【司法能力建设】 建立干警分类管理、分类培训台账，积极组织员额法官、法官助理、司法警察参加上级部门和法院开展的业务培训31批66人次。实行书记员速记技能测试、法警体能技能和理论测试定期考核机制，采取以考促学、分类管理等方式，激发各类人员干事创业热情。在思想上，以学促行。强化党章、党纪、党规意识，组织全体干警观看廉政教育视频报告会4场次，邀请省委、市委党校专家为全体干警上党课2场次。组织全院干警分两批赴井冈山进行理想信念专题培训，强化党性教育。

强化审判管理，完善审判权运行机制。完善审判委员会和专业法官会议工作规则，明晰审判组织权限和审判人员职责，以有效的审判管理和监督制度为保障，进一步明确审判委员会和专业法官会议的基本原则、职能定位、运行机制、履职保障和监督等内容，强化专业法官会议的专业性和审判委员会总结审判经验及讨论决定审判工作重大事项的宏观指导职能。

推进案件繁简分流，优化司法资源配置。遵循司法规律，高效调配审判资源，按照繁简分流、轻重分离、快慢分道的流程标准，依法快速审理简单案件，严格规范审理复杂案件，实现简案快审、繁案精审。3551件案件适用简易程序审理，简易程序适用率达到83.57%，列全市法院第二位，全院平均办案天数缩短为59.2天，以较小的司法成本取得较好的法律效果。

商河县人民法院工作概况

【概述】 2019年，商河县人民法院（以下简称商河法院）围绕“努力让人民群众在每一个司法案件中感受到公平正义”目标，聚焦服务商河县“1383”工作体系，忠实履行宪法和法律赋予的职责，为商河县社会稳定和经济发展提供了有力的司法保障。全年共受理各类案件7321件，同比增加19.35%；结案7408件，同比增加14.49%；未结271件，同比减少25%。结案率96.47%，同比增加1.77%，一审服判息诉率93.01%，法官人均办案数225件，同比增加35件；平均办案周期57天，同比减少15天。2019年，商河法院认真贯彻落实中央、省委关于司法体制改革的总部署，以审判工作为中心，建立设置科学合理、职能划分明确、运行高效顺畅，符合审判机关特点和审判权运行规律的内设机构体系，为人民法院充分发挥审判职能作用提供有力的组织保障。积极参与基层社会治理、乡村振兴、脱贫攻坚重点工作，资助21.87万元用于郑路镇斜庙村、赵西村美丽乡村建设和村委会办公条件改善，助力乡村振兴工作。

【刑事审判】 2019年，商河法院受理刑事案件265件，旧存8件，审结265件，结案率97.07%，判处罪犯314人。依法严惩危害公共安全、破坏社会主义市场经济秩序、侵犯公民人身财产权利、妨害社会管理秩序、贪污贿赂等犯罪，有效维护了经济发展秩序，保障了人民群众人身财产安全，挽回了国家、法人和公民个人的经济损失。其中审理的非法集资、非法吸收公众存款一案，犯罪金额6.3亿余元，受害人591人，已依法追缴涉案资金1044.5万元，查封涉案房产14套、储藏室2个、机动车2辆，涉案物品正在拍卖过程中，变价后将依法发还集资参与人。审结恶势力犯罪案件2起，判处犯罪分子9人，有力打击了恶势力团伙在交通客运、高利放贷、非法讨债过程中的违法犯罪活动。净化了商河县人民群众生产生活环境，优化了企业发展环境，人民群众安全感进一步增强，扫黑除恶专项斗争不断向纵深发展。

【民商事审判】 2019年，商河法院受理民商事案件4221件，旧存227件，结案4281件，结案率96.24%，调撤率55%。依法审结婚姻家庭类矛盾纠纷982件，维护妇女、未成年人和老年人合法权益，促进家庭和睦稳定；依法审结建设工程施工、买卖合同、金融借款、民间借贷等合同类纠纷2098件，规范房地产市场秩序，维护金融市场安全，促进市场主体公平交易，为经济健康发展创造优质法治环境；依法审结劳动人事争议纠纷77件，维护民营企业和劳动者合法权益；依法审结各类物权纠纷、侵权纠纷615件，促进和谐社会建设。

【行政审判】 2019年，商河法院受理行政案件142件，旧存5件，审结142件，结案率96.6%。为打造行政争议化解的“商河样板”，健全完善行政争议审前和解工作机制，采取“法官＋和解员”模式，全程参

9月29日，商河县法院驻交警大队法官工作室揭牌成立

与行政争议和解工作，实质性化解行政争议成效明显，受到省法院领导及县委、县政府、县人大和县委政法委主要领导批示肯定。依法对15起房屋征收补偿协议进行司法确认，审结徒骇河、大沙河违建拆除行政争议案件5件，监督支持政府部门依法行政，为全县重点工作清障铺路。行政案件跨区域管辖进展顺利，自2019年10月试点以来，共受理跨行政区域管辖行政案件12起，均已纳入和解中心依法办理。主动为镇街提供法律服务，对镇街在土地流转、集体土地房屋拆迁、旧村改造、违建拆除、“三资清理”等工作提供法律咨询服务，保障重点工作依法推进。

【案件执行】 2019年，商河法院强化措施，规范行为，向“切实解决执行难”迈进。全年受理各类执行案件2693件，旧存122件，执结2720件，结案率96.62%，实际执结率49.35%，实际执行到位率44.57%，执行完毕率41.46%，执行完毕案件结案平均用时43天，终本合格率100%。不断创新执行工作常态化机制，开展“清晨执行”、“假日执行”、涉农商行不良贷款“百日行动”、“执行攻坚”等专项行动20余次。全年拘留63人次，拘传152人次，发布失信被执行人名单526人次，限制高消费1814人次，执行到位1.6亿余元，切实提升执行质效和群众获得感满意度。加强执行案件办案流程结点管控，减少超结点时限办理数量，加大长期未结执行案件清理工作，规范执行法律文书，加大执行案款发放力度，缩短执行案款发放时限，坚决杜绝消极执行、选择性执行和乱执行。

【案件审理】 2019年，商河法院为不断加强智慧法院建设，为全流程网上办案打好基础，现代化办案理念进一步提升。积极启用庭审语音识别、庭审直播、电子卷宗等现代化办案手段，逐步实现全覆盖。完善诉讼服务措施，提升便民利民服务水平，全面实行网上立案，民事、行政、刑事自诉和执行案件全部纳入网上立案范围，网上立案率达到100%。努力打造“一站式”诉讼服务体系，开通12368诉讼服务热线，配备诉讼服务大厅移动终端，申请立案、诉前保全、鉴定等诉讼服务事项实现了一站式办理。努力打造“一站式”纠纷解决机制，诉前调解中心、驻交警大队法官工作室共受理诉前调解1224件，调解成功473件，司法确认180件，诉前化解纠纷力度进一步加大，为群众提供了优质便捷服务，及时有效地维护了当事人的合法权益。努力打造案件繁简分流工作机制，通过分调裁平台自动识别与人工识别相结合的方式对案件进行繁简分流，在诉讼服务中心设立两个速裁团队，全年审结案件1370件，占全部民商事案件的28%，繁简分流、快慢分道取得初步效果。

济南高新技术产业开发区人民法院工作概况

【概述】 2019年，济南高新技术产业开发区人民法院（以下简称济南高新区法院）克服案多人少的矛盾，结案率、人均结案数、办案效率均位居全市基层法院首位。2019年，济南高新法院新收8709件，同比增长32.01%；结案8801件，同比增长20.76%；结案率97.08%，位居全省法院第三名、全市法院第一名；14名员额法官人均结案量628.64件，位居全省法院第二名，全市法院第一名；案件平均审理时间52.6天，同比缩短27.87天，位居全市法院第一名；民商事案件调撤率55.92%，位居全市法院第二名。

【服务保障全区重点工作】 制定《关于担当作为，助力高新区建设世界一流高科技园区任务分工方案》，深入10余家企业调查研究，了解企业司法需求，研究制定为民营企业服务工作方案；成立法院驻民营企业服务队调解工作站8个。自成立以来，接受法院委派调解15件，解决纠纷7件，挽回直接经济损失51万元，举办法律讲座3次，面向高新区各民营企业诉前法律指导服务50余人次。

妥善处理信访案件，圆满完成安保工作。省法院交办的赴省进京访5起案件已全部化解。在全国两会、中华人民共和国成立70周年大庆等重要时间节点，圆满完成安保任务。

【狠抓执法办案第一要务】 坚决推进扫黑除恶专项斗争，12月20日，被告人陈某等8名犯罪分子涉嫌敲诈勒索罪、非法拘禁罪、非法侵入住宅罪一案在济南高新法院召开庭前会议。

全年审结一审刑事案件343件，判处罪犯418人。依法审理诈骗案28件，判处罪犯36人；审理生产、销售有毒、有害食品案1件，判处罪犯5人；审理非法吸收公共存款案1件，集资参与人达1300余人，涉案金额达7.7亿元，判处罪犯2人。依法审理石建、王某强、张某忠涉嫌非法经营一案，在依法审判的同时，通过教育引导等有力措施感化刑事被告人，为国有企业挽回直接经济损失1160万元。

受理各类民商事案件5386件，审结5416件，民商事案件调撤率55.92%，简易程序适用率88.81%，有效化解了纠纷，有力维护了“和谐高新”“营商高新”建设。实行简案快审。对案件进行繁简分流，快慢分道。成立“速裁团队”，速裁速审1856件，占全部民商事案件的34.27%。开通小额诉讼通道，适用表格式文书，为法律文书“瘦身”，大大提高效率。

受理行政案件37件，审结38件，结案率97.44%。判决行政机关败诉5件，有效监督行政机关依法行政。制作《行政审判白皮书》，整理行政审判中发现的问题，提出解决问题的办法。通过法治讲座、召开联席会议、提出司法建议等多种形式，宣传普及法律，促进依法行政。

积极推进多元化纠纷解决机制，与6家律所、泉城公证处合作调解，诉前调解收案5924件，成功化解1182件，化解率19.95%。创新审判模式，组建速裁团队，万立波法官审结1157件，结案率99.83%，平均审理周期29.49天。在舜华办事处的8个社区居委会设立“法院调解工作室”，把法律服务送到百姓的家门口。开展法官送法到企业进社区活动，组织法律咨询、法律宣传10余次，到社区公开开庭审理危险驾驶罪案件，以案说法。开通“跨域立案”、远程开庭等便民诉讼快车道。首例“跨域立案”案件成功办理。

全年执行案件（含旧存）2808件，结案2786件，结案率99.15%，执行到位标的额4.6872亿元，执行标的到位率45.76%，执行工作各项执行质效指标位居济南全市基层法院首位。着力打击拒执罪，采取拘留措施27次，拘留27人，采取罚款措施6件，罚款金额7.5万元，采取限制出境措施5人次；扎实开展“依法收贷百日行动”、涉金融案件专项执行活动。执结涉金融案件48件，其中执行完毕16件，共执行回款项501.26万元；开展“暖心冬日”执行大会战专项执行活动，梳理纳入会战案件89件，结案61件，执行回款74.15万元。12月31日，济南高新法院执行局局长孙兵被授予全国法院“基本解决执行难”工作先进个人称号。

【不断强化队伍建设】 组织党员干警赴大峰山革命根据地，“房干精神”展馆，重温入党誓词，传承革命精神，接受革命传统教育。创建党员活动室，打造党建新阵地，被高新区评为优秀基层党建示范点。定期组织“法官沙龙”“老法官讲法院故事”等交流学习活动。签订2019年度党风廉政建设责任书，安排部署2019年度党风廉政工作要求。组织干警赴济南监狱接受廉政教育，观看廉政教育专题片。教育引导全院干警保持为民务实清正廉洁的政治本色。

【智慧法院建设实现新跨越】 智慧法院建设提档增效。庭审直播、科技法庭、OA办公、电子卷宗随案同步生成、电子签章等系统大力应用，进一步提高了工作效能。庭审直播案件1130件，网上立案率达98%。开通了网上自助立案系统，提高立案效率，减少群众诉累。

开通12368服务热线、开通电子送达平台，服务举措多样化。率先启用全省法院诉讼费管理系统，更便民、更快捷。济南高新法院也成为全国率先实

10月8日，济南高新区法院举行宪法宣誓活动

现诉讼费收、结、退全流程网上办理和电子票据功能的法院。

济南市莱芜区人民法院工作概况

【概述】 2019年，区法院在区委坚强领导，区人大及其常委会有力监督和政府、政协及社会各界大力支持下，坚持以习近平新时代中国特色社会主义思想为指导，紧紧围绕全区中心工作，集中精力抓办案、推进创新提质效、严格管理树形象，各项工作迈上新台阶。受理各类案件15211件，结案14312件，同比分别上升21.49%和23.08%，收结案数量均创历史新高；不断提高办案效率，法官平均办案天数53天，分列全省法院第十七位、全市法院第二位。省法院院长张甲天、济南中院院长张爱云先后到区法院考察指导，肯定工作成绩。

【刑事审判】 坚持宽严相济刑事政策，审结刑事案件556件。审结了近年来首起组织偷越国（边）境案，保障国家安全；依法惩处影响群众安全感的刑事犯罪，审结故意杀人、伤害、抢劫、诈骗等犯罪116件；维护交通秩序，审结交通肇事、危险驾驶犯罪57件；保障金融安全，审结被告人焉兆勇等通过“51天天乐购”非法吸收公众存款案，11名被告人分别被判处有期徒刑八年不等并处罚金；回应群众关切，审结涉环境污染、涉食品安全犯罪4件，保护了青山绿水和舌尖上的安全；审结监察委移送涉农村扶贫领域职务犯罪案件5件，为反腐败斗争和扶贫攻坚提供了坚实保障；依法封存9名未成年人犯罪记录，帮助失足青少年校正了人生航向。

扎实推进专项斗争。把扫黑除恶专项斗争作为当前重大政治任务，审结涉黑恶势力犯罪案件11件65人，在全市13个基层法院数量最多；判处5年以上有期徒刑23人，重刑率达41.82%。在区委、区委政法委的指挥下，在区相关部门的大力配合下，圆满完成被告人庞某盟涉黑社会性质组织案审理工作，该案是全省成功判决的第一起从事“套路贷”违法犯罪活动的黑社会性质组织案件，24名被告人全部判处实刑，骨干分子均获刑16年以上，省扫黑除恶专项斗争领导小组发贺电鼓励，市、区两级领导予以批示肯定。

【民商事审判】 增强行动自觉，推进产权保护，守护诚实信用，努力营造稳定公平透明的法治化营商环境。审结合同纠纷466件，维护诚信市场秩序；审结涉金融纠纷1939件，引导融资市场健康发展；审结建设工程纠纷195件，妥善处理开发商、建筑商、工人和购房人多方利益关系；审结知识产权纠纷86件，服务创新莱芜建设；审结各类行政案件244件，行政机关负责人出庭应诉率同比增长58%，夯实营商环境根基，推进了法治莱芜建设。

【行政审判】 审结家事纠纷856件，引导当事人修补亲情关系；审结房屋预售、买卖租赁和拆迁纠纷370件，寻找诉求结合点，依法分配各方利益；审结交通事故损害赔偿纠纷1176件、物业合同纠纷103件、劳动争议纠纷80件，引导理性维权；审结涉土地承包经营权纠纷35件，妥善处理方下镇20名村民与合作社的群体性纠纷，有力服务现代农业发展和新农村建设。

【执行工作】 巩固“基本解决执行难”成果，奋力向“切实解决执行难”的目标迈进。推进执行指挥中心实体化运行，规范案件执行，督促办案进度，执行结案5866件，同比上升46%；执行到位标的额14.7亿元，同比上升31%；优化内部职权配置，加强事务性工作集约化处理，依托执行指挥中心集中办理财产查封手续1600余次，提高了执行效率；持续打击规避执行、抗拒执行行为，拘留、拘传被执行人231人次，以拒不执行判决裁定罪移交公安机关2人次；完善失信惩戒系统，限制出入境3人次，审核“两代表一委员”任职资格800余人次，公布失信被执行人信息1471例，发布限制高消费6144人次，共有343名被执行人慑于压力履行义务或与申请人达成和解，“一处失信，处处受限”的效果逐步显现；为阿尔普尔节能装备有限公司追回外地欠款、为42名农民工执行拖欠工资等4起典型案件被“全国法院切实解决执行难信息网”报道，营造了崇尚法治、遵纪守法的良好氛围。

【智慧法院建设】 围绕最高人民法院提出的两个“一站式”建设，在服务大厅设立7个功能区10个服务窗口，成立诉前调解、立案受理、送达保全、案件速裁等6个专业法官团队。2019年12月底，在处理恒大名都置业有限公司与66名购房人群体性纠纷中，两天内通过司法确认方式一揽子化解矛盾，取得良好法律效果和社会效果；推动诉讼服务从实体向网络和移动终端辐射，当事人可通过网络和微信办理网上立案等20余项诉讼事务，实现服务“24小时不打烊”，网上立案率全市第一。

【司法为民】 在互联网公开裁判文书1.3万份，开展庭审直播1535次，司法更加阳光；法官走进学校、企业、社区和农村开展法律宣讲等活动27次，提升了群众法治意识；实行执行案件当事人首次约谈制度，接待当事人260余人次，提供了明确的法律指引；接待群众来信来访254人次，初信初访办结率92%；向困难群众实施司法救助26.7万元，传递了司法温度。

【矛盾纠纷多元化解】 推进非诉纠纷解决机制建设。坚持“把非诉讼纠纷解决机制挺在前面”，加强与人民调解等非诉解纷机构的协作配合，促进纠纷源头治理。加大委托人民调解力度，共委托调解案件2361件，成功调解1713件，成功率达到72.55%；推进特邀调解工作机制，选聘特约调解组织24家，特约调解员72名，遍及各行业、各团体、各乡镇，方便当事人选择；完善公证参与诉讼服务机制，委托公证机关成功送达法律文书479件，出具公证报告629份。

推进办案机制改革创新。刑事审判中，推进认罪认罚从宽制度的适用，审结449件认罪认罚案件；推进刑事案件辩护律师全覆盖，审结刑事案件的被告人全部获得法律帮助；严格落实以庭审为中心的刑事诉讼制度改革，建议公诉机关撤回起诉3件，保障无罪的人不受追究，避免冤假错案的发生。民商事审判中，依托道路交通纠纷“网络一体化处理平台”，审理交通事故纠纷216件，打通法院、交警、保险公司之间信息壁垒，让“数据多跑路、群众少跑腿”，被济南中院通报表扬。行政审判中，与区司法局共同设立行政争议审前和解中心，把“官民矛盾”化解在开庭之前，推动行政争议实质性化解。执行工作中，引入山东产权交易参与财产处置，推进财产处置专业化，网络司法拍卖标的69件，成交金额2600余万元，为当事人节约佣金39万元。

8月21日，莱芜区法院启动特邀调解工作

济南市钢城区人民法院工作概况

【概述】 2019年，济南市钢城区人民法院高举习近平新时代中国特色社会主义思想伟大旗帜，深入学习贯彻中共十九大和中共十九届二中、三中、四中全会精神，主动服务中心工作，忠实履行法定职责，强力推进改革创新，努力打造过硬队伍，全年受理各类案件3962件（含旧存460件），审执结3786件，同比分别上升19.81%、18.46%，各项工作取得新进展。

【始终以服务发展为工作导向，努力优化法治环境】 全力护航经济发展。围绕全区“1+565”工作思路，出台《关于为全区八个重点工作指挥部提供司法服务和保障的实施意见》。牢固树立“服务企业就是服务发展”的理念，与工商联共建服务协作机制，强化民营企业产权保护。审结商事案件972件，维护了经济发展秩序。

全力保障社会稳定。审结刑事案件166件，判处罪犯230人。深入开展扫黑除恶专项斗争，院长、庭长担任审判长，审结涉恶案件2件，判处罪犯16人。审结抢劫、强奸、故意伤害等暴力型犯罪案件24件28人，审结盗窃、诈骗等侵财型犯罪案件31件42人，审结危险驾驶、交通肇事罪案件54件57人。坚持宽严相济，适用缓刑、管制、单处罚金等非监禁刑71人，免于刑事处罚2人。

全力助推依法行政。审结行政诉讼案件34件。采取“审前沟通、审中协调、审后疏导”工作模式，促成行政争议实质性化解，行政和解撤诉率为41.18%。审结行政审查案件49件，裁定准于执行21件。行政机关负责人出庭应诉率连续六年达到100%。

【始终以人民满意为价值追求，努力回应群众关切】 解民忧，化解纠纷有温度。审结民事案件977件，调解撤诉率56.18%，做到案结事了。审结婚姻家庭、继承纠纷、宅基地纠纷、劳动争议等案件357件。审结交通事故、人身损害赔偿案件296件，快审快结拖欠农民工工资案件74件。

谋民利，便民服务有广度。全面推行网上立案，网上立案率达93.7%；

全面推行跨域立案，方便当事人异地立案。到颜庄镇埠东村、艾山街道南仓峪村巡回审判，就地开庭，宣讲法律。加强对弱势群体的司法保护，依法缓、减、免交诉讼费311.85万元。

纾民困，执行攻坚有力度。执结案件1345件，执行到位金额4.29亿元，“基本解决执行难”目标基本实现。开展“春雷”“冬暖”“涉民生”等集中执行行动，司法拘留24人，发布失信被执行人390人次，发布限制消费令944人次。全面推行网络司法拍卖，委托拍卖103件，网拍率达100%，成交金额1119.18万元，溢价率22.66%。

【始终以深化改革为发展动力，努力提升办案质效】

深化司法体制改革。深化人员分类管理，完善业绩考评办法，鼓励法官多办案、快办案、办好案。根据上级统一部署，圆满完成内设机构改革，内设机构数量由16个精简到8个。坚持院庭长办案常态化，院庭长带头办案1892件，占结案总数的49.97%。

推进案件繁简分流。出台《关于推进多元化解矛盾纠纷机制的实施意见》等7项制度，健全诉调对接机制，诉调对接中心成功调解案件102件。深化“分调裁审”机制改革，推进案件繁简分流、轻重分离、快慢分道，缩短办案周期，提高办案质效。员额法官人均结案130.52件，同比增加12.15件；平均办案天数61.07天，同比缩短9.46天。

完善阳光司法体制。开展庭审网络直播564场次，公开裁判文书、信息2960份，公开审判流程信息1857条。加强“一网两微四平台”建设，在官方网站、微博和微信公众号发布、转载信息5000余条。到莱芜四中、新兴路学校开展法律宣讲，为3000余名师生讲授法律知识。

稳步打造智慧法院。树立“互联网+”审判工作思路，完成了审判执行工作全流程网上管理、司法拍卖电子竞价、电子卷宗随案生成、远程视频庭审等工作。建成诉讼费与案款管理系统，完善法院与银行数据实时交换、当事人在线缴纳案款等功能，规范诉讼费、执行款管理。

【始终以从严治院为有力保障，努力打造过硬队伍】

坚持思想引领。扎实开展“不忘初心、牢记使命”主题教育。组织党员干部集中研讨、轮流领读、逐篇学习，到莱东抗日战争纪念馆等党性教育基地，接受红色教育，重温入党誓词。针对政治巡察、12345热线反馈的意见建议，制定整改清单，逐一挂号销账。落实意识形态工作责任制，健全党组理论学习中心组学习制度，从严落实“三会一课”。

厚植司法能力。开展“精业务、补短板”活动，组织培训320余人次，形成调研成果23篇，2篇案例入选《中国法院年度案例》，2篇论文在省级以上论坛获奖，在省级以上媒体发表稿件30余篇。

持续正风肃纪。落实全面从严治党“两个责任”，院领导坚持上廉政党课，院党组带头学习准则、条例。开展审务督察活动4次，随案发放廉政监督卡1200余份。落实领导干部述廉评议、廉政谈话制度，用好用足监督执纪“四种形态”，严肃查办2件违规违纪案件。

主动接受监督。推进人大代表、政协委员联络工作常态化，邀请观摩庭审、见证执行、监督宣誓、座谈交流，主动接受人大、政协监督。依法接受检察机关法律监督，邀请检察长列席审委会。充分发挥人民陪审员知民情、解民意优势，人民陪审员陪审案件285件，陪审率达100%。

青岛市中级人民法院工作概况

【概述】 2019年，青岛市法院系统共审判执行各类案件249155件，其中市中院办理26363件，同比分别增加31.7%和19.9%。

【审判执行】 深入开展扫黑除恶专项斗争。将扫黑除恶专项斗争作为重大政治任务，实行涉黑恶案件由两级法院院长主审制度，加强与纪委监委、公安、检察、司法的协调联动，审结一审涉黑恶案件64件，判处被告人360人，其中被判处五年以上有期徒刑111人，付某凯、卢某刚等涉黑恶势力犯罪首要分子均被判处二十五年有期徒刑，并处没收个人全部财产及剥夺政治权利。充分运用追缴、罚金、没收财产等手段，一审共判处没收个人全部财产6人，判处罚金1992.2万元。

扎实推进平安青岛建设。审结各类一审刑事案件10274件，判处罪犯11870人。审结故意杀人、抢劫、强奸等严重暴力犯罪案件328件，杀害民警别立福的犯罪嫌疑人王某一审被判处死刑、剥夺政治权利终身。在省法院指导下，胶州法院审理初建训等打着“退役军人”旗号实施犯罪案，15名涉案人员全部认罪悔罪。审结贪污、贿赂、渎职等职务犯罪案件86件101人。认真落实全国人大常委会决定，依法裁定特赦服刑罪犯258人。

加强民生权益司法保护。审结各类一审民事案件64645件，标的额175亿元。审结就业、医疗、教育、社会保障等民生案件19157件，维护人民群众切身利益。围绕服务乡村振兴、脱贫攻坚，审结“三权分置”、征地补偿等案件747件，总结推广平度法院“无讼社区”、莱西法院“法助农兴”经验做法，维护农村稳定和农业发展。审结离婚和赡养、抚养、继承等案件14933件，维护婚姻家庭关系和谐稳定。

服务规范市场经济秩序。审结一审商事案件65857件，标的额527.1亿元。依法稳定市场主体预期，审结买卖、租赁、运输等合同纠纷案件22517件。积极引导市场要素规范有序流转，审结涉股权、决议效力等公司纠纷案件888件。完善市场主体救治和退出机制，推动设立青岛破产法庭，健全完善破产援助基金制度，审结破产、强制清算案件24件。审结涉民营企业金融借款、融资租赁等案件15951件，支持民营企业家专心创业、放心投资、安心经营。

积极参与防范化解金融风险。审结一审保险、金融借款、民间借贷等金融纠纷案件38516件，标的额351.4亿元。加强与人民银行、银保监局金融消费纠纷的诉调对接，探索互联网金融纠纷审判一体化平台建设，妥善化解青岛市一消费金融公司互联网金融案件8310件。依法惩治涉众型经济犯罪，审结非法集资、金融诈骗等涉众型经济犯罪案件131件，妥善审结“上赢集团”集资诈骗、非法吸收公众存款案，依法维护金融市场秩序和人民群众的财产权益。

服务保障创新发展。审结一审知识产权案件3020件，其中跨区域技术类案件279件。以青岛知识产权法庭为依托，新设威海、烟台、潍坊三处跨域巡回审判庭，与潍坊知识产权保护中心共建知识产权综合保护平台，优化山东半岛创新司法保护格局。完善技术事实查明机制，新聘62名技术调查官和技术咨询专家，强化知识产权审判技术支撑。坚持知识产权平等保护原则，妥善化解日本普利司通、美国高通、德国巴斯夫等国际企业提起的专利侵权纠纷，树立青岛创新保护高地的良好形象。

服务生态文明建设。审结水污染、噪音污染等一审涉环境资源案件495件，审结乱垦滥伐、破坏耕地、污染环境等刑事案件36件，判处罪犯75人。健全环境公益诉讼审判机制，审结环境公益诉讼案件8件。李沧区政府作为原告的青岛市首起生态环境损害赔偿案件，由中院院长担任审判长，市检察院检察长出庭支持起诉，李沧区区长出庭起诉，被告倾倒有毒废物污染环境，在被追究刑事责任、接受行政处罚后又被判决依法承担生态环境损害赔偿责任，彰显国家推进生态文明建设的决心。

服务构建全面开放新格局。审结一审涉外，以及涉中国港澳台案件276件，标的额41.1亿元。首度依据互惠原则承认和执行韩国法院民商事判决，切实增强外国投资者对中国法治的信心。与市台港澳办建立涉台纠纷联处工作机制，通过非诉方式妥善化解5起涉台纠纷。主动融入“一带一路”国际合作新平台建设，胶州法院获得一审涉外民商事案件管辖权，与检察院、司法局共建上合示范区法律服务保障中心，实现中院上合示范区涉外巡回审判庭实质化运行。

监督支持行政机关依法行政。审结一审行政案件2349件，执结非诉执行案件3375件。在市委坚强领导、市人大常委会有效监督和市政府全力支持下，行政机关负责人出庭应诉情况纳入法治政府建设考核，全市行政机关负责人出庭应诉率由上年的32%跃升到72.5%，“民告官能见官”“官出庭又出声”成为常态。把审前和解中心建设纳入基层社会治理体系，用非诉方式实质性化解了郑州路片区征迁等521起案件。青岛法院行政审判工作获得最高人民法院的肯定。

巩固“基本解决执行难”成果。执结各类案件28995件，到位金额199.6亿元。在市委政法委支持下，将失信惩戒纳入网格化综治平台，对融资信贷、高消费等行为进行精确限制，与市发改委共推失信被执行人信用修复工作，459名失信被执行人主动履行法定义务后退出失信名单。深化互联网拍卖工作，

12月13日，青岛中院与检察院、司法局共建上合示范区法律服务保障中心

推行“法拍贷”业务，通过网络司法拍卖成交930件，总金额59.1亿元。开展“蓝色风暴”等系列执行专项行动411次，拘留拘传3332人，以拒执罪追究10名被执行人刑事责任。

集中化解涉诉信访案件。全力开展“信访积案化解攻坚年”活动，积极参与、扎实做好重大活动、重要节点信访工作，圆满完成多国海军活动、中华人民共和国成立70周年等重要活动期间信访任务。认真落实诉访分离要求，通过导入司法程序解决信访纠纷114件。完善律师代理申诉、参与调解制度，律师参与处理申诉案件1018件，42.7%的案件在律师参与下妥善化解。

【司法改革】 **深化司法责任制改革。**建立员额法官动态管理机制，组织开展第三批员额法官遴选工作，完成282名员额法官等级确认、晋升工作。落实法官、合议庭办案责任制，完善审判委员会、专业法官会议、案件分析评查等制度，规范法官自由裁量权。落实推进院长庭长办案制度，全市法院院庭长共审结案件7.1万件，占结案总数的28.5%。完成全市基层法院内设机构改革任务，内设机构减少30.2%。

完善审判监督管理机制。充分发挥二审、再审程序纠错功能，审结二审案件13986件、再审案件320件，其中改判或发回重审案件1834件。依法接受检察机关法律监督，认真办理检察建议，审结抗诉案件76件，其中改判、发回重审18件。实施审判质效提升工程，开展繁简分流、调解速裁、要素式审判等改革，案件平均审理周期同比缩短15.2天，结案率、服判息诉率均达到90%以上。

推进诉讼服务机制转型升级。建立网上立案、自助立案、跨域立案相结合的多元化立案格局，民商事、行政案件网上立案率达85%。推进纠纷多元化解、诉讼服务机制建设，升级12368诉讼服务热线，协调有关行业协会、调解组织等入驻开展调解工作，为当事人提供更加便捷的诉讼服务。适用认罪认罚从宽制度审结案件6533件，运用道路交通纠纷一体化平台在线调解案件2644件，纠纷化解效率大幅度提升。

建立健全普法宣传长效机制。落实“谁执法谁普法”责任制，发表普法宣传稿件1650件，法官进校开办普法讲座120余次，中院与青岛二中共建“法律之门”创新实践基地，强化青少年的法治教育，参与拍摄《宣判》《人民的正义》等法治影视剧，执行题材微电影《迷踪》在全国获奖。对全国网民高度关注的“微信踢群第一案”进行全程网络直播，参与网友达6100多万人次，起到了为互联网行为立标划线的良好效果。

【队伍建设】 **突出政治引领。**扎实开展“不忘初心、牢记使命”主题教育，广泛开展“述理论、述政策、述典型”活动，教育引导干警树牢“四个意识”，坚定“四个自信”，坚决做到“两个维护”。坚持“抓党建、带队建、促审判”，探索“审判团队＋党建”工作模式，组织开展宪法宣誓、“三看三问”主题党日、重温入党誓词等活动，充分发挥基层党组织战斗堡垒和党员先锋模范作用。

深化争先创优。按照“学深圳、赶深圳”的要求，从思想境界、流程优化、制度创新、工作方法等方面全面对标深圳法院。按照“三化一型”干部标准，加强高素质队伍建设，邀请“老西藏精神”宣讲团、“改革先锋”许振超举行报告会，开展向“齐鲁最美法官”学习活动，有效发挥典型引路作用。全市法院办案总数居全省第一位，员额法官人均办案324.4件，居全省第二位。

强化基层工作。落实基层联系点制度，开展专题调研160余次，为基层法院补充司法辅助人员122名，缓解基层法院案多人少矛盾。加大对基层法院监督指导力度，调整人民法庭设置和功能，组织对口业务培训活动，制定审判业务指导文件6个，发布参考案例130个，提升服务群众的能力和水平。基层法院办结各类案件222792件，占全市法院办案总数的89.4%。

持续正风肃纪。认真接受市委政治巡察和省法院司法巡查，努力解决重点敏感、高廉政风险领域存在的问题隐患。开展纪律作风督察和审务督察9次，着力解决对群众态度冷漠、推诿塞责等“四风”问题。强化廉洁司法警示教育，深化监督执纪第一种形态的运用，严查严重违纪违法案件。

青岛市市南区人民法院工作概况

【概述】 2019年，青岛市市南区人民法院（以下简称市南法院）审判执行任务异常繁重，案件数量持续攀升，共受理各类案件16802件，办结18224件，同比增长19.42%，案件结收比达108.46%。员额法官人均结案357件，共执结案件6943件，同比增长9.41%，执行到位金额20.31亿元。

【围绕中心工作，主动担当作为，充分发挥司法服务保障职能】 **纵深推进扫黑除恶专项斗争。**依法从严从快审结涉恶案件13件，判处罪犯66人。抽调精干力量，集中审理王某华等24人恶势力集团组织卖淫、敲诈勒索案，对两名首要分子分别判处有期徒刑二十年和十八年，对其他成员依法判处十年至九个月不等的有期徒刑，用时仅17天。由法院院长、检察院检察长两长同庭履职，开庭审理王某等14人恶势力团伙暴力插手他人纠纷、寻衅滋事犯罪案件，充分彰显严惩黑恶势力的坚强决心。

大力弘扬社会主义法治精神。落实“谁执法谁普法”要求，加大普法宣传力度，构建“法院本部+东西派出法庭”的“一体两翼”普法宣传新格局，进学校、进社区、进企业开展普法宣传56期，直接受众达9000余人。借助人民法庭化解纠纷前沿阵地优势，打造司法宣传新平台。在金门路街道办事处成立“法官巡回工作站”，开展巡回审判和法治大讲堂；依托“张玉法官工作室”品牌和团队特色，积极开展涉未成年人犯罪预防和帮教。区人民法院被省关工委确定为“山东省关心下一代教育基地”，并作为全省唯一基层法院，被推荐评选全国未成年人审判工作社会支持体系创建试点法院。

【忠诚履职尽责，狠抓办案主业，切实维护辖区社会公平正义】 **依法惩治刑事犯罪，扎实推进平安市南建设。**审结各类刑事案件556件，同比增长29.61%。加大对危害食品药品安全犯罪惩治力度，依法从严审结广受关注的“羊肉汤掺罂粟壳”案，切实保障人民群众“舌尖上的安全”。认真落实宽严相济刑事政策，审结认罪认罚从宽案件369件。积极推进刑事案件律师辩护全覆盖，为193名没有委托律师的被告人提供免费法律帮助，充分保障被告人的诉讼权利。作为全市首批金融消费纠纷诉调对接机制试点法院，积极组建金融消费纠纷人民调解委员会，对王某借记卡被盗刷诉某银行信用卡纠纷一案及时开展调解，促成双方握手言和。该案入选全国金融纠纷多元化解十大典型案例。

持续强化执行攻坚，最大限度兑现胜诉权益。全年共执结案件6943件，同比增长9.41%，执行到位金额20.31亿元，执行工作取得突破性进展。在全市法院“夏雨”专项执行行动启动仪式上作典型经验介绍，有4起案件分别入选全市法院十大强迁案例、十大涉金融执行案例。继续加大失信惩戒威慑力度，发出全省首份失信被执行人子女就读高收费私立学校限制令，联合青岛市公安局出入境管理局在全市率先建立失信被执行人护照作废、禁止出境联动机制，以强力措施亮剑执行难题。

【锐意改革创新，推进流程再造，促进审判体系和审判能力现代化】 **深入推进矛盾纠纷多元化解。**坚持和发展新时代“枫桥经验”，引进青岛市浙江商会人民调解委员会参与诉前调解，强化诉源治理。积极推进道交纠纷“网上数据一体化处理”改革，打通法院、交警、人民调解、保险公司之间的信息壁垒，让“数据多跑路、群众少跑腿”。成立市南区行政争议审前和解中心，选拔相关领域业务骨干组建和解专家库和人民和解员队伍，为当事人与行政机关沟通协调搭建平台，成功和解案件42件，促进行政争议实质性化解。

积极推进案件繁简分流。瞄准提质增效，推进审判流程再造抽调优秀干警组建4个“法官+书记员+调解员”模式的速裁团队“尖刀班”，在全市率先采用表格式裁判文书，并在其他类案中推广使用。优化“统查快执、难案合办”的执行工作机制，建立“小额速执”团队，集中办理标的额在15万元以下的执行案件。落实轻微刑事案件“刑拘直诉”办理机制，平均审判周期仅为1.7天，以实际成效助推“高效青岛”建设。

5月23日，市南法院被授予“山东省关心下一代教育基地”称号

大力推进智慧法院建设。借力信息化手段，依托大数据和人工智能，打造“互联网+审判”新模式。推进刑事诉讼智慧庭审系统深度应用，实现各方诉讼参与人“身处异地、同步庭审”，远程视频庭审适用率达81%，高居全省基层法院首位。自主研发线上“E送达”平台，联合青岛邮政速递搭建线下“送达E站”，开展各类送达

事务6万余次，实现司法送达工作精准、便捷、高效，《法制日报》《人民法院报》等多家媒体给予专题报道，青岛市中级人民法院在全市予以推广，山东省高级人民法院主要领导在考察市南法院工作时也对此表示充分肯定。

青岛市市北区人民法院工作概况

【概述】 2019年，青岛市市北区人民法院受理各类案件23071件，同比上升25.3%，审执结24042件，同比上升34.5%，结收比达104.2%，为维护社会大局稳定、推动经济社会高质量发展提供有力的司法保障。

【护航创新中心核心区建设】 强力推进扫黑除恶。坚决打好扫黑除恶“攻坚战”“破袭战”，依法从严从快惩处王某源等8人欺行霸市恶势力犯罪集团和胡某华等5人套路贷恶势力犯罪团伙，有力震慑了黑恶势力犯罪。依法强化追缴、罚没等刑罚适用，判处涉黑恶犯罪分子罚金134万元，真正做到“打财断血”。扎实助推平安建设。坚持维护社会稳定与保障群众人身财产权益并重，全年审判各类刑事案件1283件1572人，依法从严判处5年以上严重刑事犯罪113人，通过适用认罪认罚从宽制度审理871案968人，切实做到宽严有据、罚当其罪。持续优化法治化营商环境。紧紧围绕市北区“1412”发展格局，出台19条举措全面加强对市场主体的权益保护，全年审结商事案件6086件，标的额达44亿元。监督支持行政机关依法行政，审结行政案件548件，行政机关负责人出庭应诉54件。精准助力城市更新。全年审理建设工程及房屋类案件2832件，促进了房地产市场健康发展。全力配合重点项目建设，妥善化解延安三路166号、郑州路19号征收项目相关案件21起。有序审结13个街道片区房屋征收案件276件，其中通过行政争议审前和解机制调解93件，推动旧城改造顺利进行。公开审理市北区首例非法采矿刑事附带民事公益诉讼案，保障城市绿色发展。

【优化诉讼服务】 “全覆盖”民生司法保障不断强化。坚持以人民为中心，切实加强民生权益保障，全年审结各类民事案件8755件，同比上升21.6%。重点关注弱势群体，追回赡养费、抚养费、工资款5600余万元，发放司法救助金165万元，群众司法获得感不断增强。“全方位”胜诉权益兑现更加高效。巩固“基本解决执行难”成果，强化执行长效机制建设，全年执结各类案件7370件，执行到位10.3亿元。大力开展专项执行行动23次，集中执结案款2.2亿元。“一站式”诉讼服务中心建设全面提升。完善制度流程，优化服务清单22项。加快推进智慧法院建设，上线“E送达”“远程视频开庭”等科技化审判辅助系统，有效便利了群众参与诉讼。全年网上立案、跨域立案2.3万件，提供远程诉讼服务3.8万件次，实现足不出户畅享司法服务。“一站式”多元解纷机制基本形成。新成立“道交一体化”和“周敏医疗”工作室，专业化诉调对接服务体系更加健全。成立诉调对接人民调解委员会，选聘25名特约调解员，实现人民调解与司法审判的“全程互动、深度融合”。新落地辽宁路、兴隆路等4个“法官@社区”工作站，便民司法服务网络进一步织密。

【推进司法改革】 司法体制综合配套改革纵深推进。顺利完成内设机构改革，全院内设机构精减至12个。新遴选员额法官3名，9名法官在高级法官序列内得到晋升。推进人民陪审员制度改革，新任命人民陪审员249名。审判质效管理稳步提升。大力加强审判管理，出台均衡结案、审限管理等12项创新制度。坚持院庭长“扛重任、打硬仗”，将“涉黑恶案件一把手主审、重大疑难复杂案件院庭长带头审”作为硬性规定，院长庭长全年办案共计8560件，占全部案件的35.6%。审判流程再造扎实开展。成立物业、家事、金融等速裁团队，形成“少数人办理多数简单案件，多数人办理少数复杂案件”的审判模式。全面扩大要素式审判适用范围，婚姻家事等13类多发性案件适用率超过60%。

【突出党建引领】 长抓政治建设不放松。把政治建设摆在首位，团结带领全体干警不断增强“四个意识”，坚定“四个自信”，做到“两个维护”。坚持重要工作、重大事项及时向区委请示汇报，确保法院工作的正确政治方向，圆满完成中华人民共和国成立70周年、海军节、跨国公司领导人青岛峰会等重大活动保障工作。扎实开展“不忘初心、牢记使命”主题教育，举办迎国庆文艺会演、才艺作品展等丰富多彩的文化活动，推动主题教育纵深开展。狠抓能力建设不懈怠。着力加强理论调研，引导法官在办好案的同时做好理论归纳提升，2件案例入选《中国法院2019年度案例》，1篇调研文章入围全国法院学术研讨会决赛，15名干警在省、市理论比武活动中获奖。发挥先锋模范引领作用，干警在“青春建功核心区”风采大赛中获全区第一名；微电影《一名老赖的自赎》

在全市宣讲活动中获奖；赵洁被授予全省“人民满意的公务员”称号。严抓正风肃纪不动摇。坚持全面从严治党，坚决支持和配合派驻纪检组开展执纪监督各项工作，全力维护风清气正的政治环境。全面落实中央“八项规定”精神，认真开展审务督察和专项整治10次，立查立改突出问题。

【深化阳光司法】 2019年，向区人大及其常委会报告年度工作、执行工作、司法体制改革和人民陪审员选任工作开展情况，报送重大事项及大要案228件。全年区人大常委会及7个人大代表组180余人次到院视察调研，邀请代表旁听庭审18次、见证执行58次。认真接受政协民主监督，办理反馈政协提案1件。依法接受检察机关诉讼监督，检察长列席审判委员会11次，严格办理抗诉案件及检察建议。深入推进司法公开，通过网络直播庭审251场，公布裁判文书20185份。不断强化宣传工作，在各级媒体发稿500余篇次，通过“两微一网”自主发声1400余篇次，确保司法公正看得见、能评价、受监督。

青岛市黄岛区人民法院工作概况

【概述】 2019年，青岛市黄岛区人民法院共受理各类案件43699件，审执结40653件，收结案数量居全市第一位、全省第二位，法官人均办案437件。

【服务保障发展大局】 认真落实“法治是最好的营商环境”要求，制定为优化营商环境提供司法服务保障的意见，充分发挥商事审判职能，一起案例入选全省服务保障“一带一路”和“上合示范区”建设典型案例。深入推动扫黑除恶专项斗争，审结涉黑涉恶案件9件18人，其中审结青岛市首例“套路贷”恶势力犯罪案件，有力维护社会和谐稳定。加强自然资源和环境司法保护，挂牌成立青岛市首个自然资源巡回法庭，审结2起自然资源刑事附带民事公益诉讼案件，率先尝试“以补代罚”修复生态新模式，办结青岛市首例生态损害赔偿司法确认案，《人民法院报》予以宣传报道。

【深入践行为民宗旨】 着力优化诉讼服务，打造现代化、规范化、制度化、便民化的“一站式”诉讼服务中心，整合保全、鉴定、调解、申诉、信访、12368热线等诉讼服务功能，全面开通网上立案、跨域立案和网上缴款服务，提高“一站通办、一网通办”服务能力。网上立案数量居全省首位，省法院组织记者团到该院专题采访，新华社、《法制日报》、山东电视台等媒体予以宣传报道。加强诉讼服务信息化建设，完善自助立案、电子引导、智能分案系统，提高诉讼服务科技化水平；新设智能风险评估系统，为当事人提供法律意见和风险评估，科学引导当事人自主选择诉前或诉讼方式解决矛盾纠纷。全面加强人民法庭诉讼服务能力建设，为基层群众提供诉讼咨询、网上立案、诉前调解等便捷服务。升级改造执行服务中心，实现执行立案、约谈调解、信访投诉等事项一站办理。

【完善多元解纷机制】 坚持“把非诉讼纠纷解决机制挺在前面”，凝聚多元力量加强诉源治理，搭建“一站式”多元解纷新平台。强化部门联动协调，将全区所有调解组织纳入共建范围，诉前调解案件依法给予确认支持，为各类主体积极参与矛盾调处提供保障；建成法院自主管控、“调裁审”无缝衔接的调解中心，特邀40名调解员，首创将调解员编入法官团队，实现诉前诉中无缝衔接、流水作业；推动构建诉源治理网格体系，发挥人民法庭、律师事务所、法律服务所专业优势，先后设立9处调解工作站，为纠纷就地化解提供便利。通过非诉方式化解矛盾近6000件，超过22%的纠纷在诉前解决。诉源治理工作经验得到市委政法委的肯定和推广，全省法院两个“一站式”建设现场会在新区召开，推广了该院的工作经验。

【构建现代审判体系】 落实“繁简分流、轻重分离、快慢分道”的工作要求，在全省率先打造新型速裁模式，加强速裁团队力量配备，对13类占比60%的民商事案件实行类案专办、简案速裁。大胆进行流程再造，简化案件审判程序，通过互联网调解、巡回审判、远程庭审、要素审判等灵活多样的审判方式，充分释放办案潜能，案件化解效率进一步提高。速裁结案数量达民商事案件总量的30%，平均办案天数降低到10天。加强刑事认罪认罚和庭审实质化改革，在青岛市率先成立“刑事审判专家咨询委员会”，为刑事审判改革引入智力支持。加大行政案件协调化解力度，积极推进行政争议审前和解中心建设，从政府专家顾问库中选任20名法律专业人士开展审前和解工作，高效化解行政争议42件，得到省法院领导批示肯定。

【深化智慧法院建设】 深入推进全省智慧审判试点工作，升级20处智慧审判庭，整合电子示证、语音转换、电子签名、法律文书自动推送等办案辅助功能，推动电子卷宗同步生成和深度应用。集成人民调解平台、审判云平台、执行指挥平台三大平台数据，运用数据分析方法加强研判，为科学调度工作提供决策参考。开发个性化管理系统，实现系统自动分案、智能调流，重点管理案件自动跟踪，提高审判管理科技化水平。引入“智法送达”系统，切实解决送达难问题，减轻法官事务性工作压力。在青岛市率先打造道交纠纷网上一体化处理平台，协调交警、保险、鉴定等20个机构及人民调解组织入驻平台，实现道交纠纷一网通办、一键理赔。平台运行以来，网上结案542件，交通事故案件结案率达到97%。

【锻造过硬法院队伍】 发挥党建引领作用，进一步加强和完善机关党建工作机制，全院设立19个党支部，选拔配备11名政治素质高、管理能力强的干部担任专职党支部书记，充分发挥党员干部模范引领作用。该院党建工作经验受邀到最高人民法院作专题汇报交流。全面完成内设机构改革，优化审判资源配置，突出员额法官核心地位，组建80个新型办案团队，突出考核导向，建立更加科学合理的业绩评价机制，为审判团队高效运转提供强有力支撑，激发干警执法办案、担当作为的积极性。坚持以文化院，打造以院史文化馆为依托的文明实践基地，举办新区首届“十佳法官”评选表彰活动，涌现出一大批优秀法官和业务能手，史丽丽法官获“全国法院办案标兵”称号，1名干警获评全省法院审判专家，队伍整体素质和司法能力得到新的提高。

青岛市崂山区人民法院工作概况

【概述】 2019年，青岛市崂山区人民法院共收案15873件，结案16429件，标的额67.86亿元，同比分别上升58%、92%和54%。

【全面履行审判职责】 *一是依法惩治刑事犯罪。*审结刑事案件725件，判处罪犯795人。深入开展扫黑除恶专项斗争，审结黑恶势力犯罪案件7件34人。重视打击涉众型经济犯罪，审理涉及300余名受害人的非法集资案4件。严厉打击信访活动中的违法犯罪，审结侯某等组织、资助非法聚集案。坚持宽严相济刑事政策，从严判处五年以上有期徒刑36人，对296名具有从轻、减轻情节被告人从宽判处并适用非监禁刑。

*二是有效化解民商事纠纷。*受理各类民商事案件10185件，审结10465件。保护民生权益，审结婚姻家庭、教育医疗、交通事故等纠纷632件。积极服务乡村振兴发展战略，妥善审理农村土地承包、土地流转等涉农纠纷30余件，依法审理涉农民工权益纠纷249件。加强知识产权司法保护，审理知识产权纠纷113件。尊重契约自由、倡导诚实守信，审结买卖、租赁、建设工程等合同纠纷1135件。

*三是妥善处理行政争议。*审结各类行政案件173件，行政机关负责人出庭应诉率100%。在青岛市率先开展行政争议审前和解，调撤案件40件。依法审结涉及违法建筑治理、环境保护行政案件50件。加强司法与行政的良性互动，积极为行政机关提供法律咨询和建议80余次。

*四是巩固“基本解决执行难”战果。*执行结案4736件，执行到位12.69亿元。集中开展“蓝色风暴”等执行攻坚专项行动6次，拘传拘留1300余人次，强迁房屋及土地7335平方米。高举打击拒执罪利剑，审结首起拒执罪自诉案件。完善联合信用惩戒机制，累计将3738名被执行人纳入失信名单，限制高消费7724人次。

【服务经济发展大局】 *一是全力优化法治营商环境。*提高民商事案件办案质效，简易程序适用率达到73%，服判息诉率达到93%。积极服务保障金家岭金融区建设，审结金融借款、民间借贷等纠纷6457件，标的额14.42亿元；建立类案批量处理机制，实现5100余起金融案件自立案起30日内审结。

*二是积极参与社会治理创新。*发挥一站式多元解纷机制作用，将5000余起纠纷导入诉前调解程序，化解成功率达30%，多元解纷“崂山经验”在青岛市非诉讼纠纷解决机制工作推进会上交流推广，相关调研报告被评为崂山区机关十佳优秀调研成果。重视发挥司法建议的作用，提出司法建议7篇，其中1篇获山东省法院优秀司法建议优秀奖。

*三是切实保障重点工作顺利推进。*积极参与违法建筑治理和散乱墓地集中整治工作，做好法律宣传，促使当事人自改、自拆。落实“e租宝”案善后处置工作，尽力为集资参与人挽回损失。积极开展涉法涉诉信访积案攻坚化解行动，集中化解上级交办信访积案13件。

【满足群众司法需求】 *一是强化诉讼服务，回应人民群众新期待。*建设一站式诉讼服务中心，将诉前调解、登记立案、案件速裁、司法辅助和涉诉信访等集中到诉讼服务中心，实行集约化管理。全面推广网上立案，网上立案率达100%。开通12368热线，接听来电5000余次，实现诉讼服务全时空、无障碍。

二是实现在线审判，打造智慧法院新模式。顺应网络时代群众多元司法需求，在山东省率先实现互联网审判，推动审判流程再造和诉讼规则重塑。改造完成14个高清科技法庭，建设“E送达”集中统一送达平台，推进法官智能办案辅助系统、要素式审判系统等的开发和应用，切实提高办案效率。

9月17日，崂山法院组织干警参加庆祝中华人民共和国成立70周年崂山巾帼红歌会

三是加强巡回办案，拓展司法服务新阵地。深入农村、社区巡回办案，设立道路交通事故纠纷巡回法庭、旅游纠纷巡回法庭，不断开拓服务群众的前沿阵地。加强法治教育宣传，开展进村社、企业、学校，军营送法和“法院开放日”活动，惠及群众数万人。

四是深化审执公开，实现阳光司法。推进审判流程、裁判文书、执行信息、庭审直播公开，累计发送办案节点信息3万余条，公布裁判文书1.6万余份。全面推行网络司法拍卖，发布拍卖公告499期，成交拍品91件2.26亿元，溢价率10.27%。充分运用政务网站、微博微信，发布信息500余条，拓宽公众获取信息的渠道。

【推进法院队伍建设】 **一是加强思想政治建设，强化纪律作风。**坚定正确方向。深入开展“不忘初心、牢记使命”主题教育，树牢“四个意识”，坚定“四个自信”，做到“两个维护”，坚决执行《中国共产党政法工作条例》，坚定不移走中国特色社会主义法治道路。将党建工作与审判工作同时部署、同步推进、同力落实。召开党风廉政建设和反腐败工作会议，制定廉政风险防控办法，落实中央“八项规定”精神，开展“人情案、关系案、金钱案”专项治理，扎实开展审务督察，严格贯彻落实防止干预司法“三个规定”，确保法官依法公正审判。

二是加强司法能力建设，提高队伍素质。严格落实院领导办案责任制，院领导办理重大、疑难和复杂案件800余件。强化教育培训，组织干警参加各类业务学习培训600余人次。2019年，员额法官人均结案530件，较2018年上升67%，其中4名速裁法官个人结案超过1000件，均在全省结案前20名之内，1名法官被授予全省法院审判业务专家称号。优化资源配置，完成内设机构改革，完成第三批法官遴选，新增员额法官3名，新招录法官助理19名，优化法官与辅助人员的配比，促进高效司法。

青岛市李沧区人民法院工作概况

【概述】 2019年，青岛市李沧区人民法院共受理各类案件13502件，审执结13627件（含旧存），同比分别上升50.51%和58.44%。

【聚焦中心工作】 **一是坚定维护全区大局稳定。**共受理刑事案件809件，审结804件，判处罪犯857人。成功审结恶势力犯罪案件4案14人，坚决铲除社会毒瘤。审结“小官贪腐”案件8案8人。严厉惩治抢劫、强奸等严重危害群众安全案件42案45人，维护社会治安持续安定。

二是依法助力重大战略实施。制定服务保障全区优化营商环境的工作意见，共受理商事案件5653件，审结5607件。审结买卖、承揽等合同纠纷744件，维护公平交易秩序。审结金融借款和民间借贷纠纷2119件，标的额2.02亿元，优化金融生态环境。审结涉房地产纠纷362件，促进行业健康发展。服务供给侧结构性改革，办理破产案件2件。

三是积极推进法治李沧建设。受理行政诉讼案件105件，审结100件。受理行政非诉执行案件523件，结案525件（含旧存）。推动落实行政机关负责人出庭应诉制度，出庭应诉率达到100%。加强庭前联络沟通，开展行政法律培训3次、组织旁听庭审125人次，促进依法行政。

【突出主责主业】 一是在提高审执效率上深挖潜力。1.抓调度，指标到团队，“单子”到个人，审执运行态势实现良性循环。2.控审限，开展长期未结案件清理行动，案件平均审理天数68.09天。3.优机制，适用速裁、简易程序审理案件7244件，占诉讼案件的75.22%。倡导“只开一次庭”，当庭宣判率同比提高9.13%，法定审限内结案率100%。4.重引领，院庭长带头办案7241件，占案件总数的53.63%，形成并保持了“头雁效应”。

二是在提高案件质量上持续加力。坚持审判权“放下来”，“让审理者裁判，由裁判者负责”。坚持办案标准“提上来”，完善案件评查制度，常规案件随机查，二审发改逐案查，信访申诉专项查。坚持监督制约“跟进来”，厘定院庭长监督清单，进行全程监控。发挥再审纠错功能，依法受理再审申请17件，进入再审程序5件。

三是在提高办案效果上精准用力。严格落实“谁执法谁普法”，送法进社区、进学校7次。深化司法公开，全年庭审网络直播582件，裁判文书上网率98.92%，均居全市前列。与街道配合做好信访化解稳控工作，交办的18件重点案件全部妥善处理，重大节会期间进京访“零登记”。落实“刑责治非”，严厉打击借信访名义进行违法犯罪活动案件6案9人，形成有力震慑。

四是执行工作由“基本解决执行难”向“切实解决执行难”全面发力。共受理案件3872件，结案3776件，同比分别增长62.48%和58.46%，核心指标始终保持全市第一、全省前列。执行理念“和”，引导当事人达成和解1012件，和解率26.80%。行动举措“实”，开展“蓝色风暴”系列执行行动，执结涉民生案件1021件，加快兑现民生权益3450余万元。打击失信“硬”，曝光失信被执行人1189人，限制高消费1645人，司法拘留68人。科技支撑“强”，年度网络查控资金1.23亿元、车辆737辆。网络拍卖成交44件，溢价率10.21%，为群众节省佣金31万元。

【坚持司法为民】 一是健全完善矛盾纠纷多元化解机制。充分发挥交通事故调处中心优势，全年交通事故进入诉讼程序的仅327件，诉讼转化率仅为1.71%，全市最低。打造诉前调解中心，吸纳14家机构进驻，聘请57名特邀调解员，设立5个专业调解室。2019年8月以来，对符合省法院规定的1942起案件进行诉前调解，成功调解734件，调成率37.80%。

二是打造多层次诉讼服务平台。对诉讼服务中心进行提档升级，方便群众一站通办、一网通办、一号通办。指导8名志愿者，提供服务5200余人次。探索引入保险保全机制，保险公司提供保函担保112件次。全面开展互联网立案，网上立案率在全市率先达到并一直保持100%。

三是构建全过程司法保护体系。强化诉前司法保护，全力保障困难群众行使诉讼权利，依法减缓免诉讼费45.62万元。强化诉中司法保护，全年受理民事案件2540件，结案2815件（含旧存），精心审理涉民生案件1889件。受邀参加全国法院职业打假民事索赔法律问题研讨会，并做交流发言。强化诉后司法保护，高度关注弱势群体诉讼权益的有效实现，全年共发放司法救助金28.5万元。

【推进改革创新】 一是机制配套压茬推进。扎实做好内设机构改革，内设机构由16个精简到10个。加快建设新型办案团队，完成28个审执团队重组。集约管理审判辅助事务，档案整理、卷宗扫描专人专工。科学测算员额法官办案业绩，建立入额、退额考核淘汰机制。

二是流程再造创新创优。对金融借款、交通事故等8类案件，在全市率先推行要素式审判，庭审用时平均节省近1个小时，类案办理周期平均缩短22.5天，全市法院要素式审判现场会在李沧召开。推出线上调解模式，借助新型AI技术成果，让足不出户解决纠纷成为现实。优化司法拍卖流程，在全市率先推出“法拍贷”机制。

三是智慧法院建设见实见效。作为全省首个基层试点法院，引入电子送达平台，以最快“秒送”、周期减半、电子公告每年为群众节省公告费40余万元的实效，为破解“送达难”顽疾再添“利器”。升级全流程网上办案平台，打通多个独立应用系统的数据壁垒，向“无纸化”办案平稳过渡。

青岛市城阳区人民法院工作概况

【概述】 2019年，青岛市城阳区人民法院（以下简称城阳法院）新收各类案件18479件，同比增长9.85%；审结22396件，同比增长53.93%。员额法官人均结案497.7件，位居全市基层法院第二位、全省第八位，收、结案数和法官人均结案数均创历史新高。

【加大审判执行力度】 一是扎实推进平安城阳建设，维护社会安全稳定。审结各类刑事案件1045件，判处罪犯1256人。严厉打击危害群众人身财产安全的犯罪，审结“两抢一盗”、故意伤害、寻衅滋事等案件273件。严惩危害公共安全犯罪，审结交通肇事、危险驾驶等案件413件。积极推进法治反腐，审结贪污、贿赂等职务犯罪案件15件。惩处食品、药品犯罪，审结被告人杨某萍等10人网络销售假药案。重拳出击打击黑恶势力犯罪，审结涉黑案件1件，涉恶案件5件，判处罪犯57人，其中判处五年以上有期徒刑20人，排查出涉黑涉恶犯罪及保护伞线索28条。审结辖区首起涉黑案件张某波案，涉被告人32人、犯罪事实30多项，判处主犯张某波有期徒刑25年。严惩了以孙某进、刘某传等为首的4个恶势力犯罪团伙，依法进行公开宣判，营造依法惩治黑恶势力的强大声势。城阳法院刑事审判庭获省人民满意政法单位、全省刑事审判先进集体等称号。

二是积极化解民事纠纷，切实保障民生权益。审结民事案件8025件。审结婚姻家庭案件1250件，调撤率达68%，促进家庭和睦、社会和谐。依法审理因高新区建设引发的分家析产、继承等案件343件，深入棘洪滩、上马街道10余个社区，现场解决矛盾纠纷。审结臻园小区201名业主维权案件，圆满解决了业主因开发商抵押土地后“跑路”办理不了房产证的问题，维护了业主的合法权益，为相关部门解决了信访难题。发挥“环境资源司法实践基地”示范作用，审结环境资源案件45件，审结首起环境公益诉讼案件，在判处被告人刑罚的同时判令其支付土地修复费用23万余元，《青岛财经日报》整版报道。

三是高效审结商事纠纷，助力优化营商环境。出台《关于坚持平等保护优化营商法治环境的实施方案》，确保服务保障措施落实落细。确立商事纠纷快审、快执原则，防止因诉讼拖延影响企业正常生产经营。审结买卖、承揽等合同纠纷2294件，维护公平有序的市场交易秩序。审理金融、保险等纠纷3212件，维护金融市场秩序。审结公司、股权纠纷55件，促进公司治理结构优化。依法审理破产案件，服务供给侧结构性改革，新收破产案件1起，审结2起，化解不良债务10.6亿元。审结青岛艺优发制品有限公司执行转破产案件，实现职工债权和国家税款本金清偿率100%，普通债权清偿率29.16%，化解了197起执行积案。

四是妥善处理行政争议，着力促进依法行政。审结行政诉讼案件190件，非诉执行案件195件，促进依法行政。办理司法救助案件7件，救助金额达60余万元。成立行政争议审前和解中心，搭建和解平台，和解案件32件。加强对行政机关负责人出庭应诉审查，行政机关负责人出庭率达到100%。加强与行政机关的良性互动，向行政机关发出司法建议12份，与青岛市城阳区司法局等11家单位召开工作联席会，规范执法行为，助力法治政府建设。

五是努力实现胜诉权益，持续破解执行难题。受理执行案件5910件，执结6442件，执行到位金额11.62亿元。与青岛市城阳区相关单位共同构建“一处失信、处处受限”的信用联合惩戒机制，严厉打击规避、抗拒执行行为，对9名被执行人以拒执罪移送公安机关，将2341人纳入“失信黑名单”，对4037人次限制高消费。突出执行工作强制性，开展了4次“蓝色风暴”专项执行行动，拘留56人、拘传67人，罚款14万元，加大对不动产腾迁力度，依法强制腾迁土地3起，保障了民生工程顺利开展，青岛电视台等多家媒体予以报道。加大财产处置公开透明度，全面推进网络司法拍卖，网拍成交标的额4.4亿元。开拓思路查找被执行人财产线索，以20.6万成功拍卖了被执行人5个“6”的手机号，将一起原本无财产可供执行案件顺利执结。在全国第三方评估中，城阳法院各项指标均达标，圆满完成“三年基本解决执行难”工作目标。

【努力锻造过硬队伍】 **一是加强思想政治建设，突出党建引领。**扎实开展“不忘初心、牢记使命”主题教育，积极打造“阳光城阳·正义先锋”党建品牌，党员队伍责任意识进一步提升，支部的凝聚力、战斗力进一步增强。

二是加强司法能力建设，提高司法水平。扎实开展“政法队伍建设年”活动，不断拓展业务培训平台，强化全员培训、主题轮训，安排干警参加各类培训学习41期，提升干警的业务水平和综合素质。

三是加强纪律作风建设，筑牢廉政防线。开展“廉洁司法、担当作为”集中警示教育活动，组织干警参观廉政教育展、观看警示教育片。落实城阳区委巡察整改要求，针对巡察组指出的30个问题，制定整改措施73条。

胶州市人民法院工作概况

【概述】 2019年，胶州市人民法院共受理各类案件23202件、结案25017件，同比分别上升3.9%和15.61%，收结案数均位列全省法院第八位。服判息诉率、调解撤诉率、上诉案件改判和发回重审率、人均结案率等反映办案质量、效率和效果的主要指标稳中有进，综合工作成绩连续3年位居各区市法院第一，被最高人民法院和人社部联合授予“全国法院‘基本解决执行难’工作先进单位”称号。

【全力维护社会安全稳定】 *一是纵深推进扫黑除恶专项斗争。*提高政治站位，坚持院长带头办案制度，严惩黑恶势力犯罪案件15件73人，判处罚金158万元、追缴违法所得210余万元。邀请代表委员、媒体记者和各界群众旁听涉黑涉恶案件庭审200余人次，以实际战果营造强大声势、彰显敢打必胜的坚定信心。

*二是深入推进平安建设。*全年审结刑事案件799件，判处罪犯1051人。圆满审结中央交办的案件。严惩涉枪涉暴、非法集资、抢盗骗、黄赌毒、食药环等多发案件280件352人。严惩非访闹访缠访、危险驾驶、敲诈勒索、寻衅滋事等犯罪234件323人。严惩贪贿渎职犯罪14件17人，判处罚金216万元。审结电信诈骗、侵犯个人信息、伪基站等网络犯罪9件15人。贯彻宽严相济刑事政策，对98名严重刑事犯罪被告人判处三年以上有期徒刑，对102名轻微刑事犯罪被告人判处缓刑或免予刑事处罚。

*三是妥善化解民事纠纷。*全年审结民事案件9436件，标的额11.2亿元。审结劳动就业、教育医疗、社会保障、消费赔偿等案件4643件，发放案款1.9亿元。深化家事审判改革，审结家事案件1256件，调解撤诉率88.5%。

*四是努力化解行政争议。*全年审结行政案件611件，执结非诉执行案件227件。支持依法行政，裁定准予执行行政机关申请的非诉案件255件，实质性化解涉房屋拆迁、劳动保障等行政纠纷81件，行政机关负责人出庭应诉率同比上升23.3%。

*五是积极化解涉诉信访。*健全涉诉信访化解机制，深化院长庭长接访、远程视频接访制度，推进律师参与化解和代理涉诉信访、案件申诉，导入司法程序解决信访纠纷8件，努力为重大活动、关键时间节点营造良好社会氛围。

【服务保障经济发展大局】 *一是服务法治化营商环境。*全年审结商事案件4044件，标的额20.3亿元。审结买卖、租赁、承揽等合同案件1362件。审结涉民营企业案件2596件，开展实地走访、座谈交流150余次，提出意见建议30余条，营造专心创业、放心投资、安心经营的法治化营商环境。

*二是服务供给侧结构性改革。*运用重整、和解法律手段，稳妥推进5起破产案件审理。审结企业设立、兼并、重组等涉股权案件71件，严惩侵犯知识产权案件8件。坚持“房住不炒”，审结建设工程、房屋买卖等案件1090件。

*三是服务三大攻坚战。*审结民间借贷、金融借款、保险票据、互联互保等金融案件2591件，标的额7.83亿元。审结土地流转、征收补偿等“三农”案件238件。审结乱垦滥伐、破坏耕地、污染环境等案件36件。

*四是服务全面开放新格局。*获批一审涉外、涉港澳台民商事案件管辖权，从申请到获批仅用3个月。选派精兵强将成立涉外审判团队，受理涉外民商事案件12件，成功化解6件。

*五是服务社会诚信体系建设。*全年执结案件8108件，执行到位13.46亿元。网络查冻扣银行存款1.2亿元；拍卖成交网络拍品61件1.85亿元；网上委托执行案件307件。开展集中行动187次，拘传拘留1028人，8名被执行人被移送追究拒执罪。审查各类候选人资格5506人，限制高消费3565人。

【强弱项补短板再造流程】 *一是诉讼服务再升温。*建设告知一次性、办事一站式、服务一条龙的“一站式诉讼服务中心”。深化案件“当场立、自助立、网上立、就近立”改革，开启“网上立案+全国跨域立案”服务模式。

*二是办案效率再提速。*推进“繁简分流、轻重分离、快慢分道”，组建6个速裁团队，将调解员嵌套速裁团队，推进速裁指导与诉前调解无缝衔接。制作26类案件审判要素表格，进一步简化裁判文书制作，民商事案件简易程序适用率和服判息诉率同比提高12.6%和2.6%，平均办案周期缩短19天。

*三是多元解纷再发力。*坚持把非诉讼纠纷解决机制挺在前面，高起点建设“一站式纠纷多元化解中心”，汇聚各方调解力量，完善交通事故、劳动争议、小额债务、家事等纠纷调处的多元化、专业化工作机制，全年诉前调解各类纠纷5512件，调解成功率26.4%。

*四是司法改革再推进。*改进考核机制，发挥正向激励的鲜明导向，员额法官年均办案431件。院庭长带头办理重大、疑难、复杂案件10917件，占全部案件的47%。落实人民陪审员法，新选任220名陪审员，更多的人民智慧融入司法审判。

【打造忠诚干净担当队伍】 *一是旗帜鲜明讲政治。*以政治建设为统领，扛牢管党治党政治责任，从严落实“三会一课”，组织党务培训、党建调研等活动13次，落实落细21条问题清单，做到“立查立改，即知即改”。

*二是多措并举强本领。*坚持“学深圳、赶深圳”，厚实“比学赶超、奋勇争先”工作氛围。分层分类

培训 130 人，3 个集体、12 名个人获得青岛市级以上表彰奖励。

*三是全面从严抓作风。*细化党组责任清单和廉政清单，运用执纪监督“四种形态”，开展检查督察 48 次、回访案件 700 余件、提醒谈话 32 人次，对 2 名干警给予党纪政纪处分。

青岛市即墨区人民法院工作概况

【概述】 2019 年，青岛市即墨区人民法院（以下简称即墨法院）共受理各类案件 24734 件，办结 26028 件，均位列全省基层法院第六位，收结案数创历史新高。先后获“山东省人民满意政法单位”“全省基本解决执行难工作先进集体”等 57 项集体及个人荣誉。

【忠实履行职责使命，服务全域全面高质量发展】 *一是切实提高政治站位。*坚持关口前移，为青岛市即墨区（以下简称“即墨”）重点工程提供法律支持，化解矛盾纠纷 340 余件。推动社会治理，向相关部门发送司法建议 9 份，回复采纳率 100%。强化维稳工作，圆满完成中华人民共和国成立 70 周年、海军节等重大活动期间的维稳工作。

*二是推进平安即墨建设。*审结刑事案件 1364 件，判处罪犯 1726 人，增强群众安全感。深入开展扫黑除恶专项斗争，完善黑恶犯罪线索排查机制。审结即墨首起黑社会性质组织案，判处付某凯等 15 名被告人二十五年至二年不等的有期徒刑，没收付某凯个人全部财产。

*三是优化法治营商环境。*审结商事案件 2587 件，标的额 12.03 亿元。建立领导干部联系民营企业制度，制定优化营商法治环境的实施意见。审结知识产权案件 336 件，加强知识产权司法保护力度。召开产业防控风险座谈会 4 次，回应企业司法需求。审结首例执行转破产清算案，助推产业转型升级。

*四是监督支持依法行政。*审结行政案件 134 件，办结非诉行政执行案件 423 件。推进行政机关负责人出庭应诉工作，出庭应诉率同比提升 55.37%。扎实推进审前和解机制改革，选任和解员 8 人，促进行政争议实质性解决。召开依法行政座谈会、举办各类执法培训 4 次，助推法治政府建设。

【坚持以人民为中心，切实回应群众司法关切】 *一是依法保障民生权益。*审结民事案件 11735 件，标的额 33.76 亿元。关注食药安全和生态文明建设，审结首起食药领域刑附民公益诉讼案、首起生态资源保护刑附民公益诉讼案件。服务乡村振兴战略，开展巡回审判，进社区零距离化解纠纷 500 余件。

*二是持续聚力执行攻坚。*执结各类案件 9785 件，同比增长 43.98%，执行到位金额 12.73 亿元。完善联合惩戒机制，就加强综合治理向即墨区委专题报告，即墨区委主要领导给予批示肯定。探索开展“法拍贷”工作，共网拍 418 件，成交金额 4.49 亿元，平均溢价率 28.43%，为当事人节省佣金 1500 万元。

*三是推进现代化诉讼服务体系建设。*推动形成网上立案、跨域立案相结合的多元化立案格局，与泉州中院等法院完成多起案件跨域立案。推进司法救助法治化，发放司法救助金 47.37 万元，减免缓交诉讼费 10.93 万元，体现司法人文关怀。

*四是建立健全普法宣传长效机制。*开展预防校园欺凌、反家暴、劳动争议等活动 20 余次，1 万余名干部群众接受普法教育。充分发挥新媒体作用，即墨法院司法宣传工作获最高人民法院通报表扬，被省委政法委评为“政法新媒体工作室建设优秀单位”。制作的院线电影《特别追踪》入选中央政法委“70 年 70 部优秀政法题材影视作品”，微电影《迷踪》获中宣部第三届社会主义核心价值观主题微电影二等奖等多项大奖。

【深化司法体制改革，推进审判体系和审判能力现代化】 *一是推进司法责任制综合配套改革。*完成内设机构改革，案件平均审理周期 66 天，位居全市首位。

12 月 4 日，即墨法院举行青岛市金融纠纷调解中心即墨调解工作站、即墨法院实训基地的揭牌仪式

深化“分调裁审”改革，推行要素式审判模式，构建小额诉讼程序、速裁程序、简易程序等多层次诉讼制度体系，审结小额诉讼案件560件，位居全省首位。

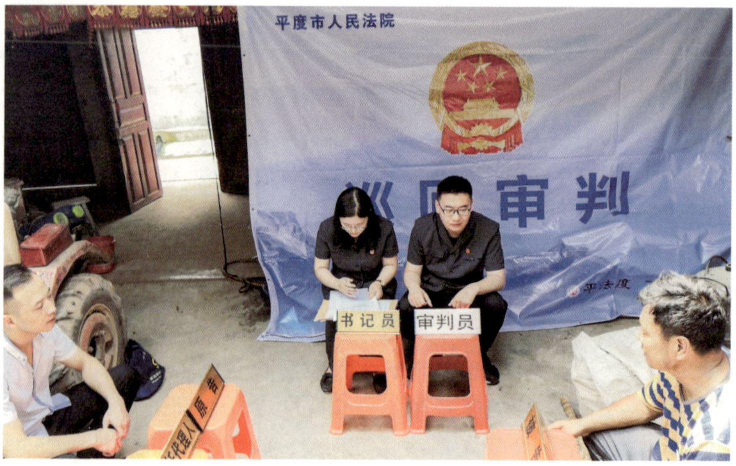

7月5日，平度法院旧店法庭在农家小院巡回开庭，调解一起民事纠纷案件

二是深入推进诉源治理。践行新时代“枫桥经验”，推进“法官进社区”工作。与中国人民银行青岛市中心支行合作，建立金融纠纷调解中心、实训基地；完善与青岛市保监局、人民银行、民政局等行业协会、行政机关的纠纷联动解决机制建设，诉前化解各类纠纷1500余件。

三是深化刑事、家事诉讼制度改革。完善认罪认罚案件“123”审判模式，中英认罪认罚从宽制度研讨会代表到即墨法院观摩交流，在全省认罪认罚从宽制度经验交流会上介绍经验。深入推进家事审判改革，全国人大常委会法工委到即墨法院调研，在全省家事审判方式和工作机制改革经验交流会上发言，省妇联、省广播电视台联合报道。

四是完善审判监督管理机制。强化精准管理，狠抓审判流程管控和审限管理，结案率同比提升6.9个百分点。开展百日办案竞赛、年底结案攻坚战等活动，形成了比、赶、超的良好工作氛围。

【落实全面从严治党，建设过硬法院队伍】 **一是加强思想政治建设**。扎实开展“不忘初心、牢记使命”主题教育，讲授专题党课9次，召开青年干警座谈会。加强基层党组织建设，完成17个党支部换届选举工作，组织红色传统教育活动，3名干警被即墨区委政法委授予“见义勇为先进个人”称号。

二是加强司法能力建设。开展庭审观摩、裁判文书评选、技能比武等活动，提升干警司法能力。与山东大学共建法学实践教学基地，进一步提高法官理论指导实践的能力。举行“法官荣誉日”，传承法官精神。

三是加强纪律作风建设。严格落实党风廉政建设“两个责任”，把纪检监察贯穿审判执行全过程，对违纪干警坚决依纪依规处理。完善廉政风险防控监督管理机制，引导干警知敬畏、守底线。

平度市人民法院工作概况

【概述】 2019年，平度市人民法院共受理各类案件20002件，审执结20940件，同比分别增长7.89%和10.08%，结案数在全省基层法院排第十三名。

【切实增强司法服务实效】 **一是主动融入全市工作大局**。立足法院职能，推动市委决策部署落地见效。集中开展社会治安综合治理行动，审结涉黑涉恶案件8件39人。支持配合“潍莱高铁”项目建设，对4起征地、拆迁纠纷案件及时裁决，入户释法促使43户村民主动拆迁。调解杭州路南段拆迁补偿纠纷，清除道路拓宽障碍。“乡村振兴工作队”筹措扶贫资金40余万元，援建两条乡村道路。

二是全力打造法治化营商环境。成立清算与破产审判专门合议庭，加快“僵尸企业”出清。审结破产案件5件，盘活土地11.33公顷、厂房5600平方米，安置职工200余人。开展“百企帮包促发展”活动，助力打造青岛北部先进制造业基地。

三是积极推动社会治理创新。认真落实习近平总书记“把非诉讼纠纷解决机制挺在前面”的重要指示，创新发展“枫桥经验”，稳步推进“无讼村庄（社区）”创建，引导群众选择“不伤面子、不伤和气、不花钱、少跑腿”的非诉讼方式解决纠纷。在全省率先建立无讼村庄（社区）工作室188个，挂牌“无讼村庄”84个，开展巡回审判、法律讲堂、法治宣讲190次，搭建微信平台14个，发放宣传材料8万余份。

【全力维护社会公平正义】 **一是依法惩治刑事犯罪**。审结刑事案件992件，惩处罪犯1164人，同比增加125件164人。其中，判处10年以上有期徒刑21人。关爱未成年人成长，审结涉未成年人刑事案件

38 件。贯彻宽严相济刑事政策，办理认罪认罚从宽案件 673 件。

二是妥善处理民事纠纷。审结各类民商事案件 12147 件。坚持调判结合，注重案结事了人和，民商事案件调撤率 48.19%。坚持以司法手段保障民生，力促社会和谐稳定，维护群众切身权益。

三是助力法治政府建设。审结土地资源、城建规划、治安管理、社会保障等领域行政案件 207 件，办理行政非诉案件 761 件。成立全市行政审前和解中心，组织全市行政机关负责人旁听公开庭审，提升行政机关依法履职水平。

四是持续攻坚执行难题。受理执行案件 6425 件，结案 6833 件，执结标的额 11.19 亿元，实际执行到位率 34.77%。开展集中执行活动 45 次，拘传 278 人，罚款 25 人，司法拘留 68 人，对 2 名拒不执行判决人员各判处有期徒刑 1 年。网上司法拍卖 22 件，成交额 5305.76 万元。成立速执团队，平均执行期限不到 15 天。

【积极回应群众司法需求】 一是整合集成优化诉讼服务。打造"一站式"现代化诉讼服务中心，推进"互联网 + 诉讼服务"，通过"一案一账号"系统拨付案款 1.67 亿元。启用电子送达辅助系统，送达周期缩短 20 天。保障困难群众诉讼权利，发放救助金 51.7 万元，缓交诉讼费 15.04 万元。

二是搭建"一站式"多元解纷平台。通过"分调裁"系统对案件进行分流，诉前调解 1455 件，委托人民调解 447 件，司法确认 326 件。成立劳动争议联调中心，建立道路交通事故一体化平台，开通人民法院网上调解平台，多方联动化解矛盾纠纷。

三是精准施策防治涉诉信访。坚持每月 10 日院长接访、每周三院领导轮流接访，畅通群众信访渠道。10 年以上信访积案全部清零，初信初访化解率达到 85.1%。

【深入推进司法体制改革】 一是健全办案保障机制。稳步推进内设机构改革，内设机构由 17 个缩减至 12 个，组建 5 个速裁团队、5 个难案团队、8 个专业化团队和 29 个普通案件团队。压实院长庭长办案和监督责任，院庭长全年结案 4654 件，占全院结案总数的 22.23%。

二是深挖办案质效潜力。认真贯彻落实习近平总书记"推进案件繁简分流、轻重分离、快慢分道"的重要指示，推动简案快审、繁案精审，充分发挥审判委员会和专业法官会议类案指引、案例指导的作用。

三是加大司法公开力度。直播庭审 443 件，网上公布裁判文书 13207 份。广泛开展送法进校园、宪法日普法宣传等活动。充分发挥自媒体作用，官方微博、微信公众号累计阅读量超过 11 万人次，通过微信公众号可直接查询案件进度、执行信息。

【建设高素质法院队伍】 一是旗帜鲜明加强政治建设。落实从严治党要求，深入开展"不忘初心、牢记使命"主题教育，推广"党建 + 审判执行团队"模式。开展"追寻红色记忆""传承五四薪火"等系列教育活动，组织干警举办庆祝中华人民共和国成立 70 周年快闪、重温入党誓词、参观成就展等活动。

二是全方位推进司法能力建设。强化政治、业务学习培训，提升干警能力素养和法院管理水平，6 名干警在青岛中院组织的"青年干警法学理论大比武"活动中获奖，一名法官获"全省审判业务专家"称号。

三是持续强化司法作风建设。全面落实"一岗双责"，开展集中警示教育、突出问题集中整治和"队伍建设年"活动，整肃院纪院风。紧盯重点岗位、关键节点，加强审务督查，防控廉政风险。

【自觉接受党的领导和各方监督】 始终把法院工作置于党的绝对领导之下，自觉接受人大监督、政协民主监督。加强与代表、委员沟通联络，邀请见证宣誓、观摩庭审、监督执行 107 人次，落实意见建议 43 条。依法接受检察机关法律监督，办理检察建议 9 条，邀请检察长列席审判委员会 13 次。广泛接受社会监督，随机选任陪审员，全年参审案件 2073 件。

莱西市人民法院工作概况

【概述】 2019 年，莱西市人民法院共受理各类案件 14458 件，同比增长 9.1%；审执结各类案件 15101 件，同比增长 18.6%；结案率 92.0%，提升 5.9 个百分点。

【履行法定职责，维护公平正义】 一是扎实推进平安莱西建设。审结刑事案件 609 件，判处被告人 717 人。净化政治生态，审理涉及"三农"和基层治理领域的小微腐败等案件 3 件，承办上级法院指定审理的涉金融领域、国家机关工作人员犯罪等系列案件 5 件 10 人。

二是稳妥化解民事纠纷。通过司法裁判，弘扬中华民族传统美德和社会主义核心价值观。审结婚姻、赡养、继承等家事案件1654件，促进家庭关系和睦。依法审理互联网领域新类型案件,审结全国“踢群第一案”，以公正裁判树立行为规则，引领社会风尚，为依法加强网络空间治理提供了司法实践蓝本，该案获全省法院典型性指导案例一等奖。

三是助推法治政府建设。审结行政案件161件，同比上升4.5%，审查非诉执行行政案件154件，同比下降32.2%。依托“行政争议审前和解中心”，全程式和解行政争议案件22件。妥善审理涉城中村、棚户区改造及高铁建设等重大工程纠纷，注重平衡各方利益，确保重大项目建设顺利进行。推动行政机关负责人出庭应诉工作常态化，随案发放出庭应诉通知书，出庭应诉率不断提升，2018年10月以来达到100%。

四是巩固“基本解决执行难”成果。持续加大执行力度，执结案件4637件，执行到位金额3.77亿元。开展“蓝色风暴”系列执行行动18次，涉及民生、金融、民营企业、财产刑等方面。强化执行威慑，严惩抗拒、规避执行行为，800余人迫于罚款、司法拘留等强制措施压力，履行了法定义务，执行到位3938万元。依托莱西市公共信用信息服务平台，开展信用联合惩戒和信用修复工作，向社会发布失信被执行人信息2076人次，为279名履行义务的被执行人恢复信用。

【发挥司法职能，服务发展大局】 一是深入推进扫黑除恶专项斗争。配齐配强专案组力量，坚持“大要案精审”，实行“一案一专班”，依法从严惩处黑恶势力犯罪。全年共审结涉黑恶案件5件，判处被告人44人。聚焦“打财断血”,成立由2名执行法官、1名刑事法官组成的涉黑恶案件财产处置合议庭，及时追缴、变现上交国库。截至2019年年底，相关涉案财产已执行到位228.58万元。

二是营造法治化营商环境。制定《关于民商事审判为优化营商环境提供司法保障的实施意见》，成立专项活动领导小组。审结买卖、租赁、运输等合同纠纷案件1727件，稳定市场主体预期，提升市场经济活力。审结保险合同、金融借款、民间借贷等案件1759件，规范民间借贷行为，引导民间融资健康发展。利用司法查询平台，对拟入驻姜山基金小镇的投资人进行风险查控，共核查1346人次，排除失信投资人5人。

三是服务乡村振兴战略。加大农村土地纠纷案件审理力度，依法保障“三权分置”政策落地，审结土地经营权转包、入股、抵押等合同纠纷249件。依托便民诉讼联系点，开展法律咨询630余人次，进村庄巡回审判26次，现场调解52件。针对新修正的《中华人民共和国农村土地承包法》，为全市200余名村两委成员、镇街负责人培训授课。

【全面深化改革，提升工作效能】 一是稳步推进司法体制综合配套改革。如期完成内设机构改革，由25个整合为17个，优化设置经济开发区人民法庭，实现内设机构减下来、工作效能提上去的目标，相关做法被最高人民法院、青岛中院简报编发。坚持开展员额法官“六个一”述职活动，顺利完成第三批员额法官遴选工作。强化院长庭长办案责任，院长庭长带头办理疑难复杂案件，全年共审结案件5306件，占结案总数的35.1%。

二是优化诉讼服务体系。主动回应人民群众多元司法需求，推进审判流程再造，推行以“分流+调解+速裁+快审”为主要内容的“分调裁审”机制改革，优化诉调对接机制，简易程序适用率89.3%，高于青岛市平均水平。组建3个诉前调解团队，调解侵权责任、相邻关系、婚姻家庭等民事案件291件。组建3个速裁团队，审理速裁案件1100件，平均审限20天以内。升级改造诉讼服务中心，开通网上立案、跨域立案，网上立案率达100%。

三是完善审判监督管理机制。召开审判委员会11次，集体研究疑难复杂案件83件。建立超审限案件约谈制度，狠抓审判流程管控和审限管理，对超审限案件进行逐案逐人调度，平均办案周期77天，同比缩短6天。依

7月29日，莱西法院开庭审理全国“踢群第一案”

托智慧法院平台，加强精细化管理，对各项办案指标实时生成、每周通报、每月总结，员额法官人均结案302件，同比增加79件。

【坚持从严治院，提高队伍素质】 *一是加强思想政治建设*。扎实开展“不忘初心、牢记使命”主题教育，坚持学思用贯通、知信行统一，举办“院长大讲堂”“支部书记上党课”活动，讲授专题党课92次。

二是提升司法履职能力。开展春季大培训、法警技能练兵、优秀干警经验交流等活动13场次，提升干警专业能力和专业精神。在青岛市级以上刊物发表调研文章、典型案例11篇，其中，2篇案例入选《中国法院2019年度案例》。

三是持续推进正风肃纪。积极开展“工作落实年”“廉洁司法、担当作为”集中警示教育暨“法院队伍建设年”活动。严格落实省委巡视整改问题清单，在全院部署开展“突出问题集中整治月”活动。对18名法官进行轮岗交流，对4名聘用制人员解除劳动合同。结合反面典型案例，定期进行警示教育和廉政谈话，做到警钟长鸣、防微杜渐。

淄博市中级人民法院工作概况

【概述】 2019年，在市委坚强领导下，在市人大及其常委会有力监督下，在市政府、市政协及社会各界关心支持下，全市法院坚持以习近平新时代中国特色社会主义思想为指导，全面贯彻中共十九大和中共十九届二中、三中、四中全会精神，紧紧围绕中央决策部署和省委、市委工作要求，认真落实市十五届人大四次会议各项决议决定，坚守初心使命，忠诚履职尽责，从严管党治党，各项工作取得新进展。全市法院收案102440件，结案108691件，同比分别增长7.35%和20.69%；其中，市法院收案11855件，结案12291件，同比分别增长6.39%和17.03%。共有20个集体和46名个人受到省级以上表彰；市法院获“全国法院司法宣传工作先进单位”“山东省反洗钱工作先进集体”等称号，淄川区法院被表彰为“全国优秀法院”，博山区法院被表彰为“省人民满意政法单位”。

【坚持围绕中心服务大局，法治营商环境进一步优化】 *突出服务保障重大战略部署*。立足破产与金融审判职能，提出挽救担保圈困境企业和企业家担保经营性负债合理免责等内容，被纳入关心关爱企业家十条措施及分工方案。深入调研解决火车站南广场、齐旺达公司等重点项目法律难题，与有关部门就降低企业杠杆、化解过剩产能和保障职工权益等进行沟通协调。选派4名干警参加“万名干部下基层”活动，帮助企业协调解决涉法难题91项。认真落实刑责治污、刑责治安要求，审结环境污染案件20件74人、危害安全生产案件7件27人。集中调研推进生态环境司法保护集中管辖，被省法院在全省推广。就规范工程签证等发出司法建议60余份，9份入选第五届全省法院优秀司法建议。

突出服务保障平安淄博建设。依法维护社会稳定，审结刑事案件5308件，判处罪犯6133人。参与扫黑除恶“重点培育市”建设，两级法院院长担任审判长审理涉黑涉恶案件44件281人。市法院刑一庭被授予首批“全省扫黑除恶工作优秀团体”称号，淄川区法院被表彰为“全国法院刑事审判工作先进集体”。依法审理山西省人大常委会原副主任张某才受贿案，审结贪污、贿赂、渎职犯罪案件57件。裁定特赦案件54件。

突出服务保障产业转型发展。加强知识产权司法保护，审结知识产权纠纷案件737件，同比增长138.51%。妥善审理5起法国、日本企业诉淄博市某化工支柱企业专利案件，为企业避免近2亿元经济损失。审结破产案件80件，安置企业职工2858人，化解不良资产56.69亿元，释放土地资源108公顷，切断担保圈债务额52.82亿元。完善市场主体退出制度，高青县法院推动成立全国首个县级破产管理人协会，市法院被确定为个人破产制度试点法院。承

9月27日，淄博市中级人民法院举办“不忘初心、牢记使命”主题教育先进事迹报告会

接制定《山东法院企业破产案件审理规范指引（试行）》，省法院印发全省施行。根据最高人民法院指定，作为全国两个中院之一，牵头负责《中华人民共和国企业破产法》部分章节的修改工作。

【坚持司法为民诉讼惠民，人民群众司法获得感进一步增强】 *保障民生权益有新举措*。探索实行家事案件心理辅导干预、婚姻冷静期等制度，审结一审婚姻家庭案件5637件。审结民间借贷纠纷案件7131件，涉案金额31.48亿元。深入开展“工作落实年”活动，圆满完成省法院交办的60件信访积案化解任务。加强司法人文关怀，为当事人办理退费2668万元，缓减免诉讼费43.46万元，发放司法救助资金130余万元。推进行政争议审前和解中心建设，和解撤诉率30.89%，在全省法院会议上作典型发言。推动行政机关负责人出庭应诉工作，出庭率达到88.23%，居全省法院前列。

解决执行难题有新突破。共执结各类案件29400件，执结率88.87%；执行到位金额94.64亿元，同比增长104.85%。创新公安与法院、两级法警“双联动”机制，共拘留、拘传失信被执行人154人，以拒不执行判决裁定罪追究28人。集中开展“暖心冬日”执行大会战，执结拖欠农民工工资案件368件，执行回案款3365万元。明确66个执行节点要求，建立“一案双查”制度机制，促进执行标准统一、流程可控、行为规范。淄川区法院被最高人民法院和人社部表彰为“全国法院基本解决执行难工作先进单位”。

深化诉讼便民有新机制。坚持把非诉纠纷解决方式挺在前面，全市基层法院诉前调解案件7642件，占一审民事结案数的24.53%。繁简分流和多元解纷机制被确定为全省司法责任制改革创新点。博山区法院在交警部门设立法官工作室，实现纠纷一站式解决，相关做法被省委《山东通讯》刊发。积极推广网上立案、网上阅卷、24小时法院等平台应用，让数据多跑路、群众少跑腿。全面推行网络司法拍卖，拍卖成交额7.84亿元，溢价率17.30%，为当事人节省佣金3120.7万元。

【坚持党的绝对领导，队伍素质能力形象进一步提升】 *思想政治建设不断加强*。全面学习贯彻习近平新时代中国特色社会主义思想和中共十九届四中全会精神，深入开展“不忘初心、牢记使命”主题教育，相关做法被《山东新闻联播》报道。坚持党对法院工作的绝对领导，严格执行重大事项请示报告制度，推进意识形态责任落地落实。坚持党支部建在庭上，党小组设在审判团队，着力打造“开放式、融入式”党建工作品牌，市法院被市直机关工委评为“党建工作示范点”。

司法体制改革不断深化。出台院庭长监督管理权责清单，识别、监管“四类案件”628件。实行院长庭长办案月通报制度，院庭长结案34018件，占29.70%。推行院长庭长网上督办来信来访和承办申诉再审审查案件制度，办结相关案件405件。加强审限变更监管，对长期未结案件落实“一案双查”。建立法律适用请示答复机制，就5项疑难复杂问题出台审委会会议纪要，推动裁判尺度统一。

党风廉政建设不断推进。建立完善司法巡查和内部巡查机制，全面推动18类39个问题整改。加大案件查办力度，办结举报案件489件，发出监察建议5份。与司法局探索建立律师与法官互评机制，围绕律师对法官提出的90份评议意见逐一分析整改。积极主动接受纪委监委监督，征求对法院纪检监察工作意见建议18份，并认真予以落实。

【坚持积极迎评开门纳谏，法院工作监督机制进一步健全】 *自觉强化人大监督*。按照市委和市人大常委会部署，完成全市法院接受人大常委会专项工作评议，征求全市各级人大代表和各界群众意见建议，并针对反馈的1517条意见建议和10项重点评议内容持续深化整改落实。加强与人大代表联络，办理人大代表意见建议25件，邀请旁听庭审206件次。聚焦民营经济发展、民生权益保护等群众普遍关注的十大焦点难点问题，持续推进制度创新，相关做法得到省、市领导和媒体的充分认可。

广泛接受社会监督。办理政协委员提案2件、关注案件5件，召开民主党派和无党派人士座谈会，并就提出的24条建议进行认真落实。依法接受检察机关法律监督，完善检察长列席审委会会议制度，对抗诉及检察建议案件依法办理。

持续深化舆论监督。加大司法公开力度，上网公布裁判文书90772份，庭审直播3581场。广泛开展“法律六进”活动，开展专题宣讲500余次。市法院微博获评“2019年度中国优秀政法新媒体”。

淄博市淄川区人民法院工作概况

【概述】 2019年，淄博市淄川区人民法院围绕“努力让人民群众在每一个司法案件中感受到公平正义”工作目标，以审判管理和信息化建设为重点，以实施“精品案件、精细管理、精准服务”工作战略为抓手，着力打造司法服务保障体系、司法质效管理体系、改革品牌创新体系、智慧法院建设体系、团队能力提升体系五大工作体系，忠实履行法定职责，各项工作实现新发展。全院共有工作人员 167 人，其中员额法官 52 人，全年共受理各类案件 11089 件，审执结 11586。先后获“全国优秀法院”“全国法院基本解决执行难工作先进单位”“全国法院刑事审判工作先进集体”“全国法院司法宣传工作先进集体”等称号，案件繁简分流和矛盾纠纷多元化解机制被省委政法委确定为司法责任制综合配套改革创新点。

【刑事审判】 受理刑事案件 539 件，审结 525 件，对 595 名刑事被告人作出有罪判决。深入开展扫黑除恶专项斗争，依法、准确、从重惩处黑恶势力犯罪，审理相关案件 6 件 50 人，有效打击黑恶势力嚣张气焰；严厉打击危害人民群众生命财产安全犯罪，审理故意伤害、两抢一盗、黄赌毒等案件 193 件 207 人，辖区社会治安更加稳定；严惩危害公共安全犯罪，审结危险驾驶、放火等犯罪 263 件，依法保障人民群众生活安全；积极参与反腐败斗争，依法审结淄博市民政局原党委委员、工会主席吕某新贪污、受贿职务犯罪等案件 10 件 10 人，保持惩治腐败高压态势。

【民商事审判】 受理一审民商事案件 5130 件，审结 5465 件件。依法保护民生权益，共审结各类民事案件 2174 件；强化司法保护，依法为生活困难当事人缓减免诉讼费 16.5 万元，全年共发放司法救助资金 113 万元。着力保障全区重大战略实施，共审结各类商事案件 3291 件，标的额 11.3 亿元；推动僵尸企业有效清理，受理强制清算、破产案件 13 件，涉案标的额 27.6 亿元；防范化解金融风险，受理金融、民间借贷等案件 1101 件，追回不良金融债权 6300 余万元；加大生态环境司法保护力度，受理环境资源案件 35 件，公检法合力追缴环境治理修复资金等 3000 余万元。

【行政审判】 监督、支持行政机关依法行使职权，受理行政一审案件 73 件，审结各类行政案件 72 件，其中跨区划行政案件 12 件；充分发挥行政争议审前和解中心作用，10 起矛盾纠纷在审前圆满化解，防止区级矛盾上浮。服务法治淄川建设，广泛开展宪法宣传、青少年司法保护、远离毒品等专题宣传活动，组织公众开放日 13 次，举办普法讲座 15 场次，解答咨询 2000 余人次。

【执行工作】 扎实推进“切实解决执行难”，加快执行信息化建设步伐，依托“指挥中心 + 执行团队”办案模式，强化执行规范管理。全年共开展“利剑活动”“暖心冬日”等集中执行行动 102 次，依法受理执行案件 5154 件，执结 5334 件，实际执行到位金额 5.6 亿元；共发布失信被执行名单 930 例；限制高消费 419 人次，实施搜查 78 次，拘留 136 人次，共向公安机关移送涉嫌拒执罪 9 案 11 人。创新打击“老赖”方式方法，全年共网络查询财产 3.8 万次，发布网络拍卖 303 件，成交额 8421.4 万元。

【改革创新】 一是扎实推进案件“繁简分流”，对人、案、程序进行优化配置，在审判权运行机制方面，形成简单、普通和复杂案件三车道分流模式。完善速裁机制，确定速裁法官，制定“分调裁审”机制操作细则，再造速裁流程，启动要素式审判试点工作，对民间借贷、离婚等九类一审普通民商事案件适用要素式审判方式审理，全面简化办案程序。二是加强一站式多元解纷机制建设，完善“调解前置 + 全程调解”办案机制，以“热心大妈”刘伟品牌调解室为载体，全面推行“六心工作法”，坚持内外联动构建全流程解纷模式。

【智慧法院】 围绕“诉讼服务升温、案件办理增效”，全面拓展纠纷化解和诉讼服务的信息化、智能化功能，让人民群众感受智慧司法“加速度”。聚焦“网上办、零跑腿”目标，将审判流程信息公开工作与全流程无纸化网上办案等工作紧密结合；积极推广各种平台应用，狠抓电子卷宗随案同步生成，强力推进庭审语音识别录入、网络法庭等智能辅助办案系统，购置智能“云柜”系统，逐步实现诉讼材料网上流转、诉讼文书在线制作、管理事项在线审批、流程信息自动生成；深化网上办案，推进庭审直播、裁判文书上网常态化。

【队伍建设】 突出政治建设龙头地位，认真开展“不忘初心、牢记使命”主题教育等活动，坚持把抓党务与抓队伍、抓业务、抓服务紧密结合，以成立院机关党委为契机，改选设立 17 个党支部，将“亮身份、亮职责、亮承诺，比学习、比贡献、比口碑、比实干”三亮四比等活动融入各个岗位、各项工作。实施“文化育院”工程，持续深化“良知、责任、情感”六字专题教育，以精深学术倡导终身学习，关注过程、培养习惯，坚持不懈加强实践锻炼、专业训练，努力提升法官的职业素养与职业操守；坚持“以学知廉”“以案思廉”“以谈促廉”，强化对审判执行权的精准监督，积极通过“廉政教育月”“纪检十分钟”讲廉、廉政党课等活动，保障公正廉洁司法。以区人大专项工作评议等活动为契机，完善联络机制，建立院班子成员联系镇办等制度，不断加强改进法院工作，自觉主动接受各方监督。

淄博市张店区人民法院工作概况

【概述】 2019 年，淄博市张店区人民法院以习近平新时代中国特色社会主义思想为指导，忠实履行宪法法律赋予的职责，全年新收案件 18606 件，审执结 20749 件，收结案数量再创历史新高，同比分别上升 4.52%、24.26%，居全省 156 家基层法院第十五位和第十四位，员额法官人均办案 391 件。年内被最高人民法院评为“全国司法宣传工作先进单位”，1 名干警被最高人民法院授予“全国优秀法官”称号。

【刑事审判】 受理刑事案件 1309 件，同比上升 40.41%，审结 1344 件，同比上升 77.3%，判处罪犯 1513 人。审结危险驾驶、交通肇事等犯罪案件 888 件 889 人，针对 2019 年危险驾驶案件激增情况，对 300 余起案件集中宣判。突出打击涉众型经济犯罪，审结的包某某等 20 人非法、组织领导传销案涉及金额高达 7.5 亿元。加大反邪教斗争力度，审理的陈某等 23 人邪教案，被告人为邪教制作大量宣传品，在乡村发展邪教会员，社会危害性较大；严厉打击“黄赌毒”违法犯罪，审结的刘某等协助组织介绍卖淫案件涉及人员 31 人；扎实开展扫黑除恶专项斗争，由院长担任审判长，审结恶势力犯罪案件 2 件 21 人；保持反腐败高压态势，审结贪污、贿赂、挪用公款等犯罪案件 8 件 12 人。

12 月 4 日，淄博市张店区人民法院干警走上街头，开展法治宣传

【民商事审判】 新收民商事案件 8868 件（另有旧存案件 2583 件），审结 10414 件，其中调解、撤诉结案 4614 件，调撤率 44.3%。妥善做好“僵尸企业”司法处置，服务新旧动能转换重大工程，助推产业优化升级。推进“道路交通事故赔偿纠纷”网上数据一体化处理工作，与公安交警、鉴定机构、保险公司等部门召开联席会议，促进数据共享、互联互通，实现快赔快付。贯彻落实市委、市政府《关心、关爱企业家十条措施》，积极参与制定《“依法挽救陷入担保圈困境的优质企业”落实方案》，保障民营企业平稳健康发展，营造安全有序的法治营商环境。

【行政审判】 受理行政案件 194 件，结案 234 件，包括行政诉讼结案 161 件，审查行政非诉执行案件 73 件。认真落实跨行政区划管辖行政案件制度，保障群众诉权，受理外区县案件 22 件；推动行政机关负责人出庭应诉制度，在开庭审理的 113 件案件中，有 100 名行政机关负责人出庭，出庭应诉率 88.49%。

【执行工作】 执结案件 8471 件，执行到位标的额 16.87 亿元，直接过付案款 6.39 亿元。通过“基本解决执行难”中国社会科学院第三方评估后，改进分工协作机制，推行执行工作新模式；增强对被执行人财产及活动轨迹的信息整合功能，向当事人主动推送执行通知、财产查控、评估处置、案款收发等重要节点信息，推进执行公开力度。将 356 人纳入失信人名单，限制高消费 6344 人次。严厉打击拒执行为，开展集中拘留拘传专项行动，拘留、拘传 182 人。为保障市区重点工程建设，对积家村、东北村等“钉子户”实行强制执行，经媒体报道后，收到良好法治宣传效果。2019 年共发布财产网拍 1631 次，成交金额 4.76 亿元，溢价率 14.7%，为当事人节省佣金 1972.75 万元。

【司法改革】 内设机构数量由 34 个减至 14 个，简化办案层级，实现扁平化管理；启动新型办案模式，按照“繁简分流、轻重分离、快慢分道”原则，组建 4 个速裁团队，实行简案快审。细化院长庭长履行监督管理权责清单，探索完善“四类案件”识别、监管的程序机制；加大案件评查力度，定期对案件质效进行通报；切实发挥审判委员会和专业法官会议把关作用，统一裁判尺度和重大疑难复杂案件的法律适用；修订完善业绩考核办法，继续实行随机分案大循环机制，将办案数量、效率、效果与绩效挂钩，奖勤罚懒，进一步推进司法责任制落实。

【司法为民】 建设"互联网＋诉讼服务、线上＋线下、服务中心＋虚拟空间、固定＋移动"的"4+"服务模式，为当事人提供全方位在线诉讼服务；认真落实"一次办好"改革要求，除刑事案件外100%网上立案，实现从立案、审判到执行全流程数据网上运行；利用"司法为民"APP等自助服务终端，提高电子阅卷系统利用率，保障当事人或律师通过电脑、手机等实时阅卷；加强对特殊困难群体的司法人文关怀，为符合条件的当事人缓减免诉讼费24.47万元，发放司法救助资金55.75万元。

【司法公开】 全年上网生效裁判文书及信息16204篇，庭审直播207件次；完成人民陪审员换届选举，提请任命216名人民陪审员；自觉接受人大监督，定期向区人大书面汇报专题工作，开展接受人大专项评议活动，通过上门走访、召开座谈会、实地视察法庭工作等形式，广泛征求人大代表及社会群众意见。

【队伍建设】 通过"三会一课"、"党员固定活动日"、"学习强国"APP学习等方式，强化干警政治理论基础；深入开展"不忘初心、牢记使命"主题教育，依托清明、烈士纪念日、国家公祭日等传统节日和重要纪念日开展实践活动，教育引导干警筑牢信仰之基；扎实开展挂包老旧小区和农村帮扶共建工作，干警与48名贫困户结对帮扶。落实全面从严治党主体责任，定期督办调度、提醒诫勉，对重点敏感案件实行"一案双查"。建立健全法官澄清保护机制，维护法官合法权益。全年组织干警参加各类培训600余人次，定期开展庭审和裁判文书评查，交流办案心得，总结审判经验。11篇调研文章、裁判文书、典型案例在法院系统论文及业务成果评比中获奖。

淄博市博山区人民法院工作概况

【概述】 2019年，淄博市博山区人民法院共受理各类案件8479件，审执结8759件（含旧存），同比分别上升5.41%和8.04%。淄博市博山区人民法院被评为全省人民满意政法单位、全省法院基本解决执行难工作先进集体。

【审执工作】 刑事案件方面，2019年共审结刑事案件319件，判处罪犯455人。一是积极推动扫黑除恶专项斗争向纵深推进。审结恶势力犯罪案件7件，判处犯罪分子41人，特别是依法审理"村霸"穆某等12人恶势力犯罪集团敲诈勒索、故意毁坏财物等犯罪案件，唐某等17人恶势力犯罪集团影响博莱高速施工系列犯罪案件，王某等11人恶势力犯罪集团"套路贷"犯罪案件，刑事审判庭被推荐为全省2019年扫黑除恶专项斗争优秀团队。二是依法严惩破坏市场经济秩序、社会管理秩序的刑事犯罪，审结破坏生产经营、生产销售伪劣商品、有毒有害食品等犯罪案件12件19人。三是依法惩处职务犯罪，保持惩治腐败高压态势，审结贪污、受贿、挪用公款、滥用职权、玩忽职守等犯罪案件9件9人。四是依法严惩电信网络犯罪，审结网络传销、侵犯公民个人信息等犯罪案件12件31人，审结的严某等19人电信诈骗一案参加全国法院集中宣判和新闻发布。

民商事案件方面，2019年共审结民商事案件4480件。一是服务新旧动能转换。妥善化解买卖、承揽等纠纷案件819件；积极开展财产保全、调解协调工作，为博山区企业清收债权3600余万元；审结建筑施工、房屋买卖等房地产纠纷案件213件；完善破产程序启动和破产企业识别制度，顺畅市场退出机制，妥善审结淄博博航电子陶瓷有限公司、山东机器厂五金分厂等7件资产规模大、职工人数多的企业破产重整案件，化解不良资产5.25亿元，释放土地资源17.13公顷。二是服务三大攻坚战。妥善处理金融借款、金融不良债权转让、民间借贷、网络借贷等纠纷，促进防范化解金融风险，审结借款、票据、保险等案件315件，打击骗取贷款案件2件，对规范金融机构借款行为提出司法建议6条，审结民间借贷案件729件，对涉嫌传销、非法集资等案件移交追究刑事责任15件；依法审理涉农纠纷，服务现代农业整建制发展，审结土地承包、经营权流转等涉农纠纷案件33件。三是依法审理涉民生案件。依法制裁恶意欠薪行为，帮助农民工追回劳动报酬320万元；深化家事审判改革，审结婚姻家庭案件573件。

在博山区交警大队事故处理科设立于杨法官工作室，实行道路交通事故责任纠纷一站通办、一揽子解决做法，诉前化解纠纷118件，审结案件635件，过付款项3500余万元，调撤率达76%，无一申诉信访，被确立为淄博市改革和社会治理提升典型做法，山东省委《山东通讯》《改革与制度创新》等以简报形式予以推广。

行政案件方面，2019年共审执结行政、非诉执行案件234件。妥善审结信息公开、确认拆除行为违法、治安处罚等行政诉讼案件以及行政赔偿案件74件。发挥行政争议审前和解中心作用，经协调后行政相对人和解撤诉35件。支持行政机关履行行政管理职能，依法审查行政裁决98件，支持“放管服”改革。强制执行土地、环境、保险等行政监管非诉执行案件55件，支持行政机关开展棚户区改造、拆除违法建设等工作。

执行案件方面，2019年共受理执行案件3624件，结案3697件，执行到位3.6亿元。推进综合治理执行难，协调交警查扣车辆52辆。建立健全解决执行难长效机制，集中实施拘传、拘留、搜查等强制措施，累计组织集中执行68次，出警900余人次，限制高消费3131人次，公布失信被执行人名单548人，拘留、拘传失信被执行人256人。着力解决财产变现难题，实施网络司法拍卖208笔，成交率、溢价率明显增长，为当事人节约佣金137万元。

【司法改革】 一是推进内设机构改革。根据审判职能优化、内部管理扁平化的要求，积极稳妥完成内设机构改革，内设机构由18个压缩至11个，组建16个新型审判执行团队。二是推进审判流程再造。运用信息化手段，对案件各流程节点的工作时限进行监控和提示，确保案件处理效率。审限变更手续一律由院长签批，超过12个月的未结案件层报省法院院长审批。严格贯彻落实公开审判制度，持续推进审判流程公开、庭审活动公开、裁判文书公开、执行信息公开。截至2019年年底，共公布各类裁判文书6758篇，庭审直播230次。三是推进智慧法院建设。深化科技与便民深度融合，开通网上立案、网上退缴费、互联网阅卷平台，实现除刑事案件外100%网上立案。建成智能语音法庭2处，庭审效率提高20%。在全市法院率先建设“24小时法院”和智能云柜系统，方便当事人全天候办理立案、缴费、递交证据材料等事项。

【党建队建】 认真落实意识形态责任制，牢牢掌握司法领域意识形态工作领导权。实施基层组织力提升工程，设立机关党委，成立13个党支部，做到党建和业务工作相融合相促进。按照查摆、学习、借鉴、整改、验收的思路进行项目化推进，带动整体工作创新发展，先后对破产审判、法警管理、精审团队建设、执行团队建设等6个项目进行达标验收。积极推进一站式多元解纷、一站式诉讼服务两个“一站式”建设，建立诉前调解、速裁、快审、精审等团队，实现纠纷繁简分流，推进治理能力现代化。

淄博市临淄区人民法院工作概况

【概述】 2019年以来，淄博市临淄区人民法院在区委坚强领导，区人大及其常委会有力监督，区政府、区政协及社会各界关心支持下，以习近平新时代中国特色社会主义思想为指导，深入学习贯彻中共十九大和中共十九届二中、三中、四中全会精神，紧紧围绕区委部署要求，强化责任担当、全力攻坚克难，各项工作取得新进展。新收各类案件14696件，结案15417件，同比分别增长8.59%和14.48%，员额法官年人均结案335件。收结案均创历史新高，位居全市第二。受到市级以上表彰的集体和个人共有17项，立案信访、执行工作分别被上级法院记集体二等功、三等功，涌现出“全国优秀法官”“全省审判业务专家”等一批先进典型，案例编写工作作为全国仅有的四家法院之一被国家法官学院表彰。

【服务中心】 出台服务保障法治营商环境的实施意见，推出11项司法服务举措，开通涉企诉讼“绿色通道”，建立快立快审快执机制，严惩破坏法治营商环境犯罪，营造良好的投资兴业环境。建立联络服务企业常态化机制，走访调研150余家企业，挂包服务企业6家，及时协调帮助解决企业遇到的困难和问题。妥善审结涉齐翔腾达、鑫泰石化等重大项目建设纠纷6件，为重点项目建设攻坚行动提供司法支持。依法稳妥审理9起企业破产重整案件，审结新联工贸、地方燃气破产清算案件，助力淘汰落后产能。有序推进天鹤塑胶破产重整计划执行，促进企业重组重生，并入选全市法院十大破产重整典型案例。推进建立常态化“府院联动”协调机制，成功推动设立破产专项基金，解决无财产可破案件“启动难”问题。严厉打击危害金融秩序犯罪，开展民间借贷涉“套路贷”专项整治活动，有力维护金融市场秩序。严厉打击扶贫领域的渎职违法行为，加大对特殊困难群体的司法人文关怀，为扶贫攻坚提供司法助力。认真履行环境资源保护司法职责，推进完善环境公益诉讼制度，审结环境污染犯罪案件及环境保护行政案件，守护临淄的碧水蓝天。

【主责主业】 依法惩治刑事犯罪，审结刑事案件725

件，判处罪犯988人。深入推进扫黑除恶专项斗争，审结恶势力犯罪案件10件51人，判处五年以上有期徒刑7人，审结具有较大社会影响的李某某等13人恶势力犯罪集团案件。严惩腐败渎职犯罪，审结职务犯罪11件21人。严厉打击涉众型经济犯罪，审结5件11人，妥善处置“e租宝”非法集资案件950人的善后登记工作。认真贯彻刑事案件认罪认罚从宽制度，对于自愿认罪认罚的261名被告人进行了从宽处罚。

审结各类民事案件7064件，同比上升14%。服务保障乡村振兴战略，审结涉及“三权分置”、农村承包合同纠纷110件，助力全区“大棚房”设施农用地问题清理整治。探索家事审判方式改革，设立全市首家家事审判调解室，审结婚姻家庭、赡养继承纠纷859件。审结民间借贷纠纷1320件，涉案金额6.8亿元。妥善处置涉案1834万元、涉及群众400余人的“李某书”民事赔偿案件。

新收各类行政案件214件，审结278件，其中行政公益诉讼案件1件。积极向区委、区政府提交助力全区社会治理法治化的调研报告，推进行政争议审前和解工作，推动行政争议案件实质化解，和解撤诉45件。妥善审理28起征地拆迁、违建拆除案件，密切配合闻韶北棚户区改造项目稳步推进，全力支持城中村、棚户区改造。

新收各类执行案件6258件（含恢复执行），执结6479件，执行到位金额18.4亿元。开展涉民生、涉企业案件专项集中执行活动23次，拘留59人。完善网络查控机制，与区自然资源局签订不动产登记查询保密协议，并完成了“点对点”对接，实现不动产信息的互通共享。公布失信被执行人2118人，限制高消费4215人，倒逼社会诚信建设。强化执行监督，建立“一案双查”制度机制，促进提升执行工作规范化水平。

【司法为民】 全面推进“一站式”诉讼服务中心建设，将20项服务事项一体集成，推送审判流程信息、执行信息3.6万条，全年网上立案12124件，实现除刑事案件、特别程序案件外100%网上立案。全面推进“一站式”多元解纷机制建设，探索将人民调解员纳入审判团队，形成多元解纷新格局。诉调对接中心收案1614件，调解成功413件，司法确认146件，依法确认金德公司与星团公司4837万元的调解协议，及时为我区重大项目招商引资提供司法助力。

加大速裁及简易程序适用力度，速裁快审结案8527件。配强配齐速裁审判团队，推行要素式审判模式。针对破产重整、交通事故、劳动争议等相对集中的类型化案件，设立专业化审判团队，做到类案专办、简案快审。依托道交一体化平台，共收交通事故案件765件，结案776件，平均办案周期27.5天，打造了一条交通事故处理的“便民快捷通道”。

完成内设机构改革工作，探索新型办案模式。强化法庭资源配置，5处“知名法官工作室”全部配置在基层法庭，解决服务群众“最后一公里”难题。互联网公布各类裁判文书12626份，在线庭审直播321次，开展网络拍卖500件，成交金额1.01亿元，为当事人节约佣金300余万元。严格落实院庭长办案制度，全年院庭长结案3667件，推行院庭长网上督办信访制度，有效化解信访矛盾。

【自觉接受监督】 坚持把接受人大评议工作作为一项重大政治任务，全面落实区人大常委会各项工作部署，高质量推进192条评议反馈意见整改工作落地见效。加强人大代表、政协委员联络工作，走访各级人大代表80人次，办理回复人大代表意见建议和关注案件104件，邀请人大代表、政协委员视察座谈、旁听庭审150余人次。依法接受检察监督，主动邀请检察长列席审委会4次，及时办结检察建议，切实推动加强和改进法院工作。

淄博市周村区人民法院工作概况

【概述】 2019年，淄博市周村区人民法院以习近平新时代中国特色社会主义思想为指导，深入贯彻落

12月4日，周村区人民法院组织法官举行宪法宣誓仪式

实中共十九大和中共十九届二中、三中、四中全会精神以及习近平总书记视察山东重要讲话、重要指示批示精神，忠诚履职、司法为民、深化改革、从严治院。全年共受理各类案件 8299 件，审执结 8953 件，标的额 19.5 亿元，同比分别上升 9.6%、27.6%、37.3%，各项工作取得新进展。

【刑事审判】 审结刑事案件 637 件，判处罪犯 963 人，其中判处五年以上有期徒刑 14 人，十年以上有期徒刑 9 人。依法受理黑恶势力案件 6 件 53 人，对 35 人判处刑罚，最高刑期 18 年，始终保持对扫黑除恶的严打态势；判处放火、贩卖毒品、危险驾驶、重大责任事故等犯罪案件 427 件，惩治罪犯 443 人；审结抢劫、故意杀人、故意伤害、非法拘禁等暴力犯罪案件 127 件，判处罪犯 181 人；审结 3 起重大非法吸收公众存款案，涉案金额 1.5 亿元，涉案群众 1200 余人；持续强化反贪高压态势，全区 200 余名行政执法人员旁听庭审，推动反腐败斗争深入开展。

【民商事审判】 审结各类民商事案件 3949 件。化解涉重点项目、棚改旧改等案件 104 件，引导消解隐患 156 件；审结破产案件 3 件，妥善安置职工 1200 余人，化解不良资产 1.7 亿元；受理涉企案件 1465 件，为企业挽回经济损失 1.2 亿元；走访重点企业 47 家，提供司法建议 39 条；建立“经开区企业微信群”，为 600 余家民营企业提供 24 小时“法律急诊”，在线提供法律咨询 300 余次，规范合同 25 份，排查隐患 37 处；审结交通事故、医疗损害、环境污染等侵权案件 531 件；审结劳动合同、工伤保险、劳动报酬等案件 104 件；审结婚姻继承、赡养抚养、分家析产等案件 784 件；审结土地承包、征地补偿、集体产权保护、乡村旅游开发等涉农案件 958 件。

【行政审判】 审结行政案件 97 件，非诉审查 96 件。审结涉经开区建设、文昌湖开发、西外环拓宽等案件 17 件；审结拆迁、拆违、“大棚房”等案件 38 件；坚持合法性审查，维持行政行为 61 件，纠正行政行为 9 起；推动行政争议审前和解中心实体化运转，经诉前引导、审前解纷和诉中协调后，调解结案 7 件，原告自愿撤诉 20 件，创历史新高。

【执行工作】 一是执行力度更加强劲。开展涉金融、涉民生、涉企业执行会战，拘留、拘传被执行人 154 人，以拒执罪追究刑事责任 7 人。发布失信被执行人 1940 人次，限乘飞机、高铁 2158 人。网络查控存款、车辆、房产等信息 50 余万条。二是执行规范更加严格。明确了 37 个节点时限，规范了 11 个执行流程，完善了 9 项创新举措。三是执行质效持续提升。全年受理执行案件 4021 件，执结 3736 件，结案率 92.9%，同比分别上升 16.5%、20.7%、3.2%；执行到位金额 5.6 亿元，同比上升 25.6%。

【司法改革】 一是顺利完成内设机构改革。将原来 25 个内设机构精简合并为 8 个。二是深化院庭长办案制度。院庭长带头办理各类案件 4277 件，同比增长 94.2%，占结案总数的 47.8%。三是激发改革内生动力。遴选 1 名法官入额，选任 6 名法官为中层正副职，为 13 名法官晋升级别。四是重建速裁机制。依托三处法庭重新成立刑事行政、交通事故、买卖合同和民间借贷 4 个速裁团队，确保 80% 的案件速裁解决，全力促进了审判提质增效。

【队伍建设】 一是提升思想境界。强化“唯旗是夺”意识，开展“树标对标夺标”活动，引导干警放宽眼界、开拓思路、奋发有为。二是提升司法能力。加大教育培训、岗位练兵力度，全面提升干警新时代司法能力。三是严格执纪监督。牢固树立“严管就是厚爱”的理念，深入开展“六治”行动，对违法违纪行为“零容忍”、不护短、不手软，努力打造忠诚干净担当的法院队伍。

【诉讼服务】 一是继续推进“一站式诉讼服务中心”建设。推动诉讼服务中心转型升级，打造“立体化”诉讼服务平台。实行集约送达，全年送达 1.5 万次，送达时间同比缩短 75.2%。实行集约保全，共保全案件 1803 件，保全标的 4.6 亿元。实行网上立案、跨域立案，网上立案率 100%。创建“微法庭”，24 小时在线，全年通过微法庭调解案件 127 件。二是完善“一站式多元解纷”机制。加强诉源治理，对矛盾隐患关口前移、提前介入、就地解决，435 起案件“化于未发”。加强诉前调解，与妇联、交警、司法局等部门构建联动机制，对 12 类案件先行调解，386 起案件“止于未讼”。加强诉调对接，强化司法确认、深化“道交一体化”平台应用、加大“分调裁审”力度，依法确认调解协议 76 件，对 325 起调解不成的案件及时转入审理程序，能调则调，当判则判。

【接受监督】 一是接受人大专项工作评议。深入推进人大专项评议工作，5 次召开党组会进行专题研究、全面调度。制定实施方案，发布公告，依托各类平台，广泛征求意见建议238条。抓好整改落实，对代表群众普遍关注的重点问题，逐一制定整改措施。汇总整理的72条意见建议，已经整改完毕的49条；取得阶段性整改成果，需长期坚持的23条。二是自觉接受社会各界监督。开展“法院开放日”活动，邀请人大代表、政协委员和各界群众视察工作、旁听庭审、参与执行1200余人次。强化司法民主，选任75名人民陪审员，陪审案件549件。推进司法公开，加大庭审直播、流程公开、文书公开力度，共直播6509案，微博、微信推送信息2558条，上网公布法律文书7045份。

桓台县人民法院工作概况

【概述】 2019年，桓台县人民法院（以下简称县法院）设政治部、综合办公室、审判管理办公室（研究室）、刑事审判庭、民事审判一庭、民事审判二庭、行政审判庭（综合审判庭）、立案庭（诉讼服务中心）、执行局、司法警察大队、唐山人民法庭、果里人民法庭、起凤人民法庭、马桥人民法庭、审判保障服务中心15个工作机构。机关党委负责机关和直属单位党的建设和群团工作，纪检监察机构按照中央有关规定设置。编制127，实有115人，其中法官36人。

【刑事审判】 2019年，受理各类刑事案件642件，审结645件（含旧存），判处罪犯786人。纵深推进扫黑除恶专项斗争，院长担任审判长公开审理杜某某恶势力犯罪集团案件。审结故意杀人、故意伤害、强奸、抢劫、盗窃等严重暴力和多发性侵财犯罪案件122件，始终保持对严重犯罪的高压态势。审结涉毒品犯罪案件8件，坚决遏制毒品犯罪多发态势。审结非法吸收公众存款、信用卡诈骗犯罪案件6件，涉案金额89.24亿元，加强与公安、检察协作，合力防控化解金融风险。审结合同诈骗、非法生产、非法传销、非法经营等犯罪案件11件，平等保护企业家人身和财产安全，让企业家专心创业、放心投资、安心经营。坚持“刑责治非”“刑责治污”，审结妨害公务、涉赌涉黄、污染环境等犯罪案件81件。审结非法持有枪支、交通肇事、危险驾驶犯罪案件376件，其中危险驾驶311件，同比提高119%。审结侵占集体财产、挪用公款、贪污犯罪案件7件，推动反腐败斗争深入开展。

【民商事审判】 2019年，受理各类民商事案件4235件，审结4770件（含旧存）。坚持情理法融合，促进社会和谐、家庭和睦，审结婚姻家庭、继承等家事纠纷546件。贯彻乡村振兴战略部署，审结农村土地流转、宅基地纠纷等农村土地权益案件56件。审结交通事故、人身损害赔偿、侵害消费者权益等纠纷543件，依法维护受害人合法权益。被省高院确立为全省首批环境公益诉讼试点法院，审结环境公益诉讼案件1件。开展涉诉信访积案集中化解攻坚行动，彻底化解信访老案44件，受到省高院通报表扬。出台服务保障民营经济高质量发展实施意见和关心关爱企业家10条具体落实措施，审结各类经济纠纷2665件，依法平等保护各类市场主体合法权益。审结劳动争议纠纷82件，帮助企业有效解决用工难题。开展防范化解金融风险专项行动，审结民间借贷、金融借款、股权融资等纠纷1117件，标的额14.25亿元，依法遏制高利贷和投机化倾向，助力实体经济发展。稳妥推进齐泰建工、鸿杰印务等9家企业的破产审理，运用庭外重组、重整、和解等手段，帮助陷入困境的企业涅槃重生。

【行政审判】 2019年，受理各类行政案件106件，审结121件（含旧存）。以县行政争议审前和解中心为平台，推动行政纠纷多元化解，审前和解9件，被省高院确定为全省行政争议审前和解联系点。坚持依法裁判和协调化解相结合，监督支持“放管服”改革，推进简政放权，提高服务效能，案件撤诉率11.36%。落实行政机关负责人出庭应诉制度，行政诉讼案件机关负责人出庭率100%。加强审判与行政良性互动，及时就行政执法存在问题向行政机关提出建议，邀请县直部门100余名负责人旁听庭审。办

桓台县人民法院依法维护农民工利益，获称赞

理各类行政非诉审查执行案件69件，支持依法行政，维护执法权威。

【执行工作】 2019年，受理各类执行案件3813件，执结3914件。加大网络查控力度，累计网上查询财产信息46万条，冻结银行账户资金4267万元、车辆153辆、证券361万股、网络资金968万元。加大信用惩戒力度，每周发布执行通告，累计将671名被执行人纳入失信“黑名单”，限制3169人次购买飞机、动车、高铁票，214名失信被执行人迫于压力自动履行义务。加大强制执行力度，建立与公安、上级法院警力“双联动”机制，累计开展集中强制行动27次，对113案117人依法采取强制措施，以涉嫌拒执罪向公安机关移送2案3人，执行到位金额9.63亿元。被查封财产全部通过网络拍卖，累计在淘宝网公开拍卖123案163件标的物，总标的额15032.44万元，成交83件，成交额7801.69万元，节省拍卖佣金331.14万元，有力维护胜诉人的合法权益。

【公信法院建设】 2019年，县法院紧紧围绕“努力让人民群众在每一个司法案件中感受到公平正义”工作目标，积极推进轻微刑事案件速裁、认罪认罚从宽刑事审判制度和民商事案件繁简分流机制改革，庭审时间平均缩短2/3，《山东新闻联播》等予以报道。建立涉群体性等疑难复杂“四类案件”识别监管制度，院庭长识别监管“四类案件”62件。除刑事案件外，全部建立电子卷宗、开通互联网阅卷，实现网上运行、全程留痕、实时监管。完善审判流程、庭审直播、裁判文书、执行信息“四大公开平台”，在中国裁判文书网公布裁判文书7873份，依法应公开裁判文书上网率100%，庭审直播287次，最高人民法院网、省市县级媒体采用稿件150余篇，信息发布量位居全省法院前列。认真做好县人大常委会对法院的专项工作评议，县人大常委会听取审议法院专项工作报告，在现场评议测评中，以高分获得“满意”结果。

【便民司法服务】 2019年，县法院积极推进“一站式”现代化诉讼服务中心建设，构建线上诉讼服务平台、线下诉讼服务中心、“12368诉讼服务热线”三位一体诉讼服务体系，线上一键点击，除刑事案件外，其他类型案件全部实现网上立案，网上立案率达98.54%；线下统一窗口，严格落实“一次办好”制度，为困难群众缓减免诉讼费用2.7万元，采取现场与网上立案相结合的方式，专人帮助特殊群体现场立案，一网通办、一站通办、一次办好，让群众享受到更加便利高效的诉讼服务。推进“一站式”多元化解纷机制建设，开通案件“分调裁”、道交一体化处理平台，累计指导分流纠纷1925件，其中人民调解、特邀调解等达成调解协议968件，司法确认239件，过付款1629万元，自动履行率达75%，连续4年，每年近1/4民商事纠纷诉前得到妥善化解，诉调对接经验做法被《大众日报》等媒体报道，多家法院到院考察学习。

【队伍建设】 2019年，县法院深入开展“不忘初心、牢记使命”主题教育，深入学习贯彻习近平新时代中国特色社会主义思想，树牢“四个意识”，坚定“四个自信”，做到“两个维护”。持续开展党员进社区“双报到”“志愿服务”等活动。积极响应上级抗洪救灾号召，班子成员轮流到赈灾挂包村值班蹲点，党员干部志愿到灾区清扫卫生，累计向灾区捐款近4万元。建立人员分类培训计划，全面开展岗位练兵活动，深入开展“廉洁司法、担当作为”集中警示教育，探索建立内部常态化督查机制。建立律师与法官互评机制，促进律师与法官的良性互动，不断改进审判作风，确保公正廉洁司法。邀请县检察院检察长列席审委会会议，办理检察建议3条，依法决定再审案件1件。加强人民陪审员队伍建设，普通程序案件人民陪审员参审率达100%。

淄博市高青县人民法院工作概况

【概述】 2019年，高青县人民法院（以下简称高青法院）新收各类案件5676件，结案6185件，法官人均办案213件，审判质效全面向好，结案数量再创历史新高。

【刑事审判】 审结刑事案件164件，判处罪犯235人，同比分别上升22.3%和16.9%。深入开展扫黑除恶专项斗争，纪某、阮某等19名被告人分别被判处一年六个月至十三年六个月不等有期徒刑，累计判处罚金257万元、追缴赃款600余万元。依法严惩严重刑事犯罪案件19件24人，多发性犯罪案件73件74人。依法审结贪污、贿赂、渎职犯罪案件5件5人。加强与公安、检察等的协调配合，牵头建立刑事案件联席会议机制，推进认罪认罚从宽制度改革。健全涉众型经济犯罪打击机制，完成全县“e租宝”非法集资案件的善后处置工作。

【民商事审判】 审结各类民事案件1520件。推进家事审判改革，审结婚姻家庭案件473件，调撤率达到66.3%。加强人身权益保护，审结人身损害、交通事故、医患纠纷等案件446件，协调被告人自动履行赔偿金额1500余万元。加强劳动权益保护，审结劳动争议、追索劳动报酬等案件80件。应对房地产市场变化，审结建设工程、商品房买卖、物业管理等领域案件74件。审结各类商事案件1746件，涉案标的额9.62亿元。出台关心关爱企业家的17条具体措施，与县工商联共建民营企业发展协作机制。审结金融借款、民间借贷等案件806件，确认债权3.92亿元。

【破产审判】 新收破产案件11件，结案7件，盘活土地60.33公顷、厂房建筑26.44万元，安置职工1370人，盘活存量资产8.6亿元，切断担保圈债务额17.52亿元。积极打造破产审判品牌，推动成立全国首个县级破产管理人协会，发布全省首份破产审判白皮书，被省法院确定为全省个人破产制度试点法院，两起案件入选全市破产审判十大典型案例。全程参与《山东法院企业破产案件审理规范指引》的起草工作，上级法院专门致函予以肯定和感谢。省法院副院长张开兴一行调研时认为高青法院破产审判工作走在了全省前列。

【行政审判及非诉执行】 审结行政诉讼案件55件，审查行政非诉执行案件49件。深化行政案件跨区域管辖改革，完善行政机关应诉机制，行政机关负责人出庭应诉率达到97.56%。加强与镇办、司法局、行政执法局等的沟通联系，就征地补偿、拆迁安置等加强学习研讨、提出司法建议，有力保障违法建设治理工作顺利开展。两次组织全县120余名行政执法人员旁听庭审，提升依法行政水平。

3月19日，高青法院为40余名务工者集中发放执行款

【一般案件执行】 巩固“基本解决执行难”成果，向“切实解决执行难”目标迈进，执结各类案件2514件，到位案款2.8亿元。组织开展“雷霆行动”“夏季风暴”“暖冬执行”等专项行动，依法对86名老赖采取拘传、拘留、罚款等处罚措施，将405人纳入失信“黑名单”，对20名老赖发布执行悬赏公告，以拒不执行法院判决裁定罪追究刑事责任1人。执结涉民生案件404件，到位案款3396万元；执结涉金融案件475件，到位案款2.02亿元。

【审判管理】 推进内设机构改革，从19个缩减为11个。院长庭长带头办理重大、疑难、复杂案件1018件，占结案总数的16.5%。新提请任命人民陪审员86名，普通程序案件陪审员参审率达到99.79%。全年结案率为93.07%，调撤率为59.12%，服判息诉率为91.45%，分别位列全市第三位、第一位和第三位。在县交警大队设立交通事故诉讼服务站，实现诉前保全、立案缴费、调解开庭等事项“一站式”办理。构建以审委会、法官专业委员会、法官联席会议为基本框架的“三级管理平台”。建立发改案件评析机制，统一裁判尺度。12个月以上未结诉讼案件全部清零，6个月以上未结案件大幅度减少。

【司法公开】 深入推进“法律六进”活动，开展专题培训、普法宣传等30余次。开展“向人民报告——政法机关开放日”活动，230余名社会各界代表走进高青法院。推进审判流程、庭审直播、执行信息、裁判文书“四大公开平台”建设，对外发布生效裁判文书4777篇，开展庭审直播233场次。

【立案信访】 推进诉讼服务中心转型升级，被省法院确定为诉讼服务中心现代化建设试点法院。推进“一次办好”改革，实现“一窗受理”“一链办理”。推动信息化和司法服务深度融合，当事人足不出户即可完成网上立案、跨域立案、网上缴费等事项。全面推行网络司法拍卖，成交额2600余万元，溢价率6.59%，为当事人节省佣金260余万元。加大司法救助力度，依法为21名困难当事人减缓免诉讼费14.2万元、提供救助款31.5万元。

【队伍建设】 以党建带队建促审判，深入开展“不忘初心、牢记使命”主题教育。坚持“支部建在庭上”，优化支部设置。高青法院获评全县优秀党建服务品牌，综合部门党支部获评全县优秀党支部。加强对“学习强国”“灯塔——党建在线”等的应用，推进学习型法院建设，开展各类培训370余人次。充分利用庭务会、“周五夜学”等形式开展学习教育，编印《执行办案手册》等工作规范。开展“廉洁司法、担当作为”集中警示教育、规范执行行为专项整治和“形式主义、官僚主义”集中整治等活动。建立人大代表旁听行政诉讼案件常态化机制，两次开展“致人大代表的一封信”活动。与县司法局建立律师与法官互评机制，评议数据作为法官年度考核的重要参考。

沂源县人民法院工作概况

【概述】 2019年，沂源县人民法院坚持以习近平新时代中国特色社会主义思想为指导，认真贯彻落实中共十九大和中共十九届二中、三中、四中全会精神，全面履行审判职能，主动服务发展大局，全力维护社会稳定，被省委政法委确定为多元解纷司法责任制改革创新点，东里法庭被推荐为全国法院先进集体。全年共受理各类案件9329件，结案9658件（含旧存），分别比2018年增长11.2%和21.8%，收结案数量均创历史新高，涉案当事人3.8万余人。

【刑事审判】 坚持宽严相济，全力维护社会安全稳定。审结各类刑事案件433件，同比增长37.6%，判处被告人580人，严厉打击各类严重危害社会治安、影响群众安全感的寻衅滋事、盗窃、故意伤害等传统类型犯罪；持续打击高发多发的危险驾驶犯罪，137起醉酒驾驶被告人，全部被判处实体刑罚，比2018年增加260.5%；严惩职务犯罪，悦庄镇一村书记沈某兴贪污扶贫项目款，被判处有期徒刑两年；积极维护全县环境安全和公众环境权益，审结6起25人污染环境罪、非法采矿罪案件，追回国家环境治理、矿产资源损失230万元；以寻衅滋事罪对5名非访老户予以打击，切实维护全县信访秩序；审结3起涉及206名农民工的拒不支付劳动报酬犯罪，追回劳动报酬110万元，让农民工不再“忧薪”。

【民商事审判】 坚持定纷止争，大力促进社会和谐发展。审结各类民商事案件4756件，调撤率达到62.8%。发挥调节社会关系作用，保护平等主体合法权益，审结涉及群众“衣食住行、业教保医”案2587件，保障民生民利；审结侵权、合同等纠纷2169件，规范诚实守信的市场交易秩序；三处派出法庭发挥前沿阵地作用，有效化解辖区各类纠纷2202件，筑牢乡村社会治理法治保障，助力乡村振兴。

【行政审判】 坚持依法监督，助力推进法治政府建设。审结行政诉讼案件70件，监督行政机关依法履行经济调控、市场监管、社会管理等职责；审查环保、国土行政处罚等案件487件；审结沂源县首起资源环境保护行政公益诉讼案，与检察机关、行政机关多方沟通，引入第三方评估，使遭到破坏的环境及时得到修复；对2018年以来行政机关败诉案件进行分析，形成专题调研报告，得到党委政府重视；开展联席会议、观摩庭审、专题研讨等活动31次，实现府院良性互动，合力推进法治政府建设。

【执行工作】 全流程发力解决执行难题，维护胜诉群众权益。执结案件3338件，执行到位标的额11.25亿元。实施“基本解决执行难”综合工程，从执行环节前沿到立案、审判等各个环节，全面梳理、健全、完善相关配套机制，做到全流程发力。持续加强强制措施运用，对长期躲避执行、拒不报告财产、拒不到庭等被执行人实施拘留、拘传、搜查331人次、罚款32人次；推进“互联网+”查控，实现对被执行人在全国范围内银行存款、车辆、证券、工商登记等信息的精准查控；推进“互联网+”拍卖，将查控房产、车辆、股权等财产，通过网络交易平台公开拍卖，成交35件，成交额7893.03万元，溢价率达12.22%，

5月30日，沂源县人民法院在沂源县二中举办法律进校园活动

为当事人节约佣金 297.92 万元；推进“互联网 +”失信联合惩戒，曝光失信被执行人信息 2136 条，促使 443 名失信被执行人主动履行还款义务；持续打击拒执犯罪，对拒不交付财产、隐匿、转移财产等有能力履行而拒不履行的被执行人，深入调查涉嫌犯罪证据；在全市率先组建涉金融案件专项执行团队，集中执行、专项突破，组建四个月以来，已执行到位标的额 2300 余万元。

【特色工程】 传承发展“枫桥经验”，加强诉源治理。贯彻落实习近平总书记关于“坚持把非诉讼纠纷解决机制挺在前面”的指示，投入使用自主研发的纠纷风险评估信息化平台，以人民法庭、诉讼服务中心为外联平台，打造“点、线、面”相结合的多元化纠纷解决机制，强化纠纷诉前调解，一年来，共风险评估民商事纠纷 5603 件，诉前疏导、分流、化解 2112 件，占评估案件的三分之一以上，其中“特邀调解 + 司法确认”478 件，当事人即时履行、申请出具调解书 438 件，初步构建了分层递进、衔接配套的诉前纠纷化解体系。

【队伍建设】 对标新时代党的建设总要求，大力推进队伍正规化、专业化、职业化建设，争做新时代司法排头兵。一是扎实开展“不忘初心、牢记使命”主题教育。通过党组专题学习研讨、红色主题教育、形势政策报告会、知识竞赛等形式，把规定动作做实，把自选动作做活，让党员“立足岗位做贡献，担当作为勇争先”；二是高度重视意识形态领域工作。将意识形态工作纳入党建工作责任制，健全定期研究报告、舆情风险预判等制度；弘扬司法正能量，以打击拒执罪真实案例改编、拍摄微电影《潜逃者》，在全国法院微视频评选中获优秀奖；出台“法律六进”活动方案，开展专题培训、普法宣传等 3000 余人次，维护司法领域意识形态安全。三是强化支部职能发挥，强队建促审判。四是压实主体责任，落实全面从严治党要求。强化廉洁司法常态教育，时刻绷紧党的纪律这根弦，持续开展纪律作风专项整顿，驰而不息纠正四风，始终保持政治警觉，时刻警惕“四风”问题的隐身衣，时刻敬畏纪律规矩，做到思想上不懈怠，行动上不松劲，法院队伍更加风清气正。

淄博高新技术产业开发区人民法院工作概况

【概述】 2019 年，淄博高新技术产业开发区人民法院（以下简称淄博高新区法院）在市法院和高新区工委的正确领导下，以习近平新时代中国特色社会主义思想为指导，坚决贯彻落实中共十九大及中共十九届历次全会精神，忠实履行宪法和法律赋予的职责，各项工作取得了新亮点、新突破、新提升。2019 年全年共受理各类案件 5921 件，结案 6092 件，结案率 93.56%，平均办案周期为 58.10 天，员额法官人均结案 378.43 件，连续两年位居全市第一。

【刑事审判】 2019 年新收刑事案件 312 件，审结 314 件，判决罪犯 324 人，收缴罚金 300 余万元。党组书记、院长陈树礼公开审理、宣判了冯某某、汪某某等 20 名被告人被指控组织、领导黑社会性质组织、寻衅滋事、敲诈勒索等罪一案（此案系淄博扫黑除恶专项斗争开展以来审理的首例涉黑案件），收到了良好的政治效果、法律效果和社会效果。

【商事审判】 2019 年审结买卖合同、服务合同类案件 448 件，融资租赁、金融借款类案件 104 件；制定印发《关于落实〈高新区关心关爱企业十条意见〉的落实意见》，院领导走访辖区企业 6 家，保障企业健康发展。

【民事审判】 2019 年审结婚姻家庭、赡养抚养等家事案件 142 件，审结劳动争议、工伤保险等劳资案件 199 件，成功化解一诺房地产、恒昌建工等多起农民工追索工资的群体案件，避免群体事件发生；加大司法帮扶力度，全年救助困难当事人 4 人次，发放救济款 11 万元。

【行政审判】 继续做好行政诉讼跨区域改革工作，2019 年审结行政诉讼案件 47 件，审查非诉行政执行案件 10 件，判决行政机关败诉 10 件，占已结案件的 23.8%；做好行政争议实质性化解工作，协调撤诉 4 件，占比 10%，最大限度地促进了官民和谐。

【执行工作】 2019 年，新收执行实施类案件 2440 件，结案 2451 件，执保结案率 92.32%，实际执行到位率 35.8%，有财产可供执行的案件结案率达到 98.76%，终本案件合格率 100%，信访案件化解率 100%，实际执行到位标的额达 1.79 亿元。按照最高院相关要求，完成了“三个 90% 一个 80%”的任务目标，各项核心指标均稳居全市前列。开展集中实施拘留、拘传专项行动，拘传近百人，拘留数十人；开展“暖心冬日”执行大会战，加大涉民生案件的执行力度；

全年共发布失信被执行人210余人次，限制出行（限高令）1449人次，限制出境65人次；开展团队集中执行行动30余次，实际拘留36人次，搜查12次，移送公安16人。

【司法改革】 探索内设机构整合，依照《高新区法院司法改革团队建设工作实施意见》，成立速裁诉调团队，全面推进速裁诉调工作。2019年，以速裁方式审结案件共1196件，占全院已结民商事案件的40.3%，平均结案周期不超过20天；积极探索引进EMS送达，助力破解“送达难”，此举在淄博市基层法院系统中尚属首创；探索实施执行集约化建设，着力构建“精准指挥、集约执行”的工作格局；继续深化类案快审和轻刑快审机制建设，提升简易程序使用率，构建标准化文书制作机制，通过繁简分流缓解案多人少的紧张局面。积极组织第三次员额法官遴选工作。

【便民诉讼】 快速启动和推进两个“一站式”机制建设，如期完成各项工作任务，总体评价得分位居全市基层法院第二名，全省第十三名；初步建立起线上线下结合、形式多样、方便快捷的诉讼服务新模式，推行全天候网上立案。2019年以来，淄博高新区法院网上申请立案数5869件，已审批5300件，网上缴费101个，网上立案数占比94.98%；推行“速裁法官+调解员”的团队组合模式，全年通过特邀调解分流案件2305件，占全院新收民商事案件36%，调解成功率达51%，有效推进矛盾纠纷多元化解。

【司法公开】 完善诉讼服务大厅、诉讼服务网、12368诉讼服务热线“三位一体”的诉讼服务体系，方便群众诉讼；大力建设淄博高新区法院门户网站、官方微博微信，推动司法公开；开展庭审直播，2019年已通过微博直播庭审10余次，在线实时关注网友累计10万余人次；积极开展“法律六进”“法院开放日”等特色活动，先后组织辖区中小学生、人大代表、企业家代表等参观法院、旁听庭审共计1300余人次。微博影响力长期稳居全国法院前二十名，全国基层法院前十名。

【审判管理和监督】 2019年共受理再审及申请再审案件11件，审结11件。定期召开审委会，开展发改案件评查、庭审评查、裁判文书评查等活动，对所有发改案件进行分析研判，严格落实错案责任追究；制定印发《审判权运行监督管理实施办法》，对长期未结案件落实“一案双查”，长期未结案件的清理工作取得了较大突破，超过12个月及以上未结诉讼案件全部清零，不断增强法官质量意识，全力提升案件质量。

【队伍建设】 扎实开展“不忘初心、牢记使命”主题教育活动，引导广大党员干警深入学习习近平新时代中国特色社会主义思想。推行法官学习会议制度、组织参观鲁中监狱、组织开展纪律作风专项教育、革命传统教育、情景党课等活动，结合社区双报到、志愿服务、专题学习等，推行“主题党日+”模式，有效提高了学思用贯通、知信行统一的能力。2019年，共查找“廉政风险点”10个，建立防范制度和举措共20多条，组织教育培训36批次117人次、案例通报7次、观看警示片5次、开展专题党课5次、进行形势政策辅导3次、开展法警冬季集训活动1次，结合司法专项巡查和人大专项评议梳理的问题和建议修订完善规章制度10项。2019年，淄博高新区法院两篇裁判文书获全市优秀裁判文书，两篇案例获选典型案例。

【领导与监督】 扎实做好司法专项巡查、市人大专项工作评议，认真贯彻执行党委领导和人大的各项决策、决议，坚持重大工作、重大事项、重大案件及时向工委和上级法院报告；举办法院开放日活动，邀请驻区人大代表、政协委员、村居负责人等社会各界人士走进法院，努力打造党委政府放心，人民群众满意，业内评价优秀的淄博高新区法院品牌。

枣庄市中级人民法院工作概况

【概述】 2019年，全市法院收案54839件，审执结58127件（含旧存），收结案首次超过5万件，同比分别上升15.9%、29.4%；中院收案8612件，审执结8739件（含旧存），收结案首次超过8000件，同比分别上升21.6%、20.9%。减刑假释全流程网上办案、跨行政区划管辖行政案件改革、人民陪审员制度改革、服务新旧动能转换等品牌工作受到最高人民法院党组副书记、副院长江必新，省法院党组书记、院长张甲天，市委书记、市人大常委会主任李峰，市委副书记、市长石爱作等领导充分肯定，全市法院25个集体和83名干警受到市级以上表彰。

【服务大局】 依法保障国家安全和社会稳定。审结一审刑事案件2923件。审结涉案12亿元的冯某强等组织领导传销犯罪案、涉及79名被告人的电信诈骗案，审结滕州市委政法委原书记彭某国、枣庄银行原副行长刘某职务犯罪案，依法将新汶矿业孙某启等职务犯罪案价值8.14亿元的房产追缴到位。推动扫黑除恶专项斗争向纵深发展，审结一、二审涉黑恶案件27件144人，其中，涉黑案件7件、涉恶案件20件。判处五年以上有期徒刑37人，重刑率为29.1%。审结朱某彬等36名被告人、薛某等19名被告人涉黑犯罪案件。审理保护伞案件1件，对63名被告人判处罚金383.8万元，对3名被告人没收个人全部财产，追缴违法所得602.67万元并追缴全部赃物。认真落实特赦决定，对106名罪犯进行特赦，退伍老兵于某特赦案，被《人民日报》、新华社等媒体广泛报道。

着力服务经济高质量发展。审结一审商事案件16216件。采取“腾笼换鸟”“凤凰涅槃”“移花接木”等处置方案，通过破产重整、和解、清算及依法执行等途径实现有效救治或有序退出。2017—2019年，处置“僵尸企业”15家，盘活资产18.33亿元，激活土地286.67多公顷，稳定职工1.2万人。服务新旧动能转换的做法受到市委书记李峰充分肯定，并被最高人民法院、省法院、市委简报转发推介。防范化解金融风险，审结票据、借款合同等纠纷1690件。支持创新驱动发展，审结商标权、著作权、不正当竞争等知识产权纠纷409件。促进经济开放发展，1案例入选全省法院服务保障“一带一路”建设典型案例。

努力打造法治化营商环境。审结一审行政诉讼案件586件，审查非诉行政案件630件，支持行政行为168件，判决确认行政行为违法、履行法定职责54件。推动行政争议实质性化解，139件案件和解撤诉，全市法院普遍设立行政争议审前和解中心。深化跨行政区划管辖行政案件制度改革，当事人可在全市选择地域管辖法院。助力民营经济健康发展，与市工商联共同出台《服务保障民营经济高质量发展实施意见》。

积极参与社会治理。依法保护公共利益，审结公益诉讼案件10件。采用“3名法官+4名陪审员”方式审理重大疑难复杂案件13件，人民陪审员参审率为73.8%。组织宪法宣誓、走进直播间、巡回审判、以案说法等活动117次，送法进社区、军营、企业、学校35次，向党委政府、有关部门、金融机构等提出司法建议17条。

【司法为民】 **积极回应民生诉求。**审结一审民事案件10811件。审结人身伤害、交通事故、医疗损害赔偿等纠纷3009件，审结劳动争议、社会保障、追索劳动报酬等纠纷1651件，帮助追回农民工“血汗钱”1953.7万元；审结房地产纠纷2482件，涉农纠纷119件，危害食品药品安全、制售假冒伪劣产品犯罪案件30件。审结涉资源开发、环境保护刑事案件26件、民事案件122件、行政案件34件，1案入选全省法院环境保护十大典型案例。不断强化大运河保护、传承和利用司法保障，探索集中管辖涉大运河案件，最高人民法院在枣庄召开大运河司法保护座谈会。

全力推进切实解决执行难。受理执行案件13743件，执结11942件，实现胜诉权益39.46亿元。与市住房公积金管理中心建立查询、冻结、扣划个人住房公积金联动协作机制，与保险公司联合建立“保险+救助”机制，与市自然资源和规划局联合在全省率先开通不动产网络查控平台。强化失信联合惩戒，将2357名失信被执行人纳入黑名单，519名被执行人主动履行了义务。严惩拒执行为，对561名被执行人处以罚款、拘留，构成犯罪的，依法追究刑事责任。开展集中执行、专项执行，执结涉民生案件1804件、涉金融案件439件、涉党政机关案件20件。

大力推进一站式多元解纷机制、一站式诉讼服务中心建设。坚持把非诉讼纠纷解决机制挺在前面，推动“三调联动”，诉前委派调解纠纷10455件；组织专业人员，为当事人提供心理辅导、危机干预、法律咨询4647人次，妥善化解家事纠纷3455件；普遍设立道路交通事故损害赔偿纠纷一体化平

11月15日，召开大运河沿线环境司法保护调研会

台，解决纠纷1993件。深化“一次办好”改革，推进诉讼服务转型升级，努力实现一站通办、一网通办、一号通办、一次通办。全面推行网上立案、网上交费，实现与全省三级法院、全国中基层法院之间跨域立案；建成启用24小时法院，为群众提供诉状生成、风险评估、案件查询、文书打印等20余种自助服务。

【司法改革】 *牵住司法改革“牛鼻子”*。完成基层法院内设机构改革，强化职业权益保障，率先完成员额法官按期晋升、择优选升，稳妥推进司法辅助、司法行政人员职级套转（改）。院长庭长带头办理案件19761件，全市法院308名员额法官人均结案188件，同比增加38件，枣庄市中级人民法院56名员额法官人均结案156件，同比增加30件。

注入提质增效“推进剂”。深入开展“办案质效提升年”，强化效率管理，明确均衡结案目标，办案平均用时同比缩短9天。强化办案质量管理，加强院庭长监督指导，规范案件改判、发回重审标准和程序，案件改判、发回重审率同比下降5.6个百分点。强化办案效果管理，一审服判息诉率、一审民商事案件调解撤诉率分别为83.3%、42.1%。

铺就执法办案“快慢道”。强化流程再造，坚持简案快审，成立速裁快审团队，简易程序适用率为80.3%，速裁快审案件2569件，15天内结案数量占比16.5%。坚持类案专审，设立类型化案件专业审判团队，打造类案“专科门诊”。坚持繁案精审，发扬工匠精神，“精雕细琢”审理重大疑难复杂案件。

建设信息化“高速路”。推进智慧审判，强化智审系统应用，上线类案检索。推进智慧执行，实现被执行人信息网上查询，微信支付宝余额、银行存款实现网上查询、冻结、扣划，全面实行网络司法拍卖。推进智慧管理，审判执行关键节点全程留痕，质效数据实时动态自动生成。推进智慧服务，推动“一网通办”“指尖诉讼”，推行网上开庭、视频接访、电子送达。

【自身建设】 *强化政治建设*。深入学习贯彻习近平新时代中国特色社会主义思想，强化“四个意识”，坚定“四个自信”，坚决做到“两个维护”。树牢“政法机关首先是政治机关”理念，严格执行《中国共产党政法工作条例》，坚持党对法院工作的绝对领导。扎实开展“不忘初心、牢记使命”主题教育，坚持把抓好党建作为最大的政绩，1名干警被评为全省优秀共产党员，1堂党课被评为全省法院优秀党课；推行“一院一品牌”党建战略，枣庄市中级人民法院及滕州、山亭、台儿庄法院党建品牌先后被评为“全市优秀机关党建品牌”。牢牢把握意识形态工作主动权，强化意识形态阵地建设和管理，大力弘扬社会主义核心价值观，依法维护司法领域意识形态安全。

提升履职能力。深入开展精品审判“五个一”活动，举办法官论坛，组织培训、调训87期2000余人次，努力提升“五种能力”。3名干警被评为“全省法院审判业务专家”，1名干警获“齐鲁最美法官”提名奖，7篇论文、案例分别在全国、全省法院评选活动中获奖。

持续正风肃纪。坚持把纪律和规矩挺在前面，坚决扛起管党治党主体责任，强化“一岗双责”。严格落实中央“八项规定”及实施细则精神，驰而不息纠正“四风”，力戒形式主义、官僚主义；认真开展“狠抓工作落实年”活动，深入开展“廉洁司法、担当作为”集中警示教育，筑牢拒腐防变“防火墙”；深化监督管理，开展司法巡查、审务督察，用好监督执纪“四种形态”。

枣庄市市中区人民法院工作概况

【概述】 2019年，枣庄市市中区人民法院（以下简称市中区法院）坚持以习近平新时代中国特色社会主义思想为统领，围绕公平正义目标，忠实履行司法职责，突出抓好审判管理，大力推进自身建设，稳妥推进司法改革，努力提升司法公信力，各项工作都实现了新的发展和进步。一年来，共受理各类案件10832件，结案12384件（含旧存），标的额40.7亿元，同比分别上升15.3%、52.2%、71.7%，均创历史新高。

【依法惩治刑事犯罪，维护社会平安稳定】 加强刑事审判工作，保障社会安定有序、人民安居乐业，共审结各类刑事案件681件，判处罪犯899人。一是深入开展扫黑除恶专项斗争。完善“扫黑除恶”专项斗争领导小组工作机制，聚焦“打扫破网”“打财断血”阶段任务，自觉把思想和行动统一到党中央部署上来。全年共发现移交1件，办理核查7件，有力打击了黑恶势力嚣张气焰。二是严厉打击刑事犯罪。依法惩治危害公众安全犯罪，审结交通肇事、危险驾驶等犯罪案件377件。严厉打击侵犯生命、财产安全犯罪，审结盗窃、诈骗等侵财犯罪案件121件。杨某晨以“观香”“破太岁”等封建迷信活动，诈骗他人财物200余万元，被一审判处有期徒刑10年。依法从严惩治非法吸收公众存款、组织领导传销活动等涉众型犯罪案件33件。审结了“GPL”平台、“全民影视APP”平台等特大网络传销案，涉案金额19亿元。依法惩处妨害社会管理秩序犯罪，审结黄赌毒、寻衅滋事等犯罪案件118件。依法推进法治反腐，审结贪污贿赂等职务犯罪案件5件。枣庄银行杜某贪污单位公款860万元，被一审判处有期徒刑8年。认真落实未成年人社会调查、轻罪记录封存等制度，审结未成年人犯罪案件15件19人。严格贯彻宽严相济的刑事政策，对初犯、偶犯、未成年犯、老年犯和具有自首、立功等情节的被告人，依法从轻、减轻或免除处罚。

【认真贯彻新发展理念，保障改革发展大局】 坚持以新发展理念统揽法院工作，为全区社会经济发展提供有力司法保障。深入贯彻“两山理论”，审结了全区首例环境公益诉讼案件，发挥了司法保护生态环境的引领作用。妥善处结征地拆迁、拆违拆临等案件97件，深度参与前岭棚户区改造、三角花园东南片区拆迁等工作，为“老城做新”提供有力保障。贯彻新发展理念，围绕全区“双招双引”“三大攻坚战”等中心工作，制定并落实了“营创法治营商环境”“服务保障新旧动能转换”等指导意见。加强产权司法保护，审结涉及物权、股权、证券等纠纷案件692件。尊重市场主体缔约自由，审结买卖、运输、建设工程等合同纠纷1804件。维护金融市场秩序，审结银行借款纠纷609件、民间借贷纠纷1246件，有效助力防范化解金融风险。加强破产审判工作，审结市属企业破产案件8件。在区法院的监督指导下，佳程橡胶等破产重整企业重整计划顺利执行，重整成效逐步显现。兑付万泰纺织等4家企业及金泰电子公司3.9亿元职工债权清偿款，有力保障了1万余名职工的合法权益。破产工作经验，被编入最高人民法院信息向全国推广。

【始终坚持以人民为中心，维护群众合法权益】 坚持以人民为中心的发展思想，努力满足人民群众日益增长的多元司法需求。一是妥善审理涉民生案件。审结各类民事案件2835件，标的额4.7亿元。其中，审结婚姻家庭案件891件，审结机动车交通事故、医疗损害等纠纷案件485件，审结劳动争议、劳动关系案件928件。二是妥善化解行政争议。审结各类行政诉讼案件261件，依法履行司法审查职责，审结行政诉讼案件100件，审查非诉行政执行案件161件。其中，判决确认行政行为违法、撤销行政行为、责令履行法定职责14件。三是决胜基本解决执行难工作。执结各类案件3053件，标的额11.6亿元。强化信用惩戒机制，累计将4710名失信被执行人纳入黑名单。坚决惩治拒执行为，司法拘留82人，依法追究刑事责任3人。常态化开展集中执行活动，拘传被执行人212人次，执结积案124件，执行现场同步网络直播，向社会持续释放执行工作的强制力、威慑力。四是司法为民措施。推行“互联网+诉讼服务”，普及了上立案、网上缴费等功能。加强普法宣传，开展“走进直播间”“向人民报告”“公众开放日”等活动11次，组织巡回审判、以案说法126件次，努力营造尊法学法用法良好氛围。

【深入推进司法改革，促进审判质效提升】 以全面深化司法体制改革为动力，推进审判体系和审判能力现代化。积极开展内设机构改革，将院机关原有23个内设部门整合为10个，实现扁平化管理，促进审判资源向办案一线倾斜。坚持“让审理者裁判，由裁判者负责”，强化合议庭、法官办案主体地位，切实让广大法官集中精力尽好责、办好案。推进法官等级按期晋升和择优选升，晋升三级高级法官1人、一级法官8人。加强法官考核评价，建立均衡分案、结案激励、违纪处罚等机制，引导法官及法官助理多办案、快办案、办好案。加强一站式诉讼服务中心建设，实现立案、保全、鉴定、法律咨询等事务性工作“一次办好”。加强“分调裁审”机制改革，探索建立诉前调解、鉴定前置等机制，推进审判流程再造推广要素式、令状式、表格式裁判文书，快速审结各类案件2119件，平均审理周期缩短了21天，促进案件提速增效。

【全面加强自身建设，努力打造过硬法院队伍】 严格落实管党治党责任，提升基层司法水平，树立公信权威形象。一是认真开展“不忘初心、牢记使命”主题教育。按照“守初心、担使命，找差距、抓落实”总要求，加强调查研究，班子成员和全院干警深刻检视问题，推动解决了一批事关经济社会发展、民生权益保障等方面，以及人民群众最急最忧最盼的紧迫问题。二是努力提升司法能力和水平。认真开展教育培训工作，科学制定业务培训计划，组织干警到省法官学院、厦门大学等院校，参与司法技能培训160余人次，为法官订购《审判指导与参考》等专业书籍500余册，有力提升法官和法官助理的法律修养。三是持之以恒正风肃纪。坚决扛起管党治党重大政治责任，认真落实领导干部“一岗双责”，推动全面从严治党向纵深发展。严格落实中央“八项规定”及实施细则精神，开展了“形式主义、官僚主义”集中整治，驰而不息纠正“四风”，巩固来之不易的作风建设成果。扎实做好省委巡视“回头看”和市委巡察整改工作，作为责任单位的整改事项全部整改完毕。支持派驻纪检监察部门履行监督责任，用好“四种形态”，立足抓早抓小抓经常，做到无禁区、全覆盖、零容忍。

枣庄市薛城区人民法院工作概况

【概述】 2019年，枣庄市薛城区人民法院（以下简称薛城法院）在区委领导和上级法院指导、区人大监督、区政府、区政协及社会各界大力支持下，坚持以习近平新时代中国特色社会主义思想为指导，深入学习贯彻中共十九大和中共十九届二中、三中、四中全会精神和习近平总书记视察山东重要讲话、重要指示精神，紧紧围绕“努力让人民群众在每一个司法案件中感受到公平正义”目标，各项工作取得了新进展、新成效。全年共受理案件9449件（含旧存），审执结8198件，同比分别上升33%、32%，均达历史新高。

【充分发挥审判职能作用，服务改革发展稳定大局】 薛城法院坚持把法院工作置于全区工作大局中谋划和推进，切实聚焦大局、服务大局、保障大局。

*依法严惩刑事犯罪，推进平安薛城建设。*审结刑事案件352件，判处罪犯520人。审结邪教犯罪案件1件，审结抢劫、盗窃、诈骗、故意伤害、涉众型经济犯罪等案件76件121人，一审审结了涉案11亿元的李某龙等8人特大传销案。审结各类职务犯罪案件11件，院长庭长挂帅，组建精干团队，依法审理恶势力犯罪案件3件。

*全面贯彻新发展理念，营造良好法治环境。*审结一审商事案件1582件，同比上升12%。依法处置山东吉通科技制管有限公司等4家“僵尸企业”，累计盘活资产1.2亿元，稳定企业职工1300余人，深入开展严厉打击逃废金融债务“百日集中执行会战”，审执结金融借款合同纠纷案件86件，执行到位标的额6064万元。积极做好“e租宝”案件集资参与人信息核实登记，完成登记538人，妥善审理各类合同纠纷、房地产纠纷等案件1519件。

*积极参与社会治理，推进法治薛城建设。*审结行政诉讼案件81件，对行政机关申请的67件非诉案件裁定准予执行，保障全区重点工作、重大项目顺利推进。设立“行政争议审前和解中心”，审前和解行政争议案件45件，行政机关负责人出庭应诉率达62%。排查矛盾风险点150个，化解各类涉诉信访案件134件，有力维护海军建军节、中华人民共和国成立70周年等重要时段的社会和谐。

【坚持以人民为中心，努力回应人民美好期待】 薛城法院坚持政法工作始终站稳人民立场，着力解决人民群众最关心、最直接、最现实的利益问题。

*加强民生司法保障，维护群众合法权益。*审结危害食药安全、危险驾驶、恶意欠薪等案件72件。审结涉“衣食住行、业教保医”等民事案件3079件。审结追索劳动报酬等纠纷案件126件，帮助追回“血汗钱”237万元。审结土地经营权转包、耕地保护等纠纷217件，审结涉环境资源案件12件，有力保护了绿水青山。为当事人缓减免诉讼费130万元，提供司法救助58.39万元。

*推进一站式建设，提升诉讼服务品质。*建成道路交通事故一体化平台，联合交警、保险公司等就地化解纠纷213件。建立专职调解员队伍，组建了40人的特邀调解员队伍。成立2个速裁团队，速裁案件437件，15天内结案数量占比10.5%。加快推进一站式诉讼服务中心建设，全面推行网上立案、跨域立案，当事人网上提交立案申请6604件，进一步提升了诉讼便利化水平。

*全力破解执行难题，增强人民群众获得感。*受理执行案件3312件，执结3037件，实际执行到位金额11.9亿元，同比分别上升51%、106%和33.7%。实际执行到位率高于全省法院平均水平17.95个百分点，位列全市法院第一名。常态化开展“凌晨执行”“假日执行”等集中执行行动23次，出动警力123人次，拘传拘留被执行人290人次，执结案件960件，一批“骨头案”“钉子案”“民生案”得以解决。

【全面深化改革创新，切实维护社会公平正义】 薛城法院把司法改革和智慧法院建设作为推动工作发展的“车之两轮”“鸟之双翼”，努力向改革和科技要质效。

*推进改革配套措施落实，提高改革整体效能。*完成第三批二名员额法官遴选，员额法官人均结案数221件，同比上升56%。院庭长带头办理案件4895件，同比上升53%，占结案总数52%。顺利完成内设机构改革，科学设置10个内设机构，依照法定程序新任命50名人民陪审员，人民陪审员人数达123名，是一线员额法官的3.3倍，一审普通程序人民陪审员参审率达90%。

推进法院智能化建设，促进审判体系和审判能力现代化。投入使用要素式审判、智能合议、案件管理、案例采编等应用系统10个，推广“法信”“数字图书馆”“庭审语音识别”等智能辅助办案平台。深化审判流程、执行信息、裁判文书、庭审直播四大公开平台应用，开展庭审网络直播217场次，公开裁判文书2500篇。

【坚持全面从严治党，着力打造过硬法院队伍】 薛城法院始终坚持党对法院工作的绝对领导，以党建带队建促审判，着眼增强“八个本领”，努力打造忠诚干净担当的法院队伍。

突出政治建设，凝聚奋进动力。始终坚持以“政法机关首先是政治机关”理念统领法院工作，旗帜鲜明讲政治，不断强化“四个意识”，坚定“四个自信”，坚决做到“两个维护”。严格执行《中国共产党政法工作条例》，认真落实重大事项请示报告制度，确保法院工作正确的政治方向。扎实开展“不忘初心、牢记使命”主题教育，强化理论武装，接受红色教育，开展调查研究，自觉把主题教育激发出来的热情和干劲转化为践行初心使命的强大动力。持续深化“三心系天平”党建品牌效应，开展重温入党誓词、班子成员讲党课、支部书记述职述廉等活动。严格落实意识形态工作责任制，深入践行和培育社会主义核心价值观，维护司法领域意识形态安全。

加强廉政建设，强化自律能力。扎实开展突出问题集中整治活动，开展谈心谈话135人次，不断激发广大干警对党纪的敬畏之心。创新“廉政六网”机制建设，制定廉政风险防控清单，建立员额法官自查机制，新任命19名廉政监察员。开展“以案为戒、担当作为”廉政警示教育月活动，组织干警观看警示教育片，举办廉政大讲堂，召开家庭助廉座谈会。丰富提升“一廊一港三室”党员活动阵地，组织员额法官参观廉政教育基地、集体宣誓等活动6次。

枣庄市峄城区人民法院工作概况

【概述】 2019年，枣庄市峄城区人民法院在峄城区委领导，人大监督，政府、政协及社会各界的关心支持和上级法院指导下，认真学习贯彻习近平新时代中国特色社会主义思想、中共十九大和中共十九届二中、三中、四中全会精神，紧紧围绕“努力让人民群众在每一个司法案件中感受到公平正义”目标，全力服务保障区委“先把经济搞上去”工作大局，忠实履行宪法法律职责，扎实推进司法改革，不断强化自身建设，各项工作取得了新发展。

【强化政治引领，确保法院工作正确政治方向】 深入学习贯彻习近平新时代中国特色社会主义思想和中共十九大及中共十九届二中、三中、四中全会精神，强化“四个意识”，坚定“四个自信”，提高政治敏锐性和政治鉴别力，提升服务大局的能力和水平。认真开展“不忘初心、牢记使命”主题教育，组织党员干警到“运河驿站·红色港湾”教育基地、胜利渠精神教育培训基地开展红色现场教学117人次，参加“颂歌新祖国唱响新峄城”合唱比赛，展现法院人积极向上的精神风貌。强化问题整改，通过召开对照党章党规找差距专题会议、“不忘初心、牢记使命”主题教育专题民主生活会等方式，深入查摆问题、剖析原因，明确整改措施，建立工作台账，切实抓好问题整改。始终坚持党的领导，认真落实重大事项请示报告制度，确保法院工作正确的政治方向。

【强化责任担当，增强服务大局和保障民生的实效】 峄城区人民法院全年新收各类案件3983件，审执结4028件（含旧存），标的额3.87亿元，结案率91.46%，多项审判质效指标位于全市法院前列。

依法维护国家政治安全特别是政权安全、制度安全。审结妨害公务、扰乱国家机关工作秩序等案件13件，依法维护国家机关正常工作秩序。深入开展扫黑除恶专项斗争，受理涉黑案件1件，审结1件4人。对涉黑恶案件的严审严判，有力打击了黑恶犯罪势力，实现了“处理一案、震慑一片、稳定一方”的效果。

助力经济转型升级。制定《关于充分发挥审判职能全力服务新旧动能转换实施意见》，为实施新旧动能转换重大工程提供服务保障。加大“僵尸企业”处置力度，清理“僵尸企业”4家，预计盘活土地20.58公顷，为“双招双引”“腾笼换鸟”打下坚实基础。发挥司法能动作用，服务保障“蓝水湾”工程建设工作，依法调解涉“蓝水湾”工程案件4起。努力实现办案政治效果、社会效果、法律效果有机统一。

着力维护胜诉者权益。巩固“基本解决执行难”成果，向“切实解决执行难”目标迈进。持续加大执行力度，全面推行“网上执行”模式，实现网络查控系统对各类财产的全覆盖，有效解决财产查控和变现难题。推进零佣金网络司法拍卖，全年共网拍各类财物61宗，成交23宗，成交额5120万元。

规范促进依法行政。通过对行政机关有关人员进行法律辅导、邀请参加旁听庭审、向行政机关发

送司法建议书等方式，促进行政机关提高依法行政水平，不断推进法治政府建设。在全区各镇街 11 个行政村、5 家涉诉企业专题调研司法需求，形成调研报告及建议助力依法行政。

着力保障人民权益。坚持以人民为中心的发展理念，切实维护困难群体合法权益。加强劳动权益保护，开展清理拖欠农民工工资专项行动。推进家事审判改革，考察学习先进法院家事审判试点工作经验，加大家事案件调解力度，更好地促进家庭和美、社会和谐。

【强化改革创新，提升公正司法能力和水平】 司法责任制改革落地见效。深入推进“让审理者裁判，由裁判者负责”的审判权运行机制。认真落实院庭长办案制度，充分发挥院庭长在调处复杂矛盾中的示范作用。2019 年，入额院长庭长审结案件 2776 件，占全部结案数的 68.9%，其中重大、疑难、复杂案件 57 件。

内设机构改革圆满完成。将党的建设、队伍建设、业务建设有机结合起来，优化了司法资源，让更多干警回归办案一线，充实了办案力量。全院中层负责人呈现年轻化、专业化态势，极大激发了年轻干警干事创业工作活力。

智慧法院建设扎实推进。坚持以群众需求为导向，全面推进诉讼服务中心转型升级，建成诉讼服务中心、诉讼服务网、移动微法院、12368 诉讼服务热线“四位一体”服务体系，努力为当事人提供方便、快捷的“一站式”诉讼服务。

矛盾纠纷多元化解成效显著。建成以院机关诉调对接中心为龙头，以人民法庭诉调对接工作站为支点，以社区诉调对接工作室（人民陪审员工作室）为触角的三级服务平台，促进纠纷化解方式从单一的衔接功能向多元立体化转变。建立指导培训机制，适时组织人民调解员参与诉讼旁听、庭审观摩，典型案例剖析，进一步提高人民调解员的业务素养和调解能力。

【强化全面从严治党，推进过硬队伍建设】 始终坚持把政治纪律和政治规矩挺在前面，扎实履行省、市、区委巡视、巡察反馈意见整改责任。专项整治服务意识不强、案件发改率高等问题。持之以恒正风肃纪，完善廉政风险防控机制，开展廉洁司法集中教育，充分发挥司法巡查、审务督察和廉政监察员的作用，加强对重要岗位、重点人员、关键节点的监督，严格贯彻落实中央“八项规定”及实施细则精神，始终保持反腐败斗争高压态势。

枣庄市台儿庄区人民法院工作概况

【概述】 2019 年，枣庄市台儿庄区人民法院（以下简称台儿庄法院）在台儿庄区委的坚强领导和上级法院的有力指导下，坚持以习近平新时代中国特色社会主义思想为指导，认真学习贯彻中共十九大和中共十九届二中、三中、四中全会精神，紧紧围绕“努力让人民群众在每一个司法案件中感受到公平正义”目标，忠诚履行宪法法律赋予的职责，持续深化改革创新，不断加强队伍建设，扎实开展“不忘初心、牢记使命”主题教育，各方面工作取得新的发展和进步。全年新收各类案件 4534 件，审执结 4734 件（含旧存），同比分别上升 9.5%、20.6%，受理案件标的额 7.36 亿元，同比上升 44.3%。

【刑事审判】 审结刑事案件 190 件，判处罪犯 262 人。持续深入开展扫黑除恶专项斗争，依法审理孙晋水等人参加黑社会性质组织犯罪案，对 8 名被告人分别判处八年到二年不等的有期徒刑，判处罚金共计 61 万元，并对犯罪违法所得予以追缴，有力打击和震慑了黑恶势力。审结交通肇事、危险驾驶等犯罪案件 60 件。审结故意伤害、寻衅滋事、“两抢一盗”等犯罪案件 79 件。审结贪污贿赂、渎职等犯罪案件 4 件。全面贯彻落实认罪认罚从宽制度，积极推进刑事案件律师辩护全覆盖，为 52 名刑事案件被告人指定律师提供辩护，依法维护被告人合法权益。

【民商事审判】 树立民生司法理念，审结民事案件 2218 件，及时调处矛盾纠纷，增进社会和谐。审结农村土地承包经营、征地补偿等案件 43 件。审结人身损害、交通事故、医疗损害赔偿等侵权案件 345 件。审结劳动争议、社会保障、追索劳动报酬等纠纷案件 20 件。审结婚姻、赡养、抚养、继承等案件 434 件。依法平等保护市场主体，审结买卖、加工承揽、建筑施工等合同纠纷案件 274 件。制定优化营商环境 10 条具体举措，稳妥审慎适用查封、保全、冻结等民事强制措施，切实保护民营企业合法权益。

【行政审判】 受理行政诉讼案件 36 件，审结 31 件。审查非诉行政执行案件 237 件，裁定准予执行 201 件。加大行政案件协调处理力度，不断完善行政争议审前和解中心功能，促进行政争议实质性解决。助力法治政府建设，推动行政机关负责人出庭应诉，组织有关机关行政执法人员旁听庭审，行政机关负责人出庭应诉率达到96.3%。延伸审判职能，依法参与重大建设项目和重大政策的社会稳定风险评估工作，保障了“清河行动”等重点工作顺利推进。

【执行工作】 受理执行案件1131件，执结1138件，实际执结560件，案件结收比、实际执结率分别为100.6%、49.2%。先后部署开展“百日执行攻坚”“涉民生案件集中执行”“黎明行动”“假日执行”等专项活动59次，拘传被执行人382人，拘留86人。通过网络查控系统查询被执行人银行存款46200件次、财产线索13200条、冻结银行存款4100万元，查封车辆243辆。健全执行联动威慑和失信惩戒机制，发布失信被执行人名单594名，促使328案被执行人自动履行义务。严格案件“终本”程序，对1569件“终本”案件进行排查，恢复执行45件。深入开展严厉打击逃废金融债务专项行动、打击逃废金融债务“百日集中执行会战”，全年执结金融机构作为申请执行人的执行案件95件，执结标的额900余万元。

【环境保护】 坚持绿水青山就是金山银山的发展理念，审结各类环境资源案件266件，依法保障生态文明建设。强化对大运河环境资源的保护和开发利用，最高人民法院在台儿庄区召开全国法院大运河区域环境司法保护座谈会，台儿庄法院在会上作了书面经验交流。成立环境资源法庭，积极探索涉大运河流域（枣庄段）环境资源案件跨行政区域集中管辖，实行环境资源刑事、民事、行政案件“三合一”审判模式。2019年12月，被省法院授予“环境资源司法实践基地”称号。

【司法改革】 按照精简效能、职责明确、运行高效的原则，内设机构从22个精简至8个，激活了整体工作潜力和效率。积极推进法官等级晋升、审判辅助人员和司法行政人员职务职级并行，完善法官绩效考核，激励法官多办案、办好案。全年员额法官人均结案153件，同比增加26件。坚持院长庭长办案制度，全年院庭长办结案件2212件，办案数量占全院结案数的46.75%。

【队伍建设】 始终把政治建设放在首位，深入学习贯彻习近平新时代中国特色社会主义思想和中共十九大及中共十九届二中、三中、四中全会精神，强化“四个意识”，坚定“四个自信”，做到“两个维护”。认真落实意识形态工作责任制，强化意识形态阵地建设，牢牢掌握意识形态工作主动权。扎实开展“不忘初心、牢记使命”主题教育，切实抓好主题教育各项重点工作。坚持把抓好党建作为最大政绩，实施基层党组织组织力提升工程，成立机关党委，推进特色党支部创建，促进党建工作与业务工作深度融合。台儿庄法院机关党委被枣庄市委授予“枣庄市先进基层党组织”称号。坚决扛起管党治党主体责任，强化“一岗双责”，严格落实中央“八项规定”及实施细则精神，通过审务督查、日常巡查、明察暗访，有效整治司法不严格、不规范、不文明等问题，持续改进司法作风。

枣庄市山亭区人民法院工作概况

【概述】 2019年，枣庄市山亭区人民法院（以下简称山亭法院）在区委坚强领导、人大有力监督和政府、政协及社会各界的大力支持下，以习近平新时代中国特色社会主义思想为指导，全面贯彻落实中共十九大和中共十九届二中、三中、四中全会精神，扎实开展“不忘初心、牢记使命”主题教育，围绕“公平正义”目标，忠实履行职责，深化改革创新，加强自身建设，推动各项工作再上新台阶。2019年，共受理各类案件4069件，审执结4224件（含旧存），同比分别上升14.98%、18.92%。先后获全省法院“家事审判改革先进集体”等称号。

【全面加强党的建设】 自觉用习近平新时代中国特色社会主义思想武装头脑、指导实践、推动工作，不断增强“四个意识”，坚定“四个自信”，做到“两个维护”。认真贯彻《中国共产党政法工作条例》，旗帜鲜明讲政治，严守政治纪律和政治规矩，全力做好巡视整改“后半篇文章”。严格落实意识形态工作责任制，着力维护司法领域意识形态安全。扎实开展“不忘初心、牢记使命”主题教育，组织开展集中学习、专题研讨和调研交流，进一步坚定党员干警的理想信念和宗旨意识。深入实施基层党组织组织力提升工程，严格落实“三会一课”“28日主题党日”等制度，不断提升党建工作水平。山亭法院“党建廉政文化进家庭”党建品牌被枣庄市直机关工委授予“全市优秀机关党建品牌”称号。

【围绕大局履职尽责】 以“工作落实年”为抓手，聚焦“先把经济搞上去”要求，围绕全区新旧动能转换、“双招双引”、脱贫攻坚、全域旅游、生态环境保护等决策部署，制定《营创法治营商环境实施方案》，努力为民营经济营造市场化、法治化、制度化的长期稳定发展环境。通过推动公司重整、引进投资等方式，盘活企业资产8.65亿元，促使星球企业孵化有限公司、诚尚能源有限公司等企业焕发“生机”，实现“重生”。选派干警到西集镇卢山口村担任驻村“第一书记”，切实解决群众生产生活困难；组织全院干警结对帮扶困难群众，助力脱贫攻坚。重点关注涉黑涉恶犯罪易发的矿产资源等重点行业领域，分析犯罪成因，查找监管漏洞，针对非法采矿现象向区自然资源局、各镇街提出司法建议。

【扫黑除恶专项斗争】 建立与纪委监委、公安、检察、司法行政等部门的长期协作会商机制，形成打击合力，强力“打伞破网”“打财断血”，推动扫黑除恶专项斗争向纵深发展，审结寻衅滋事、故意伤害、聚众斗殴等案件35件94人，其中，恶势力犯罪案件4件13人。1月21日，对徐某盟等8人寻衅滋事案宣判，此案是山亭区首起恶势力犯罪案件。12月20日，对薛某等人组织、领导、参加黑社会性质组织犯罪案件公开宣判，判处被告人薛某有期徒刑二十二年，没收全部财产，对其余18名被告人分别判处刑罚；加大财产刑运用力度，追缴违法所得558万元，并处罚金43万元，此案是山亭法院审结的首起涉案人数众多、社会影响较大、情节恶劣的黑社会性质组织犯罪案，有效发挥了震慑教育作用。

【推进切实解决执行难】 新收首次执行案件897件，执结907件（含旧存），执结到位金额1.63亿元。积极开展涉民生案件执行会战、涉金融案件“百日集中执行会战”，常态化开展“假日执行”“凌晨执行”等执行行动，拘传、拘留被执行人44人次，一批“民生案”“金融案”得到彻底解决。积极推动社会诚信体系建设，加大失信惩戒力度，利用网络查控系统查询案件3100余次，发出“限高令”750人次，纳入失信被执行人名单160人次，“一处失信、处处受限”的惩戒效果持续放大。与人保公司签署战略合作协议，建立“保全＋保险”模式，助力执行攻坚，为全市基层法院首例。

【推进“两个一站式”建设】 以“智慧法院”建设为抓手，全力打造一站式诉讼服务中心。6月28日，诉讼服务中心正式启用，设置诉讼服务区、自助服务区、信访接待区、审判区等10余个功能区，充分满足人民群众多元化司法需求；加强诉讼服务信息化建设，配备“云帆”智能导诉机器人、自助查询机等高科技设施，为当事人打造一个综合性、智能型、多元化的服务场所。以“群众满意度”为目标，着力推进一站式多元解纷机制建设。健全完善诉非衔接机制和诉调对接平台建设，大力推进“分调裁”平台应用，完善“人工＋智能”分案机制，强化流程再造，打好案件“繁简分流、轻重分离、快慢分道”组合拳，加强诉前调解、人民调解、律师调解等工作力度，为群众提供多途径、多层次、多种类纠纷解决方式。服判息诉率达88.34%，简易程序适用率达73.77%，裁判自动履行率达60.29%。

【家事审判改革】 巩固深化家事审判改革工作大格局，完善与妇联、民政、教育等部门的联席会议制度，强化协作配合，共同促进新时代家庭文明建设。切实转变家事审判理念，加强专业化审判队伍和特色审判区建设，建立完善心理辅导、家事调查、矛盾化解等制度，切实维护婚姻家庭和谐稳定。受理家事案件707件，审结714件（含旧存），占民事案件结案数的54.5%，调撤率达49.4%，结案率达100%。9月24日，区人大常委会调研组到山亭法院，对家事审判工作情况进行专题调研并给予充分肯定。

滕州市人民法院工作概况

【概述】 滕州市人民法院围绕公平正义目标，认真履行司法职责，不断深化改革创新，切实加强自身建设，各项工作取得新的发展和进步。年内，审判执行各类案件17136件(新收15257件,旧存1879件)，审执结15766件，同比分别上升20.23%、25.25%，结案率92.01%，结收比103.34%，同比分别上升5.01、4.14个百分点。

【刑事审判】 审结刑事犯罪案件1065件，判处罪犯1442人，同比分别上升25%和27.5%。依法维护国家政治安全特别是政权安全、制度安全，被告人鲁某峦犯利用邪教组织破坏法律实施罪，被依法判处有期徒刑二年；依法严惩危害公共安全犯罪，审结重大责任事故、交通肇事、危险驾驶等犯罪401件；严厉打击侵犯公民人身权利、财产权利犯罪，审结故意杀人、抢劫、绑架等严重暴力犯罪148件，审结盗窃、抢夺等多发性侵财犯罪案件241件；依法惩治破坏市场经济秩序犯罪，审结合同诈骗、非法吸收公众存款等犯罪案件28件，审结组织、领导传销活动犯罪案件7件，追缴违法所得3.6亿元。保持反腐败斗争高压态势，审结贪污贿赂、滥用职权等职务犯罪案件10件，枣庄市山亭区西集镇原党委书记唐某平犯贪污罪、受贿罪、滥用职权罪，被判处有期徒刑五年十个月。

【民商事审判】 制定《关于优化营商环境工作的实施意见》，平等保护各类市场主体，切实发挥法治引领作用。审结买卖、租赁等合同纠纷案件1386件，维护市场交易秩序，促进市场要素有序快速流转。审结金融借款、保险合同等案件497件，依法支持金融创新，防范化解金融风险。对涉诉民营企业加大司法保护力度，开辟绿色通道，快审快执，审结涉民营企业案件1363件，结案标的额7.4亿元。审结交通事故纠纷案件1272件，审结人身伤害、医疗损害赔偿纠纷案件131件，依法保障公民人身权益。畅通劳动者维权通道，审结劳动争议、追索劳动报酬纠纷案件366件，积极保护劳动者合法权益。审结房地产纠纷案件、物业纠纷案件818件，维护了人民群众的居住权益。坚持“能调则调、当判则判、调判结合、案结事了”，民事案件调解撤诉率52.5%，高于全省平均6.01个百分点。

【行政审判】 加大司法审查力度，审结行政诉讼案件139件，审查非诉行政执行案件26件，促进行政机关依法行政。深入推进行政案件跨区划集中管辖改革，畅通行政诉讼渠道，切实解决行政案件“立案难”“审理难”“执行难”问题，入选“山东省十大法治事件”。设立行政诉讼审前和解中心，与政府法制部门共同组建和解队伍，实现行政争议调解关口前移，审前和解行政争议73件，促进行政争议实质性化解。强化司法与行政良性互动，推动落实行政机关负责人出庭应诉，组织行政机关工作人员旁听案件庭审120余人次。行政审判庭在全省行政审判工作会议上做了典型经验介绍。

【扫黑除恶专项斗争】 深入开展扫黑除恶专项斗争，审结涉黑恶犯罪案件10件，判处罪犯56人，其中五年以上有期徒刑17人。加大财产刑、资格刑运用力度，对5人判处没收个人全部财产，追缴违法所得27.9万元，判处罚金246.5万元，坚决摧毁黑恶势力的经济基础。以朱某彬、金某光为首的黑社会性质组织，长期以来，多次在枣庄市市中区等地实施聚众冲击国家机关、聚众扰乱交通秩序、寻衅滋事、敲诈勒索等犯罪，严重破坏了市中区及周边地区的经济、社会生活秩序，各涉黑被告人分别被判处有期徒刑二十五年至二年六个月不等有期徒刑。刑事审判庭被最高人民法院授予“全国法院刑事审判工作先进集体”称号。

【家事审判方式改革】 立足滕州优秀传统文化，提出“善国善家”家事解纷理念，倡导法官以善良之心柔性司法，引导当事人以和善之情对待家人，努力促进家庭和睦、社会和谐。成立专门的家事少年审判庭，设置辅导分流室、亲情疏导室，健全完善财产申报、心理疏导、诉前调解等工作制度，理顺家事审判工作机制，促进审判专业化。与市妇联、市民政局共同开展“幸福护航”婚姻家庭辅导行动，组织婚姻家庭辅导志愿者驻庭值班，加强婚姻危机干预，促进家事纠纷化解。审结家事纠纷案件1962件，调解撤诉率为50.92%。滕州法院家事审判经验做法受到省妇联领导的充分肯定，并在全省法院家事审判方式和工作机制改革会议上作了交流发言。

东营市中级人民法院工作概况

【概述】 2020年，东营全市法院收案52277件，结案54023件（含旧存），法官人均结案231件，同比分别增长15.09%、21.40%和12.68%。其中东营市中级人民法院（以下简称东营中院）收案5603件，结案5785件（含旧存），法官人均结案116件，同比分别增长17.07%、22.72%和26.09%；办案数量连续5年创新高，一审服判息诉率、法定审限内结案率、平均办案周期等审判质效核心指标居全省法院前列。东营中院被授予“全省人民满意政法单位”“全市担当作为好团队”称号；多名干警获“山东省富民兴鲁劳动奖章”、“最美法官”称号等。

【刑事审判】 东营全市法院审结一审刑事案件2416件3316人，其中，故意杀人、故意伤害、抢劫等严重刑事犯罪241案380人，同比下降17.18%和8.43%；醉酒驾驶、交通肇事等轻罪案件1617件，占刑事案件总数的66.93%。一审审结黑社会组织犯罪3案55人、恶势力犯罪19案145人，对47名被告人判处五年有期徒刑以上刑罚；二审审结6案62人，对李某海、武某堂等黑社会组织首要分子依法予以严惩。对125人判处财产刑，其中判决没收个人财产6人，判处罚金575.8万元；移交涉黑涉恶及保护伞线索55条，对2名“保护伞”人员依法追究刑事责任。东营中院在全省扫黑除恶专项斗争推进会上作了典型发言。审结贪污、贿赂、渎职犯罪18案29人。依法审理了王某和、霰某亮、燕某广、王某武等一批职务犯罪案件，判决没收追缴财产4400余万元。惩办“涉油”犯罪19案62人。审结非法吸收公众存款、金融诈骗以及“套路贷”等犯罪42案86人。依法对符合特赦条件的80名服刑罪犯宣告特赦。

【民事审判】 全市法院审结一审民事案件11303件，平均审理周期49天，办案效率居全省法院首位。与市妇联深入总结家事审判改革经验，化解婚姻家庭案件2845件。出台劳动争议案件疑难问题阐释31条，化解劳动争议案件1826件。全面运行交通事故纠纷网上一体化处理平台，实现了交通事故纠纷快速处理，审结交通事故、损害赔偿等案件1980件。审理建设工程、商品房买卖、物业纠纷等案件2723件。审结涉及承包地“三权分置”、征地补偿、农产品买卖案件507件。依法审理环境资源案件124件。

【商事审判】 一是着力优化法治营商环境。依法平等保护各类市场主体合法权益，审结一审商事案件16140件，标的额449.21亿元。审结买卖、租赁、承揽等合同纠纷案件3067件。审结财产权属、股权转让、公司合并等案件1108件，为企业家创新创业营造良好的法治环境。审理新技术、新模式、新业态领域的知识产权案件362件。制定了《民营企业常见法律风险防控180条》，帮助民营企业有效防控风险。二是依法服务金融改革发展。充分发挥金融审判职能，审结金融借款案件2601件，标的额336.3亿元。审结民间借贷案件4388件，依法规制高利贷行为。东营中院面向辖区企业、银行、金融监管机构开展了破解企业“债务链”“担保圈”的专题调研，该调研被确定为全省社科规划研究项目重点课题。三是依法促进新旧动能转换。受理大海、胜通、东辰集团及关联企业系列重整案件等各类破产案件115件，审结65件。建立风险企业甄别和分类处置机制，2019年12月，东营中院依法裁定批准大海集团及其关联公司重整计划，该案入选2019年度山东省破产审判十大典型案例。

【行政审判】 审结一、二审行政案件529件，行政机关负责人出庭应诉率为95.25%，行政机关一审败诉率同比下降17.82%。强化司法与行政良性互动，连续13年发布行政审判白皮书。邀请行政机关负责人、行政执法人员700余人次旁听案件审理，促进依法行政。

【执行工作】 持续加大执行力度，东营全市法院执行收案18970件，执结19190件（含旧存），执行到位金额275.74亿元，同比分别增长22.87%、24.60%、10.28%。加大执行和解力度，和解案件778件，占金融借款案件的15.19%，执结标的额59.18亿元。对1827件涉民生案件开展专项执行，实际执行到位金额1.22亿元，执行到位率达到60.37%。拍卖物品1664件，成交金额4.26亿元，有财产可供执行案件实际执结率达到98.89%。突出强制执行，组织集中执行活动124次，对62名被执行人财产实施搜查，拘留拘传288人，强制腾迁房屋土地53宗，向公安机关移送涉执行犯罪8案8人，1名被执行人因拒不执行被判处刑罚。实施失信联动惩戒，限制被执行人高消费16490人次，发布失信被执行人2114人次。东营中院在“苏浙沪鲁闽四省一市执行协作会议”上介绍了经验做法。

【社会管理综合治理】 认真落实普法责任制，定期举办青少年法制教育、模拟法庭、“法院公众开放日”系列活动。配合司法行政部门选任人民陪审员460人，东营全市法院人民陪审员参审率达到86.61%。召开新闻发布会27场次，开展法官进企业、进农村、进校园等“法律六进”活动40余场次，收到了良好的法治宣传效果。认真落实司法救助制度，为29名生活确有困难的当事人发放司法救助金46万元，依法为经济困难的涉诉企业或群众缓减免诉讼费85案614.88万元。东营中院成立了矛盾纠纷多元化解工作推进专班，加强民事纠纷诉前调解工作。东营全市法院诉前分流案件15218件，委托调解11458件，法院速裁17850件。积极邀请调解组织入驻法院，对婚姻家庭、交通事故、劳动争议等13类案件实行调解前置。加强涉诉信访源头治理，完善涉诉信访导入和终结机制，提前完成了攻坚化解的目标任务。

【信息化与司法公开】 一是全面提升诉讼服务水平。加快推进一站式诉讼服务中心建设，实行诉讼服务线上线下功能有机结合，形成了诉讼服务大厅、电子诉讼服务平台、12368诉讼服务热线“三位一体”的诉讼服务新格局。全面推行网上立案，从2019年7月起，除刑事公诉案件以外，网上立案、网上缴费，网上立案率达到100%。建成了互联网阅卷平台，实现了“指尖诉讼、掌上办案”。大力推进司法公开，上网公布裁判文书57398份，累计直播庭审5422场，向当事人推送审判流程信息、执行信息11万条。二是加快推进智慧法院建设。全面打造“网络化、阳光化、智能化”智慧法院，推行电子卷宗随案同步生成和深度应用，调卷、阅卷等核心业务实现网上办理，实现上诉卷宗移送零用时。建立了全市法院大数据中心，从立案到归档每一个节点网上同步记录、全程监控。省法院发出了向东营法院学习的通报。

【司法改革】 一是认真落实司法改革配套措施。推进法官助理及书记员、司法行政、司法警察单独序列改革，补充员额法官4名，完成法官等级晋升59人。基层法院完成内设机构改革，机构数量精简53%。打造“法官＋法官助理＋书记员”新型审判团队，全市法院组建合议制审判团队40个、独任制审判团队157个，形成了以员额法官为核心的新型团队办案模式。省委政法委、省法院《工作简报》转发了东营法院的经验做法。二是健全完善审判权运行机制。强化院庭长办案责任和监督管理职责，院庭长办案31384件，占全部案件的58.09%。东营中院审理上诉案件2661件，对384件案件改判或发回重审；依法启动再审程序，结案26件，维护了当事人合法权益。

【队伍建设】 一是坚持以党建为统领。东营中院党组召开了主题教育调研成果交流会，形成高质量调研报告35篇，完成检视问题整改事项25项，党员干警累计为民服务办实事267件次。5名法官被评为全省法院审判业务专家，1名法官入选全省法学法律研究领军人物。二是持续改进纪律作风。加强法院内部管理，对7个方面22类问题建立台账，明确39项整改措施。在全市两级法院开展审务督察，完善廉政风险防控机制。建立“驻法纪声”微信推送制度，开展典型案例集中警示教育和纪律作风整顿，筑牢廉洁司法思想防线。

东营市东营区人民法院工作概况

【概述】 2019年，东营市东营区人民法院紧紧围绕“努力让人民群众在每一个司法案件中感受到公平正义”的目标，共受理各类案件12164件，审执结12663件，同比上升10.48%和17.39%，连续三年收结案保持万件以上。结案率92.11%，同比上升4.94个百分点，员额法官人均结案264件，再创历史新高。

【审判执行工作】 **刑事审判**。审结各类刑事案件770件1013人。成立涉黑恶案件专业审判团队，开庭审理武某堂、李某、张某龙、孙某岭等涉黑恶性质犯罪案件6件75人，公开宣判5件51人，11人被判处五年以上有期徒刑。审理中注重“打财断血”，重点查清黑恶组织及其成员的财产状况，46人被判处罚金，2人没收个人全部财产，彻底摧毁黑恶势力的经济基础。建立涉黑恶案件协调沟通机制，召开庭前会议8次，审查涉案卷宗1000余册，累计开庭21天，人大代表、政协委员、特邀监督员、被告人近亲属、社区群众1200余人到庭旁听，武某堂案5天庭审全程网络直播，73446人次在线观看。严厉打击涉众型侵财类犯罪，审结非法吸收公众存款、传销及网络诈骗案件17件30人，涉案金额8.5亿元。积极参与禁毒人民战争，审结涉毒案件18件26人，有效遏制涉毒案件多发势头。审结危险驾驶案件396件，同比上升85.96%，平均办案周期8天，服判息诉率100%。

民商事审判。审结各类民事案件4615件，同比上升20.26%。其中审结婚姻家庭、继承、相邻关系等家事纠纷案件744件，维护家庭稳定、邻里和睦。审结人身损害、医疗责任、交通事故损害赔偿等案件465件，保护群众生命健康权和财产权。审结涉及镇街、村居“三资清理”案件9件，判决腾退被侵占土地3.37公顷，追回集体资产价值370余万元。加大案件调解力度，把调解工作贯穿民事审判全过程，避免纠纷升级、矛盾激化，调解结案2037件，占67.3%。

行政审判。审结行政诉讼案件196件，同比上升142%。支持行政机关依法行政，判决行政机关胜诉80件，胜诉率达到75.47%。督促指导行政机关自行完善执法程序，履行法定职责，纠正不当执法行为26件。

执行工作。以决胜“基本解决执行难”取得阶段性成果为契机，推动解决执行难长效机制建设。查封房产640套、土地65宗、车辆434台，拍卖、变卖财产113次，拘传17人次，拘留26人次，强制迁出34次，纳入失信被执行人1352人，限制高消费5640人次，执结各类案件3731件，同比上升33.08%，执行到位20.72亿元。认真做好涉刑事财产刑、非诉执行案件的执行工作，执结罚金、追缴违法所得200.95万元，执结行政非诉案件18件，执行到位2956万元。

【服务中心工作】 稳妥处理各类商事纠纷2497件，依法平等保护各类市场主体合法权益。积极服务保障实体经济发展，审结买卖、租赁、承揽等合同纠纷案件1084件。落实好府院联动机制，加大破产审判工作力度，召开联席会议30余次、召开破产企业债权人会议8次，审结破产案件4件。促成山东宜诚燃气有限公司破产清算和解结案。盘活胜辉木业牛庄厂区资产，助力区政府5亿元重点招商引资项目在牛庄创业园区成功落地。裁定东营源力燃气公司由破产清算程序转为破产重整程序，确保公司经营范围内1.2万多户天然气用户正常用气。深入开展非法集资专项整治活动，严厉打击破坏金融管理秩序犯罪，审结集资诈骗、信用卡诈骗、高利转贷等犯罪案件19件28人，涉案金额8.47亿元。审执结各类金融案件1476件，涉案标的26.3亿元。稳妥推进“e租宝”案件财产处置工作，登记集资参与人1048人，核实充值金额1.4亿元、提现金额5007万元。拓展审判职能，为龙居镇王家村96户拆迁户搬迁改造协议进行效力确认，确保了黄河南展区拆迁安置工作顺利开展。

【“两个一站式”建设】 诉讼事务实现一站办理。完善诉讼服务中心建设，为当事人提供一站式服务。开通微信服务号，实现诉讼事务“掌上办”全面推行网上立案，除刑事公诉案件之外的所有案件全部网上立案。多元解纷实现一站对接。依托一站式诉讼服务中心，建立一站式多元解纷机制，引导各种调解组织入驻法院，形成“五位一体”多元化解矛盾纠纷模式，诉前化解矛盾纠纷1142件。一是人民调解，聘请具有丰富实践经验的人民调解员开展调解工作，化解各类纠纷629件。二是律师调解，驻院值班律师提供法律咨询、进行诉前调解，化解矛盾纠纷374件。三是仲裁调解，仲裁调解员在诉讼服务中心开展调解和仲裁工作，化解纠纷252件。四是行业协会调解，对涉保类案件通过保险行业协会在诉前解决，化解纠纷163件。五是行政争议审前和解，引导当事人在审前和解中心妥善解决行政争议，和解8件、撤诉2件。被确定为全省23家“两个一站式”建设典型试点法院之一。

【司法公开】 加大审判执行公开力度，网上公布裁判文书13313份，累计庭审直播1077案，向当事人推送审判流程节点信息、执行信息6万余条。提请任命人民陪审员150名，人民陪审员参审率达到96.8%。召开新闻发布会3场次，开展“法律六进”活动13场次。

【内设机构改革】 严格按照上级法院和编办要求，认真落实组织人事、机构编制相关规定，内设机构由原来的20个精简为10个，职能和人员平稳过渡，审判管理实现扁平化。实施员额法官、司法辅助人员和行政人员职务序列分类管理，科学配置审判执行团队和综合行政部门人员。调整专业法官会议成员，司法责任制改革的配套措施逐步完善。

东营市河口区人民法院工作概况

【概述】 2019年，东营市河口区人民法院（以下简称河口区法院）在东营市河口区委坚强领导下，认真落实区委中心工作安排和上级法院部署，紧紧围绕“努力让人民群众在每一个司法案件中感受到公平正义”的目标，坚持服务大局、司法为民、公正司法，全面加强审判执行工作，不断推进自身建设，各项工作取得了新的发展和进步。共受理各类案件5451件，结案5677件（含旧存），结案标的额20.18亿元，同比分别增长13.35%、18.37%、20.19%。

【审判质效】 推进又好又快办案。强化目标导向和问题意识，明确了“三升三降”的质效目标任务，以目标引领激励法官办好每起案件。努力培育法官的职业思维，注重从构成要件出发驾驭庭审、认定证据、适用法律。坚持法官依法独立办案责任制与审判管理监督的平衡，更加注重通过总结办案经验、统一办案标准切入管理监督。2019年，河口区法院一审裁判改发率为全市法院最低，办案质量持续保持在高水平。进一步强化审限管控，确定了“六个月、十二个月、十八个月”三个审限管控节点，加强调度，坚决杜绝“人为过分延迟”。特别是针对评

1月25日，东营仲裁委员会、东营区人民法院举办诉裁对接试点工作启动仪式

估鉴定影响办案效率的问题，形成了“十个针对、十项明确”的规范性意见，受到上级法院重视并推广。到2019年年底，河口区法院12个月以上案件实现“清零”。引导法官对每起案件的裁判都遵循实践中总结形成的“五个恰当+”要求，恰当地选择适用法律、恰当地解释法律、恰当地自由裁量、运用恰当的工作方式方法和恰当的时机，反复进行价值判断和利益权衡，确保案件取得最佳效果。

6月6日，河口区法院组织89名新任人民陪审员举行就职宣誓仪式

【司法为民】 落细落实司法为民措施。践行“以人民为中心”的发展理念，具体化为“以当事人为中心”的决策和措施。推进“一站式多元解纷机制、一站式诉讼服务中心”两个“一站式”建设。群体性纠纷、政策性问题引发的纠纷等注重通过多元化解机制，紧紧依靠党委政府和有关部门，综合运用多种手段共同做好化解稳控。严格落实立案登记制，推开网上立案、跨区域立案，实现一站通办、一网通办、一次通办，努力向“起诉事项当事人‘零跑腿’”迈进。完善集约化诉讼服务机制，审判辅助性事务归集到诉讼服务中心集中办理，方便当事人。深化司法公开，依托审判流程、执行信息、裁判文书上网“三大平台”，当事人可以及时全面了解相关办案信息。2019年，区法院裁判文书上网率达到97%。注重保护弱势群体权益，为困难群众缓减免诉讼费10.6万元，确保他们打得起官司。对符合条件的困难当事人发放司法救助金28.5万元，在司法活动中彰显“弱有所扶”。

【服务大局】 拓展服务大局职能优势。强化责任担当，主动运用职能优势对接党委政府工作需求。对非诉手段难以化解的信访案件，与信访局等部门密切配合，引导进入诉讼程序，大部分案件通过严格依法公正文明审判得以消化；仍然难以化解的，运用诉讼程序的法定性、时限性，辅以相关部门共同参与的说服教育，两会、中华人民共和国成立70周年等时段，这些案件也大都得到很好的处理。依法运用法律赋予的强制执行权，支持行政机关行政决定、命令的实施。根据申请，对3起片区改造范围内的房屋强制腾空，保障了片区改造顺利推进和项目及时落地。充分发挥法官熟悉法律的优势，在破解社会治理难题中积极从法治层面建言献策，意见建议大都转化为具体的方案措施。区法院法警队受命承担党政办公楼前国庆升国旗任务，以出色的表现完成任务，受到一致好评。

【基础设施建设】 提升基层基础保障水平。适应黑恶势力犯罪案件审理需要，在河口区委、区政府主要领导关心和有关部门大力支持下，高标准建成了综合审判法庭，既保证了大要案件审理需要，也是全区举办大型会议、开展法治活动的重要场所。探索推进审判工作综合性、辅助性事务的社会化外包，物业管理、信息化、文书送达等借助专业化社会力量，提升了规范化、精细化水平。着力推进智慧法院建设，坚持建设与应用并举，重点推进应用工作。人像预警大数据应用系统在安检工作中发挥了安全屏障作用。档案数字化建设基本完成，为其后大数据应用打下了坚实基础。推进电子卷宗同步生成，同步生成率已达到99.56%。新上讯飞语音识别录入系统，有效解决传统记录方式严重制约庭审进程的问题，基本实现进程与记录同步，为黑恶势力犯罪案件审理高效推进提供可靠保障。根据最高人民法院对全国法院智慧法院建设水平的评估，区法院智慧法院建设指数位居全省法院前十位。

【司法改革】 深化司法改革。坚持把落实上级改革部署作为政治任务，注重通过创新配套工作机制、工作方法确保改革实效。在全市法院率先完成了内设机构改革工作，机构设置更加体现以法官为中心、以审判为中心的导向。以内设机构改革为基础，进一步优化人与人、人与事的搭配，“法官+法官助理+书记员”的团队配置结构更趋合理。坚持“随机分案为主，指定分案为辅”的案件分配机制，人与事的搭配更趋均衡。严格落实院领导办案要求，院领导带头办理疑难复杂、涉黑涉恶、信访再审等案件300余件。深化“分调裁审”机制改革，有效推进案件繁简分流、轻重分离、快慢分道。2019年，河口区法院运用各种简易程序审理的案件占全部案件的86.52%，提升办案效率，缓解办案压力。

东营市垦利区人民法院工作概况

【概述】 2019年，在党委坚强领导、人大有力监督和上级法院的监督指导下，在政府、政协及社会各界关心支持下，东营市垦利区人民法院以习近平新时代中国特色社会主义思想为指导，坚持司法为民公正司法工作主线，以队伍建设为基础、制度建设为抓手、信息化建设为支撑、司法改革为动力、廉洁司法为保障，充分发挥审判职能作用，努力为维护社会和谐稳定和促进经济社会科学发展提供优质的司法服务和法律保障。

2019年，东营市垦利区人民法院共受理各类案件6514件，同比上升48.45%；结案6692件，同比上升58.74%。

【紧紧融入全区工作大局，护航经济社会健康发展】 一是主动服务经济高质量发展。从审判执行、司法调查研究、加强联动3个方面梳理出法院健全完善服务和保障民营经济发展的7条措施，开通案件“绿色通道”，为民营企业提供“一站式”司法服务。稳妥推进破产重整案件审理工作，截至2019年年底，共受理破产案件16件，其中，破产重整案件10件，破产清算案件6件，重整案件占比62.5%。

二是全力保障平安垦利建设。审结刑事案件495件，判处罪犯583人，判处3年以上有期徒刑59人。扎实开展扫黑除恶专项斗争，2019年共审结涉黑恶案件4件37人，被告人最高被判处二十五年有期徒刑。

三是切实支持和促进依法行政。审结行政案件35件，办理行政非诉审查执行案件87件，一审行政案件服判息诉率71.4%。区委办、区府办联合出台《关于设立垦利区行政争议审前和解中心实施意见（试行）》，成立行政争议审前和解工作领导小组，充分发挥行政和解作用，促进行政争议实质性化解。

【牢固树立宗旨意识，切实维护群众合法权益】 一是大力加强民生司法保障。积极回应人民群众新关切，审结民商事案件3537件，一审民商事案件调解撤诉率45.10%。健全司法救助机制，全年为当事人缓、减、免诉讼费171002元，司法救助涉民生案件70680元。

二是持续推进多元化纠纷解决机制建设。加强诉源治理，推动矛盾化解从终端裁决向源头防控延伸。全面推进“两个一站式”建设，拓展诉讼服务中心职能，为人民群众提供“一站通办、一网通办、一号通办、一次通办”的诉讼服务；强化一站式多元解纷机制建设，完善人民调解、行政调解、司法调解联动工作机制，发挥社会共治作用，联动解决矛盾纠纷，形成共同预防化解社会矛盾格局。

三是凝心聚力攻坚执行难。2019年，共执结各类案件2538件，执行质效持续向好，执行案件执结率91.46%，有财产可供执行案件法定审限内执结率99.38%。

【坚持司法改革创新，有效促进审判质效提升】 一是以司法责任制为核心，推进改革落地落实。进一步细化法官权力和责任清单，完善案件质量评查、办案质效考评和办案责任倒查等制度，构建起全方位、立体化的办案监管、评价体系。2019年，结案率93.18%，同比上升6.66个百分点，法官人均结案247.8件，同比增加92.6件。

二是以薄弱环节为突破，大力加强审判管理。定期对重点数据、重点指标进行通报，奖勤罚懒褒优责劣，2019年，全年编发审判质效通报99期。开展案件集中评查和质效优化“百日攻坚”专项行动，评查案件688件，办案周期同比缩短4.06天，一审服判息诉率90.90%，审判质效不断提升。

三是以信息化建设为支撑，实现“智慧法院”深度运用。树立“互联网+”审判工作思路，制定智慧法院2019—2021三年规划，确定智能化诉讼服务中心、执行智慧管理平台、电子卷宗随案生成、网上办公办案等6个智能化项目，提高科技对法院各项工作的渗透支撑。

【不断加强队伍建设，努力提升干警履职水平】 一是旗帜鲜明加强政治建设。以深入学习习近平新时代中国特色社会主义思想和中共十九届四中全会精神为抓手，着力抓好党的组织建设、党员思想建设、党内政治文化建设、党建责任落实和阵地打造等重点工作内容，进一步巩固提升党建成果。

二是多措并举提升司法能力。组织干警参加信息化应用、新法新规、审执业务培训280余人次。以正规化、专业化、职业化为方向，开展“大学习、大调研”活动，营造比学赶帮超的良好氛围，培养壮大政治过硬、本领高强的“专家型”法官队伍。

三是持之以恒狠抓正风肃纪。严格落实从严治党“两个责任”，通过广泛开展廉政谈话、签订廉政承诺书、对照责任清单自查、重大事项报告等形式，加强权力运行监督，提升干警防腐拒变意识。综合运用监督执纪“四种形态”，开展审务督察8次，提醒谈话22人次，使咬耳扯袖、红脸出汗成为常态。

【自觉主动接受监督，推动法院工作健康发展】 认真贯彻落实区十四届人大三次会议对法院工作的决议精神，向区人大常委会专题报告民商事审判工作的开展情况，高度重视并积极回应对法院工作提出的意见建议。邀请人大代表出席员额法官宪法日宣誓活动，邀请人大代表和各界社会公众走进法院视察、参观，2019年，主动邀请代表、委员旁听庭审4次，参与执行2次。

持续深化人民陪审员制度改革，一审案件陪审率95.94%，同比上升3.8个百分点。

认真接受新闻媒体和社会舆论监督，分别召开刑事审判、民事审判、执行工作新闻发布会。积极推进阳光司法，2019年，在中国裁判文书网上公开裁判文书5846份，公开案件信息1308件，网络庭审直播案件650件。

利津县人民法院工作概况

【概述】 2019年，利津县人民法院新收各类案件4936件，审执结4973件（含旧存），同比上升9.16%、9.49%，结案率92.81%，服判息诉率92.37%。法官人均结案177.61件，平均办案周期57.17天。

【党的建设】 一是不忘初心、提高站位，坚持法院正确政治方向。提高政治站位，始终坚持党对法院工作的绝对领导。以习近平新时代中国特色社会主义思想为指导，严格落实意识形态责任制，树牢“四个意识”，坚定“四个自信”，做到“两个维护”。着力加强党组自身建设，落实重大事项报告制度，以高度的政治责任感接受省委巡视，抓好问题整改，发挥政治优势做好法院工作。

二是突出党建引领，深化党建业务融合。认真履行全面从严治党责任，扎实开展“不忘初心、牢记使命”主题教育，各支部结合职能开展主题党日活动，开展共驻共建、志愿服务，发挥了党建引领作用。助力脱贫攻坚，为困难群体减免缓诉讼费5.4万元，25名党员干警与48户贫困户结对，先后对北宋镇河套里村、盐窝镇新合南村帮扶，被评为全县下派帮扶工作优秀单位。机关一支部被评为利津县先进党组织，2名干警被评为东营市优秀共产党员、利津县担当作为好干部等称号。

三是持续正风肃纪，着力加强队伍建设。围绕上级重大决策部署，开展“工作落实年”活动。加强司法廉洁建设，强化内部督察，制发督察通报12期。广泛接受监督，推进司法公开，网上直播庭审346次，公布裁判文书5466篇，在全市率先完成86名新任人民陪审员选任工作，陪审员参审率达98.32%；开展“向人民报告”活动，主动征求人大代表、政协委员等的意见建议。抓好司法能力建设，强化业务培训，提升了司法能力。

5月14日，东营市家事审判方式改革总结推进会暨婚恋家庭纠纷预防化解工作座谈会在利津县人民法院召开

【司法为民】 一是深入开展扫黑除恶专项斗争，全力维护社会稳定。严格落实中央扫黑除恶工作部署，不断强化政治责任，压实工作任务，集全院之智、全院之力保障扫黑除恶专项斗争。被告人宋某坤、张某倩等9人寻衅滋事、非法拘禁、重婚案系扫黑除恶专项斗争开展以来，利津县首起恶势力犯罪集团案件，也是高利放贷、暴力讨债、严重扰乱地方经济社会生活秩序的典型案件。及时关注案件进展，适时提前介入，院长主审，全院保障配合，对9人分别判处七年至一年三个月不等的刑期，并处罚金，有力打击了黑恶势力的嚣张气焰。在推

进专项斗争同时，审结抢劫、盗窃、毒品等各类刑事案件165件229人，判决挽回经济损失5000余万元，金宇油料公司等非法吸收公众存款案，追缴返还资金近千万元，涉及群众600余人。落实反腐败部署，承办广饶县原县长、东营市投资促进局局长霰某亮受贿贪污滥用职权案，判处有期徒刑十三年，并处罚金100万元，有力配合反腐败斗争深入开展。

*二是依法调节民行纠纷，为高质量发展营造良好法治环境。*树立“法治是最好的营商环境”的理念，用法治思维方式服务保障发展，审结买卖合同、借贷、交通事故、家事纠纷等民商事案件2486件，标的额17.25亿元。强化服务保障民营经济发展的意识，积极参与政府主导的义辉化工等部分危困企业的重组，提供前置司法服务。服务保障新旧动能转换和双招双引，受理诚航公司等破产重整案件7件。坚持监督、支持行政机关依法行政，审结行政诉讼案件17件、行政非诉审查案件110件。加强司法与行政良性互动，与司法局联合举办旁听庭审观摩5次，推进行政争议审前和解中心建设，政府、法院共建，合力促进行政争议诉源治理。

*三是加大执行工作力度，依法兑现胜诉权益。*推动从“基本解决执行难”向“切实解决执行难”迈进，受理各类执行案件2190件，执结2191件，执行到位标的6.8亿元。全面实施线下线上查控，开展凌晨行动等集中执行行动4次，强制腾迁房屋土地6宗，拘留27人。加大财产处置力度，实现网络拍卖全覆盖，成交额3387万余元，绿野菇业、熙禾基业食品等公司的资产通过网络拍卖等形式得以变现。推进执行联动机制建设，限制高消费1428人，纳入失信名单175人，县直机关、乡镇街道不履行判决情况纳入法治考核事项。

【改革创新】 *一是积极先行先试，打造司法改革利津模式。*积极参与全县“十争”大竞赛、大比武，争先行先试、争示范。承担了省法院家事审判改革试点，全市家事审判方式改革总结推进会暨婚恋家庭纠纷预防化解工作现场会在利津召开，推广利津县法院工作经验。被东营市法院确定为执行指挥中心实体化运行试点，探索采用5项管理职责、5类技术服务、16类常规事务集中集约办理的“5516模式”，以信息化、集约化推动提质增效。

*二是坚持诉源治理，深入推进纠纷多元化解。*落实习近平总书记关于“坚持把非诉讼纠纷解决机制挺在前面，从源头上减少诉讼增量”的要求，坚持创新发展新时代“枫桥经验”。在审理一起因未办理不动产登记证而引起的房屋买卖纠纷中，积极与相关部门协调，一并解决了润泽小区279户业主十几年的不动产登记办证问题。推进一站式多元解纷、一站式诉讼服务中心“两个一站式”建设，引进人民调解、律师调解、仲裁调解入驻诉讼服务中心。2019年，利津县法院收案数增幅，特别是民商事案件低于全市平均增幅，非诉讼纠纷解决机制作用日趋凸显。

*三是完善司法责任制配套改革，推进智慧法院建设。*完成内设机构改革，内设机构由17个调整至8个。优化审判资源，在原有审判团队基础上探索设立速裁团队，平均办案周期57.18天。坚持放权与监督相统一，发挥院庭长办案示范和监督管理作用，定期分析发改案件、评查庭审，院领导结案337件，占6.78%。积极参与智慧利津建设，开通网上立案、网上查询等便民措施，实现跨域立案服务；推进审判云平台、电子卷宗随案生成及深度应用、执行指挥中心互联网应急调度建设，打造智慧法院系统。

广饶县人民法院工作概况

【概述】 2019年，东营市广饶县人民法院深入学习贯彻中共十九大和中共十九届二中、三中、四中全会精神，紧紧围绕“努力让人民群众在每一个司法案件中感受到公平正义”目标，坚持“司法为民、公正司法”主线，认真履行审判职责，全面加强队伍建设，各项工作实现了新发展。全年，共收案10858件，审（执）结11111件，与2018年同期相比分别上升4.48%和8.59%，为全县经济社会改革发展稳定提供了有力的司法服务和保障。

【审判执行】 *严厉打击刑事犯罪。*依法审结刑事案件484件，判处罪犯675人。深入开展扫黑除恶专项斗争，审结涉恶犯罪集团案件2件25人，审结绑架、故意伤害、敲诈勒索、“两抢一盗”等犯罪案件130件159人。严厉打击破坏生态环境资源犯罪行为，审结8案27人。审结涉毒品犯罪案件5件9人，净化社会环境，保障人民群众身心健康。

*妥善化解民商事纠纷。*共审结各类民商事案件6200件。审结劳动争议、工伤保险、追索劳动报酬等涉民生案件414件。审结金融借款、民间借贷等案件1361件，维护良好的法治营商环境。深入推进家事审判制度改革，审结离婚、赡养、继承等婚姻家庭案件748件。扎实推进破产案件审理工作，共受理破产案件35件，9家企业通过重整计划，努力

12 月 4 日，广饶县人民法院举行员额法官集体向宪法宣誓仪式

推动产业发展向高端高质迈进。

支持促进依法行政。共受理行政案件 59 件，审结 60 件。审查非诉执行案件 6 件，准予执行 6 件。行政机关负责人出庭应诉率 100%，和解案件 19 件，和解率 31.67%。创新行政争议和解机制，成立行政争议审前和解中心，积极做好和解员的选任、培训和指导工作，指导行政机关协调化解纠纷 13 起。

深入推进基本解决执行难。共执结案件 4310 件，实现胜诉权益 40.79 亿元。加强信用惩戒，共向社会曝光失信被执行人 4 批 70 人，纳入失信平台 396 例，115 名被执行人迫于法律威慑主动履行义务或与申请人达成和解协议。积极开展“凌晨集中执行”活动，拘传被执行人 140 人，拘留 19 人，实现胜诉权益 1200 余万元。

【司法为民】 **加强“一站式”诉讼服务中心建设。**开发智能导诉系统、诉讼风险评估系统、典型案例展示平台，努力为当事人提供“一站式”咨询、立案、送达、保全、鉴定等诉讼服务。全面推行网上立案，网上立案率达 100%。健全完善司法救助机制，邀请律师入驻值班，免费提供法律咨询，对经济困难当事人减缓免诉讼费用。

加强“一站式”多元解纷机制建设。坚持将非诉讼纠纷解决机制挺在前面，在原有诉前调解室、驻院人民调解室基础上，新设律师调解室、公证调解室、行业调解室，进一步拓宽纠纷解决渠道。推进“分调裁”机制改革，打造“调解 + 速裁 + 要素式审判”模式。全年，诉前分流案件 1650 件，调解成功 1085 件；速裁团队调处案件 2194 件，占民商事案件总数的 36.46%，平均用时 21.58 天。

深入推进司法公开。持续推进审判流程公开、执行信息公开、裁判文书公开、庭审直播公开“四大公开”平台建设，依法公开审判流程信息 76006 条、执行信息 129300 条、裁判文书 12696 份、直播庭审案件 1014 件。全面推行网络司法拍卖，网拍案件 130 件，成交金额 0.26 亿元，溢价率 11.43%。依托“两微一站”三大平台，发布工作动态信息 1289 条。

【司法改革】 **全面落实司法责任制。**加强新型审判团队建设，明确法官、法官助理、书记员权责清单，建立与司法责任制相适应的绩效考评办法，将审判质效与员额遴选、等级评定和绩效工资挂钩。全年，员额法官人均办案 317 件，平均办案周期 56.30 天。院庭长办理案件 5116 件，占全院结案总数的 46.04%。

完善审判监督管理机制。坚持审判管理常态化制度化，加大长期未结诉讼案件清理力度，定期对上诉发改案件集中研讨，充分发挥专业法官会议、审判长联席会议等制度作用，进一步提高办案人员处理疑难复杂案件的能力。全年，结案率 95.51%、一审服判息诉率 93.20%、民商事案件调撤率 56.06%。

着力推进智慧法院建设。加强高清标准数字化审判法庭建设，实现庭审“三同步”全覆盖。加快推进法官办案智能辅助系统应用，利用电子卷宗随案同步生成及深度应用系统，实现案件信息自动回填、文书自动生成及纠错等功能。依托执行案件流程信息管理系统，实现对执行案件的流程管理、节点控制、动态监控。

【队伍建设】 **加强思想政治建设。**扎实开展“不忘初心、牢记使命”主题教育，大力实施基层党组织组织力提升工程，规范“三会一课”“主题党日”等制度。严格落实意识形态工作责任制，出台《关于进一步加强意识形态工作的实施方案》，健全意识形态领域情况分析研判、预警和处置机制，确保意识形态安全。

加强司法能力建设。认真开展庭审观摩、案例研讨和办案能手、优秀文书评选等活动，强化不同审判领域多岗位实践锻炼，积极培育高素质“全科法官”。积极开展“六比六争一创”活动，每季度评选模范庭室和先进个人，通过培树典型、对标学习，不断激发全院干警创先争优工作热情。

加强纪律作风建设。扎实开展“廉洁司法、担当作为”集中警示教育、“工作落实年暨作风建设深化年”活动，加强司法规范化建设，构建作风建设常态化长效化工作机制，进一步提振担当作为、狠抓落实的精气神。完善激励机制与容错纠错机制，旗帜鲜明为敢于担当作为的干警撑腰鼓劲，积极营造干事创业、奋力拼搏的浓厚氛围。

东营经济技术开发区人民法院工作概况

【概述】 2019年，东营经济技术开发区法院共新收案件6758件，结案7129件，同比分别增长22.1%、35%，法官人均结案375件，位居全省法院前列。因工作突出，在2019年度全市法院考核评价中获第一名。

【坚持党建引领，推动创新发展】 高度重视党的建设，深刻把握人民法院是政治机关的定位，坚持“以党建带队建促审判”工作思路，以党建为统领，引领各项工作开展。深入学习贯彻习近平新时代中国特色社会主义思想，扎实开展“不忘初心、牢记使命”主题教育，牢牢把握守初心、担使命，找差距、抓落实总要求，以实际行动践行初心、担当使命；坚持“以党建带队建促审判”，成立首届机关党委，把党建工作与审判执行业务相融合，自编自导党建MV《初心》，举办“重温红色经典、弘扬时代精神”读书品评会、重温入党誓词宣誓仪式等活动，引领党员干警在各个岗位上发挥模范作用，展现党员风采，为完成繁重的办案任务打下坚实基础。

【贴紧工作大局，严格依法履行职责】 深入开展扫黑除恶专项斗争，坚持依法严惩、打准打实、除恶务尽，依法严厉打击震慑涉黑恶势力犯罪，坚决打赢扫黑除恶专项斗争这场硬仗，共审结涉恶案件6件。坚持“法治就是最好的营商环境”理念，不断提升司法服务水平，组织召开由辖区民营企业家、金融机构负责人参加的优化司法环境座谈会和新闻发布会，围绕服务保障民营企业发展、规范市场秩序、加强银企合作等进行深入研讨，发布开发区法院关于狠抓担当落实、优化司法营商环境的“十条意见”，受到广泛好评，开发区党工委书记、管委会主任常准诚做出批示予以肯定；加强破产审判工作，围绕推动新旧动能转换，组建破产审判团队，依法通过破产清算、重整等司法程序，促使企业优胜劣汰、转型升级、破茧重生。2019年，开发区法院被开发区党工委、管委会表彰为全区金融新旧动能转换工作先进集体、维护稳定工作先进集体、扫黑除恶工作先进集体。

【服务群众需求，在便民利民中提升司法公信】 牢固树立以人民为中心的发展思想，着力推进“两个一站式”建设，严格落实“一次办好”要求，进一步完善人民调解室、律师调解工作室和法律援助服务站建设，另外在辖区社区设立了13个诉调对接工作站，根据“分调裁”系统的分流开展第一次诉前调解。在立案庭设立立案速裁团队，对简单纠纷进行第二次诉前调解，调解不成的立案后即立即裁。整充实三个民事速裁团队，严格速裁审限要求，狠抓一次开庭结案率和当庭宣判率，构建了前端分流化解大批简易案件、后端审理疑难复杂案件的审判工作新格局。在全市率先成立了保险纠纷诉调对接中心暨道交纠纷网上一体化处理调解中心立，快速调解处理保险纠纷、机动车交通事故纠纷，维护被保险人合法权益、促进保险行业的规范发展。

5月20日，东营经济技术开发区人民法院召开“狠抓担当落实　优化司法营商环境”座谈会

【突出智能引领，智慧法院建设深入推进】 智慧法院二期建设深入推进，在融合现有信息系统及资源的基础上，积极利用人工智能、大数据、云计算、物联网、区块链等新兴技术，搭建支撑智慧法院持续建设的人工智能核心架构，重点突出智能辅助法官办案、科学辅助决策管理、全时空方便群众诉讼三个方向。以“智能+运用”为根本出发点，项目中的电子送达平台、

智能分案系统已完成构建，智能电子送达系统有效提升了送达效率。智能分案系统通过抓取案件类型、诉讼请求、标的额、事实与理由等要素，多维度分析案件难易程度，对案件进行画像；综合考虑法官个人特征，描摹法官画像，通过人工智能算法综合两个画像进行快速、精准、均衡的智能分案，该系统现正上线试运行。深入推进网上立案、电子卷宗随案同步生成及深度运用，与智慧法院建设有机融合，全面提升网上办案水平。

【提升工作标杆，建设过硬干警队伍】 主动寻标对标，提升工作标准，先后到江苏苏州中院、上海二中院、济南高新区法院进行学习考察，开阔视野，取长补短，提升工作水平。深化司法责任制改革，顺利完成内设机构改革任务，全院干警思想稳定，干劲倍增。举行“重温峥嵘岁月、共筑时代法魂”主题宣讲活动，回首了开发区法院五年来建设和发展历程，进一步传承发扬一代开发区法院人不畏艰辛、勇于担当的优良工作传统和精神风貌，很多干警利用周末时间，主动到院加班加点工作，展现出了强烈的担当精神和奉献意识。扎实开展“廉洁司法、担当作为”集中警示教育，推行审务督察、工作巡查常态化，选择重大节日、重要节点明察暗访，发现并纠正作风不端正、行为不规范、庸懒散等问题，依纪依法处理责任干警。严格正风肃纪，建立完善员额法官及审判辅助人员廉政风险防控体系，强化审判权运行横向、纵向和内外监督，着力构建职权明晰、运行规范、开放透明、权责统一的审判权运行机制。

烟台市中级人民法院工作概况

【概述】 2019年，全市法院新收各类案件148305件，审执结153442件，法官人均结案274件，同比分别上升19.13%、23.75%和18.1%。其中，烟台市中级人民法院（以下简称市法院）新收各类案件13994件，审执结14124件，法官人均结案196件，同比分别上升16.37%、17.36%和24.05%。全市法院工作保持良好发展态势，有21个集体、72名干警受到市级以上表彰奖励，市法院被评为全省庆祝中华人民共和国成立70周年安保维稳先进集体，罗春光法官被评为山东省人民满意政法干警。

【服务发展】 *着力维护社会稳定*。发挥刑事审判职能，依法严惩危害群众生命财产安全、破坏市场经济秩序等犯罪行为，全市法院审结一审刑事案件5760件，审理了涉案金额2.8亿元的王某刚等组织领导传销活动案。深入开展扫黑除恶专项斗争，审结涉黑涉恶犯罪案件36件268人，对93名被告人判处五年以上刑罚，对167名被告人判处财产刑。

着力保障经济发展。制定为创新体制机制提升优化营商环境提供司法服务和保障的12条意见，建立院领导联系商会和民营企业机制，走访民营企业142家，努力营创法治营商环境。发挥商事审判职能，全市法院审结一审商事案件44100件，与金融机构建立涉金融案件联席会议机制，完善“府院联动”等工作机制，审理的莱州某公司破产重整案，通过司法重整推动该公司由亏损2亿元扭转为年销售额和纳税额分别达到5亿元和500余万元，入选全省法院十大破产典型案例。

着力促进法治建设。发挥行政审判职能，全市法院审结一审行政诉讼案件1191件。制定为深入开展全市违法建设治理行动提供司法服务和保障的7条意见，依法审理相关案件62件。推动行政争议实质性化解，全市法院均建成行政争议审前和解中心，诉前化解纠纷71件。完善司法与行政良性互动机制，配合开展全省行政机关负责人旁听庭审活动，就规范金融秩序、违法建设治理等工作提出司法建议58篇，助力“全国法治政府建设示范市”创建。

【司法为民】 *强化便民利民举措*。全面推行网上立案、跨域立案，在诉讼服务大厅设置自助立案终端、设立跨域立案窗口，网上立案98242件，跨域立案100件，方便群众诉讼。完善涉诉信访网上办理、远程视频接访等机制，开展“防范和化解涉诉信访案件工作落实年”活动，按照“三到位一处理”要求化解信访积案362件，进京访同比下降34.8%，完成中华人民共和国成立70周年大庆安保维稳工作。

强化民生权益保障。发挥民事审判职能，全市法院审结一审民事案件33341件。打造家事案件“温情审判”模式，健全庭前调解、心理疏导等机制，牟平法院家事审判庭被评为全国维护妇女儿童权益先进集体。建设“道交一体化处理平台”，邀请道路交通调解委员会入驻法院开展诉前调解、诉前委托鉴定，诉前调解纠纷1079件。妥善化解涉及城乡基础设施建设、扶贫产业项目、农村土地“三权分置”等领域纠纷280件，助力乡村振兴。依法保障打好“污染防治攻坚战”，建设昆嵛山生态环境保护巡回法庭，被省法院确定为全省环境资源司法实践基地。

强化胜诉权益兑现。集中开展涉民生、涉民营企业、涉金融案件专项执行行动，依托网络查控系

7 月 10 日，烟台市中级人民法院行政庭审前和解中心揭幕

统，查询、冻结银行存款 21.56 亿元、证券 1.37 亿股，查询房产 5664 套、车辆 11629 辆，执结各类案件 48942 件。严惩失信被执行人，发布失信名单 10068 例，限制高消费 27292 例，限制购买机票、高铁票 37360 例，对 24 案 35 人罚款 72.9 万元，拘留 891 人次，判处刑罚 18 人。坚持公正善意文明的执行理念，依法审慎采取强制措施，执行的烟台某投资开发有限责任公司欠薪案，在将 120 多名工人欠薪执行到位的同时，帮助企业恢复生产经营。深化执行机制创新，联合保险公司构建执行悬赏、执行救助等保险新机制，保险公司支付救助金 136.2 万元。

【改革创新】 *全面落实司法责任制*。明确法官、法官助理、书记员职责清单，让法官集中办理审判核心事务，52 人结案超过 500 件。严格落实院长庭长办案制度，带头办理发回重审、涉黑涉恶等疑难复杂案件，结案 51695 件，占结案总数 33.69%。强化新型审判权监督制约，实行改发案件双向沟通交流、典型案例集中发布等机制，加强对“四类案件”监督管理，建立有效的审判监督体系。

加快推进两个“一站式”建设。建设一站式多元解纷机制，组建诉前调解团队 56 个、速裁团队 39 个，建立无争议事实记载、无异议调解方案认可等机制，实现诉前调解、司法确认与速裁审理无缝衔接，速裁结案 16090 件，其中，7018 件实现 15 天内结案。建设一站式诉讼服务中心，优化诉讼引导、立案受理、调解速裁等功能区设置，配置云柜等自助服务设备，将保全送达、委托鉴定等辅助性工作向诉讼服务中心集中，建设 24 小时法院 5 处，为当事人提供便捷诉讼服务。

大力建设智慧法院。搭建电子送达平台，全面建设电子卷宗随案同步生成及深度应用系统，融合智能阅卷、类案推送、文书制作“左看右写”等功能，推进全流程网上办案。创新司法公开途径，上网公布裁判文书 78642 份，常态化开展庭审直播 14983 场，依托“公正烟台”新媒体发布自制普法微视频 12 期，获“年度中国优秀政法新媒体”等称号。

【从严治院】 *加强党的政治建设*。始终把党的政治建设摆在首位，严格执行重大事项请示报告制度，全面落实意识形态工作责任制，确保法院工作正确的政治方向。扎实开展“不忘初心、牢记使命”主题教育，引导干警“守初心、担使命，找差距、抓落实”。加强机关党建工作，深化“先锋在行动”党建品牌创建，开展“我是党员我做表率”“寻标对标比学赶超”等活动，两名法官分别获“齐鲁最美法官”称号及提名奖，市法院评选优秀党员 15 名、“发现榜样”3 名。

加强司法能力建设。扎实推进规范管理，将 2019 年确定为“规范化管理年”，按照用制度“管人、管案、管事”的工作思路，修订完善规章制度 37 个，优化审判流程节点 12 个，明确裁判指引 76 条，健全诉讼服务机制 23 个，不断提升法院规范化管理水平。深入开展分类、分级、全员培训，建立健全院领导带头授课、“以考代训”等机制，邀请专家教授、资深法官等举办专题讲座 17 场，组织开展裁判文书评选、调研论文撰写等活动 33 次，4 人获评全省审判业务专家。

加强党风廉政建设。严格落实“两个责任”“一岗双责”，修订廉政风险防控工作实施方案，坚持三级约谈、随案发放廉政监督卡等制度，扎实开展“廉洁司法担当作为”等集中警示教育，深刻汲取梁明严重违纪违法案件教训，广泛开展司法巡查、审务督查，以“零容忍”态度查处违纪违法行为，对全市法院 17 名干警给予党纪政纪处分。

烟台市芝罘区人民法院工作概况

【概述】 2019 年，烟台市芝罘区人民法院（以下简称芝罘区法院）受理各类案件 25066 件，审执结 26323 件，员额法官人均结案 470.05 件，收、结案总量和员额法官人均结案数均创历史新高，居全市法院首位。

【刑事审判】 2019年，芝罘区法院依法审结各类刑事案件890件，判处罪犯1257人。集中打击非法集资等涉众类犯罪，审结该类案件5件，涉被害人5000余名，涉案金额2.29亿元。深入开展扫黑除恶专项斗争，审结涉扫黑除恶专项斗争重点打击的九类案件63件69人，审结涉恶势力犯罪案件7件44人，判处五年以上有期徒刑11人。

【民事审判】 2019年，芝罘区法院依法审结各类民事案件13127件。推动家事审判改革，审结婚姻家庭类案件977件。妥善审理建设工程、房地产、房屋买卖等案件326件，保障人民群众住有居所。审结民间借贷案件6349件，审结机动车交通事故、医疗损害赔偿等侵权案件340件，审结劳动合同、社会保障等劳资纠纷780件，维护社会秩序稳定。

【商事审判】 2019年，芝罘区法院依法审结商事案件4654件。围绕推动新旧动能转换，出台服务保障22条意见。出台进一步落实保障和服务民营经济健康发展的责任清单，依法对52件涉民营企业诉讼案件慎用财产保全和强制措施。建立涉金融案件联席会议机制，邀请17家金融机构负责人参加联席会议，维护金融安全。加强知识产权司法保护，受理涉4个县市区的一审知识产权案件278件，审结333件，保障创新驱动战略实施。

【行政审判】 2019年，芝罘区法院依法审结行政诉讼案件175件，监督支持依法行政。邀请全区80多名行政负责人参加庭审直播和视频会议，为人社、公安、工商等部门提供业务指导30余次，组织庭审观摩3次，引导行政机关依法规范行政。建成行政争议审前和解中心，构建一名法官指导、一名工作人员协调、一名驻院特邀调解员实施的“三个一”运行模式，推动纠纷实质性化解。

【执行工作】 2019年，芝罘区法院执结各类案件7337件。凝聚执行合力，与公安、检察、国土、房产、金融、工商等部门的共享联动。深化信用惩戒机制，纳入失信名单3222例，限制高消费3595例，1830人主动履行义务，司法拘留33人次，限制出境4人次，以涉嫌拒执罪移送公安机关侦查3案3人。深入开展“暖心冬日”“一清理两打击”等专项行动、涉金融借款合同案件和涉民生案件集中执行行动，执行到位金额2.18亿元。依托网络司法拍卖，网拍成交191件，成交额2.43亿元。

【服务中心工作】 积极服务“芝罘仙境”“海上世界”“幸福新城”等重点项目建设，开通涉项目案件绿色通道，快审快执案件19件，为项目建设保驾护航。积极服务保障全区违法建设治理，主动提供法律意见，受理的30件涉违法建设非诉执行案件全部在一个月内审结。牵头做好全区“e租宝”非法集资案件的善后处置工作，处置小组现场核实登记2985人，处理异议48人。

【司法为民】 2019年，芝罘区法院全力推进两个“一站式”建设，打造一站式现代化诉讼服务中心，设立11个调解室，6个速裁审判庭，逐步实现立案、诉调、速裁、送达、保全、鉴定、评估、扫描等统一前置；建立一站式多元解纷机制，进一步加强诉前调解，充实特邀调解员队伍，开展12次集中业务培训，会同律师协会出台了《关于开展律师调解工作的实施方案》，引进10名实习律师参与诉前调解，建立道交一体化平台，道路交通事故损害赔偿案件诉前调解207件，诉讼结案117件。2019年，诉调对接中心共分流案件6899件，占民商事收案41.54%，司法确认1110件。

【诉讼制度改革】 2019年，芝罘区法院深化诉讼制度改革，全力推进案件繁简分流、轻重分离、快慢分道。强化案件速裁，设立8个民商事速裁团队、2个刑事速裁团队、1个速执团队，采用要素式、令状式、表格式裁判文书，速裁案件6047件。实行类案专审，对劳动争议、民间借贷、金融借款合同等年收案300件以上的类型案件实行类案专审，简化审判程序，缩短办案时间。2019年，专业化审判团队审结案件6781件，平均办理天数减少26天。

【司法公开】 2019年，芝罘区法院推进司法公开三大平台建设，网上公布裁判文书9981件，庭审直播1756件。定期开展“法院开放日”活动，邀请社会各界开展座谈交流，主动听取意见建议16条；开展法制宣传5次，发放宣传资料2600余份；选任205名人民陪审员，陪审案件12105件。着力打造官方微博、官方微信、今日头条号、抖音号、澎湃政务号等新媒体矩阵，公开发布各类信息350余条。

【智慧法院建设】 推进“智慧送达”，11月底在全市率先搭建完成电子送达平台，实现语音送达、短信送达、电子邮件送达、网络公告送达一体化运行，2019年，电子送达2190次。推进“智慧诉服”，全面开展网上立案、网上缴费、网上证据交换与质证等“互联网+”电子诉讼服务，全年共网上立案15649件，网上缴费3603件。推进“智慧审判”，推进庭审语音识别系统应用，全面推行24小时电子签章，加强电子卷宗随案同步生成及深度应用，建立电子卷宗22016件，智慧法院建设走在全市法院前列。

【司法能力建设】 扎实开展“不忘初心、牢记使命”主题教育，落实院党组对法院意识形态工作的主体责任，以主题党日和“党员双报到”活动为依托，开展红色传统教育，深入基层服务群众。组织干警参加各类培训16期，培训460余人次，实现教育培训全员覆盖。积极开展岗位练兵、视频教学、案件研讨、庭审观摩等活动，提升法官熟练掌握适用法律、依法公正裁判的能力，1篇裁判文书在全省裁判文书评比中获三等奖，1名干警获全国法院调研工作先进个人称号。开展专题警示教育活动，组织干警观看《亮剑》《迷失的心》等警示片，用违纪违法典型案例进行警示教育，筑牢廉洁司法思想防线。

烟台市福山区人民法院工作概况

【概述】 2019年，烟台市福山区人民法院共受理各类案件6395件，审、执结6574件，结案率96.12%，人均办案数244件，结案平均用时53.7天，均创历史新高。在全省176家法院中，结案率居第五位，调解率居第五位，简易程序适用率居第十三位，结案平均用时居第二十三位，审判效率等主要办案指标居烟台市第一，并首次跻身全省前列。

【聚焦中心工作，服务经济社会发展】 *主动作为，服务全区重点工作。*对全区项目建设中产生的历史遗留问题，成立工作专班，开展专题调研。对于其他需要法院协调解决的难点问题，积极参与，依法介入。对于诉至法院的案件，充分发挥审判职能作用。对涉及某大棚房违建拆除等群体性案件，及时向区委汇报，与政府协调，力争和解解决纠纷。

*防范风险，营造法治营商环境。*对涉民营企业案件，审理中突出“快”字，共审结968件，涉案标的额2.1亿元。执行中坚持“韧”字，为109家企业追回欠款1.19亿元。

*破解难题，助推新旧动能转换。*引导督促不良的市场主体有序退出，设立破产案件专业合议庭，制定《房地产企业破产案件审理指引》，已审结破产案件2件。

*全力化解纠纷，确保社会稳定。*针对涉御花园、德昱等P2P民间借贷纠纷案件，奔赴广东、北京、上海等地查封涉案企业资产。对其他群体性案件，超前谋划，准确预判。

【狠抓审执第一要务，维护社会公平正义】 *依法严惩刑事犯罪，维护社会平安。*受理刑事案件216件，审结202件，判处罪犯247人。院长担任审判长，审理涉恶犯罪案件，对2案11名被告人依法判处有期徒刑一年二个月至七年十个月不等。严惩抢劫、故意伤害等暴力犯罪和盗窃、诈骗等侵财犯罪，审结案件75件，判处罪犯97人。严惩危害公共安全的危险驾驶犯罪，审结案件60件，对有从重情节的53名被告人，一律判处实刑。严惩“黄赌毒”犯罪，审结案件12件，判处罪犯14人。严惩贪污、受贿、渎职等职务犯罪，审结案件1件，判处罪犯1人。严格落实以审判为中心的刑事诉讼制度改革，免予刑事处罚1人，允许检察机关撤回起诉5案。

*全力化解民商事纠纷，促进社会和谐。*受理各类民商事案件3463件，审结3438件，一审服判息诉率90%。审结婚姻家庭、抚养继承等案件538件。审结商品房买卖、建设工程、借贷等合同纠纷案件1227件。审结追索劳动报酬、工伤保险待遇等劳动争议纠纷案件293件，为职工追缴工资、劳动保险453万元。审结人身权等侵权纠纷案件70件。审结道路交通事故纠纷案件191件，为受害人追回赔偿款1500余万元。

*妥善解决行政争议，全力推动依法行政。*受理行政案件98件，审结96件。行政机关负责人出庭应诉率达100%。邀请市中院行政庭长为全区行政机关进行法制培训。

*坚定决战决胜信心，切实解决执行难题。*共执结案件2511件，执结标的额10.53亿元。对涉民生案件优先立案，优先办理，共执结赡养费、抚育费、职工工资案件366件，到位金额689万元。对1789人发布限制高消费令，对11人限制出境，912名被执行人自动履行义务。共查控房产、土地1600万宗，冻结银行存款10.8亿元，查扣机动车21辆，司法拘留33人，罚款36万元。开展集中执行行动15次，出动警力280人次，执结案件59件，到位现金68万元。共移送拒执犯罪案件4件，判决3案4人。

【践行司法为民承诺，维护人民群众合法权益】 *加强科技引领，打造“一站式”诉讼服务中心。*设立自助立案区，配备自助立案机，推行网上立案，跨域立案，网上立案率始终保持100%。安装云柜、文印复印一体机等设备，开通微信、支付宝扫码支付，确保案款业务一次性办理。将立案、保全、鉴定、调解、速裁、申诉信访、12368热线等功能整合，让群众“一次办成”。建立集约送达机制，通过自主研发的送达一体化平台进行送达。实行司法鉴定前置，设立鉴定评估窗口。设立信访窗口，统一受理答复群众来信来访。

*深化“分调裁审”改革，建立“一站式”多元解纷机制。*成立案件分流团队、调解团队、速裁团队和专审团队等7个团队，对案件进行分流、调解、速裁、专审。分流团队明确繁简分流标准，共立案3857件，分流调解1331件。调解团队聘用专职调解员，诉前调解纠纷714件，调解成功286件。速裁团队对诉讼标的额较小、案情简单的案件，从简从快审理，共速裁案件1215件，30%的案件通过速裁解决，在15天内结案，平均办案用时10.26天。专审团队对交通事故、民间借贷、商品房买卖等案件进行类案集中办理，共收案493件，结案484件，结案率98%。

*完善司法服务，切实保障群众权益。*5个派出法庭千兆光纤直连，25个审判庭高清科技设备全覆盖，4个审判庭安装科大讯飞语音识别系统。新增13个调解室，设立律师值班室。依法用足用好司法救助资金，全年共发放救助款32万元，缓减免诉讼费3.6万元。依托“两微两网”，及时发布司法讯息5000余条，开通庭审在线直播，直播数量全市第一，录音录像完整率达100%，裁判文书上网率全市第一。选任100名人民陪审员并提请区人大常委会予以任命，案件陪审率100%。

【坚持从严治院，打造过硬法院队伍】 *强化思想引领，提高政治站位。*深入开展“不忘初心、牢记使命”主题教育，成立机关委员会，完成换届选举，扎实推进“两学一做”学习教育制度化、常态化，打造“先锋在行动”党建品牌。院长庭长带头办理疑难复杂案件，所办案件数占全院办案总数的68%。

*锤炼职业品格，提升履职能力。*举行员额法官宪法宣誓活动，邀请人大代表及媒体记者见证。开展“领导干部上讲台”活动，每周四组织审执业务交流会，开展研讨交流。

*坚持挺纪在前，保持廉洁作风。*坚定不移全面从严治党，严格落实“两个责任”“一岗双责”。扎实开展“廉洁司法、担当作为”集中警示教育活动。全院全员查找制定廉政风险防控点，建立重点岗位人员廉政档案，聘任40名特约监督员。运用好监督执纪“四种形态”，共纪律处分3人，诫勉谈话1人，通报批评2人，批评教育1人，提醒谈话2人。

烟台市牟平区人民法院工作概况

【概述】 2019年，烟台市牟平区人民法院（以下简称牟平法院）受理各类案件8441件，审执结8715件，同比分别增长17.6%、21.9%，法官人均结案236件，3名法官结案突破600件。先后被评为全国司法宣传先进单位、全国维护妇女儿童权益先进集体、全省基本解决执行难先进集体、全省环境资源司法实践基地，大窑法庭被评为山东省人民满意政法单位。

【在执法办案中彰显新作为】 *依法惩处刑事犯罪，保障社会平安稳定。*全年共审结刑事案件278件，判处罪犯346人。公开宣判2件10人涉黑恶势力犯罪案件，审结寻衅滋事、利用邪教组织破坏法律实施犯罪21案46人。严惩侵犯人身安全犯罪，审结故意伤害、抢劫强奸等案件37案42人。依法惩治危害群众公共安全犯罪，审结危险驾驶、交通肇事、重大安全事故等68案68人。加大反腐力度，严惩职务犯罪，审结贪污贿赂案件6案6人。落实认罪认罚从宽制度，审结此类案件68件，最短庭审用时15分钟。

*妥善调处民商纠纷，保护涉案民生权益。*新收各类民商案件4630件，审结4763件，同比分别增长33.9%、34.4%，诉讼标的额26.62亿元。审结劳动就业、教育医疗、人身伤害等与群众生产生活密切相关的案件606件，审结婚姻、继承等家事案件549件，审结买卖、租赁、承揽等合同案件1076件，审结建设工程、房屋买卖等涉不动产案件569件。审结金融借款、互联网金融等案件769件。

*坚持监督支持并重，助力推进依法行政。*发挥行政审判职能，审结行政诉讼案件81件。推行诉外沟通、审前和解、庭中调解等工作方式，推动行政争议实质性化解8件次。先后向有关部门就清理违法违规占用土地、规范不动产产权登记等提供司法建议7件次。扎实推进裁执分离，审查非诉执行行政案件48件，准予执行31件，有力支持行政机关依法行政。

【在服务大局中体现新担当】 *在重点工作推进上精准服务。*出台《充分发挥审判职能全力服务保障“六大战略”实施办法》，助推全区高质量发展。抽调专门审判团队，参与涉及房地产遗留问题专案组相关工作。践行生态文明理念，成立昆嵛山自然保护区生态环境保护巡回法庭，助力生态环境保护和绿色发展，牟平法院在第二次全省法院环境资源审判工作会议上做交流发言。

*在经济转型升级上精准服务。*出台保障和服务民营企业高质量发展十条意见，创推企业信用恢复机制，保障企业在市场经济中的竞争地位。成立执行专案组，妥善执结烟台某工业园投资有限公司欠百余名工人共约千万元薪酬案件，为优化全区营商环境树立典范。

*在社会综合治理上精准服务。*层层压实安保维稳责任，注重初信初访化解工作，班子成员包案化解一批骨头案，完成了上级交办的15起重点信访案件的化解任务。出台《关于审理涉及扶贫村债务案件的法律指导意见》，推动扶贫措施落实落细。

【在司法为民中回应新期盼】 *不断完善便民机制，提升群众满意度。*各法庭标配便民诉讼服务站，“让法官多跑路，让群众少跑腿”。加大诉源治理和矛盾联动化解力度，主动与乡镇综治中心对接，实现纠纷多元多方多层次化解。牟平法院法庭工作经验在全省政法领域全面深化改革推进会上做交流发言。加大司法救助力度，为9件案件当事人减、缓、免交诉讼费8.2万元，发放司法救助金111.42万元，急民所需、救民所急。

*不断完善执行规范化建设，提升群众获得感。*向“切实解决执行难”全面宣战，执结案件1248件，执行到位金额1.3亿元。深入开展“中秋执行”“暖冬执行”等集中执行行动，加大找人查物力度，集中执结119件，结案标的333.6万元。强化失信惩戒，累计发布失信被执行人名单26次，对835人限制高消费，对11人（单位）罚款51万元，对15人进行拘留，移送公安机关追究拒执罪7案7人，224名被执行人迫于舆论压力及法律威慑履行义务。

*不断完善家事审判机制建设，提升群众幸福感。*推进家事审判改革工作向纵深发展，为341个家庭提供调解、心理疏导、回访等司法服务，挽救危机婚姻27例，在全省家事审判方式和工作机制改革经验交流会上做交流发言。

【在守正创新中实现新突破】 *统筹推进司法责任制改革。*将原有26个机构合并精简至10个部门和4处法庭，实现从审判庭到审判团队转变的管理模式，为案件提质增效提供强大引擎。开展长期未结案件清理工作，杜绝口袋案、抽屉案的发生。厘清院庭长审判监督权责界限，强化院长庭长对“四类案件”的监管，全面落实司法责任制。

*全面推进两个“一站式”建设。*建设一站式诉讼服务中心，开放“24小时法院”，开通12368服务热线，为当事人提供更加便捷的诉讼服务。建设一站式多元解纷机制，建立“调解＋速裁”团队，诉前分流案件1818件，对于调解成功的，提供司法确认4125件次，调解不成的，及时转入速裁程序，速裁案件1231件，速裁办案天数压缩至13天。设立类案专办团队，推行要素化审判，法官办案天数缩短至54天。

*大力推进智慧法院建设。*推行电子卷宗随案同步生成及深度应用，融合智能阅卷、类案推送、文书制作等功能，促进执法办案提速增效。推动“互联网＋”与司法公开深度融合，上网公布裁判文书4125份，常态化开展庭审直播1231场，让司法在阳光下运行。

烟台市莱山区人民法院工作概况

【概述】 2019年，烟台市莱山区人民法院在区委的坚强领导、区人大及其常委会的有力监督和区政府、区政协及社会各界的关心支持下，坚持以习近平新时代中国特色社会主义思想为指导，深入学习贯彻中共十九大和中共十九届二中、三中、四中全会精神，紧紧围绕“努力让人民群众在每一个司法案件中感受到公平正义”的目标，按照“四个进一步”的工作思路，不断提高服务大局、司法为民、公正司法水平，法院总体工作取得新的进步。全年新收各类案件6103件，同比上升11.9%，结案6238件，同比上升18.2%，收结案数均创历年新高。

【刑事审判】 新收刑事案件330件，结案328件，判处被告人441人。严厉打击刑事犯罪，严惩危害国家安全和群众生命财产安全犯罪，审结利用邪教组织破坏法律实施、抢劫等暴力犯罪和盗窃、诈骗等侵财犯罪案件156件。判处五年以上有期徒刑29人，重刑率6.6%。贯彻落实刑事诉讼法新增认罪认罚从宽制度，审结认罪认罚案件122件。严格落实罪刑法定、疑罪从无、证据裁判等原则和制度，建立值班律师制度，切实维护当事人正当权益。

【民事审判】 牢固树立新发展理念，积极营造和谐的社会环境。全年共审结各类民商事案件2912件。

深化家事审判改革，全面推进民事案件多元化纠纷解决机制建设，审结涉婚姻家庭、继承纠纷、邻里案件316件，促进家庭、邻里关系和睦。深化劳动人事争议裁审衔接工作，审结劳动争议、工伤保险等劳资案件145件。充分发挥商事审判工作对经济活动的调节、规范、引导作用，全年共审结商事案件794件，标的额达11.57亿元。

【行政审判】 积极构建和谐融洽的政群关系，受理行政案件205件，结案193件。强化司法和行政良性互动，加强同行政机关沟通联系，组织行政机关负责人参加庭审观摩200余人次，有力推进区行政机关负责人出庭应诉工作。积极开展行政争议审前和解工作，和解成功案件5件。首次采用“标准诉讼”的方式顺利审结行政案件38件，开创了省内采用“标准诉讼”审理行政案件的先例。

【执行工作】 不断巩固“基本解决执行难”成果，全年执结案件1924件，执行到位金额3.88亿元。加大对逃避执行、抗拒执行的制裁，全年对27名被执行人纳入失信被执行人名单，对1299人采取限制高消费措施。深入开展“一清理两打击”和“执行攻坚百日会战”，执结案件641起。开展“暖心冬日”集中执行，拘传10人，使12名被执行人履行法定义务。实施“一案双查”，确保规范执行。不断加大网拍力度，全年网络拍卖186件，成交额1.19亿元，溢价率6.16%，为当事人节约佣金59.5万元。

【信访工作】 加强涉诉信访工作，组织开展“防范和化解涉诉信访案件工作落实年”活动，实施院长庭长轮流值班接访，化解涉诉信访积案14件。强化工作措施，完成中华人民共和国成立70周年安保工作。不断加强诉前调解工作，建立与调解、仲裁、公证、行政复议的程序衔接，邀请17名特约调解员，提高诉前调解力度。加强一站式诉讼服务中心建设，实现信访平台中输入案件数量100%，交办转办案件反馈率100%。

【审判管理】 协同推进诉讼服务大厅、诉讼服务网、12368热线建设，完善“四大公开平台”，全年公开各类审判执行工作信息1556条，上网3530份裁判文书，发放各类诉讼提示材料2000余份。增设道交一体化平台，高效审理涉道路交通类案件109件。加强案件质量管理，全年下发结案情况通报信息200余条，评查卷宗2325册，有效提升了案件质量。

【扫黑除恶专项斗争】 深入推进扫黑除恶专项斗争，从严从快审理毛某超等、孙某东等2起恶势力犯罪集团案件和吕某彭等、孙某等2起恶势力犯罪团伙案件，共判决犯罪分子22人，有力打击和震慑黑恶势力犯罪。

【司法责任制改革】 严格落实司法体制综合配套改革决策部署，将原有18个庭室合并成为8个庭室，构建协同高效的机构职能体系。扎实推进案件繁简分流、轻重分离、快慢分道。9月组建3个速裁团队，成立3个月收案344件，结案325件，平均结案周期23天。

【基层基础建设】 积极推动纠纷解决和诉讼服务理念更新、机制变革，实现一站式多元解纷、一站式诉讼服务。认真开展电子卷宗随案生成及深度应用试点。全面推进审判法庭科技升级建设，更换120台审判庭室办公终端，实施桌面云、执行指挥系统和语音助手等六大类应用系统建设，为实现全流程网上办案打下坚实基础。

【司法服务】 及时出台《关于为创新体制机制提升优化营商环境提供司法服务和保障的意见》，依法审理涉企相关案件713件。坚决落实立案登记制，全面推行实施网上立案，做到有案必立、有诉必理。在立案大厅应用电子诉讼服务平台，支持网上立案、网上缴费，网上立案率100%，走在全省全市前列。设立专门的跨域立案服务窗口，实施跨域立案53件。

【廉政建设】 深入推进党风廉政建设和反腐败工作，认真开展“廉洁司法、担当作为”教育活动，组织干警2次赴市廉政教育基地接受教育，提高干警拒腐防变能力。加强与“两代表一委员”的联系，向区人大代表、政协委员发放征求意见信700余份，收集意见168条。严格执行中央“八项规定”及实施细则精神，不定期开展作风纪律检查55次。积极开展法警规范化执勤训练，全年出警2187次，安保检查8578人次。

长岛县人民法院工作概况

【概述】 2019年，长岛县人民法院在烟台市中级人民法院坚强领导下，紧紧围绕“努力让人民群众在每一个司法案件中感受到公平正义”目标，充分发挥审判职能作用，各项工作取得新进展。2019年，新收各类案件421件，同比上升35.81%，结案428件，同比上升37.18%。结案率、一审服判息诉率、实际执行到位率、平均办案周期等主要质效指标均居烟台基层法院前列。

【聚焦中心，服务大局】 发挥刑事审判职能，扎实推进扫黑除恶专项斗争，召开12次党组会、2次公检法联席会议，坚决打掉黑恶势力的嚣张气焰。重点惩处非法猎捕珍贵野生动物等破坏生态环境资源犯罪，审结案件3件，判处罪犯3人。在大黑山、砣矶、大钦岛三个乡镇建立了山东法院系统中首个鸟类生态司法保护综合示范基地，《人民法院报》予以专题报道。严惩涉毒、危险驾驶、故意伤害、盗窃、诈骗等危害群众生命财产安全犯罪，审结案件22件，判处罪犯22人。严格落实以审判为中心的刑事诉讼制度改革和认罪认罚从宽制度，对26名罪犯适用非监禁刑，对1名罪犯免予刑事处罚。实行刑事案件律师辩护全覆盖工作，指定辩护律师9人次，刑事附带民事诉讼案件全部调解结案。牢固树立新发展理念，制定为长岛海洋生态文明综合试验区提供司法服务保障的15条意见。平等保护市场主体合法权益，与区财政金融局、人民银行等长岛金融机构召开座谈会，签署《关于建立金融消费纠纷诉调对接工作机制的实施意见》，建立将行业调解纳入金融借款合同纠纷解决机制。深化院领导联系民营企业机制，带队走访民营企业5家，征集意见建议6条，针对民营企业产权保护、生产经营中的问题提出司法建议，帮助企业堵塞管理漏洞。全力促进法治建设，发挥行政审判职能，审查非诉执行案件12件，有效监督和支持行政机关依法行政。挂牌成立行政争议审前和解中心，探索构建员额法官指导、法制办工作人员协调、特邀调解员实施的运行模式，妥善解决行政争议。组织开展国家宪法日宣传、法院开放日、法官进校园等活动8场120人次，让群众零距离了解法院、感受司法。

【牢记宗旨，司法为民】 打造“一站式”诉讼服务中心，网上立案率达到100%。开展“防范和化解涉诉信访案件工作落实年”活动，院长庭长轮流值班接访，实行首接负责制，完善律师代理申诉、远程视频接访、涉诉信访网上办理等机制，化解涉诉信访积案5件，完成中华人民共和国成立70周年大庆安保维稳工作。设立生态环境和旅游法庭，在智游长岛APP设置宣传专栏，全年实行24小时全天候值班制度，33件涉旅游纠纷案件均实现“当天立案、当天调处、当天执行、当天兑现”。选任32名人民陪审员并提请长岛县人大常委会予以任命，扩大人民群众参与案件审理的范围，案件陪审率达到100%。深入开展“一清理两打击”“暖心冬日”“金融利剑”等专项执行活动，执结各类案件128件，涉案标的额2319.77万元，执行到位额1034.47万元。严格信用惩戒，强化执行威慑，拘传11人次，发布失信名单13例，限制高消费97例，限制购买机票、高铁110例，26人主动履行义务。依托网络查控系统，查询、冻结银行存款99万元、查询房产24套、车辆50辆。依托网络司法拍卖系统，拍卖标的物6件，标的额102万元，为当事人节省佣金2.5万元。全年发放国家救助款13万元，让人民群众处处感受到司法温暖。

【改革创新，提升公信】 科学设置审判业务机构，将内设机构由原来的10个整合为5个，按照“1+1+N”模式，组建审判团队5个，执行团队2个，推动司法资源向一线倾斜。完成第三批员额法官遴选工作，新增1名员额法官充实到办案一线。完善绩效考核方案和考核指标体系，激发办案内生动力。深化“分调裁审”机制改革，建立“一站式”多元解纷机制，实行调解速裁一体化审判模式，全面推进案件“繁简分流、轻重分离、快慢分道”。依托砣矶等四处法官工作室，定期下岛对特邀村镇调解员进行培训指导、法律咨询、诉前调解，形成多元化解矛盾纠纷的合力，努力做到“小纠纷不出村，大矛盾不出镇”，案件调撤率79.30%，居全省基层法院首位。全面建设电子卷宗随案同步生成全覆盖及深度应用系统，配置电子卷宗签名板等工具，实现庭审环节电子质证、电子签章，促进庭审规范高效。搭建电子送达平台，实现电话送达、短信送达、公告送达一体化运行，有效破解送达难题。

【党建引领，从严治院】 坚持党建引领，制定出台《关于加强党组自身建设的意见》，扎实开展“不忘初心、牢记使命”主题教育，党组成员上党课5次，深入基层调研5次，组织查摆整改问题6项。深化“党旗飘扬法徽红”党建品牌创建，积极创建“党建+”工作新模式，强化党组织的凝聚力，增强党员归属感。坚持提升素能，推动队伍管理规范化，坚持全面管理、精细管理、从严管理和智慧管理，推进法院管理能力和管理体系现代化。坚持问题导向和需求导向，开展分类、分级培训，建立党组成员带头授课机制，打造全能型法官，促进干警素质全面提升。坚持廉洁司法，开展司法作风问题专项督察，查摆整改问题11项。

修订廉政风险防控工作实施方案，完善廉政风险防控长效机制。开展“廉洁司法、担当作为”集中警示教育、审务督察、执行案件一案双查、作风建设专题民主生活会等活动，以“零容忍”态度惩治司法腐败，构建“不敢腐、不能腐、不想腐”的有效机制，长岛县人民法院连续19年无违法违纪情况。

龙口市人民法院工作概况

【概述】 2019年，龙口市人民法院坚持以习近平新时代中国特色社会主义思想为指导，深入贯彻落实中共十九大和中共十九届二中、三中、四中全会精神，忠实履行法定职责，服务大局、司法为民、公正司法，各项工作取得新进展。一年来，新收各类案件13891件，同比上升12.2%，审执结案件14847件，同比上升16.2%，均创历史新高。员额法官人均结案330件，超出烟台法院系统人均结案56件。

【服务大局】 全力维护社会稳定，审结刑事案件507件，判处罪犯739人。深入开展扫黑除恶专项斗争，审结涉恶势力犯罪案件3件26人，判处五年以上有期徒刑13人，依法审理了汪某彬等11人恶势力犯罪集团案。

全力服务经济发展，审结商事案件2626件，围绕市委“三重”工作，制定优化营商环境十一条措施，召开金融审判座谈会和服务民营企业座谈会，发布企业风险防范指引，组建破产专业审判团队，平稳推进旭鑫、丛林等企业清算、重整，促进市场资源优化配置。

全力促进法治建设，审结行政诉讼案件101件，审查非诉行政执行案件313件，监督支持依法行政，维护行政相对人合法权益。深化行政争议审前和解中心建设，审前化解纠纷21起，和解撤诉案件35件，推动行政争议实质性化解。

【司法为民】 着力化解民事纠纷，坚持调解优先、调判结合，审结民事案件6086件，调解撤诉3354件，深入推进家事审判改革，审结婚姻等家事案件1433件，延伸人民法庭触角，服务乡村振兴战略，审结土地承包等涉“三农”案件245件，保障农业农村优先发展。

着力兑现胜诉权益，执结案件5214件，执行到位金额11.6亿元。推进执行流程再造，建立执行事务大厅；高标准打造速执团队，对有财产可供执行案件快速办结。

着力完善便民机制，成立烟台首家24小时法院，开通网上跨域立案，深化一站式诉讼服务中心建设，集合送达保全、委托鉴定等多种辅助功能，实现诉讼事项一窗受理、一次办好；深化一站式多元解纷机制建设，坚持把非诉讼纠纷解决机制挺在前面，化解纠纷2000余件。邀请市道路交通调解委员会入驻法院，推行“调解前置＋法官速裁”工作模式，实现道交纠纷网上办理、一键理赔，平均办案周期缩短28天。

【改革创新】 全面深化司法改革，完成内设机构改革，精简机构9个，按照“1+1+N”模式，组建审判团队41个，执行团队10个，推动司法资源向办案一线倾斜。

全面优化办案机制，深入推进“分调裁审”改革，引导当事人自愿选择调解方式解决纠纷，聘请3名特邀调解员驻院调解，对接商会、律师协会等行业组织开展委派调解，成立8个专审团队，集中办理环境资源、建设工程等十类案件，推动“类案专审、繁案精审”。

全面建设智慧法院，搭建电子送达平台，强化办案智能辅助，探索全流程网上办案，电子卷宗随案同步生成。畅通公开渠道，庭审直播案件1670件，上网公开文书7979份，最大限度保障群众知情权。强化新媒体平台应用，成立“龙法之声”新媒体工作室，发布司法资讯300余条，唱响司法好声音。

【从严治院】 强化党的政治建设，始终把政治建设放在首位，扎实开展“不忘初心、牢记使命”主题教育，深入推进“两学一做”学习教育常态化制度化。强化阵地建设，选举成立机关党委，打造“天平卫士·龙法先锋”党建服务品牌，凝聚“勇担当、争一流”龙法精神。

强化司法能力提升，倡导终身学习理念，组织干警分批外出学习，邀请专家教授、资深法官来院授课，培养高层次人才和“全科法官”，实施“精品审判工程”，两起案例入选烟台市十大行政典型案例。

强化党风廉政建设，严格落实“一岗双责”，压实党风廉政建设主体责任，开展“廉洁司法·担当作为”集中警示教育，深化机关作风专项整治活动，深入查摆整改，严格执纪问责，营造风清气正司法环境。

莱阳市人民法院工作概况

【概述】 2019年，莱阳市人民法院按照“政治建院、公信立院、改革兴院、严格治院、科技强院”工作思路，狠抓执法办案和司法服务，各项工作呈现出崭新面貌。全年，共新收各类案件13985件，同比上升19.87%，审执结14032件，同比上升18.78%，审执结案率90.59%，同比增长2个百分点，员额法官人均结案327件，同比上升25.29%。各项数据均创历史新高。

【服务大局】 *保障经济高质量发展*。制定了保护民营企业合法权益的20条措施，建立了院领导联系民营企业机制，院领导带队走访民营企业42家，征集意见建议26条。出台了《大力支持财政税收征管工作的意见》，实现非税收入2640余万元，与莱阳市国税局联合征税263万余元。发挥商事审判职能，共受理各类商事案件877件，审结848件。

严厉打击刑事犯罪。全年共受理各类刑事案件541件，审结551件。深入开展扫黑除恶专项斗争，依法审结董某等4人、赵某卿等5人涉恶犯罪案件两起，对其中8名被告人判处有期徒刑实刑，对所有被告人均判处财产刑，共处罚金66万元。公开审理了田某英、吴某文、蓝某仁、姜某锦等8起犯罪行为，对9名被告人分别以敲诈勒索罪、寻衅滋事罪定罪，并判处有期徒刑实刑。审理了涉案金额达2800余万元的丁某等90名被告人特大新型网络诈骗案。开展“e租宝”案件信息核实登记工作,共核实信息800余人次。

不断规范行政审判。全年共受理行政诉讼案件117件，审结114件，审查非诉行政执行案件40件。在莱阳市司法局成立行政争议审前和解中心，已化解行政争议2起。

【司法为民】 *妥善化解民事纠纷*。全年共受理各类民事案件7431件，审结7574件。建立劳动人事争议案件裁审衔接工作机制，审结劳动争议、工伤保险等劳资案件692件。建立“道交一体化处理平台”，共审结道交案件787起，为当事人挽回经济损失6600余万元。

攻坚破解执行难题。全年共受理执行案件5019件，执结案件4945件。深入开展专项执行行动，共执结各类款物7.81亿元，司法拘留被执行人61人次。强化执行信息化应用，依托网络查控系统，查询、冻结银行存款2200余万元，查询房产75套、车辆23辆；依托网络司法拍卖系统，拍卖标的物149件，成交额8300余万元，为当事人节省佣金260余万元。依法向社会公布失信被执行人名单139人次，限制高消费2900余人次。

提供法律服务。重视弱势群体权益保护，全年共审结追索赡养费、抚养费案件210件。提供司法救助，共为4名当事人减缓免诉讼费2万余元，为7名符合条件的困难当事人发放救助金18万余元。开展“送法进军营、进企业、进社区、进校园”等活动10余场次，开展“法院开放日”200余人次。

方便群众诉讼。设立跨域立案终端，建立跨域立案平台，推进诉讼事项跨域远程办理，成功跨域立案两起，为当事人节约诉讼成本1万余元。严格落实网上立案制度，全年始终保持100%网上立案。开通12368诉讼服务热线平台，安排专人解答当事人热线咨询310余次。

【司法改革】 *深化司法改革*。整合司法资源，优化人员配置，有序完成内部机构改革。全面完成新型审判团队组建，形成了庭长、副庭长、审判员等一线骨干占大多数、院领导占较少数的“橄榄球状”员额法官结构。强化院庭长办案常态化机制，督促院庭长带头办理发回重审、指令再审、涉黑涉恶等疑难复杂案件，院长庭长共结案5314件，占结案总数的37.87%。

完善“两个一站式”机制。建设一站式多元解纷机制，设置诉前调解工作室，聘请6名退休法官作为调解员，共调解纠纷856起。健全简案快审机制，组建速裁团队5个，共速裁结案423起。建设一站式诉讼服务中心，认真落实“一次办好”改革举措，优化诉讼引导、立案受理、自助服务、调解速裁等功能区布局。将鉴定中心纳入诉讼服务

10月17日，莱阳市人民法院法官在莱阳一中为学生开展法制教育讲座

中心管理，建立了统一的对外委托平台，缓解了司法鉴定导致的案件超审限问题。

推进智慧法院建设。通过审判流程、庭审直播、裁判文书、执行信息四大公开平台，上网公布裁判文书 7500 余份，常态化开展庭审直播 1410 场。全面建设电子卷宗随案同步生成及深度应用系统，融合智能阅卷、类案推送、文书制作“左看右写”等功能，协助法官快办案、办好案。搭建电子送达平台，成立集约送达小组，实现语音送达、短信送达、电子邮件送达、网络公告送达等一体化运行。

【队伍建设】 *加强党建工作*。开展“不忘初心、牢记使命”主题教育，党组成员上党课 10 次，征求意见建议 12 条，组织查摆整改问题 11 项；开展“寻标对标　勇争先进”活动，形成“比学赶超”的浓厚氛围，张明武法官获烟台市法院唯一一个“齐鲁最美法官”称号。

狠抓廉洁司法。落实“两个责任”，层层签订党风廉政建设目标责任书和廉政承诺书；深入开展“作风突出问题集中整治”活动，对“庸、懒、散、慢、拖”以及“不作为、慢作为、乱作为”等 7 个方面 20 余条作风积弊，列出整改台账，明确整改时限。

推进规范化管理。对党风廉政建设、考勤、请销假、财务报销、车辆使用管理、标的款支付、审判执行质效、着装规范礼仪等 17 项制度进行查漏补缺。分 5 个批次对员额法官、法官助理、司法警察、书记员、后勤保障人员共 230 余人次进行培训。

莱州市人民法院工作概况

【概述】 2019 年，莱州市人民法院共受理各类案件 17920 件，同比上升 20.5%，结案 18034 件，同比上升 17.7%。收结案数量均创历史新高；结案率、人均结案数、平均办案周期等主要质效指标均居烟台基层法院前列。获“全国法院司法宣传先进单位”“省级文明单位”“齐鲁法治文化建设示范单位”等称号，36 个部门和个人受到烟台市级以上表彰，中央电视台、《人民法院报》、山东卫视、《烟台日报》等国家和省、市主流媒体对莱州工作进行了多次深入报道。

【刑事审判】 立足刑事审判职能，审结刑事案件 774 件，判处罪犯 1070 人，不断增强人民群众的获得感、幸福感、安全感。扎实推进扫黑除恶专项斗争，坚持依法从严惩处方针，保持对黑恶势力犯罪严打高压态势。院长担任审判长，高效高质审结烟台高新区朱某君等 31 名被告人涉黑犯罪案件及烟台牟平区孙某军涉黑犯罪案件，依法没收近 2 亿元的黑社会性质组织财产。严厉打击非法吸收公众存款、集资诈骗等涉众型经济犯罪，审结案件 7 件，为 500 余名受害人挽回经济损失 2000 余万元。

【民事审判】 坚持调判结合、调解优先，将释法说理贯穿民事审判工作始终，审结案件 8323 件，调解率为 74.2%。推行家事审判改革，建立家事案件冷静期、心理测评干预、案后跟踪回访等机制，完善人身安全保护令制度，审结婚姻家庭、赡养抚养等家事案件 1302 件，促进新时代家庭文明建设。审结土地流转、房屋拆迁、农民工讨薪等案件 368 件，服务乡村振兴战略，助推“三农”优先发展。

【商事审判】 深入贯彻新发展理念，依法调节经济关系，审结商事案件 1120 件，标的额 5.3 亿元，支持和保障经济高质量发展。出台《关于开展“天平护企”活动的实施方案》，编纂发放《护航企业政策汇编》。积极落实院领导联系商会、企业制度，定期走访调研、深入座谈交流，解答法律问题 312 个，赠送自主编写的《民营企业常见法律风险防控措施 200 条》图书 1000 余册，有效强化市场主体的法律意识。受理环日集团等 13 件司法重整案，健全“府院联动”机制，创新破产审判模式。裁定批准莱州庚辰球墨铸铁有限公司重整计划，通过重整，该企业由原来亏损 2 亿元蝶变为年销售额和纳税分别达到 5 亿元和 500 余万元，该案入选全省法院十大破产典型案例。

【行政审判】 审结“民告官”案件 74 件，审查行政非诉执行案件 299 件，裁定准予执行 255 件。连续第五年发布行政审判白皮书，受到莱州市委主要领导的批示肯定。定期与行政机关召开联席会议，组织庭审观摩，促进司法与行政的良性互动。积极参与重大项目社会稳定风险评估工作，结合司法实践中发现的新情况新问题，先后在违法建设治理行动、环境资源保护、社会保障等领域提出司法建议 7 个，2 篇司法建议在省高院组织的评选活动中获得二等奖和优秀奖。

【执行工作】 完善各项强制执行措施，共执结案件 7444 件，标的额 10.4 亿元。发布失信名单 2518 人次，司法拘留 319 名失信被执行人，切实保障权益兑现。推进网上司法拍卖工作，成交标的额 4026 万元，为当事人节省佣金 201 万元，关注量达 6 万人次。省内率先推行“保全+救助”、继续执行等保险新机制，通过救助保险向25名特困申请人发放救助资金75万元，经验做法被省高院转发推广。经中国社科院专家组独立评估，如期实现“基本解决执行难”目标，执行局被莱州市委、市政府授予“干事创业好团队”称号。

【便民服务】 注重优化诉讼体验，推进“智慧法院”改革，率先完成网上立案率100%的目标，建成标准化互联网法庭，满足当事人远程诉讼需求。推动成立行政争议审前和解中心、破产与重组调解中心，诉前向各类调解组织分流纠纷4233件，调解成功1607件，占诉讼结案的15.2%。入选全省“两个一站式”建设首批试点法院，高质建成一站式诉讼服务中心，评估得分居烟台基层法院首位；推进一站式多元纠纷化解机制建设，“六调融合、多元解纷”模式得到最高人民法院调研组充分肯定。

【司法改革】 实施审判提速工程，由25个部门精简到10个部门，管理层级得到优化，实现了机构减下来、效能提上去的目标。获全省送达外包试点法院资格，深入探索精准送达新举措，委托外包公司送达司法文书6612件次，平均送达周期由11天缩减到4天。大力构建“2个速裁团队+4个快审团队+37个普通团队”的审判工作新格局，实现案件繁简分流、轻重分离、快慢分道，简易程序适用率达到93%。速裁团队加强调裁一体化建设，推行要素式审判模式，办案速度大幅度提升，李朝霞法官工作室结案1974件，名列全省前三。

【队伍建设】 认真落实新时代党的建设总要求，稳步推进队伍的革命化、正规化、专业化、职业化建设。全院直面案多人少的严峻挑战，主动牺牲休息时间，加班加点办案，员额法官人均结案326.2件，同比增加37.3件，16名法官结案超过400件。推行青年法官导师制、“一线磨砺计划”等制度，实现队伍阶梯性发展。突出教育培训重点，对全国民商事审判工作会议纪要、“套路贷”等审判实务热点问题，邀请专家教授、资深法官专题授课6场次。强化廉政建设，积极落实管党治党主体责任，层层签订党风廉政建设责任书，将全面从严治党的要求落实落细。

蓬莱市人民法院工作概况

【概述】 2019年，蓬莱市人民法院在市委坚强领导，人大及其常委会有力监督，政府、政协和社会各界的大力支持下，以习近平新时代中国特色社会主义思想为指导，深入贯彻落实中共十九大及中共十九届二中、三中、四中全会精神，充分发挥审判职能作用，各项工作取得新进展。全年旧存、新收案件9670件，结案9245件，结收比127.27%，结案率95.6%，同比上升25.59%，结案率在全市排名第三名，全省排名第十八名，创历史上最好成绩。

【服务经济】 *服务保障中心工作。*研究制定了《关于为促进民营经济健康发展提供司法服务和保障的意见》《服务保障金融业发展实施意见》等，及时把市委科学发展的思路转化成司法服务的举措。审理涉民营企业案件1660件，为企业保全财产727件11.2亿元，参与博展、东方翰、县后路拆迁、蓬莱酒厂改制等工作组12个，为东方风电、海洋王国、紫荆二期、华和木业等24个项目和企业提供了法律服务和支持。

*维护市场经济秩序。*审结商事案件1985件，民间借贷、金融借款等案件870件，做好“e租宝”集资参与人登记核实工作；向金融办及各银行提出司法建议，案件平均审理周期缩短了110天，与银行等开展“以法促信、平安金融”共建活动。审结合同类案件809件，房地产纠纷295件，赵某等销售假冒“Nike”牌商标运动鞋案，登州仙阜32件房屋买卖合同案件调解结案。

*服务供给侧结构性改革。*受理破产清算案件2件，审结1件，完成对建文置业、外贸公司破产财产的变价处置，促使该公司破产资产溢价40%成交，通过司法拍卖释放土地、厂房等不动产资源25.2万平方米。确认阳光世纪购房户债权，交房219套，退款6128万元。为破产企业职工封存社保金475.9万元，上缴税款3822.97万元，化解债权3.36亿元。

【刑事审判】 开展扫黑除恶专项斗争，依法严惩刑事犯罪。审结各类刑事案件437件。受理涉恶势力犯罪案件3件，审结董某案，董某被判有期徒刑二十年。梳理已结涉恶类犯罪120余件，发现移送涉恶犯罪线索2件。审理涉被害人刘某非法拘禁案。审结聚众斗殴、寻衅滋事、故意伤害、抢劫、强奸、盗窃等犯罪98件，危险驾驶类犯罪140件，贩卖毒品、容留他人吸毒犯罪15件，贪污、受贿案件2件。配合组织、纪检监察部门做好党员犯罪线索核查移送工作。判处有期徒刑以上刑罚罪犯238人。对有悔罪表现、罪行轻微的初犯、偶犯、未成年犯依法从宽处罚，155名罪犯适用非监禁刑，9名罪犯免予刑事处罚。

【行政审判】 审结行政诉讼案件91件，其中撤销、变更、确认违法17件；审查非诉执行案件17件，准予执行16件，受理跨区域案件14件。成立行政争议审前和解中心。和解了刘某诉某镇政府以拆违促征收案件，促使双方就强拆赔偿达成一致，原告撤诉。督促落实行政机关负责人出庭应诉，负责人出庭19次，应诉率37.3%。制定为深入开展全市违法建设治理行动提供司法服务和保障的意见，支持清理违法占地案件13件。编写行政应诉指导丛书之《行政诉讼程序》手册，发放全市行政机关，发布《2018年行政案件司法审查报告》。组织行政机关召开联席会议3次，发出司法建议2份，街头宣传15次、庭审观摩4次，进校园讲堂2次，推进全民守法用法。

【民事审判】 审结民事案件5345件。完善庭前调解、心理疏导等机制，审结家事纠纷798件。保障劳动者和企业权益，审结劳资纠纷242件。维护被侵权人合法权益，审结侵权责任纠纷695件。助力乡村振兴战略，审结涉“三农”案件72件。

【执行工作】 开展集中执行活动，及时兑现胜诉权益。执结案件3253件，结案率93.91%，实际执结率47.34%，实际执行到位率23.67%，拘传270人次、拘留70人次、以拒执罪追究刑事责任1人。查询冻结3456案，查询房屋161套、冻结资金1.02亿元。发布失信名单信息1345例，限制1621人次购买飞机高铁票，75人主动履行义务，拍卖标的物99件，成交额1995.3万元，为当事人节省佣金76.95万元。

【司法为民】 *主动参与社会综合治理*。推进非诉纠纷解决机制建设。市委政法委制定并下发了《关于推进非诉讼纠纷解决机制建设的实施方案》，全市组建劳动争议、消费维权等8个行业调解委员会。化解信访积案29件，接待来访373人次，办理来信39件，全市重大信访接访2次，完成涉博展房地产纠纷296名当事人诉讼费退费工作，顺利完成中华人民共和国成立70周年安保维稳任务。

加强便民利民机制建设。推进两个“一站式”建设，将诉讼服务功能全面整合，实现诉讼服务集约化。加大对困难当事人救助，为72名符合条件当事人缓减免诉讼费14.4万元，发放救助款44.5万元，指定援助律师110人次。

【司法体制改革】 *推进内设机构改革*。内设机构由原来的24个整合为16个，建立了设置科学合理、职能划分明确、运行高效顺畅的内设机构体系，为充分发挥审判职能作用提供有力组织保障。

推进办案模式再造。加快推进民事“分调裁审”改革，成立速裁、快审、精审、送达保全团队，民事案件实行诉前调解前置程序。设立执行裁判、实施、事务中心三类团队，确保执行工作高效运转。落实刑事案件认罪认罚从宽制度，适用该制度结案72件，适用率19.4%。

推进严格公正司法。开展积案清理专项活动，无法定事由超审限及长期未结案件清零，未结案件数量较上年下降77.5%，存案数达近七年最低点。院长庭长带头办理案件3458件，占结案总数39.8%。全年改发率8.97%，一审服判息诉率88.4%。将专业法官会议作为审委会的前置过滤机制，确保监督管理“到位”不“越位”。全年改发率8.97%，同比下降53.9%，一审服判息诉率88.4%，同比上升2.58%。加大对妨碍诉讼秩序行为打击力度，对2名扰乱法庭秩序的人员分别进行训诫和拘留，维护司法权威。

推进智慧法院建设。依托法官一体化平台、数据智能分析平台等实现网上办案全程留痕。电子送达系统、讯飞语音系统、可视化联动指挥体系，确保指挥调度实时、规范化。网上立案率100%，裁判文书上网4502份，庭审直播780场。

【队伍建设】 *加强党的建设*。深入开展“不忘初心、牢记使命”主题教育，组织干警认真学习中央及上级法院文件精神，切实做到“四个服从”“两个维护”。3月成立机关党委，选举产生新一届机关党委委员会。开展党员“戴党徽、亮身份、践承诺”、优秀共产党员评选等活动，表彰优秀共产党员16人、优秀支部书记2人，形成人人争先创优的良好局面。

加强司法能力建设。开展庭审观摩、案例评选、裁判文书评比活动，成立“仙境丹崖红”司法论坛。3篇裁判文书、1篇案例分析获省院优秀业务成果奖。在蓬莱电视台制作五期专题节目《法治路上的追梦人》。在报纸、微信公众号持续宣传青年干警事迹，激发干警工作热情。全年法官人均结案数为250件，18人结案数超过200件，最高结案627件。

加强党风廉政建设。严格落实管党治党主体责任，层层签订党风廉政建设责任书，将全面从严治党要求落实落细。深入开展“思想大解放、作风大改进、工作大落实”专项活动，大力整治“慵懒散、躲拖软”等问题。积极开展“廉洁司法　担当作为”

集中警示教育，提升干警拒腐防变能力。

加强基层基础建设。争取市委、市政府支持，通过购买服务方式招录书记员16名，缓解办案压力。将院机关车库改造成6个审判庭，为干警工作提供便利。更新办公及安检等设备，新增高清摄像头56个，窗口和关键岗位实现音视频全覆盖，保障审判执行工作顺利开展。加强与代表、委员的联络。走访代表委员48人，邀请代表委员参加"法院开放日"活动。聘请执法监督员29名，提请市人大常委会任命人民陪审员91名，陪审员人数增至120人，保障人民群众依法参与诉讼活动。

招远市人民法院工作概况

【概述】 2019年，招远市人民法院（以下简称招远法院）受理各类案件7885件，审执结7781件，结案标的额14.14亿元，同比分别上升24.84%、21.07%、38.09%。招远法院被山东省高级人民法院授予"全省法院基本解决执行难工作先进集体"称号。

【刑事审判】 深入开展扫黑除恶专项斗争，审结王某等21人黑社会性质组织犯罪案件，首要分子王某被判处有期徒刑二十五年。审结恶势力犯罪集团案件2件11人、恶势力犯罪团伙案件1件4人。严惩危害群众生命财产安全犯罪，审结故意杀人、抢劫等暴力犯罪和盗窃、诈骗等侵财犯罪案件109件。审结重大责任事故、放火、危险驾驶等危害公共安全犯罪案件112件。加大对涉民生的食品药品犯罪、毒品犯罪的打击力度，审结案件28件。贯彻宽严相济刑事政策，依法对1人定罪免刑、对284人判处缓刑、对50人判处五年以上有期徒刑，适用认罪认罚从宽制度判处罪犯95人。申诉复查案件8件，切实保障当事人申诉权利。检察机关撤诉3人，依法改变公诉机关案件定性4件。以院长发现提起再审，纠正有错判决3件。排查梳理上报涉黑恶势力"保护伞"线索10条，提出行业管理司法建议1条。加强新媒体矩阵建设，实现内外网站、微信、微博、抖音、今日头条客户端全覆盖，发布各类信息707条，开展公开宣判活动3次，召开新闻发布会2场，努力营造良好法治氛围。

【民商事审判】 坚持以人民为中心的发展理念，以优化营商环境为重点，受理民商事案件4795件，审结4793件。聚焦教育、医疗、社会保障等民生领域诉求，审结涉生命健康、交通事故、医疗纠纷等案件407件，加强人身权益保护。审结民间借贷纠纷641件，规范民间融资行为。审结劳动争议及劳务纠纷666件，坚持开展为农民工讨薪维权专项审判执行活动，依法为98名农民工追回"血汗钱"199.4万元。联合招远市妇联创立全市第一家婚姻家庭纠纷调解中心，探索建立社会广泛参与的家事纠纷多元调解机制。实行网上立案、缴费，减少群众诉累，跨域立案5件、网上立案5578件。建设"道交一体化"平台，道交纠纷网上办理、高效化解。落实司法救助政策，为8名当事人缓、减、免诉讼费114.47万元，为30名困难群众发放司法救助资金147万余元。在最高院继续保持信访零登记。成立破产审判专业团队，成功解决招远市远星机械破产案中109名工人的职工债权问题，推动烟台宏麟葡萄酒有限公司等3家企业进入破产程序。

【行政审判】 监督和支持依法行政，受理行政案件145件，审结147件，其中诉讼案件71件，非诉执行案件76件。推动行政争议审前和解中心实质性化解矛盾纠纷，判决全省首例确认行政和解协议有效案件，山东省高院领导对行政争议审前和解工作作出批示肯定。充分发挥行政诉讼教育基地教育教学、庭审观摩等作用，被省委政法委授予"全省法学院校法治人才培养基地"称号。

【执行攻坚】 受理执行案件2443件，执结2352件，执行到位标的额4.75亿元，"四项核心指标"全部达标。多举措巩固"基本解决执行难"成果，向"切实解决执行难"奋进。分别与人民财产保险、阳光财产保险签订战略合作协议，探索建立"执行+保险"模式，保险公司支付救助金50万元。依托网络查控系统，查控被执行人财产信息52948人次，冻结资金8313.64万元，查封车辆12辆、房产17套。依托网络司法拍卖系统，拍卖标的物174件，成交41件，成交额3213.79万元，溢价率26.02%，为当事人节省佣金137.87万元。拍摄执行专题片《永不停歇的脚步》，在中国教育电视台《法治天下》栏目播出。依法适用强制措施，加大对拒执违法行为、规避执行行为的打击力度，罚款、拘留64人次，向公安移送追究拒执8件，拒执罪立案3件3人，判决拒不支付劳动报酬罪1案1人。加大失信曝光力度，将407人列入失信被执行人名单，限制高消费1023人，461人主动履行义务。常态化开展"凌晨行动""一清理两打击""暖心冬日"执行大会战等专项活动53次，执结案件265件，执结标的额1347.66万元。

【司法改革】 以改革创新为动力，不断完善司法工作机制，着力解决影响和制约司法公正的突出问题。健全完善以员额法官为核心、法官助理、书记员等审判辅助人员为支撑的各类团队，41 个审执团队结案 7781 件。认真落实院长庭长带头办案要求，院庭长办理案件 6917 件，占结案总数的 88.89%。开展裁判文书质量评查、执行终本案件质量评查活动。审委会评查发改案件 19 件，严格审判责任认定。建设一站式诉讼服务中心，一站式办理一条龙服务。建设一站式多元解纷机制，加强诉前调解工作，设立道路交通事故、婚姻家庭、劳动争议、金融借贷纠纷等 4 个专业调解室和 1 个诉前纠纷综合调解室，诉前分流纠纷 1210 件，调解纠纷 970 件，达成协议 298 件，委托司法鉴定 612 件，司法确认 264 件。持续深化司法公开，在互联网公布生效裁判文书 6411 份、庭审直播 883 场次。上线涉诉信访管理系统、电子卷宗随案同步生成及深度应用系统，用科技手段提升办案质效。

栖霞市人民法院工作概况

【概述】 2019 年，栖霞市人民法院共受理各类案件 6819 件，审执 6318 件，同比分别上升 27%、26%。

【严格司法】 有力打击刑事犯罪。新收刑事案件 357 件，审结 338 件，同比分别上升 94%、79%，判处罪犯 386 人。妥善审结涉恶案件 5 件 39 人，判处五年以上有期徒刑 10 人。对黑恶势力犯罪坚决打财断血，对 17 人判处财产刑，判处罚金 57 万元。审结故意伤害、抢劫、强奸、盗窃等暴力犯罪和侵财类犯罪案件 78 件 84 人。审结交通肇事、危险驾驶等危害公共安全犯罪案件 82 件 82 人。审结非法集资、非法吸收公众存款等涉众型经济犯罪案件 4 件 24 人。审结贪污、受贿等案件 10 件 10 人。妥善化解民商事纠纷。受理民商事案件 3943 件，结案 3689 件，同比分别上升 38%、17%。审结婚姻家庭、继承纠纷案件 585 件。审结交通事故、产品责任、医疗纠纷等人身、财产侵权案件 323 件。审结买卖、租赁、承揽等合同纠纷案件 1502 件。审结各类金融借款、担保等纠纷案件 272 件。审结民间借贷案件 502 件，进一步规范民间资本融通。监督支持依法行政。受理各类行政案件 109 件，结案 108 件，同比分别上升 16%、4%。努力兑现胜诉权益。全面巩固“基本解决执行难”战果，受理执行案件 2302 件，执结 2123 件，同比分别上升 26%、28%。开展涉民生小标的案件、“暖心冬日”等专项执行活动 7 次；坚持“一清理两打击”，公布失信被执行人信息 484 例，限制高消费 1484 人，拘留 78 人，76 人迫于信用惩戒压力履行义务。全面实行网络司法拍卖，网拍成交额 3538 万元，成交率 71%。

【精准服务】 服务经济提质增效。紧紧围绕市委、市政府重大决策部署，审结涉民营企业案件 26 件。围绕服务“三重”工作，走访 18 家重点企业、重点项目，提供法律帮助 9 次。筛选上报被执行人为村（居）委会的执行案件 109 件，涉及全市 14 个镇街区，涉案金额 744 万元。加强社会综治管理。加大普法宣传力度，开展普法志愿服务 6 次；制作拍摄《政法战线》专题宣传片及法治情景剧 7 期。畅通群众诉求表达渠道，接待来信来访 200 余人次，化解上级交办的 18 件信访积案。圆满完成各级两会、国庆 70 周年期间安保工作。服务保障乡村振兴。妥善审结农村土地“三权分置”、征地补偿、农产品买卖等“三农”案件 25 件，审结污染环境罪案件 2 件 8 人，加大对寺口镇兵山后村的帮扶力度，投资 7.5 万元修缮村级服务场所、修建果蔬大棚。

【服务为民】 建设一站式多元解纷机制。聘请 10 名人民调解员入驻诉调对接中心，年均调解案件 260 余件。建设一站式诉讼服务中心。网上立案率达 100%，通过中国移动微法院诉讼服务系统成功实现跨域立案。成立 3 个集中送达组，进一步提升送达工作质效。持续强化诉讼权利保障。加强司法救助，减免缓诉讼费 3.7 万元，为经济确有困难的当事人发放国家司法救助金 16 万元，审结劳动争议案件 103 件，为 28 名务工人员追回劳动报酬 40.76 万元，为当事人提供法律帮助 120 人次。

【推进改革】 全面落实司法责任制。新增遴选入额 3 名员额法官，招录 2 名法官助理，充实审判力量。员额法官人均结案 156 件，同比增加 20%。院长庭长结案数占全院结案数的 71%。贯彻执行《中华人民共和国人民陪审员法》，完善 130 名陪审员相关信息。多方优化办案机制。按照“1 名员额法官 +1 名法官助理 +2 名书记员 +2 名专职调解员”结构组建 3 个速裁团队，通过诉调对接中心、分调裁审信息平台，繁简分流民商事案件 3604 件；适用简易程序结案 3597 件，平均办案周期缩短 9 天。开展案件质量评查 6 次，抽查裁判文书 450 余册。扎实推进智慧法院建设。出台《市法院信息化建设实施方案》，实现庭审环节电子质证、随案生成法律文书及电子卷宗。通过官方微信、微博等平台推送各类信息780余条次，增强法院工作影响力。

【从严治党】 加强思想政治建设。深入开展“不忘初心、牢记使命”主题教育，院领导班子开展集中研讨3次、深入基层调研9次。制定工作要点、学习计划，完善《市法院党组议事决策规则》，开展党组中心组学习12次。成立机关党委，调整设置10个党支部，赴胶东抗大精神教育基地开展主题党日活动、观看《上甘岭》等爱国主义影片，进一步强化爱国主义教育。加强党风廉政建设。落实党风廉政建设“两个责任”，认真践行监督执纪“四种形态”。党组成员带头学习贯彻条例、准则，上廉政专题党课6次；排查廉政风险点9个，制定防控措施11条；开展审务专项督察6次，提醒谈话11人次，通报批评3人次，助力队伍规范化建设。加强司法能力建设。开展审委会集体学习24次、各类业务培训12期140人次，抽调业务骨干参加省法官学院专项培训20人次，组织庭审观摩、优秀裁判文书评比5次，提升法官庭审驾驭能力和法律适用水平。

【司法公开】 2019年，自觉接受人大及其常委会监督，接受政协民主监督，专题向市人大常委会汇报法院队伍建设情况。邀请人大代表、政协委员参观视察、旁听庭审、见证执行、参加政法机关开放日等活动60余人次。依法接受检察机关法律监督，审结抗诉案件2件，邀请市检察院检察长列席审判委员会会议。广泛接受社会监督，加大司法公开力度，全年庭审直播案件572件，裁判文书上网率达90%以上。

海阳市人民法院工作概况

【概述】 2019年，海阳市人民法院共收案10349件，历史上首次破万件，结案10251件，结案标的额27.88亿元，同比分别上升30.52%、16.48%和40.8%。先后被省高院评为“‘基本解决执行难’先进集体”，被省委政法委、省人社厅评为“山东省人民满意政法单位”。

【聚焦主责主业，服务大局取得新成效】 依法惩治刑事犯罪，着力维护社会稳定。受理各类刑事案件374件，审结423案541人，有力保障“平安海阳”建设。纵深推进扫黑除恶专项斗争，审结修某飞等9人恶势力犯罪集团案。宣判李某莲等13人组织、利用邪教组织破坏法律实施案，罚没财产2亿余元，是全国范围内经人民法院审理认定为邪教组织的典型案例。审结烟台市城管局原局长田某、福山区委原副书记陈某志、福山区人民法院原副院长曹某文受贿案，巩固反腐败斗争压倒性胜利。

妥善审理商事纠纷，着力优化营商环境。受理各类商事案件1288件，审结1127件，结案标的额13.88亿元。深入开展涉烂尾楼盘、闲置土地“法助盘处”专项活动，阿卡迪亚项目破产案件进入重整程序，山东沃德隆科技开发有限公司破产案件变现资产1.05亿元。

有效化解行政争议，着力促进依法行政。受理各类行政案件190件，审结185件。成立行政争议审前和解中心，推动行政争议实质性化解。发布《2018年度行政案件司法审查报告》，提出司法建议21条。强化司法与行政的良性互动，参加联席会议27次，研究解决问题50余个，开展法治专题讲座4场次，着力提高行政机关依法行政能力。

【关注民生民情，司法为民展现新作为】 *妥善审理民事案件*。妥善审结民事案件5407件，标的额4.06亿元，调解、撤诉3032件，调撤率56%，市法院就“办和谐案”在烟台法院民事审判工作调度会议上作了典型发言。全面实施《中华人民共和国反家庭暴力法》，发出海阳市首份人身安全保护令。畅通司法救助渠道，帮助22名当事人申请司法救助资金62.3万元。

切实加大执行力度。受理各类执行案件2838件，执结案件2720件，执行到位金额4.02亿元，同比分别上升24.4%、18.6%、85.2%。深入开展“破冰行动”、“春雷行动”、“暖心冬日”执行大会战、“助力毛衫产业”专项执行活动、涉金融案件“追金行动”、“公正万里行”活动，执结涉民生案件760件1685万元、涉民营企业案件229件8694万元，执结涉金融案件502件2.23亿元，分别为2018年同期的1.26倍、5.91倍，组织凌晨执行102次，出动干警2000余人次，先后远赴北京、河南、广东等10余个省份，总里程达10余万公里，执行市外案款1.4亿余元。

依法助力乡村振兴。启动“法助乡村振兴”工程，充分发挥司法职能，助力乡村振兴战略实施。建立班子成员联系镇街制度，定期走访党委政府，运用法律手段帮助化解矛盾纠纷28件。成立巡回法庭，在田间地头、社区邻里审结涉婚姻、赡养等案件16件。编发《法助乡村振兴知识手册》，解答“三农”相关问题，增强群众法治观念。启动“天平润苗”工程，

落实“十个一”措施，教育引导广大青少年树立法治意识，保护青少年健康成长。

不断优化便民服务。坚持流程再造，实现自助立案、跨域立案、诉讼咨询等诉讼服务集中办理，让群众“最多跑一次”。强化案件速裁和专业化审判，有效推进案件繁简分流、轻重分离、快慢分道，平均办案天数由 99.27 天降为 67.51 天，同比下降 31.99%。不断推进网上立案和电子卷宗随案同步生成及深度运用工作，网上立案率、审判案件电子卷宗生成率达 100%，让法官在围观下办案，让司法在透明中运行。

【着眼公平公正，队伍建设迈上新台阶】 *强化政治历练，以忠诚捍卫公正*。扎实开展“不忘初心、牢记使命”主题教育，市委书记刘宏涛参加指导政治部党支部专题组织生活会，有力促进机关党建工作。着力打造“先锋在行动”党建品牌，弘扬“先锋是本色,行动显担当”的品牌内涵。打造“真情润沃土”为民服务党建品牌，开展“入农户、干农活、解农忧”主题党日活动,用脚上的泥土丈量与群众的距离，与 6 个镇街的 11 个村庄建立互联共建互助关系。

强化思想淬炼，以文化涵养公正。着力打造“头雁文化”“老骥文化”“青竹文化”，强化典型引路，多层面培树先进典型 30 余人。举办首届“法院文化节”，弘扬法院文化，锤炼法院精神，提升队伍“凝聚力”和“精气神”。深入开展“提标争先”教育实践活动，落实“十位一体”措施。2019 年，结案率达 93.38%，人均结案 257 件，同比增加 16.8%。

强化专业训练，以能力保障公正。始终坚持“善教精培”理念，着力打造高素质司法队伍。深入开展“大学习、大比武”活动，组织实务交流、学术研讨、厦门大学“素质提升研修班”等活动 10 次，让干警在学习中进步,在竞赛中提升。打造“云顶论法”业务学习平台、“青竹达人授”知识拓展平台，形成共同交流、共同学习、共同提高的良好氛围。

强化作风修炼，以清正彰显公正。打造“四知廉心”廉洁司法品牌，落实品牌树廉、学习明廉、警示观廉、家庭助廉等“十廉一体”工作措施，确保廉政教育常抓不懈、廉洁司法警钟长鸣。充分运用监督执纪“四种形态”，对 3 名干警给予党纪处分，对 1 名干警诫勉谈话，使监督常在、形成常态。

烟台经济技术开发区人民法院工作概况

【概述】 2019 年，烟台经济技术开发区人民法院（以下简称开发区法院）紧紧围绕护航“建设烟台现代化经济中心”的战略定位，牢牢坚持问题导向、目标导向，筑牢底线思维，突出“政治建院、规范治院、改革兴院、科技强院”发展战略，强化“队伍是根本、政务是保障、业务是手段、服务是目的”工作定位，在执法办案业务、打造钢铁队伍以及服务民生发展大局方面打响攻坚战役。全年，共受理各类案件 8308 件，结案 8477 件，员额法官人均结案 336 件，审判执行结案率达到 94.79%，审判结案率 96.36%，执行结案率 91.7%，首次执行实际到位率 25.77%，连续多年实现案件良性循环，全部案件没有一起超审、执期限，服判息诉率达到 87.3%，12 个月以上未结诉讼案件全部清零，无 18 个月以上长期未结案件。

【司法责任制改革】 2019 年，开发区法院坚持以习近平新时代中国特色社会主义思想为指导，紧紧围绕“努力让人民群众在每一个司法案件中感受到公平正义”，认真贯彻落实党中央、省委关于司法体制改革的总体部署，以审判工作为中心，建立设置科学合理、职能划分明确、运行高效顺畅，符合审判机关特点和审判权运行规律的内设机构体系，扎实推进各项改革任务。与政法和统战工作部联合打造“分调裁”平台，派驻人民调解员和律师参与调解，调整招录人民陪审员，健全多元化纠纷解决机制。按照员额法官加法官助理（书记员）模式组建 25 个法官团队，实现“让审理者裁判，让裁判者负责”的同时，将法官团队作为管理单元强化“一岗双责”职能，努力做到“法院有精神，领导有担当，法官有责任，全员有干劲”。

【刑事审判】 全年，刑事案件共收案 422 起，结案共 430 起，结案率为 94.09%。其中刑庭员额法官承办案件 414 起，结案 421 起，存案数 34 起，结案率为 93.97%，刑庭员额法官人均结案 210.5 起，名列烟台市第一。无长期未结案件，没有发生超过 12 个月未结案件。上诉 53 起，上诉率 12%；改发共 4 起，改发率 7.5%，无一错判。

【扫黑除恶专项斗争】 全年，累计受理敲诈勒索、寻衅滋事、非法拘禁等九类案件 32 件 106 人次，已结 27 件（包括 2018 年收案）69 人次，在审 5 件 37 人次。在审涉黑恶案件共 2 起，其中杨某组织、领导黑社会性质组织罪一案于 2019 年 7 月开庭审理，王某玉恶势力案件 10 月开庭审理，这两起涉黑恶案件均由院领导承办并担任审判长，刑庭员额法官参加合议庭参与审理，于 2019 年 12 月 25 日前全部宣判结案。“e

租宝”被害人信息核实登记工作正在稳步推进，已登记520余人。同时，扎实做好“扫黑除恶”专项斗争等各类专项考核的统计、报告等的报送工作。

【民商事审判】 2019年，共收案2187件，结案2321件，结收比106.13%，结案率95.71%；人均结案326件；已审结的2321件案件中，调撤率为61.2%，服判息诉率为99.74%。面对积案多、收案数量猛增、案件法律关系复杂、矛盾突出等特点，民事审判庭积极创新审判工作新方式，探索民事审判工作新思路。山东自贸区烟台片区成立后，为烟台片区能够实现“国家科技成果和国际技术转移转化示范区”的功能定位，增强企业知识产权保护意识，建立知识产权管理制度和风险防范机制，开发区法院成立专班研究自贸区和知识产权政策，经与烟台市中级人民法院、山东省高级人民法院请示，与青岛中院沟通协调，促成青岛知识产权法庭烟台巡回审判庭落户于开发区法院，并于2019年9月28日正式揭牌。巡回法庭成立后，将管辖发生在自贸试验区及烟台辖区的一审专利、植物新品种、集成电路布图设计、技术秘密、计算机软件、涉及驰名商标认定及垄断纠纷的民事和行政案件。全年累计办案316起，结案率达到95%，上诉案件50起，被中院改判3起，其中一起系当事人在二审中变更意见导致改判，另两起系一、二审观点不同。全年无发回重审案件。

【立案信访】 立案庭秉承“不等不靠、以我为主、不推不挡、积极作为”理念，全年累计接待各类信访案件180余人次（含政治部）；累计解答法律咨询347人次，办理上级单位交办件40余次，初信初访息访率达到90%以上；累计化解信访隐患案件80余起，化解信访积案22件，王某利、郑某基等重大信访案件均成功化解；12368接通率高达94.89%，平均等待时长为6秒，解答率达到100%，接通率及平均等待时长均位列全市法院第一。整合立案庭和诉讼服务中心职能，将立案庭由单一的辅助部门改变为集合审判和服务等六大职能为一体的综合部门。

【诉讼服务中心建设】 根据最高人民法院发布《关于建设一站式多元解纷机制一站式诉讼服务中心的意见》和山东省高级人民法院发布《全面推进现代化诉讼服务体系建设方案》，对诉讼服务中心建设进行明确定位的要求，8月13—14日，山东省高级人民法院党组书记、院长张甲天两次到开发区法院调研，现场确定开发区法院作为诉讼服务中心一体化和智慧法院建设省市法院联合试点单位。开发区法院立即成立工作领导小组，由院长作为第一责任人，抽选精兵强将，做到人财物全面倾斜，围绕试点衔接和规划落地做好工作推进。启动立案庭整合工作，以网上立案作为切入点，理顺案件网上怎么办、网下如何衔接以及人员岗位如何调整分流等问题，实现线上、线下工作的无缝对接。启动第二轮法官团队组建工作，新建的法官团队向立案庭倾斜，配强团队强化立案庭在诉前引导、繁简分流、快慢分道上的职能比重，构建起多元分流、易案先调、简案速裁、难案精审的工作流程，实现用全院20%的人员办理80%案件的总目标。

【行政审判】 2019年，开发区法院受理行政案件41件，案件类型主要为处罚类、劳动和社会保障类案件，分别收案26件、7件，合计占总收案数的80.5%。行政审判庭庭长张强于2019年7月为行政综合执法局360余人开设了转变执法理念、适应形势发展的行政执法大讲座；协调管委法制处和各行政机关，组建和解人员人才库，推动烟台经济技术开发区行政和解争议中心进入实际运作，指导争议中心成功和解一起行政争议，促使双方当事人达成行政和解协议并导入司法确认程序。该和解协议经开发区法院司法确认后，当事人按期履行了法律义务。

【执法监督】 2019年，开发区法院审判监督围绕重点绩效指标，贯通各个管理平台，认真做好省市及开发区法院相关数据分析研判，及时为院党组决策提供第一手数据信息；高密度、高频度地进行审判质效数据统计汇总，及时通报审判质效进展动态。经过全院共同拼搏，在第三季度如期实现“两个进前三、一个清零”的工作目标。全年，受理再审申请案件3件，结案3件，受理再审案件2件，结案1件。开展案件评查2次，评查案件7件。

【执行工作】 2019年，全年执行旧存案件235件，收案2342件，收案同比上升44%（收案标的为21.11亿元），结案2330件，结案同比上升27%（结案标的18.73亿元，实际到位标的5.43亿元），结案率为90.42%，执行标的到位率为25.77%，个人结案率为94.62%。全年执结率为86.8%，终本合格率为100%，信访办结率为100%。围绕风险防控工作，执行局严格落实“3+1”信访投诉舆情管理机制，上级党委交办的6件信访积案全部化解，上级法院交办的12件信访案件全部化解。加大对涉民生案件的执行力度，高效执结了涉泰丰宝鼎公司、康达尔药业、天鸿模具公司和西特埃公司拖欠职工工资集团案件，涉及职工 143 名、金额 320 余万元。移送拒执罪案件两件。相继开展了夏日风暴行动、中秋执行行动、寒冬猎赖行动、暖心冬日专项执行行动，共拘传 40 余人，拘留 9 人，结案 31 件，结案标的达到 400 万元，特别是 12 月的执行活动山东卫视调查栏目摄制组进行全方位拍摄和报道。

烟台高新技术产业开发区人民法院工作概况

【概述】 2019 年，烟台高新技术产业开发区人民法院（以下简称烟台高新区法院）在中院党组和区工委的坚强领导下，全院上下一心、团结一致，各项工作在原有基础上实现了新突破。全年共收各类案件 1566 件，同比上升 81.67%，结案 1627 件，同比上升 116.9%，结案率 95.54%，位列全市法院第二位，民商事案件调撤率 43.58%，位列全市法院第一位，一审服判息诉率 91.5%，位列全市法院第四位，平均办案天数 60.18 天，位列全市法院第五位。案件执结率 97.41%，位列全市法院第二位，执行完毕率 56.54%，位列全省法院第一位，执行到位率 43.15%，列全市法院第二位，其他主要指标走在了全省全市法院前列。被评为省级精神文明单位，被区工委管委评为先进单位。

【围绕社会和谐稳定，狠抓执法办案第一要务】 *依法严惩犯罪*。依法审结危险驾驶、“两抢一盗”等各类刑事案件 48 件，判处罪犯 68 人，其中判处 5 年有期徒刑以上的 5 人。

纵深推进扫黑除恶专项斗争。重点加强对黑恶线索的核实研判，与公安、检察院对上级交办的 28 条涉黑恶举报线索分析甄别；定期召开专题会议，学习研讨“两高两部”关于扫黑除恶的 4 个意见等文件，不断提高思想认识。先后 4 次走进村庄社区开展司法宣传，引导群众检举揭发涉黑涉恶犯罪，形成强大震慑力。

化解民商事纠纷。审结民商事案件 1178 件，有效缓解社会矛盾，维护群众利益。

化解行政争议。坚持保护行政相对人合法权益与监督支持行政机关依法行政并重，共受理行政案件 21 件，审结 23 件，促进法治政府建设。

强化执行工作。全年共收执行案件 363 件，结案 378 件。依法对 3 名拒执“老赖”实施罚款、拘留等措施，打击了拒执行为人的气焰，为胜诉当事人及时兑现权益。

【围绕全区经济发展，狠抓服务大局这一重点】 *努力打造法治营商环境*。开通重点项目案件窗口，依法审理相关案件 98 件，保障了全区重点项目建设。认真开展营商环境调查工作，成立 5 人工作专班，通过实地和电话回访企业 192 家，听取企业反映的意见建议，解答企业问题。研究出台《高新区法院关于依法保障和服务民营企业健康发展实施细则》，审结股东权纠纷等公司案件 298 件，促进规范公司治理，服务企业健康发展。

大力防范化解金融风险。重拳打击非法集资、网络传销等经济犯罪，审理了万某民等 5 名被告人、涉案标的额为 1.48 亿元的非法吸收公众财产案件。

强化知识产权保护。加大对侵犯知识产权行为的惩治力度，审结知识产权案件 361 件，提升了全区投资软环境和区域竞争优势。

做好安保维稳工作。积极化解涉及三校科技园、辛安河拆迁等问题，加大协调力度，化解矛盾，避免了不利于稳定的事情发生。认真总结中共十九大安保维稳工作经验，全力保障了两会等重大活动。

【围绕两个“一站式”建设，狠抓司法为民这一宗旨】 *建设一站式多元解纷机制*。将非诉纠纷化解挺在前面，联合相关部门出台《关于构建人民调解、行政调解、司法调解“三调联动”工作机制的实施意见》，逐步构建“党委领导、政府支持、法院指导、多方参与”的大调解格局。完善诉调对接中心建设，聘任 3 名高素质调解员，实行案件调解前置。全年诉前调解 337 起纠纷，占民商事案件总数的 29%。成立知识产权调解中心化解纠纷 137 起，占知识产权收案的 38%。应用道交一体化平台，调解道交纠纷 118 起，调解成功率达 84.2%。开展案件繁简分流，对调解不成的案件，人民调解员立即与承办法官进行案情对接，实行简案快审、类案专审、繁案精审。2019 年，平均结案时间 60.18 天，较 2018 年缩短 13 天。

建设一站式诉讼服务中心。打造了 24 小时法院，为当事人提供了 24 小时的诉讼自助服务，2019 年累计收转材料 28 次。提供网上立案服务，网上立案率实现 100%，让当事人足不出户便能立案。升级 12368 热线服务，立案庭干警负责热线服务接听，累计接听电话 80 余次。设立立案服务窗口、诉调对接中心、案件指导分流、信访接待等区域，为当事人提供多元解纷、登记立案、分调裁审、涉诉信访等

全方位服务，推动“走进一个厅，事务一站清”。

【围绕提质增效目标，狠抓司法改革】 *全面落实司法责任制。*明确法官、法官助理、书记员职责清单，让法官集中办理审判核心事务，独任法官、合议庭直接签发裁判文书案件达到100%，让审理者裁判，由裁判者负责。

*推进智慧法院建设。*对裁判文书，坚持“应上尽上、能上尽上”原则，提高上网率和及时性，对依法不公开的文书按照规定公开案件信息，文书上网率68.14%。搭建电子送达平台，实现短信送达、电子邮件送达、网络公告送达等一体化运行，推动文书送达集约化、高效化。全面建设电子卷宗随案同步生成及深度应用系统，推进全流程网上办案。搭建电子签章系统，实现了通过系统即可完成法律文书的审批、盖章、打印流程，推动办公电子化、工作信息化。

*加大绩效考核力度。*借鉴临沂等地先进经验，研究出台《高新区法院办案业绩考核办法》，将办案业绩与干警政治待遇、职级晋升、评先评优、教育培训、绩效工资等挂钩，激发了干警工作动力，法官人均结案406件，较2018年增加219件。

【围绕全面从严治党要求，狠抓队伍建设】 *强化理想信念。*认真开展“不忘初心、牢记使命”主题教育，牢固树立“四个意识”，坚定“四个自信”，坚决做到“两个维护”。前往胶东革命纪念馆开展党性教育，进一步坚定理想信念。

*加强司法能力建设。*以提升干警司法能力为目标，开展全员培训，分批组织干警赴中国人民大学培训，组织全体法官前往临沂兰山法院和临沭法院学习先进经验，提高了干警业务理论水平和实践能力。

*认真抓好党风廉政建设工作。*全面落实从严治党、从严治院“两个责任”，深化运用监督执纪“四种形态”，坚持抓早抓小，防微杜渐。狠抓作风改进，认真查找“四风”突出问题，特别是违反中央“八项规定”精神新表现，惩治司法腐败，营造法官清正、队伍清廉、司法清明的良好氛围。

潍坊市中级人民法院工作概况

【概述】 2019年，全市法院在市委的正确领导、市人大的有力监督和市政府、市政协及社会各界的大力支持下，坚持以习近平新时代中国特色社会主义思想为指导，深入学习贯彻中共十九大和中共十九届二中、三中、四中全会精神，坚持围绕中心、服务大局，坚持司法为民、公正司法，忠实履行法律职责，各项工作取得新的进展。全年共受理各类案件152004件，审执结160575件(含旧存)，分别上升9.7%和21.2%。其中，潍坊市中级人民法院受理15768件，审执结15441件（含旧存），分别上升13%和7.8%。

【围绕中心、全面履职】 *坚决维护国家安全和社会稳定。*审结一审刑事案件7378件，判处10110人。全力保障人民群众生命财产安全，依法审理危险驾驶、交通肇事等危害公共安全犯罪案件3336件3424人，故意杀人、抢劫、贩卖毒品等严重危害社会治安案件2306件3030人。积极参与扫黑除恶专项斗争“潍坊战役”，审结一审涉黑案件2件51人、涉恶案件43件259人，重刑率分别为39.2%和15.8%。严惩人民群众高度关注的涉众型经济犯罪，审结一审非法集资、电信诈骗、非法传销等犯罪案件72件266人，涉案金额17.2亿元。坚持法治反腐，审结一审贪污、贿赂等职务犯罪案件58件63人，其中原为县处级干部的6人。

*助推经济高质量发展。*审结一审商事案件31561件，标的额404.9亿元。制定服务保障现代化高品质城市建设意见。积极服务重大项目建设，妥善化解征地拆迁、项目建设过程中形成的纠纷案件101件。积极保障实体经济发展，审结一审买卖、承揽、建设工程承包等合同纠纷12099件。积极服务供给侧结构性改革，依法稳妥审理强制清算与破产案件86件。积极防范区域性金融风险，审结一审金融借款、保险、票据等金融案件11153件。积极服务创新驱动发展，审结一审商标权、著作权等知识产权案件1130件。积极服务生态文明建设，审结一审环境污染侵权、破坏环境资源犯罪、环境公益诉讼案件64件。

*努力营创法治化营商环境。*着力服务保障民营经济发展，严格区分罪与非罪、经济纠纷与经济犯罪的界限，让企业家专心创业、放心投资、安心经营。积极服务“一带一路”建设和打造开放型经济新高地，审结一审涉外、涉港澳台案件59件。助推法治政府建设和“放管服”改革，审结一审行政诉讼案件1684件，审查和执结非诉行政案件2257件。审结国家赔偿案件47件，依法决定赔偿518.1万元。

【牢记宗旨、为民司法】 *着力解决群众民生诉求。*审结一审民事案件38882件，同比上升7.9%。注重促进惠农政策落地，妥善审结涉及承包地“三权分置”、征地补偿、新业态培育过程中产生的案件588件。

着眼维护家庭和睦，妥善处理婚姻家庭、赡养抚养、继承等案件 9575 件，调撤率为 48.1%。着力维护民生权益，审结一审交通事故、劳动争议、医疗纠纷、财产损害赔偿等案件 13790 件，标的额 22.3 亿元；依法保障群众“舌尖上的安全”，审结危害食品药品安全犯罪 92 件 247 人。加大司法救助力度，发放司法救助金 68.6 万元，为 408 人减缓免诉讼费 224.9 万元。

全力兑现当事人胜诉权益。新收执行案件 53243 件，执结 54172 件（含旧存），分别上升 14.3% 和 26.7%，执行到位金额 100.4 亿元。健全联动格局，将全市 1 万余名社区网格员纳入执行联动范围；强化网络查控，冻结资金 31.7 亿元；发布失信被执行人名单 15335 例，精准曝光“老赖”1.5 万人次；限制失信被执行人乘坐高铁、飞机等高消费 13.3 万人次；司法拘留、拘传和罚款 2062 人，限制出境 14 人；以拒不执行判决裁定罪依法追究刑事责任 22 人。集中攻坚重点领域，常态化开展涉金融案件集中执行行动，执结 5671 件，实际到位金额 31.9 亿元；开展“暖心冬日”执行会战，集中执结涉民生案件 1604 件，到位金额 3226.1 万元。

全面升级诉讼服务水平。加快推进一站式诉讼服务中心建设，方便当事人“一站通办”“一次办好”。大力推进网上立案工作，自 2019 年 7 月 1 日起，民事、行政、执行案件网上立案率达到 100%。坚持把非诉讼纠纷解决机制挺在前面，大力推动行政争议审前和解中心建设和道交一体化等专业化解纷平台应用，尽可能把矛盾纠纷化解在诉前。发挥人民法庭立足基层、贴近群众优势，全市 51 处法庭共办结案件 36556 件。

【深化改革、锐意创新】 全面深化司法责任制配套改革。完善审判权力运行机制，细化院长庭长审判管理监督职责。压实院长庭长办案责任，共结案 61546 件，占结案总数的 38.3%。推进基层法院内设机构改革，探索城区人民法庭职能转型，设立金融、家事等专业化法庭 11 个。坚持资源向一线倾斜，为基层法院补充选任员额法官 14 名。完善干警绩效考核办法，员额法官人均结案 251 件，比 2018 年增加 37 件，平均办案天数 77 天，减少 11 天。

全面深化诉讼制度改革。推进刑事庭审实质化，对 3 名被告人依法宣告无罪，裁定准许公诉机关撤回起诉 24 件。推进案件繁简分流，组建速裁团队 51 个，专业化审判团队 45 个。强化审级监督和对下指导，审结二审、再审案件 8806 件；定期评析发改案件、下发类案裁判指引，提高基层法院审判质量。

全面推进智慧法院建设。推广应用电子卷宗随案同步生成系统，实现从立案到归档每个节点数据的网上同步记录、全程监控。推广应用电子送达平台，提高送达效率。深化司法公开，公布文书 95851 份，直播庭审 5008 场，公开流程节点信息 62.1 万条。

【政治建院、从严治院】 始终把政治建设摆在首位。扎实组织开展“不忘初心、牢记使命”主题教育，引导干警树牢“四个意识”，坚定“四个自信”，做到“两个维护”。坚持党对法院工作的绝对领导，认真整改市委巡察反馈问题。认真贯彻《中国共产党政法工作条例》，严格落实重大事项请示报告制度，确保法院工作正确的政治方向。

全面落实管党治党主体责任。坚持党建、意识形态、党风廉政建设与审判执行工作同谋划、同部署、同推进、同考核。大力实施基层党组织组织力提升工程，广泛组织开展“特色支部”、党员先锋岗创建、“党员双报到”等活动。强化意识形态阵地建设、管理，切实维护司法领域意识形态安全。

多措并举提升司法能力。推行青年法官导师制和“一线磨砺计划”，帮助青年干警快速成长。重视发挥典型示范带动作用，深入挖掘宣传谢啸林先进事迹，在全市法院营造干事创业、争先创优的浓厚氛围。

持之以恒正风肃纪。连年开展“廉洁司法、担当作为”教育，筑牢廉政防线。强化对干警的纪律约束，组织进行多轮明察暗访、审务（警务）督察，及时发现、督促整改纪律作风问题。严格监督执纪问责，用好“四种形态”，严肃查处违纪行为，确保队伍清正廉洁。

潍坊市潍城区人民法院工作概况

【概述】 2019 年，潍坊市潍城区人民法院紧紧围绕“努力让人民群众在每一个司法案件中感受到公平正义”的目标，坚持司法为民、公正司法工作主线，充分发挥审判职能，深入推进司法改革，切实抓好队伍建设，受理各类案件 7484 件，结案 8086 件，同比分别上升 3.97%、21.05%。

【审判执行】 依法打击刑事犯罪，助推平安潍城建设。坚持宽严相济刑事政策，审结刑事案件 334 件 534 人，同比下降 20.36%、37.83%，增强人民群众安全感。扎实有序推进扫黑除恶专项斗争，依法审结涉黑涉恶案件4件24人，坚决打赢扫黑除恶的“潍城战役”。高效化解涉企纠纷，优化法治营商环境。开通涉企案件绿色通道，快立快审快执案件109件，依法慎用拘留、查封、冻结等强制措施，尽量减少司法活动对企业正常生产经营的影响。探索破产审判“府院联动”机制，由政府主导风险管控与事务协调、法院主导司法程序，协同解决破产案件审理中的重大困难和问题，取得了良好效果。全力攻坚执行难题，维护社会诚信体系。2019年执行收案2717件，执结2923件，同比分别增长7.05%、31.96%，标的额3.25亿元。开展“夏日风暴”“暖心冬日”等涉金融、涉民生案件集中执行活动4次，执结案件28件，标的额100余万元；强化执行信息化建设，通过网络查控系统查询案件2218件；全面推行网络司法拍卖，健全执行款一案一账号系统，全年网拍250次，成交金额0.72亿元，溢价率14.93%，为当事人节约佣金312.75万元。

【司法为民】 持续强化涉民生权益保障。巩固深化家事审判改革成果，审结离婚、继承、抚养、赡养案件238件，其中以调解撤诉方式结案122件，占比51.26%，有效维护了家庭社会的和谐稳定。加强司法人文关怀，全力保障困难群众的诉讼权益，依法为7名生活困难当事人减免诉讼费6万元，办理救助案件72件，发放救助金66万余元，让人民群众切实感受到司法的温暖。着力打造高品质诉讼服务。推进诉讼服务中心转型升级，将诉前调解、送达保全、鉴定评估、简案速裁、涉诉信访等40余项诉讼服务集中到诉讼服务中心办理，推动诉讼服务中心由立案为主向服务诉讼全程拓展。推进一站式多元解纷机制建设，建立公证调解、律师调解、人民调解、行业调解等多主体参与的大调解工作机制，实现矛盾纠纷的诉源化解。建立行政争议审前和解机制，联合潍城区司法局成立潍城区行政争议审前和解中心。中心成立以来，已委派和解案件20件，达成和解2件，实现了矛盾纠纷的实质化解。主动回应多元化司法需求。持续深化三大公开平台应用，增强司法工作透明度，2019年，公开裁判文书6492篇，直播庭审258件，保障公众知情权和监督权。贯彻执行新颁布的《中华人民共和国人民陪审员法》，加强对新选任的130名人民陪审员的业务培训，提升履职能力。2019年，人民陪审员陪审案件993件，陪审率100%。

【司法改革】 全面推进司法责任制改革。强化入额院庭长办案责任，2019年，院长庭长审结案件2603件，同比增长32%，占全院结案数的32.19%。圆满完成内设机构改革任务，内设机构压缩为8个，另设于河、望留2处人民法庭，精简高效的运行机制初步形成。优化员额法官绩效考核体系，重点对办案数量、质量、效率、效果进行考核，考核结果与绩效奖金、评先树优挂钩，倒逼法官提升办案能力。统筹推进诉讼制度改革。全面落实以审判为中心的刑事诉讼制度改革，扎实推进庭审实质化和刑事案件律师辩护全覆盖，为被告人指定律师辩护370余人次。深入推进“分调裁审”机制改革，通过强化诉前调解、简案速裁、繁案精审，进一步提升审判质效，实现“繁简分流、轻重分离、快慢分道”。2019年，诉前调解2508件，调解成功705件，调解成功率28%。扎实推进智慧法院建设。推进电子卷宗随案同步生成和全流程深度应用，通过案件信息智能识别、回填和应用，关联案例智能推送、智能文书生成等功能，智能化辅助法官办案，缓解“案多人少”矛盾。

【队伍建设】 铸造忠诚政治品格。扎实开展“不忘初心、牢记使命”主题教育，深入学习贯彻中共十九届四中全会精神，持续抓好“三会一课”制度落实，依托学习强国、灯塔党建在线等平台强化日常学习。2019年，召开专题党组会9次，开展党组理论中心组集中研讨12次，院领导讲授专题党课10次。锤炼过硬司法能力。优化培训机制，开展个性化培训840余人次。充分发挥刑事、民事、行政、执行四个专业法官会议职能作用，解决疑难法律问题适用，进一步统一裁判尺度。大力开展精品案件、优秀庭审、优秀裁判文书评选活动，促进法官提高驾驭庭审和制作裁判文书能力。夯实清正廉洁意识。持之以恒正风肃纪，综合运用监督执纪“四种形态”，发挥廉政监督员、特邀执纪监督员作用，开展各类督查22次，印发通报15期，确保廉洁司法。开展司法作风问题专项整治活动，重点整治形式主义、官僚主义的新表现，庭审、诉讼服务不规范等影响群众司法获得感的突出问题，切实提升司法公信力和人民法院形象。

潍坊市寒亭区人民法院工作概况

【概述】 2019年，潍坊市寒亭区人民法院深入学习贯彻习近平新时代中国特色社会主义思想，牢牢把握司法为民、公正司法工作主线，切实履行宪法和法律赋予的职责，各项工作均实现了平稳发展。全年共受理各类案件 6925 件，同比上升 16.3%；结案 6751 件，同比上升 18.5%。

【围绕中心，全力以赴服务辖区工作大局】 深入推进平安寒亭建设。依法打击犯罪、保障人权，全年共审结刑事案件 320 件，判处罪犯 428 人，同比分别增长 23.6% 和 24.4%。坚决亮出反腐司法利剑，审结山东省济南船舶检验局原副局长兼潍坊分局原局长白某勇等贪污、贿赂、渎职犯罪 3 件 3 人，其中原为县级以上干部 1 人。积极参与扫黑除恶“寒亭战役”。坚持依法严惩方针，审结恶势力犯罪 3 件 27 人，3 人被判处五年以上有期徒刑，7 人被判处三至五年有期徒刑，10 人被数罪并罚，依法追缴违法所得 31 万余元，对 5 名犯罪分子判处罚金。对于源某、王某等恶势力犯罪集团，陈某宏、陈某忠等为代表的恶势力犯罪团伙首要分子依法予以严惩。主动服务市场经济发展。加大对“僵尸企业”的司法处置力度，审结破产案件 2 件，化解不良资产 15.3 亿元，释放土地资源约 7.33 公顷。依法推进山东浩然房地产开发有限公司破产案件审理，召开债权人会议 2 次，确定 110 余名债权人债权，并通过破产财产变价方案和分配方案；依法受理潍坊朗润置业有限公司破产重整案件，稳妥推进资产清查、债权申报、委托评估、债权核查等工作。全面助力法治寒亭建设。充分发挥行政审判职能，审结行政案件 85 件，同比上升 60.4%。成立行政争议审前和解中心，推动落实行政机关负责人出庭应诉制度，行政机关负责人出庭应诉率达 100%。

【牢记宗旨，凝心聚力提升人民群众获得感】 优化诉讼服务。推进“一站式”诉讼服务中心建设，加强网上立案和跨域立案工作，网上立案 3615 件，网上立案率 98.4%。推进“一站式”多元解纷机制建设，诉前调解案件 1912 件，司法确认 350 件；以交通事故纠纷为切入点，实行“网上数据一体化处理”。自平台运行以来，共受理诉前调解申请 92 件，达成调解 68 件，调解成功率 73.9%。强化权益保障。审结各类民事案件 3527 件，同比上升 5.4%。出台《关于服务保障国家农业开放发展综合试验区建设的实施意见》，从立案、审判、执行等方面落实司法服务措施；为 17 名生活确有困难的刑事案件被害人、申请执行人等发放司法救助金 33.4 万余元，为 10 名案件当事人缓减免诉讼费 4.1 万元。加强执行攻坚。共执行各类案件 2764 件，同比上升 38.5%；执行到位 2.7 亿元。组织开展“春雷行动”“暖心冬日”等涉民生、涉金融案件集中执行活动，严厉打击抗拒执行、规避执行行为，共查找逃避义务的被执行人 420 人（次），罚款 18 人（次），拘留、拘传 43 人（次）。推进社会联动机制建设，发布失信被执行人名单 7124 例、限制高消费 3174 人（次），83 人履行了义务。加强执行规范化建设，查询存款、房产、支付宝等财产信息 4 万余条，有财产可供执行案件实际执结率 87.7%。

【聚焦改革，稳妥有序提升公正司法水平】 落实司法责任制要求。细化员额法官、法官助理和书记员权力清单，发挥专业法官会议、审判委员会的作用，优化审判权运行。压实院长庭长办案责任，院长庭长共审理案件 2355 件，占结案总数的 34.9%。强化绩效考核，加大审判质效核心指标权重，员额法官人均办案 182 件、同比增加 24 件，平均办案天数 89.8 天、同比减少 44.3 天。开展诉讼制度改革。推进刑事庭审实质化，对 2 人准予撤回起诉，确保无罪的人不受追究、有罪的人受到公正审判。推进诉讼程序简捷化，实行案件繁简分流，加大简易程序适用力度，成立速裁团队，实现简案速裁。推进审判团队专业化，吸纳人民调解员加入团队，以类案专审实现普案快审、繁案精审。加强智慧法院建设。深化“智审”“法信”辅助办案系统应用，为法官办案提供智能化支持；组织庭审直播 310 次，在中国裁判文书网公开裁判文书 2855 篇；加强政法新媒体建设，被省委政法委评为全省政法新媒体工作室建设优秀单位。

【从严治院，持之以恒加强过硬队伍建设】 旗帜鲜明讲政治。扎实开展“不忘初心、牢记使命”主题教育，学懂弄通做实习近平新时代中国特色社会主义思想。着力强化党的建设，定期开展党员主题活动日、党员政治生日等活动。认真落实意识形态责任制，压实党组和各部门意识形态责任，强化官方网站、微博微信等意识形态阵地建设和管理。锲而不舍提能力。开展针对性集中教育学习，组织庭审观摩、理论研讨和办案能手评选、优秀裁判文书评比等活动，提升干警司法能力。鼓励在职学习，研究生比例达正式干警 24%；分配新进干警到法庭、执行等一线部门锻炼，促进快速成长。积极开展宪法日员额法官宣誓、青年节主题活动日等活动，利用文化力量凝聚向心力。驰而不息改作风。全面履行“一岗双责”要求，加强廉政风险防控，组织开展“廉洁司法、担当作为”集中警示教育活动，切实抓好执纪问责，始终保持对违法违纪行为的高压态势。

潍坊市坊子区人民法院工作概况

【概述】 2019年，潍坊市坊子区人民法院紧紧围绕“努力让人民群众在每一个司法案件中感受到公平正义”目标，认真履行司法职责，扎实开展各项工作，全力保障经济社会高质量发展。全年共新收各类案件6640件，结案7248件，同比分别上升1.5%和15.2%。

【服务大局】 精心打造法治营商环境，通过到企业走访调研、在诉讼服务中心及人民法庭发放民营企业法律风险防控提示书等形式，帮助企业堵塞法律漏洞，防范经营风险。稳妥审理涉民营企业破产案件，审结潍坊鲁元建材有限公司破产重整案，有序推进昌鼎置业、世茂国际等破产案件审理，盘活土地16.8公顷，化解不良资产7.9亿元，补偿安置职工709人。服务保障乡村振兴战略全面实施，依法审结农业承包合同、土地租赁合同纠纷18件，维护了村民及集体组织的合法权益。深入推进法治坊子建设，持续开展法律服务进基层活动，组织干警深入社区、村居、学校开展法律宣传21场次，被市普法办表彰为全市“七五”普法中期先进集体。依托网站、微信、微博全面公开案件审理、流程进展等司法信息，宣传法院工作，讲好法治故事，在全社会推动形成良好法治氛围。

【履职尽责】 *依法严厉打击刑事犯罪，助推“平安坊子”建设。*审结各类刑事案件347件，判处罪犯482人，其中判处5年以上有期徒刑30人。深入开展扫黑除恶专项斗争，公开审理刘某某等14人恶势力团伙犯罪一案，净化社会风气，维护辖区平安。严惩涉众型经济犯罪，审结非法集资、非法传销等刑事案件4件12人，涉案金额385万元。重判涉毒品犯罪，审结贩卖毒品、容留他人吸毒罪案件12件18人，及时铲除社会毒瘤。重点打击严重侵害群众生命财产安全的危险驾驶、交通肇事案件162件162人，有效提升了公众安全感。

*着力化解民商事纠纷，保障人民群众合法权益。*审结各类民商事案件4369件，同比上升21.4%。深入推进家事审判改革，审结婚姻家庭、继承赡养等案件493件，家事矛盾纠纷化解率不断提升。全力做好道路交通事故纠纷“网上数据一体化”改革试点工作，初步实现了责任认定、理赔计算、案件审理等业务的全流程在线处理，有效减轻当事人诉累。高度关注民生领域人民群众新诉求，妥善审结魏某某等追索一次性养老补助纠纷案件21件，涉案标的额27万元，维护了退休职工合法权益。加强金融审判，依法审结金融借款、民间借贷等类型突出案件1365件，防范化解金融风险，保障经济平稳发展。

*积极助力“法治政府”建设，促进行政机关依法行政。*审结各类行政诉讼案件65件，审查非诉行政执行案件69件。加大行政争议诉前协调力度，努力推动行政争议诉前高效稳妥化解。挂牌成立行政争议审前和解中心，诉前调解和撤诉行政纠纷29件。

*全力兑现胜诉权益，巩固“基本解决执行难”成果。*执结各类案件2398件，执行标的额6.3亿余元。合理配置执行力量，组建成立4个执行实施团队。用足用好拘传、拘留、罚款等强制措施，共拘传201人次，拘留33人次。利用网络执行查控系统，查控财产5100余次，有效解决“查人找物”难题。加大失信惩戒力度，全年公布失信被执行人71人、限制高消费1632人次，让失信被执行人“一处失信，处处受制”，有力促进了全区诚信体系建设。

【司法改革】 深化内设机构改革，坚持优化协同高效原则，顺利完成内设机构改革任务。全院内设机构由原来的20个压缩到8个，原有21个中层正职缩减到11个，进一步明确了内设机构职责分工，科学配置了司法资源，实现了人员、案件的扁平化管理，为提升工作质效奠定了坚实基础。

【司法为民】 落实以人民为中心的发展思想，扎实推进“一次办好”改革，全方位升级诉讼便民服务。大力推行网上立案、跨域立案，坚持“线上线下”相融合，当事人可以通过信息化诉讼终端，实现“24小时”全天候办理网上立案、诉讼材料提交等业务，2019年，除刑事案件外，全院所有案件网上立案率已经达到100%，实现了“让数据多走路，让群众少跑腿”。

潍坊市奎文区人民法院工作概况

【概述】 2019年，潍坊市奎文区人民法院共受理各类案件8897件，结案10030件，同比分别增长3%和15%，案件结收比为112.7%，法官人均结案286.6件，案件质量居全市法院前列。

【审判执行】 *依法严惩各类犯罪。*审结刑事案件358件，判处罪犯515人。深入开展扫黑除恶专项斗争，对闫某江等5人恶势力犯罪团伙，以诈骗罪、非法拘禁罪依法判处有期徒刑两年六个月至六个月不等的刑罚。严惩社会群众高度关注的涉众型经济犯罪，审结非法吸收公众存款、集资诈骗、领导组织传销等犯罪案件15件82人，妥善审结具有全国性影响的“善心汇”传销组织关联案件；依法审结涉案金额3.54亿元、涉案人员2.6万多人的“六丰商城案”，主犯孙某杰以组织、领导传销罪被一审判处有期徒刑十年。依法惩治腐败犯罪，审结贪污、贿赂、渎职等职务犯罪案件3件3人。加强禁毒工作，依法审结涉毒案件27件40人。审结危害食品药品安全犯罪案件12件，判处罪犯18人，让食品药品安全成为不可触碰的“高压线”。

妥善化解民事纠纷。审结各类民事案件2964件。依法审结涉劳动就业、教育医疗、社会保障等案件186件。妥善审结婚姻家庭、继承、赡养等家事纠纷案件372件。建立类案速裁制度，对民间借贷纠纷、机动车交通事故纠纷等案件实行速裁，共审结636件，平均办案天数44天。妥善处置因劳动争议引发的集体诉讼，依法保护劳动者的合法权益，审结劳动争议纠纷案件64件。

积极推动依法行政。监督、支持行政机关依法行使职权，审结行政案件213件，严格审查行政行为合法性，判决确认违法或撤销公司登记、行政处罚、工伤认定等行政案件9件。积极推动行政机关负责人出庭应诉，行政机关负责人共出庭应诉98人次。

全力兑现胜诉权益。新收执行案件1865件，执结2103件，实现胜诉权益11.26亿元。切实加大强制执行力度，共拘传、拘留137人，罚款3人。集中攻坚重点领域执行案件，开展银行借款案件专项集中执行活动，执结案件68件，执行到位金额3566万元；开展“暖心冬日”涉民生案件集中执行行动中，执结案件35件，追回债权119万元，强制腾退土地1宗，交付建筑面积1.2万平方米在建楼房1幢。

【服务大局】 *服务经济高质量发展*。坚持依法保护产权，倡导诚实守信，审结商事案件962件。围绕服务保障供给侧结构性改革，加快“僵尸企业”司法处置，促进市场主体救治或退出，审结破产案件1件。积极防范区域性金融风险，妥善审结金融借款、保险、票据等金融案件3430件，标的额24亿元。全力支持集体经济组织开展的“三清一增”工作，为大虞社区居委会、大虞街道虞鑫集团审结案件7件，标的额近250万元。妥善处置“宜联贷”相关案件，审结37件，采取财产保全措施84件，有效防范风险。对潍坊市奎文区人民政府申请的5户准予强制拆除案件，快立快听证，在最短的时间内依法出具准予执行裁定书。在执行田某、鞠某夫妇民间借贷一案中，需要对被执行人位于老市府片区的房屋进行强制腾房，执行过程中遭遇被执行人以泼汽油、开煤气罐等危险方式对抗，执行人员沉着应对，最终强制腾房成功，为重点项目建设扫除了障碍。

营造法治化营商环境。围绕加强民营经济和中小企业合法权益保护，坚持平等原则，规范查封、扣押、冻结措施，支持民营经济和中小企业发展。加强产权保护、尊重契约自由、依法保护诚实守信、公平竞争的市场经济秩序。

促进社会综合治理。依法支持老旧小区“红色物业”服务创新实践，利用支付令等方式为物业公司追索物业费，支付令自动履行率100%。加大法治宣传力度，落实“七五”普法规划，开展宪法宣传、消费者权益保护、青少年司法保护、远离毒品等专题宣传活动，向社会发布典型案例，增强公众法治意识。全力做好全国两会、中华人民共和国成立70周年大庆期间的安保工作，妥善化解涉诉信访积案9件，实现了“六个坚决防止”的工作目标。

【队伍建设】 *加强司法能力建设*。贯彻落实“五个过硬”工作要求，着力提升队伍正规化、专业化、职业化水平。利用多种形式累计培训117人次，着力提升干警业务水平。

加强纪律作风建设。落实全面从严治党主体责任，开展形式主义、官僚主义专项整治，全年开展司法作风督察12次，着力解决对群众态度冷漠、推诿塞责等问题。支持驻法院纪检监察组工作，组织对信访案件、长期未结案件等进行“一案双查”，做到警钟长鸣、防微杜渐。严格执纪问责，用好执纪监督“四种形态”，对于发现的苗头性、倾向性问题，及时进行谈话提醒、咬耳扯袖。

自觉接受各方监督。向潍坊市奎文区人大常委会专项报告金融审判工作情况，积极配合人大开展专题调研和集中视察。邀请代表、委员观摩庭审、见证执行。主动接受法律监督，受理检察建议8件，对符合再审条件的5起案件裁定再审。

临朐县人民法院工作概况

【概述】 2019年，临朐县人民法院充分发挥审判职能作用，忠实履行法律职责，各项工作稳步推进。全年新收各类案件9302件，审执结10047件，同比分别上升 9.0% 和 23.19%。

【坚持党的领导】 坚持把学习贯彻习近平新时代中国特色社会主义思想和中共十九大精神作为首要政治任务，深入开展“不忘初心、牢记使命”主题教育，不断增强“四个意识”，坚定“四个自信”，做到“两个维护”。始终坚持正确政治方向，确保县委决策部署在法院不折不扣的执行。严格落实重大事项请示报告制度，对院党组的重大决策，在社会上可能产生重大影响的案件，涉群体性案件，县委、人大、政协督办案件等按程序向县委报告。

【依法打击犯罪】 受理刑事案件 438 件 550 人，审结 453 件 583 人。深入开展扫黑除恶专项斗争。依法从快审理涉恶势力犯罪案件，受理 4 案 17 人，审结 3 案 11 人，并加强宣传，震慑犯罪。打击涉生态环境犯罪。审结涉非法采矿犯罪 4 案 8 人，涉环境犯罪 9 案 19 人。加大财产刑适用力度，从经济上摧毁其再生基础。严惩贪污贿赂等犯罪。审结腐败犯罪、职务犯罪 4 案 4 人。其中，依法从快审理李某国贪污受贿案，及时回应社会关切。积极推进认罪认罚从宽制度落实。适用该制度审理案件 96 件，仅有一案被告人提出上诉。

【优化营商环境】 受理各类商事案件 1750 件，审结 1960 件。化解商事纠纷，改善营商环境。出台《关于为优化全县营商环境提供司法服务和保障的意见》。加强破产审判工作，通过“执转破”进入破产审理的案件 3 件。审慎处理保险合同纠纷案件 130 余件。依法平等保护民营企业健康发展。出台《服务民营企业实施意见》。审慎处理涉企业股权纠纷和票据纠纷案件 16 件，组织法官进企业送法服务 56 人次，发布典型案例 2 批。加强涉金融案件审判执行，维护良好金融秩序。审结涉金融案件 732 件。金融消费纠纷诉调对接中心调解案件 123 件。组织涉金融案件百日执行会战，拘传 233 人，其中拘留 47 人，追回案款 1240 余万元。

【践行司法为民】 依法审理涉民生案件。受理各类民事案件 3019 件，审结 3397 件。加强劳动者权益保护，审结劳动争议、劳动报酬纠纷案件 49 件，追回劳动报酬 60 余万元。受理家事纠纷案件 808 件，处结 842 件，诉前调解 180 件，维护了社会基本单元家庭的稳定和谐。监督政府机关依法行政。受理各类行政诉讼案件 475 件，审结 463 件。积极参与矿产资源整治活动，审结涉矿产资源行政公益诉讼案件 1 件。成立行政争议审前和解中心，16 件行政处罚案件审前和解。创新司法便民利民惠民机制。完善多元化纠纷解决机制和“分调裁”机制建设，诉前调解纠纷 781 件。落实跨区域立案工作，向黑龙江省龙江县法院跨区域立案 1 件。开展司法救助，缓、减、免诉讼费 1.53 万元，救助困难申请执行人 4 人 8 万元。

【加强执行工作】 受理各类执行案件 3616 件，执结 3732 件，执行到位金额 4.56 亿元。“基本解决执行难”核心指标居全市前三。强化联合惩戒。拘传、拘留被执行人 289 人次，查封、扣押、划拨、拍卖 1890 次，标的额 11.52 亿元。依法惩戒失信被执行人，687 人被纳入失信黑名单，3124 人被限制高消费，向相关职能部门提供失信信息 1200 余人次。完善“专业团队执行”工作机制。继续推行“分段集约执行”，调整执行团队人员组成及职责，进一步优化执行流程。完善“精细化管理”工作机制。依托法官一体化工作平台、执行指挥管理系统、可视化执行 APP 等，提升执行质效。

【深化司法改革】 推进司法体制改革进一步完善。完成内设机构改革。完成 2 批次 24 名员额法官按期晋升工作。改杨善法庭为交通事故审判庭，推进专业化审判机制建设。进一步深化司法公开。加强审判流程、庭审活动、裁判文书、执行信息四大公开平台建设，在中国庭审公开网直播庭审 308 件，微博直播庭审 6

6 月 27 日，临朐县行政争议审前和解中心揭牌

件，公开裁判文书6743份。通过“摇号”选择鉴定机构，通过淘宝网司法拍卖平台进行司法拍卖，拓展司法公开的广度和深度。全力推进智慧法院建设。发挥司法大数据管理和服务平台作用。实现全部案件网上立案。建成电子卷宗随案同步生成系统、互联网同步视频直播庭审系统、执行指挥值守系统等。

【加强队伍建设】 全面加强党建工作。坚持“抓党建、带队建、促审判”，班子成员给干警上党课6次，参加支部学习215人次，召开民主生活会2次。执行局长陈树山被最高人民法院授予“‘基本解决执行难’工作先进个人”称号，东城法庭被潍坊市中级人民法院记“集体三等功”,1人立“个人二等功”,3人立“个人三等功”，1人被评为“县劳动模范”。抓牢抓实廉洁司法。强化党组主体责任、领导责任，落实党组书记第一责任人职责。通过每季度1次党风廉政专题研讨会、学习先进典型事迹、观看廉政教育片等，警钟长鸣。自觉接受监督。认真接受人大监督、民主监督，积极落实人大代表意见建议，办理政协提案，分别向县人大常委会、县政协报告扫黑除恶专项斗争开展情况。邀请人大代表视察法院、参加会议、旁听庭审等，走访人大代表、政协委员56人次。聘任60名社会监督员，接受社会监督。

昌乐县人民法院工作概况

【概述】 2019年，昌乐县人民法院（以下简称昌乐法院）在上级法院的指导和支持下，坚持以习近平新时代中国特色社会主义思想为指导，紧紧围绕“努力让人民群众在每一个司法案件中感受到公平正义”的目标，依法履行司法职责，有力地推动了经济社会高质量发展。全院共受理各类案件8173件，审执结8839件，结案率为95.53%。

【积极主动作为，服务改革发展稳定大局】 *全力维护社会稳定*。深入推进平安昌乐建设，充分发挥刑罚功能，依法惩处各类刑事犯罪711案1006人。依法惩治危害公共安全犯罪，审结醉酒驾驶犯罪248案252人，被告人均被判处拘役。严厉打击严重危害社会治安犯罪，审结抢劫、贩卖毒品、涉枪涉爆等犯罪133案223人，判处五年以上有期徒刑19人。

深入开展扫黑除恶专项斗争。着力打好扫黑除恶专项斗争“潍坊战役”,审结涉黑恶案件7案53人。6月，依法对以李某茂为首要分子的16人恶势力犯罪集团案进行公开宣判，李某茂被依法判处有期徒刑十五年，二审维持原判。12月，依法对三个恶势力犯罪集团案进行公开集中宣判，三名首要分子张某林、付某鹏、刘某良分别被判处有期徒刑十一年零六个月、十一年和六年零六个月。

着力服务经济发展。依法调节经济关系，审结商事案件1082件。认真落实企业破产制度，妥善审理信丰钢结构、金水胶乳等公司破产重整案，盘活企业资产2.3亿元。稳妥审理鼎恒置业、立伟置业等房地产企业破产重整、清算案，最大化保护企业、债权人和购房人利益。继续完善“立审执一体化”的金融案件专业审判模式，审执结金融案件1177件，标的额8.59亿元，助力防范化解金融风险。

【充分履行职责，倾力实现司法为民】 *及时保障民生权益*。审结各类民事案件4404件。加强人身权益保护，审结人身损害、交通事故等案件1211件。深化家事审判改革，审结婚姻家庭案件496件。妥善审结建设工程、合作开发等房地产纠纷案件89件，促进房地产市场规范有序发展。妥善审理农产品买卖、土地承包等案件1003件，有力服务乡村振兴战略实施。依法保障台风灾后重建，有效化解涉灾纠纷案件13件。加大对弱势群体和困难群众的司法救助力度，减缓免诉讼费59万元，发放司法救助金11万元。

着力促进依法行政。审执结行政诉讼和非诉行政案件311件。积极推进行政诉讼体制改革，在司法局设立行政争议审前和解中心，截至2019年年底有89件案件进入中心进行和解。加大法律宣传力度，选取典型案件邀请全县行政执法部门代表100余人旁听庭审。积极推进行政机关负责人出庭应诉规范化和常态化，行政机关负责人出庭应诉率达到80.9%。

全力解决执行难题。坚持分类执行、因案施策、精准攻坚，执结案件1646件，执行到位金额6.42亿元。积极构建“一处失信、处处受限”惩戒机制，公开曝光拒不履行义务的失信被执行人信息285条。加强联合惩戒，在审批贷款、高消费等方面进行严格限制，促使308名被执行人自动履行了法定义务。组织开展集中执行活动42次，拘传拘留437人次，搜查20次，查封扣押2689次，最大限度地实现申请执行人的合法权益。

【深化司法改革，促进严格公正规范司法】 *完善多元解纷机制*。围绕推进审判体系和审判能力现代化，加快完善一站式多元解纷机制、一站式诉讼服务中心两个“一站式”建设。按照省法院“繁简分流、轻重分离、快慢分道”的审判要求，不断深化机制改革，推进审判流程再造。按照“员额法官＋法官助理＋人民调解员＋书记员”的模式，设立三个速裁团队，负责简单民商事案件的诉前调解、司法确认、案件速裁及诉前保全。速裁团队平均每月结案120件，办案周期8.9天，得到了上级法院的充分肯定。10月，全市法院诉讼服务建设推进现场会在昌乐法院召开。

升级诉讼服务水平。加快推进诉讼服务中心建设，整合诉讼服务中心功能，将送达、保全、鉴定、评估等26项辅助性、事务性工作全部集中到诉讼服务中心，真正方便群众“一次办好”。全面推行网上立案和跨域立案，网上立案率达到100%。在诉讼服务中心设立司法鉴定窗口，将司法鉴定由诉中改为诉前，集中办理委托鉴定、检验等工作，有效缩短审理时限30%。

推进审判方式改革。持续深化新型审判权力运行机制，“让审理者裁判、由裁判者负责”进一步得到落实。严格落实院长庭长办案制度，带头办理疑难复杂案件1089件。进一步完善审判流程、庭审直播、执行信息、裁判文书“四大平台”，坚持每庭必录、每日必播，共庭审直播案件627件，裁判文书上网7828件。

【落实全面从严，努力打造过硬法院队伍】 在学懂弄通做实习近平新时代中国特色社会主义思想上狠下功夫，引导干警树牢“四个意识”，坚定“四个自信”，做到“两个维护”。深入开展“不忘初心、牢记使命”主题教育，通过组织讲党课、宪法宣誓等活动，引导干警牢记使命担当、坚定职业信仰。坚持理论培养和实践培训并重，组织干警集中学习、外出培训、举办专题教育讲座33次，进一步提升干警的司法能力。坚持“严管就是厚爱”理念，综合运用监督执纪“四种形态”，加强对纪律作风的整顿，对干警日常行为进行不定期督查，对于发现的问题及时通报整改。

昌乐法院调解速裁团队调解案件现场

青州市人民法院工作概况

【概述】 2019年，青州市人民法院贯彻习近平新时代中国特色社会主义思想，坚守初心使命，忠实履行职责，各项工作取得新进展，全年收案14846件，结案15457件，标的额66.4亿元，同比上升21.9%、35.6%和20.3%，均创历史新高。

【围绕大局履职尽责，全力护航经济高质量发展】 着力优化法治营商环境。落实新发展理念，在诉讼服务窗口发放《民营企业法律风险防控提示书》，扎实开展送法进企业，帮助民营企业防范化解法律风险。树立法治环境就是营商环境理念，稳妥审结商事案件2375件，规范财产查控处置程序，保障企业正常生产。积极防范区域性金融风险，处结民间借贷案件967件4.35亿元，对6起涉虚假诉讼案件移送公安机关处理。坚决维护社会安全稳定。全力保障社会稳定和群众生命财产安全，依法审结刑事案件685件933人。深入开展扫黑除恶专项斗争，坚持“打伞破网”和“打财断血”，审结涉黑案件1件33人、涉恶案件6件20人，其中审结中院指定管辖的“海霸”王某等组织、领导黑社会性质组织案，33名被告人分别被判处二十五年至一年一个月有期徒刑。坚持法治反腐，审结职务犯罪案件9件9人。持续助推法治政府建设。严格履行司法审查职责，审结行政案件143件。支持政府依法行政，审查和执结行政非诉执行案件491件。与行政机关召开联席会议，邀请行政执法部门代表旁听庭审，促进了司法与行政的良性互动。注重行政争议实质性化解，组建行政争议审前和解中心，和解撤诉43件，首起和解的王某诉民政局婚姻登记案得到省高院充分肯定，4起拆迁补偿案件的妥善处置，有效保障了棚户区改造、便民市场建设的顺利推进。

【深度践行司法为民，切实增强群众的司法获得感】 着力解决群众民生诉求。审结民事案件4042件，涉及标的额9.7亿元，同比增长8.6%和9.5%。着眼维护民生切身权益，审结交通事故、医疗损害、劳动争议等纠纷1592件。重拳惩治危害食品药品安全犯罪，审结2件11人，依法维护“舌尖上的安全”。着眼维护稳定和睦的家庭关系，坚持情理法并融，审结婚姻家庭、遗产继承、抚养赡养等纠纷829件，调撤率48.7%。加大司法救助，为经济困难当事人减缓免诉讼费31.6万元，发放司法救助金18.5万元。执行攻坚兑现群众合法权益。紧盯“切实解决执行难”目标持续发力，实施分段集约式执行改革，执结案件4329件，实际到位10.5亿元，同比增长47.1%和35.3%。依托执行联动工作机制，发布失信被执行人信息2487条，悬赏公告2起，曝光“老赖”115人，限制高消费7671人，对177名被执行人实施拘传拘留，移送涉拒执案件2件，判处刑罚2人，239名被执行人主动履行义务。集中力量重点攻坚，开展涉民生、涉金融、腾房倒地专项行动，常态化开展凌晨突击、夜间执行，腾退房、土地47宗，执结涉民生案件481件、涉金融案件835件，执行到位2.2亿元。全面推进诉讼服务提档升级。大力推进一站式诉讼服务中心建设，将送达、保全、鉴定、评估等集约至立案庭，启动跨地域立案，努力实现诉讼服务“一次办好”，真正让信息多跑路、让群众少跑腿。推行“线上线下相融合”，依托法院网站和“微法院”程序，全面实现诉讼材料的网上提交、审查。积极推进多元化纠纷解决机制一站式建设，推行以诉前分流、委托调解、法院速裁为内容的“分调裁”改革，诉前化解纠纷410件，委托调解313件，速裁案件772件，推动纠纷及时有效化解。

【全面加强自身建设，不断提升公正高效司法水平】 持续推进司法体制改革。不断深化司法责任制配套改革，推进内设机构改革，制定司法权力清单，明晰院长庭长监管职责，确保放权不放任、监督不越位。压实院长庭长办案责任，带头办案5052件，占结案总数的32.7%。不断深化审判监督管理改革，落实电子卷宗随案同步生成、同步监督机制，完善发改案件评析、长期未结案件督办等制度，依托专业法官会议研讨案件308件，统一裁判尺度。不断深化诉讼制度改革，组建速裁团队，推行刑事认罪认罚从宽制度，推进简案快办。着力打造“学习型”法院。组织干警参加综合素质培训，提升法官办案能力，刘曰明法官被评为“全省法院审判业务专家”，一起交通事故案件被最高人民法院评为2019年度优秀案例。重视司法技能培养，实施“青年法官成长”计划，安排年轻法官到速裁庭、人民法庭轮岗锻炼，帮助青年干警快速成长。全面从严开展正风肃纪。贯彻“政法机关首先是政治机关”理念和全面从严治党主体责任，教育引导干警树牢“四个意识”，坚定“四个自信”，做到“两个维护”，通过开展廉洁司法主题教育、集中观影、专题讲座等，开展警示教育，并为各庭室选任廉政监察员，强化风险意识，筑牢廉政防线。加强巡查抽查，评查案件315件、庭审54件、裁判文书677份，对苗头性、倾向性问题早发现、早提醒、早处置。

诸城市人民法院工作概况

【概述】 2019年，诸城市人民法院（以下简称诸城法院）坚持以习近平新时代中国特色社会主义思想为指导，紧紧围绕“努力让人民群众在每一个司法案件中感受到公平正义”目标，坚持司法为民、公正司法，扎实开展审判执行工作。全年共新收案件15418件，办结16616件，同比分别上升3.59%和15.05%，均创历史新高；未结案件1350件，同比下降47.25%。全院结案率为92.43%，一审服判息诉率为92.72%，平均办案天数为66.93天，办案质效继续保持良好发展态势。

【纵深推进扫黑除恶专项斗争】 积极参与扫黑除恶专项斗争诸城战役“破袭战”、线索核查“百日会战”，共审结涉恶势力犯罪案件3件22人，其他涉恶共同犯罪案件3件6人，对28名被告人均作出有罪判决，25人被判处有期徒刑实刑，判处罚金23万元，充分保障人民群众生命财产安全和社会秩序长治久安。依法公开宣判被告人陈某林等8人涉恶势力犯罪集团案件、被告人李某亮等11人恶势力犯罪案件，对该两个典型案例进行广泛宣传，为扫黑除恶专项斗争深入开展营造了良好的舆论氛围。

【积极营创法治化营商环境】 依法保护民营企业和民营企业家合法权益，严格区分刑事犯罪和经济纠纷，审结信用卡诈骗、非法经营、非法吸收公众存款等犯罪案件7件8人，依法维护市场经济秩序；妥善审理涉金融民事案件，加强与金融监管部门沟通协调，着力防范化解金融风险，受理涉金融民事案件2118件，处结2237件，结案标的额8.6亿元；积极开展“司法助推企业发展”活动，制作发放《民营企业法律风险防控提示书》3000余册，组织法官深入企业开展普法宣传活动17场次，帮助企业提升法治意识，增强法律风险防控意识和能力。

【着力构建多元解纷新模式】 按照习近平总书记关

于“坚决把非诉讼纠纷解决机制挺在前面”和“推进案件繁简分流、轻重分离、快慢分道”的要求，循序构建起一站式多元解纷新模式。在法院设立调解中心，建成6个标准化调解室，邀请8名退休法官、人民调解员、行业调解员常驻调解室，依法调处各类矛盾纠纷。2019年，全院诉前分流矛盾纠纷4737件，其中分流至调解中心3742件，成功调解1498件，调解成功率为40.03%。全面推行道交纠纷“一体化”处理。优化中心登记分流、赔偿预估、诉前调解、诉前鉴定、保险理赔、速裁审理等功能，所有道交纠纷全部导入“一体化”处理平台，全程调解、鉴定前置、速裁快审。自2019年10月8日运行以来，共导入纠纷389件，诉前鉴定256件，调解39件，判决67件，道交纠纷平台化处理率100%，诉前鉴定率100%。2019年12月10日，潍坊法院两个“一站式”建设现场会在诸城法院召开，推广了诸城法院的经验做法。

【持续推进速裁机制建设】 完善简单案件快速办理模式，简化立案、送达、审理程序，实行“调审一体化”“门诊式庭审”“令状式判决”，提高庭前调解率和一次开庭成功率，努力做到简案快审快判。2019年，速裁团队共收案2862件，结案2852件，结案率为99.13%；调解撤诉率达到64.36%，一审服判息诉率达到98.33%，平均审限仅为17.76天，用不到7%的员额法官消化了全院30%的民商事案件。

【持续巩固“基本解决执行难”战果】 全方位提高执行实效。全年共受理执行案件6082件，结案6130件，结案率为91.84%，执行到位金额10.45亿元。组织开展“暖心冬日”等涉民生、涉金融案件专项执行行动45次，对155名被执行人实施司法拘留。加强联合信用惩戒，将5320名失信被执行人纳入“黑名单”，协调有关联动部门，在审批贷款、出国出境、高消费、评先树优、推选“两代表一委员”、参选“社区(居)两委”等方面进行严格限制。全年在门户网站、报纸、户外大型电子屏等公开曝光被执行人6300多人（次），限制审批事项21项，限制乘坐飞机、高铁等高消费1800多人（次），限制被执行人贷款349笔5240余万元，有力地促进了诚信社会建设。

【不断强化司法队伍建设】 持续加强思想政治教育。扎实开展“不忘初心、牢记使命”主题教育，引导广大干警旗帜鲜明讲政治，始终坚持党对法院工作的绝对领导，坚定不移走中国特色社会主义法治道路。持续加强党建文化建设，建成574平方米的党建示范点，将诉讼服务中心、执行大厅和审判区打造成特色“文化走廊”，为全院干警搭建了良好的政治教育平台。突出抓好司法能力建设。行政审判庭副庭长崔兆在的论文在全国法院第三十一届学术讨论会中获二等奖，立案庭副庭长杨宁先后获得“全国法院办案标兵”和“齐鲁最美法官”提名奖。持续用力改进纪律作风。严格执行中央“八项规定”，深入开展作风建设专项整治行动和“廉洁司法、担当作为”集中警示教育活动，全院干警没有发生违纪违法问题，彰显了良好的司法作风。

寿光市人民法院工作概况

【概述】 2019年，寿光市人民法院坚持以习近平新时代中国特色社会主义思想为指导，深入学习贯彻中共十九大精神，紧贴全市大局，依法履职尽责，法院事业取得长足进步，新收案件18212件，审执结19422件。

【服务大局】 研究司法助力“新旧动能转换”、服务“双招双引”“双联双帮”、深化扫黑除恶专项斗争等6项实施意见，将市委决策转化为具体司法实践。破产审判中克服机械司法理念，积极寻求战略合作企业，山东优盛轮胎以1.2亿元入主国鹏橡胶，后续注资7000万元引进年产量20万条轮胎生产线；上海杉陆久实业以5000万元入主金航塑业，后续投资5亿元新上石墨烯新材料项目，实现了破产企业涅槃重生。

【刑事审判】 坚决落实总体国家安全观，依法审理各类刑事案件1284件，判处犯罪分子1632人。刑事司法高度关注民生，从严重判污染环境犯罪3案5人、生产销售有毒有害食品犯罪2案7人，维护绿水青山和餐桌安全。持续深化反腐败斗争，依法审理贪污、贿赂等职务犯罪19案22人。深入推进扫黑除恶专项斗争，依法审理涉黑涉恶案件54件134人，其中，严厉打击“村霸”插手村级公共事务、垄断农村资源、侵占集体资产犯罪23案24人，严厉打击寻衅滋事、强迫交易等破坏生产经营、扰乱市场秩序犯罪6案6人，推动基层治理、净化市场环境。

【民商事审判】 全年新收民商事案件8368件，结案9354件。依法保障民生权益，审理执行拖欠农民工工资、劳动争议和劳务纠纷案件531件，为1200余名当事人实现权益3957万元；依法快速审理人身损害、医疗纠纷、交通事故及其他侵权类案件1391件，让伤者有所救济、病者有所医治；依法妥善处理房屋买卖、物业纠纷等案件670件，让百姓居有其所、安居乐业；为充分保护妇女、儿童和老年人等弱势群体权益，依法稳妥审理婚姻、赡养、抚养、继承等家事案件1135件，调解或撤诉结案557件。依法审理买卖合同、金融借款等商事案件3978件，维护了公平竞争的市场秩序；为寿光市骨干企业追回欠款或回笼资金5亿多元，有效缓解了资金困难。着眼打击逃废银行债务、防范化解金融风险，加大金融审判和执行力度，为寿光市8家金融机构实现债权、回收贷款5.3亿元。妥善审理假冒注册商标、侵犯商业秘密等知识产权案件107件，保护了自主创新和创业发展。聚焦新旧动能转换，依法稳妥处理北大科技园、元鸣控股等27家企业涉80亿元的破产案件，预计盘活不良资产22亿元、土地200余公顷，实现破产审判经济效益和社会效益最大化。

【行政审判】 依法审理行政诉讼案件169件，审查非诉行政执行案件539件。为确保弥河、丹河防洪治理顺利实施，及时审理违建拆除案件9件，化解盐田承包纠纷3起，司法确认拆迁补偿协议51份，诉外化解河道清表相关争议16起。

【案件执行】 持续推进解决“执行难”，全年执行结案7435件，执行到位标的10.8亿元；突出执行工作强制属性，依法对妨害执行的51名违法人员予以司法拘留，以涉嫌拒不执行判决、裁定罪和非法处置法院查封财产罪向公安机关移送21案23人，5人被采取强制措施，1人被纳入“网上追逃”，4人被判处有期徒刑或拘役；全媒体曝光10407名纳入限制高消费名单的被执行人，与社会信用联席单位予以严厉信用制裁：限制乘坐飞机、高铁9992人次，9人被主管部门取消荣誉称号，6家企业在招投标领域资格受限，对27名逃避、规避执行的被执行人采取悬赏执行，在全社会营造了诚信法治环境。

【深化改革】 着眼司法提质增效，精心打造由6名员额法官、8名法官助理、10名人民调解员组成的速裁审判团队，通过多元解纷、诉前调解、简案速裁等方式，高效化解60%的简单民商事案件，其中调解撤诉率30%，平均办案周期40天。着眼构建解决“执行难”长效机制，改革“一人包案到底”的传统模式，建立了财产查控、执行实施、警务保障3个团队，实行“分段集约”“分权制衡”，保证完成繁重艰巨执行任务的同时，从源头防范廉政风险。针对司法实践中“查人难”“找物难”“送达难”等影响办案效率的问题，坚持集约化和信息化相结合，组建集中送达和查控团队，综合运用邮寄送达、公告送达、电子送达方式，提高审判辅助工作效率。

【司法为民】 全面加强两个“一站式”建设，实现当事人诉讼“网上立案”，网上立案率达到100%；通过12368热线服务，结合导诉员首问负责制，实现当事人“跑一趟腿”就完成立案手续和咨询答疑。组建了8个以群众信任的人民调解员命名的“调解超市”，当事人可以自主选择调解人员和解纷方式，“调解超市”共化解家事案件260起、物业纠纷610起、劳资纠纷190起。诉讼服务中心的自助服务、咨询立案、申请执行、信访接待、多元调解五大功能基本完善。

8月，寿光法院组织干警积极参加“利奇马”台风过后的防洪救灾和灾后重建工作

【队伍建设】 深化正风肃纪教育，对当事人信访、投诉、举报无例外“一案双查”，高度重视当事人反映的执法办案问题，面对面听取诉求，及时回应、化解心结。强化底线思维和风险意识，对重大、疑难、复杂、敏感案件，逐案分析研判，综合考量“法”“理”“情”，实现司法裁判法律效果、社会效果、政治效果的有机统一。严格落实交流换岗制度，对60名一线干警和中层干部进行岗位调整，防范廉政风险，深化作风建设。

安丘市人民法院工作概况

【概述】 2019年，安丘市人民法院（以下简称安丘法院）全体干警自觉把习近平新时代中国特色社会主义思想作为根本遵循，倾力司法为民，致力公正司法。一年来，共受理各类案件12719件，结案12261件，同比分别增长8.0%和10.1%。

【全面履行司法职责，为经济社会发展保驾护航】 依法惩治刑事犯罪。充分发挥刑罚功能，深入推进平安安丘建设，审结刑事案件539件，判处罪犯690人，其中判处五年以上有期徒刑60人。严厉打击危害群众生命财产安全的暴力犯罪，审结抢劫、放火、涉枪涉爆、寻衅滋事、聚众斗殴等犯罪案件28件61人。积极参与禁毒斗争，审结毒品犯罪案件12件16人。依法惩处危险驾驶、交通肇事等危害公共安全犯罪，审结相关案件280件280人。加大涉众型经济犯罪案件审判力度，审结刘某军等非法经营期货、王某建等电信诈骗、刘某科非法吸收公众存款等案件，涉案金额达3.2亿元，有11名被告人被判处五年以上有期徒刑，并处罚金。依法严惩职务犯罪，审结贪污、贿赂、渎职犯罪案件5件5人，保持司法反腐高压态势。加强未成年人司法保护与犯罪预防，落实轻罪记录封存、心理干预等制度，审结未成年人犯罪案件8件12人。

服务保障经济高质量发展。积极服务“三大攻坚战”，推动全面、绿色、高质量发展。出台服务乡村振兴战略意见16条，依法审理涉农纠纷案件218件，精准对接贫困群众司法需求，积极助力脱贫攻坚。服务保障生态建设，审结非法采矿、滥伐林木等破坏环境资源犯罪案件6件8人，审结违法排污等环境污染侵权案件2件4人、刑事附带民事环境公益诉讼案件1件3人，探索适用恢复土壤、补植复绿等环境修复司法举措，判令污染环境的企业和个人赔偿30.3万元作为生态环境修复专款，全力守护绿水青山。积极防范区域性金融风险，妥善处理网络借贷、金融不良债权转让等纠纷，审结金融借款、保险、票据等金融案件833件，民间借贷案件1020件，有针对性地向金融监管部门、金融机构提出规范合同签订、约定送达地址等司法建议。积极服务供给侧结构性改革，加强破产案件审理工作，依法受理华安建筑、恒安散热器等2起企业破产重整案件，受理同力服装等5起企业破产清算案件，妥善审结百货总公司、博翔机械等4起企业破产清算案件，加速淘汰落后产能，助推新旧动能转换。

全力营创法治化营商环境。充分发挥行政审判职能作用，积极推进法治政府建设和“放管服”改革，依法审结行政诉讼案件155件，审查非诉行政执行案件92件。积极推进行政诉讼体制改革，依靠市委领导、政法委协调，设立了行政争议审前和解中心，推动行政争议实质性化解，行政案件和解撤诉73件。推动司法与行政良性互动，行政机关负责人出庭应诉44人次，出庭应诉率95.7%。对行政执法人员开展法律培训180人次，组织行政执法人员旁听行政案件庭审120人次，助力提升依法行政水平。全力服务保障民营经济发展，出台相关工作意见15条，依法保护诚实守信、公平竞争。依法审理企业借贷、股权质押、互联互保等案件17件，规范企业融资渠道。

【坚持以人民为中心，努力满足人民群众司法需求】 全面提升诉讼服务水平。大力开展网上立案、网上缴费等电子诉讼服务，民商事、行政、执行等案件实现100%网上立案，当事人、律师“足不出户”即可完成立案。大力推进“一站式”多元解纷机制建设，充分依托各调解组织及“道路交通事故纠纷处理一体化”应用平台，引导当事人选择调解方式先行处理纠纷，全年共配合指导调解组织化解矛盾纠纷369件，促进了社会和谐稳定。

切实维护保障民生权益。妥善审结婚姻继承、抚养赡养等纠纷案件915件，促进新时代家庭文明建设。依法审结交通事故、医患纠纷、劳动争议等涉民生案件1728件，努力维护人民群众生命健康和财产权益。审结危害食品药品安全犯罪案件5件，维护人民群众“舌尖上的安全”。依法保护涉房地产买卖合同纠纷、非法集资等特定群体诉求，切实维护好人民群众财产权益。认真组织开展“精准扶贫”工作，对113户贫困户进行包靠帮扶，为每户争取扶贫资金1650元。派出干警担任官庄镇马居岭村第一书记，为该村争取帮扶资金20万元，整修村内道路。强化司法人文关怀，加大司法救助力度，为符合条件的当事人缓、减、免缴诉讼费80.8万元，发放司法救助金12.1万元，保障困难群众充分行使诉讼权利。

全力兑现当事人胜诉权益。新收执行案件5076件，执结4640件，执行到位资金4.5亿元。强化运用搜查、拘传、拘留、罚款等手段，常态化开展凌晨、午间集中执行突击行动，出动警力1300余人次，拘传、拘留被执行人223人次，将1585名失信被执行人纳入“黑名单”，限制乘坐飞机高铁、融资贷款、高消费、出国出境、评先树优，依法打击了“老赖”的嚣张气焰。高效运用网络查控系统，有效解决查人查物难和财产变现难等问题，查控范围覆盖银行存款、车辆、房产、支付宝、微信财付通等近 20 个领域，累计网络查控 7855 件次，网上冻结存款 2542 万元。积极推进网络司法拍卖，查封的房产、车辆等标的物全部实现网络拍卖，共网拍 334 次，成交额 1.9 亿元，财产处置变现力度不断加大。

高密市人民法院工作概况

【概述】 2019 年，高密市人民法院坚持以习近平新时代中国特色社会主义思想为指导，以“工作落实年”为主线，以高密市委“1+4”工作为抓手，致力公正司法，倾力司法为民，积极担当作为，各项工作继续保持良好发展态势。全年受理各类案件 12677 件，审（执）结 13922 件，同比分别增长 0.13% 和 19.4%。

【维护社会稳定】 积极参与扫黑除恶专项斗争“高密战役”，配强以院长庭长为审判长的专业审判团队，审结群众反映强烈、社会影响恶劣的刘某彪、宫某利、綦某君等 5 案 45 人恶势力集团、团伙犯罪，两名主犯被判处十年以上有期徒刑。贯彻总体国家安全观，加强刑事案件审理，全年审结刑事案件 633 件 858 人，同比上升 40% 和 37%。保持对严重暴力犯罪高压态势，依法审理危害公共安全犯罪、有组织犯罪、严重暴力犯罪 77 人，依法从严惩处毒品犯罪、涉黄涉非 29 件 48 人，判处五年以上有期徒刑 35 人。主动回应人民群众关切，依法判决“两抢一盗”、敲诈勒索、电信诈骗等多发性侵财案件 89 件 117 人；对 10 起危害食品药品安全犯罪予以严惩，让百姓出行更安全、食药更放心、生活更幸福。坚定不移惩治腐败，对高密市文化馆原馆长牟某挪用公款案、高密市公安局刑警大队原大队长吕某勇受贿案依法判处有期徒刑。坚持宽严相济刑事政策，推进认罪认罚从宽制度改革，依法适用非监禁刑，刑事附带民事调解率 99%，标的额 1753 万元。

【践行司法为民】 创新司法便民利民惠民机制，推进智慧法院建设，全面运行“山东移动微法院”，将立案、告知、送达等事项办理延伸到移动终端，积极推行网上立案和跨区域立案，全院网上立案率达 100%。加强诉源治理，将矛盾化解纳入高密市综合治理大格局，主动延伸多元解纷触角，在原有消费维权、医患纠纷等 14 个调解中心基础上，增设金融调解中心，全年共对外分流化解案件 4308 件，进入诉讼程序的案件仅占全部案件的 67%，让群众不打“官司”也能解决烦心事。将定分止争、案结事了作为民事审判的目标，着力加强辨法析理、教育疏导，促使当事人服判息诉，一审服判息诉率 95.6%，大量民事纠纷从根本上得到化解。

【优化营商环境】 审结买卖、租赁、加工承揽等合同纠纷 1387 件，涉案标的额 3.8 亿元。依法平等保护用人单位与劳动者合法权益，审结经济发展结构调整引发的劳动争议 228 件；加大对关停企业下岗职工、农民工等弱势群体的保护，帮助追回拖欠工资 320 万元，维护了社会稳定。全方位服务民营企业发展，审结涉民营企业案件 4598 件，对各类市场主体均做到平等保护。对邦泰散热器公司合同欠款一案，立案后立即采取网络查控、网上冻结、追加被告等措施，仅耗时 10 余天，为公司追回陕西、河南、西藏等地债权 200 余万元，帮助企业解决燃眉之急。对暂时陷入困难的企业，审慎使用“查扣冻”措施，强化调解力度，对浙江天正电气等 17 家外地企业追要高密市企业债权案件，通过反复调解，既促成双方达成债务清偿协议，又保证合同继续履行，保障了民营企业家专心创业、安心经营。

【推进行政审判】 自觉将履行行政审判职能与服务党委、政府中心工作结合起来，依法打击非法占地、危害食品药品安全、破坏资源环境等违法行为，支持行政机关依法行政。助推法治政府建设和“放管服”改革，审结行政诉讼案件 304 件，判决行政机关履行法定职责 85 件，对 147 件涉及城市执法、国土资源、环境保护、市场监管、劳动社保方面的非诉行政案件，加大审查和执行力度，以实际行动维护了行政机关的权威和法律法规的严肃性。强力推进行政公益诉讼，在执行王某占用集体土地、擅自采砂、开挖鱼塘破坏基本农田一案中，督促相关部门监督复垦，追缴罚款 32 万元，守住高密市耕地红线。深入推进跨行政区划诉讼管辖改革，妥善审理高密周边县市行政案件 10 余件，取得良好效果；推动行政机关负责人出庭应诉，行政机关负责人应诉率达 100%。

【开展执行攻坚】 继续加大案件执行力度，推动从“基本解决执行难”向“切实解决执行难”迈进，全年共执结案件 4360 件，执行到位金额 6.85 亿元。配齐配强执行力量，将原有执行团队由 4 个增加到 10

个，赋予4处法庭执行权。坚持重拳出击，开展“雷霆行动”“反规避执行”等专项集中执行活动，实施搜查行动180余次，罚款、拘留（拘传）320人次，化解了一批“骨头案”，打出了执行声威。认真做好司法救助工作，为执行不能案件导致生活困难的申请人，争取救助金27万元，真正让司法关怀温暖人心。

昌邑市人民法院工作概况

【概述】 2019年，昌邑市人民法院在市委和上级法院的领导、监督、支持下，坚持以习近平新时代中国特色社会主义思想为指导，深入学习贯彻中共十九大和中共十九届二中、三中、四中全会精神，牢牢把握司法为民、公正司法主线，全面做好审判执行工作，深入推进司法改革，大力加强自身建设，各项工作取得新发展。全年共新收各类案件9375件，办结9492件，同比分别增长23%和24.5%。

【全力保障经济高质量发展】 认真贯彻总体国家安全观，坚持宽严相济刑事政策，审结各类刑事案件604件，判处717人，分别上升28.5%和21.3%。积极参与扫黑除恶专项斗争，坚持院长庭长带头办案，审结恶势力团伙犯罪案件5件20人，均判处有期徒刑刑罚。坚持依法保护产权、倡导诚实守信，处结借款、保险、股票、买卖等各类商事案件2268件，为公民、法人挽回经济损失1.9亿元。严格履行司法审查职能，积极助推法治政府建设和“放管服”改革；加强非诉行政执行工作，大力支持城建、交通、环保等部门的行政执法工作，共执结非诉行政执行案件174件。加大司法公开力度，完善流程信息、庭审直播、裁判文书、执行信息、微博直播等全方位公开平台，及时发布审判流程信息和执行信息，公开裁判文书3520篇，庭审直播269场次。

【认真践行司法为民宗旨】 加快推进一站式诉讼服务中心建设，整合功能，集中办理送达、保全、坚定、评估等辅助性、事务性工作，方便当事人“一站通办”“一次办好”。大力推进网上立案工作，当事人足不出户即可完成提交材料、缴纳费用等事项。不断完善多元纠纷解决机制，主动对接各类调解组织，大力推动行政争议审前和解中心建设和“道交一体化”等专业化纠纷平台应用，为群众化解纠纷提供更多便利。高度关注人民日益增长的美好生活需要，依法保障和服务民生，审结婚姻家庭、交通事故、人身损害赔偿等各类民事纠纷案件2966件。持续加大执行工作力度，共执结各类案件3596件，同比上升46.3%，为群众兑现合法债权5.38亿元，努力营造法律必须遵守、义务必须履行的氛围。

【扎实推进司法改革】 进一步规范民商事办案流程，推动审判流程优化重塑，推进案件繁简分流、轻重分离、快慢分道，让公平正义以更快速度实现。推行新的办案模式，组建速裁团队2个，实现调裁一体、简案快办。探索推进人民法庭职能转型，围子法庭专业化审理金融案件。制定法官权力清单，严格落实独任法官、合议庭办案责任制，让审理者裁判、由裁判者负责。坚持放权与监督相结合，强化院长庭长监督管理职责，明确干预过问案件和正当监督管理的界限，实行案件监管全程留痕制度，防止司法权力滥用。圆满完成内设机构改革任务，院机关内设机构由20个精简到11个，实现扁平化管理。加强干警绩效考核，激励法官多办案、快办案、办好案。

11月5日，昌邑市人民法院干警到社区开展普法宣传活动

【全面加强法院自身建设】 扎实开展“不忘初心、牢记使命”主题教育，通过组织到党性教育基地参观学习、举办专题辅导讲座、组织专题调研等形式，引导广大干警学懂弄通做实习近平新时代中国特色社会主义思想，树牢“四个意识”，坚定“四个自信”，做到“两个维护”。扎实推进党建工作创新，坚持“支部建在庭上”，广泛组织开展“我为党徽添风采、公平正义铸党魂”党建品牌创建、党员“双报到”等活动，将党建工作与业务工作全面融合。认真落实中央“八项规定”

及实施细则精神，开展多轮次、常态化的审务督察和明察暗访活动，及时发现、督促整改纪律作风问题。深入开展庭审观摩、案例研讨和优秀文书评选等活动，加大审判实务培训力度，着力提升法官适用法律、做群众工作和解决实际问题的能力。坚持全面从严治党、从严治院，深入开展“廉洁司法、担当作为”集中警示教育和“查问题、正风纪、树形象”纪律作风整顿，增强干警廉洁司法、担当作为意识。健全廉政风险防控体系，用好监督执纪“四种形态”，挺纪在前，抓早抓小，着力打造忠诚干净担当的法院队伍。

潍坊高新技术产业开发区人民法院工作概况

【概述】 2019 年，潍坊高新技术产业开发区人民法院紧紧依靠区党工委的领导，在上级法院的大力指导下，深入学习贯彻落实习近平新时代中国特色社会主义思想、中共十九大和中共十九届二中、三中、四中全会精神，围绕“努力让人民群众在每一个司法案件中感受到公平正义”的工作目标，牢牢坚持司法为民、公正司法的工作主线，以开展“工作落实年”为抓手，充分发挥审判职能，较好地完成各项审判执行工作任务。

【执法办案】 充分发挥刑事审判职能，审结一审刑事案件 355 件。严惩危害公共安全犯罪，审结危险驾驶等案件 141 件，进一步增强群众安全感。落实宽严相济刑事政策，对确有悔罪表现、罪行轻微的初犯、偶犯，依法适度从宽处理，促使改过自新。发挥民商事审判职能作用，审结一审民事案件 2262 件。高度关注住房、医疗等民生领域新诉求，坚持调判结合、调解优先，妥善化解各类民事案件。切实抓好商事案件审理，平等保护各类市场主体，保障市场交易公平公正。发挥行政审判职能，审结一审行政诉讼案件 96 件，审查非诉行政执行案件 22 件，监督支持依法行政，维护行政相对人合法权益。

【服务大局】 依法服务保障全区经济社会高质量发展。畅通依法征迁案件诉讼“绿色通道”，妥善审理 32 件涉及依法征迁的案件，有力保障了全区项目建设顺利进行。认真做好包联企业工作，经常性深入包联企业开展调查研究，累计协调解决企业生产经营过程中遇到的困难和问题 12 件，全力助推企业高质量发展。认真做好“e 租宝”案件受害人登记、涉民营企业案件专项执行行动、打击逃废金融债务、涉诉信访案件办理等工作，扎实营创一流法治营商环境。

【扫黑除恶】 按时向区党工委政法委报送直接责任人落实扫黑除恶专项斗争的工作部署情况。依法审结黄某东等 4 人恶势力犯罪团伙案件，对黄某东等 4 人分别判决有期徒刑六年至一年零四个月不等的刑期，取得了良好的政治效果、法律效果和社会效果。扎实做好扫黑除恶督导反馈问题整改工作，并逐条提出整改措施，跟踪督促落实到位。充分运用各类媒体广泛宣传党中央、国务院关于开展扫黑除恶专项斗争的决策部署，努力营造深入开展扫黑除恶专项斗争的浓厚氛围。

【执行工作】 紧紧围绕提升执行案件核心指标，持续加大执行力度，坚持每周至少开展 2 次集中执行行动，通过开展涉民生案件、涉金融案件等专项集中执行行动，有力维护了当事人的胜诉权益。进一步规范执行行为，严格落实终本案件院长审批制度，确保每一件终本案件都符合要求。做好一案一账户、执行转破产、规范限高和失信措施适用等工作，坚决杜绝消极执行、乱执行和选择性执行。

【智慧法院建设】 全力推进“两个一站式”建设，主动将司法融入社会治理体系和多元化纠纷解决机制，为人民群众提供丰富快捷的纠纷解决渠道和一站式高品质的诉讼服务。大力推进网上立案工作，当事人可以全时空通过互联网提交立案材料，除刑事案件外，所有民事、行政、执行案件网上立案率达到 100%。深入推进电子卷宗随案同步生成和深度应用，努力形成以审理电子卷宗为主、纸质卷宗为归档卷宗的办案新模式。充分运用信息化手段加强审判质效监管，实现审判执行质效指标自动生成、适时调度。

【队伍建设】 始终把政治建设摆在首位，教育引导干警牢固树立“四个意识”，始终在思想上政治上行动上同以习近平同志为核心的党中央保持高度一致。结合开展“不忘初心、牢记使命”主题教育，认真抓好查摆问题整改、司法作风集中整治等重点工作任务落实。深入推进司法责任制改革，发挥好绩效考核杠杆作用，着力提升法官助理能力和水平，不断增强审判团队整体效能。正确运用监督执纪“四种形态”，持续加大执纪问责力度，努力打造一支忠诚、干净、担当的人民法院队伍。

潍坊滨海经济技术开发区人民法院工作概况

【概述】 2019年，潍坊滨海经济技术开发区人民法院坚持围绕中心、服务大局，立足“担当作为、狠抓落实、防控风险”，全力抓好执法办案第一要务，主动服务保障经济转型升级，共受理各类案件1360件，结案1456件，同比分别上升10.76%和18.39%。

【服务大局】 切实肩负起司法保障新旧动能转换，依法服务和保障处置“僵尸企业”重大职责，牵头起草的《关于推动“僵尸企业”依法处置的意见》由滨海区党政办印发全区贯彻执行。

【刑事审判】 受理刑事案件137件，审结139件，同比分别上升56%和54%。重点打击电信网络诈骗、黑恶势力犯罪等严重影响经济发展和社会管理秩序的犯罪，扎实推进以庭审为中心的刑事诉讼审判方式改革，认真落实三项规程、认罪认罚从宽、刑事案件律师辩护全覆盖等制度，其中认罪认罚从宽制度单月适用率100%。

【民事审判】 受理各类民商事案件664件，审结778件，结收比117%，其中调解、撤诉结案228件，调撤率29.3%，简易程序案件889件，简易程序适用率60.5%，无超审限案件和长期未结案件。积极稳妥处理盛丰面业公司破产案件，依法保障1800多户、2000余人的合法利益，有效维护了社会稳定。

【行政审判】 受理各类行政案件12件，审结13件，结案率108.33%，行政机关负责人出庭率达100%。成立行政争议审前和解中心，为促进行政纠纷实质性化解、实现司法与行政良性互动搭建了新平台，创设了新机制。

【执行工作】 开展涉金融、“暖心冬日”等执行专项行动，实现假日执行、夜间执行常态化，形成破解“执行难”高压态势。受理各类执行案件349件，执结339件，执行到位金额8643万元，有财产可供执行法定期限内实际执结率98.24%，终本案件合格率100%，信访案件办结率100%。

【立案信访】 把做好“两个一站式”建设作为一项政治任务来抓，明确责任目标，制定任务表、路线图，统筹推进，共有568件案件转入诉前调解，调解成功169件，诉前调解成功率为29.75%；推进“分调裁审”改革，速裁团队全年结案178件，服判息诉率达96.07%，平均办案天数35.83天，其中15天内速裁案件结案数95件，占结案总数的53.37%；推行诉前鉴定制度，受理各类对外委托司法鉴定案件183件，其中诉前鉴定案件133件，有效减少因鉴定而拖滞办案效率的问题；完善信访机制，强化风险评估，受理群众信访案件12件，做到件件有落实，事事有回音。

【司法改革】 完成内设机构改革和改革后人员调整的所有相关工作，部门由改革前的7个整合为5个，人员配置更加高效；组织2名符合条件人员参加2019年法官遴选考试、考核；完成法官等级晋升工作。

【司法公开】 共上网裁判文书1112篇，倒逼裁判文书质量和庭审水平提升；组织开展“法院开放日”、重温入党誓词、“12·4”宪法宣誓等系列活动，邀请电视台等媒体跟踪报道，展现法院良好形象；推进人民陪审员制度改革，人民陪审员参审案件221件；注重“两微一网”等新媒体建设，稿件省市级媒体采用40余篇。

【党建工作】 扎实开展“不忘初心、牢记使命”主题教育，推进基层党组织标准化建设，制订《2019年度党支部组织力提升工程年度计划》，认真开展民主生活会、组织生活会和“固定党日”、领导干部上党课、支部书记述职等活动；坚持把意识形态工作纳入党建工作责任制，召开意识形态工作专题会议2次，集中研讨1次，切实维护司法领域意识形态安全。

【教育培训】 将革命传统教育、理想信念教育列为必修课，组织党员干部赴井冈山教育培训基地、寿光牛头镇抗日武装起义陈列馆等参加党性教育专题培训；开展对标学习，赴淄博高新区法院进行参观学习；定期组织入党积极分子和党员参加机关党委举办的学习教育活动，不断增强干警政治素质。

【廉政建设】 深入开展“廉洁司法、担当作为”和纪律作风专项督察活动，用好监督执纪“四种形态”，抓好上级法院司法作风巡查和作风督查情况反馈意见的整改落实，着力解决工作中存在的“四风”等问题。严格落实公正廉洁提醒卡、一岗双责监督卡、谈心谈话等各项廉政制度，实现谈心谈话常态化，进一步提高廉政风险防控水平，司法作风和公信力不断提升。

济宁市中级人民法院工作概况

【概述】 2019 年，济宁市中级人民法院（以下简称济宁法院）在市委坚强领导下，在市人大及其常委会有力监督下，以习近平新时代中国特色社会主义思想为指导，以工作落实年为抓手，忠实履行职责，狠抓自身建设，各项工作取得新进展。全市法院共收案 148672 件，办结 154212 件（含旧存），标的额 286.04 亿元，均创历史新高。其中，济宁法院收案 17766 件，办结 17360 件（含旧存），标的额 74.63 亿元。

【提高政治站位，确保党的绝对领导】 扎实开展“不忘初心、牢记使命”主题教育，研究制定《主题教育实施方案》，成立领导小组及办公室，组建工作专班。在市委第十二巡回指导组指导下，坚持不分环节、不划阶段，聚焦“十个围绕”和“六难三案”，列出 8 个专题深入调研，对 43 个检视问题和 87 条意见建议认真整改，坚决破除影响群众利益、制约工作发展的突出问题，确保主题教育取得实效。深化“大学习、大调研、大改进”，成立领导小组，用好“灯塔——党建在线”、“学习强国”APP、知识竞赛等载体，教育引导干警守初心、担使命，确保同以习近平同志为核心的党中央保持高度一致。把意识形态工作摆上重要议事日程，举办院机关领导干部法治专题讲座，坚持重大敏感案件事件依法处理，牢牢掌握司法领域意识形态工作主导权。

【找准法院职能定位，服务市委中心工作】 从积极促进营商环境优化出发，制定《营创法治化营商环境实施方案》，组建“中小企业投资保护”“执行合同”“办理破产”评价指标工作团队，全力配合做好世行评价迎评工作。从服务经济创新驱动发展出发，妥善审理涉企业纠纷 40205 件，对涉民营企业灵活、慎用保全措施，维护企业发展权益，激活企业创新动力。从服务保障新旧动能转换出发，优化管理人市场化选任机制，强化府院联动，办理破产案件 41 件，消化债务 53.52 亿元，释放土地 172.47 公顷、房产 31.33 万平方米，依法保障动能转换。从保障乡村振兴战略实施出发，审结涉“三农”案件 2398 件，依法及时审结、执行一批涉农民工劳动报酬案件，促进乡村法治建设。

【积极参与综合治理，维护社会大局稳定】 树牢总体国家安全观，全市共审结刑事案件 8813 件，判处罪犯 9858 人。以深挖重惩黑恶犯罪为重点，紧紧围绕打赢扫黑除恶“济宁战役”，审结黑恶犯罪案件 44 件，判处罪犯 389 人，其中，判处五年以上有期徒刑 145 人，一审重刑率达 36.74%，高于全省平均水平 8.7 个百分点。审结行政诉讼案件 1967 件，行政负责人出庭应诉 1032 人次，两级法院全部建成“行政争议审前和解中心”，推动司法与行政良性互动，促进法治济宁建设。特别是中华人民共和国成立 70 周年期间，全员加班加点，忠诚坚守岗位，为保障庆祝活动顺利进行作出积极贡献。以努力建设诚信社会为动力，共执结案件 50508 件，执行到位金额 118.48 亿元，巩固基本解决执行难成果。

【践行司法为民宗旨，高度关注保障民生】 围绕增进社会和谐，坚持把非诉讼纠纷解决机制挺在前面，完善诉前调解机制，构建诉非衔接机制，调处纠纷 12583 件，司法确认 771 件，20% 的矛盾纠纷在诉前化解。围绕更好满足群众诉求，启动建设“线上线下”相融合、“厅网线巡”立体化的一站式诉讼服务中心，制定“一次办好”服务清单，启动跨域立案改革，提供诉讼事务便捷解决方案。围绕快速解决矛盾纠纷，实行案件分流，突出简案快审，深化“分调裁审”改革，探索一体化诉讼流程再造，促进矛盾纠纷多元化解。围绕保障群众安居乐业，妥善处置教育就业、生产消费、医疗纠纷 13107 件，审结房产买卖、房屋租赁案件 4310 件，依法减缓免诉讼费、发放救助金 1340.1 万元，让群众切身感受到党的温暖。

【加大工作机制创新，全面推进司法改革】 重点抓好审判管理，完善专业法官会议、审判委员会制度，15 次主持召开办案调度会、推进会，进一步细化管理措施，优化管理机制。3 年以上未结诉讼案件首次实现清零，创历史最好成绩。推进改革纵深开展，完成县市区法院内设机构改革，综合行政部门压减达到 48.57%。坚持力量下沉，增选员额法官 16 人，其中，13 人充实到县市区法院。中院推选副县级以上干部（含法官职务）14 人，晋升其他干警职级待遇 48 人，激发干警工作干劲。修订绩效考评指标，切实发挥考核指挥棒作用。扩大司法公开民主，上网裁判文书 117479 篇，庭审公开 8863 场，接受社会查询和监督。新选任人民陪审员 950 名，总数达到 1877 人，参审案件 19380 件，司法民主持续加强。加强智慧法院建设，推广“公务外呼”等办案系统，协助推进“智慧政法”平台开发，智慧法院建设取得新成效。全市法院三项工作被省委政法委确定为司法责任制综合配套改革创新点。

【坚持政治统领带动，提升司法能力水平】 印发2019年党组党风廉政建设主体责任清单，党组与班子成员签订党建责任书，对党建责任进行分解，明确职责分工，落实“一岗双责”。制定《党建规范化建设实施方案》，设立“党员先锋岗”，成立“党员志愿服务队”，打造“扫黑除恶利剑”品牌，开展“标准、先进、过硬”党支部争创，推进党建品牌标准化建设，增强党建工作实效。开展岗位练兵，组织培训112期，培训1456人次，促进审判能力提升。牢牢掌握宣传阵地，两部作品在全国法院第六届微电影微视频评选活动中获奖，济宁法院被授予全国法院司法宣传先进单位称号。坚持把纪律规矩挺在前面，自觉接受派驻纪检监督，专项部署纪律作风大整顿，组织开展“廉洁司法、担当作为”系列警示教育，认真开展“整治突出问题加强内部管理”活动，集中整治违反中央“八项规定”精神和“六难三案”问题，组织明察暗访、专项督察152次，以踏石留印的决心维护司法清廉。

济宁市任城区人民法院工作概况

【概述】 2019年，济宁市任城区人民法院（以下简称任城法院）坚持以习近平新时代中国特色社会主义思想为指导，深入学习贯彻落实中共十九大及其历次全会精神，紧紧围绕全区发展大局，扎实依法办案，持续提振活力，用法槌敲响公平正义最强音。共受理各类案件35607件（含旧存4464件），审执结32390件，标的额183亿元，同比分别上升17.5%、29.5%、28%。收结案总数均位居全省第三、全市第一，约占全市基层法院总数的四分之一，审判执行工作再上新台阶。

【全力服务法治营商环境建设】 秉承习近平总书记“法治是最好的营商环境”指示，制定《营创法治化营商环境的实施方案》等16个专项文件，组建“中小企业投资保护”“执行合同”“办理破产”评析指标工作团队，开通涉商涉企、涉金融、涉重大工程案件“绿色通道”，努力营造经济发展法治软环境。支持经济转型升级，审结股权纠纷、破产重整案件42件。服务保障防范化解金融重大风险攻坚战，审执结金融案件4620件。切实为企业解忧纾困、防控法律风险，对接鸿顺集团、联合集团等20家企业，建立优质企业案例库84件，开展走访企业座谈、法律讲座40余次，共审结涉企纠纷案件9042件，促进了经济健康发展。

【纵深推进扫黑除恶专项斗争】 牢牢把握“深挖根治”阶段性目标，审结恶势力犯罪案件8件43人，判处邵某磊等8人、徐某军等3人的恶势力团伙主犯20年有期徒刑；突出打财断血，共追缴罚没恶势力犯罪分子财产1300余万元，有效震慑了人民群众深恶痛绝的黑恶势力。

【忠实履行审判执行工作职责】 共受理刑事案件2449件，审结2309件，判处罪犯2620人。受理民商事案件17676件，审结16257件，同比分别上升2.7%和11.6%。共受理行政案件240件，审结212件，受理卫生处罚、劳动处罚等非诉执行案件97件，维护了行政机关的执法权威，促进了依法行政。

【聚焦新时代民生权益保护】 持续发力执行攻坚，深入开展“凌晨行动”“节日突击”等集中执行行动，一大批重大疑难复杂执行案件得以化解。全年共执结各类案件13612件，执行到位金额25.9亿余元。优化升级立案、便民、自助服务区“线上”功能，开通“24小时法院”，引入电子支付、智能导诉、网上缴费，推进网上立案、视频作证、电子送达等新媒体快捷诉讼。全年完成网上立案23358件，位居全省第三。打造“一站式”多元解纷机制，诉前化解纠纷1102件，速裁案件4154件，平均结案周期缩短17天，有效提升了纠纷化解效能。2019年，济宁市法院分调裁工作会议在任城法院举行，任城法院作典型发言。健全诉讼服务“网格化”建设，成立薛口、太白湖、南池、阜桥等7个社区诉讼服务站，并推行人民法庭自主立案、执行员入驻派出法庭执行模式。5个派出法庭和7个诉讼服务站共受理各类案件11782件，审结案件11471件，“立、审、执”便民质效大幅度提升。

【全面推进司法体制配套改革】 认真落实司法改革总要求，将原有36个庭、科、室整合为17个部门，完成了第二批15名员额法官遴选工作。优化司法权运行机制，召开专业法官会议57次，讨论疑难复杂案件146件，切实提高了审判质量，一年来，上诉案件发改率同比下降35%。不断激发全院干警内生活力，全院案件结收比104%、结案率91%，同比分别上升9.6%、5.9%；员额法官人均办案348件，同比上升 11.5%；有 4 名法官审执结案件超过 1000 件，楚孔领法官结案 1037 件，位居全市第一名；入额院领导办理案件 1501 件，结案总数及人均结案数均位居全省首位，院长庭长办案制度被省委政法委列为全省司法责任制改革先进典型，并在全省予以推广。探索家事审判改革新途径，成立全省唯一一家家事少年综合审判庭，全年共审结各类家事案件 726 件，发出人身保护令 7 份，调撤率达到 66.9%，取得了良好的社会效果。着力推进民商事案件“分流、调解、速裁、快审”机制改革，运用 30% 的办案力量审结 70% 的民商事案件，让群众解纷时间同比缩短 21%。持续深化刑事诉讼制度改革，依法适用认罪认罚从宽制度审结案件 1033 件，速裁案件当庭宣判率 100%，平均结案周期下降至 7 天，专业化审判彰显改革成果。

【从严加强法院队伍建设】 认真开展“不忘初心、牢记使命”主题教育，法院班子凝聚力、战斗力明显增强，全院形成团结奋进、开拓创新、务实拼搏的坚强集体。组织全院干警深入开展为期三个月的纪律作风教育整顿活动，积极开展“六难三案”等专项整治，坚决查处和纠正“人情案、关系案、金钱案”。深入推进法官队伍革命化、正规化、专业化、职业化建设，全年开展员额法官、法官助理、书记员等各类人员的业务培训 467 人次。建立“基层锻炼”制度，新招考的 15 名法官助理全部派驻基层法庭进行锻炼。开展庭审观摩评议、优秀裁判文书评选，与西南政法大学联办司法素能提升班培训干警 124 人次，激发干警争先创优工作热情和比学赶超的干事氛围。认真贯彻新时期党的建设总要求，顺利完成 22 个党支部改选，积极推进党组活动和审判工作高度融合，努力形成“一个支部就是一个坚强战斗堡垒，一名党员就是一面先锋模范旗帜”的工作局面，全院 77 名党员法官，共审结各类案件 26559 件，占全院案件总数的 82%，较好地发挥了模范先锋作用。

曲阜市人民法院工作概况

【概述】 2019 年，曲阜市人民法院共受理各类案件 8606 件，比上年增长 12.79%，审结 7757 件，比上年增长 14.12%，结案率 90.13%。7 个集体、11 名个人获得上级表彰，其中行政审判庭被省委政法委授予“山东省人民满意政法单位”称号，刑事审判庭一名法官被省高院评为全省法院系统扫黑除恶工作先进个人。

【审判执行】 **重拳出击惩处犯罪**。共审结刑事案件 380 件，比上年增长 30.58%，判处犯罪分子 526 人，其中判处三年以上有期徒刑 205 人。强力推进扫黑除恶专项斗争，审结张某某等 23 人黑社会性质组织犯罪案件，判处首犯张某某 24 年有期徒刑，审结袁某某等 28 人恶势力犯罪集团案件，判处首犯袁某某 20 年有期徒刑。审结危害公共安全、故意伤害等严重刑事犯罪案件 199 件 213 人。加强与监察委工作配合，审结贪污受贿、渎职等犯罪案件 13 件 18 人。深入推进刑事案件认罪认罚从宽制度，审结认罪认罚刑事案件 82 件 121 人。

和谐司法保障民生。共审结民商事案件 4681 件，标的额 4.2 亿元。强化诉调对接方式的运用，审结人身伤害、道路交通事故、劳动争议等纠纷案件 667 件。全面推开家事审判方式改革，审结婚姻家庭、继承等纠纷案件 735 件，家事案件调解撤诉率达 52.38%。依法办结涉环境资源的诉讼案件、非诉执行案件 9 件，加大对污染环境、破坏生态等行为的惩治力度。妥善审结民营企业投资、股权纠纷案件 41 件，保障民营经济高质量发展。审结民间借贷、金融借款合同纠纷案件 923 件，为金融机构追偿债权 1.32 亿元，办理胜诉退费 233 万元，为非法集资受害人执行追回集资款 1000 余万元。持续推进知识产权“三合一”审判工作，对知识产权关联案件集中开庭，审结案件 391 件。

妥善化解行政争议。坚持有案必立、有诉必理，审结行政诉讼案件 154 件，办理非诉行政案件 184 件，向行政机关提出司法建议 5 条。落实行政机关负责人出庭应诉制度，行政负责人出庭应诉率达 92%。成立“行政争议审前和解中心”，44 起案件通过和解中心在审前圆满解决，推动行政争议实质性化解。协助开展土地违法建设查处、闲置土地处置、三小车辆治理等工作，参与重大案件风险评估和信访案件听证，提供法律建议，受到市领导和社会各界的广泛好评。

全面发力决胜“执行难”。继续巩固“基本解决执行难”成果，共执行结案 2358 件，执行标的额 3.89 亿元。持续加大涉民生、涉金融案件执行力度，开展突击执行 52 场次，出动警力 480 人次，到位资金 2300 万元。推进网络查控系统建设，网上查询工商、房产、车辆等信息 2.3 万余次，冻结资金近 3400 万元，网络拍卖执行财产 185 件，成交金额 6182.63 万元。重拳惩治拒执行为，对有能力履行而逃避执行的“老赖”罚款 15 万元，拘传 490 人次，司法拘留 72 人次，以拒不执行判决裁定罪判处 2 人。强化联合惩戒机制，

10 月 22 日，曲阜市人民法院法官张霞在孔子中学 2019 法治教育报告会上作报告

315 名被执行人被纳入失信名单，2870 人次被限制高消费，让被执行人“一处失信、处处受限”。

【司法为民】 积极为贫困群众提供高效司法服务，快立快审涉老弱病残、下岗职工、农民工等弱势群体案件 101 件，为贫困群众追索赡养费、抚养费、交通事故人身损害赔偿款等共 179 万元。加大司法救助力度，为生活困难当事人发放司法救助金 21.06 万元，缓减免交诉讼费 40.21 万元。建设“24 小时法院”，全面推进网上立案，健全跨域立案、延伸立案，网上立案率达到 100%。构建一站式多元解纷机制，诉前多元化解纠纷 1976 件，委派、委托、专职调解成功案件 493 件。全面做好中华人民共和国成立 70 周年大庆期间的信访工作，提前 3 个月全部完成上级法院交办的 9 起信访积案的化解任务，在济宁市基层法院系统中率先将信访积案清零。

【司法改革】 贯彻落实司法体制改革部署，2019 年 3 月完成内设机构改革工作，人力资源向办案一线集中。实现院长庭长办案机制常态化，院长庭长办案 3535 件，占结案总数的 45.57%。制定案件评查工作规定，强化院长庭长监督管理职责，对员额法官做到放权不放任。加强智慧法院建设，开发移动办案终端，全面启用“智慧政法”平台，推进审判过程智能辅助、电子卷宗随案生成、庭审现场同步直播，规范办案程序，提升办案质效。

【队伍建设】 扎实开展“不忘初心、牢记使命”主题教育，通过院领导上党课、开展主题党日活动、剖析整改问题等方式，引导干警坚守初心牢记使命。先后组织干警参加上级法院组织的业务培训，举办“精品裁判文书”“优秀审判案例”等技能评比活动。严格履行“全面从严治党”主体责任，全面落实党风廉政建设“一岗双责”，组织开展“纪律作风大整治”活动，定期开展司法巡查和审务督察，以“严”的纪律锤炼“实”的作风。

【党的领导】 加强法院党的建设，坚持重大部署、重点工作、重要事项向市委请示报告，确保法院工作始终处在党的绝对领导之下。自觉接受市人大常委会开展的专项执法检查，坚决贯彻市人大及其常委会决议决定。积极办理市人大代表建议、政协委员提案，及时向代表委员反馈办理情况。不断完善与人大代表、政协委员联系沟通机制，开展“向人民报告”、法院开放日等活动，邀请人大代表旁听庭审、参与调解、见证执行，全方位、多角度地满足群众的知情权、参与权和监督权。

济宁市兖州区人民法院工作概况

【概述】 2019 年，济宁市兖州区人民法院（以下简称兖州法院）始终坚持以习近平新时代中国特色社会主义思想为指导，全面贯彻中共十九大和中共十九届二中、三中、四中全会精神，坚持服务大局、司法为民、公正司法，忠实履行宪法法律赋予的职责，各项工作取得新的进展，为全区经济社会发展提供了有力司法服务和保障。全年受理各类案件 9309 件，办结 8377 件，同比分别增长 1.37% 和 13.42%。

【审判执行】 *严厉打击刑事犯罪*。全年审结刑事案件 651 件，惩处犯罪分子 804 人。重拳惩治涉黑涉恶犯罪，一审审结王某庆等 11 人恶势力集团犯罪案件。依法惩处危害公共安全犯罪，审结危险驾驶、交通肇事等犯罪 398 件 403 人，维护社会安定有序。突出打击危害群众生命财产安全犯罪，审结故意伤害、寻衅滋事、盗窃、诈骗等犯罪 165 件 242 人，保护人民幸福安宁。积极参与禁毒斗争，审结涉毒犯罪 12 件 20 人，推动净化社会风气。坚决惩治破坏生态环境犯罪，审结非法采矿、滥伐林木、污染环境等犯罪 12 件 12 人，筑牢美丽兖州司法屏障。依法严惩腐败犯罪，审结贪污贿赂、渎职犯罪 9 件 15 人，切实维护良好政治生态。

安善化解民商纠纷。全年审结各类民商事案件4394件，标的额21.45亿元。深化家事审判改革，审结婚姻、抚养、赡养、继承等纠纷784件，修复家庭关系，维护公序良俗。关切涉案基础民生，审结物权保护、劳动争议、交通事故等纠纷669件，及时定分止争，救济权利。依法规范房地产市场秩序，审结建设工程、房屋买卖、房屋租赁、物业服务等纠纷522件，保障群众合法居住权益。依法保护公平竞争，审结买卖合同、加工承揽、公司证券、保险票据等纠纷562件，鼓励诚信交易，激发市场活力。全力服务优化营商环境，推进破产企业救治，对明星橡胶等9家企业，进行破产清算，对齐鲁特钢等4家企业、涉及12个公司，进行破产重整，盘活工业用地39.13公顷、闲置房屋7万余平方米，有力促进区域经济“腾笼换鸟”，助推危困企业“凤凰涅槃”。

积极促进依法行政。审结城建拆迁、治安管理、社会保障、土地资源等领域行政案件49件，其中，原告胜诉7件，双方和解9件，维持合法行政行为33件，依法保护相对人合法权益，支持行政机关依法行使职权。积极服务政府转变职能，审结行政确认、行政登记案件19件，服务保障“放管服”改革。深化行政与司法良性互动，全区“行政争议审前和解中心”，建成运行，推动行政争议实质化解。依法审查行政非诉案件，裁定准予执行211件，标的额697.4万元，保障行政执法高效运行。

持续攻坚执行难题。全年执结案件2889件，执行到位7.43亿元。打造智慧执行模式，强化财产网络查控，覆盖房产、存款、车辆、证券、网络资金，网上查询财产6579次，冻结银行存款、微信、支付宝资金2.3亿元；完善网络司法拍卖机制，全年网拍101件，成交金额4202万元，溢价率5.35%。深化办案机制改革，组建初执团队，批量处理，集约执行，提高执行质效。加大执行威慑力度，拘留、罚款76人（次），判决拒执犯罪4件，严厉打击拒执行为，维护法律权威；上网公布失信名单1365例，限制高消费2980人，切实让失信“老赖”网上有名、脚下无路，推动社会诚信体系建设。

【司法为民】 *优化升级诉讼服务*。大力推进“互联网+诉讼服务”，全面实行网上立案、自助立案，推行跨域立案服务。集约管理诉讼服务事务，整合文书送达、诉讼保全、委托鉴定、材料收转，设立统一窗口，规范办理流程。依法开展司法救助，发放执行救助金32万元，缓减免诉讼费8.41万元，切实保障困难群众诉讼权利。

推进矛盾纠纷多元化解。积极推动诉源治理，强化诉调统筹衔接，全年诉前化解矛盾325起，司法确认调解协议26份。开展“分调裁审”改革，推进繁简分流、速裁快审、类案专办，案件简易程序适用率达81.48%，速裁团队、专业团队办理案件1776件，有力压缩办案周期，提升审判效率。

精准施策化解涉诉信访。加强信访源头预防，贯穿立案、审判、执行，压实法官第一责任，确保办案实体公正、程序规范，全流程防控初信初访。开展信访积案专项治理，坚持专班推进，逐案确定包案领导、包案庭长、包案人员，加强释法析理，穷尽法律程序，解决合法合理诉求，努力促成信访群众息诉罢访，回归正常生产生活。坚持依法治访，教育引导群众理性表达诉求，推动信访回归法治轨道。

【改革创新】 *规范审判权力运行*。突出审判组织办案主体地位，独任法官、合议庭直接裁判案件占比达到99.64%；强化院长庭长监管职责，突出加强流程管理、个案监督。压实院长庭长办案责任，院领导全年结案491件，同比增长24.94%，充分发挥示范引领作用。完善法律统一适用机制，审判委员会加强宏观指导，专业法官会议“会诊”疑难案件，规范类案标准，统一裁判尺度。

健全办案保障机制。有序完成内设机构改革，充实一线力量，全力服务执法办案。统筹推进司法人员分类管理，完善绩效考评办法，激发办案内生动力。深化智审系统应用，不断强化司法科技支撑，减少办案在途时间，切实为法官增效赋能。

进一步强化司法公开。同步公开8类63项审判流程信息，及时告知当事人诉讼进展。全面启动庭审直播，直播庭审916件，促进规范诉讼活动。坚持“应上尽上”，上网公布裁判文书6852份，充分满足社会公众知情权。升级改版法院门户网站，丰富服务链接，提升用户体验。

【队伍建设】 *强化党建引领*。坚持抓党建带队建，切实抓实基层支部建设。深入开展“不忘初心、牢记使命”主题教育，严格落实意识形态工作责任制，加强社会主义法治理念教育，坚定不移走中国特色社会主义法治道路。

加强业务培训。推行开放式在线培训，接通上级法院“在线课堂”，鼓励干警自主学习。定期组织案件质量体检，邀请上级法院资深法官，评判复杂案例，传授办案经验。强化精品意识，开展办案

12 月 4 日，兖州法院邀请实验小学五里庄校区的百余名师生代表参加法院公众开放日活动

评比，积极培树先进典型，激励干警创优争先、精细办案。

推进党风廉政建设。严格落实“一岗双责”，层层压实管党治党责任。从严加强院风院纪，着力增强干警组织纪律观念，保障审判机关有序高效运转。加强廉政风险防控，抓实廉洁司法教育，群发廉政短信，开展案例警示，教育引导干警恪守司法良知、依法秉公办案；强化日常监督，开展办案回访，深化审务督察，盯紧重点岗位、关键节点，加强业内业外监督，坚持抓早抓小、防微杜渐，切实筑牢公正司法廉洁防线。

邹城市人民法院工作概况

【概述】 2019 年，邹城市人民法院认真学习贯彻习近平新时代中国特色社会主义思想、中共十九大和中共十九届二中、三中、四中全会精神，坚持司法为民、公正司法，忠实履行审判职责，全年共受理各类案件 14864 件，其中新收 12849 件，同比上升 1.05%，结案 13557 件，同比上升 13%，结案率 91.21%，同比上升 5.62%，结案标的额 21.58 亿元。

【审判工作】 **严厉打击刑事犯罪**。共审结刑事案件 888 件，判处罪犯 1073 人，其中判处 5 年以上有期徒刑 48 人。深入开展扫黑除恶专项斗争，共受理涉黑恶案件 6 件 51 人，审结 4 件 42 人。审结以杨某军为首垄断、控制邹城市烟花爆竹销售市场、涉嫌黑社会性质组织案件，判处杨某军有期徒刑二十年、剥夺政治权利四年、并处没收个人全部财产，判处其他 28 名被告人十三年六个月至一年五个月不等的有期徒刑。审结非法持有枪支、交通肇事、危险驾驶等危害公共安全犯罪案件 537 件，判处罪犯 537 人。审结贪污、贿赂、渎职等职务犯罪案件 4 件 4 人，保持反腐高压态势。

妥善审理民商事纠纷。共审结民商事案件 7265 件。其中，审结金融借款、民间借贷等纠纷案件 1854 件，推动金融环境持续向好。审结劳动争议纠纷案件 129 件，推进构建和谐劳动关系。审结婚姻、继承、赡养、抚育等家事纠纷案件 1927 件，有效化解家庭矛盾纠纷。成立优化营商环境评价指标工作专班，全力做好迎评工作，助推经济转型升级。

依法化解行政争议。审结行政诉讼案件 141 件，非诉行政执行案件 213 件，有力监督支持依法行政。设立行政争议审前和解中心，落实行政机关负责人出庭应诉工作，有力促进行政争议实质性解决。延伸行政审判职能，向行政机关提出司法建议 10 条，促进行政执法规范化。

【司法为民】 **围绕便民服务抓落实**。推动“两个一站式”建设，完善诉调一体工作机制。通过分调裁平台案件分流率为 98.37%，一审简易程序适用率为 81.05%，有效缩短办案周期。设立小额诉讼法庭，简化办案流程，减轻当事人负担。落实院庭长轮流接访制度，依法及时解决群众诉求。深入开展重大风险排查，逐案分析，精准施策，力促息诉罢访。规范涉诉信访秩序，圆满完成安保工作。

围绕破解难题抓执行。共执结案件 5050 件，执行到位标的额 3.73 亿元。开展“优化营商环境、集中强制执行”专项行动，全面进行宣传报道，形成震慑效应。加大失信被执行人惩戒力度，全年共纳入失信被执行人名单 2250 人，依法拘留“老赖”90 人，对涉嫌构成拒不执行判决、裁定罪的 9 人依法移送公安机关。加强案件节点管理，实行一案双查，规范执行行为。

围绕司法透明抓公开。通过互联网公开生效裁判文书 8011 份，网络直播庭审 324 件，通过官网、官微发布各类审务信息 500 余条，增强司法审判透明度。落实《中华人民共和国人民陪审员法》，完成新一届 121 名人民陪审员选任工作。举行“法院开放日”活动，邀请人大代表、政协委员和群众代表参观法院、观摩庭审，零距离感受法院工作。

【改革创新】 *优化团队办案模式*。健全完善规章制度，明确员额法官、法官助理、书记员工作职责，发挥团队办案优势。按照“1+1+N”的模式组建速裁团队，提升诉讼效率。发挥院庭长办案引领作用，全年入额院长庭长办案5895件，占结案总数的43.48%。完成内设机构改革，将机关内设机构由27个精简至10个，提高工作效能。

完善审判监督管理。强化院长庭长监督管理职责，对超审限、长期未结案件逐案通报约谈，限期办结，实现全部清零。对金融借款合同、民间借贷、机动车交通事故责任、离婚等纠纷案件实行要素式审判，提高办案效率。实行部门和个人案件质效周通报、月通报，督导多办案、快办案、办好案，员额法官人均结案282件。

推进智慧法院建设。网上立案率为100%，建设24小时法院，落实12368诉讼服务热线接线规范，切实方便群众诉讼。实行案件信息录入、电子卷宗、裁判文书上网、庭审直播等信息化应用通报制度，促进普及应用。建成新执行指挥中心，提升执行信息化水平。通过淘宝网拍卖成交标的物42件，成交金额2845.8万元，溢价率10.54%。

【队伍建设】 *加强思想政治建设*。深入开展“不忘初心、牢记使命”主题教育，树牢“四个意识”，坚定“四个自信”，做到“两个维护”。成立机关党委，完成党支部换届选举工作，努力做到抓党建带队建促审判。通过党组中心组理论学习、主题党日活动，利用灯塔——党建在线、学习强国、微信、微博等新媒体，学习宣传党的基本理论和路线方针政策。严格落实党管意识形态原则，牢牢把握司法领域意识形态主导权。

7月12日，邹城市人民法院行政审判庭成功调解一起涉土地确权行政争议案件

加强司法能力建设。加强业务知识学习培训，提高司法能力。开展学习宣传和贯彻实施宪法活动，邀请人大代表全程见证员额法官宪法宣誓仪式，增强法官职业责任感和使命感。加强与高等院校的共建联系，被省政法委确定为全省法学院校法治人才培养基地。

加强党风廉政建设。认真履行全面从严治党主体责任，召开廉政教育会议，邀请“邹鲁清风”宣讲团成员上警示教育课，引导干警知敬畏、明底线、守规矩。持之以恒正风肃纪，梳理排查廉政风险点，常态化开展审务督察和廉政风险提醒，共约谈、函询10人次，确保公正廉洁司法。

微山县人民法院工作概况

【概述】 2019年，微山县人民法院（以下简称微山法院）在县委的坚强领导下，在县人大及其常委会有力监督下，在政府、政协和社会各界大力支持下，以习近平新时代中国特色社会主义思想为指导，深入贯彻落实中共十九大及中共十九届二中、三中、四中全会精神，紧紧围绕“努力让人民群众在每一个司法案件中感受到公平正义”目标，牢牢把握“司法为民、公正司法”主线，忠实履行宪法和法律赋予的职责，充分发挥审判职能作用，各项工作取得了新进展。全年新收各类案件6047件，旧存1300件，审执结6737件，同比分别上升5.09%和16.24%，结收比为111.41%，同比上升10.68%，结案率为91.6%，同比上升9.92%，标的额12.31亿元。

【审判执行】 依法惩处各类刑事犯罪，全力保障社会稳定、人民安居乐业。审结一审刑事案件320件，判处被告人476人。严惩暴力犯罪和多发性侵财犯罪，审结抢劫、强奸、抢夺、盗窃等案件90件，保护人民群众生命财产安全。严惩“黄赌毒”“食药环”等群众深恶痛绝的犯罪，审结贩卖毒品、生产销售有毒有害食品等案件11件，净化社会治安环境。严惩涉众型经济犯罪，审结集资诈骗、非法吸收公众存款等案件3件，对莫某某等6人涉1393.95万元、受害群众155名的非法吸收公众存款案，依法判处二年至七年有期徒刑并处罚金。严惩职务犯罪，审结贪污、受贿等职务犯罪案件6件，保障反腐败斗争取得

6月3日，微山法院法官在微山湖畔做环境资源宣传

压倒性胜利。严惩破坏环境资源犯罪，对42名非法采矿、非法捕捞的罪犯作出司法制裁，全力保护大美微山湖生态环境。

稳步推进扫黑除恶专项斗争。审结恶势力犯罪案件5件15人，依法判处被告人一年至六年有期徒刑，无一适用缓刑，坚决打掉黑恶势力的嚣张气焰。全面排查线索，对2016年以来审结的民间借贷纠纷案件进行专项评查排查，共查出套路贷线索2条。根据审判过程中发现的问题，向有关部门提出司法建议4条，移送涉黑恶、“保护伞”线索19条。

深入贯彻新发展理念，服务保障微山经济社会持续健康发展。坚持新发展理念，围绕县委“三重”工作等决策部署，制定出台为新旧动能转换重大工程、实施乡村振兴战略、促进民营经济健康发展等提供司法服务和司法保障的意见，开展送法进企业、走访企业家等活动，发放《企业常见法律风险防范指引》小册子，结合审判实践，以案说法，答疑解惑，及时提供司法服务，引导企业防范常见的法律风险。发挥商事审判职能，平等保护各类市场主体，审结商事案件888件。其中，审结买卖合同、服务合同等案件286件。审结融资租赁、金融借款等案件569件，规范金融秩序，积极防控金融风险。推动完善优胜劣汰的市场竞争机制，审结破产重组、股权转让等案件33件，促进资源优化配置。

充分发挥行政审判和国家赔偿工作职能。发挥行政审判职能，审结行政诉讼案件25件。行政诉讼案件判决17件，驳回起诉5件，原告撤诉3件，判决率68%。依法审查违法用地、大气污染非诉行政执行案件121件，监督支持依法行政，维护行政相对人合法权益。加强国家赔偿审判工作，审结国家赔偿案件1件，维护了赔偿请求人的合法权益。落实行政案件跨区域管辖，赋予当事人对一审行政诉讼案件管辖的适当选择权，充分保护当事人诉权。2019年6月挂牌成立行政争议审前和解中心，推动行政争议实质性化解。

攻克“执行难”，着力兑现胜诉权益。全年受理执行案件2818件，执结2559件，结案率90.81%。开展“凌晨突击”“暖心冬日”执行等活动，电视台全程跟踪报道，利用电视台、微园大屏幕滚动播出失信被执行人名单，压缩“老赖”逃债空间，尽最大限度实现胜诉当事人合法权益。强化财产查控，依托“总对总”“点对点”网络查控系统，共查封房产74套、船舶26艘、车辆95辆，对主要财产形式做到“一网打尽”。完善网络司法拍卖，在淘宝网拍卖标的物83件，成交额3182.57万元，成交率79.42%。强化失信惩戒，推行今日头条精准曝光、公布诚信“黑榜”等做法，发布失信名单信息844人次，限制高消费2458人次，179名被执行人主动履行义务，让失信者寸步难行。拘留57人、拘传217人，按拒不执行法院判决裁定罪移送公安8件9人，维护生效裁判权威。

【司法为民】 *升级诉讼服务中心，着力完善便民机制*。建立与群众没有物理隔离的立案大厅，通过12368诉讼服务热线、远程视频会议系统等途径，为群众提供案件查询、诉讼咨询等服务。推进网上立案，让信息多跑路、让群众少跑腿。落实司法救助，为当事人缓减免交诉讼费6万余元，对家庭生活困难的12名申请执行人发放救助金18.7万元，彰显司法人文关怀。

高度重视信访积案化解，圆满完成安保任务。做好涉诉信访工作，健全院领导带班接访、远程视频接访等机制，引导群众理性表达诉求，受理申诉、申请再审案件19件。全力抓好防范和化解涉诉信访案件工作落实年活动，依法化解了省法院推送的6件信访案件，圆满完成中华人民共和国成立70周年大庆安保任务。正式启动跨域立案改革，无论案件属于哪个法院管辖，在微山法院均可提交立案申请，已受理跨域立案申请1件，减去当事人奔波劳苦，让人民群众实实在在享受到司法改革红利。

发挥民事审判职能，着力化解民生纠纷。审结民事案件3517件，努力为群众“衣食住行”提供管家式司法服务，织牢民生保障网络。深化家事审判

改革，出台《家事诉讼程序操作规程（试行）》，规定了家事调解、家事调查等制度，促进家事案件审理程序规范化运行，审结婚姻家庭、赡养抚养等家事案件821件，促进家庭和睦、社会和谐。平等保护劳动者与用人单位合法权益，审结劳动争议、工伤保险等劳资案件255件，营造健康有序的就业市场环境。制裁侵权行为，审结道交事故、健康权纠纷案件270件，维护被侵权人合法权益。服务乡村振兴战略，审结土地承包经营权、土地征收补偿等涉“三农”案件32件，保障农业农村优先发展。审结房地产买卖、建设工程案件90件，促进房地产市场平稳健康发展。

【司法改革】 圆满完成院机关内设机构改革，切实提升审判质效。内设机构由27个部门减少为10个部门，优化了职能配置。加强新型审判团队建设，组建速裁团队7个，实现诉调对接、司法确认、简案快办等一体化运行；组建专业化审判团队1个，7月份揭牌成立“陈慧芳法官工作室”，集中办理交通事故损害赔偿纠纷案件，提供交通事故“调诉赔一站式”服务，审结交通事故损害赔偿纠纷70件，调解30件，调解率43%，平均办案周期70天，较之前缩短30天，高效维护被侵权人合法权益。突出独任法官、合议庭办案主体地位，由独任法官、合议庭直接签发文书。落实院领导办案制度，带头办理案件461件，占结案总数6.64%。强化审判权监督制约，细化院庭长监督管理职责，将专业法官会议作为审委会的前置过滤机制，召开专业法官会议81次，研究讨论案件186件，确保监督管理“到位”不“越位”。

【队伍建设】 *加强人民法院党的建设。*推进“两学一做”学习教育常态化制度化，开展“不忘初心、牢记使命”主题教育，全面系统、深入学习习近平新时代中国特色社会主义思想，引导干警牢固树立“四个意识”，坚定“四个自信”，切实做到“两个维护”。举办主题教育读书班、院长讲党课和“中国梦 新时代 祖国颂”演讲比赛，开展党组理论学习中心组集中学习暨主题教育研讨会11次，组织干警到微山湖英烈纪念园、山东省运河监狱开展烈士公祭活动和廉政警示教育，激励广大党员立足本职，身体力行，以实际行动创一流工作业绩。换届选举新一届机关党委，坚持“支部建在庭上”“审判团队设党小组”做法，大力开展标准党支部、先进党支部、过硬党支部梯次争创活动。

*突出司法能力建设。*围绕增强“八种本领”，改进教育培训工作，落实法官、法官助理、书记员、司法警察等分类培训计划，加强对民法总则、行政诉讼法司法解释等专题培训，着力培养一批专家型、复合型、权威型的审判业务人才。加大业务培训力度，精心组织干警参加上级法院业务培训班24期，培训30余人次。

*严明纪律规矩，持续正风肃纪。*开展“以案为戒、正风肃纪、打造忠诚干净担当法官队伍”教育整顿和突出问题集中整治加强内部管理等系列活动，集中整治“四风”隐形变异、司法作风等问题，进一步提高了干警的政治敏锐性、鉴别力和免疫力。加大审务督察和明察暗访力度，加强对举报受理和线索核查工作的实时监督，严厉查处司法不严格、不规范、不公正的问题，坚持对违纪违法行为零容忍，确保司法公正廉洁。

鱼台县人民法院工作概况

【概述】 2019年，鱼台县人民法院（以下简称鱼台法院）坚持以习近平新时代中国特色社会主义思想为指导，全面贯彻中共十九大及其历次全会精神，忠实履行宪法和法律赋予的职责，各项工作取得了新进展。全年共受理各类案件6306件，同比上升30.6%，增幅居全市第二，结案6456件（含旧存），同比上升39.51%，结案率91.57%，全市排名第五。

【审判执行】 全力维护社会稳定。纵深推进扫黑除恶专项斗争，坚决扫除村霸、地霸、材料霸，深挖“保护伞”，打掉黑恶势力的嚣张气焰。制定、印发《防范和打击“套路贷”违法犯罪专项行动实施方案》，对近三年来审理的2200余件民间借贷及相关案件进行线索摸排，共移送相关机关违法犯罪线索15条，在深挖幕后、深化打击上持续发力。优化法治营商环境。认真践行新发展理念，紧紧围绕县委、县政府的重大决策部署，服务保障优化营商环境、乡村振兴战略、新旧动能转换、脱贫攻坚、生态环保、金融风险防控等重点工作。全年共受理商事案件921件，审结937件。积极防范化解金融风险，规范金融秩序，鼓励诚信交易，严惩市场欺诈，依法保护公平竞争。促进法治政府建设。全年共审结土地资源、城建规划、治安管理、社会保障等领域行政案件78件，同比增长53%，促进行政机关依法行政。2019年年初，鱼台法院在全市法院中率先主导成立行政争议审前和解中心，实现司法与行政的良性互动。积极推动行政机关负责人出庭应诉工作，出庭率达100%。深度挖掘审判数据，梳理风险苗头问题，预警社会风险，向相关部门提出司法建议5条。高度重视并将县“三小车辆”治理、“四城同创”工作摆在突出位置，鼓励干警积极参与。

【司法为民】 加强民生权益保障。全年审结各类民商事案件3745件，标的额5.83亿元。坚持调判结合，注重化解矛盾，民事案件调撤率达52%。深化家事审判改革，将孝贤理念融入家事审判，注重情感辅导、心理疏导，会同民政、妇联等部门，推动联合化解，审结婚姻、抚养、赡养、继承等纠纷705件，调解成功383件，着力维护婚姻家庭和谐稳定。妥善审结劳动争议、劳动报酬、交通事故赔偿纠纷案件465件，及时定纷止争。依法规范房地产市场秩序，审结建设工程、房屋买卖、房屋租赁、物业服务等纠纷504件，保障群众合法居住权益。持续攻坚执行难题。坚持咬定青山不放松，不断巩固“基本解决执行难”成果。全年共受理执行案件2424件，结案2196件，结案率为90.6%，执结案件标的额1.85亿元。开展“优化营商环境”“秋季执行会战”专项集中执行活动，通过30余次的“凌晨行动”和“假日执行”，高效执结一批案件。打造智慧执行模式，强化财产网络查控，全面覆盖房产存款、车辆证券、网络资金，一网打尽涉案财产，全年网络查询财产2300件，冻结银行存款、微信、支付宝资金6200万元。

【司法改革】 加快完善建设“两个一站式”。一是加强“一站式多元解纷机制”建设。坚持把非诉纠纷解决机制挺在前面，完善诉前调解机制，主动加强与人民调解委员会日常联系，加大对人民调解指导，推进诉源治理。探索案件“分调裁审”工作机制，组建速裁团队，简单案件通过速裁程序快速办理，切实做到简案快审、类案量审、繁案精审，提升审判质效。二是加强“一站式诉讼服务中心”建设。深化司法领域“最多跑一次”改革，开展网上立案、网上缴费、网上送达，启动跨域立案改革，升级12368诉讼服务功能，完善“一案一账号”系统运行，将分散在各部门、各环节的送达、鉴定、评估工作，全部集中办理，减少当事人劳苦奔波，让人民群众切实感受到改革福利。2019年，通过“一案一账户”系统累计拨付案款3.23亿元。依法开展司法救助，保障困难群众诉讼权利，发放救助金14万元，减缓免诉讼费78件33万元，切实保障困难群众诉讼权利，彰显司法人文关怀。

【队伍建设】 强化党的政治建设。突出政治建设首要位置，深入开展“不忘初心、牢记使命”主题教育，引导干警永葆政治忠诚，坚守法治信仰。抓好党组自身建设，制定鱼台县人民法院《党组工作规则》《“三重一大”事项集体决策制度实施细则》等规范性文件。组织干警赴“鲁西南战役纪念馆”“王杰纪念馆”“王鲁稻改精神纪念馆”参观学习，接受革命传统教育和政德教育。完善“党建+审判团队”模式，不断创新党建工作的内容载体。组织干警学习张富清、黄文秀、李庆军等人先进事迹，锤炼干警政治品格。严格落实意识形态工作责任制，增强干警党性观念，提升政治鉴别力，对错误思潮和言论敢于亮剑、坚决斗争。强化纪律作风建设。强化“一岗双责”，坚定不移推进全面从严治党，严格落实党风廉政建设责任制。2019年5月，在全院部署开展为期8个月的“以案为戒、正风肃纪、打造忠诚干净担当法官队伍”教育整顿活动，12月部署开展为期一个月的“规范司法行为、转变司法作风”专项整治活动。积极协助县纪委监委派驻县人民法院纪检监察组开展工作，自觉主动接受监督。强化司法能力建设。自行组织培训400余人次，参加省法院培训17人次，参加最高人民法院培训3人次，培训内容涉及审判执行业务、党风廉政建设、司法改革及司法政务等法院工作各个领域。

金乡县人民法院工作概况

【概述】 2019年，金乡县人民法院（以下简称金乡法院）深入学习贯彻习近平新时代中国特色社会主义思想和中共十九大精神，狠抓审判执行工作第一要务，突出抓好优化营商环境、扫黑除恶专项斗争、基本解决执行难等重点工作，全面推进新时代人民法院工作实现新发展。全年共受理案件8524件，办结8875件，标的额13.23亿元，均创历史新高。

【强化政治站位】 始终坚持党的绝对领导，切实提高政治站位。始终坚持习近平新时代中国特色社会主义思想，增强“四个意识”，坚定“四个自信”，做到“两个维护”，始终在思想上政治上行动上同以习近平同志为核心的党中央保持高度一致。认真学习贯彻落实中共十九届四中全会精神，深入开展“不忘初心、牢记使命”主题教育，认真贯彻《中国共产党政法工作条例》，严格执行重大事项和重要活动请示报告制度，不折不扣贯彻落实县委决策部署。牢固树立“守土有责、守土负责、守土尽责”理念，切实增强风险意识，严格落实大要案报告制度。

【防控经济风险】 始终坚持服务大局，全力保障美丽富裕幸福金乡建设，贯彻新发展理念，推动经济高质量发展。积极开展优化营商环境专项活动，有力营造了服务经济发展的良好氛围。积极助推供给侧结构性改革，支持促进非公有制经济健康发展。共审结金融借款、民间借贷等案件1087件，执结金融债权案件229件，执行到位1.74亿元。加大破产案件办理力度，坚持“僵尸企业”分类处置，积极助推全县新旧动能转化和产业结构优化升级。

【打击违法犯罪】 依法惩治刑事犯罪，深入推进平安金乡建设。深入开展扫黑除恶专项斗争，审结以周某秀为首的黑社会性质组织案和以徐某栋为首的恶势力犯罪集团案，分别判处主犯周某秀十六年有期徒刑、徐某栋十年有期徒刑，有力推动扫黑除恶工作进展。以扫黑除恶专项斗争为抓手，推进刑事审判工作向纵深发展，审结各类刑事案件544件，同比上升26.81%。依法严惩各类犯罪行为，切实增强人民群众安全感，维护经济秩序和生活、生态安全。

【司法为民】 始终坚持以人民为中心，努力满足人民群众司法需求。强化民生领域司法保障。加强人身权益保护，审结人身损害、交通事故等侵权纠纷357件。妥善审理家事纠纷案件，落实反家暴法，审结婚姻、继承等家事纠纷809件。畅通劳动者维权绿色通道，审结劳务合同、劳动争议案件99件。更加关注基本公共服务，审结涉水、电、暖、家政、物业等服务合同纠纷案件1069件。积极实施司法救助，探索救助新模式，共减缓免诉讼费75.29万元，发放司法救助基金18.49万元，彰显扶危济困的人文关怀。全面加强执行工作。加大强制执行力度，完善网络查控系统，优化网络司法拍卖流程，充分运用债转股、执转破等方式，强化工作成果；紧紧依靠党委领导，深化综合治理执行难大格局，从建立执行工作长效机制着手，加强执行指挥中心实体化运作，完善执行工作全流程网上运行系统，健全失信联合惩戒机制。共执结各类案件3076件，同比上升26.58%，执行到位6.64亿元，各项数据指标均居全市前列。深入实施阳光司法工程。加快“智慧法院”建设步伐，建成一体化办案平台和智审系统，启动电子送达平台，推进全流程网上办案，提升了工作效能。加大司法公开力度，坚持每庭必录，裁判文书上网公布裁判文书6595份。推进人民陪审员制度改革，全面完成陪审员选任及培训工作，提高陪审能力，人民陪审员参审案件1211件，陪审率100%。

10月1日，金乡法院举行升国旗暨向宪法宣誓活动

【全面深化司法改革】 始终坚持深化司法体制改革，推动执法办案提质增效。深化司法责任制配套改革。完成内设机构改革，健全新型审判团队运行机制，严格落实未入额法官转为法官助理、司法行政人员，突出法官主体地位。院长庭长办案成为常态，共主办各类案件7599件，占全部案件的85.62%。完善法官绩效考核办法，强化职业权益保障，激励法官多办案、办好案。员额法官人均办案261.03件，高于全省均值。扎实推进诉讼制度改革。积极开展网上立案和跨区域立案，开展以审判为中心的刑事诉讼制度改革，积极推进认罪认罚刑事案件快速办理机制。济宁新闻网对此进行了全面报道。健全繁简分流和调解速裁机制，完善“分、调、裁”系统平台使用，实行简案快审、繁案精审，简易程序适用率达78.99%，案件平均办理天数70.64天，缩短了办案周期，减轻了群众讼累。完善多元化解纠纷机制。加快诉调对接平台建设，充分发挥诉调对接中心作用。以“信访落实年”为抓手，推行源头疏导、过程管理、末端治理“三位一体”处置模式，全力以赴防范涉诉信访风险，集中精力化解涉诉信访案件，提前完成省市交办的重点案件化解任务。圆满完成三级两会、中华人民共和国成立70周年大庆等重大会议、重大活动的安保维稳工作。

【队伍建设】 始终坚持全面从严治党，

保障法院工作持续健康发展。旗帜鲜明加强政治建设。坚持抓党建带队建促审判，扎实开展“不忘初心、牢记使命”主题教育，用好“灯塔——党建在线”、学习强国、知识竞赛等载体，深入开展七一重温入党誓词等各类主题党日活动，举行庆祝中华人民共和国成立70周年升国旗仪式、开展向宪法宣誓、参观党建文化基地和羊山红色教育基地、文明创建等活动，进一步坚定职业信仰。多措并举提升司法能力。加大审判实务培训力度，先后组织干警分两批集中轮训。强化信息化培训，教育、引导干警加强对大数据分析、人工智能等新知识的学习。推进法庭标准化建设，新建成鱼山法庭，准备启用，进一步为当事人提供良好的司法环境和便捷的诉讼服务。持之以恒抓正风肃纪。强化全面从严治党主体责任，严格执行中央“八项规定”精神，驰而不息纠正“四风”，坚决落实“两个责任”，坚持把政治纪律和政治规矩挺在前面，深入推进司法规范化建设，开展纪律作风集中整治，对庭审、警容警纪、纪律作风等进行12次督察，用好监督执纪“四种形态”。

嘉祥县人民法院工作概况

【概述】 2019年，嘉祥县人民法院共受理各类案件13947件，审执结12417件，结案率为89.03%，为嘉祥经济社会持续、协调、健康发展提供了司法保障。

【审判执行】 *加强刑事审判，维护社会稳定。*全年受理各类刑事案件592件，审结516件，同比分别上升33.03%和42.94%。强力推进“扫黑除恶”专项斗争开展，全年共审结黑恶犯罪案件5起，在判处的47名被告人中，判处五年以上有期徒刑的19人，其中有10名被告人被判处15年以上有期徒刑。对2014年以来审结的4212起民商事案件进行排查，从中发现疑似“套路贷”线索235条，发现疑似黑恶犯罪线索5条，并将上述线索全部移送嘉祥县扫黑办；深入贯彻“绿水青山就是金山银山”的理念，对破坏环境资源刑事案件建立快立、快审机制，受理环境资源案件9件，审结7件。依法严厉打击破坏金融管理秩序、金融诈骗犯罪，审结非法吸收公众存款罪7件，违法发放贷款罪1件，骗取贷款、票据承兑、金融票证罪4件，集资诈骗罪2件。

*加强民商事审判，保障民生权益。*受理各类民商事案件8283件，审结7201件，同比分别上升10.18%和34.75%，案件调撤率达43.27%。深入贯彻省市县委支持双创、支持民营经济发展的各项政策，对涉民营经济诉讼的案件加强产权保护、强化多元调解、慎用强制措施、制裁违约行为，让企业家专心创业、放心投资、安心经营。积极推进知识产权“三合一”审判向纵深发展，完善举证责任的分配、权利人损失的弥补、严重侵权的制裁、产权犯罪的打击等方面的机制，服务创新驱动发展。依法有序推进破产案件审理，进一步淘汰“旧产能”，激发“新动能”。妥善审结金融借款、民间借贷、融资租赁等案件，有效保护了嘉祥县金融市场健康发展。

*加强行政审判，化解行政争议。*共受理各类行政诉讼案件137件，审结128件，同比分别上升23.42%和39.13%。按照“以当事人选择权为核心”的行政案件跨区域管辖的要求，受理外县行政纠纷案件66件；积极推进行政机关负责人出庭应诉制度，行政诉讼案件行政首长出庭率达到98%；加强“行政争议审前和解中心”建设，促进了行政争议的快速实质性化解，推动了司法与行政良性互动。

*不断加强执行力度，巩固发展“基本解决执行难”成果。*开展“集中强制执行专项行动”，强化执行措施，司法拘留71人次，纳入失信被执行人名单1516人次，限制高消费3929人次，曝光老赖141人次，进行网络司法拍卖案件82件，拍卖财产108件，网拍次数195次，成交金额9245.3万元，成交转换率93.75%。

【司法为民】 *完善立案机制。*落实完善网上立案、网上缴费机制，探索法庭自主立案，进一步方便群众诉讼；自实施法庭立案以来，马村法庭自主立案597件。

*推进司法民主公开。*加强司法公开机制建设，通过中国裁判文书网公开各类生效裁判文书5218份，通过中国庭审直播网直播庭审224次；加强人民陪审员选任和培训工作，提升人民陪审员参与庭审、证据认定和事实分析的能力，2019年人民陪审员陪审率为89.8%。

*完善诉讼服务机制。*开通了12368诉讼服务热线，在法院官方微博、微信公众号建设新媒体法律咨询服务，在诉讼服务中心设立导诉台，拓宽了与群众沟通交流的渠道，提高了司法服务水平。

【司法改革】 *完成内设机构改革。*制定了《嘉祥县人民法院内设机构改革实施方案》，将原有的25个内设机构精简至11个；坚持党管干部的原则，通过组织动员、公开报名、资格审查、民主测评、组织考察等程序重新选任了中层领导干部；通过双向选择为37名员额法官确定了法官助理，优化了司法资源，提升了审判质效，推进了各项工作持续健康发展。

*推进刑事制度改革。*严格要求刑事办案人员要牢固树立证据意识，提前审查相关证据，坚决杜绝“带病证据上法庭”；完善繁简分流机制，对认罪认罚的被告人和积极赔偿并取得被害人谅解的轻微刑事案件，实行集中送达、集中调解、集中开庭宣判的“三集中”审理模式，缩短了审理周期。深入推进律师辩护全覆盖工作，实现了未成年、涉黑恶势力犯罪被告人全部委托或指定律师提供辩护，其他案件在立案受理后告知被告人享有律师辩护的权利。

【队伍建设】 *强化思想政治教育。*深入开展“不忘初心、牢记使命”主题教育工作，坚持不懈用习近平新时代中国特色社会主义思想武装头脑，推动全面从严治党、从严治院主体责任的落实，教育引导广大干警敢于担当、主动作为，不断提高工作能力和水平。

*强化党风廉政建设。*认真履行党风廉政建设主体责任和监督责任，层层签订党风廉政责任书，夯实“一岗双责”。严格落实中央“八项规定”及实施细则精神，进一步精简文风、会风，加强三公经费、办公用房和公车管理，加大“慵懒散”行为的查处和问责，防止“四风”等问题反弹回潮。持续开展司法廉洁教育，增强干警抵制诱惑的能力，永葆清正廉洁的政治本色。

*强化业务能力培养。*组织干警学习新颁布的法律法规及审判业务知识，提升了干警理论、业务和技能水平；围绕审判工作中的重点和难点问题开展庭审观摩和案件质效研讨等活动，员额法官通过交流办案心得、总结审判经验，切实提升了员额法官庭审驾驭能力；开展优秀裁判文书评选活动，促进干警裁判文书写作水平的提高。

汶上县人民法院工作概况

【概述】 2019 年，汶上县人民法院（以下简称汶上法院）坚持以习近平新时代中国特色社会主义思想、中共十九大及中共十九届四中全会精神为指导，紧紧围绕“让人民群众在每一个司法案件中感受到公平正义”工作目标，履行法律职责，加强队伍建设，提升司法能力。全年收案 11349 件，结案 10839 件，结案率 95.51%，服判息诉率 91.54%。结案率、服判息诉率居全市法院第一。

【全力服务发展大局】 *立足中心工作，营造法治营商环境。*一年来，汶上法院围绕优化营商环境重点工作，制定《优化营商环境加强执行工作的若干意见》，圆满完成营商环境评价“执行合同”指标考评任务，平等保护各类市场主体合法权益。开辟营商环境工作专栏，直播优化营商环境集中强制执行现场活动，注重营造良好宣传氛围，通过“大走访”“大排查、大整治”等活动，深入了解企业法律需求，为优化营商环境保驾护航。

*严厉打击刑事犯罪，维护社会安全稳定。*受理刑事案件 730 件，审结 698 件，判决案犯 807 人，强力震慑犯罪，保障社会发展大局。依法推进反腐败斗争，审理了包括原济宁市质量技术监督局党组书记、局长张某周贪污、受贿案等一批有较大影响的案件。深入开展扫黑除恶专项斗争，依法审判了以尹某胜、程某军、郑某筱为首的黑恶势力犯罪案件，有效打击黑恶犯罪。维护金融秩序，依法审理赵某英、刘某涉黑洗钱案件，并作为典型案例在省涉黑洗钱入罪经验交流会上作了发言，为审理类案积累了经验。

*主动参与综合治理，推进法治汶上建设。*积极推进多元纠纷化解，深入践行新时代“枫桥经验”，坚持“调解优先、调判结合”工作原则，强化诉前调解工作意识，融合自主调解、特邀调解、人民调解三种形式，多元联调有效衔接。积极参与社会综治，延伸行政审判职能，积极开展法治宣传，组织送法进校园活动，通过以案释法活动，加深宣讲效果。

【依法维护群众权益】 *全方位畅通司法维权路径。*开通 12368 服务热线，配备诉讼服务一体化自助终端，打造“智慧诉讼服务”新模式，形成全方位对接、一体化管理、两个“一站式”建设服务新格局。积极破解立案烦琐、诉讼难累等问题，24 小时网上立案全面铺开，跨域立案有效推进，群众享受到了更多的诉讼便利。持续加大诉讼费救助力度，确保经济困难的群众打得起官司。

*强化民生司法保护。*妥善审理涉民生案件，建立执行保险救助制度，将部分司法救助专项资金投入保险，按比例提高救助金额，及时实现困难申请人的合法诉求，切实让群众感受司法温情。

*再造信息流程，全力攻坚执行。*完善网络查控系统，加大规避和抗拒执行的惩处力度，完善执行便民利民机制，通过电视台、大屏幕、微信公众号曝光失信被执行人 324 人次。限制高消费等信用惩戒措施 5002 人次，限制失信被执行人乘坐高铁、列车软卧、飞机 4594 人次，限制办理贷款和信用卡 2364 人次，营造惩治抗拒执行行为的强大舆论氛围。

【强化机制创新促进公正高效】 *规范审判执行队伍。*认真落实内设机构改革，队伍整体活力增强。强化审判管理，合理配置审判资源，审判团队合力初步形成。加大教育培训力度，实现层次全覆盖、培训常态化。人民陪审工作更加正规化、专业化，人民群众的司法参与感进一步增强。

*创新办案模式。*建立繁简分流、快慢分道、诉前调解、多元化解等工作机制。各审判团队固定审理相应类型的案件，加强对类型化案件审理的指导和总结，统一裁判标准，避免类案不同判。实行辅助工作集约化，结合两个“一站式”建设，成立专门的送达团队和保全团队，加快案件流转速度，强化节点管理衔接，做到简案速裁、普案快办、繁案精审。

*信息化水平显著提升。*完善审判流程、庭审直播、执行信息、裁判文书“四大公开平台”，促进司法公开公正。“智慧政法”系统深度应用，开展全网直播，审判执行活动上线抖音等短视频平台，进一步扩大影响力，有效促进司法活动公开透明。

【从严治院打造忠诚干净担当队伍】 *完善党小组制度。*把党小组建立在审判团队上，注重发挥党员干警在执法办案中的先锋模范作用。通过加强基层党建，解决审判执行过程中存在的难点、堵点。“党旗引领　辉映天平”作为县法院党建品牌入选省“灯塔——党建在线”党员教育资源库，林娜法官作为党员法官获“齐鲁最美法官”提名奖。

*推进反腐倡廉持续正风肃纪。*严格遵守党章党规，严守党的政治纪律和政治规矩，推动正风肃纪向纵深发展。重视干警职业道德、廉政警示教育，通过集中收看教育警示片、警示忏悔录等方式，引导干警知敬畏、存戒惧、守底线，在全院营造“廉洁向上、一生平安”的司法氛围。

*扎实开展“不忘初心、牢记使命”主题教育。*聚焦群众最急最关心的问题，聚焦扫黑除恶专项斗争、优化营商环境工作，明确时限和要求，明确阶段目标，狠抓任务落实。紧盯工作中的形式主义、官僚主义，征询意见建议，梳理整改问题，推进工作稳步提升，主题教育效果明显。

泗水县人民法院工作概况

【概述】 2019年，泗水县人民法院（以下简称泗水法院）坚持司法为民、公正司法工作主线，认真履行法律职责，扎实推进司法改革和队伍建设，不断提升办案质效和司法公信，着力破解执行难题，各项工作取得新进展。泗水法院连续11年保持“省级文明单位”称号，被山东省高级人民法院评为“全省法院基本解决执行难工作先进集体”，被泗水县委、县政府评为“全县综合考核先进单位”。

【发挥审判职能作用，维护和谐稳定】 2019年，共受理各类案件8205件，新收案件同比上升4.9%，审（执）结7480件，同比上升6.5%，结案率为91.2%，服判息诉率为90.1%。

*加强刑事审判。*扎实推进扫黑除恶专项斗争，依法从严从快审理寻衅滋事、聚众斗殴、雇凶伤害等犯罪16案37人，严厉打击盗采、滥采矿产资源类犯罪案件8案11人；严格落实认罪认罚从宽处理制度，适用刑事速裁、简易程序审理刑事案件43件；积极推进刑事附带民事案件的调解、和解，附带民事案件调解率达到81.6%；未成年人犯罪案件审判中，将法庭教育、心理疏导、判后帮教贯穿始终，构建社会、学校、家庭三位一体的未成年人犯罪预控体系。

*加强民商事审判。*成立以院长任组长的营造法治化营商环境领导小组和工作专班，对县内涉案企业走访培训，帮助建立民营企业法律风险防控机制。积极推动华金集团、田尔农业等8家公司破产工作，及时跟进、妥善解决涉绿景国际回迁户和购房户的住房问题，积极推进涉7个系统、66家国有、集体企业7000余名职工的债权兑付工作；审结县农机公司等6家

6月4日，汶上法院深入企业为优化营商环境服务

国有企业破产案件，涉及职工1762人，兑付职工债权5347万元。

加强行政审判。坚持依法收案、依法审理和公正裁判，加强非诉执行案件审查力度，积极推行行政机关负责人出庭应诉制度，行政机关负责人出庭应诉率达到90%以上；按照省高院要求，成立行政争议审前和解中心，促进行政争议实质性解决，维护人民群众合法权益。

加强执行工作。持续开展“执行利剑”集中行动，扎实开展“优化营商环境，集中强制执行”专项活动，共执结案件2298件，执行到位金额1.06亿元，反映执行工作质效的33项考核指标总分位全市基层法院前列。

【健全完善机制，构建司法为民新格局】 *彰显司法人文关怀*。共为经济困难的当事人缓减免诉讼费24万余元；积极与人保公司合作，对权利受到侵害、无法实现合法权益的困难当事人采取扶助救济措施，共救助82人次，发放救助金42万余元。持续开展巡回审判工作，就地化解矛盾纠纷。

畅通群众诉求渠道。接待群众来信来访及法律咨询410余人次，院领导接访55人次，判后答疑150次。开展涉诉信访案件大排查、大化解活动，严格落实24小时值班制度，圆满完成各级两会、庆祝中华人民共和国70周年大会等重大活动期间的安保维稳任务。

打好脱贫攻坚战。统一制作贫困户责任人联系卡、走访表、强农惠农政策宣传单，组织干警对圣水峪镇9个村518户贫困户进行走访慰问，积极协调解决村里和贫困户的困难和问题。

做好法治宣传工作。共在各级媒体发稿130余篇，其中省级25篇，国家级20篇。选派干警到学校为2500余名师生作法治教育报告，对全县近400名新任教师进行法律知识培训；举行“法院开放日”活动，邀请部分省市人大代表、学校师生及媒体记者近距离感受司法、理解司法、监督司法。

【稳步推进改革，着力提升审判质效】 *深化司法责任制配套改革*。将原有20余个内设机构统一整合为8个内设机构。严格审限管理，案件平均审理天数64.3天，同比下降3.7%；院长庭长全年受理案件5244件，审结4835件。完善绩效考核办法，激励法官多办案、办好案，员额法官人均结案220件，同比上升6.8%。

完善多元化解纠纷机制。在诉讼服务中心设立律师工作室，为当事人义务提供法律咨询；设立人民调解室，由退休法官、律师对婚姻家庭等纠纷进行诉前调解，共受理诉前调解案件35件。

推进“智慧法院”建设。设立专门跨域立案服务窗口，解决群众异地诉讼难等问题。公布生效裁判文书9582件，公布率为128.1%，通过中国庭审公开网直播案件355件；做好电子卷宗同步生成工作，电子卷宗覆盖率达到99.4%。

【坚持“五个过硬”要求，建设高素质法院队伍】 *坚持党建引领*。利用“灯塔——党建在线”“学习强国”等平台，深入学习贯彻习近平新时代中国特色社会主义思想；扎实开展“不忘初心、牢记使命”主题教育，召开庆祝中华人民共和国成立70周年座谈会，党组书记、院长为全院干警上党课，举办“党组理论中心组读书班”活动，院党组召开5次交流研讨会和民主生活会。

强化能力提升。组织干警参加业务培训21人次，到高校参加“业务能力提升班”，组织开展7期“青年干警法律学习沙龙”活动。组织撰写的论文被收录至第十届中国破产法论坛论文集，并获得全市“新时代深化全面依法治市的理论与实践”主题征文活动一等奖。

持续正风肃纪。召开党风廉政建设工作会议，逐级签订“廉政承诺书”；定期群发廉政短信，组织干警观看廉政教育片，到兖州区廉政教育基地进行警示教育；深化廉政风险防控工作，院纪检监察部门履行监督、执纪、问责职能，开展经常性的监督检查和案件回访等活动。

梁山县人民法院工作概况

【概述】 2019年，梁山县人民法院（以下简称梁山法院）在县委的坚强领导和上级法院的正确指导下，梁山法院全面贯彻落实上级部署要求，认真抓好执法办案，全面推进司法改革，有效服务改革发展稳定大局，各项工作取得新进展。全年共受理各类案件13265件，审执结12223件，同比上升20.2%和31.1%，办案总量、结案率、法官人均结案数、案件服判息诉率均居全市前列，为梁山县经济社会发展和法治建设作出了新贡献。

【旗帜鲜明讲政治，坚持党对法院工作的绝对领导】 坚持把学习贯彻习近平新时代中国特色社会主义思想和中共十九大精神作为首要政治任务，以党的政治建设为统领抓班子带队伍促审判，确保人民法院

梁山法院召开服务保障民营经济发展座谈会

工作正确政治方向。全面加强党的建设，成立机关党委，专责党建工作。加强和规范党内政治生活，严格落实“三会一课”、民主生活会、谈心谈话等组织生活制度，深入开展批评和自我批评，增强党内政治生活的政治性、时代性、原则性、战斗性。压实意识形态工作责任制，牢牢掌握话语权，弘扬主旋律、传播正能量，对审理的涉及邪教组织犯罪从严从重打击，坚决捍卫意识形态安全。

【贯彻新发展理念，服务经济社会发展】 树立商事审判新理念，审结商事案件3494件，标的额12.87亿元，依法维护企业合法权益，为经济发展提供司法保障。营造法治化营商环境，组建优化营商环境迎评专项工作小组及工作专班，统筹全院力量，协同推进优化营商环境工作，为民营经济发展提供组织保障。加大逃废金融债务刑事打击力度，对涉贷款诈骗、信用卡诈骗、金融凭证诈骗等逃废金融债务犯罪依法从严打击。推进打击逃废金融债务工作，持续开展涉金融债权案件专项执行行动，加大金融债权案件执行力度，执结涉金融案件283件，涉案标的2.15亿元，向公安机关移送逃废金融债务犯罪线索7案7人。

【树牢国家安全观，深入开展专项斗争】 着力加强同纪委监委、公安、检察机关协作配合，统一执法思想和执法尺度，确保打击合力。合理调整审判力量，院长庭长主动担当作为，对所有涉黑恶势力犯罪案件一律由院领导担任审判长，实现涉黑涉恶案件审理集约化、专业化。依法对被告人张某磊、张某强等组织、领导、参加黑社会性质组织犯罪进行公开审理，一审判处张某磊等19名被告人二十年至十个月不等的有期徒刑；依法对被告人梁某友等恶势力犯罪团伙案件进行公开审判，一审以强迫交易罪、寻衅滋事罪等分别判处13名被告人十四年至一年五个月不等的有期徒刑，有力震慑了黑恶势力，切实提升了群众安全感。

【关注群众司法需求，切实维护保障民生权益】 全面开展网上立案、网上送达等“互联网+”电子诉讼服务，全年共网上立案11802件，网上送达3568次。加强民生权益保障，依法审结涉及劳动争议、医疗卫生、人身伤害、道路交通等领域案件1369件。加大诉讼费用缓减免力度，为68件案件当事人减、缓、免交诉讼费15.86万元。持续加大执行力度，共受理执行案件3862件，执结3685件，到位标的3.96亿元。加大对规避执行、抗拒执行的打击力度，司法拘留65人次，依法移送公安机关追究刑事责任4案4人。加强对失信被执行人的信用惩戒，依法将1118名被执行人纳入失信被执行人名单，限制高消费2551人次。

【推进机制创新，提升执法办案能力水平】 健全审判监督管理机制和惩戒制度，完善新型审判权力运行机制，实现让审理者裁判、由裁判者负责。推进内设机构改革，对机构进行合并精简，提高机构办事办案效能。打造全流程网上办案系统，所有案件实现网上办理，全程留痕；加强司法公开平台建设，创新公开载体，依法公布裁判文书10642份，全程庭审网络直播562件次。挖掘法官团队工作潜力，积极探索组建多个由法官、法官助理和书记员组成的“1+1+N”模式审判团队工作机制，涌现出一批先进法官团队典型。其中，张永杰被山东省委宣传部和山东省高级人民法院授予“齐鲁最美法官”称号，并被最高人民法院授予“全国模范法官”称号。

【加强自身建设，打造过硬法院队伍】 始终坚持政治建院，扎实开展“不忘初心、牢记使命”主题教育，深入学习贯彻落实中共十九届四中全会精神，确保法院工作正确政治方向。持之以恒正风肃纪，认真落实中央“八项规定”及实施细则精神，持续开展司法作风专项整治活动，扎实开展“十类问题”专项整治和“廉洁司法、担当作为”集中警示教育活动，深入整治违反政治纪律和政治规矩、形式主义和官僚主义等问题，堵漏洞、补短板、强弱项，形成公正司法、廉洁用法、秉公执法的浓厚氛围。

济宁高新技术产业开发区人民法院工作概况

【概述】 2019年，济宁高新技术产业开发区人民法院（以下简称高新区法院）坚持以习近平新时代中国特色社会主义思想为指导，充分发挥审判职能作用，全力维护社会稳定大局，全面深化司法改革，着力加强自身建设，各项工作取得新进展。全年收结案数再创历史新高，受理各类案件9875件，审执结9888件，同比分别上升51.04%、53.7%，结案率92.51%，全院干警凝心聚力、攻坚克难，圆满完成全年执法办案任务。其中，法官人均结案549.33件，排名全市第一位、全省第五位；平均办案周期59.97天，排名全市第一位、全省第三十四位；结案率92.51%，排名全市第二位；发改率、调撤率、庭审直播数量等质效指标均排名全市法院前列。

【服务大局发展】 以扫黑除恶专项斗争为抓手，深化平安建设。受理刑事案件594件，审结573件，判处犯罪分子612人。推进扫黑除恶专项斗争向纵深发展，审结郭某青等5人恶势力犯罪案件，首犯犯寻衅滋事罪被判处7年有期徒刑，保持对黑恶势力的严打高压态势。依法保护公共安全，审结危险驾驶等犯罪案件422件422人。以营创法治营商环境为载体，服务高质量发展。研究出台《关于为优化营商环境提供司法服务保障的实施意见》，实地走访、电话回访企业200余家，圆满完成了营商环境迎评工作。依法妥善审结济宁鲁源医药化工有限公司破产清算案，涉及24名职工工资全部给付，为67名债权人实现债权119万余元。妥善审理涉企各类纠纷4326件，维护公平开放透明市场投资环境。以行政争议审前和解为突破，助力法治建设。认真落实“以当事人选择管辖”为基础的跨行政区划管辖制度改革，全年受理各类行政诉讼案件101件，结案106件（含旧存），结案率97.25%。坚持“调解在前、审判在后”原则积极推动行政争议审前和解中心建设，促进行政争议实质性解决。

【践行司法为民】 完善司法便民机制。开辟自助立案区，配备2名导诉员，配齐打印机、扫描仪等设备，方便群众诉讼。进一步加强网上立案工作，推广微信立案，全面实现上诉案件电子卷宗网上移送、网上立案。抓好涉诉信访工作，圆满完成全国两会、中华人民共和国成立70周年等重要活动安保维稳工作；认真落实包案制度，对省法院交办的5起重点案件如期销案。推进纠纷多元化解。坚持把非诉讼纠纷解决机制挺在前面，充分借助诉调对接中心、人民调解室、专业调解委员会诉前过滤分流纠纷，全年诉前化解矛盾纠纷529件，司法确认81件。切实加大执行力度。持续加大有财产可供执行案件的执行力度，用足用尽强制措施，强化失信被执行人名单惩戒作用，加大拒执犯罪打击力度，最大限度实现当事人的胜诉权益。全年受理执行案件1922件，执结1872件，向当事人过付执行款2.55亿元。

【全面深化改革】 落实各项改革任务。按照上级安排部署，如期完成内设机构改革任务，增补2名员额法官，6名年轻法官实现了等级晋升。出台《法官及司法辅助人员工作职责（试行）》，细化法官、法官助理、书记员、速录员职责清单。实行审判辅助事务集中管理，试点推行公证参与司法辅助事务工作，纳入全省试点法院范围，通过改革减少法官的事务性负担。强化办案流程再造。加快一站式多元解纷机制、一站式诉讼服务中心建设，实现争议不大的案件和程序性案件在诉讼服务中心一站式快速解决，2019年，全院简易程序适用率达89.65%，速裁团队平均办案周期仅为13.73天。加强审判监督管理。建立健全提示、预警和督办制度，在法官一体化平台以弹窗列表的形式实时分类显示超过8个月以上的

高新区法院举办开放日活动

未结案件，进行专项调度，年底超过12个月的长期未结案件全部清零。加强庭审直播工作，全年庭审直播970场次，排名全市第二位。

【打造过硬队伍】 加强班子建设。强化政治理论学习，班子将个人自学、集体学习与“不忘初心、牢记使命”主题教育紧密结合起来，组织召开主题教育专题民主生活会，认真开展批评与自我批评，领导班子及班子成员检视剖析问题30项，建立问题台账、逐一销号整改，切实提高政治站位。加强政治建设。认真开展“不忘初心、牢记使命”主题教育，抓实“六个一”活动和四个专题教育，教育干警守初心、担使命、找差距。落实党组意识形态工作责任制，通过周例会定期调度意识形态工作情况、分析研判意识形态风险，借助讲党课、学习测试、读书会等形式强化政治教育，把握意识形态工作领导权、主动权。加强能力建设。分两批组织全体干警赴浙江大学学习，加强能力素质培训，全面提高干警司法能力。2019年，吴兰玲获评“全国法院办案标兵”，王建军获评全国法院“基本解决执行难”工作先进个人，李毅君获评“全省法院审判业务专家”，赵文斌承办案件庭审获评全省法院优秀庭审二等奖。加强廉政建设。深入推进党风廉政建设和反腐败斗争，先后开展“以案为戒、正风肃纪、打造忠诚干净担当法官队伍”教育整顿、“规范司法行为、转变司法作风”专项整治等活动，不断改进司法作风，严肃纪律规矩。

泰安市中级人民法院工作概况

【概述】 2019年，泰安市中级人民法院（以下简称泰安中院）新收案件93391件，结案95894件，同比分别增长11%和19.7%。其中，泰安法院收结案分别为8877件和9070件，均创历史新高。泰安中院被市委市政府综合考核表扬为“先进单位”，泰安法院7名干警被授予“全省审判业务专家”称号，1名干警获评“齐鲁最美法官”。全国模范法官钱继红被授予全国“巾帼建功标兵”称号，被市委表彰为新时代泰山“挑山工”标兵。

【以更高的站位，维护大局服务发展】 *全力以赴保稳定。*贯彻“宽严相济”刑事政策，审结一审刑事案件3855件4941人，判处五年以上重刑犯217人。推进反腐败斗争向纵深发展，审理贪污贿赂职务犯罪案件38件，追缴赃款赃物及非法所得1.64亿元。严格减刑假释案件审理，办结案件1278件，裁决不予减刑假释10人。依法做好中华人民共和国成立70周年特赦工作，对60名符合条件的服刑罪犯予以特赦。泰安中院被表彰为全国法院刑事审判工作先进集体。

*重拳出击扫黑除恶。*依法从严从重惩治黑恶势力犯罪，受理涉黑恶犯罪案件33件299人，已判决28件255人。突出“打财断血”，加大对涉黑恶财产追缴没收力度，判处罚金等财产刑1633万元，追缴赃款赃物4.7亿元，铲除黑恶势力经济基础。泰安中院审理涉黑恶案件经验做法被最高人民法院刊发推广。

*凝神聚力促发展。*坚持平等保护，审结一审商事案件13629件，标的额339亿元。研究制定《助力打造法治化营商环境工作意见》等文件，服务保障企业健康发展。依法维护金融稳定，审结银行借款、金融不良债权转让等案件11382件，标的额52.9亿元。组织专题调研，向金融机构提出防范“逃废债”建议12条措施，收到良好效果。依法妥善审理破产案件6件，处置不良债务1.2亿元。强化知识产权保护，审结知识产权案件372件。服务保障开放型经济发展，依法审理涉外商事案件15件。

*依法治市筑和谐。*坚持依法裁判与协调化解并重，审结一审行政诉讼案件1554件，审结国家赔偿案件24件，决定赔偿金额100余万元。泰安法院全部建成行政争议审前和解中心，化解行政争议380件。落实行政机关负责人出庭应诉制度，出庭率同比提高20个百分点，市委书记崔洪刚对泰安中院加强行政负责人出庭应诉的建议作出批示。审结征收拆迁、棚改旧改等案件85件。依法打击“套路贷”和虚假诉讼，营造诚信守约的良好社会环境。加强法治宣传教育，增强公众法治观念，弘扬法治精神。

【以更实的举措，践行宗旨司法为民】 *在切实解决执行难上持续用力。*泰安法院“基本解决执行难”阶段性任务如期完成，在此基础上，不断加大执行力度，执结案件33493件，到位金额85亿元，实际执行到位率等四项核心指标位于全省前列。开展专项执行活动，有财产可供执行案件法定期限内执结率达98.9%，为金融机构清缴欠款9.2亿元。市委副书记、市长张涛批示肯定了全市法院维护金融安全的做法。严格规范终本程序适用，终本案件合格率100%。加强失信惩戒，曝光失信被执行人5079人次，限制高消费29275人次，拘传拘留、追究拒执犯罪1562人次，2800余人迫于压力自动履行义务。新泰市、泰山区、肥城市三个法院分别被表彰为全国、全省法院“基本解决执行难”先进单位。

在推进生态泰安建设上持续用力。加强环境资源审判，审结一审环境资源案件1221件。审理非法采矿、污染环境犯罪等刑事案件78件169人。审结各类环境公益诉讼案件5件，决定赔偿近2000万元用于生态环境修复。泰安中院审结的山东省环保厅诉某公司环境污染损害赔偿纠纷案判决书获全国环境资源优秀裁判文书评选一等奖。市人大常委会专题听取并审议通过了泰安中院环境资源审判工作报告，给予充分肯定。

在提升群众司法获得感上持续用力。妥善审理教育医疗等纠纷1553件；审理劳动争议1606件，追回劳动报酬2800余万元。审理婚姻家庭等案件8483件，调撤率49.1%，离婚案件和好率同比提升11个百分点。深入推进两个“一站式”建设，建设集多功能于一体的现代化综合服务平台。全面实现网上立案，全市法院网上立案率达98.75%。泰安中院作为全省跨域立案改革试点法院，已实现全国跨域立案全覆盖。

【以更大的力度，深化改革提质增效】 *向司法责任制改革要质效*。细化司法人员权力清单，强化合议庭、法官办案主体地位，健全审判委员会、专业法官会议工作规则，明确院长庭长对“四类案件”监管职责，新型审判权力运行和监管机制更加完善。完成基层法院内设机构改革，统一整合为10个内设机构，91%的力量充实到审执一线。强化职业保障，法官等级晋升如期完成，完善绩效考核机制，内生动力不断激发。全市法官人均结案246件，同比增加34件；一审服判息诉率90.4%，同比提高1.6个百分点。

向“分调裁审”改革要质效。泰安法院成立8个诉调对接中心，设立诉调对接服务站34处，组建专业性多元化解中心17个，诉前分流案件2700余件，诉前化解率21.9%。两级法院48个速裁团队办结一审民事案件6349件，平均审限27.9天；危险驾驶等刑事案件速裁平均审限4天，当庭宣判率100%。19个专业化团队适用要素式审判方式审结民间借贷、物业纠纷等案件2187件。

向信息化建设要质效。狠抓电子卷宗随案同步生成，各诉讼节点无缝衔接，工作效能大幅度提升。推行网络司法拍卖，网拍各类标的物601件，标的额14.2亿元，为当事人节省佣金3770余万元。强化“四大公开平台”应用，共公开审判流程信息48839件，庭审网络直播7512次，网上公布裁判文书90870篇，让司法在阳光下运行。

【以更严的要求，锤炼党性锻造队伍】 *坚守初心使命，把牢正确方向*。旗帜鲜明讲政治，强化理论武装，认真执行《中国共产党政法工作条例》，严格落实意识形态工作责任制。强化党建引领，扎实开展“不忘初心、牢记使命”主题教育，组织开展革命传统教育等活动48次，提升党建工作水平。泰安中院被表彰为全市机关党建规范化建设先进单位。

持续正风肃纪，涵养政治生态。加大纪律作风监督检查，对机关和基层法院督查3次。开展“廉洁司法、担当作为”集中警示教育活动，开展警示教育18次，廉政谈话80余人次。坚持以制度管人管案管事，构建起司法责任制下的廉政风险防控机制，保障公正廉洁司法。坚持反腐“无禁区、全覆盖、零容忍”，对违规违纪干警严肃处理，绝不姑息。

强化素能培养，提升履职能力。加强对下监督指导，进一步统一裁判尺度。加强教育培训，全面提升法官“五个能力”，先后有10篇调研文章、4篇裁判文书、6个优秀庭审和典型案例在全国、全省法院获奖。泰安中院被表彰为全国法院司法宣传工作先进集体。深入开展“七赛七比”、寻标对标和勇做新时代泰山“挑山工”活动，激励广大党员干警干事创业、争先进位，涌现出一大批先进单位和个人。

泰安市泰山区人民法院工作概况

【概述】 2019年，泰安市泰山区人民法院（以下简称泰山区法院）充分发挥法院审判职能，坚持立足本职、服务大局，在服务振兴发展、维护社会稳定、保障和改善民生等方面积极作为，各项工作取得新进展。2019年共受理各类案件13926件，同比上升11.1%；审（执）结14346件，同比上升24.6%，办案数量创历史最高，为泰山区经济发展和社会稳定提供了坚强司法保证。

【紧紧围绕中心工作，忠实履行审判职能】 始终围绕经济社会发展大局中谋划部署工作，紧贴中心服务大局。精准服务中心工作。在“创城”、重点项目建设、脱贫攻坚等工作中积极作为，确保人员到位、服务到位、保障到位；不断增强防范金融风险的主动性和自觉性，有力维护金融市场秩序，审结金融借款等案件670件，执结金融借款纠纷等案件460件，执行到位金额7.7亿元；致力于营造良好营商环境，深入民营企业调研座谈，指派专人为民营企业进行志愿法律服务，切实为民营经济发展清障解难，审结涉民营企业借款、买卖合同等案件1400余件，涉案标的达数亿元，执行涉民营企业案件400余件，执行到位金额达2亿元。服务、保障和改善民生。严格按照最高人民法院“两个一站式”工作的要求，着力加强诉调对接中心和诉讼服务中心建设，推动诉讼服务提档升级；妥善审理与人民群众密切相关的婚姻家庭、民间借贷、医疗交通事故、产品质量、房屋买卖、物业服务等纠纷案件，切实维护人民合法权益；在巩固“基本解决执行难”成果基础上，进一步优化执行效能，推动执行工作向“切实解决执行难”迈进，2019年共受理执行案件5173件、执结5246件，兑现胜诉当事人的权利，增强司法公信。省法院公布的执行绩效指标考核，泰山区法院列山东省基层法院第十三名。全力维护社会稳定。扎实开展刑事审判工作，为经济社会发展和人民安居乐业营造安全稳定的社会环境，2019年共受理刑事案件913件，审结904件；深入开展扫黑除恶专项斗争，保持对黑恶势力严打高压态势，对以赵某为首的恶势力团伙犯罪集团实现快审快判、从严从重惩处，打出声威、打出实效。

【持续强化创新思维，大力推进司法改革】 围绕实现公正高效司法的目标，以创新性思维引领法院工作，着力推进审判体系和审判能力现代化建设。有序推进内设机构改革等司法体制综合配套改革。完成全院内设机构改革，将内设部门缩减为10个，有效精简了机构，提升了效能；成立法官权益保障委员会，建立健全法官职业安全保障制度，维护法官权益；组织开展新任人民陪审员选任工作，共有147名人民陪审员入选并有效展开工作，参审案件1542件。推进多元化纠纷解决机制建设。建成启用全新诉调对接中心大楼，制定《诉调对接工作实施细则（试行）》，完善诉调对接工作机制，对速裁团队案件筛选、调解、送达、开庭等工作进行细化规定，成立物业、家事、劳务等专业调解委员会开展对各相关专业内容的矛盾纠纷的调解工作。完善速裁工作机制。以办案提质增效为目的，以诉讼流程再造为抓手，借鉴先进法院经验，打造快速办案新模式，将案件繁简分流、轻重分离、快慢分道落到实处；完善刑事速裁，加强与公安、检察等机关的协调配合，探索建立以“快、简”为特点的刑事速裁联合办案机制，用好认罪认罚从宽制度，提高办案效率，2019年泰山区法院民事速裁团队共审结案件2503件，占全院民商事案件总数的31.2%，刑事审判团队适用速裁程序处理案件81件，占刑事案件总数的8.9%。加强智慧法院建设。完善审判业务云平台，自动生成司法数据信息，全面反映审判态势、案件质效，将审判质效管理延伸到诉讼全过程。全面应用“智审”系统，为法官提供类案推送、文书纠错、数据分析等智能服务。为所有审判法庭和员额法官购置安装智能语音识别设备，实现语音同步转录成文字。加强审判流程、裁判文书、执行信息、庭审活动“四大公开平台”建设，加大庭审直播力度，共公布裁判文书9565份、直播庭审871件，让人民群众零距离了解司法、监督审判。

【从严加强自身建设，提升队伍整体素质】 切实加强意识形态工作。坚持以习近平新时代中国特色社会主义思想为指导，深入学习贯彻中共十九届四中全会精神，以高度的政治自觉及主体责任意识做好意识形态工作，加强新时代法院文化建设，充分利用法院官网、微信、微博等平台，宣传社会主义法治理念。加强队伍思想政治建设。认真组织开展“埋头苦干、争创一流，勇做泰山‘挑山工’”主题实践活动及“不忘初心、牢记使命”主题教育，强化“灯塔——党建在线”“学习强国”等综合学习平台的学习使用，参加泰山区“学习强国”知识竞赛并荣获二等奖。狠抓司法作风建设。围绕庭审作风、诉讼服务等诸多方面开展审务督察，强化对案款管理、司法拍卖等重点环节的监督，确保司法清正廉洁。组织开展新闻媒体“今天我当班”体验活动和其他“法院开放日”活动，邀请山东电视台、齐鲁电视台、《山东商报》等媒体记者，省、市、区人大代表，政协委员，普通市民，在校学生等走进法院，零距离了解法院工作，展示出新时期法院的新风貌，在社会上引起积极反响。

泰安市岱岳区人民法院工作概况

【概述】 2019年，泰安市岱岳区人民法院以习近平新时代中国特色社会主义思想为指导，全面贯彻中共十九大和中共十九届二中、三中、四中全会精神，立足审判执行职能，提升服务大局能力，推动各项工作持续健康发展。全年共收案15812件，结案16240件，员额法官人均结案270.67件，平均结案天数54.3天，审判执行效率持续提高，审判执行质效稳中向好。

【党的建设】 *加强思想政治建设。*坚持读原著学原文悟原理，每月集中进行党的理论学习。严格落实请示报告制度，坚持重大问题、重大敏感案件、重大敏感事项及时请示汇报。落实意识形态工作责任制，成立意识形态和宣传思想工作领导小组，用好“两微两网”自媒体舆论阵地，把握意识形态主动权、话语权，切实维护司法领域意识形态安全。

落实全面从严治党主体责任。制定年度党建工作计划，召开党组理论中心组（扩大）学习12次，党组民主生活会7次，党组成员上党课8次，观看党建教育片8次。开展专题调研、集中培训和内容丰富的主题党日活动，确保“不忘初心、牢记使命”主题教育取得实际效果。发挥党支部战斗堡垒作用，重新组建13个机关党支部，实现“支部建在庭上”，各支部开展主题党日活动100余次。

强化党风廉政建设。制定年度风纪廉政工作计划，每季度不定期全覆盖开展一次纪律作风明察暗访，半年开展一次全院干警集中警示教育，全年对中层以上领导干部、全体审判岗位员额法官、全体执行人员三类人员，分别进行一次集体廉政谈话。组织开展“廉洁司法，担当作为”警示教育活动。全年与特定人员廉政谈心谈话35人次，进行审务督察10次，召开廉政工作会议7次，观看廉政教育警示片6次。

【审判工作】 依法准确有力惩处黑恶势力犯罪，带头审理黑恶势力犯罪案件，审结6件46人黑恶势力犯罪案件，并提出司法建议。防范化解金融风险，审结涉银行金融案件681件，完善金融生态环境专项行动工作机制，召开多部门联席会议，提出司法建议。服务保障民生民本，重点突出涉民生案件审理，审结房地产合同、物业服务纠纷案件1965件，审理拖欠农民工工资等追索劳动报酬案件611件，审结农村承包地“三权分置”案件121件。打好污染防治攻坚战，审结破坏环境资源刑事犯罪案件10件29人，环境资源民事案件180件。审结岱岳区首起环保行政公益诉讼，高效稳妥执行中央环保督导组督查案件。

【执行工作】 *聚焦重点执行案件*。注重对涉黑恶势力犯罪的“打财断血”，5件涉财产部分执行案件全部办结。持续开展追索农民工劳动报酬、道路交通事故伤亡赔偿、赡养抚养费支付等涉民生案件专项执行行动，执结案件1369件，到位金额3777万元，惠及2300余人。加大涉民营经济债务案件执行力度，到位金额3.29亿元，助力优化营商环境；支持民营经济发展，坚持善意文明执行，加大执行和解力度，110余件案件达成长期履行和解协议，舒缓其债务压力，营造宽松发展环境。

加快执行信息化建设。用实用足网络查控措施，冻结4184案35320户，实际冻结金额5.15亿元。实现网上执行财产询价评估，全年网络询价9件次，网络评估138件次，当事人议价5件，为当事人节约评估费86万元。全面实行网络司法拍卖。全年网拍455件次，成交额7.77亿元，案拍比4.1%，溢价率22.53%，为当事人节约佣金1354万元。

着力遏制规避执行行为。纳入失信被执行人名单1715人次，限制高消费4953人次，460余人迫于惩戒压力自动履行还款义务。严厉打击拒执行为，实施拘留拘传措施1135人次，强制腾退119件次。

【审判管理】 系统谋划审判管理工作，制定员额法官单项考核办法，实行案件质效指标排名周通报，对发改案件分期分批集中质询。落实院领导、庭长管理权责，有为有责，齐抓共管，强化审理中开庭、中止、延期、程序转换、鉴定、送达、报结以及执行中查封、冻结、评估、拍卖、腾退等节点管理，形成全院上下同欲、齐抓共管案件质效的良好局面。

【司法为民】 *加快推进网上立案、跨域立案*。不断扩大网上立案范围，2019年以来，除刑事案件外，民商事、行政、执行案件实现100%网上立案；积极开展跨域立案联调联试，并成功接收首起跨域立案案件，开创跨地域、跨法院、跨层级诉讼服务新格局，切实减轻人民群众奔波立案的诉累。

稳步做好“两个一站式”建设。坚持把非诉讼纠纷解决机制挺在前面，强化诉讼服务中心实体解纷功能，完善一站式多元解纷机制。强化诉讼服务中心实体解纷功能，争取党委、政府支持，向“一元主导、多元化解”平台推送案件，与城乡基层、社会各类行业组织、调解员广泛对接，确定泰安市泰安公证处等5个组织、34人为首批特邀调解组织和调解员，推行“诉前调”字号立案，做好诉调对接，深化诉源治理，维护社会和谐稳定。

泰安市宁阳县人民法院工作概况

【概述】 2019年，泰安市宁阳县人民法院认真学习贯彻习近平新时代中国特色社会主义思想、中共十九大和中共十九届三中、四中全会精神，紧紧围绕“努力让人民群众在每一个司法案件中感受到公平正义”的目标，牢牢把握“单项工作争先进、整体工作进位次”定位，统筹抓好服务大局、执法办案、司法改革、精细化管理、智慧法院建设和过硬队伍建设等重点，负重加压，砥砺奋进，担当作为，狠抓落实，推动法院工作实现了新的发展和进步。全年共审执结各类案件 10781 件，标的额 19.4 亿元，同比分别增长 24%、54%，创历史新高。主流媒体和上级法院报道和推广了该院在深化人民法庭工作机制创新、强化审判职能作用发挥、推动管理转型等方面的经验做法；2019 年有 8 个集体、11 名个人受到县以上表彰，连续七年保持“省级文明单位”称号。

【服务保障大局依法有力】 牢固树立新发展理念，积极推动执法办案工作向服务全县改革发展稳定大局聚焦用力。扫黑除恶专项斗争深入开展，依法审结了吴某亭等被告人恶势力团伙犯罪案。大要案及新类型犯罪案件审理实现历史性突破，分别依法审结了涉案被告人达 36 人、17 人之多的两起网络犯罪典型案件，贩卖毒品数量最多的毒品犯罪案件，首起“套路贷”案件，首起实施“软暴力”讨债的典型案件，首起拒不执行判决、裁定罪刑事公诉案件，首起虚假诉讼犯罪案件，对犯罪形成强力震慑。依法服务保障新旧动能转换重大工程实施，以盘活涉案企业闲置土地厂房方式，配合县政府对长期停产歇业的山东华迪机械装备公司进行了“腾笼换鸟”再招商，为县里的重要招商项目成功落地提供“保姆式”全流程法律服务，得到县主要领导充分肯定。依法助力生态文明建设，公开开庭审理了首起刑事附带民事涉环保公益诉讼案件，办理的涉环境保护行政公益诉讼案件，入选了山东环境资源司法保护十大典型案例。积极推动建立县行政争议审前和解中心，实质性解决了一些关系复杂、诉讼解纷效果不好的行政纠纷。

【司法为民举措务实有效】 加快推进“一站式”诉讼服务中心建设，投资改造了该院机关立案大厅，完善了调解室、自助服务区等场所，将多元解纷、网上立案、跨域立案、分调裁审、审判执行辅助、涉诉信访、法治宣传等服务功能向诉讼服务中心集中，保证当事人“走进一个厅、诉讼事项全办清”。网上立案工作继续走在了全省法院前列，“跨域立案”实现常态化开展。探索以公开网拍方式变现涉案财产，以悬赏举报方式破解查人找物难题，执行工作思路进一步拓宽。健全案件规范运行的节点管控机制，出台《执行信访工作规程》，执行工作规范化水平进一步提升。注重发挥人民法庭化解矛盾纠纷的前沿阵地作用，探索推行“四个下沉”新举措，将开展办案工作引导指导、案件繁简分流、对接群众司法需求、统筹人财物保障等工作下沉到法庭，促进法庭职能优势发挥，典型经验被《大众日报》等媒体刊载，2019 年六处人民法庭民商事案件结案数占全院民商事案件结案总数的 63%，妥善化解了大量矛盾纠纷。

【司法改革和智慧法院建设深入推进】 全面落实司法责任制，顺利完成内设机构改革、第三批员额法官遴选等工作。扎实推进以审判为中心的刑事诉讼制度改革，主动与检察机关对接，加大认罪认罚程序和刑事速裁制度适用，对案情简单和类似案件集中审理、集中宣判、集中移送执行，大大提高了刑事审判效率。加大智慧法院成果应用，按要求推行网上立案、电子送达、互联网开庭、互联网庭审直播和电子卷宗随案同步生成及深度应用等工作，全流程网上办案进程明显加快。全面建成启用城关、磁窑两处家事审判法庭，研究制定专门的诉讼程序规程，大力推行客厅式调解、离婚案件冷静期、人身安全保护令等人性化办案方式，促进婚姻家庭关系修复，努力以家庭稳定促进社会和谐，审结离婚、赡养等婚姻家庭纠纷案件 1063 件，案件调撤率达 41.2%。

【队伍整体素质明显提升】 落实全面从严治党要求，坚持抓班子带队伍、抓党建带队建，结合内设机构改革增设了机关党委，将下辖党支部增设至 17 个，进一步配齐配强了党建力量。落实新时代党的组织路线，严格规范党内生活，着力培树党建典型和品牌，有 1 个集体、多名个人分别被授予“宁阳先锋”“宁阳标兵”“宁阳政法英才”等称号，1 名法官入围“齐鲁最美法官”候选人，华丰法庭成为全市法院系统唯一一个获得“山东省人民满意政法单位”称号的单位，形成良好带动效应。加大教育培训力度，促进“全科型法官”培养，有多个案例在上级法院组织的评比活动中被评为典型案例，行政诉讼案件的庭审在全省法院优秀庭审评选活动中获奖。严格落实党风廉政建设责任制，深化整治诉讼服务不到位、执法办案不规范等突出问题，干警工作作风持续优化，纪律规矩意识进一步增强，全年未发生违法违纪问题。

东平县人民法院工作概况

【概述】 2019 年，东平县人民法院（以下简称东平法院）坚持以习近平新时代中国特色社会主义思想为指导，深入学习贯彻中共十九大和中共十九届四中全会精神，紧紧围绕“努力让人民群众在每一个司法案件中感受到公平正义”的工作目标，坚持司法为民、公正司法的主线，深入开展“不忘初心、牢记使命”主题教育，忠实履行宪法法律赋予的职责，全面加强审执工作，扎实推进司法改革，不断强化自身建设，各项工作取得新发展新进步。

【执法办案】 *充分发挥审判职能作用*。全年共受理各类案件10432件，审执结10654件，同比分别增长14.1%和19.6%，为维护社会和谐稳定、促进经济社会又好又快发展，提供了强有力的司法服务和保障。

着力维护社会安全稳定。审结刑事案件427件，判处犯罪分子612人。深入推进扫黑除恶专项斗争，由院长担任审判长审理案件，审结强迫交易、寻衅滋事等涉恶犯罪案件4件23人，强化财产刑适用力度，对10人并处财产刑400余万元，判处继续追缴或上缴违法所得近3000万元，形成“打财断血”高压态势。严厉打击危害公共安全和社会治安犯罪，审结故意伤害、强奸、抢劫等暴力犯罪68件。持续巩固禁毒成果，审结毒品犯罪案件11件，打赢三年禁毒斗争。落实国家监察体制改革精神，审结贪污贿赂等职务犯罪案件6件，推进反腐败斗争。落实宽严相济刑事政策，对未成年人犯、轻微过失犯以及具有法定从轻、减轻情节的被告人从宽处理，减少社会对立。审结民事案件4573件。依法审结涉及承包地“三权分置”、征地补偿、农产品买卖等涉农案件119件，审结婚姻家庭、教育、医疗、住房、就业等涉民生案件1532件，审结涉房屋、土地、建设工程合同纠纷等279件。执结案件3670件，到位标的额5.8亿余元，对3127名被执行人限制高消费，将1632名被执行人列入失信名单，完成执行案件财产查控4000余件、2万余次，查询到银行存款近2亿元，网络拍卖标的物近202件。共审结行政诉讼案件360件，加强司法与行政良性互动，助力法治政府建设。

【司法改革】 东平法院坚持以改革创新思维破解发展中的难题，落地落实各项改革措施，司法工作效能更加凸显。在上级法院通报的5项审判质效核心指标中，东平法院3项指标位列第一。积极推进诉源治理，牵头成立了全市首家行政争议审前和解中心，对行政争议进行诉前调解，一次性圆满化解了325件涉县政府行政纠纷，实现了法律效果与社会效果的有机统一。继续优化绩效考核指标体系，根据案件类型和办案数量、质效、难易程度等科学设定权重系数，合理计算考核结果，最大限度激发法官多办案、快办案、办好案的内生动力，东平法院全院员额法官年人均结案242件，同比增加了30件。推进刑事案件认罪认罚从宽制度工作有序开展，审结适用认罪认罚制度案件83件，有效减少了社会对立面，促进了社会和谐稳定。深化家事审判改革，进一步健全完善家事调解、家事调查等制度，东平法院在全国法院经验交流会上作典型发言，最高人民法院也已信息的形式在全国予以推广。全面启用道路交通事故纠纷处理一体化平台，打破“不诉不理、各管一段”思维，推动公安交警、人民调解、保险机构等各方力量快速介入，形成“交警部门初调+人民调解诉前调+鉴定前置+法院速裁快审”的交通事故纠纷全流程处理机制，为当事人提供在线调解、在线鉴定、在线诉讼、一键理赔等一体化服务。

【队伍建设】 东平法院坚持把队伍建设摆在突出位置，抓党建带队建促审判，不断推动法院工作全面发展。把政治建设摆在首位。扎实推进“不忘初心、牢记使命”主题教育，强化学习教育，进一步增强“四个意识”，坚定“四个自信”，做到“两个维护”，切实营造了干事创业、争先创优的良好氛围。坚持党对人民法院工作的绝对领导，认真落实《中国共产党政法工作条例》，坚持重大事项报告制度，先后就扫黑除恶、司法改革以及重大敏感案件等多次向县委进行了报告，牢牢把握法院工作的正确方向。坚持“抓党建带队建促审判”，实行党支部书记述职评议制度，将党建工作纳入业绩考核，不断推动党的建设全面提升、全面过硬。以提升能力作为关键，大力弘扬以“埋头苦干、勇挑重担、永不懈怠、一往无前”为主要内涵的新时代泰山“挑山工”精神，以前所未有的力度狠抓执法办案，干事创业能力大幅度提升。深入开展审务督察活动，通过明察暗访、现场纠察、突击督察等方式，及时发现问题、纠正问题，东平法院全院上下司法作风明显转变。认真组织开展“廉政教育周”活动，并运用廉政谈话、廉政短信、廉政讲堂等措施，不断加强廉洁司法教育。全院干警全年未发生一起违法违纪事件。

新泰市人民法院工作概况

【概述】 2019年，新泰市人民法院坚持以习近平新时代中国特色社会主义思想为指导，深入学习贯彻中共十九大和中共十九届二中、三中、四中全会精神，紧紧围绕“努力让人民群众在每一个司法案件中感受到公平正义”的目标和走在前列的定位，扎实开展“不忘初心、牢记使命”主题教育，坚持司法为民公正司法主线，忠实履行法定职责，担当作为、狠抓落实，各项工作取得新的发展进步。

【审判执行】 刑事审判。深入推进“平安新泰”建设，审判刑事案件730余件，判处罪犯804人。扎实开展扫黑除恶专项斗争，全年审理涉黑涉恶及关联案件9件55人。严惩危害群众生命财产安全犯罪，审判杀人、故意伤害、聚众斗殴、寻衅滋事等暴力犯罪案件101件158人，审判抢劫、抢夺、盗窃、诈骗等多发性侵财犯罪案件27件93人。审判醉驾、交通肇事等危害公共安全犯罪案件93件97人。严惩职务犯罪，审结贪污贿赂犯罪案件4件4人。民商事审判。制定出台《提升执行合同质效，优化营商环境实施方案》，全年审结买卖、租赁、服务等合同纠纷1100余件，助力营造诚实守信、公平竞争的市场环境。把维护金融市场秩序作为防范化解重大风险的重要抓手，不断加强金融审判工作，审结金融借款、民间借贷、保险等案件2200余件。妥善处理好与人民群众切身利益息息相关的各类民事案件，审判人身损害、交通事故、医患纠纷等案件1031件，依法制裁侵权行为，修复受损社会关系。审结婚姻家庭、赡养抚养等家事案件1900余件，促进家庭和睦、社会和谐。审判劳动争议、劳务合同等案件390余件，统筹平衡好职工与企业权益的关系。行政审判。审判涉城乡治违、治安处罚等行政诉讼案件283件，监督支持行政机关依法行使职权。加强行政案件协调工作，对涉及城乡规划、土地征用、房屋拆迁等领域纠纷加大协调力度，经协调和解撤诉20件，促进行政争议实质性解决。积极构建司法与行政良性互动格局，成立行政争议审前和解中心，为推动行政争议实质性解决开辟新途径。执行工作。不断加大执行力度，加强与公安、金融、市场监管等执行联动部门配合，全年依托网络查控系统，采取查封、扣押、冻结等执行强制措施1.3万余次，拘留被执行人792人次，执结案件5855件，执行到位金额11.92亿元，推动“基本解决执行难向纵深发展”。强化失信惩戒，有86人被纳入失信被执行人名单，4558人被限制高消费，17人因拒不执行判决、裁定罪被判刑，“一处失信、处处受限”的信用惩戒格局初步形成，有力促进社会信用体系建设。

【司法为民】 大力推进一站式多元解纷机制、一站式诉讼服务中心两个“一站式”建设，把线下调解与线上调解相结合，为当事人提供一站式解纷服务。完善升级诉讼服务中心功能，打造“智慧诉讼服务”，通过大厅、网络、电话等方式，实现诉讼事务一站通办、一网通办、一号通办、一次通办以及网上办、掌上办。全面推进网上立案、自助立案、跨域立案以及网上交费，让数据多跑腿、群众少跑路。全年受理网上立案申请12498件。

【司法改革】 顺利完成内设机构改革，改革后，内设机构设置精简为10个部门。配合内设机构改革，加大队伍优化力度，一批青年骨干法官脱颖而出，进一步优化了人力资源配置，激发了队伍内在活力。不断深化“分调裁审”机制改革，对婚姻家庭、劳动争议等13类案件实行调解前置，立案前委托调解2600余件，尽可能将矛盾纠纷化解在诉前。对诉前调解未果的案件及时登记立案，根据难易程度分别导入不同的审判程序，实现案件繁简分流、轻重分离、快慢分道，全年简易程序适用率85.22%，同比提高7个百分点，诉讼案件平均办案天数43.23天，同比缩短9天。全力推进智慧法院建设，建成“掌上法院”办公办案系统，把业务办理向手机移动端拓展，极大提高了工作效率。扎实推进电子卷宗随案同步生成及深度运用，为实现全流程网上办案提供“智慧支撑”。加强庭审直播工作，建设12个直播法庭，共庭审直播案件1400余件，切实发挥庭审的法制教育作用，增强司法公开效果。

【队伍建设】 旗帜鲜明讲政治，认真贯彻落实《中国共产党政法工作条例》《中国共产党重大事项请示报告条例》等党内法规，坚持重要决策、事项、问题及时向市委、市委政法委请示报告，确保正确的政治方向。扎实开展“不忘初心、牢记使命”主题教育和勇做新时代泰山“挑山工”主题实践活动，深入开展寻标对标提标行动，激励广大党员干警干事创业、争先进位。2019年以来，员额法官人均办案274.48件。严格落实中央“八项规定”精神及省市委实施细则，扎实开展“廉洁司法、担当作为”集中警示教育、司法作风集中整顿等活动，教育引导干警规范司法、廉洁司法。修订完善《岗位廉政风险防控机制实施细则》等规章制度，紧紧抓住审判执行、评估拍卖等重点岗位、关键环节，不断健全全线风险防控机制，做到无禁区、全覆盖、零容忍。

肥城市人民法院工作概况

【概述】 2019年年末，肥城市人民法院共有干警154名，其中，员额制法官54名，内设综合办公室、政治部、司法警察大队、立案庭（挂诉讼服务中心牌子）、刑事审判庭、民事审判一庭；民事审判二庭、行政审判庭（挂综合审判庭牌子）、执行局、审判管理办公室（挂研究室牌子）和新城法庭、王瓜店法庭、石横法庭、安驾庄法庭、边院法庭5个派出法庭。

2019年，肥城市人民法院以习近平新时代中国特色社会主义思想为指导，深入贯彻落实中共十九大和中共十九届二中、三中全会精神，紧紧围绕“努力让人民群众在每一个司法案件中感受到公平正义”目标，牢牢把握“践行新理念，谱写新篇章”工作主题，认真履行维护国家政治安全、确保社会大局稳定、促进社会公平正义、保障人民安居乐业职责使命，统筹抓好“服务经济社会发展大局，完善诉讼服务体系建设，深化司法体制综合配套改革，加快推进智慧法院建设，推进法院队伍革命化、正规化、专业化、职业化”五项重点，为社会持续健康发展营造良好法治环境。全年共受理各类案件13770件，同比上升12.76%；结案14548件，同比上升24.55%，员额法官人均结案269.41件，同比增长24.56%，均创历史新高。共有11个集体和12名个人获肥城肥城市及以上表彰。

【刑事审判】 年内，审结各类刑事案件557件，判处犯罪分子806人。审结故意杀人、抢劫、绑架、制毒贩毒等严重刑事犯罪案件12件28人。审结岱岳区、新泰、肥城、宁阳、东平五个辖区涉邪教案件10件21人。审结电信网络诈骗、非法吸收公众存款、侵犯公民个人信息等涉众型经济犯罪以及与民生密切相关的危害食品药品安全、制假贩假等犯罪案件13件108人。完成“e租宝”集资参与人信息核实登记工作，核实登记集资参与人168人，投资总额1124.2万元。审结新泰张某、赵某菊等37人组织、领导、参加黑社会性质组织等犯罪一案，分别判处二十五年至一年六个月不等的刑罚。审结恶势力犯罪案件2件。对判处缓、管、免于刑罚人员进行2次集中帮教。

【民商事审判】 年内，审结民商事案件7455件。审理婚姻家庭、继承及邻里关系等纠纷案件1600件，审结人身伤害、交通事故、医疗损害赔偿等侵权案件561件，审结建筑工程、劳动争议、工伤保险等案件430件，坚持调判结合、调解优先，调撤率50.73%，服判息诉率达92.3%。审结买卖、租赁、加工承揽等案件932件，依法调节经济关系，促进肥城市场繁荣；审结金融借款、融资租赁等案件507件。审结破产案件2件，依法清理“僵尸企业”、淘汰落后产能，促进新旧动能转换。

【行政审判】 年内，审结行政案件128件，审查行政非诉执行案件25件。强化司法与行政良性互动，落实行政诉讼案件跨行政区划管辖、行政机关负责人出庭应诉、联席会议等制度。成立行政争议诉前和解中心，强化协调和解工作，共诉前化解行政争议12件。审结我肥城市首起行政公益诉讼案件，案外人及时缴清应当缴纳的费用550万元，有效防止了国有资产流失。

【切实解决执行难】 年内，执结案件6357件，执行到位标的额11.2亿元。先后开展涉民生、涉金融案件、“暖心冬日”等专项执行行动32次，现场直播凌晨突击抓“老赖”行动，共有4.2万余人在线参与互动，全年司法拘留273人，58人履行义务，审结拒不执行判决、裁定自诉案件3件。强化网络查控，完善失信惩戒措施，强力压缩“老赖”生存空间，全年集中曝光失信被执行人8批次101人。完善立审执衔接配合机制，保全案件2004件，保全到位金额9774万元。加强司法救助工作，全年发放司法救助款33.87万元。深化司法网络拍卖，全年司法拍卖标的额7779万元。肥城市法院被省高院表彰为全省法院基本解决执行难工作先进集体。

【司法改革】 年内，完成内设机构改革，设置司法行政机构2个，审判辅助机构1个，审判执行业务机构7个。推进人民陪审员制度改革，新选任人民陪审员193名。推进“分调裁审”改革，建立调解速裁审判团队，将诉前调解、简案速裁、繁案精审有机衔接，成立6个速裁团队，有效提高了办案效率。2019年，案件平均办案周期缩短3.64天。推进以审判为中心的刑事诉讼制度改革，落实“三项规程”和认罪认罚从宽处罚制度。严格落实入额必办案原则，建立院长庭长办案刚性约束和监督机制，院长庭长全年结案4464件。坚持放权不放任，加强审判权力运行监督制约，完善干警绩效考核，强化职业权益保障，激励法官多办案、快办案、办好案。2019年，员额法官人均结案269.41件，同比增加53.12件。

【基层基础】 年内，推进“一站式”诉讼服务中心建设，为群众提供方便快捷的诉讼服务。落实网上立案制度，全年办结网上立案审批11685件，网上缴费1462件141.32万元。加快智慧法院建设，推进电子卷宗随案同步生成和深度应用。完成一号审判庭、机房改造，高标准建设院史室、党建文化室、党员活动室，对13辆公务、警用车辆进行了换代升级。

公布裁判文书8759份，深入开展法律“四进”宣讲活动，开展法治宣讲20余次。深入开展“不忘初心、牢记使命”主题教育，成立中共肥城肥城市人民法院机关委员会，按照“支部建在庭上”要求，完成全院16个党支部的换届选举工作，荣获肥城肥城市党建工作二等奖。开展“岗位练兵、业务比武”活动，组织参加上级法院、党校组织的各类培训44期58人次。持续正风肃纪，严格落实“两个责任”，加强审务督查、纪律检查，突出对重点岗位、重点人员的监督管理，党风廉政建设保持良好态势。

泰安高新技术产业开发区人民法院工作概况

【概述】 2019年，泰安高新技术产业开发区人民法院坚持以习近平新时代中国特色社会主义思想为指导，紧紧围绕“努力让人民群众在每一个司法案件中感受到公平正义”的目标和走在前列的目标定位，坚持司法为民、公正司法主线，忠实履行审判职责，为全区“跨越发展、争先进位”提供了有力的司法服务和保障。

【审判工作】 坚持围绕中心、服务大局，自觉把全区工作重点、改革发展难点、人民群众关注热点作为服务保障的切入点和着力点，抓好执法办案第一要务。全年结案1447件，诉讼案件同比上升30.85%。未结案件106件，同比下降55.08%。结案率93.17%，同比上升8.96个百分点，位列全市第一。

*着力维护社会稳定。*贯彻宽严相济刑事政策，发挥刑罚功能，依法惩治各类犯罪。共受理刑事案件90件，审结96件，同比分别上升5.88%和35.21%。深入推进扫黑除恶专项斗争，审结了周某东、周某等8人涉嫌寻衅滋事、敲诈勒索、赌博、非法拘禁罪案，李某明、王某鹏等8人涉嫌寻衅滋事、强迫交易、敲诈勒索、串通投标罪案2起涉恶案件。积极参与社会综合治理，加大涉诉信访案件化解力度，推进纠纷多元化解和源头治理，大量矛盾纠纷被化解在基层和萌芽状态。

*着力优化营商环境。*依法调节经济关系，审结商事案件440件，同比上升58.14%。深入贯彻新发展理念，围绕服务经济高质量发展、“三大攻坚战”等大局工作，加强调查研究，深入泰开集团、华鲁锻压公司等企业进行走访调研、开展座谈，了解企业情况及司法需求，提供法律咨询和帮助，加强司法服务实效性针对性。

*着力保障民生权益。*高度重视民生案件矛盾纠纷化解，共审结就业、医疗、交通事故、损害赔偿等涉民生领域民事案件84件，同比上升27.27%。畅通劳动者维权通道，依法审结追索劳动报酬、工伤保险等劳动争议案件45件，切实保护弱势群体合法权益。

*着力促进法治建设。*坚持监督支持依法行政与保护公民合法权益并重，共受理行政案件81件，审结123件。注重行政争议实质性化解，加大对征地拆迁、行政执法等行政争议的协调调解力度，妥善审结涉及招商引资、重点项目建设等案件31件，取得良好效果。加强司法与行政良性互动，通过开展司法建议等方式，有效助力法治政府建设。

【司法改革】 *完善司法责任制改革。*进一步落实“让审理者裁判，由裁判者负责”的改革要求，持续深化新型审判权力运行机制，细化司法人员权力清单，强化合议庭、法官办案主体地位，切实让法官集中精力尽好责、办好案。统筹做好内设机构、司法人员分类管理、职业保障等综合配套改革，确保了改革整体稳步推进。

4月24日，泰安高新区人民法院开展“廉洁司法、担当作为”集中警示教育活动

*全面提升诉讼服务水平。*推进“两个一站式”建设，坚持把非诉讼纠纷解决机制挺在前面。创新多元化纠纷解决机制，行政争议审前和解中心、保险协会调解平台等专业化诉前调解平台高效运行，诉前调解纠纷110件，实现了案件的合理分流，为群众解纷提供更多选择和更大便利。

*深入推进智慧法院建设。*充分运

用智慧法院成果，强化信息化与办案办公深度融合。推进全流程网上办案，分阶段理顺流程、把准节点。进一步深化电子卷宗随案同步生成和深度应用工作，已完成诉讼档案数字化工作，走在全市法院前列。深化司法公开平台应用，共庭审直播案件424件，超额完成了直播任务，公布裁判文书及摘要1858份，公布率128.40%，位列全市第一。

【队伍建设】 以深入开展“不忘初心、牢记使命”主题教育为契机，全面加强过硬队伍建设。坚持以党的政治建设为统领，以建设过硬党支部、开展主题教育为主线，紧紧围绕“抓党建带队建促审判”工作思路，努力锻造忠诚、干净、担当的法院队伍。

加强理论武装，坚定理想信念。把学习习近平新时代中国特色社会主义思想和中共十九大精神作为首要政治任务，坚持学思用贯通、知信行统一，把学习教育贯穿主题教育全过程，与深入开展勇做新时代泰山“挑山工”主题实践活动、“七赛七比”、寻标对标争先进位行动紧密结合，充分运用“学习强国”“灯塔——党建在线”等网络学习平台，坚定党员干警的理想信念和法治信仰，确保了法院工作正确政治方向。

加强教育培训，提升履职能力。按照贴近审判实践、强化能力训练、提高综合素质的要求，在人员少、任务重的情况下，组织参加党校及上级法院举办的政治、业务培训班14人次，参加专题辅导报告、讲座、视频会议41期，累计参训600余人次，有效提高了干警的政治、业务素质。

加强作风建设，确保司法廉洁。认真落实党风廉政建设主体责任和监督责任，层层签订党风廉政建设责任书，建立员额法官及审判辅助人员廉政风险防控体系，加强廉洁司法教育，组织干警听取廉政警示教育辅导报告，到泰安监狱开展“廉洁司法、担当作为”集中警示教育活动，增强干警廉洁自律意识，筑牢拒腐防变思想道德防线。

【法庭建设】 审判法庭建设，正式批复立项。积极协调管委会、发改委等单位，协助可研单位完成法庭建设可研方案的编制及上报，审判法庭建设项目经省发改委批复同意立项，正式纳入“十三五”规划。

威海市中级人民法院工作概况

【概述】 2019年，威海两级法院坚持以习近平新时代中国特色社会主义思想为指导，认真落实威海市委“工作落实攻坚年”部署要求，忠实履行职责，加强自身建设，各项工作取得新的发展进步。全市法院共受理各类案件71343件，办结76898件，同比分别上升5.6%、16.9%，其中威海市中级人民法院受理6926件，办结7354件，同比分别上升11.6%、24.3%。

【参与平安威海建设】 认真贯彻总体国家安全观，积极参与平安威海建设，不断增强人民群众的安全感，审结一审刑事案件3333件，判处罪犯3830人。以高度的政治责任感开展扫黑除恶专项斗争，涉黑恶案件全部由院长或副院长担任审判长，审结一审黑社会性质组织犯罪案件5件66人，恶势力犯罪案件19件136人，判处五年以上有期徒刑53人，一审分别判处组织、领导黑社会性质组织犯罪首要分子刘某宝、朱某伟有期徒刑二十年、二十五年；判处“村霸”于某京、“行霸”赵某有期徒刑十八年、十八年六个月；坚持打财断血、打伞破网，判处罚金1717万元，对3人没收个人财产，移送涉黑涉恶线索28条，对2名保护伞人员依法追究刑事责任。一审审结故意杀人、抢劫、强奸等暴力犯罪案件89件，涉毒品犯罪案件148件，醉酒危险驾驶等案件1817件，贪污、贿赂等职务犯罪案件31件42人，其中原县处级以上干部7人。

【保障经济高质量发展】 围绕市委决策部署发挥审判职能，审结一审商事案件19213件，标的额103.9亿元。树立“法治就是最好的营商环境”理念，坚持平等全面依法保护，审结一审买卖合同等纠纷案件5608件，神龟餐饮特许经营合同等知识产权案件341件，依法处置22家“僵尸企业”，推动荣成海运等13家企业重整成功，皓菲集团等4家关联企业合并重整化解不良资产4.2亿元，切断担保圈3.4亿元，释放土地资源16.87公顷，审判执行涉党政机关案件113件，涉外、涉港澳台案件77件，办理司法协助62件。

【服务精致城市建设】 制定13条服务措施，审结一审建设工程、房地产开发等案件2756件。通过调判结合方式妥善解决涉景和家园等21个闲置项目纠纷265件，采取破产重整等手段推动盘活8个“半拉子”工程，烂尾多年的“798大厦”项目复工，停工4年的“百度城”工程完成房屋交付1100余户。支持环保督察整改落实，实行生态环境损害赔偿制度，审结一审环境污染、非法占地、非法捕捞等案件24件，

3 月，威海市中级人民法院青年志愿者参加普法宣传活动

其中环境公益诉讼案件 8 件，判决被告承担环境资源修复费用 1008 万元。

【保障民营经济发展】 制定 22 条服务保障措施，发布“企业经营法律知识 100 条”，与市工商联建立信息共享等协作机制，审结一审案件 13943 件，支持民营企业发展壮大。出台在执行程序中保护民营经济 7 条意见，审慎采取保全、查封、扣押、冻结等强制措施，为 100 多家履行生效裁判的企业修复信用，保障企业正常生产经营。依法平等保护民营企业和企业家的合法权益，严格区分经济纠纷与经济犯罪，鼓励支持市场交易行为，3 件案例入选全省法院十大典型案例。

【防范化解金融风险】 依法打击涉众型经济犯罪，审结一审非法集资、金融诈骗等案件 44 件，对 119 人追究刑事责任，挽回经济损失 1000 余万元，判处非法吸收公众存款 9100 余万元的王某安有期徒刑七年六个月。制定民间借贷案件裁判指引，严格把握借贷利息标准，审结一审案件 3981 件。建立金融案件快速办理机制，审结一审金融借款、信用卡纠纷等案件 4203 件，追回不良债权 7 亿元。

【维护群众合法权益】 大力推进两个“一站式”建设。让当事人“一次办好”“一网通办”诉讼事务，两级法院全面建设一站式诉讼服务中心，当事人可“一站通办”立案、保全、调解、申诉信访等各类事项；全面推行网上立案，除刑事公诉案件外，各类案件均可在网上立案、缴费、阅卷、申请保函，网上立案率达到 100%。全力推进一站式多元解纷机制建设，主动与劳动、保险、医疗等 53 家行业专业调解组织对接，邀请各类调解组织、调解员入驻法院，4406 件纠纷在诉前调解成功，多元解纷工作经验在全省推广。

【妥善解决行政争议】 依法履行司法审查职责，审结一审行政案件 498 件，审查行政非诉案件 304 件，其中判决确认行政行为违法或履行法定职责的 53 件，促成双方和解后原告撤诉 120 件。建立区市两级行政争议审前和解中心，由行政机关工作人员、律师等担任和解员组织和解，化解行政争议 36 件；推动行政机关负责人出庭应诉，全市行政机关负责人出庭应诉率达到 96.4%；推行基层法院行政案件跨行政区划管辖，除不动产等案件外，当事人可以选择威海任意一家基层法院提起行政诉讼，审结跨区划行政案件 50 件，促进了行政争议实质性解决。

【全面巩固基本解决执行难成果】 两级法院共执结案件 27975 件，执行到位金额 84.5 亿元，有财产可供执行案件法定期限内结案率达到 97.4%。持续加大执行力度，开展“暖心冬日”等 11 次涉民生、涉金融、涉民企案件专项执行行动，拘传拘留 451 人，以拒不履行生效判决裁定罪判处 3 人刑罚，查询房产、车辆 517 万次，冻结款项 7.2 亿元，网拍变现 2.9 亿元，追回“血汗钱”、抚养费等 1809 万元。持续强化联动惩戒，限制高消费 11636 人次，联合惩戒严重失信主体 2884 个。持续加大救助力度，建立执行保险救助机制，向 221 名生活困难的申请人发放救助款 367 万元。

【全力化解信访积案】 扎实开展“防范化解涉诉信访案件工作落实年”活动，推行入额院领导和副县级干部首接负责制，强化院领导包案责任，着力在“事要解决上”下功夫，共化解信访积案 345 件，化解率 92%。畅通申诉信访渠道，受理申诉、申请再审案件 390 件，再审改判 38 件，依法保护合法合理诉求。

【加强法院自身建设】 大力推进队伍革命化正规化专业化职业化建设，努力打造政治过硬、业务过硬、责任过硬、纪律过硬、作风过硬的法院队伍。以高度的政治自觉接受市委巡察，深入开展“不忘初心、牢记使命”主题教育，持之以恒正风肃纪，对基层法院开展明察暗访、审务督察。认真履行管党治党主体责任，深入开展“廉洁司法、担当作为”警示教育，用好监督执纪第一种形态，抓早抓小，防微杜渐；加强审判权监督制约，强化院庭长办理群体性、疑难复杂等四类案件责任，二审拟改判、发回重审案件一律报专业法官会议研究，重大疑难案件提请审判委员会把关，改判、发回重审率下降2.9个百分点；拘留、罚款、延长审限等事项一律层报院长审批，12个月以上未结案件减少90%。加强司法能力建设，坚持分级分类分层培训，组织民商事法律适用、执行规范化、信息化应用等专题培训470人次，7名法官被评为全省审判业务专家，4个集体、19名个人获省级以上表彰，威海市文登区人民法院刘美玲被省委宣传部、省法院评为首届十大“齐鲁最美法官”。

威海市环翠区人民法院工作概况

【概述】 2019年，威海市环翠区人民法院（以下简称环翠法院）共受理各类案件14678件，审执结15663件（含旧存，下同），同比分别上升1.7%和21.3%。审结各类刑事案件705件，同比上升44.2%，其中故意伤害、“两抢一盗”等案件133起，贪污贿赂、渎职等职务犯罪8件10人，黑恶势力犯罪案件7件84人。受理各类民事案件4413件，审结4772件，其中审结教育、医疗等民生案件1829件，对涉及农村房屋、征地拆迁等55起案件进行公开审理。受理商事案件3221件，审结3473件，完成了7家企业破产清算，通过调判结合妥善化解1118件民间借贷纠纷，依法惩处14件非法吸收公众存款等涉众型经济犯罪，深入10余家企业走访调研，对商业保险、知识产权等领域多发纠纷提出4份司法建议，均被采纳推广。妥善处理各类行政案件171件，同比上升12.5%，对67件非诉行政执行案件赋予强制执行力，对14件跨区划案件依法予以立案登记。受理执行案件6040件，执结6394件，同比上升5.5%和28.1%，执行到位金额17.4亿元，开展集中执行行动11次，拘传、拘留被执行人84人次，将2253人次纳入失信被执行人名单并采取限制性措施，发布网拍公告911则，发布标的物件数位居全省第三，成交金额超过2.3亿元。

【升级服务】 丰富改革配套保障措施。全面推行内设机构改革，贯彻落实司法责任制，将21个内设机构精简为10个，增补员额法官2名，形成构建科学、权能明确、运行高效的机构体系。全年院长庭长承办案件7221件，结案7778件，占全院结案总数的49.7%。建成全市法院首个微模块化数据机房，全面推行无纸化办公模式，研发案件流转管理系统，室藏数字化档案数量扩充至1400余万页，审判节点管理与电子卷宗深度应用能力实现跨越式提升。

探索辅助事务外包机制　在全市法院率先推行司法辅助事务外包工作，将导诉、扫描、排期、送达、卷宗整理、归档等事务性工作外包，交由第三方专业团队集约开展，使法官可以专注于司法核心事务，提高审执工作效率。通过细化外包事务操作规范，由外包方在司法人员与当事人之间建立起“物理隔离带”，有效防范廉政风险。自2019年7月该机制推行以来，在人员没有增加的情况下，全院结案数比上年度同期增多1948件，同比增长25.8%；比上半年增加3318件，上升53.7%，环翠法院被确定为“全省司法责任制综合配套改革创新点”。

完善审判运行管理机制　组建2个速裁团队，采取“1+2”模式进行人员配备，适用“集中+分散”速裁模式，4个月时间内共对761件案件在20日内完成快调速审。探索要素式审判和诉讼文书电子送达制度，提高案件综合处置效率，员额法官人均结案364件，结案率达92.8%。深入推进知识产权案件审理工作，共审结涉知名品牌案件311件。2019年4月，青岛知识产权法庭威海巡回审判庭在张村法庭挂牌成立，有效助推全市法院知产专业审理能力再提升。严格审限管理，建立审判态势分析通报机制，正常审限内结案率为99.4%。

打造便捷化的司法服务与救助体系　推进两个“一站式”建设，开通12368诉讼服务热线，回复、

4月23日，青岛知识产权法庭威海巡回审判庭在环翠法院张村法庭挂牌

转办群众来电诉求 1957 件，指导当事人网上立案 7290 件。加大司法救助力度，累计发放救助款 103.4 万元。高标准推动矛盾纠纷多元化解机制发展，增聘 36 名特邀调解员，组建驻法院调解团队，挂牌成立“老徐品牌调解室”和“鲁大姐温馨辅导室”，与消费纠纷人民调解委员会联合实现网上司法确认，共在诉前分流纠纷 5608 件，调解成功 1226 件，司法确认 324 件，相关工作经验在《人民法院报》、全省中级法院院长会、省委政法委组织的全省非诉讼纠纷解决机制工作会上得以推广，环翠区诉讼服务中心获评“山东省人民满意政法单位”，调解员徐承刚被评为“山东省法治人物”。

【队伍建设】 *旗帜鲜明强化党的政治建设*。全面强化党的领导，严格落实意识形态工作责任制，始终把政治建设摆在首位，深入推进“不忘初心、牢记使命”主题教育，共开展主题党日、党课等学习活动 160 余场次。增配党务工作人员，成立专职机关党委，督导 12 个党支部完成换届选举。广泛开展“三重三亮”活动，组织党员干警开展预防金融诈骗宣讲、捐赠爱心物资等志愿活动 13 场次，在悟初心、践使命中，不断强化法院队伍的凝聚力和战斗力，党员法官办案数占全院结案总数的 91.3%。

持之以恒强化纪律作风建设。坚持把纪律挺在前面，以高度的政治自觉主动配合省委巡视、区委巡察工作，深入查摆存在的问题，深刻剖析检视成因，逐一明确整改措施。加强廉政风险防控，严格落实“一岗双责”，签订党风廉政建设责任书 200 余份。深化日常廉政教育，组织干警前往教育基地学习，开展警示大会、全院主题党课等 9 场次。综合运用监督执纪“四种形态”，组织审务督察 6 次，开展廉政谈话 31 次，着力抓早抓小，防患于未然。

固本强基强化司法能力建设。深入强化“院校合作”，联合中国政法大学、山东大学（威海）等高校，打造司法实务与理论的沟通学习平台。鼓励支持案例研讨与调研，2 则案例被收录于《中国法院 2019 年度案例》，在第三十届全国法院学术讨论会中获得国家级一等奖，1 名干警被授予“全国法院调研工作先进个人”称号。将理论智慧融入司法为民的实践中，共收到当事人感谢信、锦旗 20 余件次。

威海市文登区人民法院工作概况

【概述】 2019 年 5 月，威海市文登区人民法院全面贯彻落实司法体制改革决策部署，深入推进内设机构改革工作，院机关庭室由原来的 17 个精简为民事审判一庭、民事审判二庭、审判管理办公室（研究室）、刑事审判庭、立案庭、行政审判庭、执行局、政治部、综合办公室、司法警察大队、监察科。2019 年，在区委的领导、区人大及其常委会的监督下，在区政府、区政协和社会各界的关心支持下，区法院坚持以习近平新时代中国特色社会主义思想为指导，深入学习贯彻中共十九届四中全会精神，认真履行宪法和法律赋予的职责，充分发挥审判职能作用。2019 年，共受理各类案件 12605 件，审结各类案件 13543 件，同比增长 10%、17.7%，员额法官人均结案 288 件。

【立案】 全面推行网上立案、全国法院就近跨区域立案，全年网上立案 9400 件。设置智能云柜系统，实现当事人和法官之间诉讼材料的自助收转。建成全市第一家“24 小时法院”，为当事人提供“八小时”以外的自助立案、案件查询、风险评估等诉讼服务，实现诉讼服务全年无假期、全天不打烊。认真开展“防范和化解信访案件工作落实年”活动，推行院领导包案化解信访积案制度，受理申诉、申请再审案件 16 件，再审改判 8 件，畅通信访纠错渠道。

【民事审判】 全年共受理民事案件 4021 件，审结 4470 件，其中，家事纠纷 1133 件、房屋买卖及拆迁安置纠纷 861 件、劳动争议和社会保险费纠纷 533 件、建设工程类纠纷 300 件、人格权损害及侵权类纠纷 818 件。重点推动家事审判改革，离婚案件调解撤诉率达 83%；深度融合少年审判和家事审判，打造威海地区特色少家合一审判模式。在全市法院首家推行道路交通事故纠纷一体化平台运用，案件服判息诉率达到 95%。

【商事审判】 全年受理商事案件 2950 件，审结 3308 件，其中买卖、承揽及租赁等传统合同纠纷 959 件，民间借贷纠纷 676 件，服务合同纠纷 489 件，金融类纠纷 369 件，保险纠纷 149 件。严格掌握民间借贷利息标准，与金融部门会商研讨，规范贷款管理，建立金融案件快速办理机制，维护金融市场秩序，防范金融风险。2019 年新受理企业破产案件 10 件，审理终结 5 件，“龙都丽景”项目重整工作正有序推进，长江汇泉公司重整计划已获通过，重整方团队开始全面招商。

【刑事审判】 全年共判处各类刑事案件 517 件 607 人，其中判处五年以上有期徒刑 23 人，判处缓刑

175 人。全年审理认罪认罚案件 140 件，依法采用简易程序并予以从轻处罚；依法严惩严重暴力犯罪、涉众型犯罪、毒品犯罪和典型多发犯罪，针对危害公共安全的醉驾犯罪，坚持从快从严判处，全年共判处 224 名危险驾驶罪犯，审判周期压缩至 15 天以内，仅对其中的 67 名罪犯宣告缓刑，切实加大了震慑和处罚力度。

【行政审判】 恪守平等保护原则，正确发挥好行政审判维护百姓权利和支持依法行政的双重职能作用。通过依法裁判纠错，判决撤销行政机关行政行为 4 件、责令履行职责 2 件；依法维持行政行为，引导相对人撤回起诉 23 件，裁定驳回起诉 29 件，判决驳回诉讼请求 20 件。受理涉土地和环境保护等非诉行政案件 83 件，审查结案 77 件，督促行政相对人自动履行 12 件，对不自动履行的，裁定准予强制执行。

【执行工作】 坚持凌晨集中执行行动常态化，持续强化执行攻坚，保持高压态势，巩固和扩大基本解决“执行难”战果。共组织凌晨执行行动 20 次，拘传 386 人，拘留 66 人。深度推进联合惩戒，织密执行网，将 70 名被执行人列入失信名单，对 2836 人限制高消费，推动形成守信光荣、失信可耻、一次失信处处受限的社会氛围。强化与公安、检察机关联动配合，对 5 名拒不执行法院裁判的被执行人移交公安侦查，其中 1 人被判处拒执罪。全年新收各类执行案件 4624 件，执结 4745 件，执行到位金额 6.03 亿元，为金融机构收回不良贷款达 1.9 亿元。

【扫黑除恶】 持续保持高压态势，深入推进扫黑除恶专项斗争，“打伞破网”“打财断血”，除恶务尽。对朱某伟等 26 名被告人涉 13 项罪名一案，由院长担任审判长，首次组成 7 人制大合议庭，连续 4 天集中开庭，最终以组织、领导黑社会性质组织罪等多项罪名判处首犯朱某伟有期徒刑 25 年，没收全部财产，7 名组织成员分别被判处 4 年至 14 年有期徒刑，并处罚金，同案其他 18 名罪犯也被判处 6 个月至 5 年有期徒刑，保证了文登区扫黑除恶专项斗争开展以来首起涉黑案件的强有力震慑效果。

【多元化解矛盾】 聚力打造“两个一站式”建设样板。改建扩建面积达 1300 平方米的诉讼服务中心，落实习近平总书记“坚持把非诉讼纠纷解决机制挺在前面”的指示精神，积极主动融入全社会诉源治理格局，推动文登区闭环式矛盾纠纷多元调处机制的健全完善。与区公安分局、司法局、市保险行业协会联合开展道路交通事故纠纷“一站调处”，与区总工会、人社局建立劳动人事争议裁审衔接，与区妇联、民政局建立婚姻纠纷调处对接，与区工商联、信用中心开展企业信用纠纷诉调对接，与区司法局会商成立诉前调解委员会，11 名特邀调解员入驻法院开展调解工作。2019 年各调委会独立或参与调解成功案件千余件。

荣成市人民法院工作概况

【概述】 2019 年，荣成市人民法院（下文简称荣成法院）坚持以习近平新时代中国特色社会主义思想为指导，忠实履行职责，加强自身建设，各项工作取得新的进展，繁简分流、诉源治理等工作经验先后在全省法院、全市政法系统推广，扫黑除恶、攻坚执行难等工作被中央、省电视台报道宣传。全年共受理各类案件 15864 件，审执结 17113 件，同比分别上升 7.8%、20.5%。

【抓好执法办案第一要务】 *维护社会大局稳定*。积极推进平安荣成建设，共审结刑事案件 651 件，判处罪犯 747 人。扎实开展扫黑除恶专项斗争，审结涉黑恶犯罪、涉“保护伞”案件 10 件 36 人，五年以上有期徒刑重刑率达 52.8%，甄别移送黑恶犯罪线索 7 条。坚决维护人民群众生命财产安全，审结故意伤害、强奸、“两抢一盗”等案件 112 件。

保障经济高质量发展。贯彻新发展理念，共审结商事案件 3466 件。发挥破产重整程序功能，稳妥推进海运有限公司、泰和房地产等企业破产重整程序。围绕产权司法保护，出台优化法治营商环境 12 条意见，审结涉企合同纠纷 1527 件。围绕防范化解金融风险，审结金融借款、民间借贷等案件 1244 件。

推进法治荣成建设。监督支持依法行政，共审结行政案件 61 件，审查行政非诉执行案件 61 件。支持“放管服”改革，妥善审结行政处罚、行政审批等案件 14 件。深化行政案件跨行政区域管辖，审结跨行政区域案件 7 件。构建行政争议审前和解机制，引导一批行政处罚、行政给付纠纷进入行政争议审前和解中心得到实质性化解。

【全面深化司法改革】 *完善改革配套制度*。完成内设机构改革，将原有内设机构整合为 10 个。完善员额法官动态调节机制，依法按程序增补员额法官 8 名。发挥专业法官会议作用，召开专业法官会议 15 次，促进法律正确统一适用。严格落实院长庭长办案要求，院庭长办结案件 7922 件，占全院结案总数的 46.3%。

推进繁简分流改革。以诉讼流程再造为抓手，推进“分流、调解、速裁”一体化运行机制，打造“前后方”繁简审判模式。成立 10 个民商事速裁团队，自 2019 年 5 月中旬以来，通过运行“诉前调解 + 简案速裁”模式，结案 3969 件，占全院同期民商事结案总数的 66.9%，平均办案周期 14.7 天。

加强“智慧法院”建设。提升智审系统应用水平，逐案进行类案推送。完善新型审判监督管理机制，将 26 个审判节点嵌入办案系统，自动进行流程超期督办。推进电子卷宗随案同步生成和深度应用，完成 27 万册库藏档案数字化工作，电子卷宗同步生成 11282 件。开通道路交通事故“网上数据一体化处理”平台，当事人最快 15 天收到保险理赔款。

【践行为民服务宗旨】 **依法化解纠纷**。坚持以人民为中心的发展思想，审结民事案件 4806 件。加强法治助力脱贫攻坚，审结涉“三农”案件 168 件，为农民工兄弟追回劳动报酬 720 万元，为困难当事人缓、减、免诉讼费 5.2 万元，发放司法救助金 72.4 万元。成立“天平护航志愿服务队”，走进社区、乡村开展普法讲座 20 余场次。

强化执行攻坚。巩固“基本解决执行难”成果，共执结案件 7168 件，执行到位标的额 13.4 亿元。依法突出执行强制性，开展凌晨集中执行行动 11 次。加强信息化建设，网络查控已覆盖房产、车辆、证券等九大类财产信息，网络司法拍卖成交金额 0.8 亿元，为当事人节省佣金 313 万元。推进执行威慑机制建设，与全市 27 家单位加强失信联合惩戒，全年公布失信被执行人 5250 余人，并向 1200 余名失信被执行人居住、工作区域内的人员定向发送曝光短信，753 人慑于压力主动履行义务。

全面推进两个“一站式”建设。开通诉讼服务网、移动微法院、12368 诉讼服务热线，全年共完成 12875 起案件网上立案及缴费工作，发布网络公告 618 条，为当事人节省公告费 17 万元。加快诉源治理，在法院设立诉调对接中心，5 处法庭设立诉调对接工作站，横向与医疗、住建、海洋发展等行业人民调解委员会达成对接，纵向与 22 个镇街人民调解委员会形成联动，并依托全市“百名第三方矛盾化解专家库”，择优选聘 17 名调解员作为特邀调解员编入速裁团队和人民法庭。全年累计委派调解案件 5757 件，调解成功 2313 件，在诉讼案件数量持续攀升的情况下，民商事收案首次迎来下降拐点，同比下降 14.9%。

【加强法院自身建设】 **突出党建引领**。扎实开展“不忘初心、牢记使命”主题教育，召开党组专题学习、民主生活会、组织生活会 17 场次。成立机关党委，完成 8 个党支部换届选举工作。激发党员队伍“红色活力”，开展主题党日 12 次、党建共建、党员志愿者活动 22 场次，先后涌现出“山东省人民满意政法干警”“威海政法人物”等一批先进典型。

深化作风建设。坚持问题导向，完成省委巡视组、市委巡察组反馈意见整改，严格落实意识形态工作责任制。完善廉政风险防控机制，为每名干警建立廉政档案，充分发挥审务督察和廉政监察员的作用，对重点领域开展专项检查和审务督察 12 次，营造风清气正的司法生态。

主动接受监督。主动接受人大、政协监督，邀请“两代表一委员”旁听庭审、见证执行 30 人次。广泛接受社会监督，新增人民陪审员 83 名，陪审案件 2269 件，公开裁判文书 13582 份，网络直播庭审 703 场，通过微信公众号、抖音等新媒体平台发布法院信息 257 篇次。

乳山市人民法院工作概况

【概述】 2019 年，乳山市人民法院（以下简称乳山法院）认真贯彻中共十九大、中共十九届四中全会精神，牢固树立以人民为中心的发展思想，紧扣经济社会发展大局，抓重点、破难点、补短板、树亮点，自觉把走在前列变为实际行动，努力让人民群众在每一个司法案件中感受到公平正义。2019 年，共受理各类案件 9770 件，审执结 11184 件（含旧存），案件结收比 114.5%，位列全省基层法院第三位。

【审判工作】 **深入参与平安乳山建设**。依法审结乳山首例未成年人涉恶势力犯罪案件，依法对以胡某某为首要分子的恶势力犯罪集团、以徐某某为纠集者的恶势力犯罪团伙共 11 名被告人进行集中宣判，全程同步直播营造扫黑除恶高压态势。坚持打准、打深、打透黑恶势力犯罪，特别是案件背后的“关系网”“保护伞”，依法审理涉及公职人员为黑恶势力充当“保护伞”案件 1 件 1 人，不断推动扫黑除恶专项斗争向纵深发展。

推进行政审判体制改革。积极服务精致城市建设，牢固树立绿水青山就是金山银山的理念，首次由三名员额法官和四名人民陪审员组成的七人合议庭对乳山检察院诉乳山某局不依法履行法定职责行政公益诉讼案件进行审理，保障群众的知情权、参与权和监督权。积极探索建立行政案件多元解纷机制，与依法治市委员会共同设立乳山市行政争议审前和解中心，共同推进行政争议协调和解工作，所有符合条件的案件均已进入诉前调程序。健全完善行政机关负责人出庭应诉机制，积极引导行政机关依法应诉，被诉行政机关工作人员出庭应诉率达 100%。

【司法为民】 推进两个“一站式”建设。推进一站式诉讼服务中心建设，立案、保全、鉴定、调解、速裁、信访等事务在诉讼服务中心“一站通办”；开通网上立案自助服务和跨域跨层级立案服务，当场立案率、网上立案率均达到 100%；积极推行移动微法院，开通 12368 诉讼服务热线，加大巡回审理力度，全面拓展司法服务。推进一站式多元解纷机制建设，积极对接行业调解组织，上线人民法院调解平台、道交一体化平台，特邀退休法官和人民陪审员担任专职人民调解员，对适合调解案件进行诉前分流，190 件纠纷在诉前调解成功；设立速裁团队和专业化审判团队，划分简案和繁案两条“跑道”，有效提升审判效率，诉讼案件平均办案天数同比缩短 31.6%。

全力推进“互联网法庭”建设。突出服务人民群众导向，以智能化建设为动力，大力加强互联网法庭建设，通过调研，在院机关和滨海新区法庭分别设立互联网法庭，实现审判模式的革命性变革，促进审判体系和审判能力现代化。12 月 19 日，乳山法院两个互联网法庭同时开审，标志着乳山法院“互联网法庭”正式投入运行，当事人无论身处何地，只需一台有摄像头、能上网的电脑或手机即可通过互联网庭审系统参加庭审，免去了诉讼的奔波之苦。通过庭审网络化，有效缩短了办案周期，提升了审判效率，真正实现了“让数据多跑路，让群众少跑腿”的目的，山东省高级人民法院对该项工作予以转发推广。

全面加强诉源治理。积极主动融入党委领导的社会治理体系，把预防化解工作前移，从源头上减少诉讼增量，2019 年收案数量下降近 10%，为近年来首次下降，是威海地区唯一一家收案数量下降的法院。深化业务“一次办好”改革，2018 年 8 月提出“无争议房产继承事项可直接到登记部门办理，不再需要法院出具裁判文书”司法建议，得到不动产登记部门的积极回应。2019 年继承类诉讼和执行案件收案数同比分别下降 89.7% 和 80.1%。加强与金融机构的良性互动，对金融管理问题提出司法建议，规范金融市场行为，金融借款诉讼案件收案数同比下降 12.6%。

【司法改革】 稳步推进内设机构改革。广泛调研、征求意见，探索构建符合审判权运行规律的内设机构体系。优化职能配置，将原有 23 个内设机构精简合并为 10 个（不包括派出法庭），实行扁平化管理，提升工作效率。突出政治标准，严格组织程序，加快年轻干部梯次培养，为法院长足发展积蓄力量。以人案均衡、人尽其用为导向，以基层法庭和速裁团队建设为重点，进一步完善审判团队配置，提升基层司法服务能力。

扎实推进诉讼制度改革。深化以审判为中心的刑事诉讼制度改革，推进庭审实质化及刑事案件律师辩护全覆盖。会同公安局、检察院召开“三长”（公安局局长、检察院检察长、法院院长）会议进行工作对接，组织刑事法官赴先进法院观摩学习，积极推进认罪认罚从宽制度和刑事速裁程序改革，适用认罪认罚从宽制度审结案件 89 件，适用速裁程序审结案件 54 件，服判息诉率达到 100%，取得较好的社会效果。落实行政案件异地选择管辖制度改革，切实方便行政相对人诉讼。

【队伍建设】 打造新时代法院队伍。扎实开展“不忘初心、牢记使命”主题教育，充分利用乳山本地红色教育基地，把革命教育作为主题教育的一个重要部分，增强主题教育的针对性和实效性。高度重视法治人才培养，通过与高校签订院校合作协议、联合建立实习基地，深化工作联系和互动交流，获批全省法学院校法治人才培养基地。高度重视司法警察规范化建设，从硬件设施配置和警务保障软实力等方面着手，提升执法规范化建设水平和警务保障水平，在全市法院司法警务保障现场会上交流工作经验。

威海市火炬高技术产业开发区人民法院工作概况

【概述】 2019 年，威海市火炬高技术产业开发区人民法院坚持以习近平新时代中国特色社会主义思想为指导，深入学习中共十九届四中全会精神，扎实开展“不忘初心、牢记使命”主题教育，切实履行司法职能，共受理各类案件 5541 件、审执结 5956 件、人均结案 458.15 件，同比分别上升 14.8%、25.4%、15.8%，人均结案数位列全省第十一。

【审判执行】 一是坚持服务大局，不断优化营商环境。围绕市委关于高区要在新一轮“双招双引”、高质量发展中当好主力军、排头兵、驱动器、策源地的要求，找准着力点，依法提供司法服务。高质效审理（韩资）朝光电子破产清算案，确保朝光电子进入破产程序后半年内不停产，实现了对三星电子所需零部件的供应，赢得区工委管委对法院工作的高度赞誉。立足火炬高新区的地域定位，出台《关于服务和保障高区民营经济健康发展的实施意见》，将保障重点民营企业发展作为工作重点，区工委管委主要领导对法院优质、高效、精准的司法服务批示肯定。

二是立足中心，审判工作提质增效。提高政治站位，扎实推进扫黑除恶专项斗争，坚持由院长担任审判长，审结恶势力犯罪案件2件，刑事审判各项指标均位居全市前列。民商事审判坚持繁简分流，缩短办案周期，简易程序适用率多年保持在90%以上，处于全省第一方阵。行政审判注重和解，审结行政案件58件，其中跨行政区域管辖案件13件，涉及环翠、文登、荣成、经区，行政机关负责人出庭率100%。注重榜样引领，开展“审判执行专项攻坚”等活动，突出奖惩机制，切实发挥绩效考核指挥棒作用。

三是强力执行，坚定不移向着“切实解决执行难”目标迈进。坚持把执行工作作为一把手工程，巩固执行攻坚成果，推进长效机制建设，共执结2200件，同比增长18.02%。开展凌晨执行等专项活动，涉案122件100余人，实施司法拘留43人，发出限高令846次，列失信被执行人2人次，依法移送涉拒执罪0人次，形成震慑失信被执行人的高压态势。强力执行欠薪等涉及民生权益类案件，切实保障胜诉当事人的合法权益，为102名职工追回薪金92万余元。认真落实执行保险救助制度，为11名当事人申请救助金25.6万元。

四是能动司法，以司法建议延伸司法服务。结合审判执行工作开展统计分析，围绕土地纠纷、村居两委换届选举、治安行政处罚等开展调研，以司法建议的形式与各部门加强沟通对接，关于村居两委换届的司法建议获区管委分管领导批示肯定，关于涉集体土地纠纷的调研报告获区工委政法委主要领导批示肯定，关于预防猥亵儿童犯罪的司法建议获得区教体处、区妇联和区团委的积极回应。

五是保障有力，基础建设不断加强。认真落实市“e租宝”案件善后处置工作领导小组部署，设置两处专门登记地点，配备专职审核员、登记员及设施，圆满完成登记任务。依规报废并购置执法执勤用车3辆，新增电脑、打印机、扫描仪、执法记录仪等装备45台。为9个审判庭联通中国庭审直播网，为2个审判庭配备讯飞智能语音庭审系统，为审判员配备10套智能语音转写助手，安装并启用2套12368法律服务热线，通过OA办公系统传阅签批文件，信息化水平不断提高。

【队伍建设】 从严治党，拒腐防变能力不断增强。扎实开展党建工作，严格管党治党重大政治责任，做到党建、意识形态、党风廉政建设与审判执行工作同部署、同落实。规范建设党建活动室，组织党员70余人次到山东沂蒙党性教育基地、威海反腐倡廉预防职务犯罪警示教育基地参观学习，带领党员到田村社区报到服务。加强廉洁司法教育，强化干警的程序意识、审限意识和纪律意识，把法官专业能力建设摆到更加重要的位置，强化对聘用制干警的考核管理，不断激发队伍整体活力，锻造忠诚、干净、担当的法院干警队伍。

威海市经济技术开发区人民法院工作概况

【概述】 2019年，威海市经济技术开发区人民法院共受理各类案件5959件，审执结6080件，法官人均结案434.4件，比上年分别上升16.3%、24.1%和6.4%。其中，诉讼类收案3879件，审结3941件，分别上升26%和32.7%；执行类收案2080件，执结2139件，分别上升1.7%和10.9%。

【刑事审判】 严惩刑事犯罪，依法保障平安经区建设。受理刑事案件329件，审结324件（含往年旧存24件），判决罪犯388人。审结黑恶案件6件53人，判处5年以上有期徒刑11人，判处罚金276.7万元。审结开展扫黑除恶专项斗争以后威海市首起涉黑案件——丁某飞案，依法判处首犯丁某飞有期徒刑22年，没收个人全部财产。对其他恶势力犯罪分子分别判处有期徒刑18年至10个月不等。审结非法吸存和集资诈骗案件10件37人，涉案总值3.14亿元，参与集资6300多人，分别判处37名被告人有期徒刑12年至6个月不等。扣押涉案财物600多万元，追赃1056万元，取得良好社会效果。

【民（商）事审判】 深化服务保障措施，服务辖区高质量发展。审理各类民（商）事案件3449件，审结3513件，比上年分别上升28.3%和53.9%。妥善处理涉威海服务贸易产业园建设拆迁案件，确保重点项目平稳顺利推进。审结房地产开发、建设工程等建设领域案件 567 件，妥善调处房屋买卖合同、商品房预售合同纠纷案 430 件，促进建设领域健康发展。审结金融借款、民间借贷、信用卡纠纷等金融案件 739 件，对虚假诉讼和信用卡纠纷案件开展调研，提出对策，防范金融风险，维护金融秩序。

【行政审判】 把行政调解挺在前面，最大限度将矛盾化解在初始阶段。受理行政诉讼案件 33 件，审结 36 件（含往年旧存 8 件），比上年分别上升 43.5% 和 71.4%。其中，审结行政一审 20 件，行政非诉审查 16 件。成立行政争议审前和解中心，通过风险提示、明法析理，调动一切可调动的积极因素，促使行政争议实质性化解，40% 的行政案件通过和解解决，始终保持零发改。

【切实解决执行难】 执行工作持续发力，确保群众的胜诉权益得到兑现。受理执行案件 2080 件，执结 2139 件（含往年旧存 206 件），执行标的到位金额 2.8 亿元，被山东省高级人民法院授予“全省法院基本解决执行难工作先进集体”称号。开展“暖心冬日”等涉金融、民生专项执行行动 11 次，拘传拘留被执行人 43 名，执行到位 265.03 万元，网络查控措施发起率 99.86%。以拒执罪追究 3 名被执行人刑事责任。在淘宝、京东等网站挂拍标的 307 件，溢价率 27.23%，成交额 6005.5 万元，节省佣金 241.09 万元，用“真金白银”维护群众胜诉权益。

【助力优化营商环境】 构建破产工作政府和法院联动机制，统筹解决企业复工、职工安置、寻找重整投资人等难题。山东百圣源集团有限公司、威海华东数控机床有限公司等 10 起破产案件先后清算、重整成功，涉及资产总额约 11.16 亿元，负债总额 18.17 亿元，职工 1435 人，促进危困企业转型升级。针对个别小区存在居民无法办理房产证、逾期交房等历史遗留问题，善用活用市解决“半拉子”工程政策，通过与建筑商、开发商和物业公司等多方协调，以判促调，以点带面，妥善处置 430 件涉 4 个居民区 2200 多户房产纠纷，解决逾期交房、延期办证等历史遗留问题，促进建设领域健康发展。

【促进诉源治理实质化】 推进两个“一站式”建设，让当事人享受更便利的司法服务。全面建设“一站式”诉讼服务中心。开通 12368 诉讼服务热线，通过构建立体化诉讼服务渠道，实现一站通办、一网通办、一号通办、一次通办；推行网上立案，除刑事公诉案件外，各类案件均可在网上立案，网上立案率 100%；开展跨域立案服务，深化“当场立、自助立、网上立、就近立”改革，推动实现当场立案、一次办结。全力推进“一站式”多元解纷机制建设。与金融工作办公室、就业和社会保障处等部门实现诉调对接，与保险协会、交警部门诉调联动，交通事故案件调撤率达到 57.9%；与山东康桥律师事务所、山东东方未来律师事务所建立诉前委托调解机制，在法院设立律师调解室，3 名律师轮流值班参与法律咨询及诉前调解。通过整合各方资源，约 23% 的纠纷引入非诉解纷机制，促进矛盾纠纷源头化解。

【法院机关队伍建设】 以党建引领，锤炼作风，打造过硬法院队伍。扎实开展“不忘初心、牢记使命”主题教育，严肃党内政治生活，提升干警党性修养。打造“红色天平”党建品牌，围绕防范金融诈骗、合同和侵权纠纷，每月安排 1 个民商事审判团队到社区、企业巡回开庭、解答法律咨询。组织“法官妈妈”进校园，举办普法讲座，确保党建工作取得实效。实行裁判标准统一化、重点工作指标化、工作督导常态化的“三化”管理模式，力促审判质效提升。开展“五个一”活动，定期开展优秀裁判文书和典型案例评选活动，提升干警专业水平。扎实开展“廉洁司法、担当作为”集中警示教育活动，年初集中开展为期一周的廉政教育，将党风廉政建设作为全年开局“必修课”。坚持审务督察常态化，全面督查与专项督查相结合，确保法院和法官风清气正。

6 月 11 日，威海经区法院走进富兴社区开展巡回法庭进社区活动

日照市中级人民法院工作概况

【概述】 日照市中级人民法院坚持以习近平新时代中国特色社会主义思想为指导，深入开展"审判质效提升落实年"活动，全市法院受理各类案件63008件，审、执结59088件。中院受理6897件，审、执结6601件。全市法官人均办案251件。五莲县法院被表彰为"全国模范法院"，莒县法院获评"山东省人民满意的公务员集体"，中院卜雪雁当选首届"齐鲁最美法官"。

【牢记使命促发展，全力护航现代化海滨城市建设】

优化法治营商环境。认真落实《日照市优化营商环境100条》，细化制定49项措施，提升营商环境司法贡献度。召开民营企业发展座谈会，进企业普法宣讲、走访调研，以司法贴心服务换企业安心发展。慎用查封保全等强制措施，最大限度减轻企业涉诉负担，中院妥处日照港集团与某石化公司系列执行案，"红娘式"指导民企引进外资、盘活资产，日照港2.65亿元债权全额受偿。

助推产业转型升级。推动成立破产管理人协会、设立破产基金，审结企业破产、公司清算案件53件。严打逃废银行债务犯罪，防范化解金融风险，重点案件全部审结。依法否定职业放贷、变相高息，推动互保企业"破圈解链"，支持保障金融服务实体经济。

保障生态日照建设。积极践行两山理念，严惩污染环境、破坏资源等犯罪案件，共同守护绿水青山、碧海蓝天。中院首次受理检察机关单独提起的环境民事公益诉讼，保护环境公共利益。

促进创新驱动发展。面向社会发布知识产权保护白皮书和十大典型案例，审结知识产权案件239件，坚决遏制侵权行为，让创新源泉充分涌流。积极参与"社会创新奖"评选，创新推行行政争议审前和解、司法网络拍卖询价机制，入选"创新种子"，进入"创新苗圃"。

【惩治犯罪保平安，擦亮平安日照法治日照"金招牌"】

纵深推进扫黑除恶专项斗争。坚持依法严惩方针，审结涉黑涉恶案件18件166人，判处五年有期徒刑以上刑罚23人。对张某玉等19人黑社会性质组织案，依法及时审理并公开宣判，首犯张某玉被判处无期徒刑。全力"打财断血"，没收2案3名主犯个人全部财产，判处罚金刑7389万元，铲除黑恶势力经济基础。

深化平安日照建设。审结一审刑事案件3086件，用刑事审判利剑维护社会安定、人民安宁。依法审理山东省政协原常委马某受贿案等重大职务犯罪案件，巩固发展反腐败斗争压倒性胜利。圆满完成中华人民共和国成立70周年特赦任务，彰显"法安天下、德润人心"的价值导向。

全力助推法治政府建设。监督支持行政机关依法行政，审结一审行政案件679件。推动行政机关负责人出庭应诉372件，"告官见官""出庭出声"成为常态。完善"府院联动"（政府、法院）等制度，促进行政争议实质性解决。深化行政案件跨区划管辖改革，68名当事人自由选择异地法院审理。

深度参与社会治理。主动融入社会治理大格局，坚持"社会调解优先、法院诉讼断后"，不断拓宽矛盾纠纷多元化解平台。莒县法院在全省非诉讼纠纷解决机制工作会议上作典型发言。畅通群众诉求表达渠道，深化涉诉信访法治化改革，引导群众从"信访"到"信法"转变。

【一以贯之护民生，努力满足群众多元司法需求】

优化升级诉讼服务。加快一站式诉讼服务中心建设，全面推行网上立案、"掌上办案"，网上立案35558件。当事人、律师借助"移动微法院"及电子诉讼服务平台，足不出户即可办理立案、缴费、查询等事项。加快推进跨域立案，老百姓在"家门口"法院就能完成远程异地立案。

强化民生权益保障。坚持法、理、情相融合，审结涉及群众"衣食住行、业教保医"民事案件5694件，维护人民群众切身利益。推进家事审判改革，中院民一庭被表彰为"全国巾帼文明岗"。加强司法救助，传递司法温暖，为困难当事人缓、减、免诉讼费641.3万元，发放司法救助金272.5万元。

巩固执行攻坚成果。乘势而上向"切实解决执行难"进军，执结各类案件13183件。开展涉民生、涉金融及"秋收猎赖""冬日会战"等专项执行活动，拘留901人次，罚款190万元。创新执行工作方式，与保险公司共建"执行＋保险"模式，深化失信联合惩戒，促进诚信体系建设。

全面推进法治共享。推进裁判文书公开和庭审网络直播常态化，上网公布裁判文书47920篇，直播庭审7390场次，让社会公众共享法治"宣讲书"和"公开课"。连续4年开办《直通法院》等广播电视栏目，入驻抖音、今日头条等主流新闻客户端，《人民日报》报道点赞法院工作，在全媒体发出了法院“好声音”。

【坚定不移推改革，确保司法公正高效权威】 完善审判监督管理。在充分保障法官依法独立办案的同时，坚决守住办案质量“生命线”。完善案件质量评查机制，评查案件文书3100余件、庭审460余场次。加强对下业务指导，通过二审、再审程序改判、发回重审案件397件。完成基层法院内设机构改革，为司法责任制落实提供组织保证。

深化案件繁简分流。落实“分流、调解、速裁、快审”机制改革，推进案件繁简分流、轻重分离、快慢分道。将简单案件分到速裁团队、复杂案件分到专业合议庭办理，为各类案件划分专属跑道。全市法院平均办案天数61天，五莲县法院在全省法院会议上作了典型发言。

推进智慧法院建设。推动信息技术与审判执行工作深度融合，全面推开电子卷宗随案自动生成和深度应用，从立案开始，就将纸质卷宗扫描生成电子卷宗。推动法官阅卷、文书制作等核心业务网上办理，基本形成了电子卷宗为主的办案新模式。推广庭审语音识别、文书智能纠错等应用，促进统一法律适用。

【全面从严带队伍，厚植法院科学发展根基】 把政治建设摆在首位。高标准开展“不忘初心、牢记使命”主题教育，切实答好“初心之问”、解好“使命之题”。深入贯彻《中国共产党政法工作条例》，坚持党对人民法院工作的绝对领导。严格落实意识形态责任制，牢牢把握意识形态工作主动权。

把能力建设抓在手上。鼓励干警争办精品案件、争当审判专家，4名法官被评为“全省法院审判业务专家”。组织“十佳女法官”评选，发挥先进典型示范引领作用。有序推进法官等级晋升，建立审判辅助人员单独职务序列，激励干部干事创业担当。

把纪律规矩挺在前面。自觉主动接受市委巡察，真刀真枪进行整改，整改到位48项，建立健全规章制度15个。开展“廉洁司法、担当作为”集中警示教育，举办“廉洁司法大家谈”演讲比赛，用身边人身边事提升警示效果。认真落实中央“八项规定”精神，对5家基层法院开展司法巡查、审务督察。

日照市东港区人民法院工作概况

【概述】 2019年，日照市东港区人民法院（以下简称东港法院）坚持以习近平新时代中国特色社会主义思想为引领，深入学习贯彻中共十九大及中共十九届四中全会精神，认真贯彻落实中央、省、市、区委决策部署，坚持服务大局、司法为民、公正司法，案件质量、效率和司法公信力稳步提升。全年受理各类案件18176件，审执结19212件（含旧存），占全市法院收结案总数的1/3，法官人均结案325件，位居全市法院首位。

【坚持党的绝对领导，精准服务发展大局】 一是坚定站稳政治立场。扎实开展“不忘初心、牢记使命”主题教育，做好“规定动作”，创新“自选动作”，确保主题教育入脑入心。深入学习贯彻中共十九大、中共十九届四中全会精神和习近平新时代中国特色社会主义思想，树牢“四个意识”，坚定“四个自信”，做到“两个维护”，始终在政治立场、政治方向、政治原则、政治道路上同以习近平同志为核心的党中央保持高度一致。

二是深化扫黑除恶专项斗争。2019年，审结涉黑涉恶犯罪案件3件、判处19人，其中判处五年以上有期徒刑3人。审结刘某滋等6人恶势力集团犯罪案，佟某等8人、潘某兵等5人恶势力团伙犯罪案件。全力配合公安机关深挖涉黑涉恶犯罪线索，开展专项排查整治行动，依法向公安机关移送涉嫌骗取贷款、贷款诈骗、疑似“套路贷”、非法处置查封财产等案件线索17条。

三是能动司法维护发展大局。加强破产审判工作，依法审结山东海纳房地产、岚山海纳公司破产重整案件，盘活存量资产28.3亿元，切断担保圈债务16.7亿元，释放土地资源46.53公顷，促使企业涅　重生。加强府院联动，有序推进嘉宏伟业等21家企业合并重整。快速审结涉及市区重点工程拆迁案件，为空港产业园、机场快速路建设扫清障碍，受到市委领导肯定。高效审结舒斯贝尔新天地117户业主房屋权属纠纷，及时维护业主合法权益。

四是服务保障民营经济发展。制定出台服务保障民营经济发展12条实施意见，优化法治营商环境，助力民营企业发展。依法公平公正办理涉及民营企业的刑事、民事、执行案件，平等保护包括民营企业在内的各类市场主体合法权益。对存在资金链风险的涉诉民营企业，有针对性地采取司法措施，推动化解金融债务风险，帮助解决企业发展困难。去年，东港法院两个案例入选全省服务保障民营经济高质量发展十大案例，省委政法委专门到院调研，给予高度评价。

【抓好审判执行主业，维护社会公平正义】 一是严厉打击刑事犯罪。全年审结刑事案件996件，判处罪犯1207人。在全市首创表格式刑事判决书，大大提升了审判效率。依法审结贪污贿赂、渎职等犯罪7件、判处7人。严惩“两抢一盗”、故意伤害、强奸等暴力犯罪98件102人，切实增强群众安全感。重拳惩治危害食品药品安全犯罪12件17人，保护人民群众“舌尖上的安全”。审结醉驾案610件610人，通过当庭宣判、集中宣传，切实增强驾驶员及社会公众交通安全意识。审结环境污染犯罪4件16人，保护蓝天碧海环境，服务生态日照建设。积极开展认罪认罚从宽制度改革，对705名认罪认罚的被告人从宽、从快处理。贯彻教育、感化、挽救方针，判处未成年罪犯5人，同比下降11%。

二是妥善化解民商事纠纷。预防化解金融风险，全年审结金融借款、民间借贷等案件2205件，结案标的额35亿元。加强与金融机构沟通交流，提供诉讼指导，降低金融风险。2019年，为借款方依法核减利息2000万元，减轻了企业负担，优化了融资环境。审结婚姻家庭纠纷1160件，实行心理疏导、联合调解，探索婚姻冷静期制度，重视家事审判修复家庭关系的作用。审结劳动争议案件412件，注重保障劳动者合法权益，规范企业用工行为。审结房屋买卖纠纷436件，维护守约方合法权益，助推构建诚实守信、健康有序的房地产交易秩序。

三是推动切实解决执行难。2019年，共办结执行案件7073件，执行到位金额16亿元。强化执行攻坚，对恶意逃避执行的被执行人，坚持集中执行常态化，开展凌晨、夜间、假日执行130次，搜查540次，拘留486人次，罚款27.5万元，开庭审理拒执罪1人。倡导和谐执行、善意执行理念，对还款积极，信用较好的被执行人，不搞“一刀切”，而是给予一定宽限期，为他们履行法定义务创造有利条件，让执行有温度。加大对支付宝、微信钱包、财付通等虚拟账户查控力度，2018年查询虚拟账户5000余人次，划扣账户资金300余万元。完善司法网拍规则，提升拍卖效率与效果，全年发布司法网络拍卖公告839次，网拍688次，成交总额4亿元，溢价率12.4%，为当事人节省佣金1680万元。

四是推进法治东港建设。坚持监督、支持行政机关依法行政与保护行政相对人合法权益并重，审结行政诉讼案件170件，审结非诉行政执行案件97件。依法履行司法审查职责，注重通过协调方式，维护行政相对人合法权益，原告胜诉和实现自身权利救济后撤诉案件合计达65%。受邀为行政机关授课，规范行政执法行为，促进司法与行政良性互动。在东港区委领导，东港区政府支持下，成立行政争议审前和解中心，对行政诉讼案件先行和解。

【切实加强自身建设，确保公正廉洁司法】 一是突出政治引领。始终把党建作为第一要务，牢牢抓在手上，不断强化“抓党建带队建促审判”责任意识，切实压实主体责任，真正做到“同心向党、守望公正”。着力强化政治担当，增强干警理想信念，组织全院干警到红色教育基地学习，继承和发扬革命精神。加强意识形态管控，坚持党管意识形态原则不动摇，牢牢掌握意识形态工作的主动权。

二是提升司法能力。大力规范司法行为，定期开展审务督察，对业务窗口进行可视化管理，发现问题，全院通报，限期整改。以“审判质效提升落实年”活动为抓手，围绕服务发展大局、关系百姓民生的热点难点案件，切磋研判，审慎处理，树立严谨细致、精益求精的工作作风，切实增强法官司法裁判和解决纠纷的能力水平。

11月15日，东港法院工作人员为三庄镇陈家沟村集中发放农民补偿款

三是践行司法为民。大力提升诉讼服务水平，完善网上立案登记系统，网上立案率达到100%，实现让数据多跑路、群众少跑腿。应用“道路交通事故处理一体化平台”，实现多部门一网办理道路交通事故损害赔偿案件，为住院治疗当事人提前支付赔偿金2000余万元。加强立案信访窗口建设，坚持公开接访，倾听来访群众诉求，全年接待群众来访303人次，让群众

诉讼权利实现“零障碍”。加大司法救助力度，全年为困难当事人缓、减、免诉讼费 95 万元，充分彰显司法关怀。

*四是主动接受监督。*不断拓宽人大代表监督法院工作渠道，全年邀请人大代表到院座谈、旁听庭审 100 余人次。主动接受政协民主监督、检察机关法律监督。妥善审理抗诉案件，认真办理检察建议，不断规范司法行为。主动接受社会监督，大力弘扬法治精神，组织法院开放日活动，接待社会各界来院参观 500 余人次。组织法官走进校园、社区、企业开展法治宣讲 3 场次，切实提高全民学法、用法、守法水平。

日照市岚山区人民法院工作概况

【概述】 2019 年，日照市岚山区人民法院（以下简称岚山法院）共受理各类案件 8545 件，审执结 8002 件，同比分别上升 6% 和 12.2%，收结案均创历史新高，实际执行到位率、执行完毕率等核心指标位居全市第一、全省 155 个基层法院前十五名，被省高院授予“全省法院基本解决执行难先进集体”称号。

【服务中心工作】 *服务重点项目建设。*积极对接城市建设、钢铁产业等相关项目，广泛征集意见建议 39 条，出台服务保障“黄海明珠、钢铁新城”建设 15 条意见；开辟绿色通道，及时立案审理执行钢铁及其配套产业、高端装备制造业等领域纠纷案件 264 件。

*聚力保障新旧动能转换。*依法将山东昌华 27 家关联企业纳入合并重整，追回、变现财产 1 亿多元；分类处置阿掖山集团公司资产，为粮油板块顺利招募到投资人，全面核算 740 余名职工债权；成功完成铸福及其关联企业合并破产重整，盘活资产 5.6 亿元，该案入选全省十大破产典型案例。

*着力优化法治营商环境。*聚焦民营经济发展新情况新问题，制定保障民营经济发展 20 条措施；依法及时审结买卖合同、股权、担保、房地产等各类纠纷案件 429 件；积极防范化解金融风险，审结金融借款合同案件 253 件、审结民间借贷案件 570 件，收回不良贷款 2.39 亿元；重拳打击逃废银行债务行为，审结山东昌华、阿掖山集团、铸福实业等贷款诈骗、信用证诈骗、骗取贷款犯罪案件 6 件 27 人。

【依法履行审判职能】 *严厉惩治刑事犯罪。*审结刑事案件 478 件 689 人，深入推进扫黑除恶工作，审结恶势力及“保护伞”犯罪案件 5 件 26 人，判处罚金 49.8 万元，责令退赔 808.97 万元，其中韩某某等 5 人“套路贷”诈骗案从立案到宣判仅用时 45 天，主犯韩某某一审被判处有期徒刑 14 年，并处罚金 10 万元；严厉打击网络诈骗等扰乱金融秩序犯罪，邱某等 9 人网络电信诈骗集团致人自杀案，主犯邱某一审判处有期徒刑 10 年；依法审结贪污、受贿、挪用公款等职务犯罪案件 10 件 10 人。

*妥善化解民商纠纷。*审结民商事案件 4458 件，调解撤诉 2140 件，一审服判息诉率 93.5%，同比提高 2.1 个百分点；审结人身伤害、产品责任、医疗损害赔偿等纠纷案件 206 件；审结劳动争议、社会保障、追索劳动报酬等纠纷案件 355 件；审结涉及农村土地承包、农村宅基地“三权分置”、征地补偿等纠纷案件 73 件。

*监督支持依法行政。*审结行政诉讼案件 61 件，同比上升 205%；支持行政机关依法行政，对 49 起涉土地、环保、拆迁等非诉执行案件裁定准予执行；推进行政争议实质化解，协调化解行政纠纷 28 件。

*持续强化执行攻坚。*新收执行案件 3018 件，执结 2952 件，执行到位金额 10.73 亿元，实施“零障碍、低成本、高效率”便民驻庭执行，省法院肯定推广，《人民法院报》头版刊发；加大网络查控、信用惩戒、网络拍卖等措施，依法查控、冻结款项 7.52 亿元，拘留、罚款 418 人，将 780 人纳入失信名单，对 1759 人全面限制高消费，促使 331 名被执行人自动履行义务；成功网拍标的物 43 件，拍卖金额 1.97 亿元，为当事人节约佣金 2526 万元；开展“暖心冬日”涉民生案件专项执行，执结案件 528 件，发放执行款 1786 万元，400 余名农民工领到了“血汗钱”。

【增强群众司法获得感】 *打造“一站式”诉讼服务新格局。*在诉讼服务中心设置诉讼引导、纠纷分流、立案受理、速裁快审、信访接待等 8 大区域 12 个窗口，搭建集网上立案、信息查询、电子送达、速调对接、在线调解、12368 热线服务平台于一体的服务体系；拓展便民利民渠道，实行跨域立案、自助立案，网上立案率 100%，加大司法救助，为困难群众缓减免收诉讼费 128 万元，发放司法救助款 23.7 万元。

*建立“一站式”纠纷解决新机制。*对接人民调解组织、行政机关、司法机关、调解机构、行业协会，选聘 3 名专职调解员、20 名兼职调解员，设立家事、商事、行政、民事 4 个调解室，实行“一站式”受理、“组团式”化解；完善诉前调解与司法确认对接机制，诉前委托调解案件 413 件，成功调解 167 件。

*畅通“一次性”解决诉求新渠道。*坚持开门接访、

12月18日，岚山区法院在第一审判庭为农民工群众发放执行款

带案下访、案后回访，成功化解6起长期信访积案，积极调查处理省委巡视组交办信访案件23件，圆满完成中华人民共和国成立70周年、全国两会等安保任务，初信初访按期办结率100%，信访人满意率达98.7%，市中院、区委主要领导批示肯定。

【持续深化改革创新】 严格落实司法责任制。深化内设机构改革，将原19个内设部门精简为8个，组建团队长、法官助理、书记员“1+1+1”新型审判团队30个，明晰院长庭长、员额法官、法官助理、书记员权责清单；坚持“入额必办案”，院领导回归办案一线，主审各类案件729件；完善绩效考核机制，全年法官人均办案276件，法定期限内结案率100%。

深化分调裁审改革。组建道交、家事3个专业审判团队，刑事、民事3个速裁团队，打造审判“快车道”；探索调解前置程序，高效审结道交、家事纠纷案件798件，适用速裁程序审结刑事、民商事案件1103件，平均办案天数29天，比上年度缩短24天。

加强“智慧法院”建设。率先在全市法院建成启用了“24小时法院”；完善网上立案缴费、庭审语音识别、电子卷宗随案同步生成、执行应急指挥平台、全流程网上办案系统；开展执行会战网络同步直播，点阅量超过10万人次；制作拍摄的法治微电影《三十六张汇款单》被最高人民法院评为优秀奖。

【切实加强队伍建设】 加强思想政治建设。扎实开展“不忘初心、牢记使命”主题教育，采取多种形式，组织党员读原著、学原文、悟原理；开展“党旗红、天平正”党建品牌创建，积极参与城乡文明共建、“1+1”扶贫攻坚活动。

提升履职能力。加强精准化培训、专业化训练，组织干警参加各类业务培训和主题轮训120余人次；开展审判业务专家、精品案例、优秀文书、优秀庭审评选活动，有15篇调研论文获国家、省、市级奖项，1篇司法建议获全省二等奖，1篇学术论文获全国二等奖，创历年最好成绩。

强化廉政建设。严格落实从严治党“两个责任”,压紧压实“一岗双责”,层层签订廉政责任书、廉洁承诺书；积极开展“廉洁司法、担当作为”集中警示教育和司法作风专项整治，严肃整饬不严格、不规范、不公正、不文明行为。不断强化督察巡查问题整改，坚持对违法违纪行为“零容忍”，全年开展廉政谈话84人次，查摆整改问题32项，确保了法官清正、法院清廉、司法清明。

五莲县人民法院工作概况

【概述】 2019年，五莲县人民法院共新收各类案件7316件，审执结7359件，同比分别上升4.2%和5.8%；其中结案率为93.4%，服判息诉率91.4%，平均办案天数44.9天，居全省法院前列。被表彰为全省“基本解决执行难”先进集体，刑事审判庭被表彰为“全省人民满意政法单位”；各级领导作出肯定性批示11次。

【审判执行】 主动服务保障经济发展。着力打造公平透明、可预期的营商环境，制定《为民营企业健康发展提供司法服务保障的意见》《营创法治营商环境的工作方案》，精心审理金融案件和保险合同案件，妥善审理华玉丝绸公司国有企业破产等案件，促进加快新旧动能转换，构建具有五莲特色的现代化经济体系。

全力维护社会安全稳定。审结刑事案件362件。深入开展扫黑除恶专项斗争，依法公开审结被告人韩某峰等43人组织、领导、参加黑社会性质组织一案，首犯韩某峰被判处有期徒刑二十年。依法严惩危害国家安全、恐怖活动、邪教组织犯罪，多发性侵财犯罪，利用网络犯罪等，其中依法审结利用邪教组织破坏法律实施罪6案14人。坚定不移惩治贪腐，建立与监察机关、公诉机关“三方”沟通协调的机制，自2018年监察体制改革至2019年年底，共审结监察机关办理的职务犯罪案件 13 件 14 人，其中除 1 件 2 人上诉外，均服从一审判决、认罪认罚。

共同促进依法行政。审结行政案件 83 件。成立全县行政争议审前和解中心，通过审前和解有 42 起案件原告撤诉，占结案数的 50%；认真贯彻县政府关于加强行政应诉工作的意见，通过行政联席会议、行政非诉执行“裁执分离”等制度，共同促进行政机关依法行政，行政机关负责人出庭应诉率达 100%，居全市首位。

坚持不懈攻坚执行。全年新收执行案件 2376 件，结案 2366 件，3 个部门、5 名执行干警在“基本解决执行难”工作中受到上级表彰。探索建立“快立、快执、快兑现”的执行新机制，成立速执团队，下设四个执行小组，推行“1+X”速执模式（1 为一名执行人员，X 为书记员、法警），执行案件平均办案天数为 55.4 天，同比提速 55.5%。深化专项执行活动，组织开展涉信访、金融、民生等专项执行活动，共拘留 142 人，罚款 300 余万元，为金融机构挽回直接损失 1.6 亿元，为 229 名职工讨回工资款 164 万余元。加快执行指挥中心建设，整合网络资源，利用网络查控平台查控执行款 4000 余万元，网拍 96 件，网拍率 100%。

11 月 15 日，五莲县人民法院全体正式干警到洪凝街道十个村庄开展“不忘初心、牢记使命”主题教育大走访活动

【司法为民】 **司法保障民生权益。**审结民商事案件 4014 件，民商事案件调撤率 66.8%。采取司法救助、巡回审判等举措，为辖区党委政府和群众提供高效便捷的法律服务；为 14 户当事人发放司法救助金 17.8 万元；妥善审结大郭村 128 个储户诉某公司系列案件，为村民挽回本息损失 450 万元。

让群众感受司法高效便捷。着力推进两个“一站式”建设，对诉讼服务中心进行改造升级，形成集诉前调解、立案、缴费等 11 项职能于一体的便民诉讼服务大厅，建成启用“24 小时法院”，开拓线上缴费渠道，开通 12368 诉讼服务热线，深化网上立案，民商事案件网上立案率达 100%，当事人诉讼需求可一次性办好，实现一站式诉讼服务。11 月通过跨域立案平台，首次作为协作法院完成了五莲县某运输公司向连云港市海州区人民法院起诉的跨域立案。建立快捷解纷平台，设立诉调对接中心，与五莲县司法局联合制定诉调对接实施意见，选聘 10 名特邀调解员，对适宜调解的案件，立案前征求当事人意见进行委托调解。

【队伍建设】 **全面加强党的建设。**坚持党对法院工作的绝对领导，全面落实管党治党主体责任和意识形态工作责任制，扎实开展“不忘初心、牢记使命”主题教育，确保干警严守政治纪律和政治规矩。创建党建“1+3”工作模式，将抓党务与抓队伍、抓业务、抓服务有机结合，完善党组巡查点评制度，深化品牌党支部创建，该做法在全省法院党建工作会议上作典型发言。

加强司法能力建设。精心组织案件质量评查、优秀裁判文书和精品案件评选，通过新时代文明实践、扶贫帮困等途径，让干警更新司法理念，强化担当精神，提升司法能力。有 4 个集体、19 名个人受到县级以上表彰；获评典型案例 5 个，优秀裁判文书 3 篇，优秀庭审 2 个，17 篇论文获奖。

加强纪律作风建设。全面构建廉政风险评估、政务检查、审务督察“三位一体”的防控体系，严格执行“五个严禁”，深入开展“廉洁司法、担当作为”集中警示教育和规范日常管理整治活动，深化“正心文化”建设，进一步强化干警廉洁自律意识。

【推进案件繁简分流工作机制创新】 积极推进案件繁简分流、轻重分离、快慢分道，着力打造快速办案新模式，在民商事案件速裁基础上，不断完善刑事速裁、行政争议审前和解等，实现“简案快办、繁案精办”，分流率达 58%。共向速裁团队分流案件 1750 件，结案 1761 件，速裁案件平均审理时长 18 天。作为全省“案件繁简分流工作机制”改革试点法院，先后在全省法院会议上作典型发言、在全省政法领域全面深化改革推进会上作书面交流。

莒县人民法院工作概况

【概述】 莒县人民法院有机关内设单位 10 个，派出人民法庭 10 处，在编干警 162 名。2019 年，莒县人民法院坚持司法为民、公正司法，忠实履职、担当作为，共受理各类案件 14723 件（含旧存 804 件），审执结 13934 件，结案率、一审服判息诉率、二审发改率三项核心指标居全市基层法院第一，荣获全县综合考核一等等次，被省委、省政府表彰为“山东省人民满意的公务员集体”，被山东省高级人民法院授予“全省法院基本解决执行难先进集体”称号。

【发挥审判职能，服务发展大局】 *全力护航县域经济发展*。运用司法手段为全县高质量发展保驾护航，共审结合同纠纷案件 3011 件，涉案金额 14 亿元，妥善审理 3 起涉莒国古城施工企业的合同纠纷案件。继续推进晨曦集团破产重整案，积极帮助清收债权 4000 余万元。准确把握部分县域企业面临的发展困境，帮助 80 家企业渡过“融资难”“担保链”难关。

持续创优法治营商环境。出台《关于营创法治营商环境的工作落实方案》，47 条服务举措贯穿立案、审判、执行、司法服务全过程，共审结商事案件 4041 件。参与处理征收拆迁、棚改旧改等案件 147 件，班子成员带队到县域重点企业调研，提供司法建议 31 条，开设法官讲堂 26 场次，帮助完善重要合同 163 份，避免经济损失 5100 余万元。

助力防范化解金融风险。加快推进银行不良资产处置，共审结金融借款合同纠纷 178 件，结案标的额 2.9 亿元。严惩涉众型经济犯罪，审结金融诈骗、非法吸收公众存款等犯罪案件 50 件。成立金融执行团队，执结案件 345 件，清收不良贷款 8696 万元，推动金融环境持续向好。

【坚持“惩防一体”，建设“法治莒县”】 *重拳打击刑事犯罪*。坚持宽严相济的刑事政策，审结故意伤害、寻衅滋事等各类刑事案件 992 件 1203 人。深入推进扫黑除恶专项斗争，从严从快审结杨某革等涉恶犯罪案件 7 件。着眼保护绿水青山和美丽乡村，审结非法采矿、滥伐林木等案件 11 件 17 人，审结 2 起污染环境刑事附带民事公益诉讼案件。

稳妥化解行政争议。审结行政诉讼案件 79 件，促进依法行政，化解官民矛盾。设立行政争议审前和解中心，3 起案件顺利和解。审结全县首起公益诉讼案件，判令职能部门追缴国有土地使用权出让金，避免了国有资产流失。组织全县行政机关及乡镇街道负责人旁听庭审 128 人次，行政机关负责人出庭应诉 49 人次，助力法治政府建设。

积极参与社会治理。深入开展“打桩结网、多元解纷”，严格落实“庭所联动”“人民法庭全案全责制”，10 处法庭诉前化解纠纷 1200 件。设立“五层分流调解网”，委派、委托调解案件 1033 件。被省委政法委确定为“多元解纷司法责任制综合配套改革创新点”，多元解纷改革创新经验作为全市创新性实事案例上报省委改革办参加全省改革典型第三方评估。

【践行为民宗旨，提升便民水平】 *倾力保障民生权益*。审结民事案件 7732 件，3858 件调撤结案，调撤率达 52.68%。积极推进家事审判改革，办结离婚、抚养、赡养等案件 1645 件。加大涉“三农”案件执行力度，畅通快立、快审、快执“绿色通道”，追回劳动报酬 600 余万元。

切实解决执行难题。高密度开展凌晨执行、执行现场直播、“秋冬猎赖”“暖心冬日”等执行行动，共曝光“老赖”758 人次，拘传 1000 余人次，拘留 128 人次，实际执结案件 1833 件，到位标的款 3.7 亿元。

优化便民服务举措。升级改造诉讼服务中心，推行网上立案、缴费、调解，网上立案率达到 100%。实行假日法庭和午间送达，巡回审理案件 120 件，

6 月，莒县人民法院被省委、省政府授予“山东省人民满意的公务员集体”称号

把司法服务送到群众家门口。严格落实“院长接访日”制度，年内接访177名当事人，均妥善处理。加大对弱势群体的司法保护和救助，为22起案件51名困难当事人发放司法救助金101万元。

【加强制度创新，力促司法公正】 *推进司法责任制改革*。推动内设机构改革，将原有的21个内设机构整合为10个，优化了机构设置和人员配置。强化审判团队管理，鼓励法官多办案、快办案、办好案，年办案最多的达508件。

创新审判管理机制。制定《院庭长审判监督管理实施细则》，明确院长、庭长、法官职责。建立民事审判指导人民法庭、刑事专业法官会议制度，创新绩效考评机制，调动办案积极性。推动院庭长办案常态化，院庭长全年办案7714件，占总数的55.36%。

全面打造智慧法院。高标准建设“24小时法院”，大力推进“网上办案”，以信息化服务法官办案、方便群众诉讼。加强网络司法拍卖，成交金额666万元，为当事人节省佣金20余万元。选聘180名人民陪审员参审案件1041件，上网公开裁判文书10582份，庭审直播1512场。

【坚持党建引领，打造过硬队伍】 *坚定信仰提高站位*。认真开展“不忘初心、牢记使命”主题教育，严格落实意识形态工作责任制，引导干警增强“四个意识”，坚定“四个自信”，做到“两个维护”。

精益求精提升能力。创造性开展业务培训、专题研讨、类案指导和办案能手、品牌法官等评选活动，努力提高司法能力和水平，13篇调研报告、学术论文在市级以上获奖，5起案件获评全市精品案件、优秀庭审。

持之以恒正风肃纪。扎实开展廉洁司法教育和“警示教育月”活动，自觉接受人大监督和政协民主监督，邀请代表委员见证“12·4”国家宪法日宣誓、参加法院开放日活动，走访代表、委员135人次。

日照市经济技术开发区人民法院工作概况

【概述】 日照市经济技术开发区人民法院年内共受理各类案件3818件，结案3994件，同比分别上升10.28%和17.44%，结案率94.33%，实际执行到位资金1.7亿元，员额法官人均办案266件，多项业务数据居全市法院前列，4个部门、16名干警受到上级表彰，审判质量、效率和效果有了新提升。

充分运用法治思维，助推经济社会发展。围绕工委中心工作、围绕群众反映强烈问题、围绕社会各界关注焦点，坚决扛起政治责任，切实回应社会关切。出台《服务辖区双招双引、园区建设等重点工作10条司法对策》，打造促进“招引、发展、合作”的高品质司法服务品牌。坚持“放水养鱼”，慎重采取查封、扣押、冻结、拘留等强制措施，为企业渡过难关、顺利脱困营造了黄金时间。积极化解涉征地拆迁、土地承包等诉讼纠纷，确保土地按时移交使用，确保项目建设顺利推进。

依法惩治刑事犯罪，推进平安开发区建设。审结刑事案件265件，判处犯罪分子308人。严厉打击逃废银行债务犯罪，对社会关注度较高的万宝集团、汇安工贸、金天地集团三案主要被告人分别判处有期徒刑18年、13年、5年。深入开展扫黑除恶专项斗争，依法审结“山海易贷”等3起套路贷涉恶案件，对28名被告人作出有罪判决。严厉打击破坏生态环境犯罪行为，依法审结非法采矿、掩饰隐瞒犯罪所得、窝藏案暨全区首起刑事附带民事公益诉讼案件，5名被告人承担刑事、民事双重责任。严厉打击扰乱社会秩序、危险驾驶等犯罪，判处犯罪分子189人。

高效化解民商事纠纷，维护社会公平正义。审结各类民商事案件1980件。针对农村房屋买卖案件难调处、易激化、上诉率高等特点，创新“未病先治，对症下药，巩固疗效”三步工作法，积极开展多元“会诊”，修复破损的社会关系。创新破产案件审理模式，采用“实质合并破产”“倒排工期”“府院联动”等方式，有效加快破产案件审理进度。其中，华远海洋装备案从受理到审结，仅用时47天，刷新了日照市破产案件结案新纪录，确保了国务院对开发区海洋督查事项如期完成。

稳妥处理行政争议，助力法治政府建设。审结行政诉讼案件21件，实现连续三年无发回重审、无改判目标。根据全区土地征收和房屋拆迁工作实际，组织编写《土地征收拆迁工作操作流程及风险点提示》手册，及时指导有关部门依法征拆，工作做法得到市中院高院院长、区工委主要领导批示肯定。全力加强行政争议审前和解中心建设，推进行政机关负责人出庭应诉机制，坚持保护行政相对人合法权益与监督支持行政机关依法行政并重，9起案件判处行政机关败诉，行政机关负责人出庭应诉率达100%。

持续推进执行攻坚，坚决兑现群众权益。执结各类案件1433件，首执案件实际执行到位率39.82%，工作成效先后受到省高院、市委政法委、市中院表彰。顺利通过省高院“一案双查”检查，执

行规范化建设再上新台阶。发布失信名单353人次，对1208名失信被执行人的出行、住宿、高消费等进行限制，拘传、拘留失信被执行人32人，执行威慑力度不断增强。加大对生活困难执行当事人的救助力度，对16起案件救助人员发放救助保险金20万元。

加大诉调对接力度，满足群众司法期待。探索构建纠纷诉前调解和立案后的“调解+速裁”的诉讼前端分流机制，努力为人民群众提供更多、更快、低成本、高效率的解纷渠道，全年共调撤案件885件。注重内部挖潜，鼓励将法官助理庭前调解、书记员诉外调解、人民调解员专职调解纳入法官诉讼调解前置程序，努力提升案件调解的纵深度和成功率。全年通过电话、视频、微信等便捷方式调解各类纠纷214起，当事人自动息诉135起，在矛盾得到有效化解的同时也预防和避免了信访事件的发生。

全面深化司法公开，提升司法公信力。加快诉讼服务中心转型升级，全年通过网上立案受理案件3553件，努力满足群众“少跑腿、快立案、一次办好”需求。加强对审判执行工作的日督促、周调度、月通报和定期排名，及时将案件监控、质量评查、考核评价等指标进行公示，提升审判管理的透明度。加强司法人文关怀，共为19起案件当事人减免缓诉讼费用43.65万元。充分利用“两微一站”（微博、微信、官网）等新媒体平台原创、转载文章2200余篇，多篇原创文章被《人民法院报》、“中国普法”微信公众号等媒体平台采用转发，微信公众号关注用户同比激增82.9%，提升了法院社会公信力和影响力。

临沂市中级人民法院工作概况

【概述】 2019年，临沂市法院共受理各类案件24.4万件，结案23万件，结案率94%，收结案数和结案率均居全省第二位。员额法官人均结案319件。临沂市中级人民法院（以下简称临沂中院）收案17668件，结案18235件。全市法院主要审判质效指标连续三年保持全省前列。

【发挥审判职能作用，全力保障经济社会健康发展】

加强刑事审判工作，推进平安临沂建设。审结故意杀人、故意伤害、抢劫、绑架等一审刑事案件11641件，判决生效13776人。审结涉黑恶犯罪案件64件410人，判处五年以上有期徒刑128人，对72名被告人判处罚金2900余万元，向有关部门移交涉黑恶、保护伞线索80余条。依法从重打击毒品犯罪，审结毒品案件198件。切实维护金融秩序，审结非法吸收公众存款、金融诈骗等金融犯罪案件101件。高度关注民生领域犯罪，审结危险驾驶、交通肇事、食品药品等案件6672件5962人。加强对妇女、儿童、老年人的刑事司法保护，审结拐卖、性侵妇女儿童等犯罪案件466件。严惩腐败犯罪，审结贪污贿赂、渎职等职务犯罪案件97件126人。

加强商事审判工作，服务经济高质量发展。积极服务商贸物流发展，审结买卖、运输、租赁等合同纠纷案件57108件。全力服务保障创新驱动发展，审结知识产权案件893件。依法保障产业转型发展，审结股权转让纠纷案件181件，妥善审理常林集团、三维油脂、鲁光化工等22家企业破产重整案，依法帮助企业浴火重生。着力防范化解金融风险，审结金融借款、民间借贷、担保、融资租赁等案件23563件，向有关部门移送“套路贷”等线索19条。

加强民事审判工作，维护人民群众合法权益。依法审理婚姻家庭、损害赔偿、相邻关系等民事案件48239件，调解撤诉家事案件9098件。依法服务环境污染防治，审结一审环境资源民事案件769件。积极服务乡村振兴战略实施，审理农村土地承包、征地补偿、农村宅基地“三权分置”等案件987件。抓好民生案件审理，依法审结拖欠农民工工资、劳动争议、医疗等纠纷案件4010件。积极推进道路交通纠纷一体化平台建设，在线调解纠纷4814件。认真做好司法拥军工作，依法审理涉军案件37件。加大司法救助力度，为生活困难当事人提供司法救助500余万元。

加强行政审判工作，推动法治政府建设。依法审结房屋拆迁、土地征收、政府信息公开等行政诉讼案件2226件，依法执行土地、环保等重点领域的非诉执行案件6103件。全面推开行政争议审前和解工作，建立行政诉讼协调机制，化解城市房屋拆迁、集体土地征收等纠纷367件，向土地、交通等部门单位提出司法建议21条。

加强执行工作，强力推进解决执行难。市县党委政法委组织召开联席会议110余次，解决重大疑难案件200余件。公布失信被执行人28652人次，限制老赖贷款、乘坐飞机高铁等高消费行为63438人次，拘传、拘留3626人，罚款320万元，以拒不执行判决裁定罪追究刑事责任40余人。全市法院执行收案50193件，结案45510件，执行到位金额85亿元。

加强审判监督和立案信访，维护司法公正权威。审理再审案件384件，其中依法改判163件，审理抗诉案件38件，全市法院18个月以上的长期未结诉讼案件实现清零。审理各类二审案件11570件，对

1969 件原判不当或事实不清的案件依法予以改判或发回重审。依法受理国家赔偿案件 24 件，决定赔偿 8 件。化解上级交办信访案件 170 件，涉诉信访案件同比下降 23%。

12 月 4 日，临沂中院开展“12·4”国家宪法日暨法院公众开放日主题活动

【深化改革创新，不断推进审判体系和审判能力现代化】 *实施繁简分流，提升审判效率。*全市法院设置专业速裁团队 56 个，速裁案件平均办案周期 21 天，有 12 个速裁团队结案过千件。对适用普通程序的案件设立专业化审判团队，实行类案批量审理。临沂中院在全省率先设立分调裁团队，固定审理 9 类二审民商事案件，提质增效的经验做法在全省政法领域全面深化改革推进会上作典型发言。

*规范权力运行，确保案件质量。*制定细化团队人员权责清单，完善审判委员会议事规则，规范法官联席会议制度。明确细化院庭长监督权责，严格案件改判和发回重审标准，进一步加强对四类案件的监督管理，权责明晰、监督有序、制约有效的审判权运行机制逐步完善。

*优化诉讼服务，推进诉调对接。*全市法院共邀请 79 个调解组织进驻法院，对民商事案件实行调解前置，诉前委托调解案件 17471 件，调解成功 4403 件。积极开展律师代理申诉和律师调解工作，并在全国率先探索实行律师刑事申诉强制代理制度，律师代理申诉案件 161 件，其中刑事申诉 39 件。临沂中院被最高人民法院确定为试点法院。

*强化科技助力，建设智慧法院。*全面推行电子卷宗随案同步生成和深度应用，全市法院网上立案占比达 95%，上诉案件一律实行电子卷宗随案移送。临沂中院审结案件的法律文书自动生成率达到 100%。从立案到归档每一个节点实现网上同步记录、全程监控，办案质效实时生成。

【坚持从严管理，努力锻造忠诚干净担当的法官队伍】 *加强思想政治建设。*扎实开展“不忘初心、牢记使命”主题教育，先后组织 14 次党组理论中心组集体学习和 6 次研讨交流活动。认真落实意识形态工作责任制，严格“两微一端”阵地管控，坚决维护司法领域意识形态安全。组织开展庆祝中华人民共和国成立 70 周年系列活动，通过红色教育、法官宣誓等多种方式，不断提升队伍政治素质。

*加强作风能力建设。*深入开展作风建设年、“三不”集中整顿等活动，定期开展审务督察并进行通报。组织开展业务培训 2000 余人次，通过办案竞赛、文书评比、庭审观摩等方式提升法官素养。全市法院有 9 人被评为全省法院审判业务专家，涌现出山东省十大法治人物、齐鲁最美法官王丽，全国法院办案标兵、省妇代会代表马骏等一大批先进典型。

*加强反腐倡廉建设。*深入开展“廉洁司法、担当作为”警示教育，用好“监督执纪”四种形态，建立特邀监督员、非职务行为过问案件公开、约束法官业外活动等制度，对长期未结案件实行“一案双查”，2018 年全市法院有 19 人受到党纪政纪处分。

【坚持党对法院工作绝对领导，确保正确的政治方向】 重大事项、重大案件、重要工作及时向市委请示报告，自觉接受人大及其常委会监督，邀请人大代表、政协委员视察工作 26 次，旁听庭审 48 次，办理人大督办案件 29 件。聘请特邀监督员 36 名，在互联网公布裁判文书 17.6 万件，庭审直播案件 2.6 万场（次），召开新闻发布会 36 次，人民陪审员参审率 87%。积极争取政府支持，诚恳接受政协民主监督，自觉接受纪委监委法纪监督，加强与新闻媒体的良性互动，广泛听取社会各界意见建议，不断推动法院工作健康发展。

临沂市兰山区人民法院工作概况

【概述】 2019 年，临沂市兰山区人民法院（以下简称兰山法院）收案 46180 件，同比上升 3.68%；结案 43046 件，同比上升 6.17%，员额法官人均结案 559

件，是全省人均结案数的2.1倍，收结案数量均居全省法院首位。被最高人民法院评为“第一届全国法院审判管理优秀业务单位”，被省委政法委、省法学会授予“齐鲁法治文化建设示范单位”称号。王永涛被授予“庆祝中华人民共和国成立70周年”纪念章，王小木被评为“全国法院先进个人”“全国法院刑事审判工作先进个人”，王丽被评选为“首届山东省十大法治人物”“齐鲁最美法官”，李新广被评为全省法院审判业务专家。

【审判执行】 依法打击犯罪。刑事案件收案2582件，结案2495件，首例“法定刑以下量刑”判决获最高人民法院核准，深入开展扫黑除恶专项斗争，受理涉恶犯罪案件12件全部审结，对96人定罪量刑，移送线索13条，发出司法建议6份。

化解民行纠纷。民事案件收案22306件，结案20844件，有力保障了社会经济发展。行政案件收案782件，结案698件，其中依法受理以省、市、区人民政府为被告的案件214件，审理异地县区行政诉讼案件59件，向行政争议和解中心转交82件行政诉讼案件，办理司法救助案件15件，发放救助资金102万元。

保障胜诉权益。执行案件收案13969件，结案12485件，开展以“执行攻坚专项活动”“夏季集中执行活动”“秋季集中执行活动”“暖心冬日执行活动”为主题的14次集中执行活动，全年限制高消费19434人，发布失信4235人，拘留434人，执行到位标的额12.8亿元。

【服务大局】 助力“三大攻坚战”。防范化解重大风险，依法审结非法吸收公众存款案件10件，判处34人，涉及受害人4280人，涉案金额22.6亿元；妥善审理金融借款、民间借贷等案件7129件，涉案标的额31.6亿元。积极融入全区“精准扶贫”工作，发起“青助”关爱行动、“金晖助老”系列扶贫活动。打好蓝天保卫战，对威胁阻碍环保执法的马某以妨害公务罪处以刑罚。

助力优化营商环境。依法惩治扰乱市场秩序犯罪，审结非法经营、合同诈骗等案件13件，职务侵占、挪用资金案件12件。审结各类合同纠纷案件9156件。推动新旧动能转换，依法审查审理山东三维油脂股份有限公司及其关联企业、临沂红棕榈置业有限公司等破产重整案15件。成立全市唯一的知识产权法庭，开展知识产权民事、行政、刑事案件审判“三合一”工作。

助力法治兰山建设。为全区行政执法人员开展业务培训3次，受众400余人次。规范信访秩序，化解多年信访积案5起。依法审理涉邪教刑事案件6件，判处6人。落实普法责任制，出版普法系列丛书《小兰大山来说法》，“青柠计划”普法志愿团队授课400余节，青少年法治教育基地培训学生2万余人，融媒体中心被评为“全省政法系统新媒体工作室建设示范单位”，微信公众号获评最高人民法院十佳百优新媒体账号，兰山法院获全国法院系统“十佳新媒体案例奖”。

【司法改革】 推行“四位一体”办案模式。在全省法院率先实施无纸化办公办案，推行全业务网上办理、全流程节点管控、全时空运维保障、全方位智能服务“四位一体”办案新模式。作为全国仅有的两个基层法院代表之一，参展第二届“数字中国建设峰会”。

4月16日，兰山法院知识产权法庭成立

推进两个“一站式”建设工作。在区矛盾调解中心、院机关、派出法庭、工作室普遍设立人民调解室，择优增派新老结合、素质过硬的调解员，引入保险、金融等行业调解和律师调解。组建14个专业化审判团队，将调解组织与审判团队进行嵌入式整合。诉讼服务中心实体化运作，依托信息化建设优势，承担立案登记分流、辅助事务整合、诉调对接、信访接待四大功能。相关经验被省法院以现场会形式进行典型推介，《人民法院报》头版头条予以报道，最高人民法院司法改革领导小组予以刊发。

推动改革事项落地见效。完成内设机构改革，有序推进执法勤务警员职务序列改革和法官助理、书记员职级设置管理工作。省委全面深化改革委员会办公室在《改革情况交流》上刊发了兰山法院打造“四型”法院的典型经验。在省委政法委确定的14项“司法责任制综合配套改革创新点”中，兰山法院5项创新点入选。

【队伍建设】 扎实开展“不忘初心、牢记使命”主题教育，推进“两学一做”学习教育常态化、制度化。全年党组理论学习中心组共开展20次集体学习。坚持重要工作、重大事项及时向区委请示报告，加强基层组织建设，将党的建设与审判执行工作同部署、同落实、同考核。组织了为期三个月的党风廉政建设专项整治活动。开展“党徽映天平”党建品牌创建活动，被评为“十佳优秀党建品牌”。开展法院公众开放日、法庭开放日活动，邀请人大代表、政协委员、特邀监督员、人民陪审员、高校师生、群众代表及媒体记者参观诉讼服务工作，旁听案件审理。推进阳光司法、廉洁司法，公开直播庭审5949场，在中国裁判文书网公布生效裁判文书26527篇。

临沂市罗庄区人民法院工作概况

【概述】 2019年，新收案件14098件，结案14455件；结案率95.33%，同比提升2.33%；未结案减少至710件，同比下降38.8%；法官人均办案344件。年内临沂市罗庄区人民法院（以下简称罗庄法院）被省委政法委授予“山东省人民满意政法单位”称号，被省高院评为“基本解决执行难工作先进集体”，被市委、市政府评为2019年度“平安临沂建设先进单位”；1人被省高院评为“全省法院刑事审判工作先进个人”，杜晓艳团队被市委、市政府评为“2019年度全市扫黑除恶专项斗争优秀团队”，1人被市委、市政府评为“2019年度全市扫黑除恶专项斗争先进个人”；审管办被市中院记集体三等功，3人被市中院记个人三等功。

【刑事审判】 依法严惩刑事犯罪，为社会平安稳定铸盾。全年共新收刑事案件767件，审结808件，结案率95%，共判处被告人854人。全年共审结涉恶势力犯罪案件7件74人。其中被告人胡某金等12人组织卖淫、强奸、非法拘禁，被告人颜某等13人聚众斗殴、强迫交易、敲诈勒索，主犯一审分别被判处有期徒刑十八年和十二年。严格落实“一案一整治”方针，累计向相关监管部门发出司法建议10份、移交线索7条。审结贪污受贿、挪用公款、失职渎职等职务犯罪案件6件10人。依法审结魏某等充当恶势力“保护伞”的职务犯罪案件，敲响全市“反腐打伞”第一槌。

【民商事审判】 强化民生权益保障，妥善化解民商事纠纷。全年共受理民商事案件7033件，审结7474件，结案率96%。积极推进家事审判改革，12月，罗庄法院承接的省高院家事审判方式和工作机制改革试点顺利结题。审结金融借款、民间借贷、融资租赁等案件1613件，涉案标的9.78亿元。妥善审理万力置业等一批企业破产案件，共盘活企业存量资产约12亿元、房产20万平方米；高效审结“壹卡汽配城”69名业主提起的租赁合同纠纷案件。组建环境资源审判团队，审结涉环境资源类案件146件。迷隆山庄旅游开发有限公司非法开采，被告单位一审被判处罚金人民币180万元，实际控制人及直接责任人等五人均被判处有期徒刑三年并处罚金人民币30万元。年内，省高院、市人大常委会调研组分别来罗庄法院视察、调研，对环境资源审判工作给予肯定和评价。

【行政审判】 妥善审理行政争议，促进行政机关依法行政。全年共审结行政诉讼案件105件，审查非诉执行案件332件，结案率97%。在司法局成立行政争议审前和解中心，成立后化解行政案件3件。全年行政机关负责人出庭应诉28人次，12月份市司法局组织市直机关负责人近50人旁听了一起行政案件。

【执行工作】 加大执行力度，持续强化攻坚效果。3月份，顺利通过最高院“基本解决执行难”第三方评估验收，“基本解决执行难”工作转入巩固成果阶段。全年共受理执行案件5353件，标的26.51亿元，执结4994件，执行到位标的19.55亿元，执结率93.3%，执行到位率73.72%。强化“错峰”执行和“凌晨”出击，开展专项执行活动110余次，共拘传拘留410人次，罚款298万元。4812名被执行人被列入失信被执行人名单，发布限制高消费令4818人次。

【司法为民】 践行司法为民宗旨，为人民安居乐业保驾。积极推广网上立案、跨域立案、自助服务机等新举措，共网上立案12259件，民商事和执行案件实现100%网上立案。建成全市首家与省高院实现互联互通的“24小时法院”，实现诉讼业务全天候“自助办”。

【多元化解】 着力多元定纷止争，为法治政府建设添翼。全年通过调解、和解等方式化解矛盾纠纷案件 3448 件，行政案件和民商事案件调撤率达 46.1%。积极发挥人民调解与律师调解等作用，诉前化解矛盾纠纷 117 件。积极参与驻地政府“三资清理”和环境整治等工作。与区信访局协调建立了诉访对接机制，派驻专人参与信访接待，专班调处化解。

【司法改革】 深入推进改革创新，为审执工作注入活力。重新组建 42 个审判执行团队，完成内设机构改革,院直原有 16 个内设机构缩减为 8 个。完善“分调裁审”机制改革，实行诉前调解分流。设计办案进度“红黑榜”，建立日提醒、周通报、月分析、季考核、年总结为节点的审判运行态势分析制度，全年平均办案周期由原来的 84 天压缩为 70 天。

【司法公开】 主动公开接受监督，为改进法院工作指路。邀请人大代表参观视察、旁听庭审、参与听证等 70 余人次，办理检察院抗诉案件 2 件，邀请检察长列席审判委员会会议 5 次。通过中国庭审公开网直播庭审 1621 件，累计观看 16.9 万人次，公开裁判文书 9660 份。人民陪审员参与审理案件 3661 件，陪审率 100%。通过门户网站、微信、微博及时发布法院工作动态、审判执行信息，接受社会监督。

【智慧法院】 加大信息化投入，深入推进智慧法院建设。深入推进电子卷宗随案自动生成和深度应用，全年扫描卷宗 11607 件，电子卷宗覆盖率 90%。构建集直接、语音、短信、微信、邮寄送达等一体的“一站文书送达平台”，提高送达效率。盛庄、册山和开发区法庭新建工作正稳步推进。

【队伍建设】 突出党建引领作用，为法院队伍建设领航。扎实推进“不忘初心、牢记使命”主题教育，不断提升干警党性修养。强化群团工作及典型培树，院妇委会获“全国巾帼文明岗”称号。完成 8 名科级干部的任用和 4 名领导干部的提拔重用工作。组织干警参加业务培训 121 人次。全面落实“廉洁司法、担当作为”警示教育要求，敲响警钟，筑牢干警思想防线。严格落实党风廉政建设“两个责任”，对 1 名上班不在岗人员进行问责处理。

临沂市河东区人民法院工作概况

【概述】 2019 年，临沂市河东区人民法院（以下简称临沂河东法院）新收案件 14252 件，结案 13287 件。先后获得省级文明单位、平安临沂建设先进单位等 10 余项区级以上称号。

【刑事审判】 严厉打击刑事犯罪。坚持惩治犯罪与保障人权并重，审结刑事案件 791 件，判处被告人 953 名。始终保持对黑恶势力犯罪严打的高压态势，院长、副院长担任审判长审结涉黑涉恶案件 2 件 10 人，移送涉黑涉恶线索 2 条；5 月 16 日，《山东新闻联播》对其中一起涉恶案件公开宣判进行专题报道。严惩腐败犯罪、抢劫、故意伤害、贩卖毒品等犯罪，切实增强群众安全感。严惩金融领域犯罪、环境资源违法犯罪，重拳惩治危害食品药品安全犯罪。落实宽严相济刑事政策，对 256 名被告人依法宣告缓刑或免予刑事处罚，切实做到不枉不纵、罚当其罪。

【民商事审判】 妥善化解民商事纠纷。积极回应群众关切，审结民商事案件 7396 件。把服务和保障民生放在突出位置，审结与群众生产、生活密切相关的婚姻家庭、交通事故、相邻关系等民事案件 1654 件，审结涉及劳动争议、社会保障、追索劳动报酬等纠纷案件 175 件，审结商品房预售、房屋买卖合同纠纷案件 965 件。研究出台服务保障民营企业高质量发展实施意见，组织开展供给侧结构性改革等专题调研活动 7 次。稳妥处理伦达国贸、圣福源木业、德利再生资源、卓易房地产等企业破产工作。全力开展“e 租宝”集资参与人信息核实登记工作，保障集资参与人权益。

【行政审判】 积极推进法治河东建设。充分发挥行政审判职能，审结信息公开、房屋拆迁、治安处罚等行政诉讼案件 48 件，维护行政相对人的合法权益。大力支持行政机关依法履职，执行土地、环保等重点领域的非诉执行案件 480 件。全面推开行政争议审前和解工作，成立河东区行政争议审前和解中心，6 月 20 日举行挂牌仪式并对和解员进行培训。深化实施行政机关负责人出庭应诉制度，向行政机关提出司法建议 5 条，积极助推法治河东建设和“放管服”改革。

【执行工作】 巩固基本解决执行难成果。通过规范工作流程、网络查控、案款管理、网上拍卖，逐步建立执行长效工作机制，全年执结各类案件 4572 件，执行到位金额 5.3 亿元，首次执行案件实际执结率为 53.12%。强化执行威慑，坚持凌晨、夜间、假日集中执行常态化，拘留恶意逃避执行的被执行人 135 人次。

依法惩戒失信行为，将1305名失信被执行人纳入黑名单，限制高消费2829人次，移送公安机关侦查涉嫌拒执被执行人22人。全面施行网上拍卖，全年发布司法网络拍卖公告353次，成交139件，成交总额3.5亿元，溢价率26.1%。

【审判监督】 坚持依法纠错与维护裁判权威有机统一，及时审查申请再审、申诉案件13件，审结再审案件10件，保障当事人的合法诉求。自觉接受检察机关的法律监督，受理检察院提出检察建议案件4件，决定再审2件。

【立案和信访】 优化诉讼服务。推行全天候网上立案，除刑事公诉案件外，各类案件均可网上立案、交费、退费，全年民商事案件网上立案率为100%。建成“24小时法院”，院诉讼服务中心及四处法庭设立自助服务区；5月23日，省法院院长张甲天到临沂河东法院汤头法庭调研，对诉讼服务、文化建设等工作给予充分肯定。强化对贫困户的司法救助，继续实行院领导集中接访、首接负责制等制度，圆满完成全国两会、中华人民共和国成立70周年等重大节点信访工作任务。

【管理和改革】 以司法责任制改革为抓手，创新品牌发展亮点，强化审判精细化管理，促进审判质效和司法公信力整体提升。深化综合配套改革，持续深化“分调裁审”机制改革，组建速裁团队2个，通过速裁程序处理案件1167件。顺利完成内设机构改革，内设机构优化整合为10个。完善人员分类管理，提升整体办案效能。加强网络信息技术在执法办案中的应用，推行电子卷宗随案生成，推广法信、智审等辅助办案系统应用，推进道路交通纠纷一体化平台建设，全面落实认罪认罚从宽制度和刑事速裁程序改革。完善司法公开，全年上网公开裁判文书8712篇，执行信息公开案件4547件，审判流程公开案件6308件，为科技法庭新增8条直播线路，所有审判法庭均实现庭审直播，全年共直播案件2177件。新选任人民陪审员72名，人民陪审员参审普通程序案件1421件，参审率达99.44%。组织开展“向人民报告——全区政法机关开放日”“送法进校园”等系列活动，邀请社会各界代表参观法院、观摩庭审，通过“两微一端”及时推送法院动态、典型案例。

【队伍建设】 坚持党建统领，打造高素质过硬法院队伍。突出政治引领，扎实开展“不忘初心、牢记使命”主题教育活动，高标准召开专题民主生活会、组织生活会11次，党组书记上党课3次，其中《坚持以人民为中心　忠实践行司法为民公正司法》党课在全省法院主题教育优秀党课评选活动中作为全市唯一基层法院获奖。始终把党建作为第一要务，不断强化“抓党建带队建促审判”责任意识，支部建在庭上、建在团队上，机关党委及十个党支部进行换届；党建工作被《人民法院报》、最高人民法院《法院队伍建设》宣传推广。高度重视意识形态工作，坚持党管意识形态原则不动摇，坚决维护司法领域意识形态安全。认真履行区直机关第七党建网格党委职责，开展网格活动16次。提升司法能力，强化教育培训，有针对性地开展业务培训、专题研讨、类案指导等活动，召开审判委员会、专业法官会议，出台审判指导意见，提高审判质效。积极配合区委开展扫黑除恶、大气污染防治、精准扶贫等工作，党组书记、院长带头深入东张岭等帮扶村居现场办公、解决群众诉求。扎实开展警示教育活动，深化政务督察、工作留痕、履责谈话、廉政自省日等制度，确保司法廉洁。

沂南县人民法院工作概况

【概述】 2019年，沂南县人民法院（以下简称沂南法院）共受理各类案件13471件，审执结13275件，结案率为98.55%，位居全省、全市法院第一位；法官人均结案天数43.99天，位居全市第三位、全省第四位；正常审限内结案率达到99.13%，位居全市第三位；陪审率为98.15%，位居全市第二位；裁判文书上网16918篇，上网率为133.50%，位居全市前三位。执行工作各项指标一直处于全市法院领先水平，有些指标甚至走在了全省前列。共有6个集体和15名个人受到省市级以上表彰，获“市级文明单位”“全市审判执行工作先进法院”“法院内设机构集体三等功”等称号。

【立案工作】 坚持改革创新，大力推进诉讼服务中心建设，加快实现“一站式”多元解纷、“一站式”诉讼服务，实现对外服务人民群众、对内服务审判执行的目标。不断提高立案工作的科技化和信息化，全面开展“网上立案”工作，全院共审查或登记立案12653件。认真贯彻落实司法为民服务理念，依法缓、减、免交诉讼费90余万元，确保弱势群体打得起官司。按照“1+1+1”模式设立了五个速裁团队，在七处人民法庭各设立一个速裁团队，实现了简案快审、繁案精审，减轻了当事人诉累。探索“两个

2月2日，沂南法院在诉讼服务大厅为58名生活困难的申请人发放司法救助金25万元

一站式”机制建设新模式，已建成两个由法官、法官助理、书记员、人民调解员组成的新型速裁团队，强化诉调统筹衔接。进一步做好初信初访的化解工作，全力做好日常接访，耐心为初访人释疑解惑。

【执行工作】 继续巩固“基本解决执行难”工作成果，不断加大执行工作力度，2019年共办理执行案件3499件，其中首次执行案件3048件，恢复执行案件451件，结案3397件，结案率为97.08%，实际执结率为76.35%，标的到位率达76.28%。执行标的到位率、实际执结率等核心质效指标走在了全省前列。积极开展涉民生、金融、刑事涉财产案件专项执行活动，精准化解各类执行难题。通过拘留、罚款等强制性手段严厉打击失信被执行人，曝光失信行为，努力构建诚信社会。加快财产处置效率，积极推动网络司法拍卖，2019年挂网拍卖178次，成交52件，成交标的额达5853.42万元，溢价率达43.66%，一大批案件得以顺利执结。多渠道筹措救助资金，严格按照救助金发放管理办法，从申请人生活极为困难、被执行人无履行能力的民生案件中选择当事人进行救助，2019年，为3人争取到市级司法救助资金共计10万元，为82人次发放司法救助款40万元，彰显了法律的温度，有力地防范了社会矛盾风险。

【民商事审判】 牢固树立新发展理念，公正高效的审理民商事案件。共受理民商事案件6932件，结案6859件，结案率98.95%，调撤率39.47%。积极稳妥审理涉农村拆迁、旧城改造案件32件，有效化解相关矛盾，助力当地经济社会发展；快速高效审理劳动争议案件67件，有力维护了农民工和其他劳动者的合法权益；顺利审结山东宝捷新能源有限公司破产案件，为金融机构、工人及其他债权人挽回经济损失6900余万元，化解了金融风险，维护了社会稳定。审慎做好企业破产重整与清算工作，对尚有重整可能和发展潜力的企业，尽全力进行挽救，盘活企业资产，恢复生产经营。在破产工作中探索引入第三方专业机构担任破产管理人，提高破产案件工作效率。

【行政审判】 牢固树立依法监督理念，努力实现纠纷解决、权利救济、监督有力的行政诉讼效能。2019年度，共受理一般行政诉讼案件65件，结案63件，结案率96.92%；受理土地、食品、环保等重点领域非诉行政审查案件133件，结案133件，结案率100%。严格落实立案登记制度，鼓励当事人通过网上平台依法立案，进一步畅通行政诉讼救济渠道，不仅依法保障了当事人诉权，更方便当事人跨区域诉讼、减轻诉讼压力。建立行政诉讼协调机制，聚焦城市管理、征地拆迁、棚户区改造等社会重大问题，依法依规推进行政争议实质性化解。继续推进行政机关负责人出庭制度，让“说了算”的负责人与当事人面对面交流，更好的化解当事人积怨、树立司法权威。

【刑事审判】 坚持惩罚犯罪与保障人权并重，严厉打击各类违法犯罪分子，共受理各类刑事案件749件，结案738件，结案率98.53%。深入开展扫黑除恶专项斗争，2019年沂南法院被临沂市中级人民法院确定为全市法院系统集中审理黑恶势力犯罪的两家基层人民法院之一，全年共审结恶势力犯罪案件10件29人。依法严惩危害社会治安的暴力犯罪，审结大量故意杀人、抢劫、强奸等案件，切实维护了人民群众的生命财产安全。持续打击非法吸收公众存款、非法经营等破坏市场经济秩序犯罪，保护了公平交易和有序竞争；积极参与全县环境保护综合整治，严厉制裁破坏生态环境犯罪，审结污染环境、非法采矿等犯罪案件23件，尤其审理的以赵某某为首的非法从事电镀加工严重污染环境的犯罪，依法支持了公益诉讼的请求，打击了环境投机分子，促进了生态沂南建设；依法审结贪污受贿、挪用公款、侵占补贴款等犯罪案件11件，促进了反腐败斗争的深入开展。

【司法行政】 全面学习贯彻习近平新时代中国特色社会主义思想和中共十九届四中全会精神，深入开展“不忘初心、牢记使命”主题教育，组织、协调支部开展主题党日 20 余次、支部委员会 10 余次。组织法院—湖头镇白家哨村文明实践结对共建工作，开展温暖助学、疫情防控等活动。组织天平志愿服务队开展志愿活动，全年累计 18 次。投资 110 余万元建设了符合信息系统安全等级保护要求的专网信息安全系统。投资 220 余万元将 11 套标清科技法庭升级改造为智慧法庭，并实现了全部科技法庭庭审直播。沂南县人民法院被省高院确定为电子卷宗随案同步生成及深度应用系统的试点法院。

郯城县人民法院工作概况

【概述】 2019 年，郯城县人民法院（以下简称郯城法院）在县委的坚强领导、县人大的有力监督和县政府、县政协及社会各界的大力支持下，始终坚持以习近平新时代中国特色社会主义思想为指导，深入贯彻中共十九大和中共十九届历次全会精神，扎实开展“不忘初心、牢记使命”主题教育，忠诚履职尽责，勇于担当作为，全力服务保障郯城高质量发展，各项工作取得了新的发展和进步。全年受理各类案件 15706 件，结案 16236 件，同比分别上升 6% 和 12%，结案率 95.53%，裁判文书上网 15171 份，庭审直播 2758 场次，6 篇论文在上级法院的获奖。县法院获得省级文明单位、全市审判执行工作先进法院、平安临沂建设先进单位、全县扫黑除恶先进单位等称号。

【刑事审判】 全年共受理各类刑事案件 826 件，审结 825 件，同比分别上升 39.8% 和 39.6%，判处罪犯 932 人。依法严惩严重暴力犯罪，审结故意杀人、故意伤害、强奸等案件 111 件，判处罪犯 119 人。依法严惩“两抢一盗”和涉“黄赌毒”犯罪，审结此类案件 110 件，判处罪犯 128 人。依法严惩危害公共安全类犯罪，审结危险驾驶、交通肇事、寻衅滋事等案件 438 件，判处罪犯 467 人。依法严惩职务犯罪，审结贪污、贿赂、挪用公款等案件 9 件，判处罪犯 9 人，原科级干部 2 人，保持了反腐高压态势。坚持宽严相济刑事政策，依法认定坦白、自首、立功等从轻、减轻处罚情节，适用缓刑 396 人。开展职业放贷、“套路贷”和虚假诉讼等非法金融活动专项治理，坚决惩治金融领域犯罪，依法审理孙某、张某蕾、葛某坤等人非法吸收公众存款案 7 件，涉案金额 1 亿余元，涉及被害人 300 余名。坚决惩治市场领域犯罪，依法审结组织领导传销活动案 5 件、非法经营案 9 件、强迫交易案 2 件，其中“云鼎易购”和“鲁易购”两起网络传销案的涉案金额均高达数十亿元。

坚持从严从快，依法高效审结涉恶案，及时将财产刑移送执行，最大限度追赃挽损、“打财断血”。坚持深挖根治，排查出涉黑恶线索 2 条；针对案件审理过程中发现的重点行业领域存在的监管漏洞，发出司法建议 1 件。坚持协同作战，加强与公安、检察等机关的协作配合，召开联席会议 3 次，逐步完善案件会商、证据指引和提前介入等机制，共同推进扫黑除恶专项斗争向纵深发展。

【民商事审判】 坚持以人民为中心的发展思想，全年审结民商事案件 8651 件，切实解决好事关群众切身利益问题。全面推行调解前置、离婚冷静期和人身保护令等机制，审结婚姻家庭、赡养抚养等家事案件 1458 件，调解撤诉 672 件。积极服务乡村振兴战略，审结土地承包、征地补偿、农村宅基地等涉“三农”案件 185 件，有效维护农民合法权益。审结涉及人身损害、房屋买卖、劳动保障、医疗教育等案件 986 件，全力保障公民合法民事权益。审结涉及资源保护、环境污染案件 14 件，助力打好蓝天、碧水、净土保卫战。

【行政审判】 坚持依法裁判和协调化解并重，审结房屋拆迁、土地征收、政府信息公开等行政诉讼案件 67 件，监督支持政府依法行政，维护行政相对人合法权益。依法支持行政机关履行市场监管、公共服务等职能，执结涉土地、环保、城管等重点领域的非诉执行案件 442 件。设立行政争议审前和解中心，成功和解案件 9 件，促进了行政争议实质性解决。持续推进行政机关负责人出庭应诉工作，与县政府共同完善行政机关负责人出庭应诉考核机制，认真落实庭前联络、定期通报等制度，行政机关负责人出庭应诉率为 96%，同比上升 19%。通过联席会议、联合调研、行政审判白皮书等形式，共同研究解决行政执法和行政司法中的突出问题，协助行政机关总结经验、完善制度，改进工作，为法治政府建设贡献司法力量。

【执行工作】 认真贯彻《人民法院执行工作纲要(2019—2023)》，严格落实“五个常态化”工作要求，全年执结案件 3893 件，执行到位金额 3.2 亿元。加大财产查控力度，充分利用网络查控平台，查询被执行人财产信息2万余条，冻结存款2亿余元，查封房产957套，扣押车辆156台，努力实现“一网打尽”。加大失信惩戒力度，公布失信被执行人5522人次，限制高消费5639人次，拘留195人次，罚款62万元，以拒执罪追究刑事责任1人。加快涉案资产处置，在网络司法拍卖平台上传拍卖品312件，成交154件，成交额1.33亿元，为当事人节省费用348万元。执行法官范者华被评为全国法院“基本解决执行难”工作先进个人。

【信访化解】 围绕满足群众合法诉求，认真做好审判监督工作，审理再审案件21件，依法改判14件。自觉接受检察机关的诉讼监督，审理抗诉案件1件。制定《关于开展涉诉信访集中攻坚年活动的实施方案》，继续坚持院领导定期接访和联合预约接访制度，严格落实首接首办责任和领导包案责任，运用法律、政策、经济、行政等多种手段和教育、调解、疏导等多种方法，成功化解了省高院交办的7起和县里交办的10起涉诉信访案件，实现全国两会及国庆期间的进京、赴省访零登记，涉诉信访案件同比下降16%。

【改革创新】 大力推行“互联网+诉讼服务”，加快推进两个“一站式”建设，通过诉讼服务大厅、诉讼服务网、移动终端和12368诉讼服务热线，为群众提供咨询查询、保全鉴定、诉前调解、登记立案等20余项诉讼服务，实现“最多跑一次、最好不要跑”。按照“1+2+2”和“1+1+1”的模式组建了5个速裁团队，就机动车交通事故责任纠纷、家事纠纷、民间借贷、合同纠纷等案件开展速裁，实行类案集中办理，通过个案示范处理带动批量案件的高效解决。

7月2日，郯城县行政争议审前和解中心揭牌

【队伍建设】 扎实开展“不忘初心、牢记使命”主题教育，先后组织16次党组理论中心组学习和研讨交流活动，通过重温入党誓词、开展法官宣誓、观看警示教育片，到台儿庄、微山湖、徐州等地开展“寻初心、忆使命”红色教育等方式，进一步树牢“四个意识”，坚定“四个自信”，坚决做到“两个维护”。

认真贯彻落实中央“八项规定”及实施细则精神，制定《岗位廉政风险点及防控措施》，层层签订廉政责任状，紧盯重要岗位、重点人员、关键节点，综合运用监督执纪“四种形态”，用好审务督察、诫勉谈话、约谈提醒等方式，切实做到抓早抓小、防微杜渐。健全违法违纪线索发现、查处和问责机制，以“零容忍”的态度严惩司法腐败，确保法官清正、法院清廉、司法清明。

沂水县人民法院工作概况

【概述】 沂水县人民法院（以下简称沂水法院）的主要职责是依法打击惩罚犯罪、调节民商事关系、监督和支持行政机关依法行政，维护安定团结的政治局面，构建社会主义和谐社会。2019年，沂水法院进行内设机构改革，设综合办公室、政治部、立案庭、刑事审判庭、民事审判一庭、民事审判二庭、行政审判庭（综合审判庭）、执行局、审判管理办公室（研究室）、司法警察大队、机关党委、监察科、诉讼服务中心和马站人民法庭、杨庄人民法庭、沙沟人民法庭、诸葛人民法庭、黄山铺人民法庭、崔家峪人民法庭、高庄人民法庭、沂城人民法庭、许家湖人民法庭。共有干警194人。

2019年，沂水法院紧紧围绕县委、县政府工作中心，充分发挥审判职能作用，全年受理各类案件14816件，结案15416件，同比分别增长4.52%和16.41%，员额法官人均结案261.29件，收结案、人均结案等指标较2018年有了较大提高。沂水法院被市政法委授予“平安临沂建设先进集体”称号；许家湖法庭被市中院记“集体三等功”；白怀东、耿志霞、张德付、高云、徐慧、刘海江、李金峰等7人被授予“个人三等功”；陈淑峰、高沙、苗国青等受到表彰。

【刑事审判】 2019年，新收案件780件，审结815件，判决生效715件883人。始终坚持全面贯彻执行省、市、县关于扫黑除恶专项斗争部署以及最高院、省高院、市法院的会议精神，全力开展好扫黑除恶专项斗争。2019 年，受理恶势力犯罪案件 8 起，已审结 7 起，涉案被告人 42 人。

7 月 4 日，沂水法院开展“金晖助老”志愿扶贫活动

【民商事审判】 2019 年，新收案件 6653 件，审结 7333 件，分别同比上涨 4.52% 和 31.35%，一审服判息诉率 92.9%。紧紧围绕沂水县委、县政府的重大决策部署，充分发挥职能优势，审结买卖、租赁、承揽、运输等合同纠纷案件 3487 件，民间借贷、金融借款、融资租赁等案件 1855 件，积极服务商贸物流发展，防范化解金融风险，维护公平有序的市场交易秩序。

【行政审判】 2019 年，新收案件 1586 件，审结 1299 件。其中，依法审结涉及国有集体土地上房屋征收、治安处罚、房屋行政登记、工伤认定等行政诉讼案件 72 件，行政审查案件 921 件。努力实现纠纷解决、权利救济、监督权力的行政诉讼效能。

【审判监督】 2019 年，新收案件 73 件，审结 65 件。所结案件无矛盾激化。大力推行裁判文书网上公开，全年实现裁判文书上网 17848 篇，文书上网率 115.57%，比 2018 年同期增长了 67.5%。积极开展庭审直播，2019 年全年有效完成 289 场次。

【立案和信访】 立案工作：2019 年共审查审批民事案件 6653 件，行政案件 1284 件，刑事案件 780 件，执行案件 5551 件，财产保全案件 548 件。全面推行网上立案，2019 年网上立案 10524 件，民事、行政案件已全部实现网上立案。依托两个一站式诉讼服务平台，加大速裁案件审判及诉前调解工作力度。信访工作：共登记受理、接办信访案件 67 件，均已办理。存量老信访案件已全部化解完毕。

【执行工作】 2019 年，新收案件 5551 件，执结 5729 件，结收比 103.21%，结案标的金额为 2.503 亿元。一是与发改委诚信平台对接，及时将失信被执行人信息纳入诚信体系，多部门联网查控被执行人财产，综合解决执行难工作大格局；二是持续加大执行投入与执行力度。2019 年持续开展集中执行、突击执行 3 次，深入开展涉民生、涉金融等专项执行活动 1 次，加大对拒不执行法院判决、裁定刑事犯罪的打击力度。公布失信被执行人 909 人次，限制老赖乘坐飞机、高铁等高消费行为 5058 人次，罚款 1.7 万元，拘传、拘留 68 案 78 人，涉嫌拒执罪移送公安立案 1 件，起诉判决 1 案。

【基础建设】 一是完成机关南办公区固定资产到账、固定资产录入政法装备动态管理系统及资产清查。二是完成 8 处人民法庭防水维修及机关南办公区干警活动室配套改造，更新车辆 8 台和部分办公用品。

【管理和改革】 一是以审判为中心，不断深化司法改革。充分发挥刑事审判打击犯罪、保障人权的职能作用，努力做到司法证明实质化、控辩对抗实质化、依法裁判实质化，确保以审判为中心的刑事诉讼改革的各项制度规程落实到位。二是推进内设机构改革。2019 年，沂水法院将内设机构调整为 10 个，原核定的编制及领导职数继续保留，原有领导干部职务职级及相关待遇保持不变。

【队伍建设】 一是注重党建引领，不断提升政治品格。坚持把党的政治建设摆在首位，严格执行重大事项请示、汇报制度。二是注重开展多样活动，推动“不忘初心、牢记使命”主题学习教育向纵深发展。三是不断提升能力品格。结合“廉洁司法，担当作为”集中警示教育强化纪律约束，2019 年重点查办了 1 人违纪、4 人违反工作纪律的案件，深刻警示法院全体干警。实行短信、电话、上门“三回访”工作机制，有力促进案件质效提升。三是结合审判工作深入村、企开展调研，实际走访 85 个行政村，92 个自然村和 6 家包扶企业。

【服务经济发展】 一是加强智慧法院建设，大力推行网上立案、网上办案、裁判文书上网公开和庭审直播力度，拓展便民新举措。二是助力全县优化营商环境大局，实行两个“一站式”管理，推行多元化矛盾纠纷化解，快速分流、推进企业诉讼案件进行；各环节严查，杜绝违法违规行为，进一步提高审执质效和服务水平，推进形成县域良好的营商环境。

兰陵县人民法院工作概况

【概述】 2019年，兰陵县人民法院（以下简称兰陵法院）在县委的坚强领导下，在县人大、县政府、县政协的有效监督和关心支持下，以习近平新时代中国特色社会主义思想为指导，牢固树立“为大局服务、为人民司法”宗旨，以“努力让人民群众在每一个司法案件中感受到公平正义”为目标，围绕中心服务大局，全面加强审判执行工作和自身建设，严格落实县委部署，各项工作取得新发展。全年共受理各类案件16641件，结案15748件，结案率94.63%，服判息诉率为92.77%，收案、结案同比分别上升16.71%和18.07%，再创历史新高。收结案数、结案率、服判息诉率等审判质效指标稳中向好。

【努力夯实战斗堡垒，着力“抓党建、带队建、促审判”】 进一步优化支部结构。根据内设机构改革后审判资源重新组合的情况，将原来的11个支部，优化为19个支部。每个庭室均设党支部，每个法庭均设有党建工作室，方便了党支部进行日常管理。及时更新管理平台。通过省委“灯塔——党建在线”平台，完善党员管理、落实党员教育、提升党员学习乐趣，使党员组织生活更方便快捷，更形式多样。不断丰富党建形式。每月定期组织全院19个支部开展微党课演讲活动，鼓励干警讲好身边党员故事；鼓励各支部为党员过好“政治生日”，并建立检查考评制度。

【完善“一站式”建设，实现诉讼服务便民利民】 自2015年立案登记制改革以来，案件量逐年以两位数递增，为方便人民群众，兰陵法院按上级要求全面推进“一站式诉讼服务”和“一站式多元解纷”建设。推出“一次告知”、网上立案、网上缴费、网上调卷等10项具体为民便民利民措施，网上立案率达到100%；设立诉调对接中心和诉讼服务对接站及社区法官工作室，积极开展诉调对接工作，构建多元解纷机制。推广使用“分调裁审”平台，实现了案件诉前调解、繁简分流以及简案速裁。

【充分发挥审判职能，服务全县经济社会高质量发展】 紧紧围绕县委中心工作，制定服务保障新旧动能转换等工作意见，确立十余项具体服务措施，为经济社会发展提供有力司法保障。

*全力维护社会稳定。*积极参与“平安兰陵”建设，依法惩治刑事犯罪，审结刑事案件1257件，判处罪犯1583人，其中，判处有期徒刑以上刑罚的341人。深入开展扫黑除恶专项斗争，加强与相关部门密切配合，审结黑恶势力犯罪案件8件，惩处涉恶罪犯28人，追缴罚没款400万余元。

*积极服务经济发展。*牢固树立新发展理念，依法调节经济社会关系，审结民商事案件8289件，结案标的额近15亿元。服务乡村振兴战略实施，依法保障农村“三资”清理政策落实。依托法庭开放日、“猎赖百日会战”执行行动等活动，构建与乡镇党委政府协调联动机制。自农村集体“三资”集中清理整顿以来，兰陵法院共受理涉农村集体“三资”类民事案件185件，审结132件，依法保障了村集体合法权益。

*监督支持依法行政。*依法履行司法审查职责，审结行政案件429件。积极推进行政机关负责人出庭应诉，注重行政争议实质化解。大力支持“放管服”改革，编发行政审判白皮书等指导资料，主动为政府处置重大事件提供法律参考意见、提出司法建议。成立“行政争议审前和解中心”，有效推进了依法行政和法治政府建设。

*积极推进社会治理创新。*积极参与社会治安防控体系建设，认真做好青少年犯罪预防、社区普法等工作。举办普法讲座、法律咨询26次。实行院领导带班接访、阅办来信、首接负责制等制度。主动对接信访老户驻地政府做好工作，圆满完成两会、中华人民共和国成立70周年庆祝活动等重大敏感时期安保任务。

【坚决锻造“执行铁军”，巩固“基本解决执行难”胜利成果】 2019年是决胜“基本解决执行难”、巩固胜利成果的重要一年。兰陵法院通过锻造“执行铁军”团队改革，“夏日风暴”“百日猎赖”系列行动，取得了前所未有的成效。全年共受理执行案件5289件，执结4987件，同比分别上升19.63%、21.60%；执行到位标的额9.2亿余元，同比上升15.32%。

*优化执行团队，开启执行新征程。*兰陵法院顺利通过了最高人民法院“基本解决执行难”三方评估后，院党组研究通过了《关于进一步加强执行工作的意见》，探索执行实施权、裁决权、监督权分立，

突出执行指挥中心实体化运行。

强化执行规范，全面提升执行质效。规范执行措施使用，严格实施“七个一律”工作原则，明确发出执行通知书、报告财产令等行为的完成时限和发布失信、限高、限制出境、罚款、拘留、追究刑事责任等措施的适用标准。2019年，共发布失信被执行人1488人、限制高消费1283人，拘传2754人次，拘留391人，罚款63人。

联合打击拒执行为，提高执行震慑力。与公安、检察机关联合印发《关于办理拒不执行判决、裁定犯罪案件若干问题的意见》，建立办理拒不执行判决、裁定犯罪案件协作机制。14名被告人已全部被抓捕归案，已提起公诉10件，判决8人，形成对失信被执行人的强大威慑。

创新司法拘留人员帮教方式。与公安、检察机关在拘留所建立联合打击拒执犯罪行为教育基地；与保险公司签订“执行无忧”悬赏保险服务协议，有效遏制了被执行人恶意转移财产，逃避法律义务。

【不断推进司法公开，确保司法权力阳光运行】 加强网络信息技术在法院工作中的应用，推行电子卷宗随案生成，推广法信、智审等辅助办案系统应用，实现审限内提速，平均办案周期同比缩短11天。公开裁判文书8000余篇，庭审直播1500余场次，做到件件有录播、天天有直播。

【深入开展作风整顿，服务发展效能持续向好】 为推动党风廉政建设，不断加强干警党性修养，进一步改进工作作风，切实解决法官队伍中存在的突出问题，不断增强服务群众工作的能力水平，兰陵法院持续开展党风廉政建设专项整治活动，组织干警到党风廉政教育中心接受警示教育，强化法官的大局意识、责任意识、公仆意识和公正司法意识，树立正确的利益观，筑牢思想道德纪律防线。

积极邀请人大代表、政协委员参与庭审和执行活动，认真听取对法院工作的意见和建议。积极拓展人民群众监督新途径，积极推行流程监督、“网上监督”等措施，进一步扩大人民群众的监督范围。

费县人民法院工作概况

【概述】 费县人民法院在2019年共受理各类案件16120件，结案16150件（含结旧存案件），过付案款2.8亿元，结案率96.18%，居全市基层法院（下同）第三位，平均办案天数40.72天，居全市第二位，服判息诉率92.91%，居全市第一位。费县人民法院被评为全省法院扫黑除恶专项斗争工作先进集体、平安临沂建设先进单位、全市审判执行工作先进法院。

【刑事审判】 着力推进平安费县建设。依法严厉打击刑事犯罪，保障人民安居乐业。受理刑事案件719件，审结710件，判处被告人890人，其中判处5年以上有期徒刑的51人。一是深入推进扫黑除恶专项斗争。依法从严从快惩处涉黑恶势力犯罪，受理4件、已审结3件；加大“打伞破网”“打财断血”力度。审结的被告人葛某峰等22人犯组织、领导、参加黑社会性质组织罪一案，依法判处被告人葛某峰有期徒刑二十五年，并处没收个人全部财产，剥夺政治权利五年；对三名骨干分子判处十年以上有期徒刑；对其余18名被告人分别判处有期徒刑九年至一年三个月不等的刑罚，并处罚金276万元。二是依法严厉打击严重暴力犯罪，审结故意伤害、强奸、抢劫、盗窃等犯罪案件166件，保护人民群众的生命财产安全。三是依法严惩危害公共安全的刑事犯罪，审结交通肇事、危险驾驶犯罪等案件391件，全面提升人民群众安全感。四是依法严惩破坏环境资源保护犯罪，审结污染环境、滥伐林木、非法采矿罪等案件25件，保卫碧水蓝天。五是依法惩治妨害社会管理秩序犯罪，审结寻衅滋事、“黄赌毒”等犯罪案件71件，维护社会安定有序。六是依法严惩身边的腐败，审结贪污贿赂、渎职等职务犯罪案件12件，推动反腐败斗争深入开展。

【民事审判】 着力促进社会和谐稳定。妥善化解民商事纠纷，积极参与社会综合治理。共受理民商事案件7261件，审结7327件。审结婚姻家庭、继承等纠纷案件1331件，稳妥处理家庭矛盾；审结交通事故、雇员损害等侵权责任纠纷案件1274件，及时保护受害人的合法权益；审结金融借款、民间借贷等纠纷等案件1448件，有效化解金融风险；审结合同、保险、与公司有关的纠纷等案件2136件，助力营造法治化营商环境；审结农村土地承包、物权纠纷等案件322件，服务乡村振兴。审结破产案件2件，盘活资产1.17亿元，为164名工人发放工资313万元，有效服务新旧动能转换。

【行政审判】 着力推动法治政府建设。坚持监督与支持并重原则，依法审理行政案件，加大对非诉行政执行案件的执行力度。共受理各类行政诉讼案件1897件，审结1888件。其中，受理行政诉讼案件

110 件，审结 101 件；受理行政非诉审查案件 1632 件，审结 1632 件；受理非诉强制执行案件 155 件，执结 155 件。为行政执法机关上法治课 1 次，邀请部分行政执法人员旁听庭审 4 次，促进依法行政水平提高，推动法治费县建设。

【执行工作】 全力兑现胜诉权益。共受理各类执行案件（非诉行政执行除外，下同）5355 件，结案 5097 件，执行完毕率 41.01%，居全市第二位，实际执行到位率 68.39%，居全省第四位，实际执行到位金额 3.05 亿元。共发布失信被执行人名单 684 人次，限制高消费 3414 人次。坚决维护司法裁判权威，对拒不履行生效法律文书的，依法采取强制措施，共拘传拘留 779 人，以拒执罪判处 2 人、罚款 92 人。全面清理执行案款，确保及时过付。

【信访化解】 全力提升化解涉诉信访案件水平。一是坚持源头治理，压实包案责任。全面落实院领导接访制度和首接负责制，建立信访台账，每月调度办结情况，努力将信访案件化解在萌芽状态。共化解信访案件 21 件、终结信访案件 5 件。二是强化审判监督，坚持有错必纠。将涉诉信访导入诉讼程序，审查再审及申诉案件 22 件，结案 22 件；立案再审 11 件，审结 17 件，其中，依法维持原判 2 件、改判 8 件、调解 1 件、撤销原裁判文书 8 件，切实维护当事人的合法权益。三是坚持化解与打击并重的原则，维护正常的信访秩序。依法判处涉非访犯罪案件 3 件 3 人，引导群众理性表达信访诉求。

【改革创新】 积极构建新的审判执行工作机制。深入推进案件繁简分流、轻重分离、快慢分道，结合案件类型，构建符合新时代发展要求的审判模式、审判机制，努力实现简案快办、类案专办、繁案精审，促进案件提质增效。新成立 2 个速裁团队，对 13 类民商事简易案件实行速裁。许庆晓法官工作室创新“345”工作法，办结交通事故案件 2344 件，居全省审判类法官结案数量第一。积极探索执行工作机制改革，实行裁决与强制执行分离。将强制执行工作转由司法警察执行，提高了执行效率，有效地震慑了被执行人。

【队伍建设】 加强思想政治建设。一是始终坚持党对法院工作的绝对领导，确保正确政治方向。始终以习近平新时代中国特色社会主义思想为指导，扎实开展“不忘初心、牢记使命”主题教育，牢固树立“四个意识”，坚定“四个自信”，坚决做到“两个维护”。二是落实落细党建制度。认真落实汇报请示制度，院党组向县委常委会专题汇报工作 1 次，重大事项、重要工作及时请示汇报。认真执行民主集中制，党组开展中心组理论学习会议 13 次，召开民主生活会 2 次，“三重一大”事项全部经党组会民主议定决定实施。三是强化党性教育，铸牢宗旨意识。组织干警赴沂蒙红嫂纪念馆、沂蒙革命纪念馆等地开展党性教育，加强党性锻炼，提高党性修养。

平邑县人民法院工作概况

【概述】 平邑县人民法院（以下简称平邑法院）下设综合办公室、政治部、立案庭、刑事审判庭、民事审判一庭、民事审判二庭、行政审判庭、执行局、审判管理办公室（研究室）、司法警察大队等 10 个内设机构。辖平邑、仲村等 8 处派出法庭，共有在编干警 168 人。全年共受理各类案件 15779 件，审执结 16140 件，同比分别上升 7.16% 和 9.59%，办案总量、结案率、法官人均结案数、案件服判息诉率均居全市前列，为平邑县经济社会发展和法治建设作出了新贡献。

1 月 29 日，费县人民法院梁邱法庭在梁邱镇中心小学开展“牵手关爱行动”春节送温暖活动

【刑事审判】 2019 年，平邑法院深入贯彻落实总体国家安全观，推进平安平邑建设，审结刑事案件 839 件，判处被告人 968 人，上缴罚金和赃款 850 余万元。依法严惩危害群众生命财产

安全犯罪，审结故意杀人、故意伤害、拐卖儿童等严重侵犯公民人身权利案件 67 件 87 人，从重从快审结寻衅滋事、非法拘禁、贩卖毒品等带有社会公害性质犯罪案件 180 件 216 人。严厉打击经济领域犯罪，依法审结非法经营、非法吸收公众存款、金融诈骗等严重扰乱经济和金融秩序的犯罪案件 14 件，维护正常市场竞争秩序。保持对腐败犯罪高压态势，依法审理包括王某军、卢某涛贪污、受贿、滥用职权等职务犯罪案件 14 件 15 人，推进反腐败斗争深入开展。

9 月 19 日，平邑法院在 6 个派出法庭举办“法庭开放日”活动

【民商事审判】 2019 年，平邑法院贯彻“创新、协调、绿色、开放、共享”新发展理念，依法调节经济社会关系，保障经济健康发展。深化家事审判改革，与县妇联联合建立婚姻家庭纠纷联合调处机制，妥善审理离婚、抚养、赡养等家事案件 1925 件。着力防范化解金融风险，保障民营企业合法权益，依法审结民间借贷、金融借款、建设工程施工、股权转让等纠纷案件 2441 件，营造法治化营商环境。突出服务新旧动能转换工程，依法审结山东金信新型建材、山东天源食品有限公司等 4 家企业破产清算、破产重整案件，实现债权金额 6.4 亿元，盘活土地资源 19.2 公顷，妥善安置职工 760 余人，促进企业优胜劣汰和债权人权益平等保护。

【行政审判】 2019 年，平邑法院审结行政诉讼案件 84 件，审查非诉执行案件 510 件，依法保障和监督行政机关依法行政。延伸审判职能，针对鲁南高铁蒙山站建设、兴水河片区改造等重点项目，选派干警现场提供司法服务，确保项目及时启动、快速推进。全力推开行政争议审前和解工作，建立行政争议审前和解中心，全年实质化解行政争议 25 件，其中孙某某不服县政府、县自然资源和规划局土地行政登记行为一案，经组织达成和解协议并确认有效，成为新型判决结案方式全市第一案。

【执行工作】 2019 年，平邑法院继续巩固“基本解决执行难”工作成果，坚定不移向“切实解决执行难”目标迈进，全年受理执行案件 5638 件，结案 5453 件，实际执行到位案款 21793.12 万元。严厉打击规避执行、抗拒执行行为，公布失信被执行人 2869 人次，限制老赖贷款、乘坐飞机高铁等高消费行为 5397 人次，拘传拘留 376 人，以拒不执行判决裁定罪追究刑事责任 3 人。积极开展涉金融、涉民生案件“秋收利剑”“暖心冬日”等专项执行行动，集中执结该类案件 345 件，执结金额 4627.8 万元。全面开展网拍工作，创新财产处置方式，全年司法网络拍卖 142 件，变现执行资产 5100 余万元。

【队伍建设】 坚持把党建工作贯穿审判工作的全过程，创新党建方法、丰富党建载体，努力做到围绕服务抓党建，不断探索法院党建工作新途径。认真落实新时代政法队伍建设要求，加快推进队伍革命化、正规化、专业化、职业化建设，做到政治建设与业务建设并重，正风肃纪与建章立制并重，从严管理与关心爱护并重。推动全面从严治党、从严治院向纵深发展，持之以恒纠治“四风”加强法院内部管理，不断完善法院从严管理监督体系，以零容忍态度严惩司法腐败，努力锻造新时代过硬法院队伍。

【司法公开】 深化“四大公开平台”建设，加大文书公开力度，全年公开裁判文书 13853 份。提升庭审公开透明度，全年庭审直播 1918 场，促进庭审程序规范化。加大审判流程公开，组织法院开放日十余次，推进电子卷宗随案生成、执行案件流程管理等工作，方便当事人随时跟踪案件进展，了解案件情况，让诉讼活动更加透明，诉讼结果更可预期，构建阳光司法机制。立足“互联网 + 审判”，切实将智慧法院建设转化为司法生产力。深化道路交通损害赔偿纠纷“网上数据一体化处理”机制，实现“让信息多跑路，群众少跑腿”，方便、快捷、有效保障民生权益。积极推进在线调解平台、互联网法庭建设运用，让异地调解、视频庭审成为可能，有效提高审判效率，提升人民群众获得感、满意度。

【制度创新】 积极构建系统完备、科学规范、运行高效的内设机构体系，将原有15个内设机构精简为10个，优化职权配置，实现扁平化管理。推进“分调裁”机制改革，实行案件繁简分流、轻重分离、快慢分道，有效提高审判效率，增强人民群众满意度。健全审判委员会和法官联席会议制度，统一裁判尺度，促进审判规范，全年共召开专业法官会议5次、审判委员会会议29次。完善人民陪审员制度，新增人民陪审员136名，保障人民陪审员既实质化参审，又有效性监督，全年陪审率达98.85%。强化院长庭长办案职责，杜绝“挂名办案”现象，带头办理重大、疑难、复杂案件5145件，“头雁”示范作用不断彰显。

莒南县人民法院工作概况

【概述】 莒南县人民法院（以下简称该院）有在职干警179人，设有10个部门，7处人民法庭。2019年，该院以习近平新时代中国特色社会主义思想为指引，紧紧围绕全县工作大局，认真履行司法职责，深入推进自身建设，全年共受理各类案件13195件，审执结13266件（含旧存422件），结案率为97.4%，居全省法院第二位。是年，该院被最该人民法院表彰为“全国优秀法院”；被山东省委、省政府表彰为“山东省人民满意的公务员集体”，表彰院长胡发胜为“全省人民满意的政法干警”；临沂市委、市政府表彰该院为“人民满意政法单位”。

【审判工作】 坚持维稳责任不动摇，与县监委、检察、公安机关密切配合，依法严惩刑事犯罪。全年审结刑事案件728件，判处罪犯890人，其中10年以上有期徒刑14人，5年以上20人。坚持把扫黑除恶作为政治责任，依法审理了李某等5人涉恶案件。努力保护人民群众生命财产安全，审结故意杀人、抢劫、强奸、盗窃等暴力犯罪、多发性侵财犯罪案件110件129人；审结交通肇事、危险驾驶、涉枪涉爆等危害公共安全犯罪案件346件350人；审结寻衅滋事、非法行医、涉赌、涉毒等妨害社会管理秩序犯罪案件64件103人。做好刑事审判延伸工作，向纪委报送涉党员、公职人员犯罪信息91人次，配合组织部门、人社部门查询党员干部违法线索和服刑人员信息2000余人次。加强与社区矫正机关配合，依法对448名缓刑人员实施社区矫正。

全面提升商事审判效能，审结各类商事案件3756件，标的额14.7亿元。全面优化法治营商环境，审结买卖、借款、保险等合同案件1627件；审结商品房预售、建筑施工、加工承揽、房屋租赁等合同案件264件；审结涉金融案件1361件，涉案标的额7亿元。服务创新驱动发展，完善市场主体救治和退出机制，受理7家企业破产重整、2家企业破产清算，有效化解不良资产7.5亿元，盘活土地52余公顷，安置企业职工344人。

加强民事权益保护，围绕保民生、促和谐，高效化解矛盾纠纷，全年审结民事案件3282件。加大人权保护力度，审结交通事故、雇员受害、医疗损害等侵权案件1679件；以家庭和谐促社会和谐，审结离婚、赡养、继承等婚姻家庭案件1265件；依法保护财产权益，审结侵占财产、房屋所有权、农村土地承包纠纷等权益案件21件；构建和谐劳资关系，审结劳动争议案件82件，涉案劳动力85人。

主动融入法治莒南建设，成立行政争议审前和解中心，加强与行政机关良性互动，促进行政争议实质性解决，审结涉及政府、国土、环保、民政、公安、人社、市场监管等部门的行政诉讼案件52件，其中以撤诉方式结案18件。加大行政非诉执行力度，执结非诉执行案件256件。

【执行工作】 强化执行工作，全面巩固基本解决执行难工作成果，共执结案件4872件。提升信息化执行能力，全年网上查询房屋、土地、车辆信息1.2万余次，冻结资金2000余万元。规范网络司法拍卖，提升拍卖效率与效果，全年网拍267件，成交总额1.1亿元。实现打击拒执行为常态化，全年共发布失信被执行人2077人次，限制高消费2780人次，以拒执罪移送公安机关24案24人，判处6案6人，开展专项执行活动10余次，拘留263人。

【司法为民】 牢固树立以人民为中心发展思想，积极践行人民法院参与社会治理新路径，推进道路交通纠纷一体化平台建设，探索开展“诉前鉴定”新流程，缩短办案周期，减轻群众诉累。优化诉调对接，争取县政法委和司法局的支持，出台《诉前调解工作实施意见》，在每个法庭设立由2名司法调解员组成的“调解工作室”，由立案庭利用“分调裁”平台，将案件在立案前委托调解室诉前调解、诉前鉴定，调解不成转入诉讼，人民法院和调解组织密切配合、共享信息，形成多元解纷整体合力。以智慧法院建设为依托，积极探索互联网司法新模式，推行网上立案、电子送达、网络查询、网上开庭、网上宣判等信息化新举措。

【司法改革】 继续深化“要素模式引领审判权运行改革”成果，成功研发“要素审判智审系统”，实现了信息化成果与要素式审判的深度融合。是年8月获得了国家版权局颁发著作权登记证书（证书号：软著登字第4244636），最高人民法院信息中心微信公众号“智慧法院进行时”予以报道。山东省政法委列入“司法责任制综合配套改革创新点”，省法院《山东省高级人民法院〔2019〕51号关于印发要素式审判方式指引（试行）的通知》予以推广，并嵌入全省总的网上办案流程；研究成果在第五届临沂市社科联优秀著作评选中获奖。

【队伍建设】 坚定政治信仰，深入开展“不忘初心、牢记使命”主题教育，通过到省政府旧址接受革命教育、重温入党誓词、院领导上党课、组织廉政教育活动等方式，努力提升法官队伍政治素质，增强班子队伍执行力。稳妥推进内设机构改革，落实上级法院改革精神，内设机构由原来的21个精简为10个，理顺了职能，提高了综合管理效力。增强党建引领力，成立机关党委，重新划分了23个党支部，实现了党组织全覆盖；擦亮“党徽照耀、阳光司法”党建品牌，被县委表彰为“五星级基层党组织”。提升人民法庭服务能力，实行院领导一对一联系法庭、人民法庭专项考核等制度，努力把人民法庭打造成“简案快办主阵地”“诉调对接桥头堡”。

蒙阴县人民法院工作概况

【概述】 2019年，蒙阴县人民法院（以下简称蒙阴法院）围绕“努力让人民群众在每一个司法案件中感受到公平正义”这一目标，致力于服务全县大局，充分发挥职能作用，圆满完成了各项工作目标任务。全年共审执结各类案件9415件，员额法官人均结案269件，人均结案高于全省平均水平。审判质效、改革创新、基本解决执行难等工作走在全省法院前列，法院工作得到了最高人民法院、省市法院和市县领导的批示肯定。

【审判工作平稳运行稳中向好】 2019年，蒙阴法院共受理各类案件10018件，其中新收9412件，结案9415件，结案率为93.98%，结收比100.03%，平均结案周期50.54天，一审服判息诉率接近90%。持续遏制收案增长效果明显，各项指标平稳向好。

【执行工作综合质效全省第一】 2019年，蒙阴法院共受理各类执行案件3061件，新收2990件，结案2708件，结案率为88.47%，实际执结率75.33%，执行信访案件办结率100%，执行终本合格率100%。2019年3月，三年基本解决执行难工作圆满收官，蒙阴法院执行综合质效始终位居全省第一，县委、县政府专门召开了执行工作表彰会予以表彰。

【扫黑除恶专项斗争扎实推进】 2019年，依法审结了以王某洋为首的恶势力犯罪集团案件、季某为首的恶势力犯罪集团案件、王某为首的恶势力犯罪集团案件和公某龙为首的恶势力犯罪集团案件，共对40名被告人分别判处11年6个月至6个月不等的有期徒刑，有力打击了犯罪分子的嚣张气焰，提升了人民群众安全感，优化了蒙阴县营商环境。

【改革创新与时俱进开创新篇】 家事纠纷机制改革试点工作深入推进。2019年10月，县人大常委会专题听取了家事审判改革工作情况报告。积极探索行政案件审前和解。2019年5月，设立了“蒙阴县行政争议审前和解中心”，为当事人与行政机关沟通协调化解行政争议搭建了新的平台，共同致力于推进法治政府建设。2019年，共69件行政案件达成审前和解，取得明显成效，省高院行政庭庭长黄明春到蒙阴法院专题调研该项工作。探索实行司法鉴定前置。对涉及交通事故、人身损害赔偿及其他需要做出鉴定、评估的案件，实现诉前登记时即启动评估程序后立案，有效缩短了办案周期，提高了民事案件审判效率。

【服务大局发挥职能保驾护航】 聚焦全县中心工作，研究出台了司法服务和保障意见，并组织干警到经济开发区、孟良崮工业园区、高都镇工业园区以及蒙阴农商行等金融企业进行走访调研，主动提供司法服务，做好协调对接。妥善办理了山东联合玻璃、山东正长铸造、蒙阴热电厂等企业的破产重整，盘活了企业资产，实现“腾笼换鸟”，为全县经济社会发展提供有力保证。

【党的建设从严从实管党治党】 扎实开展“不忘初心、牢记使命”主题教育，组织全体党员开展集中学习、专题研讨、检视剖析等活动，及时调整了机关党委和10个党支部，建设坚强战斗堡垒。每月开展为党员过“政治生日”活动和“主题党日+”活动，每月的第二周和第四周的周五为集中学习日，到社区开展“双报到”活动，为全体党员干警、“双报到”社区和第一书记任职村党员干部上党课4次，被最高院刑四庭党支部确立为党建活动共建共创单位。

【队伍建设创新形式压实责任】 切实履行党风廉政建设和全面从严治党主体责任，坚持以身作则、严于律己、率先垂范，2019年共主持召开12次党组会研究部署全面从严治党和党风廉政建设工作，相继召开了巡视整改专题民主生活会、对照党章党规找差距专题会议等，深刻剖析问题，制定彻底整改措施。全年召开纪律作风教育和警示大会4次，签订责任状，共传达各级纪委和上级法院内部通报的典型案例130余起，组织干警到县廉政教育基地和沂蒙六姐妹革命纪念馆接受革命传统教育和党性教育；积极履行监督责任，定期通过“钉钉”软件向干警推送廉政警言警句，定期组织巡查全院纪律作风情况，举办庆祝中国共产党成立98周年“法庭开放日”活动。

【为民服务急民所急解民之忧】 充分发挥非诉纠纷解决机制效用，全力推进“一站式”多元解纷机制、“一站式”诉讼服务中心建设，健全立体化诉讼服务渠道，提供一站式服务；发挥信息化效能，打造“智慧诉讼服务”新模式，努力实现“数据多跑路、当事人少跑腿”。深入挖掘诉调对接机制潜能，使20%的纠纷在诉前得以化解，2019年，新收案件同比下降了2.23%。蒙阴法院作为全国三家法院之一在国家法官学院作了经验介绍，《法制日报》、山东电视台等七家媒体对法院工作进行了采访报道。深入开展涉桃农欠款专项清理的“春风行动”，累计兑付桃农欠款100余万元，得到广大桃农的一致好评。

6月17日，《法制日报》、《人民法治》、山东电视台、大众网等七家媒体对蒙阴法院亮点工作进行了采访报道

临沭县人民法院工作概况

【概述】 2019年，临沭县人民法院（以下简称临沭法院）以习近平新时代中国特色社会主义思想为指导，围绕“工作落实年、改革推进年、基层基础建设年”的部署要求，提升审判执行工作，强化司法为民能力，深化司法责任制综合配套改革，成效显著。

【审判工作】 临沭法院受理各类案件15713件，办结15209件，结案率95.24%，连续十个月位居全省前三名；结案均衡度0.83，平均办案周期37.66天，均位居全省第一名；一审服判息诉率90.85%，高于全省平均值1.33个百分点；法官人均结案380.23件，高出全省平均值115件。

刑事审判。 审结各类刑事案件663件，判处罪犯937人，同比上升25.1%和24.77%。深入推进扫黑除恶专项斗争。6起涉黑恶案件，判处罪犯47人，对王某柏、臧某迎两大恶势力犯罪集团首要分子分别判处有期徒刑十九年和有期徒刑十四年。注重“打伞破网”和“打财断血”相结合，对被告人并处罚金、没收财产等共计379万余元。

民事审判。 审结婚姻家庭、继承、赡养等纠纷1344件，促进家庭和谐。妥善审结劳动合同、社会保险等劳动、人事争议案件308件，依法维护企业和职工合法权益。审结提供劳务者受害、产品责任、机动车交通事故等侵权责任纠纷1011件，维护受害者的合法权益。坚持调解优先、调判结合原则，民事案件调解撤诉率53.12%，连续四年保持上升趋势。

商事审判。 服务新旧动能转换重大工程。受理4家公司破产重整、清算案件，盘活厂房、设备、土地等存量资产4167.96万元，释放土地指标8.59公顷，化解企业债务2.8亿元。常林集团破产重整案件被评为全省十大破产典型案例。

行政审判。 受理行政案件555件，同比增长71.3%。畅通行政案件异地管辖入口，对异辖区当事人申请立案的13起行政诉讼案件予以立案审判。推进行政机关负责人出庭应诉工作，负责人出庭应诉率78%。审查国家赔偿案件5件5人，依法支付国家赔偿款92万余元。

【执行工作】 新收执行案件5693件，

执结 5155 件，结案率为 90.5%，执行案件执结率 59.8%，位居全市第一名；终本案件合格率、执行信访办结率均为 100%，“3+1”核心指标全部达到上级法院要求。落实“五个一律”强制措施，将 6074 名被执行人纳入失信名单，依法拘传拘留被执行人 526 人，罚款 23 万元，以拒不执行判决、裁定罪对 8 名被执行人定罪判刑。推进执行转破产工作，将 3 家“僵尸企业”依法转入破产程序，862 万元债务获得公平受偿。临沭法院被表彰为全省法院基本解决执行难工作先进集体，并作为唯一的基层法院代表作大会发言。

【司法为民】 升级诉讼服务，强化利民措施。自主研发智慧送达、当事人失联修复、互联网庭审等办案辅助工具，失联修复 216 人，适用公告送达的案件同比减少 42.23%。

推行繁简分流，畅通诉求渠道。构建“源头分流，速裁专办；团队主导，简易快审”的立体化繁简分流工作机制，被山东省委政法委确定为“完善案件繁简分流机制”创新点。以高晓法官为代表的速裁团队年分流案件 2000 余件，平均审理周期不足 10 天；普通团队快审结案 5955 件，80% 的案件在 20 天内审结。

【司法改革】 新华社内参以《这些法官为何抢着办案？》为题对临沭法院改革进行了报道，省委常委、政法委书记林峰海等省市县主要领导予以批示肯定。《半月谈》《新华社》等多家重要媒体报道临沭县法院改革实践。全国百余家中基层法院前来考察交流。

*审执全流程提速。*智能分案系统升级，自动匹配法官的专业选择和审判效率，分案专业匹配度高达 97.22%，法官人均存案量由最初的 52 件减至 12 件，基本解决了“案多人少”的矛盾。再造执行分段流程，将执行流程划分成速执、流程、精执、监执、终本维护等不同阶段，执行过程全程留痕，上下流程监督制约，实行前减后加的业绩评价制度，加强流程监督和节点管控，最终实现执行案件扎口结案。山东省高级人民法院党组书记、院长张甲天对“全流程”改革经验予以批示肯定，要求转发全省各级法院学习。

*完善绩效评价体系。*平衡审判质量指标和效率指标的考核权重，促进审判质量提高，一审服判息诉率 90.85%，同比上升 1.98 个百分点，在全省的排名提升了 40 个位次。

*资源动态引导。*完成内设机构改革工作，把内设机构压缩为 10 个，坚持让法官自主选择审判专业和人员双向互选的方式，组建了 12 个执行团队、28 个审判团队和 7 个综合部门，实现了近 300 名干警的自主优化组合。

【队伍建设】 *全面加强班子建设。*抓好理论中心组学习，先后组织了 4 次集体研讨、12 次集体学习，坚持民主集中制，凡属重大问题都广泛征求意见并经过党组会讨论后决定。

*锤炼过硬能力作风。*扎实推进“不忘初心、牢记使命”主题教育，先后组织干警到临沂市纪委廉政教育馆、沂蒙红嫂革命纪念馆参观学习。与海南大学法学院签署协议，在法官培训、类案指导等方面开展合作。

*坚决守住廉洁底线。*通过院务督察、责任听证等方式，及时发现和纠正干警司法不廉、作风不佳等问题，共对 71 起案件进行了责任听证，认定责任案件 29 件，对 5 名干警实施待岗惩戒。加强对重大敏感案件的监督管理，对当事人举报、上级机关转办、交办的 54 个问题，经全面落实调查均不属实。

临沂高新技术产业开发区人民法院工作概况

【概述】 2019 年，临沂高新技术产业开发区人民法院（以下简称临沂高新区法院）紧紧围绕学习型、服务型、创新型、智慧型、廉洁型“五型”法院建设目标，创新实干，奋力拼搏，顺利完成了各项工作任务。全年新收各类案件 4336 件，结案 4358 件，结案率 93.12%，分别同比上升 17.13%、16.34%、1.53%；员额法官人均结案 484.22 件，居全市第三位。年内，获“2019 年度平安临沂建设先进单位”“全市审判执行工作先进法院”称号，及“临沂国家高新区 2019 年度服务发展先进单位一等奖”等。

【审执主业】 依法打击各类犯罪。全年共受理各类刑事案件 227 件，结案 225 件，结案率 95.3%，结收比 99.1%。顺利审结以杨某某为首的 7 人犯罪团伙虚构以为学生办理入学、转学诈骗一案，为 200 名受害人挽回经济损失 174 万余元。扎实推进扫黑除恶专项斗争，排查出 2 条涉嫌黑恶犯罪线索。妥善化解民商事纠纷。关注民生领域人民群众的新诉求，妥善各类涉民生案件；强化平等保护理念，依法助力民营企业健康发展。全年共受理各类民商事案件 2558 件，审结 2219 件，结案率 86.7%，结收比 97.67%；坚持“调解优先，调判结合”，调解、撤诉案件1113件，调撤率达50.16%。妥善审理行政案件。依法支持行政机关履行职能，依法审理涉土地、环保等重点领域的非诉执行案件108件。积极推进行政争议实质性化解，共审结行政诉讼案件20件。构建执行长效机制。全年共受理执行案件1268件，结案1241件，执行完毕率43.83%，居全市第一位；实际执结率67.88%，位居全市第三位。全年拘传被执行人63人次，司法拘留16案17人，向公安移送涉嫌拒执罪3案3人。发布失信被执行人139人，限制高消费人数331人次。

【改革创新】 积极推进分调裁审改革。健全诉调对接、繁简分流工作机制，在原有法官团队化管理的基础上设立了三个法官工作室，将罗西街道人民调解委员会的6名人民调解员嵌入审判团队，协助开展诉前调解工作。自11月12日至12月31日，有187件案件进入诉前调解程序，调解成功31件。完成内设机构改革。在市中院的领导下，将原有的7个正科级机构优化整合为5个内设机构，对7人的职务进行了调整，为新建内设机构配备了相应负责人。完成2019年度员额法官遴选工作。经过资格审查、笔试、面试、民主测评等环节的严格筛选，有1人符合遴选条件，成功入额。严格落实院庭长办案制度。进一步规范院长庭长审判监督管理权，所有院长庭长均参与一线办案，院领导全年结案731件。

【审判管理】 加大审判流程管理。加强对立案、送达、审理、合议、宣判、上诉、执行等关键节点的网上管控，把管辖权异议、评估鉴定、简易程序转普通程序、卷宗流转等重要环节和节点纳入数据平台管理。充分发挥审委会作用，召开审委会8次，对25个新型、疑难复杂案件进行讨论。加大积案清理力度。对即将超审限案件提前预警，加强审判流程节点管理；对超审限案件实行领导包案、集中清理，经清理超18个月和超12个月未结案件全部清零。

【综合治理】 加大信访积案化解力度。秉承“分工不分家、全员抓信访”的原则，拓宽信访化解渠道，落实精细化接访要求，成功化解多起法院成立前形成的信访积案，顺利完成信访积案阶段性清零目标。积极开展普法宣传。组织干警送法进学校、进社区、进企业，广泛开展普法宣传。通过邀请师生代表旁听庭审、开展模拟法庭、与区委宣传部、教体局联合举办“法治小卫士”视频微信评选等活动，引导学生知法、守法，营造法治氛围。

【司法为民】 优化司法便民服务。全面推行网上立案，在立案大厅设立自助立案区，免费提供自助打印、复印、扫描等服务，全年网上立案3123件，实现100%网上立案。开通网上缴费系统，网上缴费477件。安排专门人员负责12368热线和现场咨询，全年提供12368热线咨询1082次，现场咨询1225次。持续续推进司法公开。充分利用审判流程、裁判文书、执行信息、庭审公开“四大平台”，推进阳光司法，全年共上传裁判文书3256件，庭审直播474件。

【智慧法院建设】 升级智慧法院建设。引进庭审直播设备，完成所有IP地址升级整改，初步实现内网外网有机衔接、线上线下互联互通的智慧法院目标，在省法院发布的智慧法院评价基层法院指数排名中，临沂高新区法院总指数居全省基层法院第二位，智能化成效指数、网络化应用成效指数和基础支撑能力指数居全省基层法院第一位。深入推进电子卷宗随案自动生成和深度应用工作。配齐配强信息化设备和信息化人员，强化人员培训，规范电子卷宗录入扫描程序和节点，电子卷宗立案阶段随案生成4109件，随案生成率达到100%。

【队伍建设】 突出思想政治建设。坚持抓党建带队建促审判，扎实推进“不忘初心、牢记使命”主题教育，将学习教育、调查研究、检视问题、整改落实贯穿始终。创新教育方式，通过组织干警赴延安市委党校进行党性素养提升培训、参与“学习强国”和“灯塔——党建在线”学习活动等，提升干警党性修养，夯实党建工作基础。狠抓纪律作风建设。全面贯彻落实“廉洁司法、担当作为”警示教育活动，通过参观临沂市廉政教育观、观看廉政教育片、开展演讲比赛等，敲响廉政警钟，筑牢思想防线。

临沂经济技术开发区人民法院工作概况

【概述】 2019年，临沂经济技术开发区人民法院（以下简称经开区法院）在临沂市中院及开发区两委的关心支持下，认真贯彻落实中共十九届二中、三中、四中全会精神、习近平总书记系列重要讲话精神，以维护社会稳定、服务经济发展大局为目标，坚持司法为民、公正司法的工作主线，全力做好审判执行等各项工作。

【以办案为中心，全面提升审判质效】 2019年，经开区法院共受理各类案件5363件，旧存527件，结案5478件，结案率为92.97%，结收比102.13%。经开区法院员额法官8名，员额法官人均结案数为684.75件，院长（副院长）结案1337件。人均结案数和院长（副院长）办案数高居全省第一。加大清理长期未结案力度，认真贯彻市中院关于清理积案的工作要求，以清积案、提质效为目标，厘清长期未结案件数据，建立清积台账；实行“四定一包”责任制，确保责任到人；强化工作措施，定期进行调度。截至年底，长期未结案清零。

案多人少的矛盾长期困扰经开区法院，导致审判质效指标存在极端不平衡的现象，即员额人均结案数高，而结案率、结收比等数据相对较低。自4月下旬以来，经开区法院根据实际情况，创新工作思路，大胆探索，采取以下措施：一是优化团队组成模式，增加法官助理数量。已有的综合审判庭共有4名法官审理案件，团队为“1名员额+2名助理+3名书记员”的模式。二是团队实行专业化细分。按照案件类型细分到团队内，团队里再进一步细分至法官助理，既提高办案效率，又能达到类案同判。三是试行了立案登记审查期间完成保险、侵权、建筑类案件的鉴定事项，自2019年11月份省高院下发《基层法院民商事案件办理流程（试行）》后，统一在诉前调解阶段解决上述事项，缩短了审理周期，避免出现长期未结案。四是充分发挥庭前会议的作用，在庭前会议阶段让双方当事人充分举证、质证，且会议可以由法官助理主持，相对解决了员额法官不足与案件多的矛盾。

【以扫黑除恶专项斗争为重点，刑事审判走在前列】 2019年，经开区法院共受理刑事案件388件，审结380件，结案率为97.94%，上诉案件13件，服判息诉率为96.58%，位居全市法院第一。2019年11月13日公开宣判的一起涉恶势力犯罪集团案件，是临沂市首起打击的“套路贷”犯罪典型案件，也是临沂市法院在审理民事案件过程中发现犯罪线索并移交公安机关的案件，被告人冯某等5名被告人分别以诈骗罪、非法拘禁罪、强迫卖淫罪被判处有期徒刑17年、9年6个月、7年、3年、1年6个月不等的刑罚。该案被告人上诉，尚在二审审理阶段。

【以效果为标杆，执行工作绩效全省领先】 自开展基本解决执行难工作以来，经开区法院执行局严格按照上级法院的部署，认真落实，在全局只有一名执行员额法官的情况下，切实提高实际执行率和到位率，执行绩效一直排名在全省前十名内，达到案结事了、群众满意的效果。

【提拔重用干部，优化团队组合】 一是提拔重用干部，完成内设机构改革。经开区法院已有政法干警26名，应省市法院要求，于2019年3月底完成了内设机构改革，设立了综合审判庭、执行局、立案庭、政治部和综合办公室五个内设机构并确定了庭长、局长及负责人，4月初，在市委组织部、市中院的重视支持下，提拔实职正科级干部4名，实职副科级干部3名。二是设立两个速裁审判团队，优化团队组合。2019年10月，成立了以诉讼服务中心为载体的速裁团队及已刑事审判为主的刑事速裁团队。诉讼服务中心的速裁团队将承担全院民商事案件的百分之七十至八十的案件，该速裁团队的设立，对实现案件繁简分流、轻重分离、快慢分道提供了基础。三是多元化调解机制初步建立。2019年8月，经开区法院与开发区政法委、司法局一起，成立了人民调解中心，由经开区法院提供办公地点，开发区政法委、司法局派2名人民调解员，针对家事案件、民间借贷等案件，加大调解力度，平均每月能够调解成功案件近30件，收到了很好的社会效果。四是法官工作室。2018年5月设立了蒋欣辰法官工作室，工作地点设在开发区交警大队，年结案达1200余件，调解率达70%以上，提高了工作效率。通过一系列措施，截至2019年年底，经开区法院是全市法院唯一尚无涉诉信访案件的法院。

【围绕司法为民，狠抓基础设施建设】 经开区法院自2014年建院以来，办公场所一直是临时借用原开发区国、地税分局的两座旧办公楼，两座旧办公楼均建于20世纪90年代，办公条件差，办公场所面积小，不能满足审判执行工作的需要。特别是近期佰易家装饰城搞扩建，致使办公楼大门附近拥堵，当事人车辆无法正常停放，新办公楼建设迫在眉睫。在开发区两委及中院领导的支持下，新的审判楼建设已完成主体建设，在装修阶段，各项工作正在有条不紊地进行当中，争取2020年全面收工。

德州市中级人民法院工作概况

【概述】 2019年，德州市中级人民法院（以下简称德州中院）坚持“司法为民公正司法”工作主线，狠抓审判执行和队伍建设，各项工作实现新发展。全市法院收案90063件，结案95630件，结案标的额240.48亿元，同比分别上升13.78%、23.88%和

10.11%，为全市经济社会发展提供有力司法保障。

【党建引领】 突出思想政治。深刻学习领会习近平新时代中国特色社会主义思想和中共十九届四中全会精神，在学懂、弄通、做实上下功夫。坚持党旗高扬，擦亮“从严从实、改革创新”品牌，不折不扣贯彻落实市委部署要求，严格落实请示报告制度，坚持重大问题、重大事项、重大案件及时请示汇报。

抓实主题教育。牢牢把握“守初心、担使命，找差距、抓落实”总要求，坚持全面动员、全员覆盖、全员参学。聚焦群众关切，强化问题导向，针对调研检视的27个问题，立行立改、即知即改，已完成整改25项，长期整改2项，案件立案难、久拖不决等问题得到有效解决。2019年，全市法院结案率94.68%，名列全省第一位。

提高司法能力。深入推进“三优工程”，2019年，全市法院组织庭审观摩“大练兵”94次，举办法官论坛19次，文书评查13次，组织干警培训1728人次。21篇学术论文、裁判文书、典型案例在全省、全国获奖，位居全省前列。与武汉大学法学院签署战略合作协议，邀请最高人民法院法官作专题辅导，推动司法理论与实务深度融合。开展“审判执行优秀人才”“办案能手”评选，点燃创先争优激情。

从严正风肃纪。通过明察暗访，深入排查庭审秩序、着装用语、机关安保等方面突出问题，制作专题片，集中观摩整改。常态化推进“清风德州天平行”活动，扎实开展“廉洁司法、担当作为”集中警示教育，坚持“一把手抓、抓一把手”，定期督办调度，定期提醒诫勉，对重点敏感案件实行“一案双查”。

【惩治犯罪】 坚决维护国家安全和社会稳定。依法惩治各类刑事犯罪，审结刑事案件4076件，判处罪犯5120人。严厉打击危害公共安全、食品药品安全、非法集资、电信网络诈骗等犯罪，开发区法院审结全市首例抢夺公交车方向盘案。保持惩治腐败高压态势，审结贪污贿赂、渎职等案件90件113人，其中原厅局级干部2人，原县处级干部8人。认真贯彻习近平主席特赦令，对71名符合条件的服刑罪犯进行特赦。

全力推进扫黑除恶专项斗争。开展扫黑除恶专项斗争以来，全市法院受理一审涉黑恶案件62件，审结52件，判处刑罚264人，五年以上有期徒刑39人，适用财产刑109人，排查移送涉黑涉恶线索77条。市法院院长、检察院检察长审理黑恶势力犯罪案件，全程直播，当庭宣判，发挥示范引领作用。庆云法院审结全市首例黑社会性质组织犯罪案件，判处主犯苏某有期徒刑二十五年，不得假释，有力打击黑恶势力的嚣张气焰。

积极化解涉诉信访案件。扎实开展“防范和化解涉诉信访案件工作落实年”活动，严格实行首接负责制，院领导带头包案，依法及时解决合理诉求。2019年省法院交办的32件涉诉信访重点案件，提前三个月完成化解任务，省法院专门通报表扬。

【服务大局】 积极营造法治营商环境。出台《关于为优化营商环境提供司法保障的意见》，审结商事案件19692件，标的额147.23亿元。完善“府院联动”综合协调机制，妥善审结破产案件31件，盘活土地资源，化解金融风险，促进产业转型升级。发挥知识产权司法保护主导作用，审结知识产权案件430件，德州中院在宁津设立首家知识产权快速维权中心巡回法庭，服务企业创新发展。

7月3日，德州市中级人民法院“24小时自助法院”启用

依法支持法治政府建设。依法履行司法审查职责，审结土地征收、房屋拆迁等行政案件1338件。定期发布行政审判白皮书。开展行政案件跨行政区划管辖试点，两级法院全部成立“行政争议审前和解中心”，和解案件69件。加大非诉行政案件执行力度，切实维护行政执法效力和权威。

巩固“基本解决执行难”成果。开展“执行工作规范落实年”活动，持续加大执行联动和失信联合惩戒力度。2019年，全市法院新收执行案件34526件，结案36269件，同比分别上升26.02%、33.63%，执结标的额

172.24 亿元，执行到位额 70.36 亿元，实际执结率、执行到位率、执行案件结案率位居全省法院前列。市人大常委会对解决“执行难”工作高度重视，组织开展专题询问，形式新，内容实，规格高，效果好。

【司法为民】 **升级诉讼服务平台。** 德州中院作为全省三个试点中院之一，加快建设“一站式多元解纷机制、一站式诉讼服务中心”，综合指标位居全省第一。全面推行网上立案、跨域立案，2019 年网上立案占比 95.25%，位居全省前列。德州中院和 7 家基层法院建成“24 小时法院”。

强化民生权益保障。 妥善审结教育医疗、抚养赡养、人身伤害、产品责任等民事案件 28362 件。公开审理德州首例销售有毒有害食品民事公益诉讼案件，守护群众“舌尖上的安全”。加大生态环境司法保护力度，审结环境资源案件 174 件。平原法院被省法院授予“环境资源司法实践基地”称号，审结案例入选“全省环境资源审判十大典型案例”。

健全多元公开体系。 完善审判流程、裁判文书、执行信息、庭审直播“四大公开平台”，裁判文书上网 102128 份，庭审直播案件 8247 件。建成全市法院微信、微博、官方网站“两微一网”矩阵，创设“法官访谈”“断案说法”等专栏。宁津法院、平原法院原创微电影在亚洲艺术节上获奖。

【改革创新】 **深化司法责任制改革。** 全市法院打破庭室界限，组建审判团队，优化资源配置，释放办案潜力。积极落实员额法官动态调整、有序遴选晋升机制，组织遴选全市第三批员额法官 33 名，全部充实到办案一线。严格落实院长庭长办案责任，带头办理重大、疑难、复杂案件，承办案件 61544 件，占结案总数的 64.45%，位居全省前列。

深化家事审判改革。 完善提升“党委领导、政府支持、法院主导、多方参与”的多元化解家事纠纷“德州模式”，在家事综合服务、修复式庭审、温情式判决等工作中“精耕细作”。2019 年，全市法院受理婚姻家庭案件 8603 件，同比下降 5.92%，调撤率 62.3%，同比上升 3.3 个百分点，有力维护家庭和谐与社会稳定。

深化“道交一体化”改革。 创新“线上线下同步、门里门外协同”理念，在开发区法院设立“德州法院道交一体化诉调中心”，全省首家“三区合一”受案，首家“三审合一”办案，联合公安交警、司法、保险等部门，推进纠纷一站式、一体化、智能化解决。诉调中心运行以来，调解成功率 98.48%，道交案件结案率 97.38%。

深化智慧法院建设。 推广全流程网上办案模式，建成电子卷宗随案生成和电子档案系统。落实“繁简分流、轻重分离、快慢分道”，推广要素式审判模式，全市法院平均办案周期由 76.1 天缩短为 65.7 天。在全省率先与监狱实现视频开庭，审结减刑假释案件 430 件。

德州市德城区人民法院工作概况

【概述】 2019 年，德州市德城区人民法院（以下简称德城区法院）坚持改革创新、服务大局、司法为民、公正司法，全年新收各类案件 12136 件，结案 13636 件，结收比 112.4%，同比分别上升 10.3%、35.1% 和 20.6%，均创历史新高。

【队伍建设】 **提高政治站位，坚定正确政治方向。** 坚持党对人民法院工作的绝对领导，夯实党建根基，匠心打造“天平耀党旗”特色品牌，机关警示教育基地、黄河涯法庭入选德城区“初心地图”。扎实开展主题教育，组织干警全员参与庆祝中华人民共和国成立 70 周年系列活动，激发干警爱党爱国热情和司法为民、干事创业的积极性。

压实主体责任，落实党风廉政建设责任制。 完成内设机构改革，调整领导班子，优化组织架构，着力构建责任清晰、目标明确、层层落实的工作格局，切实履行“一岗双责”，压紧压实管党治党政治责任。持之以恒正风肃纪，严明政治纪律和政治规矩，加大纪检监察和执纪问责力度，消除监管盲区，以零容忍态度坚决惩治司法腐败。

拓宽监督渠道，积极接受各界监督。 认真贯彻执行党委重大决策部署，落实重大事项报告制度，主动接受人大及其常委会的监督，诚恳接受政协民主监督，认真接受监察监督和检察监督，完善特邀监督员机制，选聘任命人民陪审员 170 名，畅通民意沟通渠道。强化司法公开，加大庭审直播力度，在互联网公开裁判文书 12881 份，网上公布率为 95%。开展法院开放日活动，邀请人大代表、政协委员、大中小学生、社会各界群众参观法院。

【审判执行】 **依法惩治犯罪。** 全年共受理各类刑事案件 669 件，审结 678 件 908 人。推进扫黑除恶专项斗争向纵深开展，始终保持反腐败高压态势，积极推进“认罪认罚从宽制度”和“刑事速裁程序”落地实施，简化诉讼程序，集中开庭、宣判、送达，

2019 年适用刑事速裁程序审结案件 274 件，被告人均服从判决。

关注民生服务百姓。审结拖欠农民工工资、劳动争议、婚姻家庭等涉民生案件 1668 件，设立家事调解室，温情化解家事纠纷。成立家事审判专业团队，依法维护老年人及妇女儿童合法权益，反对家庭暴力，发出人身保护令 3 份。加大司法救助力度，为当事人减免缓诉讼费 35.8 万元。

服务经济社会发展大局。2019 年审结商事案件 4542 件，同比上升 46%。为知识产权护航，审结涉及古贝春、完美、好太太洗衣液等品牌知识产权案件 62 件。延伸审判职能，到企业走访调研、提出司法建议，运用“市场化 + 法治化”模式，营造稳定、公平、透明的法治营商环境。助推法治政府建设，全年受理涉德城区、经济技术开发区等五区县行政案件 237 件，审结 260 件，同比分别增长 61.2% 和 145%。为征收拆迁工作积极进言献策，为行政机关开展行政执法专题培训，与行政机关开展座谈 8 场 289 人次，促进依法行政，保障群众合法利益。

服务乡村振兴战略。主动延伸人民法庭服务职能，充分发挥黄河涯法庭乡村振兴法治教育基地作用，到村镇社区开展法治教育大讲堂，邀请在校师生参观法庭，服务基层依法治理，为乡村振兴战略提供法律支撑。坚持把脱贫攻坚作为重大政治任务抓紧抓好，积极进村入户，开展志愿服务，以法治助力脱贫攻坚和乡村振兴。

继续加大执行力度。2019 年共受理执行案件 6103 件，执结 6400 件，实际执结到位标的额 8.9 亿元。加大专项执行工作力度，强力推进金融清欠，执结涉金融案件 507 件，标的额达 1.72 亿元。开展集约化执行，在不动产管理中心、车管所派驻专人，负责全院涉案不动产、车辆的查询、查封。对网络资产如微信、支付宝等新形式财产进行集中冻结、扣划。实行执行案件繁简分流，3 万元以下小标的案件由专人办理，对无财产可供执行案件实行流程化管理。

【司法改革】 **深化体制改革，推动“两个一站式”体系建设。**加快推进一站式多元解纷机制建设，持续深化“分调裁审”机制改革，推进案件繁简分流、轻重分离、快慢分道。注重诉源治理，完善以人民调解、律师调解为基础，诉讼调解为主导，司法审判作保障的多元化纠纷解决机制，2019 年诉前调解分流案件 1853 件，成功调解 380 件。同步推进一站式诉讼服务中心建设，形成集诉讼引导、申诉信访、诉前保全、诉前调解、司法鉴定等功能于一体的诉讼服务平台，快速办理诉前保全案件 116 件，鉴定 479 件。引入公证机制参与司法辅助工作，被指定为全省“公证参与人民法院司法辅助事务”试点单位，与德州市鲁北公证处签订《公证参与人民法院司法辅助事务合作协议》，在诉讼服务中心设立调解室，参与诉前调解、司法鉴定、强制执行等工作，提升司法效能，方便人民群众。

建设智慧法院，促进审判质效司法服务双提升。充分利用“互联网 + 审判”优势，网上立案率 100%，电子档案查询 3687 人次。实行跨域立案，开通“中国移动微法院”平台，十几分钟即可帮助群众完成跨省异地立案。开通人民法院调解平台，当事人足不出户，通过视频即可完成案件调解。完善智能辅助办案、类案智能推送等系统，所有审判庭、法官均配备语音识别录入系统，提高办案质效。启用互联网法庭和刑事远程提审法庭，保障庭审安全，提高庭审效率，成为全市通过远程庭审视频系统审理刑事案件的第一家法院。

德州市陵城区人民法院工作概况

【概述】 2019 年，德州市陵城区人民法院（以下简称陵城区法院）坚持以习近平新时代中国特色社会主义思想为指导，深入学习贯彻中共十九大和中共十九届二中、三中、四中全会精神，聚焦走在前列、全面开创的总要求，服务大局、司法为

6 月 15—16 日，陵城区法院受邀参加第十届中国破产法论坛并作主题发言

民、公正司法，共审执结各类案件5288件，结案率95.83%，服判息诉率93%，多项审判指标位居全省全市法院前列。法院执行局被评为“全市青春建功好团队”，法院先后获“集体三等功”和“全市法院基本解决执行难工作先进单位”称号，并被山东高院推荐为推动个人破产制度试点法院，在个人债务清偿领域先行先试，为全省乃至全国建立个人破产制度奠定实践基础。

【审判工作】 主动提高政治站位，打好扫黑除恶攻坚战。组建专业化审判团队，院长担任审判长审理重大涉黑涉恶犯罪案件，公检法召开联席会议，同心发力推动扫黑除恶专项斗争向纵深开展。共受理涉黑恶案件10件77人，在德州市扫黑除恶工作会议上，陵城区法院作为基层法院代表作典型发言。

坚持新发展理念，服务全区高质量发展。出台《服务保障民营经济发展》的17条司法意见，班子成员和审判执行法官深入企业帮扶调研，护航实体经济发展。依法妥善审结破产案件，成立府院联动小组，助力债权人利益最大化，并受邀在全国、全省破产法论坛上作典型发言。

不断更新办案观念，让司法为民更有温度。创新运用示范诉讼模式，30天内一次性审结70件商品房预售合同案件，引导30多户业主在起诉前参照示范诉讼的裁判结果自行和解，案件服判息诉率100%。组建家事审判团队，以温情审判为离婚案件降温，家事案件调撤率达81.2%。

强化法治思维，推进依法治区水平。依法支持法治政府建设，推动落实行政案件异地管辖制度，共受理行政案件86件，行政负责人出庭率100%。严格落实防范化解涉诉信访工作要求，对重点敏感案件接访督办，全年未发生一起重大信访案件。延伸审判职能，发出司法建议书6份。

【执行工作】 凝心聚力攻坚克难，拓展执行攻坚成果。2019年，陵城区法院持续巩固基本解决执行难战果，向切实解决执行难迈进，一把手挂帅出征，挂图作战，开展“黎明行动”“暖冬行动”，累计为申请执行人执行到位金额2.08亿元。实现支付宝、财付通等网络账户在线查封扣划，首次适用行为保全裁定禁止被执行企业变更法定代表人。

【司法改革工作】 坚持以人为本，构建一站式诉讼服务中心。2019年6月，陵城区法院搬入新审判大楼，集立案登记、信访接待、诉调对接、司法鉴定、便民结算等多功能于一体的诉讼服务中心进一步扩容升级。建成24小时法院，形成“当场立案、网上立案、自助立案”的立体化、全天候便民诉讼体系，网上立案率达100%。

坚持司法为民，构建一站式多元解纷机制。在诉讼服务中心设立律师值班窗口，为当事人提供法律援助、法律咨询服务。设置诉调对接中心，由人民陪审员、调解员进行诉前调解，从源头上减少诉讼增量。成立行政争议审前和解中心，引导当事人选择人民调解、行政调解等非诉方式化解纠纷。

加大简案速裁力度，构建新的办案模式。建立刑事速裁团队，依法快速审理认罪认罚案件63件，每件案件平均庭审10分钟，当庭宣判、当天送达，无一上诉、无一抗诉，审理天数平均7天。

推进审判流程再造，强力打造阳光司法。内设机构改革圆满完成，业务骨干下沉审判一线。新选任108名人民陪审员，让法院庭审融入更多群众智慧。依法公开裁判文书5667份，对符合公开开庭的786件案件全部互联网直播，发布微博微信650余条，点击量60余万次，以新媒体讲述法院好故事，让司法权在阳光下运行。

【队伍建设】 坚持政治建院，凝聚向上合力。坚持党对法院工作的绝对领导，以党建带队建促审判。扎实开展“不忘初心、牢记使命”主题教育。举办五四青年干警座谈会，开展“初心讲堂”，组织干警集中观看国庆阅兵仪式，激发干警爱岗敬业、干事创业的正能量。

坚持素质强院，展现过硬本领。21名干警被上级法院授予“全省审判业务专家”、全市法院“审判执行优秀人才”和“办案能手”等称号，《全力破解执行难》一文获中国审判理论思考优秀奖，《破产程序中企业联保金融风险防控》一文获山东省破产法论坛征文一等奖。

坚持文化兴院，提升法院软实力。精心打造法院党建文化长廊，原创歌曲《时代法官》入选“学习强国”平台，并在陵城区庆祝中华人民共和国成立70周年合唱比赛中获得一等奖，展现了法院干警奋发向上的精神风貌。

自觉接受党委领导、人大及社会各界监督。坚决贯彻区委决策部署，坚持重大问题、重大事项及时请示报告。邀请170余名省市区人大代表、政协委员和社会各界群众走进法院，参加法院开放日，旁听庭审，见证执行，架起了人大代表、政协委员与法院联系的桥梁。

宁津县人民法院工作概况

【概述】 2019年，宁津县人民法院（以下简称宁津法院）严格以习近平新时代中国特色社会主义思想为指引，以“党建为本、实干为基、创新为谋、大局为重”为工作思路，各项工作都取得了新的成效，全年受理案件5568件，结案5260件，多项指标位居全省前列，2018年、2019年连续两年综合考核均位居全市法院第一。

【审判执行】 架构“1+1+1”团队办案模式，院长带头审理疑难复杂案件，完善绩效考核，推进两个“一站式”建设，积极构建矛盾纠纷多元化解机制。推行快慢分道、类案专审、简案快审、繁案精审的科学办案机制，提升办案质效，院长庭长办案常态化、员额法官庭审观摩评议常态化、法官工作会议自评常态化，以“三化”提高团队性能。聚焦黑恶犯罪，已审结涉恶案件4件22人，全部认罪服判。执行攻坚，功不唐捐，《人民法院报》《院长话执行》栏目刊登宁津法院执行工作经验，院长王慧撰写的《再造流程破解执行难》被评为全国优秀理论成果一等奖。6名干警获得“办案能手”等市级以上表彰，7名干警分获“三优工程”二等奖、三等奖。

【司法为民】 先后出台了《关于为构建“一核一极一圈”空间发展格局和为实现新旧动能转换提供司法保障的实施意见》文件，助力“三一”建设。大力加强破产审判工作，依法清理“僵尸企业”，服务供给侧结构性改革，为县域经济发展提供司法保障。助推全省首家知识产权快速维权中心落户宁津，协助建立行政执法、企业与法院之间的知识产权保护沟通平台，共同为企业发展保驾护航。打造便捷高效的“智慧”诉讼服务中心，完善“三平台”展示公开，坚持庭审网络直播常态化，深入开展“扫黑除恶”“司法助推脱贫攻坚”“向人民报告——开放日”系列活动，邀请人大代表、政协委员走进法院视察、监督。全新打造“六个一”校园普法工程，少审微电影《星光》被评为亚洲微电影艺术节二等奖，构建形成了“一站式、双渠道、三公开”的“阳光司法”模式，宁津法院也因此被授予全省“七五”普法先进单位称号。

【司法改革】 传承发展“枫桥经验”，八部门共同创建了全省首家家事综合服务中心，将婚前教育与纠纷化解集中化、专一化。婚前教育设为幸福启程、幸福闯关、幸福誓言“幸福三步走”，该做法被“学习强国”采用并推广。纠纷化解线下“三下乡一提升”，线上“三度四方”“微调”立案“一张网”，公开选聘149名家事调解员遍及全县13个乡镇，进村入户调解纠纷，由让“群众上门”变为“上门为群众”。依托“互联网+”，打造网上调解平台，提高效率。同时在中心开通了网上立案，打造了专业化的家事法庭，实行“调解、立案、开庭”“一站式”解决模式，形成了一套“枫桥经验”下的宁津家事纠纷多元化解机制。《人民法院报》、《山东新闻联播》、央视《道德观察》予以专题报道。自启动以来，中心共受理2777件离婚纠纷，调解和好率达到了51%以上。同期登记离婚率下降了18%，法院离婚案件减少了33%，效果斐然。在全市重点改革创新成果评选会上得分位居第三，也入选了创新成果省级评选范围。10月宁津法院代表山东省在全国法院家事改革工作会议上作了典型发言。

【队伍建设】 自觉将法院工作置于党的统一领导下，树牢“四个意识”，坚定“四个自信”，扎实开展“不忘初心、牢记使命”主题教育，抓实“关键少数”，履行好“一岗双责”，构建“一廊、二馆、三室”的党建文化阵地，创建党建品牌“天平亮色”，夯实队伍之脉，形成党建与审判“头雁引领、上下连动、整体推进”的工作新模式，院机关党委被评为全县先进基层党组织，宁津法院也获评“创优争先”先进单位。

9月2日，宁津法院送法进企业

庆云县人民法院工作概况

【概述】 2019年，庆云县人民法院坚持以习近平新时代中国特色社会主义思想为指导，深入学习贯彻中共十九大和中共十九届二中、三中、四中全会精神，坚持司法为民、公正司法，各项工作都有了新发展。全年共收案5576件，结案6291件，法官人均结案233件，审判质效稳步提升。

【坚持党建统领，建设坚强过硬的政法机关】 扎实开展“不忘初心、牢记使命”主题教育，加强党支部规范化建设，将原设的4个党支部优化调整为7个党支部，规范了各支部班子建设、党员活动、党员管理等工作。开展特色党建活动，组织部分党员赴革命前辈故居参观，缅怀伟人功绩，重温革命历史，增强党员的责任感和使命感。从严落实意识形态工作责任制，加强对法院官方网站、微博、微信及干警自媒体管理，通过自媒体平台发布消息304条，唱响主旋律，传播正能量。

【依法行使刑事审判职能，维护社会安全稳定】 全年共受理刑事案件295件，审结311件，判处罪犯425人。审结食品药品领域犯罪案件7件，维护群众舌尖上的安全，其中刘某某等人犯销售有毒食品罪一案为德州市首例食药品安全领域的刑事附带民事公益诉讼。依法审理了具有重大社会影响的全市首例涉黑案件，有力打击了黑恶势力的嚣张气焰。该案经过7天开庭审理，一审判处第一被告人苏某25年有期徒刑，并处没收个人全部财产，剥夺政治权利两年，不得假释。贯彻宽严相济刑事政策，全年共有73件刑事案件适用认罪认罚从宽程序审理结案，依法判处缓刑、管制等非监禁刑186人。

【强化拓展审判职能，服务经济社会高质量发展】 审慎审理破产案件，依法推动“僵尸企业”出清。围绕中澳、大乾、水云间3起重大、复杂破产案件，召开专题会、协调会、研讨会、汇报会等共49次，接待群众集体访12次，保障了司法程序的有序进行。清理闲置土地，实现腾笼换鸟。鲁丰科技、一通管业2起“执转破”案件已进入财产分配阶段，盘活闲置土地10余公顷。通过网络司法拍卖盘活新吉益铭闲置土地20余公顷，并协调外地法院及时处置了地上物。审理买卖、租赁、担保等合同纠纷1167件，引导市场主体遵守交易规则，维护诚实守信的市场秩序。学习借鉴“枫桥经验”，将人民法庭工作融入基层社会治理，推进基层社会治理现代化，全年共化解各类基层纠纷案件1232件。

【忠实践行司法为民宗旨，满足群众司法需求】 强力推进执行攻坚。执结案件1468件，执行到位金额1.9亿元，执行完毕率45.8%，位居全省基层法院第四名。先后开展“春雷行动”“夏季执行风暴”“暖心冬日”等专项行动，推进“凌晨执行”“节日执行”，全力破解“执行难”。坚持在家事审判中倡导发扬中华民族传统家庭美德，将调解贯穿案件始终，全年共审结家事案件649件，调解撤诉率72.6%。加强就业、教育、医疗等民生领域案件审判，构建涉民生案件审判执行快速运转机制，以高效司法推进民生权益的快速兑现。全年涉民生执行案件共结案397件，执行到位金额800余万元，年底执结的两起劳动争议案件为268名农民工追回劳动报酬350余万元。扎实推进“两个一站式”建设，强化服务集成，推进诉前调解快速定纷止争，诉前调解案件共收案401件，办结333件，调解成功155件。建立院长值班制度，安排院领导定期接访，首接负责，一抓到底。实现案件庭审直播常态化，坚持以公开促公正。共网络直播庭审603场，点击观看量超过364757人次，仅涉黑案件开庭宣判直播点击就达127000余人次。在中国裁判文书网公开裁判文书6068篇，同比上升62%。成功举办“法院开放日”“宪法宣传日”活动，

12月，庆云县人民法院开展“暖心冬日”执行会战，为268名农民工追回劳动报酬350余万元

进一步提升司法透明度。

【着力加强自身建设，锻造过硬法院队伍】 将22个机关内设机构优化整合为8个，坚持扁平化管理，提升司法效能。推进“一次办好”改革。除落实省高院“一次办好”清单外，制定案款过付、退费、申请回避等内部审批清单，避免当事人来回跑腿。推进“分调裁审”改革，构建大速裁工作格局，推动矛盾纠纷更快更好解决。速裁团队成立以来已承办案件660件，3名速裁法官15天内平均结案54件。优化审判团队建设，实行法官AB角色互补的审判新模式，法官团队效能得到充分发挥。实行院领导带头办案机制，5名院领导带头办理发回重审、再审、疑难、矛盾尖锐案件。全年受理案件843件，占全部案件的13.4%。组织开展“廉洁司法、担当作为”集中警示活动，增强全院干警纪律意识。开展突出问题集中整治活动，从7个方面查找问题、整改落实，全面加强内部管理。开展谈心谈话活动，坚持“四种形态”的科学运用，全年共开展提醒谈话6次。认真接受政协民主评议，深入整改民主评议反馈的问题。落实特邀监督员制度，邀请特邀监督员参观庭审、参加重大活动10余次。

临邑县人民法院工作概况

【概述】 2019年，临邑县人民法院共受理各类案件6816件，审执结7339件，同比上升3.6%和11.77%，结案率96.06%，位居全省第六名。

【维护国家安全和社会稳定】 审结刑事案件284件，判处罪犯509人。审结罗某、郝某等60人开设赌场、非法持有枪支案，涉赌金额达6.1亿元。审结以徐某等人为首的特大跨省电信诈骗案，涉案人员达39名，系近年来全市两级法院审理的被告人数最多的电信诈骗案件。“两长同庭”（法院院长、检察院检察长）审理的李某等6人故意伤害案，系全市基层庭审观摩大练兵首场，庭审直播点击率当日过万人次。组成“七人制”大合议庭审结李某销售假药、非法经营案，孙某、孟某生产销售有毒有害食品、非法持有枪支案。严惩职务犯罪，审结夏津县原副县级干部李某贪污、挪用公款案，依法判处有期徒刑5年。率先完成上级法院交办的涉诉信访案件化解任务，被省院和中院通报表扬。

【开展扫黑除恶专项斗争】 开展扫黑除恶专项斗争以来，审结涉恶案件7件，判处刑罚28人。院长担任审判长、检察长出庭支持公诉，公开开庭审理的杨某等9人敲诈勒索、抢劫、非法拘禁恶势力犯罪集团案件，宣判后检察机关不抗诉、各被告人不上诉；省电视台予以报道，市委常委、政法委书记杨玖庆批示肯定。审结毕某等9人寻衅滋事、强迫交易、虚假诉讼、敲诈勒索案，依法判处毕某有期徒刑7年，并处罚金人民币4万元；其他被告人分别判处3年10个月至7个月不等刑期，并全部适用财产刑。扩大扫黑除恶专项斗争宣传力度，以真实案例为蓝本拍摄微电影《拯救》。

【营造法治营商环境】 审结商事案件1414件，依法平等保护各类市场主体。路泰沥青破产重整成功，恢复正常生产经营后全年补缴税金2000万元；贝依格服饰、润德科技、桦阳塑料破产清算完毕，全年缴纳税金300万元。全年化解不良资产4.86亿元、切断担保圈金额3.95亿元、释放土地资源26.56公顷。建立新旧动能转换法治教育基地，主动对接企业司法需求。把握执法办案与依法服务的界限，保障凤鸣湖湿地及河道治理、城市建设等全县重点项目如期推进。涉及临邑县一家民营企业的一起执行案件，克服了被执行人在外地、债务过百亿元等特殊困难，成功执行回款2900余万元，使企业获得新生，为该企业成功入选年度省级扶贫龙头企业加油助力。

【依法保障民生权益】 审结婚姻家庭、抚养赡养、人身伤害、产品责任案件882件，审结追索劳动报酬、社会保险案件34件，审结农村土地承包、确权、流转案件73件，加大调解力度，促进社会和谐。执行司法救助制度，为困难当事人缓减免诉讼费20余万元。判决确认行政行为违法或履行法定职责案件4件，保护行政相对人合法权益。支持行政机关依法履行职能，驳回行政相对人不合法起诉或诉讼请求案件16件。推进行政机关负责人出庭应诉工作，促进政府与行政相对人良性互动。

【巩固基本解决执行难成果】 开展“执行工作规范落实年”活动，新收执行案件2899件，结案3059件，同比上升8.1%和13.25%。执行工作长效机制不断完善，核心指标稳定运行实现常态化。完善执行指挥中心功能，推行网络拍卖、诉讼保全、执行救助等做法，健全“脚本化”执行工作新模式，被执行人难找、财产难寻问题得到有效缓解。被评为全市法院基本解决执行难工作先进集体，在5月全省法院

5月20日，临邑法院党组书记、院长邱新华在全省法院执行工作视频会上做典型发言

执行综合质效排名中名列第七位，在全省法院执行工作视频会上作了典型发言。开展“春雷行动”“暖心冬日”等集中执行行动，执结涉民生案件362件。

【推进司法责任制改革】 落实院长庭长办案责任，院领导带头办理重大疑难案件被省委政法委确定为全省司法责任制综合配套改革创新点。全年院长庭长办理各类实体性案件3998件，结案3884件；其中入额院领导办案1748件，结案1667件，调解撤诉率71.5%。健全新型审判监督管理机制，做到放权不放任、监督不缺位。完善法官绩效考评机制，强化职业权益保障，激励法官多办案、快办案、办好案。落实员额法官动态调整机制，1名法官退出员额、2名法官增补员额。完成内设机构改革，实现扁平化管理，提高运行质效。

【深化工作机制创新】 把非诉讼纠纷解决机制挺在前面，加快两个“一站式”建设，实行审判流程再造，推进案件繁简分流、轻重分离、快慢分道，确保简案快审、繁案精审、类案专办。开展行政案件跨行政区划管辖试点工作，行政争议审前和解中心实现良性运转。建立破产企业管理人基金和司法救助基金制度，统筹解决相关破产企业无产可破及个别执行、信访案件司法救助渠道较窄和执行悬赏保险资金短缺问题。推行家事审判改革，在互动式调解、修复式庭审、温情式判决中“精耕细作”。

【打造多元公开体系】 健全审判流程、执行信息、裁判文书、庭审直播“四大公开”平台，全年裁判文书上网率107.9%、庭审直播案件788件。完善代表委员特邀监督制度并举办法院开放日活动。推行网上立案、跨域立案，注重集约高效，让数据多跑路、群众少跑腿。构建“两微一网”新媒体传播平台，配合省院开展“今日我当班”体验采访活动，措施成效被省院、最高院微信公众号转发。完成人民陪审员选任工作，102名新任人民陪审员入职宣誓后到岗到位履行职务。全年人民陪审员共参与审理案件570件，占普通程序审理案件的93.4%，扩大了司法民主，提升了司法公信。

【抓党建带队建促审判】 开展主题教育，落实规定动作，创新自选动作。院长带头上党课，所作党课被评为全省法院“不忘初心、牢记使命”主题教育优秀党课。参与优秀庭审、优秀文书、优秀案例评选，打造精品案件、精英团队、网红法官，1名法官获评全省法院审判业务专家，2名法官被评为全市法院首届办案能手。参与全国法院破解执行难征文评选荣获实践手记优秀奖。落实全员培训计划，提升干警综合素养。新进公务员全部充实到审判一线接受岗位锻炼，建功基层、干事创业成为自觉行动。举办廉政大讲堂，并多次召开廉政警示教育专题会议，以案为鉴持续净化法院政治生态。

【夯实基层基础建设】 建成一体化办案平台，推进全流程网上办案。建筑面积18040平方米的新审判法庭建设顺利通过省发改委立项。新建临盘法庭竣工启用，家事审判、青少年法治教育基地面向公众开放。曲阜师范大学法学院教学科研实践基地在临邑县人民法院落成，院校合作再次迈出坚实步伐。启用电子卷宗随案同步生成、电子送达平台和电子档案系统等，推广网上移动办公办案，提升审判效率，方便法官办案。

齐河县人民法院工作概况

【概述】 2019年，齐河县人民法院（以下简称齐河法院）共有干警266人，其中中央政法编制115人、事业编制60人、招聘干警91人；全年新收案件9025件，旧存1264件，合计10289件，审执结9684件，结案率94.12%，一审服判息诉率90.69%，员额法官人均结案236件。

9月7日，齐河法院128名人民陪审员开展就职宣誓和业务培训活动

【刑事审判】 2019年，齐河法院共审结一审刑事案件417件，判处罪犯609人，其中涉恶案件5件28人，有力维护了安定有序的社会环境。院长担任审判长先后审理李某利等13人、左某东等4人的恶势力犯罪案件，全力推进扫黑除恶专项斗争，有力打击黑恶势力的嚣张气焰；建立健全公、检、纪部门复杂案件会商机制，密切协作，深挖彻查，破网打伞。2篇案例被省政法委编入涉黑涉恶典型案例，在全省推广学习。

【民商事审判】 2019年，齐河法院依法审结各类民商事案件4828件。其中审理医疗卫生、教育、就业、婚姻家庭等涉民生案件1843件，保障群众安居乐业。成立道交一体化审判团队、家事审判团队，实现类案专审、简案快审、繁案精审，办案质效极大提高；共受理国有企业破产案件47件，审结40件，数量超过全市法院破产案件的总和，通过“府院联动”机制处置“僵尸企业”，全部实现无震荡破产，依法保障了3598名职工的合法权益，收回闲置土地35.8公顷。受理5件民营企业破产案件，其中，山东聚德药业通过破产重整盘活资产、焕发生机，冠军纸业、中州电缆正在破产重整阶段，有望破圈断链、重整成功。

【行政审判】 2019年，齐河法院共办理行政案件69件，成立行政争议审前和解中心，积极引导群众通过合法途径理性解决问题纠纷，妥善化解行政争议。开展“法律六进”，深入行政机关授课，提出司法建议，从源头上减少行政争议，提升执法水平，有力促进法治政府建设。

【执行工作】 2019年，齐河法院共受理执行案件3823件，旧存415件，合计4238件，执结4005件，结案率94.50%，实际执行到位率26.59%，发布失信被执行人879名。被评为全省基本解决执行难先进集体、全市基本解决执行难工作先进单位、“春雷行动”执行工作先进集体，4名干警获中院表彰。8月22日，市人大常委会到齐河调研执行工作并召开座谈会，对县法院基本解决执行难工作给予充分肯定。

【人民法庭】 2019年，四处人民法庭切实发挥化解矛盾的前沿阵地作用，审理涉“三农”案件1934件，有力服务乡村振兴战略实施，为辖区经济建设保驾护航；建设开发区法庭，正在进行内部装修，预计2020年投入使用，进一步提升法院整体诉讼环境标准化水平，诉讼场所更加完善优美。

【基础设施】 2019年，齐河法院推行网上立案，建设24小时法院，群众足不出户即可完成网上立案；研发智慧法院全景导航导诉系统，建设互联网法庭，为当事人诉讼提供便利。按照高标准、创一流的“两便”原则，建设开发区法庭，进一步加大科技支撑力度，优化诉讼环境。加大科技法庭覆盖力度，实现庭审同步网络直播，执法办案更加阳光、透明；开通智审系统，为法官办案提供庭审语音识别、文书智能纠错、类案强制检索等智能服务，法官办案更加便捷；设立扫描中心，所有卷宗全部数字化录入，审判执行工作逐步实现网格化、智能化。

【司法公开】 2019年，齐河法院设立公众开放日，邀请人大代表、政协委员、社会各界人士到院参观3次；落实人民陪审员制度，面向社会公开选任128名人民陪审员，普通程序案件参审率100%，有效促进了司法民主。

【队伍管理】 2019年，齐河法院深刻学习领会习近平新时代中国特色社会主义思想和中共十九届四中全会精神，深入开展“不忘初心、牢记使命”主题教育活动，加强基层党组织建设，把支部建在庭上、党小组建在团队上，严格落实“三会一课”“党员活动日”等制度，组织开展宪法宣誓、参观红色教育基地、重温入党誓词等活动，充分发挥党员的先锋模范和基层党组织的战斗堡垒作用。强化教育培训，开展“三优选两评查”、专项业务培训、岗位练兵、庭审观摩、业务技能竞赛，努力培养造就一批专家型人才和业务带头人，提升法官司法能力。院党组以身作则、率先垂范，落实“一岗双责”，大力开展“清风德州天平行”活动，扎实推进党风廉政建设和纪律作风整顿，做实做细监督管理职责，努力锤炼一支忠诚、干净、担当的法院队伍。

【司法改革】 2019 年，按照“让审理者裁判、由裁判者负责”的改革要求，创新办案模式，充分发挥法官专业会议作用，不断提高案件审理专业化水平；加大院长庭长办案力度，带头办理疑难复杂案件，全年审执结 4476 件，占全院结案数的 46.22%；完善审判权运行监督机制，科学量化工作绩效，进一步规范和提升了审判管理权运行方式及管控成效；完成内设机构改革，机构优化整合为 12 个，分别为综合办公室、政治部、审判管理办公室、研究室、诉讼服务中心、刑事审判庭、民事审判第一庭、民事审判第二庭、行政审判庭、执行局、司法警察大队、人民法庭（晏城、宣章、焦庙、赵官、潘店）。工作职责进一步明确，工作效能有效提升。

平原县人民法院工作概况

【概述】 2019 年，平原县人民法院（以下简称平原法院）新收案件 5661 件，同比增长 11.39%，结案 5888 件，同比增长 36.7%，案件质量和办案效果均有了较大提升。

【党建工作】 坚持把讲政治作为第一位的要求，深刻学习领会习近平新时代中国特色社会主义思想和中共十九届四中全会精神，严格落实意识形态责任制，坚持重大问题、重大事项、重大案件及时请示汇报。扎实开展“不忘初心、牢记使命”主题教育，先后组织优秀党员赴延安革命老区开展革命传统教育，举办庆祝中华人民共和国成立 70 周年“我对祖国说”、向宪法宣誓等活动，激励干警坚定信仰、干事创业。精心组织专题民主生活会，深入检视整改，把主题教育成果转化为推动工作的强大动力。

【智慧法院】 着力推进“两个一站式”建设，全力打造在线矛盾纠纷多元化解平台和集诉讼指导、便民服务、网上立案、交费、查询等在内的一站式诉讼服务中心，精准对接群众多元司法需求，深入推进“一次办好”改革，全面推行跨域立案，网上立案达到 100%。建成启用了“24 小时法院”和自助立案服务区，实现了全天候、全方位、一站式服务，实现微信、支付宝直接网上交费，打通服务群众最后一公里。

【刑事审判】 审结各类刑事案件 270 件，判处罪犯 332 人，同比分别增长 98.5%、97.6%。以七人制合议庭审理了检察机关提起的被告人刘某军销售有毒有害保健食品公益诉讼案，从源头上保障了公民的健康安全；审结了首例因患有精神分裂症依法不负刑事责任的精神病人管某福故意杀人强制医疗案；对严重破坏社会秩序、网络发帖攻击司法人员的被告人李某，以寻衅滋事罪判处有期徒刑两年。强化担当意识，落实“打财断血”，深化“打伞破网”，坚持院领导主办涉恶案件，审结涉恶案件 3 件，判处罪犯 7 人。对以“套路贷”为手段实施敲诈的于某判处有期徒刑一年十个月，并处罚金 2 万元；对通过恐吓、威胁等手段暴力讨债的仉某波、张某泉等人以敲诈勒索罪、寻衅滋事罪判处三年十一个月到八个月不等的有期徒刑，并处罚金 5.5 万元，有力打击了黑恶势力的嚣张气焰。

【民商事审判】 充分发挥商事审判职能作用，为民营企业发展营造良好法治环境，一年来审结涉民营企业案件 1470 件，涉案标的额 23 亿元，先后制定《进一步规范民营企业财产保全案件的实施意见》等规范性文件 3 件，印制《企业常见经营法律风险提示及防范建议 60 例》。积极开展“进解促”帮扶活动，走访德派克纸业等重点企业 13 家，为企业解决涉法问题 20 余条。依托“府院联动”机制，稳步推进汇鑫纸业、三益钢材等破产重整案件，盘活优质资源，通过司法程序，化解不良资产 27.07 亿元，切断担保圈金额 14.11 亿元，释放土地资源 69.6 公顷，顺利实现“腾笼换鸟”。《司法护航民营企业的“平原实践”》被中国审判、《人民法院报》、《山东法制报》、大众网予以报道。坚持依法办案与尊重公序良俗相结合，依法审结各类民事案件 3388 件，不断弘扬社会主义核心价值观和传统美德，维护社会、家庭和谐，依法保障人民群众权益。

【行政审判】 推进行政争议审前和解中心实质运转，通过庭前沟通交流，使行政相对人与行政机关之间的纠纷实现友好协商，实现“案结事了”。全年办结行政诉讼案件 61 件，行政机关负责人出庭应诉率 100%。邀请执法机关参加庭审观摩 3 场 180 余人次，促进司法行政良性互动。

【执行工作】 全年受理执行案件2065件，结案2124件，同比分别增长21.38%、19.38%。受理首次执行案件968件，保全案件876件，恢复执行案件143件，执行异议案件78件，实际执行到位金额1.48亿元。开展“春雷行动”“夏日烈火”“凌晨利剑”等集中执行活动8次，共出动警力260余人次，查扣车辆116辆，促使192名当事人当场履行义务。完善失信联合惩戒体系，推进失信行为的跨部门监管，限制失信被执行人参与政府采购、项目招投标及企业注册、高消费、出入境等行为，曝光失信被执行人414人次，将107家单位列入失信名单，限制高消费602人次。

【司法公开】 搭建包括智能庭审、语音识别、电子卷宗随案生成等在内的智能审判服务平台和全流程网上办案系统，坚持以公开促公正，打造审判流程、执行信息、裁判文书、庭审直播“四大公开”平台，全年裁判文书上网5698份，庭审直播案件313件，20余万网民在线观看了庭审，真正实现正义“看得见”。深度运用融媒体时代立体宣传模式，全面建成“两微一网”，传播司法正能量，拍摄的微电影《归途》在亚洲电影艺术节上获奖。

【队伍建设】 积极开展“走出去、请进来”活动，组织干警外出培训70余人次，3名干警应邀参加省、市法院举办的法官论坛3次。与山东师范大学签署战略合作协议，平原法院被评为司法教学实践基地，邀请国家法官培训学院教授作专题辅导，提升司法能力。开展环境资源审判改革试点工作，在全省率先试行综合受案与地域集中管辖相结合的审判模式，平原法院被省政法委、省高院授予“全省法学院校法治人才培养基地”和“全省法院环境资源司法实践基地”称号。“民事环境公益诉讼机制研究”中标省重点调研课题，4篇论文在全国获奖，并获得全国学术论文讨论会组织工作先进奖。

夏津县人民法院工作概况

【概述】 2019年，夏津县人民法院坚持以习近平新时代中国特色社会主义思想为指导，紧紧围绕“努力让人民群众在每一个司法案件中感受到公平正义”目标，坚持从严治院、规范管理，担当作为、狠抓落实，各项工作和建设取得了新进展。全年共新收案件5116件，办结5587件，结案率96.34%，排名全市第一、全省第五，执行综合质效全市第一，一审服判息诉率91.83%，排名全市第二。

【审判职能】 *纵深推进扫黑除恶专项斗争。*以高度的政治责任感坚决贯彻中央部署和党委要求，强化担当意识，严格公正司法，保证罪不漏证、案不漏人、人不漏罪，确保打准打实、打稳打狠、打深打透。坚持院长主办，法院院长、检察院检察长同堂审理恶势力犯罪4件，对为非作恶、欺压百姓、随意殴打他人的涉恶犯罪分子以寻衅滋事罪分别判处六年六个月到一年五个月不等刑期，形成对黑恶势力犯罪的强力震慑。

*全力维护社会稳定。*严惩贩卖运输毒品、电信诈骗犯罪、妨害执行公务、犯贪污罪、受贿罪、滥用职权等犯罪，共受理刑事案件252件，办结258件，判处罪犯337人，同比分别增长44.8%、57.3%、57.5%。主动落实认罪认罚从宽制度改革，出台《关于刑事案件认罪认罚从宽制度实施办法（试行）》，两个月审结认罪认罚案件97件，实现集中公诉、开庭、宣判，平均审理期限16.7天，节省了司法资源，提升了办案效率。

*营造法治营商环境。*办结各类民商事案件2854件，涉案金额5.34亿元。出台《关于为优化营商环境提供司法保障的意见》，规范市场经济秩序，平等保护市场主体，通过定点包联、定期走访座谈，及时了解企业需求，前移风险防控节点，营造稳定公平透明、可预期的法治化营商环境。推动运行府院联动机制，推进新旧动能转换，释放生产要素，服务高质量发展。妥善审理涉及产业调整、企业转型的重大关联案件，稳步推进永乐面粉、金亿来、瑞雪公司破产重整；执行过程中力促秦发公司退市，吸纳业源公司入驻，顺利实现“腾笼换鸟”。

*监督支持依法行政。*全年办结行政诉讼案件36件、非诉执行案件43件。妥善审理征收拆迁案件，促进重点工程有序推进。4件行政诉讼案件通过跨区划管辖改革受理，2起案件通过行政争议审前和解中心实质性化解。全年行政机关负责人出庭应诉率100%，实现“告官能见官”。邀请执法机关参加庭审观摩3场180余人次，促进司法行政良性互动，有效助推法治政府建设。

*切实维护胜诉权益。*巩固基本解决执行难成果，推动解决执行难长效机制建设。受理各类执行案件1872件，执结2032件，执行结案率97.07%，全市第一，实际到位金额2.84亿元，创历史新高。扎实开展“春雷行动”“暖心冬日”集中行动38场，执行到位6741万元，公布失信129例，限制高消费1984人次，

139名被执行人迫于压力自动履行义务。严厉打击拒执行为，拘留78人，召开新闻发布会1次，发布律师调查令、悬赏公告56份。4月，被省高院表彰为全省法院基本解决执行难先进集体。

推进社会治理创新。主动融入党委领导下的诉源治理格局，前沿布置司法防线。将南城、双庙、苏留庄、新盛店四处法庭着力打造成为服务企业、家事审判、旅游文化、廉政教育特色基地，配齐配强力量，落实司法保障，将工作重心转移到矛盾化解的前置防线、前端控制、前期处置上。通过发挥司法在乡村振兴中的引领规范保障作用，提升了辖区群众的诚信理念和法治意识，涉法涉诉信访量连续三年处全市低位。

【司法改革】 **全面深化司法改革**。打破庭室建制，实现办案团队化运作，实质性完成内设机构改革。补齐35名员额法官，将85%以上的优秀审判资源集中到办案一线。深化“分调裁审”机制改革，员额法官人均结案192.5件，同比增加38.9件，人均办案天数47.3天，同比减少20.9天。严格落实院庭长办案制度，全年院庭长审理案件2505件，占结案总数的44.9%。

健全完善审判管理机制。统筹做好综合配套改革，完成内设机构改革。推进法官、法官助理单独职务序列管理改革，完善绩效考核办法，实行岗位目标量化管理，将结案任务层层分解，逐项细化到每个季度、每个月，落实到每个团队、每名法官。健全完善合议庭、专业法官会议、审判委员会等5项工作制度，强化院长庭长监督管理职责。

深入推进矛盾纠纷多元化解。创新诉调对接工作方式，在诉讼服务中心建立诉调对接中心，引导当事人选择诉前调解方式解决纠纷。推行网上立案、自助立案、跨域立案相结合的多元立案机制，全面推行跨域立案，网上立案100%，全面建成道路交通纠纷一体化平台，为当事人提供了更加便捷的诉讼服务。

【自身建设】 **坚定正确政治方向**。深入学习贯彻习近平新时代中国特色社会主义思想和中共十九大精神，增强“四个意识”，坚定“四个自信”，坚决做到“两个维护”。以“不忘初心、牢记使命”主题教育为契机，坚持抓班子、带队伍、强组织、保清廉。班子带头检视问题5个大类，并实施整改措施15条，净化了灵魂，坚定了初心。成立机关党委，设置6个党支部，深化“党建+”工作机制，压实管党治党责任。深入推进党风廉政建设，全面落实“一岗双责”责任制，利用晨会开展“德廉微课堂”30期。

加快智慧法院建设。着力推进“两个一站式”建设。坚持线上线下联动，精准对接群众多元司法需求，深入推进“一次办好”改革，建成启用了“24小时法院”和自助立案服务区，实现了全天候、全方位、一站式服务。稳步推进电子卷宗随案同步生成和全流程网上办案系统。上网公布裁判文书7652份，12个高清科技法庭全年网络直播庭审569场次，70余万名网民在线观看了庭审。

自觉接受监督。始终把法院工作置于党的绝对领导之下，坚持重大工作部署、重要问题和重点工作及时请示报告，依靠党委领导统筹解决事关法院工作全局的重要问题。自觉接受人大及其常委会的有效监督，邀请人大代表、政协委员等视察座谈，旁听案件4批320人次。积极推进司法民主，108名人民陪审员宣誓就职，监督参审案件720件。

武城县人民法院工作概况

【概述】 2019年，武城县人民法院（以下简称武城法院）共受理各类案件6960件，结案7317件，同比增长29.63%和50.77%，涉案金额18.99亿元，员额法官人均结案252.31件，同比增长40.37%。

【刑事审判】 审结刑事案件226件，判处罪犯341人；审结社会影响较大的于某某等10人寻衅滋事罪案；

1月9日，武城法院党组书记、院长陈晓静向新聘任的市人大代表赵佃臣等8名特邀监督员颁发聘书

审结贪污、受贿等职务犯罪6案12人；判决侵害未成年人犯罪9案12人；审结德州市首例有毒有害食品公益诉讼案；突出打击涉众型经济犯罪，审结网络赌博、诈骗等犯罪案件，共追缴非法所得资金2.4亿元；深入推进刑事速裁和认罪认罚从宽制度落实，适用认罪认罚案件129案167人；持续推进“扫黑除恶”专项斗争，审结涉恶势力犯罪案件2件15人。

【民商事审判】 受理民商事案件3178件，依法审结婚姻家庭、劳动就业等民生案件；家事审判精耕细作，多元化解、情感修复，家事案件较改革前下降22.3%。在全省家事审判改革推进会上，武城法院作典型发言，《家事审判改革问题研究》获第五届山东省人力资源社会保障优秀科研成果一等奖；有效发挥破产引导作用，5件破产案件均已进入财产处置阶段，使“僵尸企业”通过破产尽快退出市场，促进经济健康发展。

【行政审判】 依法对生态环境、国有土地使用权等损害社会公共利益的案件以公益诉讼形式审理。在全县“清河”行动、违建拆除活动中，充分发挥职能作用，积极进行诉前引导，对相关案件依法处理，确保整体工作稳步推进。同时，注重发挥行政案件审前和解中心作用，力促行政争议实质性化解。2019年，行政案件改判发回率为零，案件质量居全市首位。

【执行攻坚】 积极建设执行数据可视化系统，办案流程全程留痕，用信息化规范执行、阳光执行；开展“黎明行动”“暖心冬日”等集中执行行动，用足用尽执行手段，2019年新发布限制高消费人员3356人，失信单位及个人77个，移送拒执罪5案5人。执行收案3229件，员额法官人均结案861件，结案率达到92.55%，实际执行到位金额7.48亿元，实际执行到位率稳居全省前列。执结韩某某历经三地，历时六年的老大难执行案件和强制腾房等多起“骨头案”，严厉打击了不良社会行为。开展“涉金融案件”专项执行行动。成立专门“涉金融案件”执行团队，2019年共执行到位金额4510万元，带动还款1388万元，圆满完成全年任务目标。

【队伍建设】 抓好理论武装。充分利用“三会一课”、民主生活会、“不忘初心、牢记使命”主题教育等活动，建立和完善理论学习的长效机制。在省法院组织的主题教育党组书记党课评选中，被评为全省优秀主题党课。邀请最高人民法院行政审判专家于泓为全县领导干部授课，助力全县依法行政的法治思维培养；抓好党建引领。成立机关党委，形成支部为中心的“领导带头、干部紧追、党员共融”的“三递进”党建模式，与最高人民法院机关党支部、贝州社区党支部建立党建共建联系；连续多年被评为先进基层党组织、省级文明单位，2019年6月被评为德州市协同发展模范公务员集体，是法院系统唯一获此殊荣单位；落实从严治党。认真落实党组决策议事规则，深入查找廉政、程序节点，重点岗位、人员潜在风险，对干警出现的苗头性、倾向性问题，及时谈话，严肃处理。年初逐级签订党风廉政建设责任状和廉政承诺书，全年无干警因违法被查处。

【司法为民】 深入推进一站式多元解纷机制和一站式诉讼服务中心建设，成立武城县多元解纷人民调解委员会、行政争议审前和解中心、道路交通事故一体化调处中心；深化案件“分调裁审”机制建设，诉前分流、调解前置，速裁团队办理简易案件，精审员额团队对普通程序案件深研精判，实现案件高质量、高效率办结。

不断完善司法公开平台，互联网公布裁判文书7688份，公开开庭的案件全部网络直播；新媒体平台建设发布信息1200余条；发放司法救助金2万元，缓减免诉讼费10.5万元；主动向人大及其常委会报告工作，邀请观摩庭审、座谈，征求意见建议；完成对101名新任人民陪审员的培训，陪审率达到100%。

【创新改革】 2019年，武城法院在上级法院指导下，在当地党委领导、政府及各职能部门的支持下，找准改革定位，明确改革重点，专业审判团队和“七员”司法辅助团队运行更加规范，与南京师范大学法学院、山东大学法学院、山大哲学与社会发展学院、华东政法大学法律学院开展深入战略合作，与南京师范大学共同编纂《当代中国的家事司法改革：地方实践与经验》一书，并由法律出版社出版。在全省、全国家事审判改革推进会上，武城法院作典型发言，家事改革武城模式走进央视，《家事审判改革问题研究》获第五届山东省人力资源社会保障优秀科研成果一等奖。

【扫黑除恶】 作为县委第四督导组成员，对2个乡镇4个部门进行督导检查；成立扫黑除恶专项斗争工作领导小组，研究制定了《武城县人民法院扫黑除恶专项斗争工作实施方案》，建立案件督办和登记台账制度；坚持一把手审理涉黑恶案件，严格把关，逐级汇报，审结涉恶势力犯罪案件2件15人；通过“三微一网”发布扫黑除恶专项斗争的工作动态，召开新闻发布会，发放宣传资料，为全县营造和谐稳定的社会环境打下坚实基础。

乐陵市人民法院工作概况

【概述】 2019年，乐陵市人民法院（以下简称乐陵法院）坚持以习近平新时代中国特色社会主义思想为指导，全面贯彻落实中共十九大和中共十九届二中、三中、四中全会精神，紧紧围绕“努力让人民群众在每一个司法案件中感受到公平正义”的工作目标，坚持司法为民、公正司法，忠实履行宪法法律赋予的职责，立足执法办案职能，坚持为大局服务、为人民司法，全年新收各类案件7626件，同比增长1491件，增幅24.3%；审执结7799件，同比增长1601件，增幅25.83%，结案率95.73%，较好地完成了各项审判执行任务。

【加大刑事审判力度，深入开展扫黑除恶专项斗争，全力维护社会和谐稳定】 受理刑事公诉案件244件，审结244件，判处犯罪分子347人。进一步完善涉黑涉恶线索移送机制，在普通刑事案件审理中发现2起涉恶犯罪线索，经补充侦查和追诉后依法审理。由院长担任审判长对4件涉恶案件依法公开开庭、公开宣判，判处涉恶犯罪分子26人，其中判处五年以上7人。庭审活动同步网络直播，山东电视台、德州电视台、《德州日报》、乐陵电视台等媒体予以报道，相关公众号点击量突破4万次。

【加大商事审判力度，护航经济社会发展】 审结各类合同纠纷和其他商事纠纷案件2692件，其中涉金融案件952件，标的额10.1亿元。在广泛征求意见的基础上，制定了《关于为促进民营经济健康发展提供司法服务和保障的意见》，受到企业普遍好评。针对民间借贷案件高发的情况，制定了《关于建立职业放贷人名单制度》，确定3人为职业放贷人，124件借款合同确认无效，规范了民间借贷案件审理尺度。

【加大民事审判力度，切实保障民生权益】 全年审结各类民事案件1833件，调解撤诉率52%，裁判自动履行率65%。发挥家事审判和解作用，促成310对夫妻重归于好；发挥道路交通纠纷法官工作室方便群众作用，调解案件174件，调解金额673万元；发挥小额速裁快审快结作用，全年审结案件619件，平均用时15天；发挥土地联调机制作用，妥善审理和化解农村土地纠纷案件47件，涉案土地173.33公顷，保障了农村群众合法权益。

【加大行政审判力度，妥善化解行政争议】 全年受理行政诉讼案件35件，审结36件，受理非诉行政执行案件5件，执结5件。落实行政机关负责人出庭应诉制度，通过司法审查规范行政行为，积极服务政府职能转变，支持法治政府建设。行政争议审前和解中心上半年挂牌运行，化解4起行政纠纷，效果良好。

【全面加强执行工作，推动切实解决执行难】 全年新收执行案件2908件，执结2984件，结案率96.23%，实际到位金额5.08亿元，其中在执行华乐集团等案件中清理盘活土地7.33公顷，增加税收6000余万元。严厉打击失信行为，司法拘留165人，悬赏执行36人，媒体曝光失信被执行人1621人，维护了司法权威，保障了当事人合法权益，促进了诚信乐陵建设。

【做好涉法涉诉信访工作】 2019年省法院交办的重点信访案件全部提前完成化解任务，5年以上涉诉信访案件全部办结，来信来访和热线信访量同比下降，维护国家重大节日和重要会议期间信访秩序，涉法涉诉信访工作实现了良性循环。

【突出党建引领，强队伍、转作风、促工作】 加强组织力建设，坚持“三会一课”制度，班子成员带头上党课，带头开展批评与自我批评；结合机构改革，重新调整和选举新的党支部，提高堡垒战斗力；认真落实主题党日、“共驻共建”等党建工作，将意识形态、政治学习等工作融入其中。积极开展“廉洁司法、担当作为”集中警示教育活动，提高干部队伍拒腐防变能力。

【扎实开展主题教育，抓好整改任务落实】 将“不忘初心、牢记使命”主题教育作为首要政治任务，加强组织领导，制定学习方案，开辟宣传专栏及时发布主题教育动态；多次召开党组专题研讨会，集中学习交流；举办形势政策专题讲座、组织观看先进典型教育片，对全院干警开展教育；通过广泛征求群众和干警意见，整理问题台账，制定整改措施，召开专题民主生活会，进一步把主题教育推向深入，落实到法院工作的各个环节。

【完善工作机制，积极推进“两个一站式”建设】 积极推进“一站式纠纷解决机制”和“一站式诉讼服务中心”建设，诉调对接工作日趋完善，诉前多元解纷联动机构全年结案1021件，占全院民事案件的23%。积极推行“分调裁审”改革，优化审判资源配置，强化程序衔接，工作流程进一步规范，网上立案、跨域立案全面运行，案件“繁简分流、轻重分离、快慢分道”进一步落实，网上立案平均审核时长仅0.73天。

【夯实基础建设，保障审判执行工作开展】 乐陵法院新建审判法庭已于2019年年底建设完工，春节后上班第一天正式启用。审判法庭和诉讼服务区，建筑面积近1万平方米，内设16个审判法庭、14个调解室以及诉讼服务大厅、信访接待大厅、执行指挥中心。充分体现了以人民为中心的发展思想和方便群众诉讼的服务理念。

禹城市人民法院工作概况

【概述】 2019年，禹城市人民法院（以下简称禹城法院）紧紧围绕上级部署，加强队伍建设，夯实基层基础，狠抓执法办案，忠诚履职尽责，各项工作取得新进展。全年共受理各类案件6671件，审执结6816件，同比分别上升9.74%和17.96%，收结案数均创历史新高，结案率94.25%，裁判文书上网率143.96%，服判息诉率90.07%。

【党建引领】 *切实提高政治站位，始终坚定正确的政治方向。*深入学习贯彻中共十九大和中共十九届二中、三中、四中全会精神，树牢“四个意识”，坚定“四个自信”，坚决做到“两个维护”，切实把习近平总书记对山东“两个走在前列、一个全面开创”要求落到实处。始终坚持党的绝对领导，严格执行中央、省委、市委有关工作要求，确保党的决策部署在法院工作中得到不折不扣的执行。认真落实重大事项报告制度，定期向市委、人大报告重点工作、重要事项、重大案件。始终坚持抓党建带队建促审判，严格落实党建工作主体责任，广泛开展“过硬党支部”创建活动。扎实推进党建工作创新，坚持“支部建在庭上”，将党建工作与业务工作全面融合。

*扎实开展“不忘初心、牢记使命”主题教育。*成立以院长为组长的主题教育工作领导小组，设立专职办公室。党组成员始终坚持“先学一步、学深学透”，轮流在全院范围内讲授专题党课，与干警开展谈心谈话，引导全院干警加强学习的思想自觉和行动自觉。加强基层理论宣讲，院长带头先后到市中街道鬲津社区、柴庄村讲党课，宣讲中共十九届四中全会精神。拨付专项资金5万元，为第一书记帮扶村实施自来水改造升级和道路修缮等民生工程，更加有针对性地排民忧、解民难，让人民群众更加深刻地感受到主题教育的良好效果。

【深化改革】 构建新型“审执一体化全科法官团队”，推进审判体系和审判能力现代化。制定《内设机构改革及审判团队建设方案》，以员额法官为核心，通过“双向选择”和组织调剂相结合的方式，按照“1名员额法官+1名法官助理+1名书记员+1名执行助理”的人员配置，组建了31个审执一体化团队。除刑事案件和行政案件外，其他案件由立案庭随机轮流分案，从源头上堵塞“人情案”“关系案”的漏洞。员额法官对所分配案件直接负责，有效激发了一线法官“多办案、办好案”的工作热情，办案质效不断提升，审判案件月均结案从360件上升到552件，审判效率大幅度提高。员额法官兼任执行组长，带领团队成员办理执行案件，充实了执行力量，有效缓解了案多人少的矛盾，为破解执行难提供强大助力，执行案件月均结案从100件上升到267件，涉诉信访案件数不断减少，群众满意度明显提高。2019年，禹城法院执行案件结案率95.08%，实际执结率77.4%，位居德州市第一。

【审判执行】 *深度参与平安禹城建设。*认真贯彻总体国家安全观，全力维护社会稳定，共审理各类刑事案件280件，审结292件。大力推进扫黑除恶专项斗争，审理公诉机关移送黑恶势力犯罪案件10件59人。大力推进适用速裁程序审理认罪认罚刑事案件，集中公开审理35起危险驾驶、盗窃案件，极大地节约了司法资源，提高了办案效率。

*主动服务经济高质量发展。*发挥民商事审判调节、规范、引导的职能作用，强化司法服务和保障措施，妥善调处民商纠纷，大力优化营商环境。深入企业排忧解难保驾护航，院长带队分别到山东百龙创园有限公司、山东鲁樱食品有限集团等企业实地走访调研，帮助企业解决在产权保护、经济合同、人才流失等方面的法律问题。牢固树立“绿水青山就是金山银山”的理念，法院院长、检察院检察长同堂审理两起滥伐林木案，并当庭宣判，提高人民群众生态环保意识。为防止国有资产流失，积极主动向禹城市人民政府提出《关于补足出让金方能转

让土地使用权的司法建议》，获得市政府主要领导的充分肯定和批示。

进一步加大执行力度。持续开展“春雷行动”“黎明行动”“暖冬行动”等集中执行活动，利用传统节日和农忙季节，向解决执行难发起总攻，共拘传拘留419人。开展“积案清理专项行动”，全力以赴、攻坚克难，50余件10年以上“钉子案”“骨头案”得以执结。持续开展强制腾空房屋工作，执行干警赶赴滨州阳信县，多方联动、全程直播，异地执结一起历时5年的房屋腾空案，在社会上引起广泛反响。全面推行网络司法拍卖，共网拍执行标的物89件，网拍次数139次，成交标的额2589.59万元。对外公布失信被执行人936人（次），限制高消费1338人（次）。强化审判管理，坚持“执行案件周报表”制度，聚焦关键数据，严格办案流程、节点控制，对将要到期案件进行逐案调度，长期未结执行案件实现彻底清零。

【自身建设】 *大力建设“智慧法院”*。坚持司法便民，新诉讼服务中心于2019年9月建成并投入使用；积极推进网上立案、网上缴费，实现网上立案率100%；贯彻落实“一次办好”改革理念，推出24小时自助法院，为群众提供自助立案、自助缴费、案件流程查询等多项诉讼业务的“一站式服务”。持续推进司法公开，实现庭审直播全覆盖，2019年共庭审直播案件783件。

不断强化队伍素质。定期召开“办案能手经验交流会”，推选优秀法官走上讲台，传授办案经验。积极开展健身活动，营造健康生活、快乐工作、积极进取的良好精神风貌。深入实施“提质增效”工程，自10月份以来，全院干警团结奋进、齐心协力，周六周日加班办案，结案率环比提升17.85%。

积极推进多元调解。打破法官“单打独斗”局面，与司法局、律师事务所合作设立律师工作室。积极发挥人民调解作用，与6家人民调解组织共30余名人民调解员签订《关于民事诉前调解程序的协议》，对来诉当事人，合理引导其选择诉前调解的非诉方式化解纠纷。畅通司法确认渠道，对一批医患纠纷调解协议、农地纠纷调解协议进行了司法确认，均取得了良好的社会效果，“两个一站式”建设成效初显。

德州经济技术开发区人民法院工作概况

【概述】 2019年，德州经济技术开发区人民法院（以下简称德州经开区法院）紧紧围绕“努力让人民群众在每一个司法案件中感受到公平正义”目标，以“规范、创新、提速、求实”为工作思路，坚持司法为民、公正司法，全面加强审判执行工作，扎实推进过硬队伍建设，各项工作实现新发展。2019年，德州经开区法院新收案件5350件，办结5823件，人均结案447.9件，人均结案数全省前列、全市第一。

【队伍建设】 明确班子成员工作职责，细化民主评议制度、民主生活会制度、“三会一课”制度、“党员学习日”制度；扎实开展“不忘初心、牢记使命”主题教育，为全体党员干警讲党课；调整党支部设置，完成党支部换届工作，接收预备党员4名，转正预备党员1名；成立德州经开区法院团委，并组织92名青年干警加入共青团；组织干警到时传祥纪念馆、冀鲁边区革命纪念馆、德州监狱接受警示教育；围绕“建军92周年”“中华人民共和国成立70周年”“建党98周年”“五四运动100周年”举办系列庆祝活动；举行员额法官向宪法宣誓活动，展示法官对党忠诚、为民司法的坚定信仰；在机关制作廉政文化墙，营造风清气正的机关氛围。

【审判执行】 深入开展普法宣传活动，组织干警到民营企业走访调研，为企业建言献策。妥善审理破产案件，及时化解金融借款合同和民间借贷纠纷，维护市场经济秩序。依法维护弱势群体、困难群体合法权益。全力维护政治安全和社会安定，牢固树立总体国家安全观，依法惩治刑事犯罪。2019年德州市首例“抢夺方向盘案件”在德州经开区法院开庭审理，该案的审理实现了政治效果、法律效果、社会效果的有机统一，并被省高院、市中院、山东省电视台、《德州日报》、《齐鲁晚报》等媒体先后宣传报道。完善综合治理执行难大格局，建立党组成员责任制度。实行周通报、周调度，与公安、银行、不动产登记等部门密切配合，加大查人、查车、查控财产力度。综合使用法院官方微信、微博等自媒体与电视台、报纸等社会媒体持续开展“曝光行动”，让失信者寸步难行。在2019年的全市法院“春雷行动”中，德州经开区法院执行局获先进集体称号。

【道交一体化改革实现新成效】 进一步明确推进多元化纠纷解决机制和现代化诉讼服务体系建设的目标，实现德州道交一体化改革工作本土化、实体化、网络化。紧紧围绕“线上线下同步，门里门外协同”的建设思路，充分运用道交纠纷网上数据一体化平台，线上与交警、保险公司等共享事故信息，线下与交警、保险公司、人民调解员共驻德州法院道交一体化诉调中心，多元调解；诉调中心内法律咨询、诉前调解、诉讼立案、诉前（诉中）保全、缴费、司法确认等“一站式”服务全流程；诉调中心外交警、司法鉴定、物价、仲裁、律师协会、人民调解、保险行业协会等 8 个部门 30 余家单位联合办公，无缝对接。真正实现让数据多跑路，群众少跑腿，走进一个门，事情全办结。2019 年，交警办案中心共接警 20871 起，进入调解程序 3238 件，其中保调委专业调解员接收案件 3046 件，交调委自 2019 年 5 月成立以来，处理案件 192 件，调解结案 178 件，调解率达 92.7%。最后进入法院诉讼程序的 531 件，结案 543 件，工作成效显著。最高法、省高院领导五次到德州法院道交一体化诉调中心调研指导，德州市委有关领导、考察组五次视察工作，全国、全省先后有 50 余家法院、政法委、交警、仲裁等单位来参观交流。德州法院道交一体化改革工作先后被人民网、新华社客户端、《法制日报》、《中国审判》等 20 余家主流媒体宣传报道。

【诉讼服务实现新提升】 成立民事诉前调解及速裁团队，聘用 4 名退休法官与 4 名书记员组成诉前调解团队。自该团队成立以来，接收调解 521 件，调解成功 217 件；速裁收案 374 件，结案 243 件。诉讼服务中心转型升级。成立委托鉴定中心，创新诉前委托鉴定机制，实现了集中委托鉴定。开通跨域立案服务，提高立案效率，让群众真正享受到了改革红利。

【队伍管理体现新思路】 按照“1+2+2+1”模式组建 12 支法官审判团队；按照“3+3+1”的模式和“1+2+2+1”的模式，组建民事诉前调解及速裁团队，科学搭建法官团队组织架构。加强聘用制队伍管理，完成聘用制人员的套改。分类管理、制定责任清单，留住想干事、能干事、会干事的聘用制干警。组织司法辅助人员参加岗前业务培训、智能语音识别系统培训、警示教育、书记员速录考核、实务技能培训等活动，打造一支政治过硬、素质过硬、业务过硬、能力过硬的法院队伍。

聊城市中级人民法院工作概况

【概述】 2019 年，聊城市中级人民法院认真贯彻上级重大决策部署，坚持服务大局、司法为民、公正司法，共受理各类案件 99562 件，结案 105195 件，同比分别上升 20.92% 和 32.25%，为聊城经济社会发展提供了有力司法保障。

【充分发挥司法职能】 依法打击刑事犯罪。审结各类刑事案件 4108 件，判处罪犯 5287 人，全力维护社会平安稳定。深入开展扫黑除恶专项斗争，审结 37 件涉黑恶案件，判处罪犯 223 人。审结贪污贿赂等职务犯罪案件 69 件，判处罪犯 78 人。依法对符合条件的 61 名罪犯依法裁定特赦，彰显党和国家法安天下、德润人心的仁政。妥善化解民事纠纷。审结各类民事案件 54517 件，其中调撤结案 21657 件。审结家事案件 8905 件，促进家庭和睦稳定。审结合同纠纷案件 29610 件，涉案标的额 120 余亿元，维护交易安全和市场秩序。审结侵权纠纷案件 4485 件，依法判决赔偿金 5.4 亿元，切实保护人民群众生命权、健康权和财产权。监督支持依法行政。审结行政纠纷案件 1661 件，其中判决行政机关败诉 135 件。审查行政非诉执行案件 1146 件，对 1077 件裁定准予执行。邀请行政机关负责人和行政执法人员 900 余人次观摩庭审，选派业务骨干为行政人员授课，选取典型案例制作警示教育片，促进提升依法行政的能力和水平。全力兑现胜诉权益。圆满完成“基本解决执行难”任务，顺利通过评估验收。开展专项执行行动 400 余次，对 35441 人次采取限高措施，拘留 896 人次，罚款 28.8 万元，追究刑事责任 3 人，网拍标的物 1100 余件，成交额 16.42 亿元，共执结案件 27261 件，到位 90.15 亿元。

【保障经济高质量发展】 着力优化营商环境。严厉打击黑恶势力，市场环境进一步改善，及时提出司法建议 13 次，促进行业管理和社会综合治理水平提升。依法严惩破坏社会主义市场秩序犯罪，审结案件 208 件，判处罪犯 343 人，审理的常某洋等 11 人“金融一体机”新型电信诈骗案，被评为全省法院优化营商环境十大典型案例。防范化解金融风险。积极参与全市金融风险防控处置工作，召开民间借贷和金融借款案件研讨会，下发会议纪要指导案件审理，共审结民间借贷、金融借款类案件 16141 件，标的额 143 亿元。审慎处理部分重点企业金融担保案件，依法将泉林集团系列案件纳入司法重整程序。助推新旧动能转换。审结鑫联化工、宏润印染等公司破产案件 4 件，安置职工 4753 人，有效盘活厂房、土地等资产 1.55 亿元，优化存量资源配置。发布知识产权司法保护白皮书，公布知识产权典型案例，增设知识产权联系点，审结侵犯商标权、著作权等纠

11 月 26 日，聊城市中级人民法院开展全市行政单位观摩庭审活动

纷案件 595 件，维护创新创业竞争环境。加大环境资源司法保护力度，对严重污染环境的 106 人判处刑罚，并判决赔偿环境修复费用。阳谷法院审理的高某污染环境公益诉讼案被评为全省环境资源审判十大典型案例。助力提升法治化政务环境。推动建立庭前督促、定期通报、综合考核、约谈问责等制度，加强行政机关出庭应诉工作，全市行政机关负责人出庭应诉率从年初的 33.6% 升至年底的 100%，行政机关败诉率同比下降 10.79 个百分点，法治营商环境进一步优化，经验做法先后被最高人民法院院长周强、省高级法院院长张甲天批示肯定，并在全国法院推广。

【践行司法为民宗旨】 全面推行网上立案。从 7 月开始，除刑事公诉案件以外，对所有民事、行政、执行案件实行网上立案，共网上立案 7 万余件。11 月，全市法院开通跨域立案服务，截至年底共提供跨域立案服务 33 件。充分保障民生权益。畅通涉民生案件“绿色通道”，开展“暖心冬日”专项执行活动，执结劳动报酬等案件 2579 件，执行到位 1.34 亿元，依法减缓免诉讼费 244.5 万元，发放司法救助金 33 万元。努力解决群众信访诉求。登记处理涉诉来信 78 件，接待群众来访 1400 余人次，将省法院交办的 45 件赴省进京访案件全部化解。全面深化司法公开民主。将 7.9 万件生效裁判文书、5.6 万条案件流程信息和 1.6 万名失信被执行人信息向社会公开，直播庭审 9389 件，邀请社区群众、中小学生等 1300 余人次参加法院开放日活动。

【深入推进改革创新】 深化司法责任制改革，率先完成基层法院内设机构改革，将更多审判资源配置到办案一线。认真落实院长庭长办案制度，两级法院院庭长共结案 42195 件，占结案总数的 40.16%。着力统一裁判标准，提高审判质效，全市法院二审改发率同比下降 5.7 个百分点，平均办案周期缩短 10.13 天。深化多元解纷机制建设。与人社、金融、税务等部门联合出台诉调对接意见，引入调解组织 31 个，调解员 472 名，诉前调解案件 8339 件，行政争议审前和解中心成功和解 107 件，道交一体化平台调解成功率列全省第二名。深化案件繁简分流、轻重分离、快慢分道。积极推进“分调裁审”机制改革，组建 26 个速裁团队和 19 个专业化审判团队，对 13 类案件实行调解前置，积极开展诉前鉴定评估，推广要素式审判和表格式文书，推动实现简案快审、类案专审、繁案精审，全市法院简易程序适用率达 86.2%，速裁结案 6280 件。深化智慧法院建设。推动电子卷宗随案生成、上诉案件网上移交和公文处理网上运行，实现办案办公模式革命性转变，健全庭审语音转换、类案检索、文书纠错等辅助办案功能，高唐法院被确定为全省司法技术管理平台首批试点，冠县法院搭建电子送达平台，运用信息化手段为法官减负。

【队伍建设】 全面提升司法能力。举办 12 期培训班，并组织干警参加上级法院、政法院校培训 31 次，共培训干警 1300 余人次，积极开展“法官沙龙”、审判课题调研、优秀案例评选等岗位练兵活动，全市法院 2 名干警被评为全省审判业务专家，1 篇论文获全国法院第三十一届学术讨论会三等奖，4 篇案例入选中国法院年度案例。持续改进纪律作风。积极配合市委巡察和营商环境专项巡察，组织开展“廉洁司法、担当作为”警示教育活动，对基层法院开展司法巡查，采取通报批评、约谈问责等方式，大力整治两级法院在工作纪律、会风会纪、规范管理、办案质效等方面存在的突出问题，纪律作风越来越严。积极履行社会责任。选派 8 名干警参加“万名干部下基层”活动、4 名干警担任第一书记，参加“向阳花开”青少年帮扶活动，向中小学选派 15 名法治副校长、法治辅导员，组织法官送法进校园、进社区、进军营、进企业活动 103 次，开展志愿服务 1700 余人次。注重加强典型引路。扎实开展解放思想大讨论，引导干警树牢“争创一流、走在前列”的目标追求，全市法院共有 59 名个人和 10 个集体获市级以上表彰奖励，涌现出“全国模范法官”“齐鲁最美法官”任长申、“全国优秀法官”马敬启、“全国维护妇女儿童权益先进个人”董芸等一大批先进典型。

聊城市东昌府区人民法院工作概况

【概述】 2019年，聊城市东昌府区人民法院紧紧围绕执法办案这个第一要务履行审判职责，坚持抓党建带队伍促审判，全面推进司法改革，大力提升案件质效，各项工作取得新进展。全年新收各类案件20291件，结案22729件，同比分别上升30.02%和63.79%，人均结案372.6件，结案率91.95%，收结案数量均创历史新高。

【坚决维护社会大局稳定】 牢固树立总体国家安全观，依法惩罚犯罪。全年依法审结刑事案件1445件，判处罪犯1820人。高站位推进扫黑除恶专项斗争，审理涉黑恶案件及关联案件10件。严惩贪污贿赂等腐败犯罪，审结贪污贿赂、滥用职权等职务犯罪案件5件，判处罪犯9人，对腐败分子形成有力震慑，有效净化社会环境，推动党风廉政建设和法治反腐深入开展。

【积极服务经济高质量发展】 落实山东省高级人民法院《关于依法服务保障新旧动能转换重大工程的意见》，加大“僵尸企业”司法处置力度，完善府院联动机制，加快案件审理进度，淘汰落后产能。重视产权保护，妥善审理涉及物权、债权、股权的案件159件。坚持依法平等保护原则，审慎采取查封扣押措施，营造安心经营、放心投资、专心创业的法治化营商环境。促进房地产市场健康发展，审结建设工程、商品房买卖等案件474件。防范化解金融风险，完善对规制高利贷、新类型担保的裁判指引，加强与金融监管部门的沟通协调，审结民间借贷、金融借款、融资案件2313件。积极开展公益诉讼，与检察院建立公益诉讼沟通协调工作机制。

【妥善化解行政争议】 坚持依法保护行政相对人合法权益与监督支持行政机关依法行政并重，妥善处理行政纠纷。全年共受理行政案件298件，其中审结279件，予以撤销、变更或确认违法78件。支持依法行政，对行政机关申请的362件非诉案件裁定准予执行，行政非诉执行立案92件，执结92件，保障重点工作、重大项目顺利推进。推动落实行政机关负责人出庭应诉制度，采取旁听庭审、行政和解、协调化解等多种形式继续保持司法与行政良性互动，共同促进法治政府建设。

【妥善化解民生权益纠纷】 畅通民生维权通道，密切关注家庭、就业、医疗、住房等基本民生诉求，积极回应人民群众关切。注重法理情相结合，坚持调解优先，调判结合的原则，提升化解矛盾实效，对婚姻家庭、劳动争议等13类民商事案件，实行调解前置，立案前先予调解，同时坚持调解前置于全程调解相结合，在诉讼前端以柔性方式解决矛盾纠纷，维护社会和谐稳定。

【强化“一站式诉讼服务中心”建设】 认真落实“一次办好”改革举措，升级各项便民诉讼服务措施。全面应用中国移动微法院，做到一审民事案件、行政、执行、刑事自诉案件全部实现网上立案。建立集约化送达机制，启用电子送达及语音留痕系统，法官可通过“办案平台+电话”的方式，告知开庭时间及地点、举证期限、领取诉讼文书等事项，通话内容全程录音，自动保存在服务器存储中，具有法律认可的证据效力。推进诉讼服务中心转型升级，搭建集多元解纷、登记立案、诉调对接、审判辅助、涉诉信访等多功能为一体的综合性服务平台。

【推进“一站式多元解纠机制”建设】 一是抓好案件分流。对诉前适宜调解的纠纷，引导当事人由多元化解纠纷工作室进行化解。进入诉讼程序的案件实行繁简分流，做到类案专办、简案快审、繁案精审，推进案件审理提速。二是抓好调解工作。建立特邀调解员制度，成立联调工作室，对涉诉民商事纠纷进行诉前调解。三是抓好速裁工作。实行调裁一体化机制，对于简案能调则调，调解不成立即转换为速裁程序，效率高、效果好，优势明显。四是实行司法鉴定工作前置引导。针对涉及身体权、财产权损害赔偿的案件，在征得当事人同意后进行诉前鉴定，促进矛盾纠纷和谐解决，提高诉讼效率。

【稳妥推进内设机构改革】 坚持以审判工作为中心，本着既要有利于推进审判职能优化、内部管理扁平化，也要有利于在审判权运行机制改革后实现有效的审判管理监督的原则，科学设置内部机构，将原有19个内设机构精简至10个，在此基础上分类组建审执团队，除8名入额院领导编入合议制团队外，分类组建10个专业化团队、3个速裁团队、31个综合审判团队和10个执行团队，在团队组建上完全实现了“1+1+1”或“1+1+N”配备。完善司法人员分类管理，细化法官、法官助理和书记员职责清单和履职指引，确保各类人员各尽其责，提升审判效能。

【健全审判权力运行机制】 健全新型审判权力运行机制，落实司法责任制。建立法官独立办案制度，落实案件质量终身负责制；建立主审法官会议制度，为法官审理重大、疑难案件提供咨询意见；完善审判委员会制度，突出宏观指导职能；规范事中监督，出台《关于规范院庭长审判监督管理职责的办法（试行）》，对确需监督的四类案件，通过召集主审法官会议、提请审判委员会审议等可视化程序进行，监督时间、事由、结果等全面留痕，实现监督平台化、公开化。

阳谷县人民法院工作概况

【概述】 2019年，阳谷县人民法院全年受理各类案件10966件，办结11103件（含旧存），同比分别上升15.59%、22.82%，员额法官人均结案246.7件。连续8年被省文明委授予“省级文明单位”称号，工业园人民法庭被最高人民法院授予“全国法院先进集体”称号。

【审判】 依法惩治各类犯罪。新收443件，结案457件，判处罪犯544人。严惩暴力犯罪，审结案件94件114人。依法惩治职务犯罪，审结案件12件15人。推进落实认罪认罚从宽制度，审结认罪认罚案件245件294人。完善轻微刑事案件速裁机制，审结112件，平均用时3.5天。加强人权司法保障，为83名未聘请律师的被告人指定律师辩护。有效化解民商事纠纷。新收4948件，结案5068件，简易程序结案率84.08%，调撤率46.65%。审结各类合同纠纷647件，有效维护市场秩序。审结涉民生案件1493件，切实保障民生福祉。审结劳动争议案件347件，依法维护劳动者合法权益。妥善处理行政争议。新收94件，结案92件。积极推进行政机关负责人出庭应诉工作，本县行政机关负责人出庭应诉率95.38%。受理行政机关申请强制执行的非诉执行案件20件，裁定准予强制执行19件，监督支持政府依法行政。印发《关于建立涉税行政诉讼与税务行政执法联动机制的实施意见》，助推阳谷县法治税务建设。巩固深化基本解决执行难成果。首执立案2357件，恢执立案1333件，结案3694件，执行到位金额6.19亿元。完善网络查控和集约事项集中办理工作机制。保持对失信行为高压态势，将4171名失信被执行人纳入征信黑名单，曝光“老赖”1.7万余人次。强化错时执行理念，开展“凌晨行动”188场次。共司法拘留154人，移送涉嫌拒执罪案件5件5人，有财产可供执行案件法定期限内实际执结率99.78%。

【服务大局】 深入开展扫黑除恶专项斗争。加强组织领导，不断完善工作机制。对涉黑恶案件，由院长和分管院领导带头办理。共审结恶势力犯罪案件6件15人，其中判处以布某某为首的恶势力犯罪集团12人。依法服务打赢打好“三大攻坚战”。审结保险、信用卡、金融借款等金融纠纷968件，切实维护金融秩序。积极服务新旧动能转换，依破产和执行程序妥善处置“僵尸企业”资产9宗，变现资产9595万元。依法严惩扶贫领域贪污犯罪3件7人，审结返还扶贫互助资金案件47件，诉前调解拖欠扶贫大棚租金案件5件。依法严惩污染环境犯罪行为，审结污染环境犯罪案件12件28人，其中获评全省环境资源司法保护典型案例1件。积极助力平安阳谷、法治阳谷建设。五处人民法庭每月报送平安月报，为辖区党委政府做好稳定工作提供信息、提出建议。深入开展法治宣传，为中小学生上法治教育课，编发57期法治宣传节目。通过政务网站、微博和微信公众号加强法官以案释法，强化巡回审判工作，助力法治阳谷建设。努力营造良好的法治化营商环境。树立高效、善意、文明司法理念，最大限度减少对企业正常生产经营的不利影响。持续开展“送法进

8月6日，阳谷县道路交通事故纠纷一体化调处中心在县交警大队举行进行揭牌仪式

企业”活动，全年走访企业近60家。全市最先与县人行建立金融纠纷案件诉调对接机制。

【司法为民】 提升诉讼服务现代化水平。全面推行网上立案，除刑事案件以外，全部开通网络立案。落实跨域立案、网上缴费制度，网络系统和窗口服务均可接受银行卡、支付宝和微信支付，全年通过网上银行过付执行案款1.93亿元，为群众提供便捷的诉讼服务。深化司法公开的广度和力度。加强文书上网工作，公布裁判文书7855份。开通互联网直播平台，直播庭审1304场次。发挥网络拍卖优势，破产和执行财产均依法在网络司法拍卖平台公开拍卖，网拍率保持100%。推进纠纷快速化解机制建设。在全县网格化管理系统中增设“诉调对接”模块向网格员推送诉前调解案件，促进与乡、村两级人民调解组织对接机制实体化运行。加强诉前特邀调解工作，建立特邀调解员业绩待遇激励机制。全年诉前调解成功302件，司法确认调解协议121件。强化审判管理提质增效。严格落实院领导办案要求。完善法官会议集体研判案件制度。加强对审执质效指标的调度和通报。强化案件质量评查工作，实行被改判、发回案件全院通报和审判委员会实名制评议定责制度。全年案件结收比101.25%，服判息诉率91.61%。

【队伍建设】 突出政治引领。切实贯彻《中国共产党政法工作条例》，认真落实意识形态工作责任制。扎实开展“不忘初心、牢记使命”主题教育，积极开展主题党日活动。建立同月份入党党员过“集体政治生日”制度，强化党员党性意识。加强党建工作。强化机关党委和党支部建设，由院党组成员兼任机关各党支部书记。组织开展迎七一系列活动。成立党建工作办公室，建立党员积分管理卡，对党员进行积分制管理。制定党建工作考核标准和年度综合考核办法。增强司法能力。组织开展岗位练兵活动，先后开展了员额法官“办案能手”“调解能手”评比和司法警察、书记员技能竞赛，着力提升干警业务水平。注重教育培训工作，组织法官、人民陪审员参加阳谷县人民法院及上级培训共322人次。持续正风肃纪。开展廉洁司法集中教育，实现党风廉政教育常态化。坚持院领导轮值带班督查制度，支持上级法院和纪检监察部门开展执纪问责工作。积极探索院司法监察和审执管理相融合工作机制，促进工作作风持续向好。

莘县人民法院工作概况

【概述】 2019年，莘县人民法院始终坚持以习近平新时代中国特色社会主义思想为指导，紧紧围绕“努力让人民群众在每一个司法案件中感受到公平正义”的目标，牢牢把握司法为民公正司法工作主线，忠实履行宪法法律赋予的职责，各项工作取得了新的发展进步。全年共受理各类案件12494件，结案12877件，结案标的额15.73亿元，同比分别上升16.1%、19.2%和15.1%，均创历年新高。

【坚持党建引领，加强法院党的建设】 一是在学懂弄通做实习近平新时代中国特色社会主义思想上狠下功夫。认真落实党组理论学习中心组制度，制订了2019年学习计划，重点学习习近平新时代中国特色社会主义思想、中共十九届四中全会精神以及中央、省委、市委、县委和上级法院重大决策部署，开展集中学习研讨12次。二是始终坚持党的领导。严格落实请示报告制度，坚持重大事项、重大活动向县委、县委政法委汇报。三是认真履行全面从严治党主体责任。不断加强政治理论学习，自觉遵守党的政治纪律，坚持“两学一做”学习教育制度化常态化、规范“三会一课”、党员活动日等各项制度规定，党组成员带头上党课，认真过好双重组织生活。四是严格落实意识形态责任制。党组对意识形态工作进行专题研究6次，多次成功预防处置舆情。五是着力打造特色党建品牌。实行党员积分量化管理，选派3名干警参加双联共建活动、1名干警担任驻村第一书

12月4日，莘县人民法院全体员额法官宣誓

记，组织干警积极参加文明城市创建、青年志愿者、党员双报到等活动。

【坚持围绕大局，服务经济社会发展】 一是大力开展审判工作，促进社会发展稳定。依法审结恶势力案件2件，判处罪犯10人。共受理各类刑事案件515件，审结541件，判处罪犯753人，其中判处5年以上有期徒刑43人。审结非法吸收公众存款和合同诈骗等案件20件。二是大力加强民商事审判工作。共受理各类民商事案件6040件，共审结6490件，其中金融借款合同纠纷案件680件、民间借贷纠纷案件1160件、买卖合同纠纷案件670件、婚姻家庭纠纷案件1265件。在民商事审判工作中，创新了分段式道交案件审理模式和要素式、令状式、表格式裁判文书改革。三是充分发挥行政审判职能作用，监督促进依法行政。共审结行政诉讼案件78件，行政审查案件281件。

【坚持司法为民，维护群众合法权益】 一是全面推行网上立案。所有案件实行网上立案，开通了域外立案。共网上立案7932件，受理了全市首起跨域立案案件。二是妥善处理各类民事纠纷。畅通涉民生案件“绿色通道”，对涉及老年人、妇女、未成年人、农民工等弱势群体维权的案件，实行快立、快审、快执。大力加强诉讼调解工作，适用简易程序结案5522件，简易程序适用率为85.1%，调解撤诉2271件。对确有困难的当事人依法减缓免诉讼费、发放司法救助金共23.26万元。三是坚决兑现群众胜诉权益，用法治手段营造良好的营商环境。共受理各类执行案件5379件，结案5304件，执行到位金额40398.56万元。全面推行网络拍卖，网拍249次，成交金额1058.47万元，平均溢价率32.74%。公开曝光失信被执行人525人，被关注浏览165260人次。限制高消费8066人，纳入最高院失信名单1995人，拘传172人次，司法拘留43人次，搜查12人次。四是依法推动涉诉信访问题根本解决。共接待处理群众来电来信来访600余件次。五是大力推行阳光司法。依托司法公开信息平台，健全督促、通报、考核机制，共上网公开司法文书8317篇，庭审直播879个。

【坚持求真务实，提升法院自身建设】 一是扎实开展“不忘初心、牢记使命”主题教育。认真开展“解放思想大讨论”活动和“不忘初心、牢记使命”主题教育。征求并答复意见建议94条，通过分类处理、及时回复、认真吸收、狠抓整改，以思想的进一步解放促进理念提升、思维更新、作风改进、工作发展。二是继续深化司法体制改革。内设机构由原来的19个优化整合为10个，人员已调整到位。2019年审结的民商事案件中，平均办案天数由2018年的88.41天降为66.36天。院长庭长办案8154件，院长庭长办案实现常态化，办案数量占全院结案总数的63%。三是全力推进两个“一站式”建设。建立了诉调对接中心，组建两个速裁团队，实行简案快审、类案专审。着力推进一站式诉讼服务中心建设，对诉讼服务中心进行升级改造，诉讼服务功能更加全面集成。四是大力加强智慧法院建设。推动电子卷宗随案生成及深度应用，探索智能庭审等辅助系统，拓展电子送达方式，完善网上办案平台，推行公文处理网上运行。五是不断锤炼严实清廉的纪律作风。院党组严格执行向县纪委派驻纪检组报备工作制度，落实执行案件“一案双查”工作机制，组织开展“廉洁司法、担当作为”集中警示教育活动和审务督察。

【更加自觉接受监督，不断改进法院工作】 自觉接受县人大及其常委会的监督，认真负责地向县人大及其常委会报告工作，积极落实县人大及其常委会的决议。莘县人大常委会专门听取了莘县法院关于司法责任制改革工作的汇报。加强与人大代表和政协委员的联络工作，争取人大代表和政协委员对法院工作的理解和支持。莘县法院还认真接受政协的民主监督、检察机关的法律监督、新闻媒体的舆论监督以及社会各界的监督。

聊城市茌平区人民法院工作概况

【概述】 2019年，聊城市茌平区人民法院新收各类案件9535件，同比上升7.6%，审执结9939件，同比上升15.9%。各项工作取得了长足发展和进步。

【履行宪法法律职责，服务改革发展稳定大局】 全力维护社会稳定。全年审结刑事案件408件。受理涉黑涉恶案件5件，审结2件，坚决打掉黑恶势力的嚣张气焰。审结危险驾驶、杀人、强奸、抢劫、盗窃等案件243件，保护群众生命财产安全。审结危害食品安全犯罪2件，其中附带民事公益诉讼案件1件；审结破坏生态环境资源犯罪4件，严惩危害食品药品安全、破坏生态环境资源犯罪的。审结贪污、受贿等案件6件，其中判处副县级干部1人，严惩职务犯罪。认真落实宽严相济刑事政策，对95件案件中认罪认罚的罪犯依法从宽量刑。

5 月 23 日，茌平县人民法院举行人民陪审员任职暨宣誓仪式

全力保障经济发展。全年审结商事案件 1574 件。审结买卖合同、服务合同等案件 553 件，保障市场交易公平公正。审结融资租赁、金融借款等案件 602 件，规范金融秩序。审结破产重组、股权转让等案件 6 件，推动“僵尸企业”有效退出市场，实现资源重新配置。

全力促进法治建设。全年审结行政诉讼案件 83 件，审查非诉行政执行案件 154 件。落实行政案件跨区域管辖，赋予当事人对一审行政诉讼案件管辖的适当选择权，充分保护当事人诉权。推进行政机关负责人出庭应诉，2019 年 8 月以来行政机关负责人出庭率达到 100%。

【贯彻党的群众路线，回应人民群众司法需求】 着力完善便民机制。全面实行网上立案、网上缴费，设立 24 小时法院、开通 12368 热线，网上立案率达 99%。推进跨域立案工作，全年作为协作方法院办理案件 7 件，作为管辖方法院办理案件 2 件，有效减轻了当事人赴外地立案的奔波之苦和费用开支。开展司法救助，为 2 名当事人减缓免诉讼费 1.76 万元，为 56 名困难群众发放救助金 95.6 万元，彰显司法人文关怀。健全院领导带班接访、律师代理申诉、远程视频接访等机制，落实“三到位一处理”原则，依法化解信访积案，引导群众理性表达诉求。

着力化解民生纠纷。全年审结民事案件 3520 件。审结婚姻家庭、赡养抚养等家事案件 689 件，促进家庭和睦、社会和谐。审结劳动争议、工伤保险等劳资案件 229 件，营造健康有序的就业市场环境。审结机动车交通事故、医疗损害赔偿等侵权责任案件 653 件，维护被侵权人合法权益。审结土地承包经营权、土地征收补偿等涉“三农”案件 150 件，保障农业农村优先发展。依法审结房地产开发、建筑承包、商品房买卖、物业管理等领域案件 170 件，促进房地产市场平稳健康发展。

着力攻坚“切实解决执行难”。全年执行结案 2359 件，执行到位标的 6.5 亿元，执行标的到位率达 43.54%。完善网络司法拍卖，在淘宝网拍卖标的物 210 件，成交金额 7286 万元，成交率 55.21%，溢价率 31.43%。强化失信惩戒，共限制高消费 2296 人次，发布失信被执行人 711 人次，拘传 2000 余人次，司法拘留 260 人次，让失信者寸步难行。加大打击拒执犯罪的力度，全年共移送 3 件涉嫌拒执罪案件，已审结 2 件。

【强化审判机制创新，保障公正高效规范司法】 扎实推进司法责任制综合配套改革。顺利完成内设机构改革，内设机构由 23 个精简至 10 个，将更多审判资源配置到办案一线。明确法官、法官助理、书记员职责清单，让法官集中办理审判核心事务，独任法官、合议庭直接签发裁判文书案件占 99% 以上。严格落实院长庭长办案制度，带头办理疑难复杂案件，结案 4326 件，占结案总数的 46.7%。

加快推进两个“一站式”建设。建设一站式多元解纷机制，建立诉调对接中心，诉前调解纠纷 356 件，真正实现了“从源头上减少诉讼增量”。建立无争议事实记载、无异议调解方案认可等机制，办理司法确认 320 件。自 10 月至年底，共受理速裁案件 793 件，其中 15 天内办结的 157 件。建设一站式诉讼服务中心，认真落实“一次办好”改革举措，实现集约化诉讼服务机制。

大力推进智慧法院建设。推进电子卷宗随案同步生成和深度运用，推进全流程网上办案。建立严格的全流程网上监督体系，加强节点管控，确保案件全程可控制、节点可查询、进程可预期。加强科技法庭建设，购入 13 个通道进行庭审直播，自动接入中国庭审公开网。全年上网公布裁判文书 7717 份，开展庭审直播 1329 场，累积观看量 19.3 万人次。

【落实从严治院要求，打造忠诚干净担当队伍】 强化党的政治建设。以党建带队建促审判，设立与内设机构相对应的党支部，扎实开展“不忘初心、牢记使命”主题教育，严格落实意识形态工作责任制，加强和规范党内政治生活。

强化司法能力建设。开展分类、分级、全员培训，全年组织外出参加培训班 21 个、40 余人次。组织干警收听网上办案、办公、网络舆情等信息化专题培训，着力提高科技软件的实际应用水平。定期举办审判技能竞赛、裁判文书评选、典型案例评比等活动，3 篇案例入选《中国法院 2019 年度案例》丛书。

*强化党风廉政建设。*建立完善主体责任分解、传导、落实机制，层层签订党风廉政责任书，将全面从严治党的要求落实落细。强化廉政教育，严格监督执纪问责，用好“四种形态”，广泛开展司法巡查、审务督察、案件回访，以“零容忍”态度查处违纪违法行为。

东阿县人民法院工作概况

【概述】 2019 年，东阿县人民法院受理各类案件 6245 件，结案 6473 件（含旧存），未结 377 件，收结比 103.65%，结案率 94.50%。办案周期 60.29 天，同比 2018 年 107.71 天下降了 47.42 天。通过制定完善的规章制度和扎实有效的管理，东阿法院主要审执质效指标有大幅度提高，其中结案率、结案周期、未结案件均为建院以来最高水平。

【基础设施建设】 依托原来立案大厅设立信访服务中心，新审判大楼立案大厅设立案、保全、鉴定、排期送达、申请再审、缴退诉讼费等窗口，为当事人提供包括跨域立案在内的一站式服务；设立山东法院便民数字化平台、安置便民桌椅、诉讼财产保全责任保险易拉宝、自动售货机等便民设施。将司法技术鉴定职能予以整合，在立案庭设集中鉴定中心，大力宣传开展诉前鉴定，当事人立案后即可在诉讼服务中心一站式申请鉴定，方便了当事人诉讼，减轻了当事人诉累。

【队伍建设】 立案庭设分流员，利用分案系统对所有民商事案件进行评分，筛选出适用速裁方式的案件，交由速裁团队审理，大量采用要素式、表格式裁判文书，提高当庭宣判案件的比例。2019 年速裁团队共结案 712 件，人均结案 356 件，平均办案周期 23 天。成立刑事速裁团队，使用表格式裁判文书，全部当庭宣判，2019 年收案 111 件，结案 111 件，平均办案周期 5 天。加强专业团队改革。将专门送达团队按地域分成 3 个小组，采用错时直接送达方式，利用早晨、午休、晚上当事人在家的时间段送达，并将送达效果和绩效工资挂钩。2019 年该团队排期送达诉讼案件 2266 件，占全部诉讼案件的 57%，送达近 1 万人次，直接送达率达 90% 以上，送达周期平均不到 10 天，同比减少 20 多天。成立家事审判团队，由 1 名员额法官、1 名法官助理、1 名书记员组成，2019 年共收案 154 件，结案 153 件，平均办案周期 53 天。成立道交一体化团队，由 1 名员额法官、1 名法官助理、3 名书记员组成，对交通事故案件进行诉前调解、司法确认、快速审理，2019 年共收案 184 件，结案 181 件，平均办案周期 7 天，其中司法确认 57 件，诉讼调解 2 件，均当天结案。

【刑事审判】 坚决打击刑事犯罪，维护社会稳定。全面履行刑事审判职责，推进平安东阿建设，共审结各类刑事案件 235 件，判处罪犯 326 人。加强环境资源刑事审判工作，依法惩处污染环境、破坏资源的犯罪行为，审结 1 起重大污染环境刑事案件，从严判处 10 名犯罪分子；努力维护东阿阿胶品牌形象，保持阿胶产业健康发展，严厉打击扰乱阿胶市场秩序犯罪，审结一起以阿胶系列产品为依托，通过租赁网络服务器在全国范围内组织、领导传销活动的犯罪，从严判处 7 名犯罪分子；对扫黑除恶专项斗争的重要性进行再认识，按照要求，对督导单位开展督导检查，审结二起涉恶案件，从严判处 9 名犯罪分子。

【民商事审判】 妥善调判民商事纠纷，促进经济发展。2019 年民事案件收案 3889 件，结案 4067 件。坚持围绕中心，服务大局，认真贯彻新发展理念，促进经济发展，维护金融安全，淘汰落后产能，促进资本重组，优化双招双引法治环境。合力服务我县新旧功能转换重大工程和扶贫、维稳、环保、安全生产、金融风险防范化解五项重点工作。

【行政审判】 依法化解行政争议，助推法治东阿建设。2019 年共受理行政案件 102 件，审结行政诉讼案件 103 件，行政确认 35 件。所受理的案件未发现因政府不作为、乱作为、慢作为，侵害企业利益而引起诉讼的案件。每月定期向县党政主要领导汇报行政机关负责人出庭应诉情况和行政机关败诉案件情况，督促行政机关负责人出庭，努力营造良好的司法行政环境。坚持在合法性审查基础上，支持行政机关依法履行经济社会管理和公共服务职能。向党委、政府提交《关于加强行政机关负责人出庭应诉工作的报告》《关于成立行政争议审前和解中心的报告》，受到了领导的批示肯定。依法审查了一批违法占地行政处罚案件和欠缴卫生费的案件，为城市建设发展保驾护航；依法审查了6起拖欠劳动报酬案件，涉及工人40名，维护了农民工的合法权益。

【执行工作】 围绕“执行利剑”“凌晨攻坚”“十月风暴”等专项执行活动，巩固和深化“基本解决执行难”的工作成果，保障胜诉当事人的权利及时兑现。继续强化执行力度，严肃查处群众反映强烈的被执行人通过转移财产、隐匿财产等方式恶意规避执行的行为。充分使用罚款、拘留等强制措施，加大对拒执行为和拒执犯罪案件的惩处力度。2019年，对1263名被执行人采取了限高措施，将613名被执行人纳入失信人名单，强制拘传190人，拘留24人，拒执罪移送2件，通过失信限高、拘传拘留、媒体曝光等措施督促560余名被执行人履行了义务。全年新收各类执行案件1882件，结案1935件；实际执结率73.22%，列全市第一名；实际执行到位率47.30%，全市排第二名；终本率19.53%，全市排第一名。

【审判监督、管理工作】 细化绩效考核，明确各自职责，每月考核评分，定期公示考核结果。实行每月定期通报制度，召开审执工作分析会，专题通报部门案件办理进度、个人办结案件情况、上诉生效发改情况等，根据未结案件情况，调整结案指标，合理下达法官月结案数。强化审判监管，全程控制办案时间。抓好庭前节点管理，提高一次开庭成功率，以个案监控、预警超期监控、流程监控为抓手，构建“点、线、面”立体监控体系，对即将到期案件及时预警，避免超期办案。2019年庭审直播任务完成比达到100%，文书公开率97.28%，在全市排名第一，案件信息公开率100%，有效公开率97.52%，全市排名第一。

【立案信访】 设立导诉台，集中开展诉讼引导、调裁分流和繁简分流；设置案件款缴退服务统一办理窗口，协调银行派驻人员、安放自助存取款机，开通微信、支付宝扫码支付，确保案件款项业务一次性办理；设置当事人休息等候区，放置饮水机、书写台、便民伞、手机充电站等便民服务设施，全力营造温馨舒适的司法氛围；自主建设“掌上诉讼服务平台”，当事人只要扫描二维码，就可以在手机上详细了解诉讼指南、工作流程、工作动态，进行案件查询、投诉建议和联系法官。开通12368诉讼服务热线、短信服务平台，主动向当事人推送案件承办法官、联系方式和案件办理进展情况，努力实现“让群众少跑腿，让数据多跑路”。

通过说服教育、导入法律程序、司法救助等手段，成功化解多起信访积案。圆满完成重点敏感时期信访值班工作，特别是中华人民共和国成立70周年期间的值班工作。在取得阶段性成果的基础上，对涉诉信访老案不放松，作为主题教育办实事的措施之一，选定3起典型案件下功夫化解。

【参与社会综合治理】 建立“党组成员+”联系工作机制，各党组成员联系一家企业，详细了解在经营管理、安全生产、发展壮大、法律保障等方面存在的问题和遇到的难题，征求企业对法院工作的意见和建议，认真倾听并记录企业对法院作风建设、司法服务、优化营商环境方面的需求，协调帮助企业在法律层面解决发展难题。推行司法服务联络员制度，主动为企业提供法律咨询和服务，优化双招双引法治环境。积极参与企业金融风险化解工作，2019年共受理金融借款类案件885件，审结771件。2件破产案件正处于变现阶段。

冠县人民法院工作概况

【概述】 2019年，冠县人民法院共受理各类案件12560件，审结、执结13884件。连续10年被命名为“省级文明单位”，涌现出“全国维护妇女儿童权益先进个人”“新时代聊城最美奋斗者”等先进典型。

【坚持严格司法】 严厉打击刑事犯罪。审结各类刑事案件401件，判决罪犯505人。扎实开展扫黑除恶专项斗争，先后审结刘某簿恶势力团伙和宗万新、马某田涉黑组织犯罪案。严厉打击严重暴力犯罪，重点惩治酒后驾车危害公共安全犯罪，集中打击各类破坏经济秩序、污染环境以及涉食品药品安全、电信网络犯罪，维护了社会治安稳定。护航经济社会发展。审结涉企业纠纷1123件，标的额12.58亿元。专门出台服务意见，加大产权司法保护力度，营造法治营商环境。妥善办结宏润印染重大破产案件，实现无震荡破产。妥善审理离婚、继承、“三养”等案件1207件，调解、撤诉535件。支持法治政府建设。共审结行政案件12件，维持12件，确认行政协议效力66件。审查行政非诉执行案件111件，准予强制执行109件。建立行政争议诉前和解中心，调撤行政案件4件。推动行政机关负责人出庭应诉常态化，行政机关负责人出庭应诉率达100%。加强司法与行政良性互动，针对审判中发现的新情况新问题，及时提出司法建议。及时兑现胜诉权益。全年共执结各类案件4946件，执行到位金额6.04亿元。实行悬赏执行，共发布悬赏令15个。加强信用惩戒，对3042名被执行人发布限制消费令，累计发布失信被执行人名单1849例。坚持以打促执，共开展集中执行行动144次，拘传失信被执行人660人次，拘留159人次，罚款10人次，追究刑责10人。加强执行救助，为15名特困申请执行人垫付执行救助金30万元。

【深化司法改革】 推动诉讼事务一体集成。整合诉讼服务中心四大功能，集中履行20余项诉讼服务职责，方便群众“一次办好”。全面推行网上立案，民商事案件网上立案率100%。推行跨域立案，切实解决当事人奔波之苦。优化门户网站、微信公众号，嵌入服务功能模块，服务事项实现一网通办。推进案件繁简分流。实行简案速裁、普案快办、繁案精审，实现了案件繁简分流、轻重分离、快慢分道。在交警大队事故科建立道交一体化调处中心，集中调解、就地审理道交纠纷。加强速裁机制建设。组建4个速裁团队，实行快速办案模式，办案效率得到提升。实行集约送达，移动公司、邮政专递、公证处派员入驻法院协助送达，形成了电子送达、专递送达、公证送达与其他送达方式相结合的全方位送达模式。建立诉前调解机制。在诉讼服务中心设立诉前调解工作室，选派4名人民调解员进驻工作室开展工作。共成功诉前调解纠纷160件。推动落实司法责任制。明确院庭长监督管理职责，构建全流程监控、全过程留痕的监管机制。落实院长庭长办案制度，完善绩效考核标准，各项改革任务深入推进。

【加强党的建设】 坚持全面从严管党治党。坚持把思想政治建设放在首位，牢固树立“四个意识”，坚定“四个自信”，切实做到“两个维护”。扎实开展“不忘初心、牢记使命”主题教育，在学懂弄通做实习近平新时代中国特色社会主义思想上下功夫，推动中共十九大精神落实落地。党组严格履行全面从严治党主体责任，班子成员认真履行“一岗双责”。严格落实意识形态责任制，坚决守住司法领域意识形态安全。加大正风肃纪力度，严格执行中央“八项规定”精神、最高人民法院“五个严禁”，持续整治不正之风，严肃查处违法违纪行为，有效推进了作风建设常态化长效化。持续强化党组织建设。加强党组班子建设，严格执行党组议事规则，健全完善党内决策机制，各项决策透明、公开、民主。落实党建工作责任制，明确党组、机关党委、党支部“三个书记”党建责任，确保党建工作不走过场。严格支部组织生活，认真开展“三会一课”、组织生活会和党员日活动。不断丰富党建活动载体。以主题教育为抓手，开门征求意见，深入自查自纠。组织开展集中警示教育活动，提升廉洁司法意识。加强司法能力建设，参加各级各类培训800人次。建设党建文化长廊和党建文化室，丰富党建文化内涵。坚持从优待警，为干警解决实际问题。

【推进司法公开】 强化司法公开。打造审判流程、裁判文书、执行信息公开平台，全面推进办案全流程公开。累计直播庭审560次，公布生效裁判文书11717份。主动接受各界监督。及时向县委、人大报告重要工作、重大事项。完善与人大代表、政协委员、特约监察员日常联络机制，邀请旁听案件庭审、见证执行现场，实现监督法院工作的常态化。共开展“法院开放日”活动2次，执行见证活动2次，观摩庭审3次。加强检察机关法律监督，认真办理检察建议。主动接受人民群众监督，提请任命人民陪审员150人，陪审员参审率达到95%以上。广泛开展司法宣传。开展“普法宣传周”、“宪法宣传日”、“执行宣传月”、打击虚假诉讼、防范电信网络诈骗等法治宣传6场次。加强与主流媒体合作，全年在各类媒体发表稿件80余篇。加强自媒体建设，运用好“两微一端”宣传典型案例，讲好法律故事，做好法律解读，进一步提高了全民遵法守法意识。

高唐县人民法院工作概况

【概述】 2019年，高唐县人民法院（以下简称高唐法院）全年共受理各类案件7579件、结案7935件，同比分别上升7%和14%，结案率、服判息诉率等主要审判执行工作质效指标均居全省基层法院前列，民商事案件简易程序适用率达81%，案件平均审理天数75天；员额法官人均结案158件，执行员人均结案236件；年结案300件以上有7人，最多的达348件，全院一审服判息诉率达92.61%，列全省基层法院前十五位。执行工作接受了中国社科院第三方评估机构的评估验收并顺利通过，被最高人民法院评为全国法院“基本解决执行难”工作先进单位；2019年还被省委政法委、省人力资源保障厅命名为“人民满意”政法单位，并且连续27年被评为省级文明单位。

【刑事审判】 全年共审结刑事案件294件，比2018年增加106件，判处犯罪分子362人，充分发挥了刑事审判打击犯罪、保护人民的职能作用。坚持依法严惩黑恶势力犯罪，全年审结恶势力案件6件，判决恶势力犯罪分子32人，罪行严重的恶势力首要分子被判处十年以上有期徒刑，所办理的涉恶案件有1件被市中院评为典型案例，2件被作为全市扫黑除恶重大成果进行宣传；坚持依法严惩严重危害社会治安犯罪，重拳打击危害公共安全和社会治安的不法分子，审结故意伤害、强奸、“两抢一盗”等暴力性、多发性犯罪案件116件，切实保护群众人身、财产安全；坚持依法严惩破坏市场经济秩序犯罪，针对经济犯罪手法翻新、涉案金额高、受害群众多的特点，加大对涉众型经济犯罪案件的审理力度，共审结非法吸收公众存款、诈骗等案件35件，涉及金额1.58亿元、受害群众1686人。

【民商事审判】 制定了为保障企业新旧动能转换提供司法服务的意见，努力把营造公平营商环境、调节经济秩序作为商事审判的重点任务，共审结各类商事案件2676件，标的额9.6亿元。依法平等保护各类市场主体的合法权益，共审结买卖合同、道路运输合同、加工承揽等商事纠纷案件1069件，其中涉及高唐县支柱企业419件、重点企业620件；依法审理破产案件9件，通过破产清算引导“僵尸企业”和落后产能有序退出，10月裁定受理了山东泉林集团及其22家关联企业合并重整案。依法防范和化解金融风险，审结金融借款合同纠纷案件738件，涉案标的额3.62亿元；积极应对民间借贷纠纷高发的严峻形势，审结民间借贷纠纷案件805件、涉案标的额1.23亿元，依法保护合法借贷行为，着力遏制民间融资高利贷化和投机化倾向，引导民间融资秩序理性回归。

【行政审判】 全年共审结劳动监察、环境保护、治安处罚、土地管理、城市管理等行政纠纷案件86件。所审理的高东高速责令交出土地执行案，被执行人严重抵触、从北京请律师维权，拒不交出被征收土地，主办法官通过召开听证会，摆事实，讲道理，严密论证。作出准予执行裁定后，被执行人自动履行了义务。主动延伸行政审判服务范围，指导行政机关依法行政，全年接受行政机关咨询、审查行政合同和规范性文件等50余次；联合司法局、信访局推动并建立运行行政争议审前和解中心，形成了法院负责委派、中心负责和解，和解成功后再由法院进行司法确认的审前纠纷化解机制。

【执行工作】 全年共受理执行案件2666件，已结案件2743件，执行到位金额6.12亿元。依托司法查控平台，与公安、国土、银行等部门联网对接，实现对被执行人存款、房产、车辆等主要财产“一网打尽”。充分运用罚款、拘留、追究拒执罪等强制措施，采取强制措施210人次，实际拘留102人次；继续对被执行人加大信用惩戒力度，全院共纳入失信被执行人634人次，限制高消费4116人次；继续常态化开展夜间执行、凌晨执行、假日执行等集中执行活动，共开展集中执行活动60多次，对恶意逃债的被执行人形成了有力震慑，执行质效得到了大幅度提升。

【司法改革】 2019年4月，高唐法院在全市基层法院中率先启动完成了内设机构改革，合并重整了内设机构，改革后保留了10个内设机构、4处人民法庭。在刑事认罪认罚案件的审理改革方面，高唐法院被指定为全市法院的试点单位。他们联合公安、检察、司法等部门启动了认罪认罚制度改革，适用认罪认罚的刑事案件平均审理天数12天，最短的5天、最长的20天，大大提高了刑事审判效率，节约了刑事审判资源。按照最高人民法院关于建设一站式诉讼服务中心、一站式多元解决纠纷机制的要求，对立案大厅实行分区管理、集约运行，案件受理、文书送达、财产保全等庭前准备工作全部集中在一起统一办理，并为当事人提供自助立案、自助查询系统自助办理立案、交退费、查询案件流程信息、查阅电子卷宗等一站式服务；组建了以人民调解员、特邀调解员、行政和解员为主体的诉前纠纷调解队伍，形成了一站式多元调解模式。在县司法局的协助下，提请县人大常委会任命了120名人民陪审员，陪审员全年参审案件870件，普通程序案件陪审率达到100%。

临清市人民法院工作概况

【概述】 2019年，临清市人民法院（以下简称临清法院）面对案件数量持续上升、司法改革纵深推进、各项任务异常繁重的严峻形势，院党组团结带领全院广大干警顽强拼搏，攻坚克难，砥砺前行，审判执行工作和自身建设取得了新的发展和进步。临清市人民法院(以下简称临清法院)连续11年被评为“省级文明单位”，全院共有3个集体和3名个人受到了市级以上表彰。

【服务保障大局工作有为有效】 2019年，全院坚持围绕中心服务大局，认真贯彻新发展理念，制定实施《关于进一步为全市新旧动能转换重大工程实施暨“双招双引”工作提供司法保障和服务的意见》，服务高质量发展。作为聊城市唯一被省法院指定开展知识产权审判“三合一”工作的基层法院，积极开展知识产权审判工作，审结涉知识产权纠纷案件 38 件。与政府职能部门主动对接，妥善审结了沃科丰饲用蛋白有限公司破产案件。深入开展扫黑除恶专项斗争，顺利审结了社会影响较大的陈某章、魏某利等 5 人寻衅滋事、敲诈勒索、诈骗案，首要分子陈某章被判处有期徒刑最高刑 25 年。此外，还依法审结了聊城市经信委党组原成员、原副主任屠某仁挪用公款、挪用资金、贪污案等有较大社会影响的职务犯罪案件。监督支持行政机关依法行政，妥善化解了一批违法占地行政案件。扎实做好全国两会和国庆 70 周年期间的信访工作，积极开展防范和化解涉诉信访案件工作落实年活动，已将省法院交办的信访积案全部清零。

9 月 25 日，临清法院干警参加中华人民共和国成立 70 周年合唱比赛

【执法办案任务顺利完成】 2019 年，临清法院坚持抓好主责主业，全年共新收案件 11883 件，结案 11903 件，同比，收结案数量均创历史新高。优化审判资源配置，新招聘 23 名书记员，配齐配强辅助办案力量，严格落实院长庭长办案制度。全年院长庭长共结案 3955 件，占全院结案总数的 33.23%。依托信息化手段，强化节点控制和审限管理，同时，坚持月中、月末每月召开两次案件调度会，督促法官加快办案节奏。全年员额法官人均结案 264.51 件，结案最多的达 933 件。针对类案不同判、裁判尺度不统一的问题，充分发挥专业法官会议和审委会的咨询、把关作用，2018 年共召开各类专业法官会议 30 次，研究案件 99 件。狠抓长期未结案件清理工作，党组对超过 12 个月的准长期未结案件由主审官汇报结案计划，并逐案销号，自 2017 年 2 月份以来临清法院始终保持长期未结案件零纪录。

【基本解决执行难成果得到进一步巩固深化】 2019 年，临清法院坚持力量不少、力度不减、标准不变，进一步巩固基本解决执行难成果，深入开展“巩固基本解决执行难工作成果”“暖冬行动”等专项行动。进一步强化执行强制措施。一方面，加大拘留、罚款等强制执行措施的力度，2019 年共采取拘留措施 209 人次，罚款措施 46 人次。另一方面，进一步加大拒执罪的打击制裁力度。2019 年，临清法院立案审理了 5 件拒执罪案件，已有 3 人被依法追究刑事责任。同时，多次召开新闻发布会，公布了打击拒执罪等相关情况，营造了全社会共同解决执行难的良好社会氛围。全年共执结案件 3176 件，同比增长 150%，执行标的到位额 8.7 亿元。

【司法体制改革和智慧法院建设纵深推进】 2019 年，临清法院坚持与时俱进，深化司法体制综合配套改革，2018 年 4 月初全面完成内设机构改革，将内设机构优化整合为 10 个。按照“推进案件繁简分流、轻重分离、快慢分道”的要求，积极推进多元化解、繁简分流等配套机制改革，全面推进两个“一站式”建设，建立道交一体化调处中心、行政争议审前和解中心；设立 7 个速裁团队，实现“简案快办”。扎实推进智慧法院建设，完成电子卷宗随案同步自动生成及深度应用系统的建设，实现电子卷宗实时生成；全面推进网上立案工作，实现网上跨域立案；另外，2019 年 8 月临清法院在聊城法院系统率先建成 24 小时法院，进一步提升了司法便民水平。

【过硬队伍建设措施有力】 2019 年，临清法院坚持抓党建带队建，把政治建设摆在首位，扎实开展“不忘初心、牢记使命”主题教育，深入开展“解放思想大讨论”活动，按市委统一要求召开专题民主生活会，并通过班子成员讲党课等方式，教育引导干警牢固树立“四个意识”，坚定“四个自信”，坚决做到“两个维护”，确保法院工作正确政治方向。实施书记抓基层党建突破项目和基层党组织组织力提升工程，立足内设机构改革、部分人员调整等实际情况，圆满完成机关党委及各支部换届选举工作。组织部分干警到中共原清平县党史纪念馆接受党性教育，积极开展“1+1”好支部共建、“共产党员先锋岗”等活动。深入开展司法廉洁教育，积极配合市委巡察组和中院司法巡察组工作，从严治院、从严治警成为常态。

滨州市中级人民法院工作概况

【概述】 2019 年，滨州市两级法院坚持以习近平新时代中国特色社会主义思想为指导，深入学习贯彻中共十九大和中共十九届二中、三中、四中全会精神，根据滨州法院实际情况，研究确定了“全面工作整体推进，特色审判走在前列”的工作思路和目标。滨州市两级法院受理各类案件 63186 件，办结 69596 件，同比分别上升 5.05% 和 20.55%。其中，中院新收 6357 件，办结 6885 件，同比分别上升 20.97% 和 35.11%。

【刑事审判】 2019 年，滨州市法院审结涉黑涉恶案件 51 件，判处 310 人，判决人数全省第五，其中判处五年以上有期徒刑 80 人。坚持“打财断血”，对 11 名罪犯依法判处没收个人全部财产，对 153 名罪犯依法判处罚金 1312 万元。坚持“打伞破网”，审结保护伞案件 1 人。坚持“深挖根治”，积极参与涉黑涉恶线索核查百日会战行动，推进扫黑除恶专项斗争向纵深开展。依法惩治破坏经济秩序犯罪，审结非法吸收公众存款、传销等涉众型经济犯罪 35 件，判处 72 人，涉案金额 33.75 亿元。坚决遏制毒品犯罪蔓延态势，审结各类毒品案件 32 件，判处 51 人。

【民事审判】 2019 年，滨州市法院依法妥善审结就业、医疗、教育、社会保障等民事案件 13717 件。全面推进家事审判改革，妥善审结婚姻、继承等家事纠纷 5911 件，调解撤诉率 53.22%。坚持最大化的保障劳动者合法权益，审结劳动争议等民事案件 1400 件，审结工伤认定等行政案件 133 件，帮助追回农民工“血汗钱”1.96 亿元。依法保护正常商品房交易关系，制裁违约的行为，审结商品房预售、销售等房屋买卖纠纷案件 839 件。坚持让法律更有温度，让司法更有温情，为经济困难当事人减缓免诉讼费 1226.5 万元，向 133 名特困当事人发放司法救助金 203.2 万元。

【商事审判】 2019 年，滨州市法院强力推动困难企业资产重组和经济转型升级，新收破产案件 68 件，审结 93 件，分别为 2018 年的 1.5 倍和 4 倍，居全省第二位和第四位。全面分析甄别“生病企业”资产、经营状况，量身定做“腾笼换鸟”“移花接木”等处置方案。53 家“黑名单”企业有序退出市场，48 家企业实现重整，释放土地资源 1133.33 公顷，化解银行不良贷款 555.6 亿元，配合政府有序分流安置职工 1.1 万人。深入开展金融风险化解百日攻坚行动，全年审结金融借款案件 2283 件，标的额 133 亿元。运用调解、撤诉方式结案 494 件，促进银企携手合作、共渡难关。

【行政审判】 2019 年，滨州市法院审结行政案件 709 件，审查非诉执行案件 1499 件。深化行政诉讼案件跨区划集中管辖改革，有效保护行政相对人诉讼权利。巩固行政机关负责人出庭制度成果，全市行政机关负责人出庭应诉率 97.14%，居全省前列。加强对群众生命财产安全的保护，审结涉及河道违建行政案件 29 件，为抗击台风洪涝灾害提供了有力保障。注重行政争议实质性化解，市、县两级全部设立行政争议和解中心，受理案件 152 件，和解 61 件，促进社会关系和谐。2018 年 9 月，成功化解 101 户群众养老保险金行政给付案，有效兼顾社会公共利益和相对人合法权益。

10 月 30 日，滨州市中级人民法院召开关于产权司法保护工作有关情况的新闻发布会

【案件执行】 2019 年，滨州市法院执结案件 15944 件，实现胜诉权益 49 亿元。综合运用各类网络查控平台，查询房产、车辆 285 万次，冻结款项 4.1 亿元。网络司法拍卖成交 5.77 亿元，平均溢价率 25.5%，为当事人节省佣金

1766.58 万元。坚决打击抗拒执行行为，判处拒不执行判决裁定罪 11 人，拘留 601 人次，罚款 89.8 万元。加强信用惩戒，曝光失信被执行人信息 3425 条，在融资信贷、出国出境、乘坐飞机高铁等方面进行限制，使其“一处失信、处处受限”，766 名被执行人迫于压力主动履行了义务。深入开展专项执行活动，执结涉民生案件 2782 件，执行到位 3.24 亿元；执结涉金融案件 1273 件，执行到位 12.83 亿元；执结涉党政机关案件 78 件，执行到位 1.53 亿元。

【信访工作】 2019 年，滨州市法院认真落实社会稳定风险评估处置制度，全力做好全国两会、青岛海军节、中华人民共和国成立 70 周年等重要敏感节点的安保工作。畅通申诉信访渠道，探索律师参与化解涉诉信访案件，妥善化解上级交办信访案件 42 件。

【审判监督】 2019 年，滨州市法院推进减刑假释案件阳光审理，落实公开听证及公示制度，审结案件 827 件。认真贯彻全国人大常委会特赦决定、国家主席特赦令，准确把握适用条件，依法特赦 73 人。加强审判流程、庭审活动、裁判文书、执行信息四大公开平台建设，网上公布裁判文书 60957 份，庭审直播 2816 场，推送流程节点信息 23 万余条。广泛开展“法律十进”活动，运用微博、微信、头条、门户网站发布各类信息 1100 余条，举办新闻发布会 5 次、“公众开放日”活动 23 场。

【司法为民】 2019 年，滨州市法院依法妥善审结就业、医疗、教育、社会保障等民事案件 13717 件。妥善审结婚姻、继承等家事纠纷 5911 件，调解撤诉率 53.22%。坚持最大化的保障劳动者合法权益，审结劳动争议等民事案件 1400 件，审结工伤认定等行政案件 133 件，帮助追回农民工“血汗钱”1.96 亿元。依法保护正常商品房交易关系，制裁违约的行为，审结商品房预售、销售等房屋买卖纠纷案件 839 件，促进房地产市场规范有序发展。坚持让法律更有温度，让司法更有温情，为经济困难当事人减缓免诉讼费 1226.5 万元，向 133 名特困当事人发放司法救助金 203.2 万元。

【司法改革】 2019 年，滨州市法院深化“智慧法院”建设，强化智审系统应用，推动电子卷宗随案同步生成和深度应用，智能辅助法官办案。推行网上开庭、视频接访、电子送达，群众诉讼更加便捷。推进司法责任制改革，基层法院内设机构改革全部完成，管理效能大幅度提升。实施简案快审，民商事简易程序适用率 78.56%，适用速裁程序 4351 件；刑事认罪认罚案件 863 件，当庭宣判 475 件，当庭宣判率 55.04%，适用速裁程序刑事案件 213 件，平均审理天数 7 天。

【生态文明建设】 2019 年，滨州市法院顺应滨州沿黄生态保护和高质量发展的新形势新要求，制定环境保护司法意见，成立环境资源审判团队。审结破坏环境资源犯罪案件 33 件，环境资源民事、行政案件 312 件，环境公益诉讼案件 10 件。探索承担劳务、补植复绿、增殖放流等生态修复方式，让破坏生态者受到惩罚、受损者获得补偿、生态损害得以修复。许某某盗窃河坝土方案入选全省法院环境资源审判十大典型案例。山东金岭化学有限公司污染环境罪刑事附带民事公益诉讼案入选全省优化营商环境、净化社会环境十大典型案例。2019 年 12 月 19 日，中院在第二次全省法院环境资源审判工作会议上作典型发言。

滨州市滨城区人民法院工作概况

【概述】 2019 年，滨城区人民法院坚持以习近平新时代中国特色社会主义思想为指导，深入贯彻落实中共十九大和中共十九届二中、三中、四中全会精神，紧紧围绕党委工作大局，忠实履行宪法法律职责，加强创新基层社会治理，积极推进司法体制机制改革，努力推动诉讼流程再造和新型办案模式形成，服务大局、社会治理、智慧法院、自身建设等各项工作取得新的发展进步和创新突破。全年新收各类案件 12041 件，结案 13416 件，员额法官人均结案 280 件，各项数据再创历史新高。

【刑事审判】 牢固树立总体国家安全观，严厉打击危害国家安全犯罪案件，维护社会大局稳定，提升人民群众安全感，审结各类刑事案件 745 件，判处犯罪分子 1161 人，五年以上有期徒刑 50 人，依法适用缓刑、免于刑事处罚 677 人。推动扫黑除恶专项斗争向纵深发展，依法严惩寻衅滋事、强迫交易、敲诈勒索等涉黑涉恶犯罪，为人民安居乐业、社会创业创新打造安全稳定社会环境。开展金融风险防范化解百日攻坚行动，严厉打击恶意逃废金融债务，审结骗取贷款、非法集资、非法吸收公众存款等金融犯罪案件 24 件，挽回经济损失 336 万元，防范化解重大金融风险。依法严惩贪污贿赂职务犯罪，审结各类职务犯罪案件9件，推动反腐败斗争深入开展。严厉打击电信网络诈骗犯罪，审结网络诈骗案件18件，挽回群众经济损失45万元。认真贯彻落实《关于适用认罪认罚从宽制度的指导意见》，开展认罪认罚从宽工作，审结认罪认罚案件174件，采纳检察机关指控罪名和量刑建议占99%，当庭裁判率88%。

【民事审判】 始终坚持以人民为中心的发展思想，进一步加强民事审判，促进形成良好社会风尚，弘扬社会主义核心价值观，审结各类民事案件1678件。积极推进家事审判方式改革，注重妇女儿童和老年人合法权益保护，审结婚姻家庭、抚养赡养等家事纠纷668件，促进新时代家庭文明建设和良好家风传承。加大未成年人保护力度，倡导理性维权，妥善审理教育、医疗案件32件，促进和谐校园建设和良好医患关系形成。依法平等保护劳动者和用人单位合法权益，审结劳动合同、工伤保险、经济补偿金纠纷等劳动争议案件754件，促进和谐劳资关系建设。依法审理消费者权益纠纷案件4件，制裁消费欺诈、霸王条款等行为，营造良好消费环境。

【商事审判】 牢固树立新发展理念，严格落实习近平总书记在全国民营企业座谈会上的讲话精神，坚持把服务优化营商环境融入人民法院执法办案全过程，服务保障高质量发展，审结各类商事案件2102件。大力弘扬契约精神，依法制裁违约失信行为，维护守约方合法权益，合理判断新型交易模式和合同效力，审结买卖、租赁、承揽等合同纠纷案，提高市场经济交易活力和创新力度。保护合法交易，平衡各方利益，妥善审理担保、票据、保险等金融纠纷案件523件，规范和引导金融行为，维护金融秩序。完善市场主体救治和退出机制，重视运用破产重整、和解制度，审结破产案件4件，侨昌化学和宏昌置业破产重整方案实施完毕，两企业重获新生。积极运用司法手段推动完善公司治理，加强中小股东保护力度，审结股权交易、股权改制等公司纠纷案件114件，提高社会投资积极性。

【执行工作】 深化基本解决执行难工作成果，继续加大执行工作力度，保障胜诉当事人合法权益，推动完善社会信用体系建设，执行收案4801件，结案5230件，到位资金9.14亿余元。加大信用惩戒力度，发布失信被执行人名单323人，限制高消费4521人，依法拘留151人，提高失信被执行人失信成本。为防止国家税款流失，规范税收执法行为，与区税务局加强协作配合，签署《关于建立执法联动机制协作备忘录》，对民间借贷纠纷案件利息收入和被执行拍卖财产进行联合执法协作、管控，7月1日实施以来，征缴税款300万余元。继续开展“降不良、打逃废”专项执行行动，执结528件，到位资金7489万元，有效防止地方系统性金融风险。

【诉调对接】 坚持把非诉讼纠纷解决机制挺在前面，充分发挥人民调解、行业调解、行政调解作用，加强业务衔接互补、规范案件办理标准、给予司法确认支持。与区司法局共同建立由法院自主管控、法官即时指导、分调裁无缝衔接的诉调对接中心，选任全区775名村居社区主任、司法所所长及辖区有一定法律经验和威望的妇联、政法退休干部担任调解员，为诉前调解配齐配强调解力量。积极对接滨州市医患纠纷调解委员会，将医疗纠纷案件先行推至医调委进行调解。充分发扬“小事不出村、大事不出镇、矛盾不上交”枫桥经验，积极推动“无讼乡村社区”创建活动，在彭李街道办事处设立调解工作室，接受法院委托进行诉前调解，努力推动构建诉源治理网格体系。

滨州市沾化区人民法院工作概况

【概述】 2019年，滨州市沾化区人民法院（以下简称沾化法院）共受理各类案件5838件（含旧存561件），审执结5536件，同比分别增长5.09%和11.09%，均创历史新高。结案率94.83%，位居全市基层法院第一位。全院员额法官人均结案184.53件。

【刑事审判】 全年共审结刑事案件259件，判处犯罪分子307人，其中判处3年以上有期徒刑37人，判处缓刑189人。纵深推进“扫黑除恶”专项斗争，依法审结高某某等7人聚众扰乱社会秩序罪、耿某某等4人寻衅滋事罪等涉恶案件4件16人。重点打击经济领域犯罪，依法审结骗取贷款罪、信用卡诈骗罪、挪用资金罪等犯罪案件14件15人。紧紧依靠党的领导，与公安、检察机关密切协作，依法、公开、稳妥审理了“悦花越有”特大传销案，被告人刘某某被判处有期徒刑7年并处罚金2亿元，其他被告人分别受到相应刑事处罚。坚持反腐败高压态势，依法严惩职务犯罪，共判处5件5人。积极探索、准确适用认罪认罚程序，审结案件56件，判处罪犯56人，平均办案周期12天。

【民商事审判】 共审结各类民商事案件3130件，同比上升14.32%。坚持解民忧、纾民困、暖民心，妥善审理婚姻家庭、继承、赡养、抚养等家事案件654件。审慎处理劳动争议纠纷案件，审结105件，标的额343.99万元。依法服务供给侧结构性改革，出台《沾化区人民法院关于营创法治营商环境的实施意见》。积极推进“僵尸企业”退出市场和新旧动能转换，依法对沾化家裕公司裁定“执转破”，对万思顿公司破产清算，对山东海明公司进行重整。大力开展金融风险化解集中攻坚行动，审结涉金融案件243件，标的额1.146亿元。积极开展招商引资，到位金额1638万元。积极参与扶贫攻坚，17名科级干部帮扶81户贫困户。1名干警挂职村第一书记，支持帮扶资金20余万元。

【行政审判】 审理审查各类案件69件，其中行政诉讼案件20件，非诉执行案件49件。行政机关负责人出庭应诉率达到100%。积极向行政机关提出司法建议10条，组织行政机关负责人参加庭审观摩2次。注重行政争议实质性化解，设立行政争议审前和解中心，成功化解案件2件。

【执行工作】 受理执行案件2203件（含旧存187件），执结2083件，执行结案率94.51%，结案标的额14.17亿元。开展执行集中行动5次，采取司法强制措施147人次。保护诚信，惩戒失信，累计发布失信被执行人44人次，限制753人次购买飞机、动车、高铁票，31名失信被执行人迫于压力主动履行了义务。加大对拒执罪打击力度，畅通刑事自诉渠道，共判处2件2人。沾化法院被表彰为“全省法院基本解决执行难工作先进集体”。

【司法便民】 全面提升诉讼服务水平。大力推进“一站式诉讼服务中心”建设，加强“互联网＋诉讼服务”，开通网上跨域立案，网上立案率达到了100%。推行并应用网银支付交纳诉讼费，为当事人网上办理退费。认真落实“胜诉先退”，为符合条件的当事人先行退费27.1万元。积极落实司法救助制度，对生活确有困难的当事人发放救助金14.98万元，依法为经济困难的当事人减缓免交诉讼费8.1万元。全面推进矛盾纠纷多元化解。主动融入党委领导下的诉源治理格局，进一步深化“分调裁审”工作机制，积极推进“一站式多元解纷机制”建设。出台《沾化区人民法院关于建设一站式多元解纷机制的意见》，建立调解前置机制，聘请3名人民调解员，自2019年11月15日开始，推送案件195起，成功调解21起。全面推进审判流程再造。出台《沾化区人民法院民商事案件办理流程》，推动网上立案系统、法官一体化工作平台、分调裁审平台、人民调解平台高效对接。积极探索民事案件要素式审理、表格式裁判，成立3个速裁团队和6个快审团队，对案件进行快速审理。

【司法责任制改革配套设施建设】 圆满完成内设机构改革及中层正副职竞争上岗、干警双向选择工作，将原来20个机构精简为10个内设和派出机构，机构数量精简50%。坚持院长庭长办案常态化，全年院长庭长共办结各类案件2307件，占全院结案数量的41.67%。2019年，陪审员共参审案件1050件，普通程序案件人民陪审员参审率达100%。健全完善案件质效管理体系，推行案件月通报制度，修订完善《干警绩效考核办法》和《员额法官绩效考核实施细则》。全年开展庭审网络直播311次，网上公开裁判文书4590份。推行电子卷宗随案同步生成和应用，对4万册220万页已归档卷宗进行集中扫描生成电子卷宗，充分运用一体化工作平台和网上办案系统。完成对已有的办公区、审判区和生活区“三区”分离改造。新综合审判法庭建设全面启动，已完成迁占和相关手续审批。

【队伍建设】 扎实开展“不忘初心、牢记使命”主题教育，坚持“支部建在庭上”，完成机关党委换届选举工作，新成立11个党支部，新建“老干部活动室”。大力培树先进典型，刘建国被最高人民法院授予“全国法院办案标兵”称号，张洪海被评为“沾化最美青年”暨第四届“十佳青年标兵”。召开“举旗亮剑、正风肃纪”警示教育大会，开展“廉洁司法强化年”活动，组织赴鲁北监狱接受警示教育，纪检组长与全院30名员额法官、新任中层部门负责人进行廉政谈话，切实做到知敬畏、存戒惧、守底线。

惠民县人民法院工作概况

【概述】 2019年，惠民县人民法院（以下简称惠民法院）紧紧围绕“努力让人民群众在每一个司法案件中感受到公平正义”的目标，着力增强司法主业，全面开展审判和执行工作。全年共受理各类案件6957件，办结7791件，同比分别增长8.01%和24.34%，员额法官人均结案211件，同比增加42件，全年结案率94.80%，平均办案周期缩短20.38天，正常审限内结案率97.30%，同比上升9.63个百分点，服判息诉率 93.22%，全省第十名。

【刑事审判】 重拳严惩黑恶犯罪。依法审结恶势力犯罪案件 7 件，其中审结恶势力犯罪集团案件 1 件；依法审结故意伤害、盗窃等各类侵犯人身财产安全犯罪案件 59 件 77 人；突出打击涉众型经济犯罪，审结合同诈骗、集资诈骗等犯罪案件 18 件 20 人，涉案金额 5885 万余元；对涉案金额达 16 亿元的“增福康”特大传销案作出一审宣判，以组织、领导传销活动罪对以陈某国为首的 11 名被告人判处 2 年至 7 年不等的有期徒刑。成立 1 个速裁团队，专门审理危险驾驶及交通肇事类案件；积极推进认罪认罚从宽制度落实，适用认罪认罚速裁程序审结危险驾驶、交通肇事类案件 245 件，平均审理期限 13 天。积极推动纪检监察工作和刑事司法办案有序衔接，公正审理贪污、贿赂、渎职等职务犯罪案件 9 件。2019 年度受理的涉恶案件全部审结完毕，扫黑除恶审判战果考核获得满分。

【民事审判】 构建全方位司法保护体系。成立交通事故、民间借贷、保险合同 3 个速裁团队，妥善审理涉民生案件，审结涉婚姻、劳动就业、医患纠纷、交通事故等案件 2100 余件。

【商事审判】 持续创优营商环境。出台惠民法院《服务保障民营经济高质量发展十二条》，营造保障民营经济发展的法治环境；开展金融风险化解“百日集中攻坚”行动，快立快审快执，依法办结金融案件 612 件；开展失信被执行人专项清理活动，依法撤销失信限制 11 人，由无期限失信限制缩短至两年失信限制 41 人；成立“黑名单”企业工作专班，及时与破产管理人对接，召开债权人会议，依法对破产财产进行评估拍卖，推动五家破产企业有序重整或清算。

【行政审判】 积极推进法治惠民建设。成立行政争议审前和解中心，为当事人与行政机关协调化解行政争议搭建新平台。共审结工伤行政确认、公安类行政处罚等行政诉讼案件 28 件，审查行政非诉执行案件 17 件，着力促进司法与行政良性互动，行政机关负责人出庭应诉 30 人次，出庭率 100%。

【案件执行】 决战决胜“切实解决执行难”。全年共受理执行案件 2224 件，执结 2412 件，执行到位金额 2.45 亿元，实际执结率 70.11%。开展“暖心冬日”等集中行动 210 次，依法对 1901 名被执行人限制高消费等权利；邀请 37 名人大代表、政协委员零距离见证凌晨集中执行行动；开展全媒体直播抓“老赖”行动，群众参与收看 46 万余人次，网友评论 70 余万条，增强社会守信氛围。加强评估拍卖，省产权交易中心专门派员来惠民法院处理涉案财产的评估拍卖工作，司法网拍率 100%，成交额 8722 万元，单笔最高额 6750 万元。惠民法院生效裁判文书自动履行率达到 68.60%，高于全市平均值 6.91 个百分点，全省第十六名。

【审判监督】 强力提高审判质效。开展长期未结案件专项清理活动，12 个月以上的案件全部清零；每月对发改案件通报评析，定期分组学习讨论，促进审判质量的提升；召开年底攻坚部署会，员额法官加班加点，全力攻坚，周调度、月排名，惠民法院结案率明显上升，位列全省基层法院第二十四名，进入全省第一方阵。

【司法为民】 丰富便民举措。创新服务措施，研究建设“24 小时社区自助法院”，着力提供全天候诉讼服务；自觉融入脱贫攻坚工作大局，依法为生活困难当事人减缓免诉讼费 10 万余元，45 名干警结对帮包 104 名困难群众，选派 2 名优秀干警参加“第一书记”驻村工作和“万名干部下基层”活动，为村级党建、土地流转等提供有力的法治保障和服务。

【司法改革】 全力加快智慧法院建设。深入推进网上立案，网上立案占比 100%；深化“道交一体化”改革，实现交通事故纠纷全流程在线处置；建立诉讼材料集中管理中心，对诉讼材料从立案到开庭再到归档进行“一站式”管理；加快推进电子卷宗全覆盖，对中华人民共和国成立以来的所有文书卷、刑事卷和部分民事、执行卷宗共 74000 余册进行扫描；增设智能材料流转柜，用于当事人与员额法官之间收交材料，大大提升了诉讼材料收转效率和安全性；启用电子送达平台，实现司法文书电子送达的“零距离、零等待”。着力推进两个“一站式”建设，推行“人民调解 + 司法确认”模式，成立人民调解工作室，专门调解家事纠纷；实行“全员参与、调裁一体”工作机制，对事实清楚、争议不大的纠纷，先行调解，节约当事人的诉讼时间。完善诉讼服务，启动诉前鉴定程序，压缩办案周期；推进案件繁简分流、轻重分离、快慢分道，组建交通事故、金融纠纷专业化审判团队，此类案件办案周期平均缩短至 40 天和 10 天；完善绩效考核机制，坚持入额必须办案，院长庭长带头办案3104件，占结案总数的39.84%，37名员额法官结案率全部达到92%以上。

【司法公开】 广泛接受社会各界监督。认真落实新修订的《中华人民共和国人民陪审员法》，完成72名人民陪审员选任工作；积极推进司法公开，上网公开裁判文书7433份，在中国庭审直播网直播案件478件；4名法官自觉接受县人大常委会履职评议，进一步增强了履职尽责的使命感和责任感；邀请县人大代表、政协委员及师生、群众代表共60余人参加“12·4”国家宪法日暨法院公众开放日活动，增进了法院与人民群众的密切联系，促进了阳光司法。

阳信县人民法院工作概况

【概述】 2019年，阳信县人民法院（以下简称阳信法院）在县委的坚强领导下，在县人大及其常委会的有力监督下，在县政府、县政协及社会各界的关心支持下，深入贯彻落实中共十九大及中共十九届历次全会精神，以习近平新时代中国特色社会主义思想为指引，围绕“努力让人民群众在每一个司法案件中感受到公平正义”的工作要求，突出执法办案，深化自身建设，注重改革推动和科技引领，着力打造与经济社会发展相适应的高水平司法，全面推进法院工作实现新发展。

【强化新理念，在维护公平正义上谋求更大作为】 *依法惩治刑事犯罪*。始终把维护大局稳定作为审判工作的出发点和落脚点。深入开展扫黑除恶专项斗争，统筹安排，与公安、检察机关密切协作，严惩黑恶势力犯罪，共审结涉黑恶势力犯罪案件3件，判处罪犯9人。积极参与“刑事案件信息共享平台”共建，自2018年4月全市率先试点以来，通过该平台受理公诉案件52件，送达社区矫正11件，判前社会调查2件，实现案件信息“一次采集、多次使用”“一次办好、一网通办”，促进了案件程序、证据采信、法律适用等标准统一，刑事案件程序衔接更为规范，办案质效得以切实提升。对此，省委常委、政法委书记林峰海予以批示肯定。

促进法治政府建设。深入推进法治阳信建设，监督支持依法行政。完善“府院联席会议”制度，完善落实行政机关负责人出庭应诉制度，出庭率达100%，继续保持全市第一位。创新行政审判工作思路，继续发布年度行政审判白皮书，及时向行政机关提出司法建议，深化司法与行政良性互动，助推行政机关决策更加科学、管理更加完善、工作更加规范，法治政府建设深入推进。

【顺应新期待，在增进民生福祉上谋求更大作为】 *攻坚解决执行难*。决战执行攻坚战，打通当事人权益实现最后一公里。全面推进执行工作体制改革，打造以执行指挥中心为中枢，执行实施团队为主干，执行督查和信访团队为策应“一体两翼”的执行工作机制。在县委政法委领导下，抽调28名干警充实到执行一线，联合公安局、检察院、司法局等部门开展“暖心冬日”涉民生金融集中执行大会战。近一个月来，调查梳理各类执行案件496件，传唤拘留315人次，执行到位金额305.67万元，起到了惩戒一批、震慑一方、教育一片的良好效果。执行攻坚行动在《大众日报》专题报道，并登陆山东广播电视台“民生直通车”栏目，让“司法为民、公正司法”形象深入人心。

构建多元纠纷化解平台。聚焦平台建设，全面建设集约高效、多元解纷、便民利民、智慧精准、开放互动的现代化诉讼服务体系。完善“道路交通一体化服务中心”，县法院牵头与县公安局、县人民医院及有关保险公司四方签订战略合作协议，运用大数据构建四方协调联动格局。通过数据共享、无缝衔接，实现多部门联动，高效处理道路交通事故纠纷，着力打造“让数据多跑路、群众少跑腿”的一站式便民服务体系。平台运行以来，各项工作开展规范有序，诉前化解道交类纠纷案件86件，涉及金

阳信法院成立“道路交通一体化服务中心”

额230余万元，诉前评估鉴定189件，采取繁简分流、简案快审、繁案精审方式，审理交通事故案件503件。这一多元化解纠纷创新举措受到党委政府及社会各界的充分肯定。

*提升诉讼服务水平。*2018年年初，在县委、县政府的关心支持下，成立全市首家行政争议和解中心，开启法院主导、和解员引导、其他行政机关协调配合的良性互动解纷机制，全力促成纠纷和解，节约了司法资源，减轻了当事人诉累，实现矛盾纠纷的实质性化解。截至2019年年底，该中心共受理案件129件，成功和解70件。市委副书记、市长宇向东和市委常委、政法委书记孟晓雷等领导对此专门作出批示肯定。针对家事纠纷，采取"多调少判"的案件处理模式，引入第三方驻庭调解，在诉前和诉中调解上做文章，为家事纠纷解决开辟"绿色通道"。

*打造专业化团队。*构建类型化审判团队，优化资源配置，促进审判队伍专业化、职业化。成立的全市首个破产审判团队，专案专办，妥善审理"观澜国际""玫瑰园置业"房地产项目，打造法治药方盘活"烂尾楼"样本。自2018年5月受理"欧亚木器"破产重整系列案之初，即成立由县委书记、县长任"双组长"的破产重整工作领导小组，践行府院联动机制，协调各方参与风险管控和事务协调，坚持"救治、生产两不误"，开展战略投资人招募，采取债权清偿与追加分配相结合的重整模式，历时一年多时间，重整计划草案获得全票通过，盘活了资产，挽救了企业，稳定了营商环境，实现了法律效果与社会效果的有机统一。

【把握新要求，在加强队伍建设上谋求更大作为】 *深化司法责任制改革。*顺利完成员额法官补选及内设机构改革工作，构建成以员额法官为主导的新型审判团队，真正实现"让审理者裁判、由裁判者负责"。严格落实院长、庭长随机分案，推动回归"法官本色"，实现优质审判资源向一线倾斜。在内设机构改革中，通过竞争上岗及组织调整方式，一批德才兼备、业绩突出、群众认可、年富力强的同志走上中层领导岗位，老中青结合更加合理，干部队伍整体素质和工作能力得到提高。

*强化党风廉政建设。*加强廉政风险防控，扎实开展"不忘初心、牢记使命"主题教育和"举旗亮剑 正风肃纪""作风整顿年"活动，通过制定权力清单、汇编违纪违法案例、开展主题征文、主题演讲、观看廉政警示教育片、参观鲁北监狱以及旁听庭审等形式，补齐理论武装、政治督察、司法规范化建设中的短板弱项，教育引导全院干警时刻绷紧思想上知敬畏、存戒惧、守底线这根弦，向社会传递出旗帜鲜明亮剑违纪违法问题的信心决心，保障法院队伍忠诚担当、公正高效、廉洁司法。

无棣县人民法院工作概况

【概述】 2019年，无棣县人民法院（以下简称无棣法院）坚持以习近平新时代中国特色社会主义思想为指导，全面贯彻中共十九大和中共十九届历次全会精神，紧紧围绕"努力让人民群众在每一个司法案件中感受到公平正义"目标，坚守初心使命，忠诚履职尽责，各项工作均取得新进展。全年共收案7281件，结案8291件，结案率达94.8%。

【审判工作】 依法严惩刑事犯罪。审结各类刑事案件349件，判处犯罪分子479人。依法审结故意伤害、抢劫、强奸等暴力犯罪88件150人，贪污受贿、挪用公款等职务犯罪案件5件5人，涉案金额达1464万元。高站位推进扫黑除恶。审结涉黑涉恶案件3件36人，其中判处五年以上有期徒刑20人。妥善审结了市法院指定管辖、社会影响重大的郭某波等26人黑社会性质组织犯罪一案，有力巩固了全市扫黑除恶专项斗争成果。服务优化营商环境。出台《关于为优化营商环境提供司法保障的意见》，切实增强服务发展的针对性和有效性。稳妥处置"僵尸企业"，将广通物流公司等9家黑名单企业成功导入破产程

12月25日，无棣法院召开"暖心冬日"执行款集中兑付现场会

序。积极助力“三大攻坚战”。妥善审理土地承包租赁、种植养殖回收、承包征地补偿等纠纷78件。加强金融风险防范，快速审结骗取贷款、金融借款等涉金融案件356件，涉案金额达4.98亿元；加大执行力度，为金融机构执行到位欠款916万元；延伸司法职能，组织召开防范化解金融风险座谈会。服务生态无棣建设，组织召开服务环境资源保护座谈会，成功调解袁某福等3人污染环境公益诉讼案件。加强民生权益保障。审结各类民商事案件4776件，结案标的额达13.37亿元。依法审理劳动争议、追索劳动报酬、医疗损害、交通事故、产品质量等民生热点案件892件。积极探索劳动争议诉调对接工作，组织召开首次裁审衔接联席会议。助力推进法治政府建设。审结行政诉讼案件57件，执结行政非诉执行案件355件。设立行政争议审前和解中心，聘请2名专职调解员，不断凝聚争议化解合力。

【司法为民】 优化诉讼服务。推动诉讼服务提档升级，网上立案4833件，民商事和行政案件网上立案率达到100%，语音外呼送达使用率居全市基层法院首位。设立跨域立案窗口，受理异地立案申请5件次。加强司法人文关怀，为当事人办理退费188.7万元，缓减免诉讼费8.6万元，发放司法救助资金23.8万元。全力执行攻坚。共执结各类案件2335件，有财产可供执行案件法定期限内执结率98.57%，执行到位金额3.93亿元，被省法院授予“全省法院基本解决执行难工作先进集体”称号。开展“节日利剑执行”“涉金融百日攻坚”“暖心冬日执行大会战”等活动，拘传1345人次，拘留189人次，将92万元执行款集中发放给52名申请执行人。推进执行手段向智能化升级，网络查控银行存款、支付宝余额、股票等5980万元，车辆1252辆。公布失信被执行人642人，限制高消费1491人。完成网络司法拍卖76件次，成交额1264万元，为当事人节省佣金44.2万元。推进多元解纷。加强诉源治理，坚持把非诉讼纠纷解决机制挺在前面，形成“诉前调解＋司法确认＋委托调解”的分层递进多元解纷模式。实行调解前置分流，利用分调裁平台诉前分流案件313件，结案254件，在全国诉讼服务指导质效评估考核中位居全市基层法院首位。

【改革创新】 加快办案流程再造。推进案件繁简分流、轻重分离、快慢分道，实现简案快办、类案专办、繁案精审。建立“平台＋人工”的简案识别模式，一审民商事案件简易程序适用率达88.57%，居全市基层法院首位。适用类案同审、要素式审判、认罪认罚从宽、刑事速裁等模式，快速办理简易案件324件。推进内设机构改革。整合内部资源，优化职能配置，将内设机构缩减为8个。突出人岗同步匹配，大力选拔优秀年轻干部，通过竞争上岗方式选任21名中层正副职。落实综合配套保障。全面推行电子卷宗随案同步生成、诉讼材料集中扫描、文书制作“左看右写”、庭审语音录入等，实现审判质效大幅提升。以信息化助推司法公开，向当事人发送审执信息6500余条，上网发布裁判文书6331篇，直播庭审245件。扩大司法民主，完成105名人民陪审员选任及培训工作。

【队伍建设】 旗帜鲜明讲政治。扎实开展“不忘初心、牢记使命”主题教育活动，积极创建“三抓三新”党建品牌，组织干警赴渤海革命老区接受党性教育，做好法院工作红色基因的传承。大力实施基层党组织组织力提升工程，完成机关党委换届和支部调整，积极发挥“党员先锋岗”示范作用。多措并举提能力。组织干警赴厦门大学法学院进行素能提升教育，鼓励干警参加在职学习，2人通过法律职业资格考试，3人考取在职研究生，8篇征文在全市法院评比中获奖，1篇理论研讨论文获全国优秀奖，3篇裁判文书、4篇典型案例在省市评选活动中获奖。加大业务培训力度，组织参加上级法院专题培训162人次。持之以恒抓廉政。建立健全惩治和预防腐败体系，分层签订责任状，层层传导压力，逐级压实责任。积极开展“举旗亮剑　正风肃纪”活动，通过自查自纠、观看警示教育片、参观监狱等方式教育广大干警知敬畏、存戒惧、守底线。

博兴县人民法院工作概况

【概述】 2019年，博兴县人民法院坚持以习近平新时代中国特色社会主义思想为指导，深入贯彻落实中共十九大和中共十九届二中、三中、四中全会精神，坚持服务大局、司法为民、公正司法，忠实履行法定职责，着力加强自身建设，努力让人民群众在每一个司法案件中感受到公平正义。全年新收案件6999件，同比下降2.48%，审执结案件7496件，同比上升5.19%。

【服务大局】 扎实开展“扫黑除恶”专项斗争。受理的5件涉黑涉恶案件全部审结。刘某云等37人涉黑社会性质犯罪，首犯刘某云因犯组织、领导黑社会性质组织罪等数罪，被判处有期徒刑二十年，曹某龙等 36 名被告人分别被判处有期徒刑十八年至十个月不等，并处或单处罚金。

主动服务新旧动能转换重大工程。充分运用破产重整、清算制度，华鲁伟业及其关联公司 1.5 亿元重整资金全部到位；华康食品公司 2.2 亿元重整资金将分期到位；顺源食品公司资产成功变现。该批破产案件的有序推进，化解企业债务 38.93 亿元，其中金融不良债务 27.49 亿元。

有力保障生态文明建设。审结污染环境刑事案件 6 件，博兴县第一起环境污染公益诉讼刑事附带民事案件，入选山东法院 2019 年度"优化营商环境·净化社会环境"典型案例。妥善审理县检察院提起的两起行政公益诉讼案件。

【审判执行】 **全力维护安全稳定社会环境。**审结刑事案件 379 件，判处犯罪分子 620 人。审结骗取贷款、非法集资等金融犯罪案件 11 件，涉案金额 4.6 亿元；坚持"教育、感化、挽救"方针，审结涉未成年人案件 10 件，跟踪做好社区矫正和帮教工作。

依法保障社会公平正义和经济健康发展。审结民事案件 1574 件。积极推进家事审判方式改革，审结婚姻家庭等家事纠纷案件 590 件，调解撤诉 262 件。审结买卖等商事案件 2070 件。妥善审理金融借款、民间借贷等金融纠纷案件 761 件，标的额 9.03 亿元。

助力高效透明政务环境建设。审结行政诉讼案件 103 件，审查行政非诉执行案件 444 件，执结行政非诉执行案件 116 件，执行到位金额 1100 万元。积极推进行政诉讼案件跨区域管辖，受理跨区域管辖行政诉讼案件 13 件。与县司法局联合成立行政争议审前和解中心，2019 年 7 月以来，和解中心主持达成行政和解协议 63 件，完成司法确认 57 件。

巩固执行攻坚成果。创新增设查封到期自动提示信息系统，并在全市推广适用；发布限制高消费名单 1538 人次、失信人名单 356 人次，285 人次迫于压力履行了义务。积极参与全县诚信体系建设，为两代表一委员选举、基层组织建设以及评先树优等提供信用支持。持续开展"百日攻坚""暖心冬日"等集中执行活动，拘传 170 人次，拘留 47 人次。严厉打击拒执犯罪，移送公安 17 件，追究刑事责任 6 人；出台办理拒执罪自诉案件实施规定。

【司法为民】 **加强两个"一站式"建设。**全面开展网上立案、跨域立案服务，在诉讼服务中心设置专职辅助立案人员，开通网上缴费通道，设置现场缴费 POS 机，网上立案率达 100%。推进诉调速裁一体建设，成立 3 个速裁团队，9 月运行以来，分流案件 185 件。推行鉴定程序前置，实现法院、公安、保险多方联动，诉前鉴定案件 232 件，办理交通事故案件 562 件。

增强维稳安保、涉诉信访工作。严格落实领导干部信访值班接待、包案化解、首问负责等制度，化解省委巡视组、上级法院以及信访部门交办案件 89 件，接待群众来访 213 人次，依法保护当事人的合法合理诉求。提起再审案件 8 件，依法将信访案件导入司法程序解决。

强化司法公开和法治宣传。裁判文书上网公开 6362 篇，互联网庭审直播 459 案次。邀请人大代表、政协委员、劳模代表参与"法院开放日"活动，12 名员额法官接受博兴县人大常委会组织的述职评议。新选任人民陪审员 80 人，参审案件 1091 件。一篇案例被评为 2019 年滨州市首届"以案释法十佳案例"。自主编导《法槌声声》视频短片，向社会传递法院正能量。

【法院建设】 **加强政治建设和党风廉政建设。**认真开展"不忘初心、牢记使命"主题教育，成立机关党委和机关纪委。深入开展"举旗亮剑、正风肃纪"教育活动，组织干警赴渤海老区纪念馆，接受革命传统教育，赴鲁北监狱开展警示教育活动。

稳妥推进司法体制综合配套改革。完成内设机构改革，内设机构调整为 13 个。落实员额法官单独职务序列制度，11 名法官晋升为一级法官。组织员额法官增补遴选工作，新增 1 名员额法官。落实院庭长办理疑难复杂案件制度，员额法官人均结案 195 件。积极推进刑事案件认罪认罚制度，审结案件 142 件，速裁结案 64 件，认罪认罚适用率 42.62%，走在全市前列。

加强智慧法院建设。近 1.3 万平方米的审判法庭工程有序推进；刑事办案信息平台规范运行；新看守所科技法庭已启用；电子卷宗随案生成系统正式运行；启用电子签章系统，裁判文书加带防伪水印字样及二维码标识；加载讯飞智慧语音庭审系统，有效提高审判效率。

邹平市人民法院工作概况

【概述】 2019 年，邹平市人民法院（以下简称邹平法院）坚持以习近平新时代中国特色社会主义思想为指导，深入贯彻落实中共十九大及中共十九届二中、三中、四中全会精神，忠实履行宪法法律赋予的职责，坚持服务大局、司法为民、公正司法，努力让人民群众在每一个司法案件中感受到公平正义。2019 年，新收各类案件 12755 件，结案 13940 件，同比分别上升 16.9%、37.3%，员额法官人均结案 303 件，均创历史新高。

邹平法院举行员“不忘初心 干净担当 砥砺前行”庆七一主题演讲报告会

【刑事审判】 全年审结各类刑事案件 619 件，判处罪犯 808 人。审结故意杀人、故意伤害、寻衅滋事、“两抢一盗”、毒品犯罪案件 227 件，判处罪犯 354 人，切实增强人民群众安全感。深入推进扫黑除恶专项斗争，深入“破网打伞”、“打财断血”，审结涉黑恶势力犯罪案件 12 件，判处罪犯 54 人，涉黑恶势力“保护伞”案件 1 件，判处罪犯 1 人，有力维护社会安宁。坚定不移惩贪治腐，依法审结贪污贿赂、渎职等职务犯罪案件 9 件，判处罪犯 11 人。做好扫黑除恶与反腐败斗争相结合文章，以受贿罪、徇私枉法罪、巨额财产来源不明罪，判处博兴县检察院原副检察长王某有期徒刑十八年，并处罚金 120 万元。

【民商事审判】 全年审结各类民商事案件 6392 件，案件结收比 116.4%。审结买卖、租赁、担保等合同纠纷 1625 件，依法维护保障良好交易秩序，优化法治营商环境；组建金融法庭，实行类案审理，审结涉金融案件 530 余件；高效处置破产案件，规范市场主体退出机制，实现优质资产重组，齐星集团等 27 家关联公司重整计划已执行完毕，长山型材、盛达、玉玺、新安凯等 46 家关联公司破产案件均在重整计划执行期内；审结涉及教育、就业、医疗、养老、消费等案件 192 件，切实保障人民群众民生权益；审结婚姻家庭、继承纠纷等家事案件 949 件，促进新时代家庭文明建设；审结劳动争议、劳务合同等案件 351 件，依法维护劳动者合法权益。

【行政审判】 全年审结土地征收、市场管理、治安处罚、社会保障等行政案件 107 件，有效促进严格执法，保护行政相对人合法权益；集中审查执行土地违法、环保违法等非诉行政案件 296 件，执行过付款 41 万余元。积极推动行政机关负责人出庭应诉，让行政机关负责人零距离了解群众情绪和执法漏洞，规范行政行为，行政机关负责人出庭应诉率达 100%。

【案件执行】 全年受理执行案件 6272 件，执结 6524 件，执行到位金额 10.3 亿元。创新执行办案模式，实行团队化、扁平化管理，依托执行指挥中心实体化运行，形成执行合力；突出执行强制性，加大失信惩治、执行悬赏、拘传、拘留、拒执等强制措施力度，集中开展“涉民生、降不良”“暖心冬日”等执行行动，营造执行高压态势，公布失信被执行人 1251 人次，限制高消费 2946 人次，拘留 192 人次；加强内外联动，与人保公司签订战略合作协议，与邹平市公安局联合找人查车，推动信用联合惩戒，推送失信人员纳入政府信用体系数据库，推进切实解决执行难长效机制，努力提升司法公信力。

【司法为民】 *“两个一站式建设”方面*。加快推进一站式多元解纷机制建设，主动融入党委政府诉源治理格局，坚持将非诉讼纠纷解决机制挺在前面，推进诉前调解、诉调对接机制；加快推进一站式诉讼服务中心建设，通过诉讼服务大厅、诉讼服务网、移动终端、12368 诉讼服务热线等多种渠道，推进落实跨域立案，彻底落实网上立案，努力实现诉讼案件“当场立”“网上立”“就近立”，让人民群众在家门口、指尖上就可以打官司。

人文关怀方面。严格落实院长庭长接访首接负责制，健全信访接待常态机制，依法保护当事人合法合理诉求，信访化解率 98%；为确有经济困难的当事人发放司法救助金 47.3 万余元，缓减免诉讼费 1133.9 万元，让人民群众切实感受到司法温暖。

普法宣传方面。按照“谁执法谁普法”普法责任制要求，组织法官参加“6•26”国际禁毒日、“12•4”国家宪法日集中宣传活动。

司法公开方面。邀请人大代表、政协委员、特

邀监督员视察法院、旁听庭审、调研座谈，邀请检察长列席审委会，依法办理检察机关检察建议，持续开展法院公众开放日活动，自觉接受各方面监督，确保司法权依法规范行使，切实改进法院工作。

【机制创新】 *司法体制改革方面。*圆满完成内设机构改革，86.18% 的力量充实到审判执行一线，司法资源配置进一步优化；严格落实领导干部办案机制，充分发挥院长庭长示范带头作用，院长庭长全年办案 3646 件；设立集中扫描中心，推进社会化服务购买机制，通过剥离事务性工作提高司法效率；探索绩效考核机制，鼓励干警多办案、办好案，营造干事创业浓厚氛围。

*诉讼服务体系改革方面。*按照“繁简分流、轻重分离、快慢分道”的原则，再造审判流程，实现案件精准分流；加大速裁力度，组建速裁团队 4 个，实现简案快审，已办理速裁案件 300 余件；改革审判方式，简化庭审程序，推行要素式审理，推广适用令状式、要素式、表格式等简式法律文书，保障提升审判效率；推进刑事案件认罪认罚从宽制度改革，建立健全认罪认罚自愿性审查判断机制和具体规则，充分保障当事人包括被害人合法权益。

*智慧法院建设方面。*加快推进电子卷宗同步生成，全面落实网上办公；积极推进审判智能化建设，为法官办案提供智能辅助，已投入使用电子签章、智能语音识别、类案推送、法律文书智能生成系统，智能辅助功能成效初显；深化司法公开，构建集电子户外显示屏、科技法庭、门户网站、官方微博、微信公众号等多维度立体化司法公开模式，完善审判流程、裁判文书、执行信息、庭审直播四大公开平台建设，公布裁判文书 10379 篇，庭审直播案件 487 件，让公平正义看得见、感得到。

【队伍建设】 *党建方面。*坚持党建工作与执法办案同部署、同落实，把支部全部建在庭上，党支部由原来的 5 个调整为 13 个；扎实开展“不忘初心、牢记使命”主题教育，强化责任担当，全面查摆整改，切实解决一批当事人反映强烈的突出问题，补齐工作短板。

*司法能力建设方面。*组织干警参加上级法院开展的理论研讨、主题征文、典型案例和优秀裁判文书评选等活动，14 人次获奖；增选审判委员会委员 11 人，切实发挥审判委员会指导监督审判职能作用；全面落实专业法官会议制度，召开专业法官会议 30 余次，加强案件研判，统一裁判尺度。

*党风廉政建设方面。*组织开展“不忘初心　干净担当　砥砺前行”主题演讲报告会，把扫黑除恶与党风廉政建设结合起来，教育引导干警强化责任意识和担当意识，营造崇廉向善浓厚氛围；严格落实中央“八项规定”精神，坚决纠治“四风”突出问题，强化纪律作风建设，狠刹消极作为、以案谋私、司法不公等现象；运用好监督执纪“四种形态”，加强对重要岗位、重点人员、关键节点监督，坚持抓早抓小抓细苗头性、倾向性问题，全年共调查信访举报线索 24 次，谈话提醒 8 人次。

滨州经济技术开发区人民法院工作概况

【围绕审判执行各项指标，狠抓执法办案】 2019 年收结案件均近 3000 件，员额法官人均结案 300 余件，结案率为 94.12%，平均办案周期 56.36 天，居全省第 23 位，全市首位。

*一是创新方式提升效率。*明确各审判执行团队责任清单，实现团队精细化、高效化管理。坚持繁简分流，推行类案同审，六车相撞、涉及十六方当事人的七起案件，经庭前准备工作，仅一上午开庭审理完毕。全市率先实施诉前鉴定，2019 年受理诉前鉴定案件 314 件，有效缩短了诉讼时间。积极推进电子卷宗同步生成，电子卷宗覆盖率在全省前列，全市首位。

*二是强化管理提高质量。*建立健全各项规章制度，每周一次案件讨论会、复杂案件召开全体法官会议、疑难案件进审委会讨论、每季度一次发改案件评析、每月一次卷宗评查。积极参加上级法院和其他部门组织的学习培训，在内部挖掘讲师，组织法院讲堂等活动。

*三是倾力调解强力执行增强效果。*积极开展多元纠纷调解。与人民调解、行业调解及行政调解建立了长期有效的联动矛盾纠纷化解机制。坚持将调解贯彻到立案、送达、开庭前、开庭中、判决作出前等各个环节，2019 年调撤率居全市首位。强化立审执协调配合，加大执行力度。2019 年拘留 1 人，拘传 14 人，到位金额超过 1 亿元。被省高院授予“全省基本解决执行难先进单位”称号。

【围绕保障社会稳定经济发展，力抓服务大局】 *一是扎实开展扫黑除恶专项行动。*强化组织领导，成立专门领导小组和办公室，出台实施方案，强化宣传引导，确保打赢这场硬仗。依法审结全市首起了“套路贷”3 人刑事犯罪案件及聂某生等 5 人寻衅滋事、故意毁坏财物、强迫交易涉恶一案，有力打击、震慑了黑恶势力犯罪。

*二是妥善处理商事矛盾纠纷案件。*充分发挥商事审判职能作用，妥善化解各类商事纠纷。在一批商品房销售合同案中，50户业主因房屋问题起诉开发商，且在起诉前曾多次上访。院长、副院长经过数十次与双方当事人沟通，最终原告被告双方达成和解。在执行一起金融借款合同纠纷过程中，查封了被执行人公司的设备，根据该公司的实际情况，采取对部分资产予以分批次分块暂时解除查封。由此该企业得到贷款融资而被顺利盘活，原告的合法权益的实现也得到了有力的保障。

*三是积极营造法治营商环境。*通过“涉金融案件百日攻坚活动”、开展法院开放日、企业走访等活动，扎实有效开展“三打三治三清”专项整治行动。自2018年审理部分知识产权案件以来，通过打击假冒伪劣行为，积极营造诚信氛围，截至2019年年底，收结各类知识产权案件均近90余件。2019年受理了两家公司破产重整案件，债权、资产核查工作正在由管理人团队稳步推进，将切实做好两家企业的破产工作，盘活资产，推进新旧动能转换。

【围绕增强群众司法获得感，实抓司法为民】 *一是多位一体落实一站式诉讼服务。*实现了当事人办理除庭审外的所有事务，立案、缴费、送达、档案查询等一站式完成。开通12368诉讼服务热线、配备全市首台最新一代便民服务电子触摸屏，满足当事人除庭审执行外的其他司法需求。据最高人民法院诉讼服务指导中心信息平台通报，得分为74分，居全市首位。

*二是智慧法院建设实现“智慧”便民。*积极推行网上立案，开通电子送达、试行网上法庭及网上证人出庭作证、推行微信办案，当事人足不出户就可以实现诉讼活动。积极打造远程诉讼服务站，通过远程视频系统为群众提供家门口的诉讼服务，打通诉讼服务的最后一公里。

*三是智慧法院建设实现“公开”便民。*庭审公开常态化。4个法庭均为科技化审判法庭，做到“每庭必录”。截至2019年年底，审判流程公开率为100%，庭审直播数为174件、裁判文书上网率为93.27%，均居全市前列，在满足公众司法知情权、监督权需求的同时，也让审判全流程在阳光下运行变成现实。

【围绕忠诚干净担当，严抓队伍建设】 *一是旗帜鲜明把政治建设放在首位。*坚持用习近平新时代中国特色社会主义思想武装头脑，坚持“三会一课”，扎实开展“两学一做”学习教育常态化制度化工作，坚持每月两次召开不同主题的“主题党日”活动。开展党建座谈会、七一党建知识竞赛等活动，进一步坚定理想信念。

*二是严明各项纪律。*严明党的纪律、审判纪律、工作纪律、廉政纪律，完善各项规章制度，严制度、严要求、严处理，形成了铁的纪律和不折不扣的执行力。

*三是提升司法能力建设。*在提高干警专业知识水平和审判执行能力的同时，注重增强法官把握世情国情、社情民意的本领，同时着力增强落实“三同步”原则的自觉性。

*四是提升干警的精气神。*自觉与先进法院对标对表，自我加压，激发干警追赶超越的内在动力，在全院形成遵规守纪、拼搏赶超的良好氛围。党支部连续3年被中院评为“中院机关先进党支部”；团支部被评为“山东省五四红旗团总支部”。

菏泽市中级人民法院工作概况

【概述】 2019年，菏泽市中级人民法院（以下简称菏泽中院）深入学习贯彻习近平新时代中国特色社会主义思想、中共十九大和中共十九届二中、三中、四中全会精神，紧紧围绕“努力让人民群众在每一个司法案件中感受到公平正义”目标，扎实开展“不忘初心、牢记使命”主题教育和“工作落实年”活动，各项工作有了新发展。2019年，全市法院80个集体和187名个人受到市级以上表彰，菏泽中院获评全省人民满意政法单位、省级文明单位等，郭萍、于莉等人获全国法院先进个人等称号。

【审判执行】 2019年，全市法院收、结案数量再创历史新高，共受理各类案件108140件，审执结115294件（含旧存），同比分别上升8.7%、18.6%，牡丹区、郓城县等6个基层法院结案数量超过1万件。其中，菏泽中院受理各类案件10440件，审执结11357件（含旧存），同比分别上升19.2%、35.5%。全市法院一审服判息诉率91.5%，居全省各市法院之首。

*坚决维护社会稳定。*审结一审刑事案件7066件，严惩严重危害群众生命财产安全犯罪。审结一审故意杀人、抢劫等严重暴力犯罪221件262人。高点站位推进扫黑除恶，两级法院院长带头办案，依法审理了吴某伟、赵某鹏等社会影响较大的黑社会性

质组织案。坚持“打虎拍蝇”不放松。审结烟台市人民政府原副市长、市公安局原局长聂某坤受贿等一批大要案，严惩严重刑事犯罪，维护社会稳定。发挥特赦教育感化作用，对符合要求的156名服刑罪犯进行特赦。

*服务经济社会发展。*审结一审民商事案件60101件。出台《服务保障法治营商环境十二条》，为民营企业发展营造良好法治环境。支持推进“僵尸企业”处置工作，成功实现洪业集团等29家企业的合并重整，16家企业继续稳定生产经营，3800余名职工队伍稳定，1500余名债权人权益得到维护，有效化解了区域性金融风险，该案被评为山东省十大破产案例。积极参与生态文明建设，审结环境侵权责任纠纷案件6件，严厉惩处破坏环境资源犯罪案件37件。积极落实服务乡村振兴战略，妥善处理农民返乡创业、农村电子商务以及扶贫企业生产经营过程中出现的各类财产和合同纠纷，审结相邻关系、赡养抚养、彩礼纠纷等案件959件。

*妥善化解行政争议。*审结一审行政案件2318件，妥善审理土地征用、城建拆迁等案件，助力重点工程建设。推动行政争议实质性解决，“行政争议审前和解中心”实现全市全覆盖，高铁建设行政强制、滴滴顺风车行政处罚等行政争议得到有效化解。

*强力推进“切实解决执行难”。*全市法院新收执行案件37457件，执结38545件（含旧存），同比上升29.7%，执行到位金额120.03亿元，同比增长27.1%，法定期限内结案率为95%。发挥联合惩戒作用，累计发布失信被执行人11401例，限制高消费46964人次，2579名被执行人迫于压力主动履行义务；司法拘留1560人，以拒不执行判决、裁定罪移送公安机关立案32人，检察机关批捕12人。处置房产、土地、车辆全部实现网上拍卖，最大限度提高财产变现率，成交金额2.5亿元。

【司法为民】 一是依法审理涉民生案件。妥善化解涉民生案件，审结医患纠纷、人身伤害、产品责任等案件1217件，保护人民群众切身利益。进一步巩固家事审判改革成果，落实调解、调查、心理疏导、案后回访等制度，审结婚姻家庭、继承等家事案件12696件，调解撤诉6029件。审结建设工程、房屋买卖等案件3095件，促进房地产市场规范有序发展。切实保障进城务工人员合法权益，对追索劳动报酬等案件快审快结快执，追回“血汗钱”1146万元。二是完善司法便民利民措施。大力推进两个“一站式”建设。落实习近平总书记“把非诉讼纠纷解决机制挺在前面”的要求，主动融入党委和政府领导下的诉源治理大格局。建设移动微法院，让法院和当事人能够充分感受到“指尖诉讼、掌上办案”便利。2019年7月起，除刑事公诉案件以外，所有案件均实现网上立案、网上缴费。全市5个法院建成“24小时法院”，全面实现跨域立案服务。三是落实国家司法救助制度，为确有困难的当事人依法减缓免诉讼费467.8万元。

【司法改革】 一是着力构建新型办案模式。落实习近平总书记关于“推进案件繁简分流、轻重分离、快慢分道”的要求，构建简案快审的速裁程序，充分运用“分调裁”平台对案件进行智能识别和繁简分流。加强速裁团队建设，将调解员纳入速裁团队，全市已建成速裁团队41个，收案4595件，结案5107件。推行要素式审判，适用简易程序审结案件51597件。二是全面推进司法责任制改革。推进基层法院按期完成内设机构改革。全面推行人员分类管理和新型审判团队建设，全市法院补充员额法官17人。全面落实院长庭长承办案件制度，院长庭长审结案件51613件。完善绩效考核机制，激励法官多办案、快办案、办好案。全市法院人均结案223件，同比增加14件。三是强化审判监督管理。坚持放权与监督相结合，明确法官、法官助理、书记员职责清单，细化院长庭长审判监督权力清单和负面清单，让审判权规范有序运行。四是升级发展智慧法院建设。全面推开

12月4日，菏泽中院开展“12·4宪法宣传日暨法院公众开放日”普法宣传系列活动

电子卷宗随案同步生成和深度应用，除刑事案件外，调卷、阅卷等业务均实现网上办理。五是深入推进法治共享。积极开展“法院开放日”活动，邀请社会各界人士走进法院3200余人次，旁听庭审1200余人次，公布裁判文书94990篇，庭审直播案件12465件。

【自身建设】 一是加强法院党的建设。深入学习贯彻习近平新时代中国特色社会主义思想，进行全员政治轮训，认真开展“不忘初心、牢记使命”主题教育，引导广大干警悟初心、守初心、践初心。严明政治纪律规矩，认真落实向党委报告工作制度。打造“红旗高扬”示范党支部，菏泽中院被评为市直机关“红旗高扬”示范党支部，市内外100余家单位代表前来观摩学习。实施基层党组织组织力提升工程，市法院审判监督第二庭党支部被省委表彰为全省先进基层党组织。二是加强党风廉政建设。严格落实“两个责任”，党组书记上党课，纪检组组长上廉洁教育课，完善内部监督制约机制，开展“廉洁司法、担当作为”集中警示教育活动，落实述职述廉、廉政谈话制度，支持驻院纪检监察组开展工作，促进管党治党责任落实。三是加强基层基础建设。加大对基层一线支持力度，在人员配置、经费保障、物质装备等方面向基层倾斜，定陶区、曹县、鄄城县、东明县法院审判综合楼即将竣工投入使用。招录73名新进人员充实到基层，进一步优化了队伍结构。

菏泽市牡丹区人民法院工作概况

【概述】 2019年，菏泽市牡丹区人民法院深入学习领会习近平新时代中国特色社会主义思想，全面贯彻中共十九大和中共十九届历次全会精神，坚持党对人民法院工作的绝对领导，以开展“工作落实年”活动为抓手，各项工作取得新成效。全年共受理各类案件14171件，审执结15897件（含旧存），同比分别上升7%、19.2%，收结案数量均再创历史新高，全市法院首位；结案率91.87%，同比上升10.9个百分点，结案率为历年来最高；未结案件1406件，同比下降122.8%，未结案件数量为5年来历史最低。

【刑事审判】 受理刑事案件1528件，审结1571件，判处罪犯1633人。严惩故意伤害、抢劫、强奸等严重暴力犯罪，审结相关案件133件，生效判决147人。深入开展扫黑除恶专项斗争。受理涉黑涉恶案件13件88人，宣判10件74人，宣判了称霸一方持续10年犯罪的唐某立等24人组织领导黑社会性质案，涉案11个罪名，辩护律师32人，开庭审理一周，判决书230页，集中宣判，震慑效果显著。通过公开审理、宣判，严厉打击了黑恶势力的嚣张气焰，有效净化了辖区社会环境，切实提高了人民群众安全感。

【民商事审判】 受理民商事案件7187件，审结8311件。努力优化营商环境，认真落实省、市、区政法机关营创法治营商环境动员部署会议精神，全面落实《新旧动能转换重大工程提供司法保障的意见》，服务保障新旧动能转换重大工程高质量实施、高水平推进。审结合同、公司、股权等案件4399件，促进市场要素顺畅流通。依法调整婚姻家庭关系，审结婚姻家庭、继承等家事纠纷案件1645件，维护和睦和谐的家庭关系。

【行政审判】 受理行政诉讼案件282件，审结329件，审查非诉行政案件68件。妥善处理征收拆迁补偿等行政案件，服务基础设施建设、物流园区建设、特色小镇建设及“城中村”“棚户区”改造等重大项目。发挥行政审判作为“官民矛盾”减压阀、缓冲器的作用，加大行政案件协调、调解力度，推动行政争议实质性化解，以原告主动撤诉行政案件39件。

【执行工作】 受理执行案件4188件、执结5505件，到位金额6.21亿元，持续开展涉民生、涉民营企业、涉金融、涉党政机关、“暖心冬日”等专项执行攻坚行动。全年曝光失信被执行人2783人，限制高消费4061人，拘留226人次，清腾退厂房、房屋48套。移送涉拒执罪案件8件8人，6案6人被追究刑事责任，当事人获得感、满意度明显提高。

【立案、信访、审监工作】 积极推进“两个一站式”建设、智慧法院建设，坚持把非诉讼纠纷解决机制挺在前面，推动诉讼服务转型升级。严格落实“一次办好”要求，除刑事公诉案件以外，所有案件均实现网上立案、网上缴费，做好各种平台的有效对接，实现一网通办，提升老百姓的司法获得感。圆满完成全省两会、全国两会、“一带一路”国际合作高峰论坛、中华人民共和国成立70周年等重大活动节点维稳任务。积极做好抗诉案件和再审案件的审理。

【审判管理】 按照员额法官、法官助理、司法行政人员和书记员细化人员分类、厘清权力责任清单，法官与辅助人员配比进一步优化。建立周通报、月小结、季讲评制度，发改案件数量同比大幅度减少，平均办案天数为68.25天，同比缩短17.88天，办案质量和效率大幅度提升。通过对发改案件的分析，指导类案的统一裁判尺度，进一步提升司法公信力。

【司法公开】 完善司法公开平台建设，上网公布裁判文书15448份、网络直播庭审案件2009件，直播案件数量居全省法院前列。充分运用政务网站、微博微信，发布重要工作、重大案件等信息1600余条，各类媒体发稿86篇，菏泽市牡丹区人民法院政务微信被评为“2019菏泽市最具影响力县直机构政务微信奖”。组织“法院开放日”“宪法宣传日”活动，邀请社会各界代表到法院参观。壮大人民陪审员队伍，增补120人，提高人民陪审员参审率。

【队伍建设】 强化政治引领，抓牢全面从严治党主体责任，开展“不忘初心、牢记使命”主题教育、“两学一做”学习教育活动，提高干警的政治站位，引导干警坚定理想信念。选举成立了第一届机关党委和机关纪检委。争取党委政府支持，充实院党组班子，明确两名副院长、政治部主任，纪检组长派驻到位，班子职位配齐，领导班子力量增强。制定《新任法官助理轮岗交流管理办法（试行）》，对初任法官助理实行导师制培养，通过资深法官与初任法官助理一对一结对方式，形成“传、帮、带”的人才培养长效机制。积极培树典型，刑事审判一庭副庭长郭萍获“全省人民满意的公务员”称号。

基层基础和综合保障。强化制度落实，加强财务、车辆、档案、装备等管理工作，全力提供服务，确保了审判执行工作的开展。升级改造马岭岗、高庄、小留人民法庭，达到智慧法院建设标准要求。

司法责任制改革。积极组织开展第三批入额法官遴选工作，3人以优异成绩被省法官检察官遴选委员会推荐为员额法官人选。深入推进多元解纷工作机制改革，在区委政法委协调下，整合行政、司法、社会资源，开展诉前调解和案件速裁工作，进一步拓宽矛盾纠纷化解渠道。深化案件繁简分流，成立了“祝建设法官工作室”对接道交一体化工作，成立8个速裁团队，实行速调、速裁、快审，构建“门诊式”快速处理案件新格局，速裁案件2800件。

菏泽市定陶区人民法院工作概况

【概述】 2019年，在区委的坚强领导下，在区人大及其常委会的有力监督下，在区政府、区政协和社会各界的关心支持下，菏泽市定陶区人民法院（以下简称定陶法院）以习近平新时代中国特色社会主义思想为指导，深入学习贯彻中共十九大和中共十九届二中、三中、四中全会精神，紧紧围绕“努力让人民群众在每一个司法案件中感受到公平正义”的目标，以“司法为民、公正司法”主线，坚持服务保障区委中心工作，守初心，担使命，在主题教育中开创法院工作新局面。

【坚持围绕大局，服务保障经济社会高质量发展】 2019年新收各类案件6143件，审执结7034件，同比上升4.12%，结案率92.44%，同比上升9.14%，圆满完成省法院92%的任务目标，案件结收比114.13%，全市排名第一，全省排名第六。案件发还改判率14.05%，全市最低。

一是高质量服务保障平安建设。新收刑事案件525件681人，旧存58件65人，审结536件685人，适用认罪认罚从宽制度审理案件133件。依法保护公民信息安全，审结定陶法院首例侵犯公民个人信息罪案及首例侵犯著作权案。积极配合监察体制改革，推动纪检监察工作和刑事司法办案有序衔接，审结贪污、贿赂、渎职等职务犯罪案件3件3人。突出打击虚开增值税专用发票、组织领导传销活动、非法吸收公众存款等涉众型经济犯罪，三赴聊城莘县依法执行追缴扣划非法吸收存款1700多万元。审结孙某栓等17人组织领导传销活动罪、掩饰、隐瞒犯罪所得罪一案，涉案金额2亿余元，涉案参与人达数十万人，没收扣押在案现金1.1亿余元及车辆、房产价值4000余万元。依法保障人民群众生命健康安全，审理检察机关提起的刑事附带民事公益诉讼3件7人。深入推进扫黑除恶专项斗争向纵深发展，充分发挥审判职能，加大“打伞破网”“打财断血”力度，在依法严惩、深化打击、深挖幕后、综合整治上持续发力，从重从严审理涉嫌恶势力犯罪8件39人，审结6件37人。

二是高质量服务保障经济发展。新收各类民商事案件3011件，旧存710件，审结3454件。依法妥善处理金融借款、拆迁安置、建设工程、房屋买卖、民营经济发展等案件525件，平等保护当事人合法权益。积极配合土地治理、“僵尸企业”治理、金融风险防控工作，以市场化、法治化手段化解企业债务危机。审结山东百瑞制药有限公司破产重整案，为引入上海复兴集团对定陶区的重大战略投资清障助力，得到了市、区两级党委政府的高度评价。积极配合区委、区政府做好施孝园拆迁工作，审结50起诉讼案件，带动化解实施拆迁300多起。

定陶区人民法院开展"不忘初心、牢记使命"主题教育

三是高质量服务保障社会治理。监督支持行政机关依法积极规范履行职责，共受理各类行政诉讼案件95件，旧存25件，审结82件。挂牌成立定陶区行政争议审前和解中心，受理并审查行政非诉申请执行案件45件，准予执行12件，不予受理33件。组织全区行政机关负责人61人观摩省法院庭审直播，诉讼案件行政机关负责人出庭率达100%。全面落实"以当事人选择管辖"为核心的跨行政区划管辖行政案件试点工作，共受理案件41件，审结27件。

四是巩固基本解决执行难成果。2019年3月，定陶区法院重新对执行队伍建设优化组合，调配6名员额法官充实执行力量，配足配强执行实施人员，为切实巩固"基本解决执行难"成果重新吹响号角。全年新收执行案件2343件，结案2708件，结案率90.4%，实际执结率52.9%，实际执行到位率50.8%。利用网络强化信用惩戒，发布失信被执行人信息396人次，限制高消费3125人次，曝光"老赖"500余人次，悬赏公告10人次。常态化开展集中执行行动35次，出动车辆116次，警力474人，拘传137人，实施拘留19人，实际执结案件150件，执行到位金额1000余万元。大力开展"暖心冬日"执行大会战，加大对涉民生案件的执行力度，执结追索劳动报酬案件84件，讨回农民工工资156万元。加大司法救助力度，全年为8件执行案件特困当事人发放救助资金10万元，避免当事人因被执行人确无财产可供执行而陷入困境。

【深化改革创新，助推审判能力和审判体系现代化】
完善司法体制综合配套改革。圆满完成基层法院内设机构改革任务，依照科学设置、职能明确、运行高效的要求，建立符合审判机关特点和审判权运行规律的内设机构体系，内设机构数量由改革前的27个精简到10个，职能配置得到明显优化。扎实开展第二批员额法官遴选工作，1人入选，员额法官队伍得到充实。

稳步推进"两个一站式"建设。全面畅通"线上+线下"一体化立案渠道，网上立案率达到100%。落实跨域立案，作为管辖法院接受跨域立案5件，作为协作法院为当事人办理跨域案件5件。成立8个速裁团队，自运行以来收案214件，结案214件，平均办案天数12.79天。建立调解工作室，聘请5名人民调解员、2名律师作为我院的特邀调解员，两个特邀调解组织在人民调解平台上完成对接。道交一体化平台全面运行以来立案76件，达成调解协议76件。开通12368服务热线，配备专门送达、保全团队，探索建立集约服务模式。

【加强自身建设，努力打造忠诚干净担当法院队伍】
加强政治建设。坚持党对法院工作的绝对领导，强化"政法机关首先是政治机关"理念，确保法院工作正确的政治方向。深入学习贯彻习近平新时代中国特色社会主义思想，扎实开展"不忘初心、牢记使命"主题教育。增强"四个意识"，坚定"四个自信"，做到"两个维护"，坚定不移走中国特色社会主义法治道路。

加强党风廉政建设。坚持从严治党、从严治院，严格落实党风廉政建设"两个责任"，力戒形式主义、官僚主义，以零容忍态度严惩司法腐败，确保廉洁公正司法。坚持逐级开展廉政谈话，签订廉政责任状，层层压实廉政责任。组织全体党员干警到区廉政教育基地进行警示教育，重温入党誓词，观看反腐影片，增强干警的法纪和廉洁意识。

曹县人民法院工作概况

【概述】 2019年，曹县人民法院共受理诉讼、执行及其他案件13274件，结案13734件，同比分别上升17.2%和23.57%，收、结案数量再创历史新高；收、结案数量再创历史新高。先后被授予"2019年度省级文明单位、2019年度人民满意单位、全市新时代职工之家先进单位"等称号。4个单位获市、县以上表彰；32人次获市、县以上表彰。

【审判工作】 全年受理涉恶案件4件，审结3件，

33 名犯罪分子分别被判处二十年至九个月不等刑罚。依法打击了以马某为首要分子的恶势力犯罪集团，该集团有组织地在曹县周边多次实施绑架、聚众冲击国家机关、寻衅滋事、非法拘禁等犯罪活动，造成了恶劣的影响，依法判处马某有期徒刑二十年，并处罚金 33 万元，有力打击了黑恶势力的嚣张气焰。依法严惩严重刑事犯罪，审结故意杀人、聚众斗殴、抢劫等犯罪 220 件 253 人；突出打击涉众型经济犯罪，审结合同诈骗、集资诈骗、非法吸收公众存款等犯罪 12 件 30 人；严厉打击危害公共安全犯罪，审结交通肇事和危险驾驶 307 件 307 人；依法严惩危害食品药品安全犯罪，审结相关案件 10 件 19 人；严厉打击"黄赌毒"犯罪行为，审结涉毒品、赌博、组织卖淫等犯罪 28 件 39 人；严厉打击信访领域的犯罪，审理相关案件 4 件 11 人；制定了建设法治营商环境 10 条意见，137 人次参与化解涉及金砖置业、汉高科技等重点项目的矛盾纠纷；推进江南置业、盛泰置业、大港化工、新干线置业、义乌小商品城等 5 家企业破产重整进度，促进企业优胜劣汰。2019 年受理行政诉讼案件 74 件，审结 122 件，维持 97 件，着力推动司法与行政良性互动，行政机关负责人出庭应诉 119 人（次），同比上升 6.9%。配合党委政府做好释法明理工作，对 5 起县政府做出征收补偿决定、拒不拆迁的案件依法听证，依法支持县政府强制拆迁。协助相关部门履职履责，对 32 起非法占地行政非诉执行案件准予执行，推动了城市建设进度。审理涉金融案件 2732 件，结案标的 21.4 亿元。

【执行工作】 全年受理各类执行案件 4509 件，执结 4564 件，同比分别上升 43.34%和 44.98%，与公安派出所加大联合行动频率，团结一致、艰辛付出，加班加点，全力攻坚"执行难"，组织开展了"春季猎赖""夏季执行风暴""暖心冬日"等专项集中行动 37 次。限制高消费 3161 人次，查控被执行人财产 1.6 万余人次，拘留 174 人；同时，加大执行宣传力度，联合县电视台、大众网等媒体开展"直击执行现场"11 次，曝光失信被执行人 1200 余人次，执行难问题得到了有效解决。

【审判管理】 全面严格审限管理，压缩办案周期，降低平均审理天数，案件平均审理天数 60.98 天，比 2018 年减少 11.57 天。法定审限内结案率 98.92%，居全市基层法院第一。注重在提高案件质量上倾注全力。推行发回案件内部管控机制，着力提升案件质量，全年一审服判息诉率 92.65%，居全省基层法院第十四名。完善案件评查制度，重点就发回改判、信访申诉案件进行专项评查，构建起全方位、多角度的案件质量监管体系。注重在提高矛盾化解效果上精准发力。严格落实"谁执法谁普法"责任制，加强法治宣传，举办法院开放日、"法律六进"等活动 27 次，提出司法建议 16 份。加大新媒体推广力度，及时向社会公布典型案例、失信被执行人等信息，发布微信 720 条，微博 53770 条，浏览量 18.3 万人次，促进了社会治理精准化和公共服务高效化。

【司法改革】 严格落实员额法官办案质量终身负责制，细化员额法官岗位职责清单和履职指引；全面推进院长庭长办案常态化，院长庭长全年办案 2944 件。强化院长庭长监督管理职责，全面规范重点案件监督管理程序，进一步细化了监督管理案件情形。健全专业法官会议制度和审判委员会制度，充分发挥专业法官会议统一法律适用、为审判组织提供法律咨询的功能，规制审判委员会讨论案件范围，不断提高审判委员会的专业化和权威性。统筹推进审判组织改革。在全市率先完成内设机构改革任务，内设机构数量由改革前的 23 个精简到 10 个。加快建设新型办案团队，明确员额法官、法官助理、书记员职责，形成了职责清晰、程序严格、衔接严密的新型团队工作模式。科学测算员额法官办案业绩，建立入额、退额考核机制。

5 月 23 日，20 余名人大代表在曹县人民法院旁听案件并进行评议

【司法为民】 加强诉源治理，发挥人民调解组织、行政争议审前和解中心

的积极性，努力实现矛盾纠纷在诉前得到实质性化解。诉前调解 1956 件，诉前鉴定 410 件，司法确认 241 件，解答群众咨询 7131 人次。深化“一次办好”改革，对诉讼服务中心进行提档升级，全力打造“线上线下”相结合的全方位立体化诉讼服务体系。全年办结网上立案审批 10383 件，网上缴费 343 件 109.41 万元；完成庭审直播 1422 件，网上公布裁判文书 11640 份。录入电子卷宗 11574 件，电子卷宗覆盖率达到 99.84%，居全市基层法院第一名。构建全过程全方位司法保护体系。强化诉前司法保护，依法为生活困难当事人减、缓、免诉讼费 94 万余元。强化诉中司法保护，审结涉劳动就业、医患纠纷、交通事故等案件 1427 件。开通绿色通道，审结农民工讨要工资案件 29 件，追回农民工工资 97 万余元，及时有效地保护了他们的合法权益。强化诉后司法保护，发放司法救助基金 60 万元，确保了急民所需、救民所急。

单县人民法院工作概况

【概述】 2019 年，单县人民法院认真贯彻落实中共十九大及中共十九届二中、三中、四中全会精神，深入学习贯彻习近平新时代中国特色社会主义思想，紧紧围绕“努力让人民群众在每一个司法案件中感受到公平正义”目标，不忘初心、牢记使命，担当作为、狠抓落实，审判执行、司法改革、队伍建设等各项工作取得新突破、新进展、新成效。全年共新收各类案件 10496 件，审执结 10561 件（含旧存），分别同比上升 21.52% 和 29.07%。被省委政法委评为“法治集体”，被省高院评为“全省法院刑事审判工作先进集体”，被市中院和市扫黑办推荐为全省扫黑除恶优秀团队。

【刑事审判】 审结各类刑事案件 721 件，有力推进了平安单县、法治单县建设。严厉打击抢劫、绑架、故意伤害等严重暴力犯罪案件，审结相关案件 55 件。严厉打击非法集资、诈骗等危害群众财产安全犯罪案件，审结相关案件 30 件，依法审结“中华家参”特色种植诈骗案，郭某甫等 4 名被告人被判处三年至十四年不等的有期徒刑，受到社会群众一致好评，受害人集体送来锦旗。审结罗某峰等 30 人特大电信诈骗案。审结强奸、猥亵妇女儿童案件 24 件。针对案件审理中发现的校园管理问题，向教育部门提出司法建议，堵塞管理漏洞。强化未成年人审判工作，加强与社区、家庭、学校协作配合，积极挽救失足未成年人。坚决贯彻中央、省市县委决策部署，与其他政法机关密切配合，依法快审、重判黑恶势力犯罪，受理黑恶势力犯罪案件 3 件，审结 4 件。审结赵某朋等 17 人组织、领导、参加黑社会性质组织犯罪案，判处赵某朋有期徒刑 18 年，并处没收全部个人财产。深入梳理摸排黑恶犯罪线索和保护伞线索，共梳理上报、移送线索 29 条。审结贪污、贿赂、渎职等犯罪案件 6 件 6 人。严肃惩处涉农腐败，切实体现涉农腐败犯罪依法从重的刑事政策。

【服务大局】 出台专门意见服务乡村振兴战略，充分发挥审判职能作用，为脱贫攻坚提供精准司法服务；加大环境资源案件审理力度，审结环境资源案件 6 件，守护单县的蓝天绿水；稳妥审理涉及大项目建设、棚户区改造等案件，审结房地产开发经营合同、房屋拆迁安置补偿合同等案件 276 件；成立全域旅游示范区建设领导小组，组建旅游巡回法庭，助力单县省级全域旅游示范区建设。积极开展“三打”“三治”“三清”专项行动，充分发挥司法职能作用，为营造稳定公平透明、可预期的优良法治营商环境提供了有力的司法服务和保障，审结与企业、公司有关的案件 93 件。建立涉金融案件快速通道，提高办案效率，防范化解金融风险，维护金融市场秩序，审结金融借款纠纷案件 1222 件。

【为民司法】 审结民事案件 5730 件，调撤率 49.7%。其中涉及劳动争议、追索劳动报酬、交通事故、教育、消费、医疗等与民生息息相关的案件 583 件。进一步深化家事审判改革，继续完善离婚冷静期、心理疏导、家事纠纷多元化解、赡养纠纷巡回审判等制度，审结一审婚姻家庭纠纷案件 1590 件，调撤率 58.91%，有力推动了新时代家庭文明建设。

【行政审判】 审结一审行政案件 131 件，其中协调化解 28 件，驳回起诉 13 件。审查行政非诉案件 49 件，裁定准予强制执行 45 件，有效维护行政相对人合法权益，促进依法行政和法治政府建设。建立行政案件审前和解机制，推动“和解中心”建设。

【“两个一站式”建设】 主动融入党委和政府领导的诉源治理体系，与联合下发菏泽市首份《关于加强人民调解员队伍建设的意见》；建立了人民调解法院联系点，积极打造“无讼”村居，从源头上解决矛盾纠纷；成立道交一体化纠纷处理中心，道交类纠纷处理迈上“高速路”，共诉前解决道路交通纠纷 400

余件；建立调解中心，积极引入律师、人民调解员、行业调解员等各类调解人员，重塑解纷机制；组建5个民事速裁团队，承担分流、调解、速裁等职能，大大提升了办案效率和简单案件的调撤率；探索推行要素式审判方法，进一步简化审理程序和裁判文书格式；健全立体化诉讼服务渠道，让当事人每一个诉讼环节均能“一厅”办理；打造信息化诉讼服务体系，民商事案件网上立案率达到100%；开通微信、支付宝等缴费手段，实现立案、交退费网上办、掌上办、一站办；在全省基层法院中建成首个“24小时法院”，为当事人提供“全天候、全方位、一站式”的自助诉讼服务。

【执行工作】 全年共受理执行案件2803件，结案2734件，实际执结率49.21%，执行到位率47.18%，执行信访化解率100%，到位标的近2亿元。开展集中执行行动13次，拘传被执行人100余人次，到位执行标的1000余万元。积极推进执行信息化建设，上线“一案一账号”执行案款管理系统，执行全程录音录像，全面实行网上办案。大力加强规范执行长效机制建设。成立终本核查组，强化筛查、监控，形成专项数据库，精准化终本程序。强化执行宣传，营造解决执行难的社会共识。

【司法责任制综合配套改革】 稳妥推进内设机构改革，把内设部门撤并与审判团队建设、机关党委和党支部建设相结合，初步实现“内设机构减下来，工作效能提上去”的改革目标。继续深化司法公开，实现所有高清科技法庭庭审直播系统全覆盖。共公开各类文书和案件信息9787件，文书公开率为93.52%，网上直播庭审1237件，裁判文书公开率和网上直播案件数均位居全市前列。

【党建工作】 扎实推进“红旗高扬”党建品牌创建，被确定为菏泽市“红旗高扬”党建品牌创建示范点，位列第三。扎实开展“不忘初心、牢记使命”主题教育，认真学习贯彻中共十九届四中全会精神，党组成员轮流上党课，紧紧围绕主题教育的目标和任务，读原文、悟原理；党组成员带头办理疑难复杂案件，带头攻坚重大改革创新难题；建设党建文化长廊，营造了浓郁的党建氛围。继续开展院校联合教育培训，邀请上级法院专家法官来院授课，组织开展法官教法官、理论研讨、读书会、庭审观摩、裁判文书评比、卷宗评查等活动，切实提高能力。认真贯彻中央“八项规定”和最高院五个严禁，深入开展审务督察工作，严厉整治形式主义、官僚主义，坚决防止“四风”问题反弹回潮。抓牢抗实党风廉政建设主体责任和监督责任，廉政谈话覆盖全部在岗在职干警。

成武县人民法院工作概况

【概述】 2019年，成武县人民法院（以下简称成武法院）在市法院的科学指导下，坚持党建引领，全面推进现代化诉讼服务体系建设，扎实推进司法体制综合配套改革，狠抓班子队伍建设和法院管理，各项工作都取得了新发展，并获评省级文明单位。全年受理案件8015件，结案8757件，案件结收比为109.26%，结案率为94.09%，同比分别上升9.45、7.29个百分点，服判息诉率连续3年保持在92%以上，位居全省前列，发改案件数逐年大幅度下降，各项核心指标持续向好。

【依法履行审判职责，为社会经济稳定发展提供坚强司法保障】 受理审判类案件3764件，结案4347件，结案率为94.15%。审结各类刑事案件466件，其中涉黑案件1件21人，涉恶案件3件35人。吴某伟等21人组织、领导、参加黑社会性质组织等犯罪一案的宣判，打响了菏泽市涉黑案件审判的“第一枪”，省委政法委为此专门向菏泽市发来贺电。坚持围绕中心，依法服务三大攻坚战，审结各类民商事案件3296件，诉讼标的额9.71亿元。选任培训人民陪审员、特邀调解员、网格员1200余人次，积极推进矛

5月20日，成武县人民法院组织全体干警举行升国旗仪式

盾纠纷多元化解。建立道交一体化处理机制，李霞法官工作室自2019年8月设立后，受理交通事故案件116件，调解成功92件，司法确认25件，调解成功率79.31%。审结各类行政案件122件，积极发挥行政争议审前和解中心的作用，逐步建立健全与“和解中心”配套衔接的新型审判机制，促进行政争议实质性解决。

【构建执行新格局，网格协执聚合力】 借力网格化服务管理平台，建立多元协力攻坚新机制。2019年8月16日，菏泽市综治网格员协助法院执行工作现场推进会在成武法院召开。8月21日，成武法院在全省综治网格员协助人民法院执行工作视频会议上作了经验交流，省内外政法单位先后前来考察交流。全年新收各类执行案件4251件，结案4410件，结收比为103.74%，结案率为94.03%，首次执行案件实际执结2565件，实际执结率为75.24%；终本案件622件，终本率18.25%，终本合格率为100%；实际执行到位金额7.44亿元，实际执行到位率为44.88%。其中快执案件744件，平均执结时间为4.02天，最快的当天执结，各项核心指标均创历史新高。群众满意度进一步提升，送来锦旗、感谢信17件。

【践行以人民为中心的发展思想不动摇，深入推进两个“一站式”建设】 贯彻“坚决把非诉讼纠纷解决机制挺在前面”的要求，以“诉源治理中心”为平台、诉调一体团队为骨干、478名网格调解员为辐射，形成“纵向诉源治理、横向多元解纷”的三维一体解纷新机制。智能导诉，手机APP、智能立案区网上便捷立案；文印中心便民服务、自动查询终端跟踪案件进展；物品存放中心、集约保全、鉴定中心、24小时智能法院等便民措施为当事人提供一站服务。2019年12月1日，全市法院两个“一站式”建设现场会在成武法院召开，成武法院进行了经验交流，省高院《今日信息》将改革经验转发推行，《人民法院报》第四版头条全篇刊登报道。

【分调裁审流程再造，审判资源动态优化】 制定《法官、法官助理人员动态调整实施方案》，实现干部调整动态化、常态化。审判执行团队实行团队化、扁平化管理，团队职责两年轮换一次，发扬赛马精神，缩小岗位间差距。重组“8个速裁、10个快审、3个精审、6个特案”团队，增加2个执行团队。实行结案目标动态进阶管理，坚持周、月结案进度通报制度和扎口结案不放松。调整法官、法官助理、聘用制人员绩效考核办法，让业绩考核指挥棒调动干事创业的内生动力。

【创建红色品牌，擦亮党建新名片】 以“四面红旗”为引领，围绕“4341工程”开展13项系列活动；加强“三室三长廊、一厅一公园”党建载体建设，烘托浓厚氛围。固定每周五下午集中政治学习，提高政治理论水平；开展党建翼联交流40余次，菏泽日报等新闻媒体多次报道成武法院“红旗高扬”品牌创建活动，到院参观交流党建1000余人次。2019年6月14日，成武县直机关“红旗高扬”创建工作现场会在成武法院召开；12月29日，全市“红旗高扬”示范点建设经验交流会议在成武召开，观摩团来成武法院参观。成武县委组织部授予成武法院基层党建“红色品牌”创建示范点——“红旗高扬”第一位，并申报市级示范点。

【强化技能培训，增强履职能力】 注重青年干警全科培养，制定青年干警培养计划，开设青年干警大讲堂，为法院人才库积蓄精干力量；实行以指定分案打造特色团队，随机分案打造复合团队，优秀裁判文书评选，着力培养一批专家型、复合型的审判业务和政务管理人才。

【强化廉政建设，持续正风肃纪】 坚持把政治纪律和政治规矩挺在前面，严格落实一岗双责，履行好司法巡查、审务督察、法官惩戒等内部监督职责。

【落实普法宣传责任制，强化法治宣传教育】 一是开展媒体法治宣传。全年录制电视节目9期，制作党建等专题片3部，在《人民法院报》等媒体发布文章10余篇，制作微视频7部，原创信息被最高院、省法院、《人民法院报》等多次转发，营造了良好的社会氛围。二是开展“法律三进”活动。集中对交通肇事、非法种植毒品原植物、青少年犯罪等典型性案例宣传20场次，增强群众法律意识。三是开展“山东政法机关开放日”等系列活动，让人民群众“零距离”参观了解法院。

巨野县人民法院工作概况

【概述】 2019年，巨野县人民法院（以下简称巨野法院）坚持以习近平新时代中国特色社会主义思想为指导，深入学习贯彻中共十九大和中共十九届二中、三中、四中全会精神，按照“走在前列、全面开创”

的既定目标，扎实推进主题教育，忠实履行审判职责，全面深化司法体制改革，下大力气切实解决执行难，深入推进两个“一站式”建设，大力加强智慧法院建设，打造过硬法院队伍，各项工作取得了新进展。1—12月共受理各类案件9712件，审执结10689件，同比增长10.34%，结案总标的额18.6亿元。先后获得全国节约型公共机构示范单位、全国优秀青少年维权岗等称号。

【管理体系化，主责主业取得新成效】 围绕省院“三升三降”的目标要求，狠抓执法办案第一要务，构建质效监管体系。将6项核心指标加信访投诉率、舆情发生率、未结案件预警等生成“6+N”排名报表，每天一晾晒，每周一通报，每月召开质效分析会。开展业务竞赛，审判与执行团队分类排名，先进团队授予流动红旗并给予团队临聘人员薪酬奖励；对落后法官，首先发挥组织作用，由分管领导谈心谈话，持续未改进的由纪检部门约谈并挂钩绩效奖金。通过系列举措激发了团队间的竞争活力，实现从点到面、从粗放到集约、从零散到体系的管理模式转变。调撤率、结案率、结收比、均衡度等各项指标位居全市前三名，其中一审服判息诉率96.11%，连续两年持续排在全省前三名。5月24日，全市审判执行质效调度会在巨野召开，会上交流了提质增效的做法。8月8日，在泰安召开的全省部分基层法院院长会议上，汇报了构建四个体系、提质增效的经验，受到与会领导的认可。

【诉服流程化，两个“一站式”取得新突破】 自被确定为全省现代化诉讼服务体系重点培树法院，抢抓改革机遇，全方位整合，全流程再造。诉讼服务大厅按“两区六板块”进行了重新升级。成立集中送达团队；积极探索集约保全、集中送达、鉴定前置制度；聘任14名常驻调解员、151名兼职调解员，促进诉讼前端的矛盾化解。通过系列改革措施，取得良好示范效应。2019年以来，全市法院两次诉讼服务工作现场会先后在巨野法院召开。《人民法院报》、中国法院网、山东电视台、省高院官网、澎湃新闻等相继报道；《山东法制报》审判周刊·理论与实务版块专题介绍了巨野法院经验，法学专家以《两个一站式建设的巨野蓝本》为题进行了点评。11月14日，在青岛西海岸新区召开的全省法院两个“一站式”建设现场会上，巨野法院作为全省4家基层法院代表之一，做了经验介绍。

【审执品牌化，司法公信力取得新提升】 抓党建，促审判。打造“红旗高扬·正义先锋”党建品牌，构建四型党组织，选树五个先锋，同时通过院领导、员额法官轮流值班接访、三级回访等制度，将廉政风险消灭在萌芽，切实强化了干警的党性意识、奉献意识、廉洁意识，2019年先后被评为先进基层党组织、党建工作示范点；抓庭审、促公正。审结了全市有影响的朱某普等19人组织、领导、参加黑社会性质组织罪一案以及陈某宇涉恶犯罪、菏泽住建局原局长吕某峰贪污、受贿等案件，均取得良好政治、法律、社会效果；抓改革、促和谐。坚持柔性司法，家事审判继续深挖探索，与山东财经大学法学院开展合作，进行学术研究，并出版《家事审判理论与实践》一书。12月《菏泽日报》头版头条以《让司法公正更有温度》为题进行了报道。3月份菏泽市人大调研组到巨野法院监督指导工作，给予了高度评价，11月22日，全省法院家事审判改革视频会召开，巨野法院作为基层法院代表做了经验交流；抓执行、促长效。7个执行团队挂图作战，院领导一对一包办案、包质效、包信访、包廉洁，先后开展涉民生、涉金融、麦收、凌晨等集中执行活动，全年共执结3493件，拘留232人，拒执罪报送19件，判决9件9人，发布悬赏令135期，并定期召开新闻发布会，形成强大声势。

1月29日，巨野法院在中央政法委首届“四个一百”优秀政法新媒体榜单揭晓活动中做了典型发言

【宣传融媒化，影响力取得新提高】 成立“融媒体工作室”，采、编、写于一体，流程化运行。仅2019年便获得

全国优秀政法新媒体、全国法院十佳微博、全省政法系统新媒体建设示范单位等称号，并在中央政法委首届“四个一百”优秀政法新媒体榜单揭晓活动、全省政法新闻舆论会议上作了典型发言。12 月 27 日，全市政法宣传舆论工作现场会在巨野法院召开，会上巨野法院以《“守正”加“创新” 构筑宣传大格局》为题做了汇报交流。

郓城县人民法院工作概况

【概述】 郓城县人民法院坚持以习近平新时代中国特色社会主义思想和中共十九大精神为指导，立足审判主业，扎实推进司法体制改革，努力让人民群众在每一个司法案件中感受到公平正义。2019 年，共受理各类案件 15040 件，审执结 15460 件，内设 10 个科室，下设 10 个派出机构。行政编制 147 人，事业编制 15 人。

【惩治刑事犯罪】 审结刑事案件 640 件，依法打击各类暴力犯罪，审结故意伤害、强奸、非法拘禁等暴力犯罪 73 件，审结抢劫、盗窃、诈骗等多发性侵犯财产犯罪 102 件，判处有期徒刑以上刑罚 129 人；审结“黄赌毒”案件 44 件，积极融入社会治安综合治理格局，提升人民群众安全感。依法惩治破坏市场经济秩序犯罪，审结生产销售有毒有害食品、非法吸收公众存款、网络诈骗等涉众型经济犯罪案件 8 件，营创法治营商环境；严惩腐败犯罪，支持配合监察体制改革，审结贪污、受贿、挪用公款等职务犯罪 8 件，判处罪犯 17 人。审结拐卖、性侵妇女儿童和校园欺凌、虐待被监护、看护人犯罪案件 11 件，审结未成年人犯罪案件 13 件，审结涉黑涉恶类犯罪案件 8 件 27 人，依法定罪量刑，确保专项斗争在法治轨道上扎实推进。

【审理民事纠纷】 审结民事案件 8411 件，积极推进家事审判方式和工作机制改革，完善调解前置、财产申报、心理疏导、冷静期、人身保护令等机制。积极推进案件繁简分流，依法适用简易程序审理案件 8687 件，简易程序适用率 84.03%。落实国家司法救助制度，依法为确有困难的当事人减免诉讼费 27.8 万元，对经济困难、符合条件的 39 名当事人发放司法救助款 49 万元。

【审理行政案件】 坚持依法监督行政行为，依法审结行政案件 363 件，其中行政诉讼案件 275 件，非诉审查案件 88 件，判决撤销、变更或确认行政行为违法案件 62 件。充分发挥行政争议审前和解中心作用，推动 43 起行政争议案件得到实质性解决，成功化解 21 起因鲁南高铁制梁场临时用地而引发的群体性行政争议，确保区域重大建设项目顺利推进的同时，实现法律效果与社会效果的统一。

【升级登记立案】 坚持司法为民中心思想，全面落实立案登记制及网上立案，提供跨域立案服务，安排专人指导网上立案，开通 12368 诉讼服务热线，窗口服务实施双屏办理，设置云柜材料转递窗口，诉讼费交纳提供 POS 机刷卡等多种方式，探索建立现代化诉讼服务体系，提升诉讼服务智慧化水平。

【高效推动执行】 受理执行案件 6113 件，执结 5608 件，结案率 97.27%，实际执行到位标的 8 亿元。通过“执行天眼”等网络查控系统，发挥联合惩戒作用，公布失信被执行人 50 例，限制高消费 10964 人次。加大对拒执行为的打击力度，采取司法强制措施 270 人次，移送公安机关立案 6 件，有效震慑“老赖”。积极推进“执转破”案件 6 件，化解执行案件 16 件。全面推行网络司法拍卖，发布拍卖公告 240 条，成交 54 件，成交标的额 3829.77 万元。积极推行“执行 + 保险 + 救助”模式，开展“秋季攻坚”“暖冬行动”大会战，重点抓住涉民生案件、消极执行案件、信访案件，开展突击执行、凌晨执行、节假日执行。

【深化司法体制改革】 深入推进司法体制综合配套改革。实现员额法官动态管理，完成第三批员额法官遴选。2019 年，法官人均结案 291.7 件，一审服判息诉率 94.2%，位居全省第六位。强化院长庭长办案责任，入额院长庭长带头办理重大疑难复杂案件，2019 年办结案件 6007 件，占全院结案数的 38.9%。完善法官职业保障机制，2019 年二级法官按期晋升一级法官 30 名。进一步抓实司法责任制，理顺司法权力运行监督机制，制定《重审改判案件研究定性及责任追究制度》。

健全阳光司法体制。通过司法公开四大平台，及时推送案件信息，将司法案件从立案、审判到执行的全部重要流程节点信息化、可视化、公开化，构建开放、动态、透明、便民的阳光司法体制。全面推行网络司法拍卖，发布拍卖公告 240 条，成交 54 件，成交标的额 3829.77 万元，溢价率 34.87%。

探索建立现代化诉讼服务体系。制定《关于建立多元化纠纷解决机制的意见》，完善诉调对接机制。

12月5日，郓城法院在潘渡法庭举行“红旗高扬”品牌创建工作示范点挂牌仪式

坚持发展新时代“枫桥经验”，主动融入党委政府领导下诉源治理格局，坚持把非诉纠纷解决机制挺在前面，建立以诉前分流、委托调解、法院速裁为主要内容的诉讼服务中心，成立法官工作室，组建专门速裁快审团队，设置专业调解室，促进诉调对接实质化。

【努力建设过硬队伍】 强化班子建设，严格落实民主集中制，完善各项议事规则和工作机制，提升班子决策力和执行力。加强学习型法院建设，强化党组理论学习制度，发挥表率作用。全面履行党风廉政建设主体责任，严格落实“一岗双责”，组织开展廉洁司法集中教育和形势政策报告会，着力强化纪律作风建设，扎实推进廉洁司法、司法为民。

【加强基础建设】 依托大数据、云计算，运用审判管理、电子卷宗、手机APP等多个系统，全面实现网上办公，促进整体工作效率的提高。加快审判业务系统升级，推进电子卷宗随案同步生成，为当事人和律师提供便利。把深化司法改革和现代科技运用相结合，利用“智审”“法信”智能化辅助办案系统，实现文书制作、类案推送等功能，为法官办案提供智能化支持，加快智慧法院建设，利用信息化手段进一步提升办案质效。

鄄城县人民法院工作概况

【概述】 2019年，鄄城县人民法院（以下简称鄄城法院）坚持以习近平新时代中国特色社会主义思想为指导，以“努力让人民群众在每个司法案件中感受到公平正义”为目标，坚持司法为民公正司法，忠实履行宪法法律赋予的职责，为建设新时代新鄄城提供了坚强有力的司法保障。全年共受理各类案件6353件，审执结6754件，同比分别下降9.45%、1.16%，结案率92.21%，正常审限内结案率99.55%，服判息诉率91.06%。鄄城法院被市法院评为“全市法院质效提升年活动”先进集体，审判管理办公室、少年审判庭被市法院授予“集体三等功”。

【审判执行】 坚决贯彻中央部署和省、市、县委要求，扎实开展扫黑除恶专项斗争，对影响鄄城县社会稳定的各类犯罪，进行严厉打击。审结了以李某山为首的6人恶势力犯罪团伙，最高被判处了十年六个月有期徒刑并处罚金。审结了以熊某峰为首的9人涉恶犯罪，对“村霸”“市霸”等霸痞势力惯用的敲诈勒索、强迫交易等违法犯罪行为进行了严厉打击。全年审结刑事案件468件，判处犯罪分子549人。加大服务保障乡村振兴力度，审结土地承包、相邻关系、赡养抚养、彩礼纠纷、拖欠农民工工资等案件460件。积极参与化解区域性金融风险，成立了专门的金融审判团队，推动金融审判专业化，审结金融借款、民间借贷等纠纷案件600件。加大“僵尸企业”处置力度，成功审结企业重整、破产案件3件。妥善化解涉民生案件，审结民事案件3175件。开展家事审判改革，成立专业审判团队，审结家事案件1015件。积极推进案件繁简分流，推行要素式审判，适用民商事简易程序审结案件2537件，减轻群众诉累。依法维护行政相对人合法权益。坚持依法监督行政行为，审结行政案件73件，判决撤销、变更或确认行政行为违法8件。依法支持城中村、棚户区改造，审结征地补偿、城建拆迁等案件9件。根据上级法院从“基本解决执行难”向“切实解决执行难”转变的要求，继续加大执行力度，加强执行规范化建设，构建全流程解决执行难长效机制。收案2049件，执结案件2005件，到位金额5.8亿元。其中，限制高消费1995人次，20余名被执行人迫于压力自动履行义务，60余人被司法拘留。

【司法改革】 完善员额法官正常增补和动态调节机制，顺利完成第二批4名员额法官入额工作，充实审判力量。加强以员额法官为核心、以审判业务需求为导向的新型审判团队建设。坚持“入额必办案”原则，健全绩效考核体系，员额法官人均结案192.97件，同比增加13.13件。坚持院、庭领导带头办理重大疑难复杂案件，2019年院长、庭长审结案件3693件。落实人员分类管理，完成20名法官助理、3名书记员和7名综合类公务员职务套转及10名执法勤务警员职务套改。落实内设机构改革方案，构建科学高效、符合审判机关特点和审判权运行内设机构体系。

【司法为民】 依托大数据、云计算，运用审判管理、电子卷宗等系统，全面实现网上办公。加快审判业务系统升级，推进电子卷宗随案同步生成，为当事人和律师阅卷提供便利。严格落实立案登记制，切实保障当事人诉权，当场登记立案率超过97%，实行网上立案后，网上立案率达100%。坚持线上线下联动，深入推进“一次办好”改革，强化社会化便民服务功能，安排专人在诉讼服务中心为立案、咨询的群众提供“一对一”服务。坚持“调解优先、调判结合”原则，把调解工作作为化解社会矛盾的首选，贯穿于办案始终，建立诉前调解工作机制，对案件事实清楚，适宜调解，当事人双方均有调解意愿的案件，由诉前调解员先行调解。落实国家司法救助制度，依法救助困难当事人，减缓免诉讼费用6.3万元。

【队伍建设】 *一是全面加强党的建设。*2019年，鄄城法院改选了党支部，将党性强、政治素质高的人员充实到支部班子。加强政治学习，坚持将意识形态集中学习与经常性教育相结合，通过“三会一课”“灯塔——党建在线”“学习强国”等形式，筑牢意识形态工作的主阵地。通过开展主题党日活动、党员自评互评活动，全面提升党员的政治素养和觉悟。

*二是全面加强司法能力建设。*组织全院干警参加培训180余人次，以法官讲堂、庭审观摩、裁判文书评比、法律知识竞赛、岗位练兵等形式，提高干警业务能力，增强司法水平，同时加强司法调研和理论研讨，不断提升法官队伍的法律适用能力、庭审驾驭能力、诉讼调解能力、文书说理能力、判后答疑能力和案件执行能力，努力打造一支“忠诚、干净、担当”的职业化法官群体。

*三是全面加强司法作风建设。*坚持教育、监督、惩戒并重，细化党风廉政建设责任书，规范业内行为，约束业外活动、守住从业底线，继续推行廉政警示诫勉制度，防止权力失控、行为失范，有效预防违法违纪行为的发生。

【基础建设】 正在建设的新审判大楼位于陈王路东金山街北，规划占地24739平方米。新审判大楼包括审判楼主体和附属楼配套设施，包括14个高清数字科技法庭，能满足民事、商事、刑事等审判工作的需要。规划建设的诉讼服务中心按照两个一站式要求设计布局，能为当事人提供多元纠纷、立案服务、分调裁审、审判辅助、涉诉信访等全方位服务。主体已经完工，正在进行内部装修。

东明县人民法院工作概况

【概述】 2019年，东明县人民法院认真履行审判职责，全年共受理各类案件9847件，办结10240件，结案率94.01%。在全市法院年度工作考核中名列前茅。

【审判执行】 *保障群众安居乐业。*审结刑事案件590件。高点站位严惩黑恶势力犯罪，审结5件23人。坚决从严打击严重影响群众安全感的犯罪，审结故意伤害等暴力犯罪和多发性侵财案件101件155人。禁毒扫黄，净化社会风气，审结“黄赌毒”案件15件20人。依法维护道路交通安全，审结危险驾驶案302件302人、交通肇事案56件56人。严惩破坏市场经济秩序犯罪，审结集资诈骗、非法吸收公众存款等金融犯罪案件11件16人。依法对374名被告人，判处缓刑、管制和拘役，切实做到宽严有据、罚当其罪。

东明县人民法院举办五四青年干警座谈会

*服务经济社会发展。*审结一审民商事案件6218件。积极回应教育、就业、医疗、住房等“衣食住行”民生诉求，审结劳动争议、房地产、征地拆迁、医疗纠纷等案件122件。强化人身权、财产权、人格权司法保护，妥善审结权属、侵权纠纷案件485件。服务乡村振兴发展战略，审结邻里纠纷、土地承包等案件11件。助推乡风文明建设，审结赡养抚养、彩礼纠纷、婚姻家庭等家事纠纷类案件971件。依法审结涉农粮食收购点买卖合同案件1470件，取得良好法律效果和社会效果。

*助推依法治县。*全力促进法治政府建设，共审结一审行政案件133件。妥善处理涉众型行政案件，审理征地拆迁、黄河滩区居民迁建等案件47件。加强非诉讼案件合法性审查，审结非诉强制执行案件32件。推动行政争议实质性解决，通过行政争议审前和解中心化解5件。加强与行政机关良性互动，通过召开新闻发布会、提出司法建议、组织行政机关参加庭审观摩等方式，促进法治政府建设。

*巩固基本解决“执行难”。*新收执行案件3161件，执结3267件，实际执行到位金额3.61亿元。冻结资金8478.82万元；发布失信被执行人名单60例，限制失信被执行人乘坐高铁、飞机等高消费4214人次；司法拘留、拘传和罚款689人次。集中攻坚重点领域，执结涉金融案件206件，实际到位金额978万元；开展“暖心冬日”执行会战，集中执结涉民生案件37件，到位金额461.32万元。全面实行网络司法拍卖，网拍成交额1920万元，溢价率31.53%；执行“3＋1”核心指标99.76%，居全市基层法院前列。

【司法为民】 *强化便民利民举措。*全面推行网上立案、跨域立案，受理网上立案申请5499件。深入推进法治共享。举办法院开放日、“法律六进”等活动10余次，邀请社会各界人士走进法院200余人次，旁听庭审240余人次。落实司法救助政策，为10当事人减缓免诉讼费4万余元，为13名困难当事人发放救助金33.3万元。

*健全现代化诉讼服务格局。*陆续投资2000余万元用于信息化建设，完成院机关及派出法庭全部审判庭信息化改造。全面实施电子签章，实现法律文书立等可取。在县交警大队建设“道交一体化处理平台”，推动道交纠纷网上办理、高效化解。深化“分调裁审”民事诉讼制度改革，案件平均审理时间同比减少12.35天。

*升级发展智慧法院建设。*建设全市首家陆圈油田法庭“24小时法院”，该做法被菏泽市电视台《天平在线》栏目报道。在全市法院率先推开使用电子送达平台，经验被全市法院推广。全面建设电子卷宗随案同步生成及深度应用系统，推进全流程网上办案。打造智能化庭审，实现庭审环节电子质证、电子签章，促进庭审规范高效。推广建设互联网法庭，让“足不出户打官司”成为现实。

【司法改革】 *深入推进司法责任制改革。*严格落实院长庭长办案制度，结案4718件，占结案总数的46.07%。法官人均结案284件，平均办案周期63.03天，均居全市前列。遴选第二批员额法官2名，招录法官助理4名。围绕“机构精简、职能优化”要求，内设部门由原来的25个减少到10个。

*加快推进两个“一站式”建设。*建立“一心四点多元”非诉解纷机制，将家事纠纷、交通事故等13类纠纷确定实行调解前置，先行引导当事人进行诉前调解，诉前调解纠纷596件，司法确认34件。建立健全简案速裁机制，组建速裁团队4个，简易程序适用率90.74%，居全市第一名，服判息诉率93.22%，居全省第十名。

【队伍建设】 *首抓思想政治建设。*旗帜鲜明地把讲政治要求融入法院工作全过程、各方面。坚持“以党建带队建促审判”工作思路，打造“红旗高扬”示范党支部，实施基层党组织组织力提升工程，开展党员先锋岗创建、“红色天平暖民心”党建品牌创建。院长党课被评为全省法院“不忘初心、牢记使命”主题教育优秀党课。

*重抓司法能力建设。*坚持把专业化建设摆到更加重要的位置来抓，以业务能力建设为核心，广泛开展岗位练兵、技能比武、文书评比、业务培训等活动，组织各类学习培训29期，参加培训300余人次。1人被授予“全省法院审判业务专家”称号。4篇优秀裁判文书、优秀案件分析在全市获奖。

*狠抓党风廉政建设。*坚持“一岗双责”，认真落实党风廉政建设主体责任、监督责任。认真开展“廉洁司法、担当作为”“突出问题集中整治、加强内部管理”等专题活动。组织干警参观市廉政教育基地，落实述职述廉、廉政谈话制度，促进管党治党责任落实。

菏泽经济开发区人民法院工作概况

【坚持依法履职，彰显司法担当】 *宽严相济，惩治刑事犯罪。*坚持提高政治站位，依法严惩严重危害社会治安和影响群众安全感的犯罪，严厉打击严重暴力、食药安全和多发侵财等犯罪，积极推进扫黑除恶专项斗争，努力实现法律效果、政治效果和社会效果的有机统一。2019 年，受理刑事案件 523 件、审结 533 件，同比分别上升 2.55% 和 10.12%，结案率 101.91%。

调判结合，化解民事纠纷。坚持服务大局，公正审理合同纠纷，妥善审理涉及消费、教育、医疗、住房等案件，保护民生权益，诉前调解分流化解纠纷470起，新收一审民商事案件3285件、审结3194件，同比分别上升 14.46% 和 21.72%，结案率 97.23%，调撤率 44.88%。

加强协调，妥处行政争议。依法审理征地、拆迁等案件，回应群众关切，支持、监督行政机关依法行政，畅通诉讼渠道，加大行政争议诉前协调力度，受理行政案件 134 件、审结 144 件，以和解撤诉方式结案 16 件。

【巩固执行成果，维护司法权威】 2019 年，菏泽经济开发区人民法院紧紧依靠党工委领导，集中人力物力，全力以赴抓执行，努力向“切实解决执行难”目标迈进。持续保持高压态势，强化执行措施，积极开展专项执行活动，着力解决执行难题，重拳打击规避执行行为，努力提升执行公信力和群众满意度。2019 年，新收执行案件 2147 件，执结 2349 件，同比分别上升 4.58% 和 33.24%，结案率 96.39%，结案标的额 13.16 亿元，实际执行到位率 39.31%，实际执结率 57.61%。

夯实执行保障基础。通过深入推进“分、调、裁”审判机制改革，进一步压缩和抽调审判力量充实到执行一线，并补充聘用制司法辅助人员，实现执行队伍人员大幅度增加，其中员额法官占比达到 33.3%。同时，增配各种执法办案装备、器材，增加执法办案车辆，充分强化执行保障。

探索改革执行机制。通过执行指挥中心实体化运行、执行立案、信访窗口独立及进一步落实裁执分离，推进执行案件繁简分流和执行事务集约化办理，从根本上改进执行模式，实现分段化处理、集约化办理、团队化协作，有效利用执行资源，提高执行实效，降低执行信访。

大力改进执行手段。进一步规范执行行为。集中统一并依法有序进行线上查控、发出执行通知、财产申报令、上失信名单、限制高消费等执行措施，同步落实“阳光执行”，实现执行全流程公开，大力提升执行行为的规范性。深入开展涉金融债权、涉党政机关等特殊主体案件专项执行活动，进一步加大强制力度，用足强制手段。拘留被执行人 183 人次，拘传 152 人次，发布限高令 2305 人次，履行义务后撤销 952 人次，有力打击拒执犯罪，切实提升执行威慑力。

积极构建执行联动机制。紧紧依靠党委、人大、政府，积极探索健全“党委领导、政府支持、法院主导、多方参与”执行联动模式，编织紧密有序执行网络，全面巩固提升“基本解决执行难”成果。向党工委专题汇报执行工作，与行政机关、金融机构等召开座谈会，召开立、审、执协调配合调度会 12 次，执行联动机制不断完善。

【着力保障民生，践行司法为民】 **继续推进司法公开。**以信息化建设为抓手，全面推进司法公开，完善 12368 诉讼服务平台功能，积极落实立、审、裁、执信息网上全程公开，及时全面公开案件流程节点信息。全面落实文书上网要求，坚持动态监管，每月通报，定期检查，2019 年公开裁判文书 5997 份，公开率 95.78%。安装 6 套庭审直播设备，2019 年在中国庭审公开网公开直播 1322 次，观看人数 157834 人次。

积极落实司法便民。全面落实立案登记制改革，改造了诉讼服务中心，实行“一站式”柜台服务。常态化开启便民服务数字化平台，方便当事人了解案件进展。配备新的电脑设备，开通推广网上立案，2019 年网上立案率 100%。开通立案“绿色通道”，为特殊群体实行优先立案、优先审理、优先执行。

12 月 4 日，菏泽经济开发区人民法院全体员额法官进行集体宣誓仪式

努力改进司法服务。积极构建法院主导、多方参与的多元化纠纷解决机制，充分发挥开发区婚姻家庭案件调解委员会作用，有效化解婚姻家庭纠纷。邀请中院审判经验丰富的退休法官，常驻进行诉前调解，调解息诉470件，即时履行298件，达成和解协议170件，司法确认2件。

稳妥开展司法救助。严格落实中央政法委、最高人民法院相关司法救助工作要求，做好解释阐明工作，建立司法救助台账，强化审查监督。确保困难群众及时得到司法救济，让困难申请人感受到司法温情。

山東法制報 审判周刊 采风专版 2019年3月1日 第4版

济南铁路中院：

打造法治宣传"铁法名片"

3月1日，总第6950期《山东法制报 审判周刊》第四版刊登铁路中院专版——《济南铁路中院：打造法治宣传"铁法名片"》《济南铁路法院：审判团队改革亮出"特色名片"》

【大力固本强基，建设司法铁军】 以德为先，加强思想政治建设。举办中共十九大和中共十九届四中全会精神专题学习讲座，开展党章党规知识竞赛，坚决维护以习近平同志为核心的党中央权威和集中统一领导。高标准严要求开展主题党日活动，举办"不忘初心、牢记使命"主题教育12场次，组织干警200余人次参与精准扶贫等活动，帮扶困难群众，化解矛盾纠纷。

以能为要，加强司法能力建设。坚持以能力为引领、以需求为导向，加大教育培训力度，组织干警参加审判业务视频集中学习13期225人次，选派22人次参加上级法院组织的专项培训。加强庭审观摩评比，着力提高庭审驾驭能力和规范化水平。

以廉为基，加强党风廉政建设。强化对审判权运行的常态化监管，坚持反腐败无禁区、全覆盖、零容忍，持之以恒改进司法作风，锻造风清气正的法院队伍。坚持传统文化学习活动，常态化学习国学经典，把传统文化理念转化为法官内在素养。发挥工会优势，落实从优待警政策，缓解办案压力。

济南铁路运输中级法院工作概况

【凝神聚力抓好第一要务】 2019年，济南铁路运输两级法院共收案1491件，结案1490件，同比分别上升53.42%、50.96%。5月，为维护金融稳定，最高人民法院指定济南铁路运输中级法院（以下简称济铁中院）受理全国范围内以恒丰银行为被告和第三人的民商事案件。这是山东省委员会、山东省高级人民法院重点关注案件，济铁中院指定专门团队进行审理。6—12月，共立案98件、结案92件，未发生大规模涉诉信访等不良社会反应。9月，经最高人民法院批复、山东省高级人民法院指定，济南铁路运输两级法院自10月1日起跨行政区域管辖行政案件。铁路法院迅速行动，积极筹备，利用不足1个月的时间完成了数据调研、范围调整、成立团队、动员部署、起草公告、人员培训等多项工作，分别与济南中院、青岛中院联合召开新闻通报会，顺利启动了行政审判工作。自10月8日至年底，受理一审行政案件183件。此外，济铁中院协助山东省高级人民法院审查行政再审案件工作圆满收官，三年多来5批38人次的行政再审团队，共收案2076件，结案2076件，结案率100%，多篇案例分析和理论文章获奖，山东省高级人民法院主要领导多次书面批示表扬。

【全力破解执行难题】 济铁中院全年共收执行案件743件，结案799件。"3+1"核心指标：有财产可供执行案件法定审限内执结率为99.75%，位居全省第一；执行案件执结率97.2%，位居全省第一，无财产可供执行案件终本合格率100%和执行信访办结率100%，并列全省第一。其他指标中实际执结率75%、结案平均用时77.05天，均居全省第一。加强卷宗管理，执行卷宗管理经验被省法院在全省推广。全面落实网拍优先原则，实现司法网拍全覆盖，两级法院网拍成交共117件1.11亿元，标的物成交率为90.63%，溢价率为8.92%。

【持续提高综合管理水平】 济铁中院自9月起实行"到案到人到团队"的全覆盖周通报制度，11月起每周召开一次审判执行工作推进会，逐案听取汇报，调度未结案件推进工作。铁路辖区结案率从8月底的66.94%上升到91.69%，济铁中院结案率从45.65%上升到94.32%，居全省中院第六位。同时，铁路辖区一审服判息诉率居全省法院第一位，平均办案周期居第二位；12个月以上未结案件和18个月以上长期未结诉讼案件均为0件，为全省唯一。深入推进新闻宣传工作，济南铁路运输两级法院官方抖音号发布作品817条，点播量超过3000万次，获赞近100万次，粉丝超过11万名。3月，济铁中院官方抖音号被评为全国法院百优新媒体账号，是山东法院系统唯一入选的法院官方抖音。济铁中院连续三年组织“6•5”世界环境日法治宣传活动，现场发放保护环境宣传手册，接待群众法律咨询；连续四年与济南市区各小学联合举办“模拟法庭进校园”活动，还赴枣庄市薛城区常庄镇埠岭联校，在送模拟法庭下乡的同时，为孩子们进行了爱心捐助，《大众日报》等媒体予以报道。

9月20日，山东省济南市中级人民法院、济南铁路运输中级法院联合召开新闻通报会，向社会公告跨行政区域管辖行政案件改革相关情况

【持续从严加强队伍建设】 认真开展主题教育，济铁中院党组理论中心组分5次对主题教育相关议题开展研讨交流，组织开展了院领导讲党课、读书班集中学习、到革命教育基地培训、参观监狱主题展览、党史馆进行警示教育和党史教育、收看模范事迹报告会等形式多样的活动。在年底山东省高级人民法院直属机关党委检查中，济南铁路运输两级法院18个党支部全部达到了标准党支部要求，有些支部已经达到优秀党支部标准。组织济南铁路运输两级法院15个党支部参加了山东省高级人民法院“不忘初心、牢记使命”主题微党课比赛，获得了3个二等奖、1个三等奖和11个优秀奖。全面提升干警业务素质，全年共组织两级法院干警参加各类培训35期158人次。9月，中院联合法官学院举办了行政案件集中管辖审前培训班，邀请了山东大学教授、省市区三级法院行政审判专家进行授课，做到理论与实务相结合，经验与案例并重，解决了铁路法院干警从未接触过行政案件的“燃眉之急”。能力强院结出丰硕成果，济铁中院潘娟的论文《从“口袋化”到“去口袋化”：非法经营罪兜底项规制范围的司法限缩——基于刑法第225条第四项运行样态的分析》在全国法院第三十届学术讨论会论文评选中荣获二等奖，这是济南铁路运输两级法院在历届学术讨论会上获得的最高奖项；在全省法院第八届典型性案例评选中，中院一篇案例获得二等奖；在山东省法院第一届全省行政审判优秀业务成果评选活动中，一篇调研报告获报告类调研成果二等奖，一篇案例获案例类调研成果三等奖；在全省法院第十八届优秀裁判文书评选中，一篇文书获刑事类三等奖。

【不断推进基础设施建设】 新审判法庭交付使用。济铁中院以捧取“泰山杯”为目标，于12月初顺利通过了消防验收、综合验收以及人防工程验收，先后被评为济南市安全文明工地、山东省以及济南市建筑优质结构工程、山东省绿色施工科技示范工程、济南市建筑施工扬尘污染防治创优工地等荣誉，具备了申报“泰山杯”的条件。12月16日，济铁中院新审法庭正式启用，这是济铁中院发展史上里程碑式的大事，揭开了崭新篇章。规范建设诉讼服务大厅，设置多元解纷、分调裁审、审判辅助、立案服务、涉诉信访、法治宣传六大功能区域，实现为当事人提供“一站通办、一网通办、一号通办、一次通办”的诉讼服务，促进矛盾纠纷在中心一揽子解决，相关做法被最高人民法院内网政务网站予以报道。先后完成智能机房、数据中心及网络交换、网络安全、安防监控、视频会议、诉讼服务大厅、高清科技法庭等系统建设，硬件设施达到全省法院一流水平。先后上线或更新了一体化工作云平台、电子卷宗随案同步生成及深度应用、移动办公办案、音视频融合平台、庭审直播、全新内网网站等软件系统。这些都为下一步深化智慧法院建设、实现“弯道超车”提供了有力支撑。

济南铁路运输法院工作概况

【概述】 2019年年底，济南铁路运输法院（以下简称济铁法院）在职人员47人。法院内设综合办公室（司法警察大队）、政治部、立案庭（诉讼服务中心）、综合审判庭、执行局5个部门。

【审判执行】 全年共立案601件，结案601件，旧存57件，结案标的额32.1亿元，结案率91.34%，一审服判息诉率96.01%，法官人均结案31.6。无一年以上未结诉讼案件，立案数、结案件数及结案标的额同比分别上升67.41%、65.11%和47.05%。

刑事审判立案38件，结案39件，结案率100%。积极探索、适用新型审判模式。首次适用上诉约谈方式，化解上诉案件；首次在判决书中加入社区矫正内容，强化对社区矫正人员的引导；首次适用缺席审判制度，保证案件及时审结；首次适用认罪认罚简易程序和速裁程序，提升审判效率。

民事审判立案155件，结案181件，结案标的额14亿余元，结案率98.9%。积极探索审判管理方式，多措并举提升审判效率。修订审判程序，除法定应适用普通程序的案件外，其他案件均适用简易程序审理，2019年，简易程序适用率为81.8%。积极通过调解方式化解纠纷，法官在开庭15日前主动与当事人双方取得联系，组织当事人进行调解。实行金融案件的当庭宣判制度，2019年，金融案件判决67件，当庭判决60件。

行政审判立案128件，结案84件，结案率65.63%。通过创新审判模式，提升审判质效，迈出行政案件审理“第一步”。加强人力物力保障，配备智能材料收转柜、科大讯飞语音识别等系统，成立集中管辖行政案件领导小组，制定《济南铁路运输法院诉调对接工作规程》等16项规范性文件。2019年10月，济铁法院启动跨行政区划案件受理工作，受理案件当天接待当事人立案咨询18人次，接收行政诉讼案件立案材料13份。

执行案件立案279件，结案296件，结案标的额17.67亿元。终结本次执行程序合格率为100%，执行信访案件办结率100%。利用信息化和传统查询相结合的方法，深挖执行线索，及时采取措施，同时积极开展“涉金融案件”专项执行活动，多措并举加大执行力度，基本实现“切实解决执行难”。

【司法为民】 法律服务持续推进。开通12368咨询电话，健全登记立案、网上立案、自助立案、跨域立案工作规范，设置跨域立案专门窗口，由专人负责引导跨域立案的诉讼当事人进行网络操作，确保网上立案率100%。探索诉讼服务集约化管理，提供人性化的诉讼查询、立案指导服务。首次启用独立的案件阅卷室，整合一体化电子档案查询机，推行电子阅卷。进一步完善涉诉信访工作，修改信访案件接待管理流程，规范信访工作台账，畅通信访渠道，严格落实网上申诉制度。深入辖区企业进行诉源治理，与辖区内重点企业就诉讼源头治理、诉讼风险防控进行座谈并形成一致意见。做好各项法治宣传活动，世界环境日当天在济南东站宣传环境保护；6月26日，与检察院、公安机关联合在济南西客站开展“国际禁毒日”法治宣传活动；8月27日，组织济南铁路公安局人民警察训练支队100余名学员旁听被告人于某涛等四人窃取信用卡信息、伪造金融票证、信用卡诈骗一案。

【司法改革】 4月9日，召开全院干警大会，完成济铁法院内设机构改革及人事调整方案，实现改革方案要求的机构到位、人员调整到位。内设机构改革完成后，各项审判质效均有明显提升。进一步完善“分工专业、审判统一”的审判团队建设，促使审判执行工作更加规范有序，效率明显提升。加强简易程序适用，发挥速裁优势，对符合速裁程序审理的程序性案件统一导入速裁程序进行处理。探索多元调解，引进第三方调解机制，12月6日，与济南市高

济南铁路运输法院维护人民群众权益，获得称赞

新公证处就司法辅助事务协同试点工作框架协议进行签约仪式并为“公证参与司法辅助事务中心”揭牌。

【队伍建设】 加强支部建设，完善“三会一课”制度，开展“两学一做”学习教育、“不忘初心、牢记使命”主题教育。扩充队伍力量，提升干警业务素质，以提升职业素养和司法能力为突破口，全面加强干警履职培训，全年共完成各项培训工作114人次。加强党规党纪学习，抓牢廉政教育，营造全院积极向上、干事创业、风清气正的氛围。利用“我们的节日”开展系列活动：三八节开展“我健康、我快乐”为主题的户外登山运动；清明节组织青年干警到英雄山烈士陵园祭扫烈士墓；五四青年节组织干警到胶东党性教育基地参观学习；六一前夕为派驻第一书记所在村的孩子送去学习文具等用品。

【基础建设】 持续加大对智慧法院、24小时法院的信息化建设投入。新增一体化平台系统，融入办案、办公等职能，基本实现无纸化办公；推进电子卷宗随案同步生成和深度应用，实现案件卷宗生成、归档、查阅和文书撰写等网上办理；推进移动办公办案手机APP的开通及安装；保障“两个一站式”现代化诉讼服务体系建设，丰富网上立案功能，并实现诉讼费的收结退网上办理。

【宣传工作】 年内在中央、省级各大媒体上发表新闻宣传稿件76篇。官方微信更新329篇，发布抖音视频140条、快手视频159条、新浪微博文章7127篇、外网网站新闻139篇。两篇司法建议分别获省法院第五届优秀司法建议评选活动三等奖和优秀奖。民事团队撰写的《审判团队改革亮出特色名片》被《审判周刊》予以刊登。中央电视台《今日说法》栏目播出《真高铁假招聘》，实现报道层级上的新突破。

青岛铁路运输法院工作概况

【聚焦审判主业】 2019年，青岛铁路运输法院（以下简称青铁法院）人员编制40人，实有干警34人（2019年度录入3人，调出1人），其中员额法官15人。9月，院长崔方力晋升二级高级法官等级。2019年，共受理各类案件605件，结案593件。服判息诉率为97.99%，居全省基层法院首位。调撤率为69.08%，居全省基层法院第二位。员额法官人均结案数39.53件。平均办案天数50.08天，办案周期位居全省基层法院第十位。

【破解收监难题，捍卫司法权威】 6月，在处理已决犯赵某因吞食锯条导致长期不能投监事件中，青铁法院强势攻坚，多次主持召开由铁路公安、检察机关共同参与的联席会议，最终形成一致意见。6月15日，青铁法院会同医疗机构果断对赵某采取胃肠镜手术，从其体内取出两根长度分别为9.3厘米、9.5厘米的钢锯条，随即将其押送监狱，一举破解了这个困扰了铁路公检法两年之久的收监难题，有力捍卫了法律权威。

【创新执行方式】 首次建立电商平台协查机制，为破解找人难题提供了新思路。在查询一起被执行人“躲猫猫”的案件中，执行法官联系京东法务，向其邮寄了司法协查文书，两日后即收到了京东反馈的被执行人的收件地址和联系电话。承办法官据此与被执行人取得联系，被执行人已将还款方案提交法院。

【执行监狱服刑人员劳动收入】 首次执行刑事罚金案被执行人在监狱的劳动收入。执行立案后，承办法官通过网络查控控制了被执行人从刚部分存款，但不足额，遂先向青岛监狱调查情况，得知从刚在服刑期间劳动改造有部分劳动收入，在其刑满释放时，对其服刑期间的劳动收入予以强制执行。

【优化内设机构】 按照“机构精简是基础、职能优化是关键”的工作思路，于2019年4月底整合了9个内设部门，成立了综合办公室（司法警察大队）、政治部、立案庭（诉讼服务中心）、综合审判庭、执行局5个内设机构，组建了7个专业化团队，明确了各内设机构负责人和团队负责人，为加快构建优化协同高效的审判权运行体系奠定了坚实的基础。

【加大普法宣传力度】 4月，举办国家宪法日和法院开放日系列活动，走出去请进来相结合，邀请中小学师生代表到院参观学习，引导中小学生了解法院工作，感受法治文化，努力成长为学法、懂法、守法、用法的好学生、好公民。

青岛海事法院工作概况

【概述】 2019年，青岛海事法院共受理各类案件3549件，审执结4491件，涉案标的额33亿元，已连续8年被评为省级文明单位。

【坚持服务大局，全力服务保障海洋强省建设】 充分发挥海事司法职能优势，依法审结涉及海上货物运输、船舶碰撞、船舶修造等各类海事海商案件2377件，扣押船舶125艘，拍卖船舶83艘，有效维护了海上正常的航运和生产经营秩序，促进了海洋经济高质量发展。主动融入“一带一路”和青岛“上合示范区”建设，积极行使涉外海事司法管辖权，营造一流的法治化、国际化、便利化营商环境，共受理涉外及涉中国港澳台案件111件，审结233件，海事司法公信力和影响力进一步提升。完善海事司法服务措施，积极参与青岛“上合示范区”涉外法智谷建设，赴青岛港集团调研，与青岛港集团、海尔、海信集团等大型企业建立常态化交流机制，深入了解港航和外贸企业的多元海事司法需求，通过提出司法建议、开展普法宣传等途径，为港航企业提供针对性的法律服务，帮助企业防范化解法律风险，增强服务海洋经济高质量发展的实效性。

【坚持司法为民，不断增强人民群众获得感】 立足海事司法规律和特点，加快推进一站式诉讼服务中心建设。认真落实“一次办好”改革要求，加大网上立案、网上交退费工作力度，网上立案率为100%，在全省法院率先实现跨域立案。完善执行长效机制，实行执行实施类、审查类案件全部网上立案，将涉民生类案件优先办理，严格节点管控，巩固深化基本解决执行难工作成果，切实维护当事人的胜诉权益。认真践行以人民为中心的发展思想，加大司法救助的范围与力度，积极提出防范法律风险的司法建议，以司法救助的形式结案114件，救助款项109万余元。加大对追索劳务报酬等涉民生案件当事人的保护力度，开辟“绿色通道”，实行快立、快审、快执行，妥善审结船员劳务合同纠纷案件811件，最大限度维护了弱势群体的合法权益，切实维护涉海民生权益与社会和谐。

【坚持改革创新，促进海事审判体系和审判能力现代化】 深化司法责任制改革，重新组建审判执行团队，完善院庭长、员额法官、法官助理、书记员职责清单，司法裁判水平全面提升。积极推进智慧法院建设，完善全业务网上办理，建设了互联网审判法庭、电子送达平台、绩效考核系统，初步破解了跨国取证难、送达难、考核数据统计难等问题。召开新闻发布会，用中英文双语向社会发布2018年度海事审判白皮书和十个典型案例，对内外网站进行升级改版，建设并开通英文网站，30余篇宣传稿件被《人民法院报》、《法制日报》、学习强国等中央及省市媒体采用。选取典型涉外海事案例拍摄的微电影《起航》，获评全国第四届平安中国“三微”比赛十大微电影奖、全省首届平安山东“三微”比赛微电影一等奖。组织开展宪法宣传日暨法院公众开放日活动，邀请人大代表、政协委员、特邀监督员、媒体记者、法律工作者、高校师生、社区居民等社会各界代表见证法官宣誓、视察参观、座谈交流。

【坚持政治引领，努力打造过硬海事司法队伍建设】 加强思想政治建设，扎实开展“不忘初心、牢记使命”主题教育，引导全院干警树牢“四个意识”，坚定“四个自信”，做到“两个维护”。深入推进基层党组织组织力提升工程，邀请专家教授对《中国共产党支部工作条例（试行）》作专题辅导，压紧压实支部责任。加强履职能力建设，发挥党组的示范引领作用，班子成员带头讲党课、带头办理重大复杂疑难案件，努力实现自身净、自身硬，提升决策水平。先后组织干警到厦门海事法院、广州海事法院、广州中院、上海海事法院考察学习，与广州海事法院联合在厦门大学对全院干警进行培训，与大连海事大学法学院联合举办《中华人民共和国海商法》修改专题座谈会，积极参与中国审判理论研究会海事海商专业委员会、山东省法学会海洋法研究会等理论研讨活动，法官队伍的调研、科研能力和理论研究水平进一步提升。加强党风廉政建设，层层签订党风廉政目标责任书，形成了“一级抓一级、层层抓落实”的工作机制。自觉接受省纪委监委派驻省法院纪检监察组的监督，对违反廉政纪律的潜在性、倾向性、苗头性问题始终保持零容忍。

【自觉接受监督，不断加强和改进法院工作】 始终把海事审判工作置于党的领导和人大及其常委会监督之下，认真负责地向人大报告工作，认真贯彻落实市人大及其常委会的各项决议、决定。将重要工作部署和开展情况及时呈报省级及辖区青岛、烟台、威海、日照、东营、潍坊、滨州七市党委、人大、政府、政协，建立完善制度化、常态化的长效机制，确保自觉接受监督的各项措施落到实处。青岛市人大及其常委会高度重视、大力支持青岛海事法院工作，青岛市人大常委会主任宋远方，带领常委会部分组成人员到院视察，深入了解法院工作情况，对海事司法工作给予肯定和鼓励，并对下一步工作提出明确要求和殷切期望。各级人大代表、政协委员关心支持海事审判工作，部分市人大代表、政协委员到院视察，提出了许多中肯的意见和建议，有力促进了青岛海事法院各项工作和建设的顺利开展。

第六编

机构设置与人员情况

山东省高级人民法院机关及直属事业单位人员名录

（以 2019 年 12 月 31 日在职为准，法律职务以人大任命为准）

院　长、党组书记　张甲天
副院长、党组成员　傅国庆
副院长、党组成员　张成武
副院长、党组成员　吴锦标
党组成员、省纪委监委驻省法院
纪检监察组组长　时耀华
副院长、党组成员　段大伟
副院长　张开兴
党组成员、政治部主任　褚振东
审判委员会专职审判委员　姜树政
审判委员会专职审判委员　韩芳丽
一级巡视员　尹佐海
一级巡视员　程乐群
一级高级法官　王继青
一级高级法官　王　玮

办公室
副主任：陈　峰　李　彤　刘亚楠
副科级秘书工作人员：陈兆顺
赵义棣　董之会　邢少波　荣　华　韩培吉
黄爱华　孟建红　于德旺　王树广　贾宝群
徐秀兰　李　斌　甲　涛　姜玲炜　王　鹏
王新利　刘中琛　温皓翔　桑泽文　杜　涛

政治部
副主任：姜明川　高红霞

政治部一处
处　长：高红霞
副处长：贺俊青　张飞虎
张　明　文　玲　郝琪深

政治部二处
处　长：姜明川
副处长：李　华　肖春燕　鲁晓勇
刘一斌　马玉龙　张　燕　杨玉岭　胡晓丽

政治部三处
处　长：李　峰
副处长：王　磊
王孔昱　杨朋帆　王心怡

立案庭
庭　长：阮久红
副庭长：王　颖　单　明
王　忠　李金荣　赵桂琦　谢广隶　邓鲁峰
苑海波　马慧芹　董雯婧　王　猛　胡凤麟
苑荣玉　刘艳华　李晓云　王洪成　刘　聪

信访处
处　长：王世心
副处长：吴之翔
李瑞富　伊　立　卢永恒

再审立案庭
庭　长：陈兴东
副庭长：张　磊　徐兴军
初乐坤　耿志亭　李加付　张　涛　范　勇
从燕燕　毛国强　董运平　王　园　闫爱云
司晓伟　刘敬峰　庞德洋　刘　婧　谭玉洁
梅　贺　刘　娟　法如春　丁　波　解明雪

刑事审判第一庭
庭　长：谢　萍
副庭长：罗　莹　蒋海年
刘　革　张　华　郑清华　吕仲亚　李仲轲
方琳琳　李国栋　杨　璐　李　岩　崔　灿
王　蕾　尹士强　周　伟

刑事审判第二庭
庭　长：孙冠进
副庭长：崔　婧　张运通
唐　驰　盛　文　张汝林　吴海波　路翠焕
尚秋君　马瑞亮　海媛媛　袁　丽　张　霞
刘婷婷　庞现亭　李　婧　李增涛　张　斌
李继生　孙　浩

刑事审判第三庭
庭　长：孟　健
副庭长：王　平　孙　光
何传斌　张俊恩　吴月臣　杨殿韬　杨福迅
辛丽英　崔龙琥　任　远　张　峰　陈　旭

杨　扬　艾　文　崔永振　张学强

刑事审判第四庭

庭　长：吴　靖

副庭长：刘振会　马　磊

吴诗年　周粤华　张贯修　王　英　冯丽萍
朱毅伟　刘旭阳　于　涛　姚颖博　唐　瑶
王　勇　隋东升　许学镁　张　坤　赵　军
郜文哲

民事审判第一庭

庭　长：崔　勇

副庭长：李永生　陈东强

栾建德　岳彩林　张　豪　丁国红　邱建坡
娄勇军　曹　毅　李守军　马　丽　李红雁
王海娜　毕中兴　陈　浩　张　磊　孔祥昆
付文文　王新兵　刘耀逊　任　楷　李明明
卢　伟　王　鹏　刘小玉　王金雨

民事审判第二庭

庭　长：欧阳明程

副庭长：肖　彬　刘成安　张　亮

左玉勇　马　红　安景黎　邝　斌　张秀梅
郑元文　王爱华　康　靖　魏江山　吕　静
尹哲璇　王子杰　刘　鑫　董立强　彭　震
王　慧　刘晓旭

民事审判第三庭

庭　长：马莉莉

副庭长：于军波

柳维敏　刘晓梅　于志涛　石　青　赵有芹
张金柱　陈庆亮　马　强　张　琼　张　甜

民事审判第四庭

副庭长：付本超　姚　锋

宫恩全　赵　童　董　兵　王　磊　赵　斐
刘福贵　冯玉菡　周　淼　李建伟　王　坤
王一平

环境资源庭

副庭长：张传毅　刘晓华

张晓宁　张汉利　公韶华　谢　醒　陈伟宏
朱　烨　赵世德　梁　勇　李佳璐

行政审判庭

副庭长：侯　勇　曹林灿　王海燕　山　莹

曲立力　韩　勇　王云阁　许　琳　蒋炎焱
孙晓峰　王修晖　李　拙　郝万莹　王永鹏
陈　晖　李莉军　宋海东　杜钰越　任　权
卜菲菲　刘白鸽　姚美科　曲俊鹏　刘　美
温贵能　高　健　孔　腾　朱文强　刘莹莹
王丽强　刘　霞

赔偿委员会办公室

主　任：朱海舰

副主任：魏　群

王中山　张　勇　刘加鹏　亓连广
宋　玉　李　斐

审判监督一庭

庭　长：王永起

副庭长：贾新芳　范翠真

张光荣　杜　磊　王宝恒　李　霞　李召亮
李金明　程　林　崔志芹　柴家祥　冯　波
张俊峰　杨　林　汤艳艳　肖　俊　刘　洋
王　磊　陶新枝　宗芳如　柴　华　高　燕
韩子慧

审判监督二庭

庭　长：王启江

副庭长：王继鹏　程卫华

李超光　滕建国　刘　敏　于爱军　武　俐
蔚　波　孔祥雨　闫　慧　周凤森　王　东
姜晓玲　付　辉　王立泽　苏　瑁　田晓菲
李琳琳　孔凡丽　权　威　周蓉蓉　张传兵
黄梦琪

执行一庭

副庭长：石少红

陈远生　叶　彪　刘书鸿　陈居山　刘　娟
梁　敏　刘　栋　赵　琳　郑　帅

执行二庭

副庭长：张　雪　李培进

孙善存　刘成良　赵海滨　孙　峰　于海燕
李　超　李加宝　咸广滨　滕　飞　高凌云
张太楼　杨　琳

执行三庭

庭　长：侯希民

副庭长：刘　夏　郑　睿

王尹宗　曹淑高　王召波　张　琛　苏陶成
李英三　刘公云　孙　启

研究室

主　任：赵国滨

副主任：赵　峰　鲁统民　刘念虎

冯艳楠　旷翔宇　陈希国　李璐璐
李延禹　刘　晗　王露爽

审判管理办公室

副主任：徐清霜

刘启农　刘绍斐　王晓婕　史小君
王　栋　刘照勇　芦　强　张栩宁

宣传处

处　长：郑红军

副处长：闫继勇　郭德民

时德盛　傅德慧　李　佳　段格林

石　慧　马聪聪　马云云　宋志国

技术室

副主任：王曙光　王锡友

程可涛　周俊洋

法警总队

政　委：尹晓东

总队长：刘　辉

宋洪志　翟永杰　韩科玉　王保领　刘云生

王传建　刘焕贞　孙贯川　王光军　石英振

杨清泉　马　勇　刘明磊　申茂通　阎　滨

西　琦　张京宾　王治显　郭　健　郭泰然

马建刚

行政装备管理处

处　长：曲建军

副处长：付金鹏　刘　明

路继禹　徐继华　刘东强　战玉祝　朱忠钰

程军启　赵树文　路翠宏　王　燕　袁　航

王　者　张　驰　孙　超　吴　琨　田　蕙

王真真　李洪江　张亚洲　柳岩鑫

离退休干部处

副处长：夏庆山　张晓玲　庞　勇

邹永春　赵而祥　尹燕国　尹彦卿

张　杰　朱荣起

直属机关党委

专职副书记：许俊美

副书记：王　磊　李君杰

黄　为　李自军　张庆娜

监察室

主　任：韩成锋

副主任：宋文彬　杨　洁　朱建海

王思明　辛　剑　杜娜娜　李　敏

李　冉　张志祥

司法技术中心

主　任：魏绍义

副主任：宋连芳

张　健　张志强　杨立顺　薛庆瑞

李素英　唐　伟

机关服务中心

主　任：叶得宝

副主任：毕庶建　王兴军　陈迪新

黄兴波　卢克树　张　颖　高堂可　马　勇

李　玲　吕春妮　王　海　刘万峰　薛明勇

马传斌　王会爱　卞卫国　王滋松　杜志刚

张庆伟　石泉振　张宝军　吴笑添　谭　莹

李　萌　陈菲菲　李　山　唐　骞　王永祥

王　娟　姜广海

信息中心

副主任：余景峰

李润海　李洪涛　刘　萍　亓　勇　韩国健

山东法官培训学院

党委书记、常务副院长　刘义生

党委副书记、纪委书记　贡绍海

副院长　彭永泽

副院长　杜少琴

办公室

主　任　左绍军

副主任　丁曙光　逄金石　王　磊

张培成　吴　茜　余晓龙　原宜平　王　莉

毕永生　马德余　张　杰　孙　波　程安静

杨文军　闫文哲　顾珈鸣　刘玉宗　皮晓宇

姜小平　崔玉红　王亚君　韩　冬　马迎迎

于　淼　王玉杰　张正弛　崔婷婷

人事处

处　长　苏艳玲

副处长　郝文贵　查仲玉

朱雅菲　王卫卫　夏兆荣　何　明　李晶莹

彭怀峰　梁宏明　林荣强　杨　芳　张振兴

闫佳琦　孙向东

教务处

处　长　王晓波

副处长　王晓非

王化喜　李　萍　李　涛　王维娜　朱爱丽

马少霞　王淑玲　曹　露　李笑梅　王雅松

王鹏程　李政军　刘文文　石　琳　苑希悦

周敬威　尹一村　曹成荣　宫　澎

教研处

处　长　王春田

副处长　殷志文

高　洪　徐文晶　曲国建　张　宇　孙学燕

牟　华　常淑静　鞠吉瑞　闫　蕊　和法军

陈维飞　刘　辉　贾慧芳　孙　峰　卢彩荣

庄雪莉　钱　昕　马玮玮　王　炎　蒋爱荣

吕曰东　黄　英　刘鹏举　邢晓娟　马丽萍

马瑞东　许春晓　李　宁　杨　军　王文斌

郝晓越　姜　燕　王　涛　王秀玲　冯淑英

白树丰

全省各中级人民法院院长、副院长、党组成员及基层人民法院院长名录

（以2019年12月31日在职为准，法律职务以人大选举、任命为准）

济南市中级人民法院

张爱云（女） 党组书记、院长
李　杰 党组副书记、副院长（副厅级）
宋　蔚（女） 副院长
郑　玉（女） 党组成员、副院长
李　庆 党组成员、市纪委市监委驻市法院纪检监察组组长
毕于军 党组成员、副院长
葛秀祥 党组成员、市纪委市监委驻市法院纪检监察组副局级领导干部
赵宪良 党组成员、副局级领导干部
王　成 党组成员、副院长
雷存松 党组成员、政治部主任、组织人事处处长
王洪伟 党组成员、正处级领导干部
尚海军 党组成员、正处级领导干部
陶　钧 党组成员、正处级领导干部

济南市基层人民法院

牟宗伟 历下区人民法院院长
温　磊 市中区人民法院院长
刘文明 槐荫区人民法院院长
沈　迎 天桥区人民法院院长
李忠林 历城区人民法院院长
毕惠岩（女） 长清区人民法院院长
赵悦红（女） 章丘区人民法院院长
韩　刚 济阳区人民法院院长
司继月 平阴县人民法院院长
孙维民 商河县人民法院院长
孙中华（女） 济南高新技术产业开发区人民法院院长
赵景来 莱芜区人民法院院长
陈　刚 钢城区人民法院院长

青岛市中级人民法院

李方民 党组书记、院长
李胜良 党组副书记、副院长
田孝民 党组副书记、副院长
李焕亭 副院长
张玉厚 党组成员、副院长
高　勇 党组成员、副院长
郝　波 党组成员、市纪委监委驻中院纪检监察组组长
文冰峰 党组成员、政治部主任

青岛市基层人民法院

张惠臣 市南区人民法院院长
袁　巍 市北区人民法院院长
陈永奎 李沧区人民法院院长
李建伟 崂山区人民法院院长
丁培增 黄岛区人民法院副院长
嵇焕飞 城阳区人民法院代院长
曹　伟 即墨区人民法院院长
李建敏 胶州市人民法院党组副书记
阎春光 平度市人民法院院长
张　杰 莱西市人民法院院长

淄博市中级人民法院

梁久军 党组书记、代院长
陶志民 副院长
张　敏 党组副书记、副院长
王淑玲 党组成员、副院长

王新强　党组成员、副院长
王建明　党组成员、专委
王　旭　党组成员、纪检组组长
彭兆胜　党组成员、政治部主任

淄博市基层人民法院

宗志强　淄川区人民法院院长
王德录　张店区人民法院院长
韩　强　博山区人民法院院长
李　晶　临淄区人民法院院长
谢宜冰　周村区人民法院院长
王　伟　桓台县人民法院院长
吕兴勇　高青县人民法院院长
戚发俊　沂源县人民法院院长
陈树礼　高新技术产业开发区人民法院院长

枣庄市中级人民法院

孙　英　党组书记、院长
梁克国　党组副书记、副院长
宫文峰　副院长
黄　东　党组成员、副院长
吴修国　党组成员、副院长
姜传兴　党组成员、执行局局长
周文珂　党组成员
吴家金　党组成员、政治部主任

枣庄市基层人民法院

高　键　滕州市人民法院院长
张广存　枣庄市薛城区人民法院代院长
胡远明　枣庄市市中区人民法院代院长
韩茂森　枣庄市山亭区人民法院代院长
王次祥　枣庄市峄城区人民法院代院长
张显礼　枣庄市台儿庄区人民法院院长

东营市中级人民法院

廖伟忠　党组书记、院长
冯俊海　党组副书记、副院长
薄其红　党组副书记、副院长
胡友泉　党组成员、副院长
孙洪武　党组成员、副院长
张明磊　党组成员、政治部主任
巴沾军　党组成员、开发区法院院长
王建民　党组成员、执行局局长
宋学民　党组成员、副院长
崔增光　党组成员、纪检组组长

东营市基层人民法院

解旭明　东营区人民法院院长
曹志海　河口区人民法院院长
焦　伟　垦利区人民法院院长
杨宪银　广饶县人民法院院长
张志刚　利津县人民法院院长
巴沾军　经济技术开发区开发区人民法院院长

烟台市中级人民法院

江敦斌　党组书记、院长
张跃华　党组副书记、副院长
王加松　党组成员、副院长
李同民　党组成员、副院长
刘传慕　党组成员、专职委员
解乐范　党组成员、副院长
王新良　党组成员、政治部主任
王桂一　党组成员、执行局局长
高素琴　副院长

烟台市基层人民法院

闫青利　芝罘区人民法院院长
杜纪挑　福山区人民法院院长
范世晓　莱山区人民法院院长
杨　波　牟平区人民法院院长
于庆荣　经济技术开发区人民法院院长
耿新光　高新技术产业开发区人民法院副院长
马贞增　蓬莱市人民法院院长
曲振涛　龙口市人民法院院长
由绪斌　莱州市人民法院院长

潍坊市中级人民法院

李向阳　党组书记、代院长
王贤臣　副院长
杨维波　党组成员
卢卫国　党组成员、副院长

王鹏飞　党组成员
高怀礼　党组成员、政治部主任
葛凤春　党组成员、市纪委监委驻市法院纪检监察组组长

潍坊市基层人民法院

杨培锋　奎文区人民法院院长
郭宝信　潍城区人民法院院长
吕益民　寒亭区人民法院院长
王学功　坊子区人民法院院长
宋保华　青州市人民法院院长
韩旭东　诸城市人民法院院长
尹洪阳　寿光市人民法院院长
何彤斌　安丘市人民法院院长
雷向敏　高密市人民法院院长
徐金江　昌邑市人民法院院长
韩昆亮　昌乐县人民法院院长
孙绍军　临朐县人民法院院长
杨维波　高新技术产业开发区人民法院院长
王鹏飞　滨海经济技术开发区人民法院院长

济宁市中级人民法院

冯爱冰　党组书记、院长
李良品　副院长
钱欣红　党组副书记、副院长
贾庆忠　党组成员、副院长
周　涛　党组成员
赵贵龙　党组成员、政治部主任
卞玉杰　党组成员、执行局局长
朱　雨　党组成员、市纪委监委驻市中级人民法院纪检监察组组长

济宁市基层人民法院

王爱新　任城区人民法院院长
张瑞山　兖州区人民法院院长
孟　伟　曲阜市人民法院院长
张晋春　泗水县人民法院院长
孟祥玉　邹城市人民法院院长
冯燕杰　微山县人民法院院长
徐世军　鱼台县人民法院院长
邵继军　金乡县人民法院院长
王庆华　嘉祥县人民法院院长
王　灿　汶上县人民法院院长
时益同　梁山县人民法院院长
周　涛　高新技术产业开发区人民法院院长

泰安市中级人民法院

朱云三　党组书记、院长候选人
孙岱峰　副院长
林建森　党组副书记、副院长
李成涛　党组成员、副院长
王树杰　党组成员、执行局局长
赵兴杰　党组成员、市纪委驻市法院纪检组组长
张　峰　党组成员、政治部主任

泰安市基层人民法院

刘国锋　泰山区人民法院院长
高广权　岱岳区人民法院院长
吕　华　新泰市人民法院院长
石　军　肥城市人民法院院长
杨福桐　宁阳县人民法院院长
张海鹏　东平县人民法院院长
周　辉　高新区人民法院院长

威海市中级人民法院

黄明春　党组书记代院长
时述森　党组副书记、副院长
杨文昌　党组副书记、副院长
王树远　党组成员、副院长
邱会军　党组成员、副院长
于荣勋　党组成员、副院长
宋桂娥　党组成员，中共威海市纪律检查委员会、威海市监察委员会驻市中级人民法院纪检监察组组长
王　兰　党组成员、政治部主任
陈天合　党组成员、执行局局长

威海市基层人民法院

梁　伟　环翠区人民法院院长
申屠青　文登区人民法院院长
赵　欣　荣成市人民法院院长
原永忠　乳山市人民法院院长
宫云举　火炬高技术产业开发区人民法院院长

宋　光　经济技术开发区人民法院院长

日照市中级人民法院

高益民　党组书记、院长
徐光然　党组副书记、副院长
林　芳　党组成员、副院长
张　华　党组成员、副院长
陈令春　党组成员、副院长、四级高级法官
李洪泉　党组成员、政治部主任

日照市基层人民法院

傅廷文　东港区人民法院院长
张俊德　岚山区人民法院院长
席　刚　莒县人民法院院长
韩　涛　五莲县人民法院院长
郑家泰　经济技术开发区人民法院院长

临沂市中级人民法院

于晓东　党组书记、院长
鲁　燕　党组副书记、副院长
董中华　党组成员、副院长
徐映波　党组成员、副院长
吴清林　党组成员、副院长
李培前　党组成员、副院长
朱孔波　党组成员、审判委员会专职委员
孙家栋　党组成员、审判委员会专职委员
吴　辉　党组成员、高新区法院院长
马士来　党组成员、经济区法院院长
张永利　党组成员、执行局局长

临沂市基层人民法院

陈思贤　兰山区人民法院院长
王文武　罗庄区人民法院院长
李淑贞　河东区人民法院院长
王冠龙　郯城县人民法院院长
侯　雷　兰陵县人民法院院长
殷方昭　沂水县人民法院院长
侯培栋　沂南县人民法院院长
王成国　平邑县人民法院院长
杨靖军　费县人民法院院长
潘秀峰　蒙阴县人民法院院长
胡发胜　莒南县人民法院院长
张星磊　临沭县人民法院院长
吴　辉　高新技术产业开发区人民法院院长
马士来　临沂经济技术开发区人民法院院长

德州市中级人民法院

孟祥刚　党组书记、院长
刘光辉　党组副书记、副院长
苏建军　党组成员、副院长
李振荣　党组成员、工会主席
李秀政　党组成员、副院长、德州经济技术开发区人民法院党组书记
杨　坤　党组成员、正县级审判员
黄　勇　党组成员、政治部主任
李文铎　党组成员、副院长
解　伟　党组成员、市纪委驻市中院纪检组组长
田志宏　党组成员
杨炳超　党组成员

德州市基层人民法院

韩秀海　德城区人民法院院长
耿曙华　陵城区人民法院院长
杨如冰　禹城市人民法院院长
孙文中　乐陵市人民法院院长
王　慧　宁津县人民法院院长
张　军　齐河县人民法院院长
邱新华　临邑县人民法院院长
厚德顺　平原县人民法院院长
陈晓静　武城县人民法院院长
宋　磊　夏津县人民法院院长
牛庆华　庆云县人民法院院长
李秀政　德州经济技术开发区人民法院党组书记

聊城市中级人民法院

刘延杰　党组书记、代理院长
张晓辉　党组成员、副院长
王传师　党组成员、副院长
刘允霞　党组成员、副院长
祁卫东　党组成员、副院长

宁照铜　党组成员、执行局局长
胡中波　党组成员、中共聊城市纪委监察委驻市中级人民法院纪检监察组组长

聊城市基层人民法院

李新英　东昌府区人民法院院长
张晓勇　临清市人民法院院长
赵　朋　冠县人民法院院长
隋得民　莘县人民法院院长
周公法　阳谷县人民法院院长
杨章杰　东阿县人民法院院长
黄鸿义　茌平县人民法院院长
吕聊生　高唐县人民法院院长
马国栋　经济技术开发区人民法院院长

滨州市中级人民法院

李　军　党组书记、代院长
贾恒武　党组副书记、副院长
刘志涛　党组成员、副院长
王建忠　党组成员、中共滨州市纪委监委驻滨州市中级人民法院纪检监察组组长
李玉国　党组成员、政治部主任
刘学智　党组成员、专委
崔　玺　党组成员、执行局局长
李向阳　党组成员，滨州经济技术开发区人民法院党组书记、院长

滨州市基层人民法院

李洪波　滨城区人民法院院长
王树岭　沾化区人民法院院长
常清利　邹平市人民法院院长
牛立敏　博兴县人民法院院长
孙卫国　阳信县人民法院院长
杜洪东　惠民县人民法院院长
周　娟　无棣县人民法院院长
李向阳　经济技术开发区人民法院院长

菏泽市中级人民法院

张正智　党组书记、院长
戴　磊　党组副书记、副院长
王思华　党组成员、副院长
乔保国　党组成员、政治部主任
彭祥海　党组成员、市纪委监察委驻市法院纪检监察组组长
顿文英　副院长
张邦亮　党组成员

菏泽市基层人民法院

杜　勇　牡丹区人民法院院长
郑孝义　经济开发区人民法院院长
权金牛　定陶区人民法院院长
李继亮　曹县人民法院院长
张中斌　成武县人民法院院长
徐青峰　单县人民法院院长
程相锋　巨野县人民法院院长
崔　冰　郓城县人民法院院长
王　雷　鄄城县人民法院院长
蓝　涛　东明县人民法院院长

济南铁路运输中级法院

黄伟东　党组书记、院长
于洪福　党组成员、副院长
刘万峰　党组成员、副院长

济南铁路运输法院

江　勇　党组书记、院长

青岛铁路运输法院

崔方力　党组书记、院长

青岛海事法院

李　伟　党组成员、副院长
宋俊文　党组成员、副院长
张冬青　党组成员、副院长
段恒宋　党组成员、副院长

附　录

全省法院获得荣誉名录

全国优秀法院

淄博市淄川区人民法院
日照市岚山区人民法院
莒南县人民法院
聊城市茌平区人民法院

全国法院先进集体

济南市中级人民法院民事审判第二庭
青岛市李沧区人民法院执行局
沂源县人民法院东里人民法庭
广饶县人民法院大王人民法庭
东平县人民法院宿城人民法庭
威海市中级人民法院刑事审判第一庭
临沂市中级人民法院立案庭
武城县人民法院民事审判庭
阳谷县人民法院工业园人民法庭
菏泽市中级人民法院审判监督二庭

全国法院“基本解决执行难”工作先进集体

新泰市人民法院
胶州市人民法院
高唐县人民法院
淄博市淄川区人民法院

全国法院“基本解决执行难”工作嘉奖

烟台市牟平区人民法院
威海经济技术开发区人民法院

全省人民满意的公务员集体

莒县人民法院
莒南县人民法院

全国优秀法官

马敬启　莘县人民法院政治部主任
王　丽（女）临沂市兰山区人民法院民事审判一庭庭长、一级法官
田越洋（女）济南市中级人民法院民事审判三庭庭长、二级高级法官
孙建军　淄博市张店区人民法院沣水人民法庭副庭长、一级法官
陈晓静（女）青岛市中级人民法院金融审判庭副庭长、四级高级法官

全国法院办案标兵

马　骏（女）临沂市中级人民法院民事审判四庭副庭长、四级高级法官
王佃晓　威海市环翠区人民法院温泉人民法庭副庭长、三级法官
王德帅　新泰市人民法院立案一庭副庭长
史丽丽（女）青岛市黄岛区人民法院民事审判第四庭副庭长、四级高级法官
刘广明　广饶县人民法院审判委员会专职委员、一级法官
刘建国　滨州市沾化区人民法院下洼人民法庭庭长、二级法官
孙　兵　济南高新技术产业开发区人民法院执行局局长、三级高级法官
杨　宁（女）诸城市人民法院立案庭（诉讼服务中心）副庭长、二级法官
吴兰玲（女）济宁高新技术产业开发区人民法院综合审判庭审判委员会委员、四级高级法官
张文文（女）桓台县人民法院唐山人民法庭副庭长、一级法官

全国法院“基本解决执行难”工作先进个人

孙　兵　济南高新技术产业开发区法院执行局局长

陈树山　　临朐县法院执行局局长
邓　勇　　枣庄中院执一庭副庭长
范者华　　郯城县法院执二庭副庭长

全国法院“基本解决执行难”工作嘉奖

王建军　　济宁高新技术产业开发区法院执行局副局长
王向东　　日照市东港区人民法院执行局局长

山东省优秀共产党员

田越洋　　济南市中级人民法院民事审判三庭庭长
马敬启　　莘县人民法院城关人民法庭庭长
陈燕萍　　淄博市中级人民法院民事事审判三庭副庭长、一级法官
傅晓燕　　枣庄市市中区人民法院刑庭庭长
赵玉鹏　　泰安市岱岳区人民法院司法警察大队大队长、副主任科员

全省人民满意的公务员

亓民川　　济南市莱芜区人民法院城西法庭庭长、一级法官
赵　洁　　青岛市市北区人民法院四级高级法官
钱继红　　泰安市岱岳区人民法院徂徕法庭副庭长、二级法官
郭　萍　　菏泽市牡丹区人民法院刑事审判一庭一级法官

全国法院先进个人

祁云奎　　济南市中级人民法院书记员管理处处长
齐　新　　青岛市中级人民法院民事审判第一庭四级高级法官
于　杨　　淄博市博山区人民法院民事审判第四庭副庭长
傅晓燕　　枣庄市市中区人民法院刑事审判庭庭长
延　颜　　东营市中级人民法院刑事审判第一庭副庭长、法官助理
李朝霞　　莱州市人民法院立案庭副庭长
裴智璞　　潍坊市潍城区人民法院党组成员、政治部主任
朱秀平（女）济宁市中级人民法院政治部教育培训处处长
刘美玲　　威海市文登区人民法院民事审判一庭庭长
张立新　　日照市岚山区人民法院刑事审判庭庭长
王小木　　临沂市兰山区人民法院刑事审判庭
张小雪　　德州市中级人民法院民三庭副庭长
张　炜　　聊城市中级人民法院审判委员会委员、民一庭庭长
许学同　　郓城县人民法院商事审判庭庭长
王建军　　青岛海事法院办公室副主任

全国维护妇女儿童权益先进个人

杜桂清　　德州市中级人民法院四级调研员